U-LEARNING 시대를 위한 컴퓨터 활용

편저자 | 홍봉화 · 주해종 · 변정우 · 정화영

법 영 사

머 리 말

21세기는 무형의 지식·정보가 경제 발전의 원동력이 되는 지식기반의 정보사회로 지식의 생산, 보유, 활용이 개인뿐만 아니라 국가 경쟁력을 좌우하는 시대가 되었다. 이러한 정보사회에서 교육환경도 많은 변화를 요구하고 있고 변화되고 있다.

특히, 교육이 공급자중심에서 수요자중심으로 전환되었기 때문에 개별화 및 개인차에 따른 교육환경으로 전이되고 있다. 또한, 정해진 시공간 교육환경에서 시공간을 초월할 수 있는 인터넷을 기반으로 한 교육서비스 환경 즉, u-learning시대가 활짝 도래되어 언제 어디서나 학습을 수행할 수 있는 교육환경이 조성됨에 따라 남녀노소 구별없이 모든 사람이 새로운 정보를 공유하는 교육의 대중화시대가 도래되었다.

이러한 21세기 교육환경의 변화는 삶의 패러다임을 변화시켰을 뿐만 아니라 우리나라 교육현장에서도 이러한 점을 도입하여 사이버교육인 u-learning환경이 도입되어 활성화되어가고 있다. 특히, 오늘날 학습, 일, 쇼핑, 은행업무 등 많은 분야에서 인터넷을 이용하여 작업이 이루어지고 있다. 이와 같은 정보사회에서의 생활방식은 가치 있는 정보를 얻어서 필요한 곳에 활용하는 것을 의미한다. 그런데 가치 있는 정보를 어떻게 효율적으로 활용하느냐는 중요한 문제이다. 즉, 어떠한 정보를 어떻게 가공하여 처리하여 활용하느냐 하는 것이다. 데이터, 정보, 지식, 지혜 등의 단어는 우리 주변에서 접하는 말이지만 그 의미와 차이는 현저하게 차이가 있다. 예를 들면, 정보는 데이터를 모아서 가공하여 처리한 결과를 의미하며 이러한 정보들을 알고 있는 것이 지식이고, 이 지식을 적재적소에 활용하는 것이 지혜라고 볼 수 있다. 그러므로 오늘날과 같은 현대지식정보사회에서 지식을 얻어 지혜로 활용하기 위해서는 정보를 효율적으로 처리하고 활용할 수 있는 능력이 요구된다.

따라서, 이러한 교육환경 및 사회 환경의 변화에 따라 정보를 효율적으로 활용할 수 있도록 하기 위하여 콘텐츠의 제작과 더불어 교재도 집필하게 되었으며, 본서의 구성을 살펴보면 다음과 같다.

Chapter 1 윈도우즈 XP
Chapter 2 한글워드프로세서
Chapter 3 엑셀
Chapter 4 파워포인트

총 4 Chapter로 구성되어 있고 사이버강의에 맞도록 13차시 분량으로 구성되어 있다. 학생들이 한 학기동안 체계적으로 학습할 수 있도록 매 차시 학습목표를 설정하고 주지함으로써 학습효율을 증진시킬 수 있도록 노력하였다.

끝으로 본서가 출간하는데 도움을 주신 법영사 사장님을 비롯한 임직원 여러분께 깊은 감사를 드립니다. 또한, 컴퓨터관련 전공자 및 비전공자 모든 분들이 학문을 연구하는데 많은 도움을 줄 수 있는 책이 되었으면 한다.

2007년 7월

홍봉화 · 주해종 · 변정우 · 정화영 씀

차 례

제 1 편 WINDOW XP

1장 Window XP 기본 운영

2장 나만의 Window XP

3장 Window XP 파워 유저

제 2 편 한글 2005

1장 기본 내용 알아보기

2장 표 구성하기

제 3 편 파워포인트

1장 파워포인트 소개

2장 파워포인트 시작하기

3장 기본 슬라이드 작성하기

4장 기본 개체 사용하기

5장 멀티미디어 클립 사용하기

제 4 편 엑 셀

1장 표 작성과 인쇄하기

2장 표 편집과 차트 작성하기

3장 데이터의 가상 분석

4장 데이터베이스 기능

5장 함수 활용

제 1 편 WINDOW XP

1장 WINDOW XP 기본 운영

2장 나만의 WINDOW XP

3장 WINDOW XP 파워 유저

1장 Window XP 기본 운영

《학습목표》

본장에서는 퍼스널 컴퓨터의 운영체제인 Window XP의 기본적인 내용을 올바로 이해하고 학습함으로서 컴퓨터를 이용한 작업을 효율적으로 할 수 있는 능력을 배양하는데 그 목표가 있다. 따라서, 가장 기본적인 내용인 Window의 실행과 종료, 폴더의 생성 및 삭제, 파일의 저장과 복사, 윈도우즈 탐색기를 이용한 파일의 찾기 작업 등을 학습한다.

1.1 Window XP 알아보기

WINDOWS XP는 운영체제(OS)이다. 운영체제(OS) 프로그램은 하드웨어와 소프트웨어를 조정하고 통제하는 작업, 즉 컴퓨터와 사용자의 사이에서 사용자의 명령을 받아서 기계적 소프트웨어적으로 변환시켜 사용자가 컴퓨터를 사용할 수 있게 하는 컴퓨터의 작업과정 전반을 관리하는 작업을 한다. 이런 운영체제 WINDOWS XP는 WINDOWS 2000이 보완되어 새롭게 업그레이드(Upgrade) 개념으로 개발된 운영체제이다. WINDOWS는 두 가지 종류로 구분된다. 도스 기반의 WINDOWS 3.1/ WINDOWS 95/WINDOWS 98/WINDOWS ME(Millenium Edition)과 네트워크 서버에서 사용되는 WINDOWS NT/ WINDOWS 2000이 그 구분이다. 그러나 도스 기반은 조금 불안했고, 네트워크 계열은 안정적이었으나 범용성이 떨어졌다. 이런 개인사용자와 서버 사용자의 욕구 모두를 충족시키기 위해 NT계열로 통합하는 방향이 모색되었고, 그것이 WINDOWS XP 인 것이다. 이런 이유로 윈도우 XP는 이전 도스 버전의 범용성과 윈도우 NT계열의 안정성, 네트워크 사용의 편리함 등을 모두 갖게 되었다.

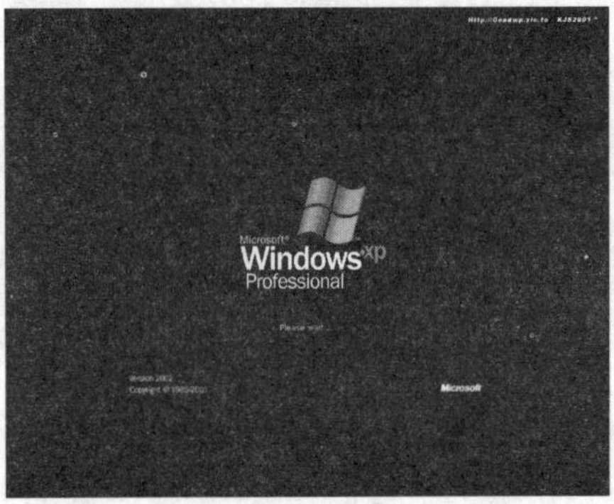

WINDOWS XP는 인터넷연결이 쉽고 윈도우XP가 설치된 컴퓨터 간에 원격조정기능, 음악과 비디오의 관리 같은 멀티미디어 기능의 향상, REMOTE 사용 지원기능 등이 지원되어서 더욱 다양하게 사용할 수 있다.

WINDOW XP는 주로 사용되는 Home Edition과 Professional 등이 있다. 주로 보통의 사용자가 많이 사용하는 제품은 Home Edition이고, 이런 Home Edition에 서버 관리 등 전문적인 네트워크 개념이 좀 더 보강해져서 전문가용으로 사용 되는 것이 Professional이다.

WINDOW XP는 주로 사용되는 Home Edition과 Professional 등이 있다. 주로 보통의 사용자가 많이 사용하는 제품은 Home Edition이고, 이런 Home Edition에 서버 관리 등 전문적인 네트워크 개념이 좀 더 더해져서 전문가용으로 사용 되는 것이 Professional이다.

1.2 Window의 실행과 종료

이제 프로그램을 실행시켜 보도록 하겠다. 윈도우의 왼쪽 하단의 [시작]을 클릭하면 다음과 같은 화면이 나타난다. 이때 뜨는 팝업 메뉴에서 필요한 프로그램을 선택하여 실행시키면 된다. 예를 들어서 [시작] → [프로그램] → [보조 프로그램] → [그림판] 등으로 찾아가서 실행시키면 다음과 같은 그림판 프로그램이 실행된다.

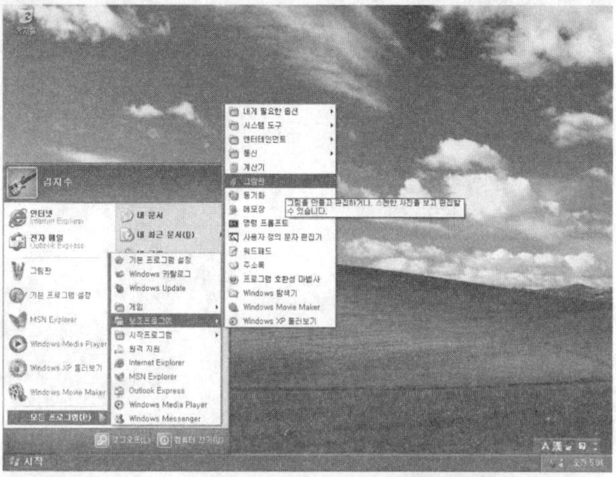

이제 윈도우를 종료시켜보도록 하자. 윈도우의 왼쪽 하단의 [시작]을 클릭해서 나타나는 팝업 메뉴에서 [컴퓨터 끄기]를 선택한다. [대기모드], [끄기], [다시시작]의 3가지 메뉴가 나타날 것이다. [대기모드]는 컴퓨터를 일시적으로 사용하지 않을 경우 잠시 동안 꺼 놓고자 할 때 사용하는 메뉴이다. [끄기]는 윈도우를 종료하고 컴퓨터를 끄고자 할 때 사용하는 메뉴이다. [다시시작]은 컴퓨터를 끄지 않고 처음부터 윈도우를 다시 시작하고자 할 경우에 선택하는 메뉴이다. 따라서 윈도우를 끄고자 할 경우 [끄기]를

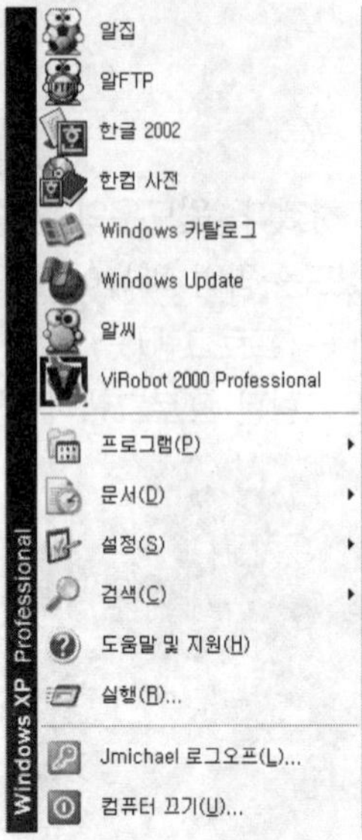

선택하면 윈도우가 종료되면서 컴퓨터가 정상적으로 꺼질 것이다. 주의할 것은 윈도우를 종료한다고 윈도우가 떠 있는 상태에서 바로 전원을 끄면 윈도우 운영체제에 많은 손상이 가므로 반드시 [끄기]를 선택하고 정상적으로 종료하여야 할 것이다.

1.3 Window 프로그램의 운영

1.3.1 폴더와 파일

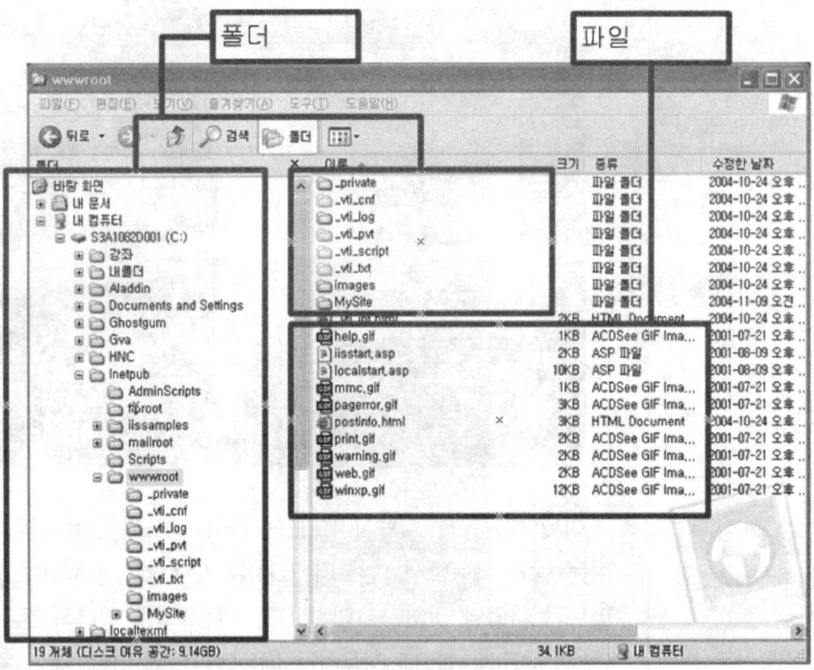

• 폴더 : 일종의 파일 저장소 역할을 하는 것으로, 서로 연관이 있는 파일을 하나의 그룹으로 만들어서 저장할 수 있도록 구분된 공간을 의미하는데, 각 폴더는 자신만

의 폴더 명을 가진다. 폴더는 다른 폴더를 하위로 가질 수 있고, 하위폴더는 사용자가 다양하게 만들 수 있다.

- **파일** : 다른 이름과 구별되는 이름을 가진 컴퓨터 자료의 모음으로, 컴퓨터에 자료가 저장되는 최소 단위이다. 워드 프로세서 문서나. 소프트웨어 프로그램, 이미지, 다른 유형의 자료 등이 파일이 될 수 있다. 파일에는 확장자란 것을 붙여서 그 파일의 고유한 속성들을 구분 짓는다. 예를 들어 실행파일은 .exe, 한글 파일은 .hwp 등을 붙이게 된다.

1.3.2 윈도우 탐색기 실행과 이용하기

우선 윈도우 탐색기를 실행 시켜 보자.

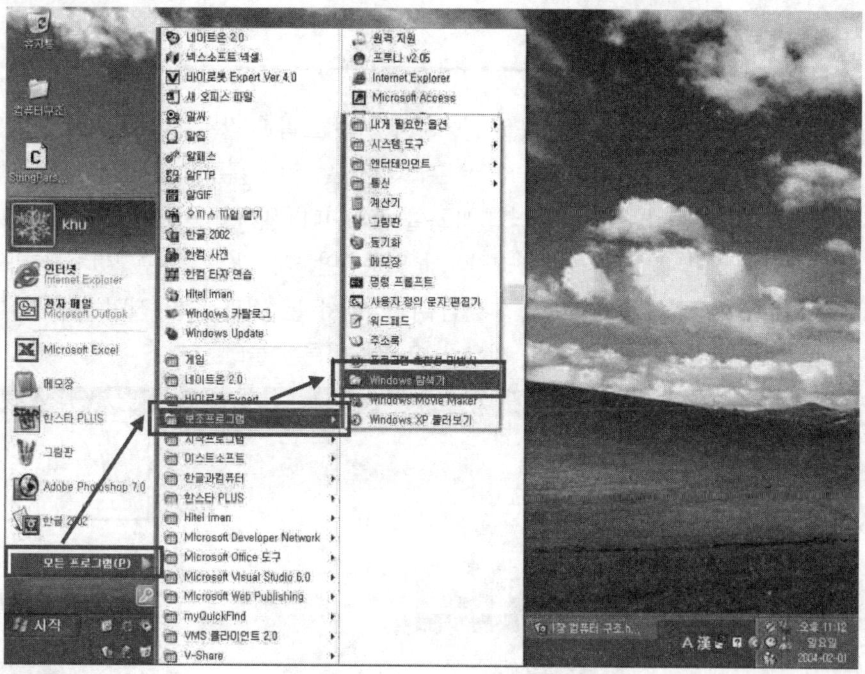

우선 윈도우 탐색기는 이런 방법으로 시작을 통해 실행할 수 있다. 그리고 다른 방법으로는 단축키를 사용하는 방법이 있다. 단축키를 사용하는 방법은 alt와 ctrl키 사이에 있는 윈도우 키와 키패드 'E'를 동시에 누르는 방법이다.

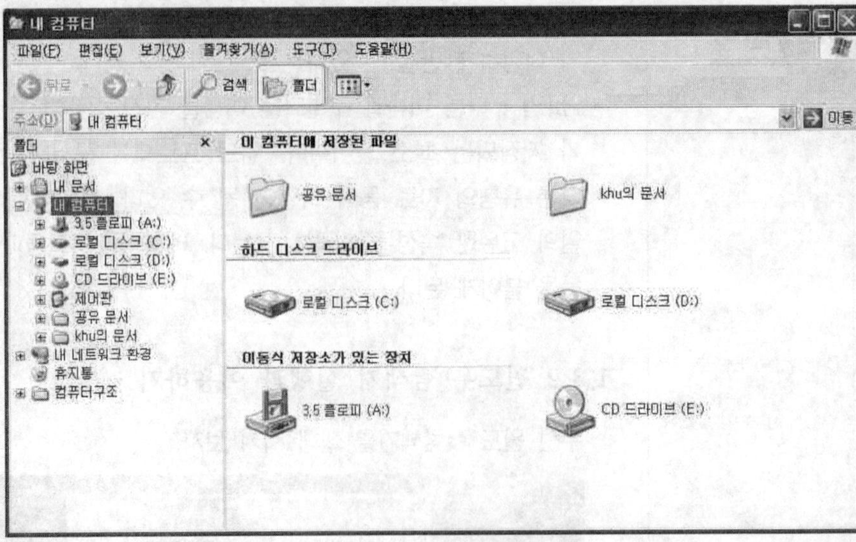

탐색기를 실행하면 왼쪽 그림과 같은 창이 뜨게 된다. 윈도우 탐색기는 기본 값으로 왼쪽 패널에는 드라이브 및 폴더 목록을 나타내고, 오른쪽 패널에는 선택된 드라이브 또는 폴더의 내용을 표시한다. 왼쪽의 +, −로 해당 드라이브 또는 폴더의 하위 목록을 왼쪽 패널에서 일목요연하게 파악 할 수 있다. 툴바의 [폴더]버튼을 누르면 왼쪽 패널에는 [내 컴퓨터]창에서 본 것과 같은 작업 메뉴를 나타낼 수 있다. 이제 폴더를 선택하고 마우스 오른쪽 버튼을 눌러보자.

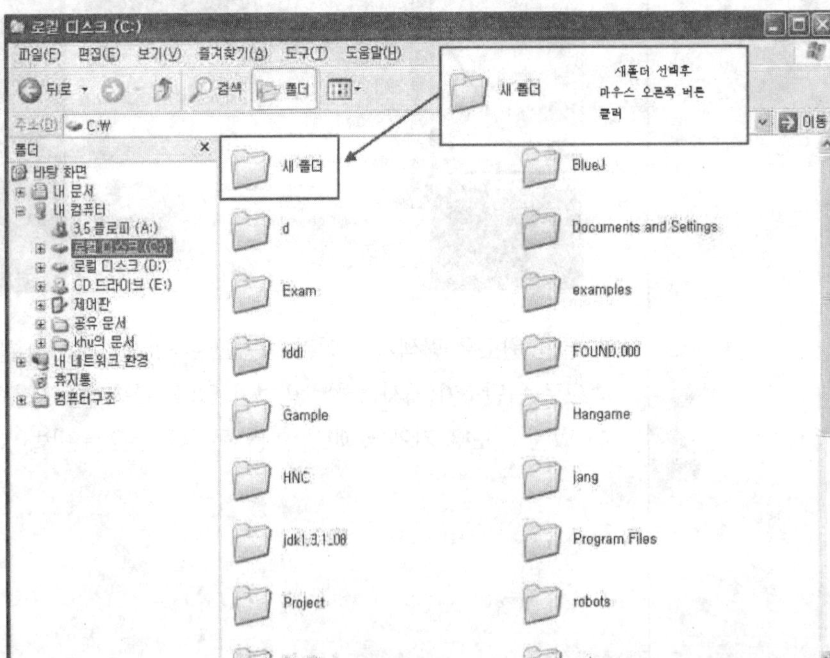

1) 파일 관리 – 복사, 잘라내기

컴퓨터를 사용하다 보면 파일이나 폴더를 복사 또는 이동을 해야 할 일이 있을 것이다. 그때 어떻게 파일 및 폴더를 복사 또는 이동하는지 알아보자.

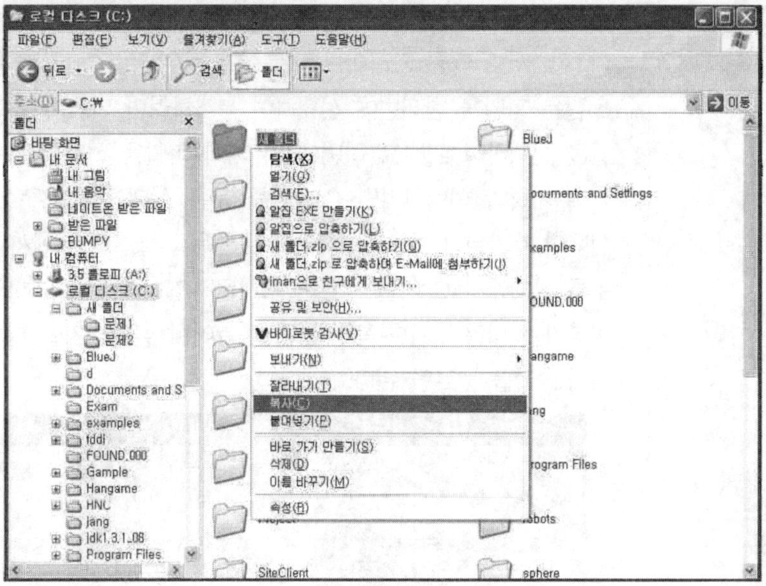

이제 파일이나 폴더를 복사해보도록 하자. 폴더나 파일에서 마우스 오른쪽 버튼을 눌러 메뉴를 뜨게 한 후 '복사'나 '잘라내기'를 실행한다. 복사나 잘라내기를 누르면 아무 변화가 없다(잘라내기는 그 폴더나 파일이 좀 흐릿하게 보인다). 그 상태에서 이동이나 복사할 곳으로 이동한다. 이동이나 복사할 곳의 빈 공백에서 마우스 오른쪽 버튼을 누르면 나오는 메뉴에서 붙여넣기를 선택한다.

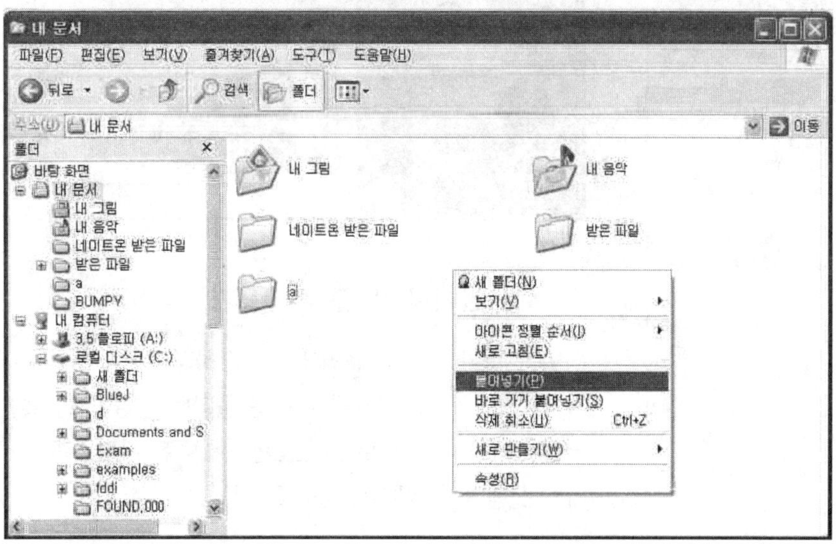

새 폴더가 복사된걸 알 수 있다. 복사, 잘라내기와 붙여넣기는 이렇게 마우스 오른쪽 버튼의 메뉴로도 할 수 있지만, 이것도 단축키로 실행할 수 있다. 복사는 Ctrl+C, 잘라내기는 Ctrl+X, 붙여넣기는 Ctrl+V이다.

이번엔 마우스로 드래그하여 복사해 보도록 하자. 특정 폴더의 내용을 다른 임의의 폴더로 복사하려면 Ctrl 키를 누른 상태에서 복사될 최종폴더까지 마우스를 드래그 한다. 단, 서로 다른 드라이브로 복사할 경우에는 Ctrl키를 누르지 않아도 된다.

많은 파일을 한꺼번에 선택하여 복사하려면 다음과 같다. 즉, 마우스로 복사할 파일들을 선택하여 드래그 하면 여러 개의 파일을 선택할 수 있다. 파일이나 폴더를 하나씩 추가하여 선택하려면 Ctrl 키를 누른 상태에서 마우스로 클릭하면 클릭할 때 마다 선택이 추가된다. 복사는 마우스 오른쪽을 눌러 메뉴에서 복사를 선택하거나 Ctrl 키를 누른 상태에서 C 키를 누르면 복사된다(잘라내기는 Ctrl키와 X키를 누르면 된다). 또한 붙여넣기는 마우스 오른쪽을 눌러 메뉴에서 붙여넣기를 클릭하거나 Ctrl키를 누른 상태에서 V키를 누르면 된다.

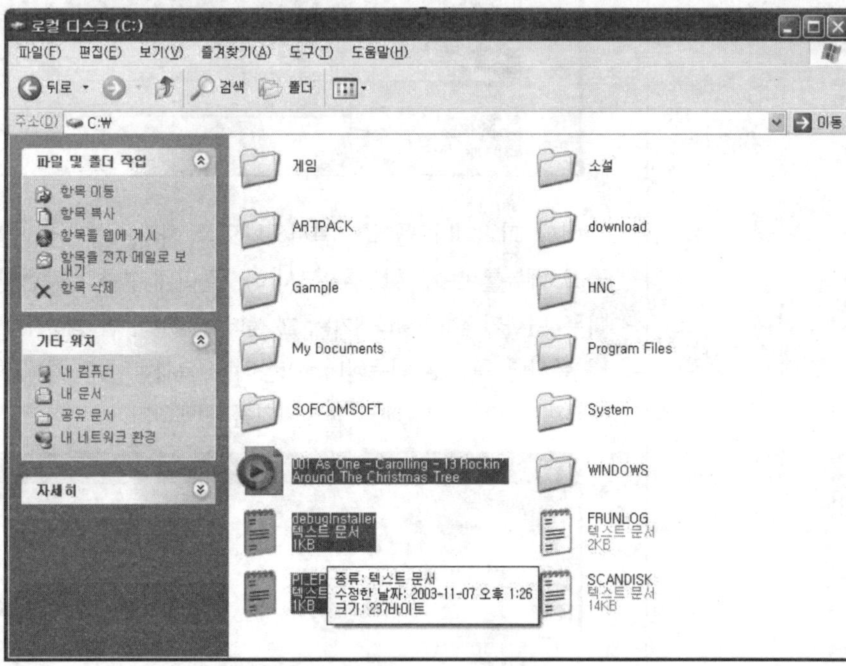

2) 탐색기에서 새 폴더 만들기

작업한 파일을 아무 폴더에다 저장하다 보면 나중에 어디에 어떤 파일이 있는지 모르게 될 때가 있다. 그래서 새로운 폴더를 만들어 파일을 정리하는 것이 좋다.

우선 <시작> → 모든 프로그램 → 보조 프로그램 → Windows탐색기를 선택해 탐색기를 실행한 후 새로운 폴더를 만들고자 하는 곳으로 이동한다. 이동한 곳에서 탐색기 메뉴의 [파일] → 새로 만들기 → 메뉴를 선택한다.

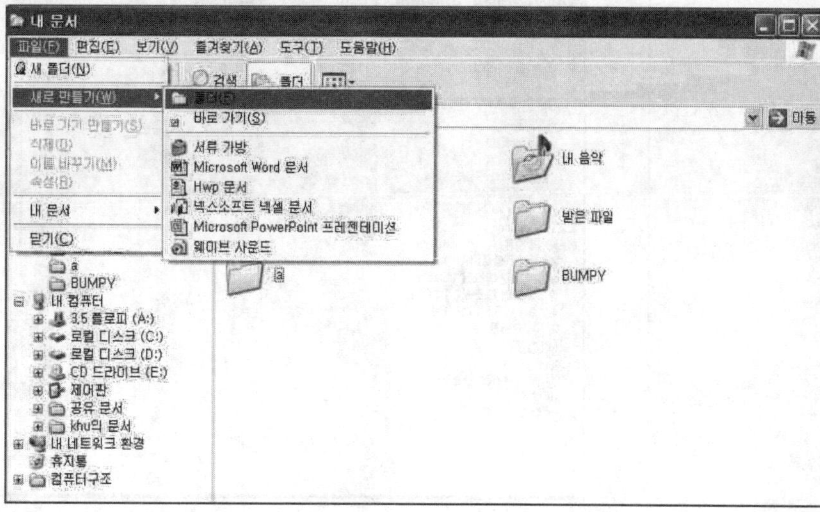

다른 방법으로는 앞의 복사, 붙여넣기와 마찬가지로 빈 공백에서 마우스 오른쪽 버튼을 눌러 나오는 메뉴에서 새로 만들기 → 폴더를 선택하는 것이다.

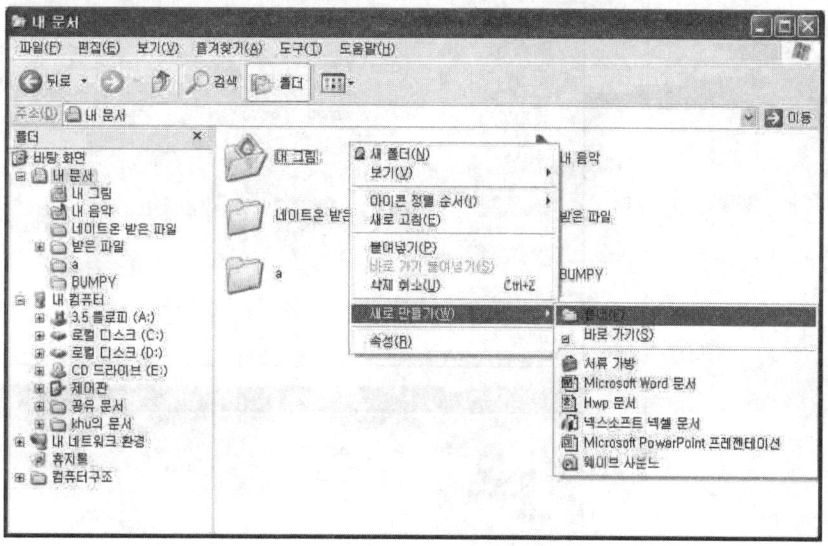

3) 파일 또는 폴더 이름 바꾸기

탐색기 또는 폴더 창, 바탕화면 등에서 이름을 바꿀 파일이나 폴더를 마우스 오른쪽 버튼으로 클릭하여 빠른 메뉴가 나타나게 한다. 빠른 메뉴에서 이름 바꾸기를 선택한다.

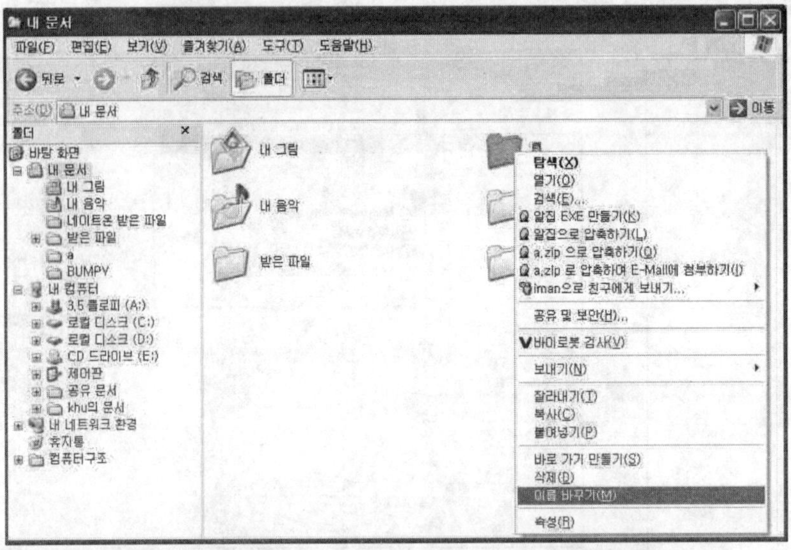
내 문서
파일(F) 편집(E) 보기(V) 즐겨찾기(A) 도구(T) 도움말(H)
뒤로 검색 폴더
주소(D) 내 문서
이동
폴더
바탕 화면
내 문서
내 그림
내 음악
네이트온 받은 파일
받은 파일
a
BUMPY
내 컴퓨터
3.5 플로피 (A:)
로컬 디스크 (C:)
로컬 디스크 (D:)
CD 드라이브 (E:)
제어판
공유 문서
khu의 문서
내 네트워크 환경
휴지통
컴퓨터구조
내 그림
내 음악
받은 파일
탐색(X)
열기(O)
검색(E)...
알집 EXE 만들기(K)
알집으로 압축하기(L)
a.zip 으로 압축하기(Q)
a.zip 로 압축하여 E-Mail에 첨부하기(J)
iman으로 친구에게 보내기...
공유 및 보안(H)...
바이로봇 검사(V)
보내기(N)
잘라내기(T)
복사(C)
붙여넣기(P)
바로 가기 만들기(S)
삭제(D)
이름 바꾸기(M)
속성(R)

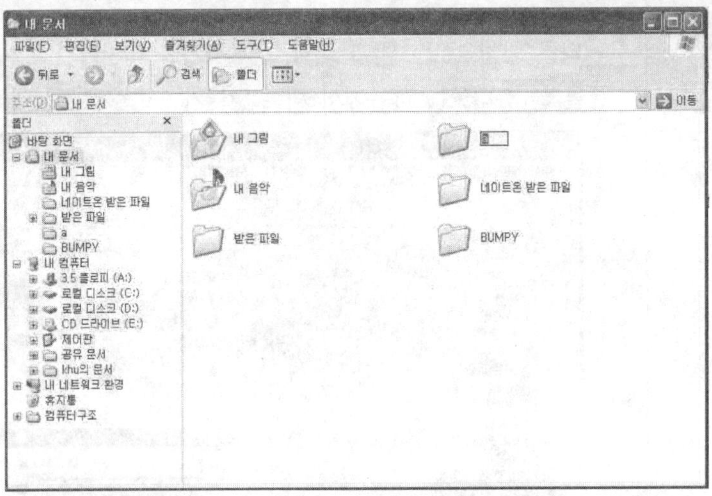
내 문서
파일(F) 편집(E) 보기(V) 즐겨찾기(A) 도구(T) 도움말(H)
주소(D) 내 문서
내 그림
내 음악
받은 파일
네이트온 받은 파일
BUMPY

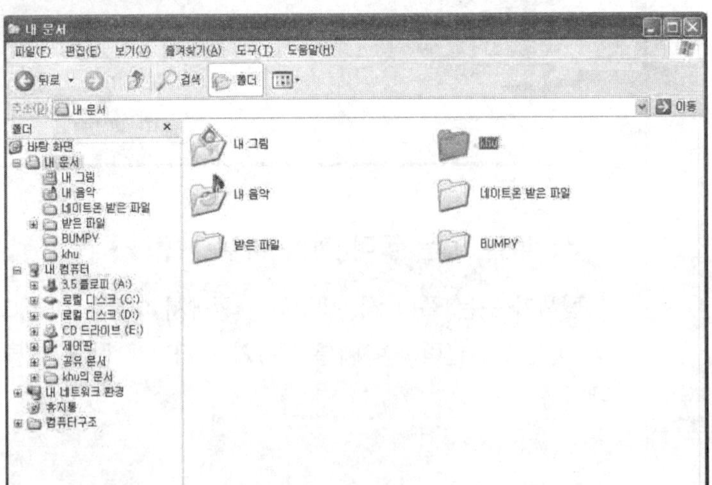
내 문서
파일(F) 편집(E) 보기(V) 즐겨찾기(A) 도구(T) 도움말(H)
주소(D) 내 문서
khu
내 그림
내 음악
받은 파일
khu
네이트온 받은 파일
BUMPY

이름 바꾸기를 선택하면 커서가 깜박거리며 원래의 제목을 지우고 입력을 할 수 있다. a라는 폴더를 khu로 이름을 바꾸어 보자. 이름 바꾸기는 해당폴더이름이나 파일이름을 한번 클릭한 후 다시 한번 클릭하면 커서가 깜박이면서 이름을 바꿀 수 있도록 된다(더블클릭 아님－더블클릭을 할 경우 폴더의 경우는 폴더가 열리고 파일의 경우는 파일이 실행된다).

4) 파일 또는 폴더를 선택하는 다양한 방법

앞에서 파일이나 폴더 하나를 선택해 이동/복사하는 방법을 배웠다. 그러나 컴퓨터를 사용하다 보면 여러 개의 파일과 폴더를 한꺼번에 모두 이동/복사해야 하는 경우가 있다. 그러기 위해서 파일이나 폴더를 선택하는 다양한 방법을 알아보자.

◕ shift 키를 이용하는 방법

일렬로 나란히 놓여 있는 파일을 선택할 때는 가장 첫 번째 파일/폴더를 선택한 다음 shift키를 누른 상태에서 마지막 파일을 클릭하면 된다.

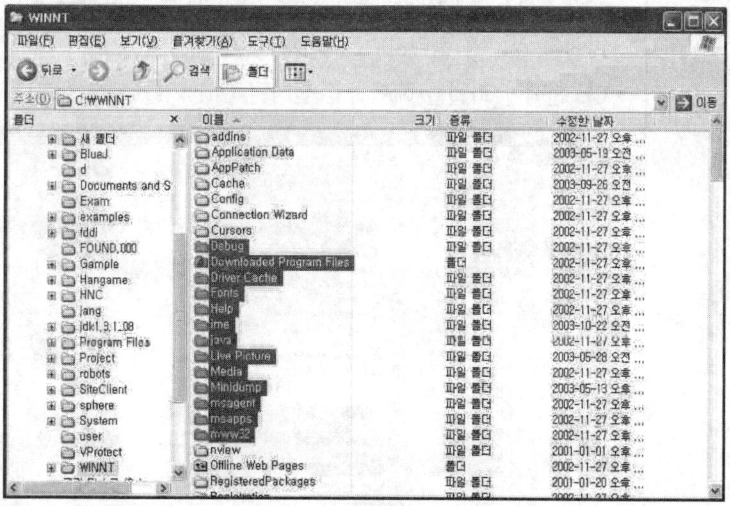

◕ 마우스를 드래그 하여 선택하는 방법

파일이나 폴더의 주변 영역을 마우스로 드래그 해보자. 희미한 파란색 영역이 생기면서 영역 안에 있는 파일이나 폴더가 선택된다.

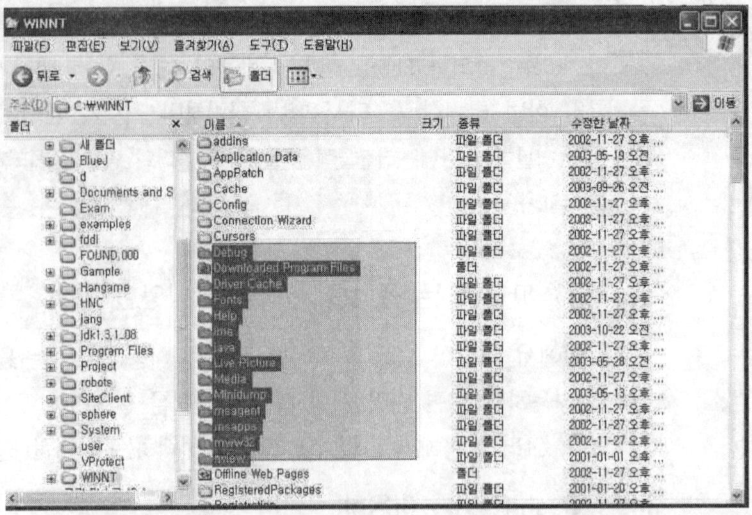

◕ Ctrl키를 이용하는 방법

여기저기 떨어져 있는 파일을 선택할 때 이용하는 방법이다. Ctrl키를 누른 상태에서 파일을 하나씩 클릭하면, 여기저기 떨어져 있는 파일 여러 개를 한꺼번에 선택 할 수 있다. 선택한 파일을 해제하고 싶다면 Ctrl 키를 누른 상태에서 해당 파일만 클릭하면 된다.

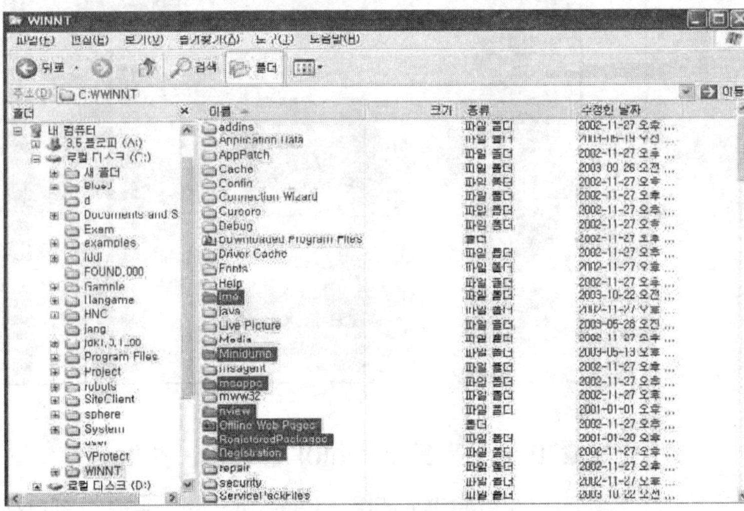

5) 필요 없는 파일 또는 폴더 삭제하기

파일이나 폴더를 삭제해야할 때 어떻게 해야 하는지 알아보자.

삭제할 파일이나 폴더에서 마우스 오른쪽 버튼을 클릭해서 나오는 빠른 메뉴에서 삭제를 클릭 한다.

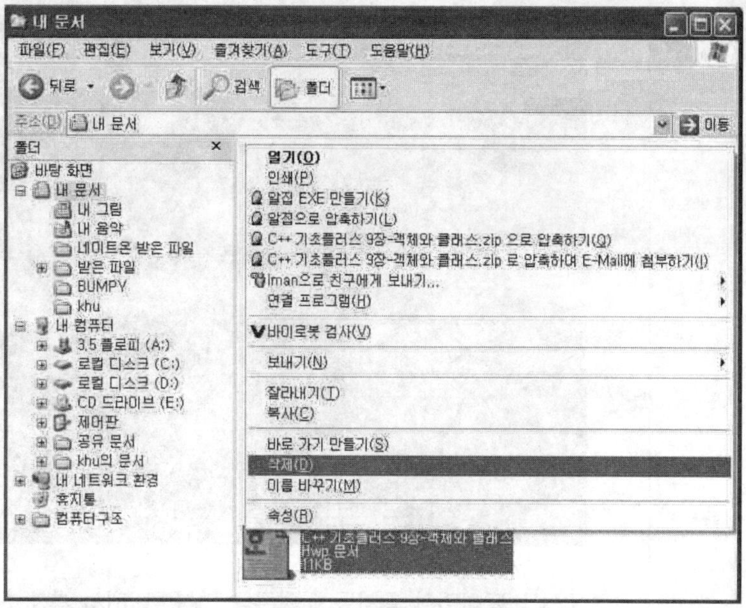

파일 또는 폴더를 휴지통에 버리겠냐는 물음에서 '예'를 선택한다.

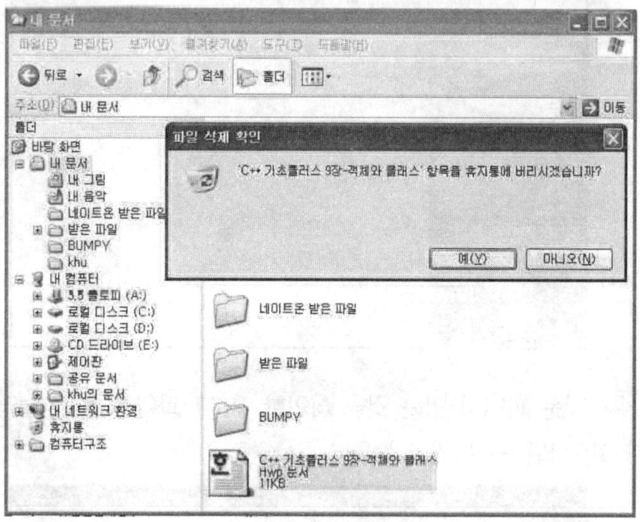

6) 삭제한 파일 또는 폴더 되살리기

윈도우 XP에서는 삭제한 파일을 완전히 없애는 것이 아니라 '휴지통'이라는 가상의 장소에 임시로 보관해 두었다가 휴지통이 꽉 차면 오래된 파일부터 완전히 삭제된다. 그래서 일단 삭제한 파일이라도 오래된 것이 아니라면 휴지통을 뒤져 다시 살려낼 수 있다.

우선 바탕화면의 휴지통 아이콘을 더블클릭해서 휴지통을 실행한다.

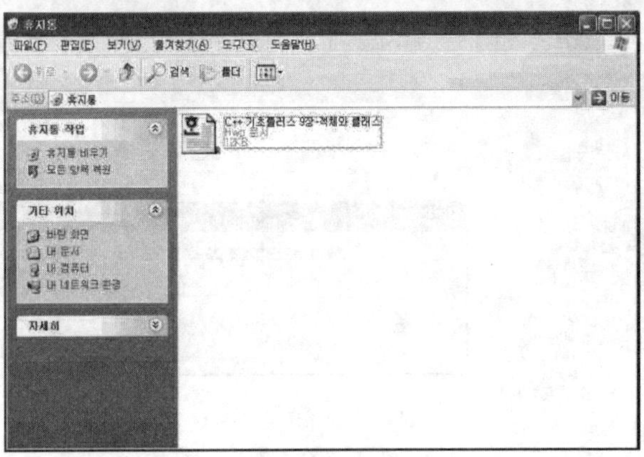

지운 파일이 있는 것을 확인한 후 그 파일을 한번 눌러 푸른색으로 표시가 되게 하고, 파일 → 복원을 누른다.

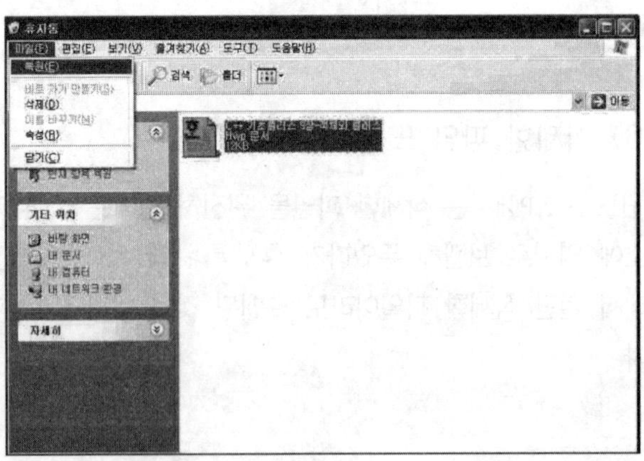

복원을 클릭하면 원래 파일이 있던 위치에 다시 보관되어 있다.

파일의 복원 말고도 그 파일에서 마우스 오른쪽 버튼으로 누른 빠른 메뉴에도 '복원'이 있다.

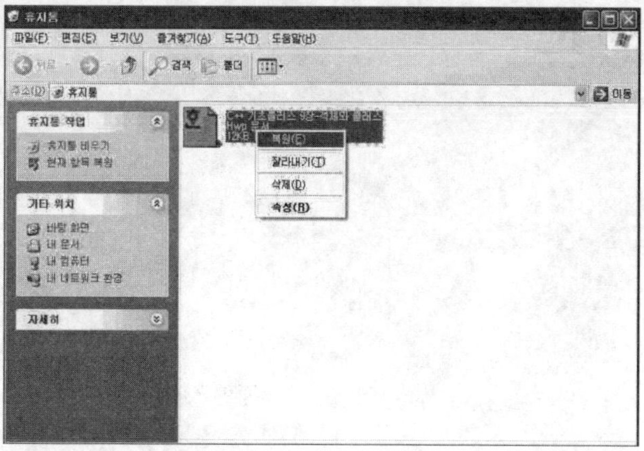

복원된 파일이 원래 저장되었던 폴더로 복원 된 것을 확인 할 수 있다.

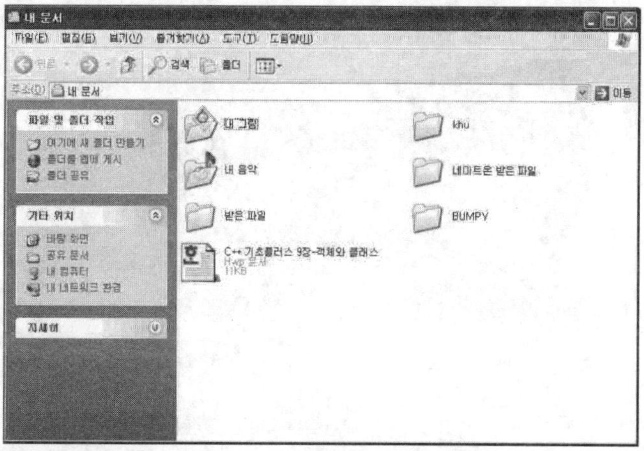

7) 완전하게 파일 삭제하기

휴지통에서조차 파일을 삭제할 때는 휴지통 비우기를 통해 하면 된다. 휴지통 비우기는 휴지통을 실행해서 파일 → 휴지통 비우기를 통해 하면 된다.

2장 나만의 Window XP

《학습목표》

본장에서는 Window XP에서 작업공간을 효율적으로 운영하고 응용소프트웨어를 추가 및 삭제할 수 있는 능력을 학습함으로서 컴퓨터 소프트웨어를 효율적으로 다룰 수 있는 능력을 배양하는데 그 목표가 있다. 또한, 멀티미디어 매체를 효율적으로 운영하고 사용할 수 있도록 함으로 다양한 멀티미디어 매체를 다룰 수 있는 능력을 배양한다.

2.1 윈도우의 작업 공간 꾸미기

2.1.1 작업 표시줄 다루기

바탕화면에 있는 작업 표시줄은 사용자의 필요에 따라 마우스로 드래그하여 바탕화면의 상하좌우로 옮길 수 있을 뿐이 아니라 두께를 조절할 수도 있다.

1) 작업 표시줄 이동

◕ 작업 표시줄의 위치 바꾸기

작업 표시줄은 바탕 화면의 아래쪽에 있는 것이 기본이지만 사용자의 필요에 따라 상하좌우 아무 곳에나 둘 수 있다. 방법은 작업 표시줄 위에 마우스 포인터를 두고 마우스 왼쪽 버튼을 누른 후 옮길 곳으로 마우스를 드래그 하면 된다.

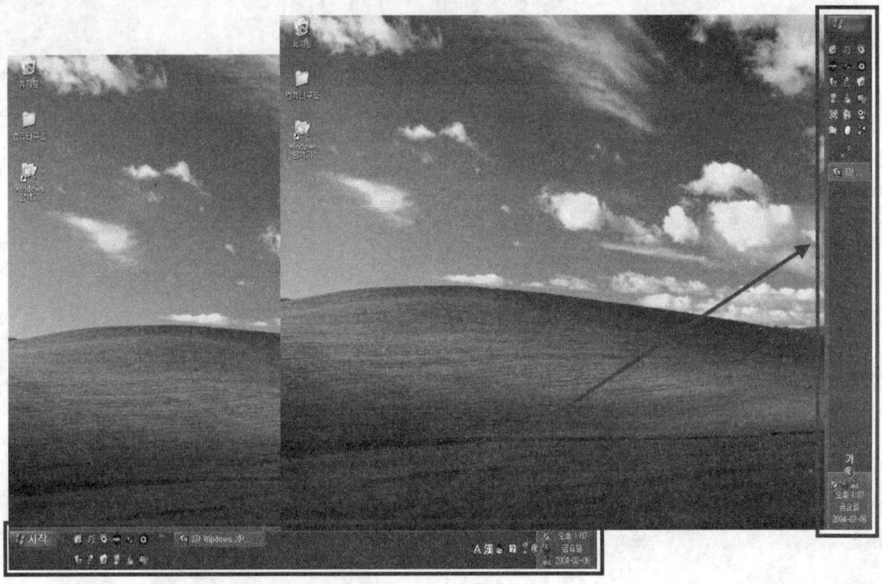

2) 작업 표시줄 두께 조절하기

작업 표시줄의 두께 조절하기 작업 표시줄이 너무 좁다고 느껴진다면 두께를 조절하자. 작업 표시줄과 바탕화면의 경계에 마우스 포인터를 가져가면 마우스 포인터 모양이 ↕로 바뀐다. 이때 마우스를 위 아래로 드래그 하면 작업 표시줄의 두께를 조절할 수 있다.

3) 작업 표시줄 자동으로 숨기기

모니터 화면이 좁은 경우에는 작업 표시줄을 평소에는 숨겨 두었다가 마우스 포인터를 가져가면 나타나도록 만들 수 있다. 작업 표시줄에서 마우스 오른쪽 버튼을 누르고 속성을 선택한다.

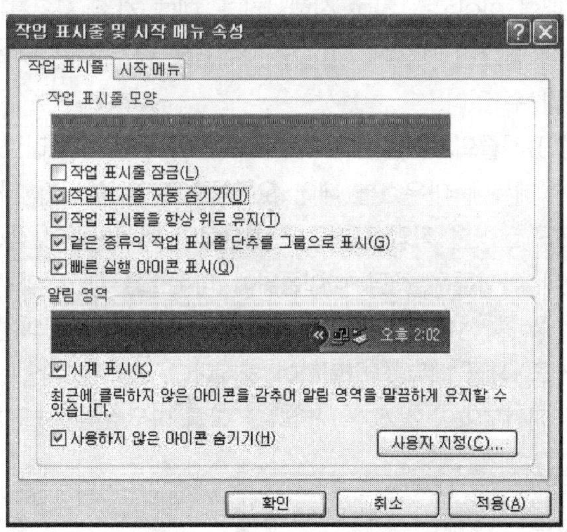

바탕화면에 작업 표시줄이 안 보인다. 마우스 포인터를 작업 표시줄 위치로 가져가면 작업 표시줄이 다시 나타난다.

2.1.2 작업 표시줄 아이콘 구성

윈도우에서 프로그램을 사용 중 다른 프로그램을 실행시키고자 할 때, 바탕화면의 아이콘을 찾아 더블클릭하거나 작업 표시줄에 있는 시작메뉴의 프로그램메뉴에서 해당 프로그램의 아이콘을 찾아 실행시킨다. 이때 자주 사용하는 프로그램의 아이콘을 작업 표시줄에 놓으면 이렇게 찾아가는 수고를 덜 수 있고 쉽고 빠르게 프로그램을 전환 실행시킬 수 있다.

작업 표시줄의 빈 공간에 마우스 오른쪽 버튼을 눌러보자. 팝업메뉴가 나타나면 "도구모음" 메뉴에 마우스를 대면 오른쪽으로 부 메뉴가 나타난다. "빠른 실행" 메뉴를 클릭하자. 그러면 작업 표시줄에 기본적인 아이콘들이 생성되어있는 것을 볼 수 있다. 불필요한 아이콘은 해당 아이콘위에 마우스를 대고 마우스 오른쪽 버튼을 클릭하면 "삭제"메뉴를 선택할 수 있다. 작업 표시줄에 있는 아이콘들의 영역을 조절하려면 "작업 표시줄 잠금"메뉴를 클릭하여 해제한다. 그러면 작업 표시줄의 아이콘 영역 양 끝 부분에 점선모양의 경계가 나타나고 이를 마우스로 드래그하여 조절하면 된다.

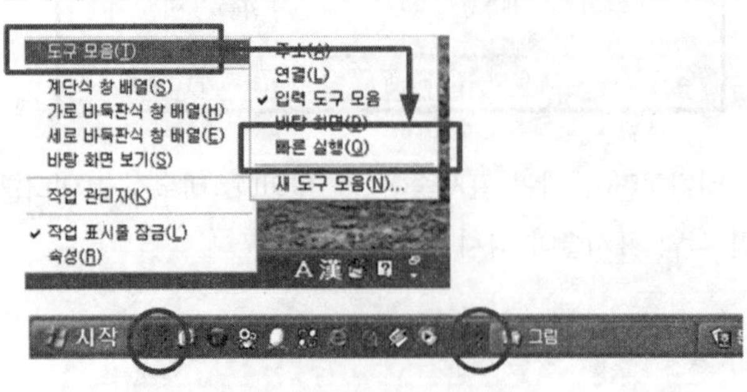

이제 자주 사용하는 프로그램 아이콘을 작업 표시줄의 아이콘에 추가하여 보자. 예를 들어 대상이 되는 프로그램 아이콘은 바탕화면에 있는 "메모장"을 선택하도록 한다. 바탕화면에 메모장이 없어도 자신이 주로 사용하는 아이콘을 선택하도록 하자.

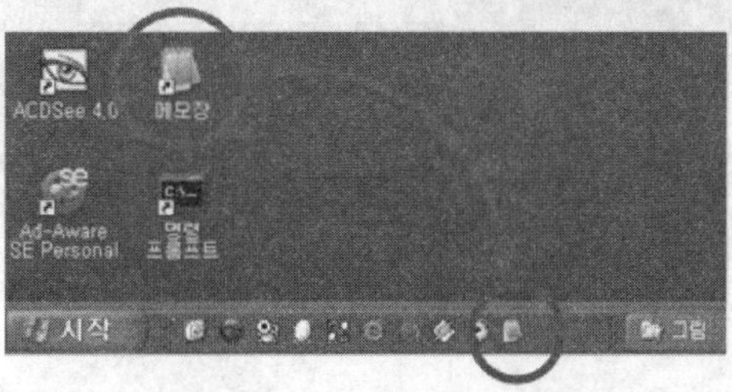

선택한 상태에서 마우스를 드래그하여 작업 표시줄의 아이콘 영역으로 끌어내린다. 그러면 선택한 아이콘(메모장)이 추가된 것을 볼 수 있다. 다음에는 메모장을 실행시키고자 할 때 작업 표시줄에 있는 메모장 아이콘을 클릭하면 바로 실행할 수 있다. 이제 구성이 모두 끝났으면 "작업 표시줄 잠금"메뉴를 선택하여 작업 표시줄의 아이콘 영역을 고정시킨다.

2.2 프로그램 추가와 삭제

2.2.1 프로그램 설치

새 프로그램을 설치하기 위해 사용자는 CD-ROM 드라이브에 프로그램 CD를 삽입한다. CD에 자동 실행 파일로 불리는 Autorun.inf가 있으면 설치 프로그램이 자동으로 시작된다.

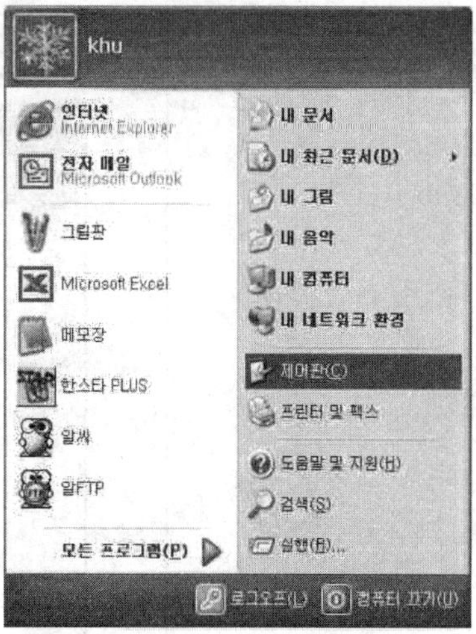

만약 CD-ROM을 삽입해도 아무런 반응이 없거나, 플로피 디스크에 저장되어 있거나, 또는 인터넷으로부터 다운로드 받은 프로그램이라면 사용자들은 다른 방법으로 프로그램을 설치해야 한다. 그 첫 번째 방법으로는 파일 관리 창에서 설치 파일이 저장된 폴더로 이동한 후, 이를 더블 클릭하여 실행한다. 또 다른 방법은 설치 파일이 어디에 있는지를 잘 모르는 초보 사용자에게 편리한 방법으로 다음과 같이 실행한다.

[시작] 버튼을 클릭한 후 메뉴에서 [제어판]을 클릭한다.

[제어판] 창에서 [프로그램 추가/제거]를 클릭합니다.

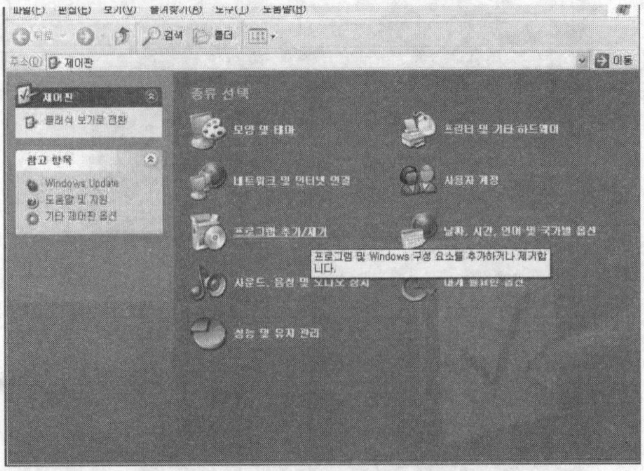

[프로그램 추가/제거] 대화상자가 나타나면 [새 프로그램 추가] 버튼을 클릭합니다.

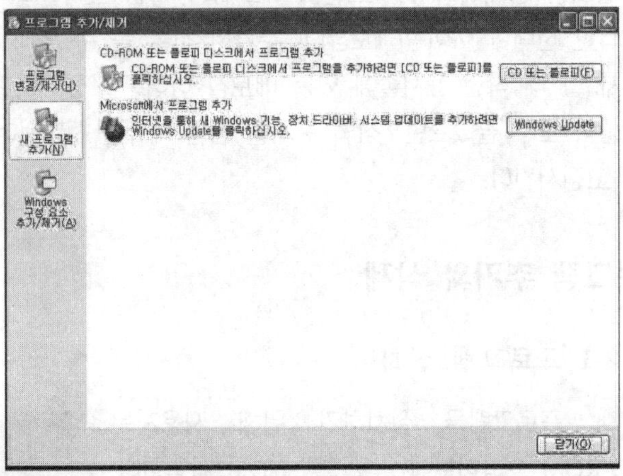

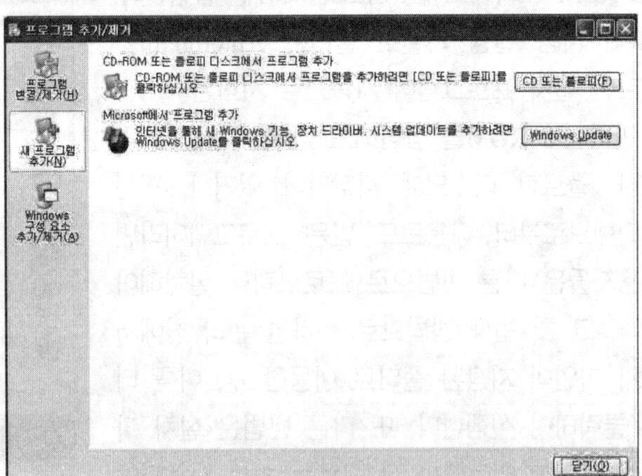

[CD 또는 플로피] 버튼을 클릭합니다.

[플로피 디스크나 CD-ROM에서 프로그램 설치]대화상자가 나타나면 설치할 프로그램이 있는 플로피 디스크나 CD롬 드라이브에 삽입한 후 [다음] 버튼을 클릭합니다.

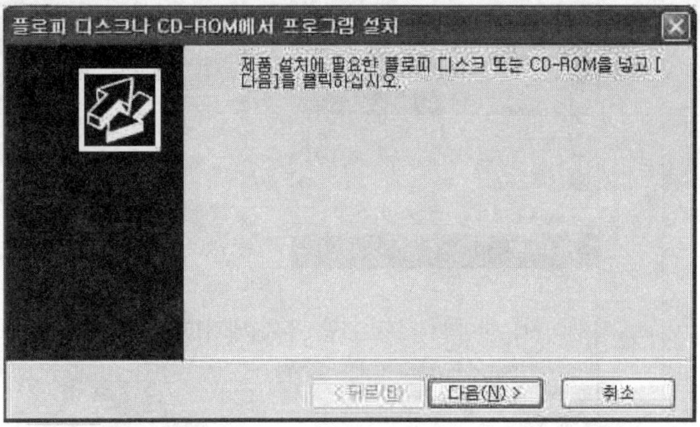

설치 파일을 찾을 수 없다면 [찾아보기]를 클릭하여 직접 설치 파일을 찾아 수동으로 설치한다.

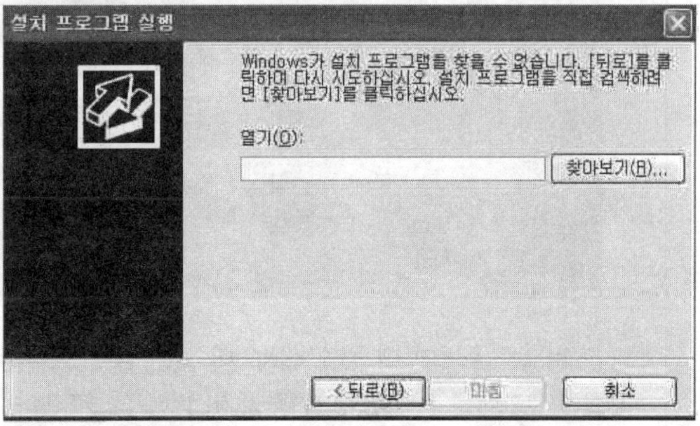

2.2.2 프로그램 삭제

윈도우가 설치된 사용자의 컴퓨터에는 윈도우와 관련하여 많은 프로그램이 설치되어 있다. 그러나 이들 중에는 설치만 해놓고 사용하지 않는 것들이 많이 있다. 그러한 프로그램들은 사용자의 디스크 공간만 차지하고 있는 아주 불필요한 것들로, 삭제 하여 디스크 공간을 확보해 놓는 것이 컴퓨터를 사용하는데 효율적이다.

[시작] 버튼을 클릭한 후 시작메뉴의 오른쪽 패널에서 [제어판]을 클릭한다.

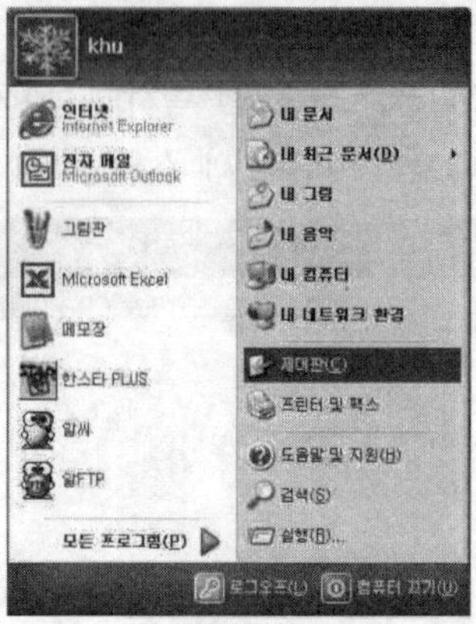

[제어판] 창에서 [프로그램 추가/제거]를 클릭한다.

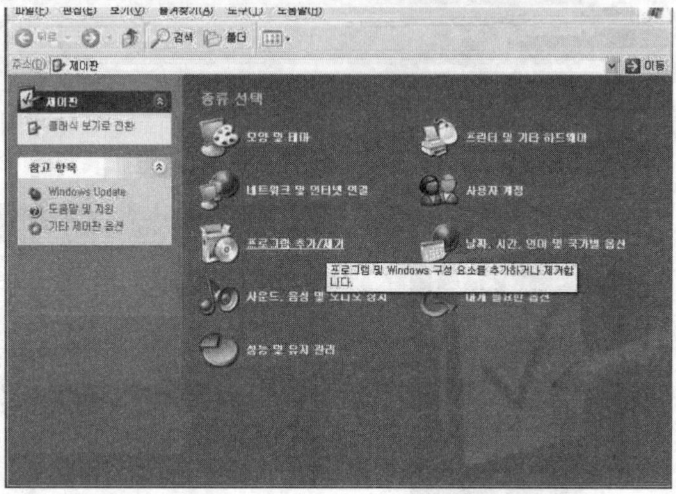

[프로그램 추가/제거] 창에 설치되어 있는 응용프로그램 목록이 나타난다. 그 중 삭제할 프로그램을 선택한 후 [변경/제거] 버튼을 클릭한다.

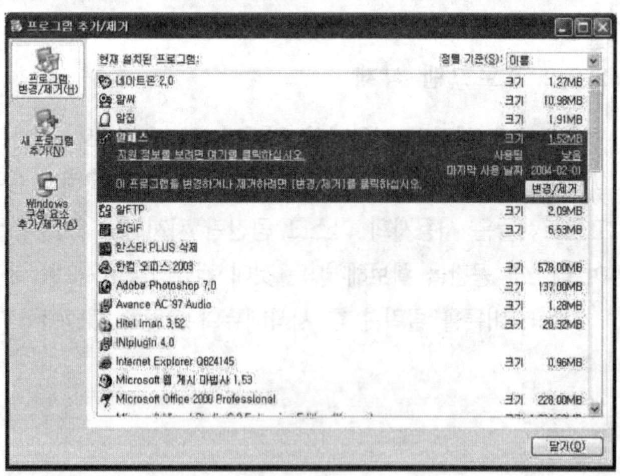

프로그램을 정말로 제거할 것인지를 확인하는 메시지 대화 상자가 나타난다. [예] 버튼을 클릭한다.

프로그램이 삭제되었다는 메시지의 대화상자가 나타난다. [확인] 버튼을 누른다.

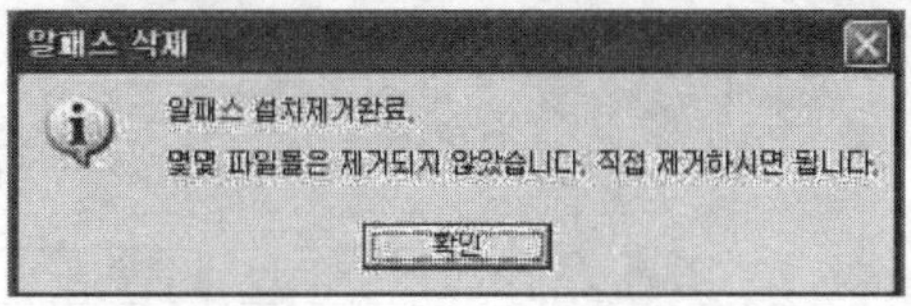

2.2.3 윈도우 XP의 구성 요소 설치/제거하기

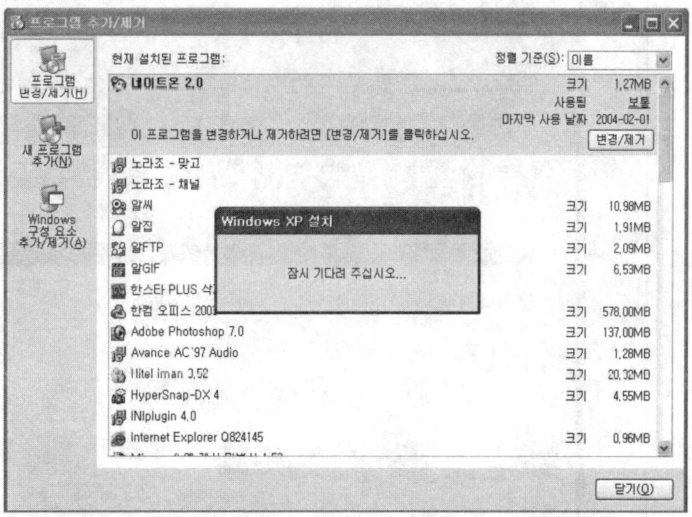

윈도우 XP를 설치할 때 윈도우 XP의 구성 요소가 모두 자동으로 설치되는 것은 아니다. 윈도우 XP를 사용하다 보면 필요한 구성 요소가 있을 때마다 추가로 설치해 사용하면 된다(구성요소 설치를 위해선 윈도우 XP시디가 필요하다).

1) 구성요소 설치하기

'제어판'에서 프로그램 추가/제거를 더블 클릭한다.

'프로그램 추가/제거'가 실행되어 창이 열리면 'Windows 구성 요소 추가/제거'를 클릭 한다.

'Windows 구성 요소 마법사' 대화상자가 열린다.

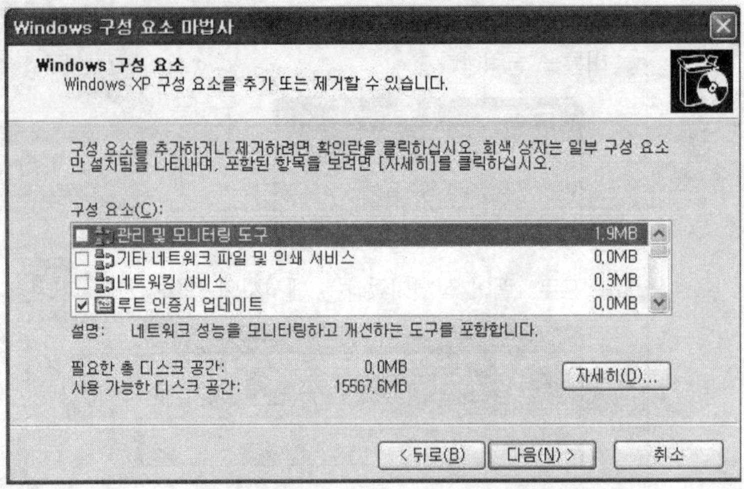

설치할 사항을 선택한다(체크박스가 흰색이면 설치가 안 된 경우이고 회색이라면 일부분 요소가 설치된 경우이다).

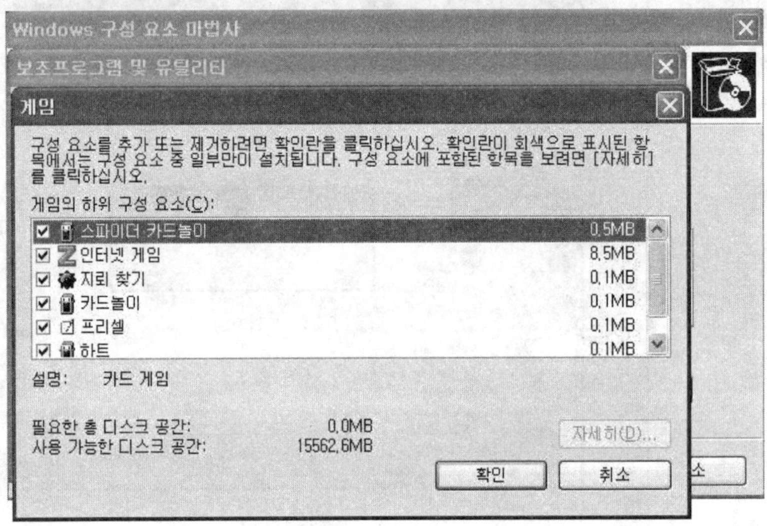

다시 'Windows 구성 요소 마법사' 대화상자가 열린다. 여기서는 <다음> 버튼을 클릭한다.

새로운 구성요소가 설치되거나, 설치되어 있던 구성요소가 제거되는 모습이 나타난다. 설치가 끝나면 <마침>을 눌러 'Windows 구성 요소 마법사'를 종료 한다.

2) 구성요소 제거하기

윈도우 XP의 구성요소를 제거하는 방법은 설치하는 방법의 1-4방법을 따라한 후 체크 표시만 없앤 다음, <확인>을 누르면 된다.

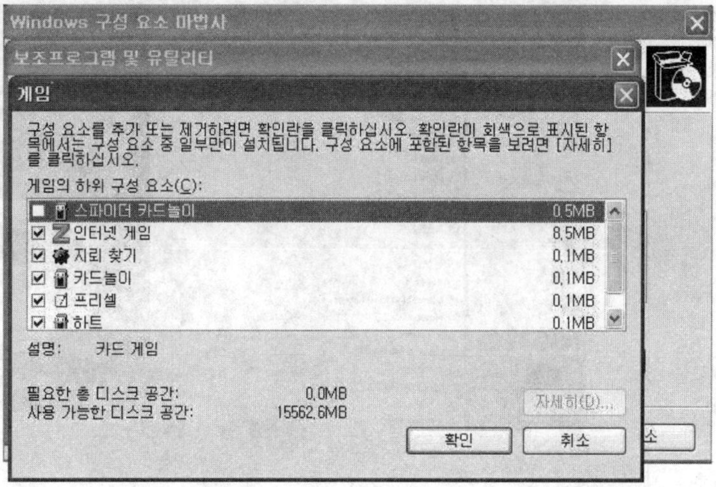

2.3 멀티미디어

멀티미디어란 다양한 형태의 미디어, 즉 시각 미디어인 문자·영상·그림과 청각 미디어인 음악·음향 등이 혼합되어 재현되는 상황을 말한다. 책으로만 볼 수 있던 소설이 영화로 만들어져 소리와 영상이 동시에 재현되는 것을 볼 수 있다.

요즘에는 컴퓨터를 이용해 문자와 그림, 동영상, 음악 등 거의 모든 미디어를 컴퓨터 파일로 만들어 재생할 수 있다. 따라서 윈도우 XP에서는 컴퓨터 사용자들이 좀 더 쉽게 다양한 멀티미디어 파일을 즐길 수 있도록 지원한다. 거의 모든 형태의 음악과 음향, 동영상 파일을 자유롭게 재생할 수 있는 '윈도우 미디어 플레이어'라는 멀티미디어 프로그램을 기본으로 포함하고 있으며, 동영상을 마음대로 편집할 수 있는 '윈도우 무비 메이커'라는 프로그램도 제공한다.

2.3.1 윈도우 미디어 플레이어

윈도우 미디어 플레이어는 오디오 CD는 물론, 각종 동영상, 사운드 등을 재생해준다. 미디어 플레이어는 이러한 기능 외에도 미디어 가이드를 제공하고 CD에서 원하는 음악을 컴퓨터로 저장할 수 있는 기능과 인터넷에서 방송되는 라디오 프로그램을 간단하고 편하게 청취할 수 있게 해준다. 또한 다양한 스킨 기능도 제공하기 때문에 사용자가 원하는 윈도우 미디어 플레이어로 꾸며 볼 수 있다.

1) 동영상 실행하기

작업 표시줄의 빠른 실행 아이콘이나 바탕화면의 아이콘 또는 시작메뉴를 통해 Windows Media Player를 실행한다.

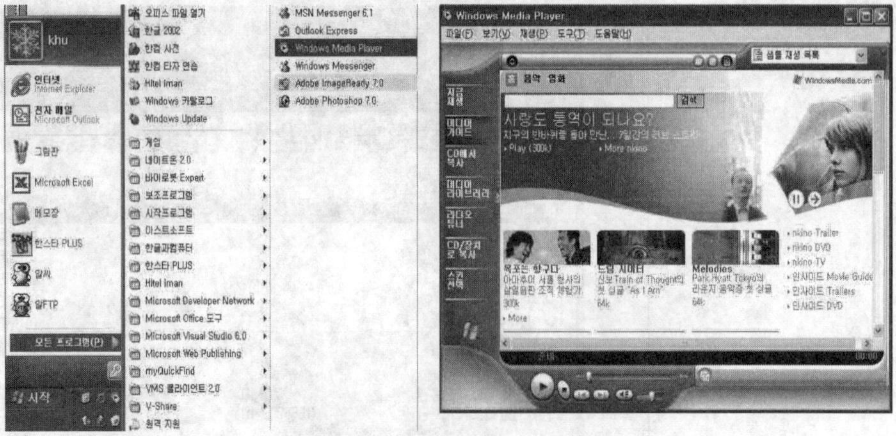

파일 → 열기 메뉴를 선택한다.

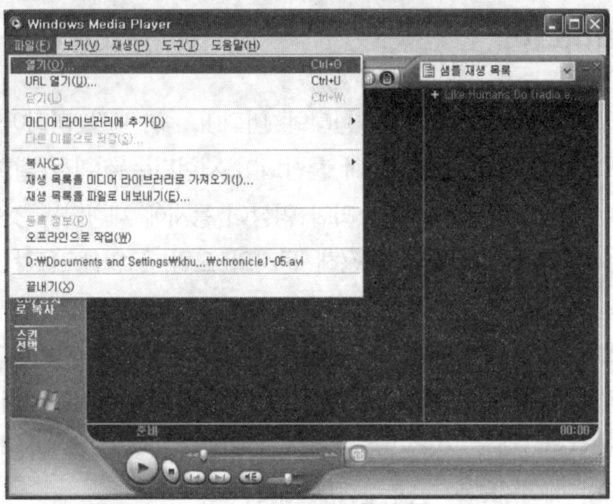

'열기' 대화상자가 나타난다. 파일이 있는 폴더를 연다.

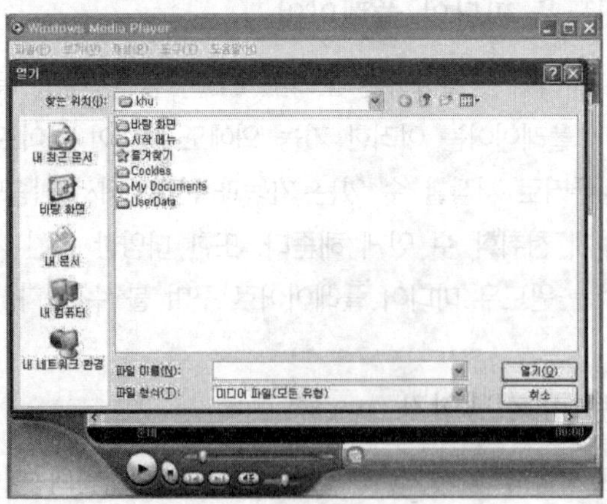

동영상 파일을 찾은 후 그 파일을 클릭한 후 열기 버튼을 누른다.

그림처럼 동영상이 실행된다. 위에는 동영상이 재생되고 화면 아래에는 영화 재생에 관련된 다양한 메뉴가 있다(직접 동영상 파일을 더블 클릭 함으로써 손쉽게 실행 시킬 수도 있다).

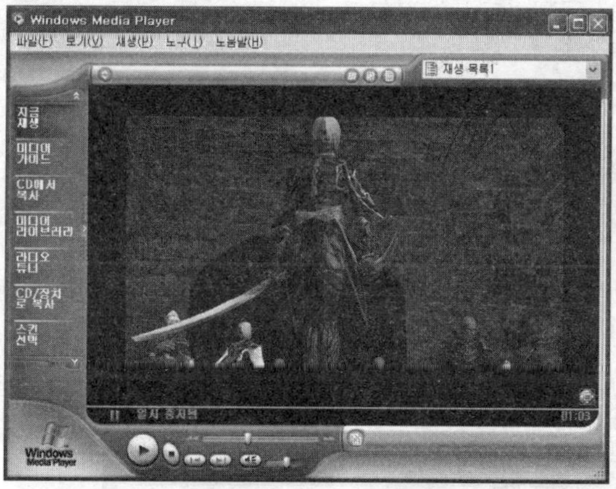

2) 오디오 CD 음악 듣기

오디오 CD를 CD-ROM 드라이브에 삽입하면 윈도우 미디어 플레이어가 자동으로 실행되면서 CD를 재생한다. CD가 재생을 시작하면 기본 설정 값으로 [지금 재생]탭이 선택되어 있다. 이 탭은 CD가 재생되는 동안 마음대로 변경할 수 있고, CD재생은 탭 변경에 상관없이 계속 된다.

왼쪽의 그림은 음악이 재생되는 동안 시각적인 효과를 보여주는 시각화 부분이고 오른쪽의 노래 제목과 재생 시간이 나와 있는 부분은 라이브러리 부분으로 CD 앨범의 노래의 재생 목록을 나타낸다. 왼쪽의 시각화 효과는 그림 아래의 아이콘으로 다른 이미지로 변경이 가능하다.

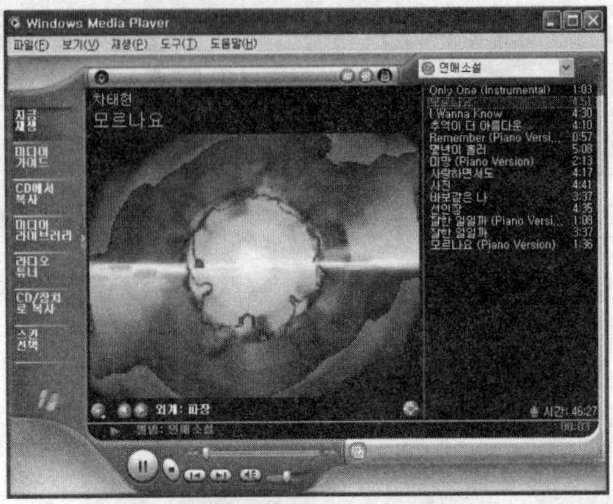

3) 미디어 가이드

미디어 가이드는 일종의 웹 사이트로 인터넷이 연결된 상태에서 실행이 가능하다 미디어 가이드에는 비디오와 관련하여 여러 컨텐츠들이 제공되고 있다. 보고 싶은 항목을 마우스로 클릭하면 관련 웹 사이트에 연결되어 윈도우 미디어 플레이어를 통해 동영상을 볼 수 있다.

4) 라디오 튜너

윈도우 미디어 플레이어를 이용하면 안테나 없이도 전 세계 모든 라디오 방송국의 방송을 들을 수 있다.

오른쪽에 장르를 누르면 방송명이 나오는데 그 방송 명을 다시 누르면 자세한 설명이 나온다.

세부 설명에서 [재생]을 클릭하면 익스플로러가 자동으로 실행되면서 홈페이지가 나타나고 잠시 후 윈도우 미디어 플레이어를 통해 선택된 방송이 재생된다.

2.3.2 녹음기

윈도우 XP의 보조프로그램 중 하나인 녹음기는 윈도우 95부터 포함되어 있던 프로그램이다. 녹음 시간이 한번에 1분으로 제한되어 있어 장시간 녹음할 경우 1분마다 녹음 단추를 다시 눌러 주어야 하는 불편함이 있지만, 간단한 인사말 정도를 녹음하는 데는 충분하다.

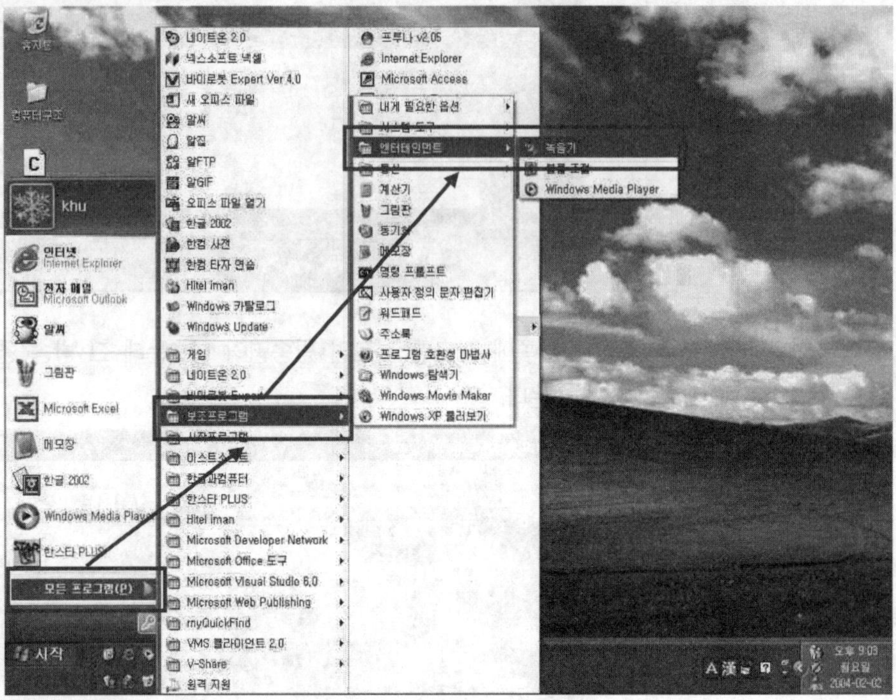

2.3.3 녹음기 실행하기

<시작> → 모든 프로그램 → 보조프로그램 → 엔터테인먼트 → 녹음기를 선택하면 녹음기가 실행된다.

녹음기가 실행된다. 녹음을 시작하려면 '녹음' 단추를 누른 다음 마이크에 대고 간단한 인사말을 한다.

녹음이 되는 동안 소리의 크기에 따라 초록색 선이 움직이는 것을 볼 수 있다.

녹음이 끝난 후 <재생> 단추를 누르면 녹음된 목소리를 들을 수 있다.

3장 Window XP 파워 유저

《학습목표》

본장에서는 Window XP에서 가장 중요한 컴퓨터 시스템을 효율적으로 관리하고 운영할 수 있는 능력을 학습하고 네트워크의 개념과 설치방법을 학습함으로서 사용자 본인의 컴퓨터를 효율적으로 관리하고 유지할 수 있도록 한다. 따라서, 본장에서는 제어판을 이용한 모니터, 마우스, 키보드설정, 디스플레이 등록정보의 설정, 시동디스크 만들기, 시스템관리하기, 네트워크설정 등을 학습한다.

3.1 제어판 알아보기

1) 제어판이란?

제어판이란 컴퓨터에 설치되어 있는 모든 하드웨어와 소프트웨어를 관할하는 공간으로, 간단하게 바탕화면의 모습을 바꾸는 것부터 컴퓨터에 설치되어 있는 하드웨어를 제어하는 기능까지 컴퓨터 사용 환경을 사용자의 취향에 맞게 변경할 수 있도록 도와주는 다양한 기능이 있다.

2) 제어판 실행하기

제어판을 실행하는 방법은 두 가지가 있다. 하나는 <시작>→<제어판>을 선택하는 방법이고, 다른 하나는 '내 컴퓨터'창에서 '제어판'을 클릭 하는 방법이다.

3) 제어판 다루기

윈도우 XP를 설치하고 제어판을 처음 실행하면 아래 그림처럼 제어판 창에 비슷한 기능끼리 묶여져서 범주별로 표시된다. 여기서 원하는 항목을 클릭하면 해당 부분을 제어할 수 있는 대화상자가 열리거나 해당 범주에 속하는 제어판 항목들이 표시된다.

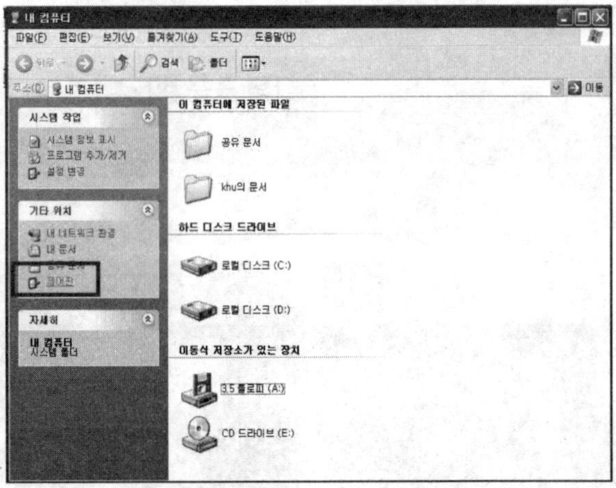

제어판의 모든 항목을 보려면 제어판 창 왼쪽에 있는 '클래식 보기로 전환'을 클릭하면 된다. '종류별 보기로 전환'을 클릭하면 원래 상태로 되돌아간다.

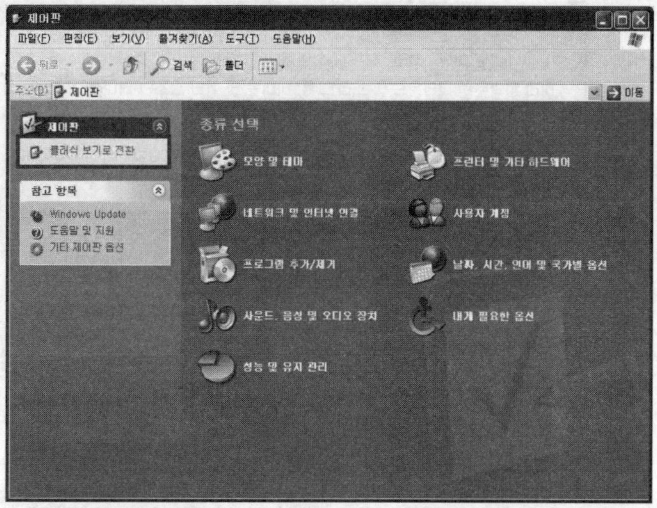

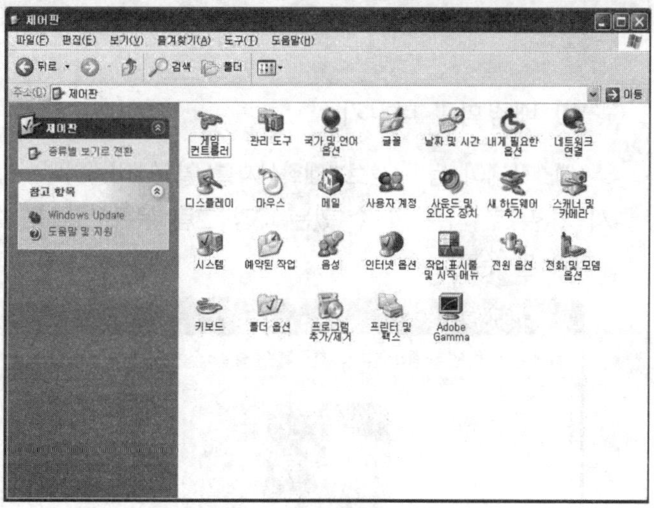

3.1.1 디스플레이 등록 정보

주변 컴퓨터 사용자들의 컴퓨터를 보면 바탕화면을 영화 포스터나 그림, 애인이나 가족사진 등으로 예쁘게 치장한 것을 볼 수 있다. 그리고 아이콘 모양이나 마우스 포인터 모양을 다양하게 바꿔 사용하기도 한다.

이렇게 윈도우 XP의 사용 환경을 다양하게 바꾸고 꾸며 주는 기능은 제어판의 '디스플레이' 항목에 담겨 있다. 제어판에서 '디스플레이' 아이콘을 더블 클릭하면 '디스플레이 등록 정보' 대화상자가 열리는데, 여기서 바탕화면의 모습과 배경 그림 등 윈도우 XP의 겉모습을 마음대로 바꿀 수 있다.

1) 배경화면 바꾸기

'디스플레이 등록 정보' 대화상자를 열고 '바탕화면' 탭을 클릭하세요. 윈도우 XP에서 기본으로 사용 할 수 있는 배경 그림 목록이 있다. 마음에 드는 그림을 선택하고 <적용>을 누른다.

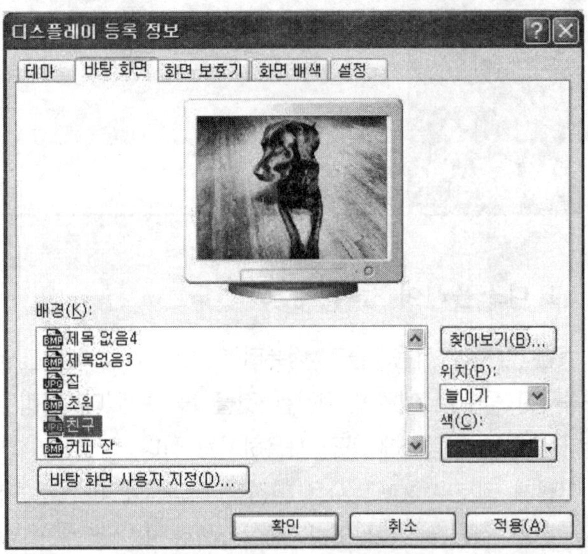

바탕화면에 배경 그림이 적용되었다. 다른 그림으로 바꿔 가면서 마음에 드는 배경 그림을 찾아보자. 끝났으면 <확인>버튼을 클릭 한다.

지정한 그림으로 배경화면이 바뀌었음을 확인할 수 있다.

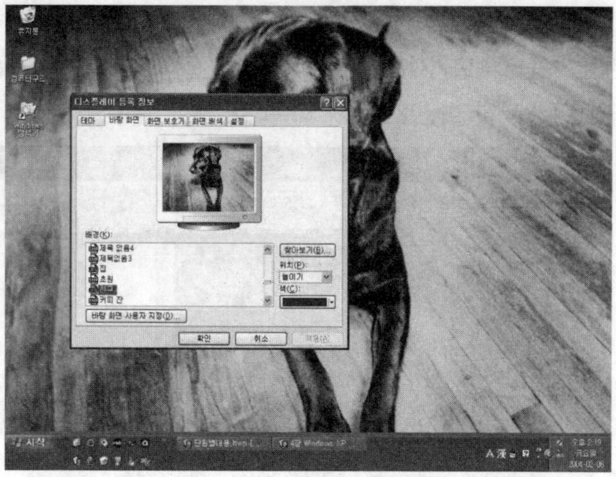

2) 화면 보호기 사용하기

컴퓨터를 켜 둔 상태에서 오랫동안 사용 하지 않아 같은 화면이 계속 모니터에 떠 있으면 모니터 수명이 단축된다. 따라서 컴퓨터를 사용하지 않는 동안 모니터 화면에 나양하게 변하는 그림을 뿌리면서 모니터를 보호하도록 만든 프로그램이 '화면 보호기'이다. 화면 보호기는 윈도우 XP에 기본으로 몇 가지 포함되어 있고, PC 통신이나 인터넷 등에서도 쉽게 구할 수 있다. 우선 윈도우 XP에 포함되어 있는 화면 보호기 사용법을 알아보자.

'디스플레이 등록 정보' 대화상자에서 화면 보호기 탭을 선택한다. 화면 보호기의 목록 단추를 누르면 윈도우 XP에서 기본으로 들어있는 화면보호기 목록이 열린다. 마음에 드는 화면보호기를 선택한다.

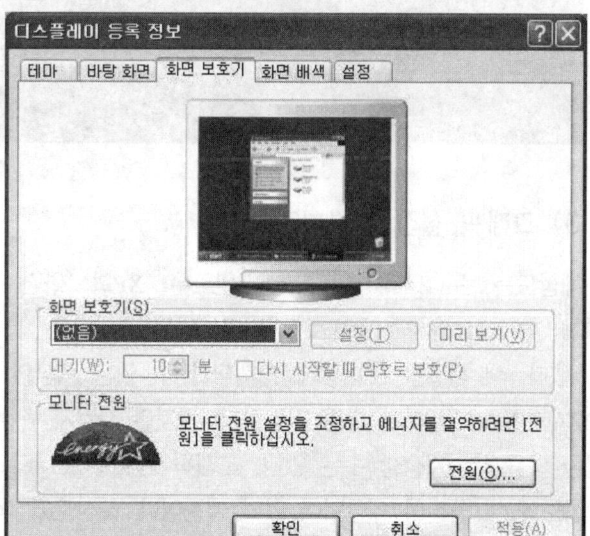

이번에는 대기 시간을 정하자. 대기시간은 컴퓨터를 사용하지 않기 시작한 때부터 화면 보호기가 실행되기까지의 시간이다. 설정을 하고 확인을 누른 후 설정된 시간동안 조작이 없으면 선택한 화면보호기가 나온다(미리보기를 선택하면 기다리지 않고 바로 볼 수 있다).

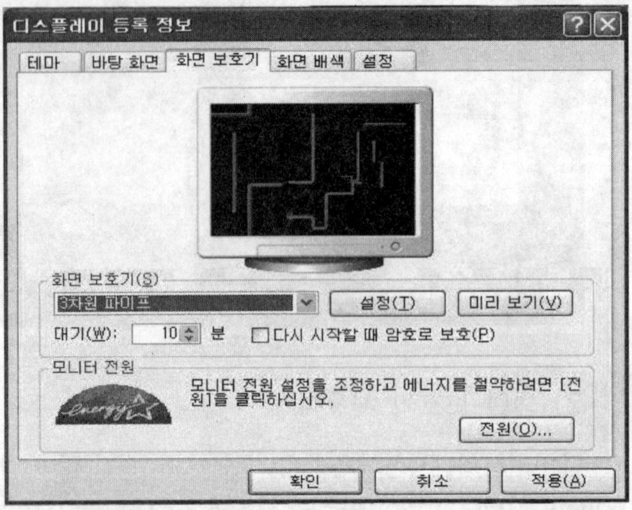

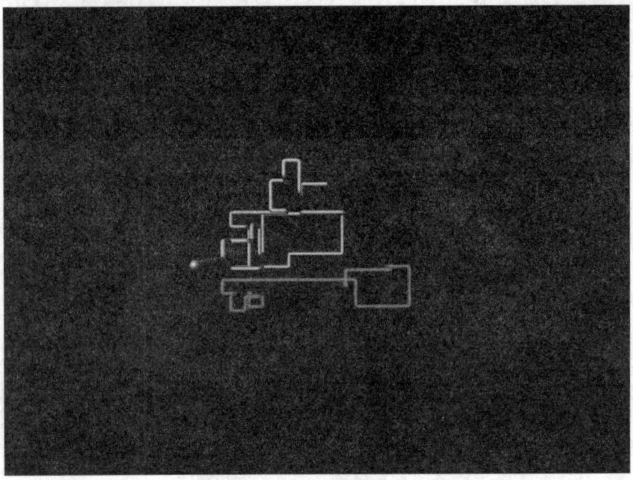

3) 그래픽 설정 변경하기

해상도는 모니터에 나타나는 윈도우 XP의 화면 크기를 말하는데 800×600, 1024×768, 1152×864 등으로 나뉜다. 해상도가 높을수록 윈도우 화면을 넓게 사용할 수 있다. 색 품질은 모니터에서 재생할 수 있는 색상의 수를 말한다. 기본 16색부터 232가지(32비트)색까지 지정 가능하다. 하지만 사용자가 원한다고 해서 해상도와 색 품질을 마음대로 지정할 수는 없다. 그래픽 카드와 모니터의 질에 따라 사용할 수 있는 해상도와 색 품질이 제한되어 있기 때문이다. 해상도와 색 품질을 높이려면 그래픽 어댑터와 모니터의 성능이 좋아야 한다.

- 해상도와 색 품질은 '디스플레이 등록 정보' 대화상자의 설정 탭에서 지정할 수 있다. '디스플레이 등록 정보' 대화상자에서 설정 탭을 선택한다.

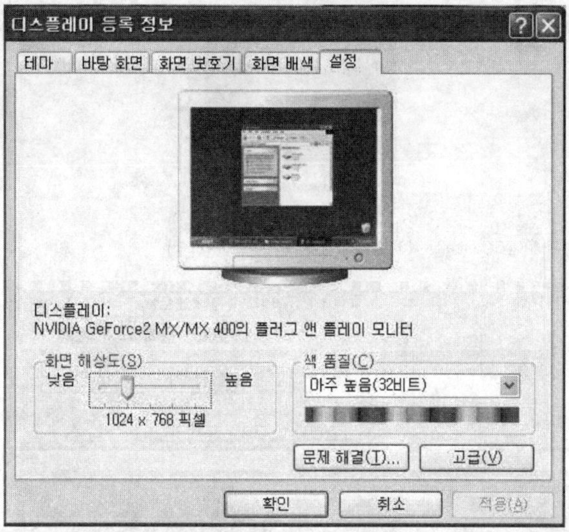

◕ 색 품질 선택하기

색 품질목록 단추( )를 누른 다음 원하는 색상수를 선택한다. 표현할 수 있는 색상수가 많을수록 모니터에 나타나는 색상은 자연색과 가까워진다.

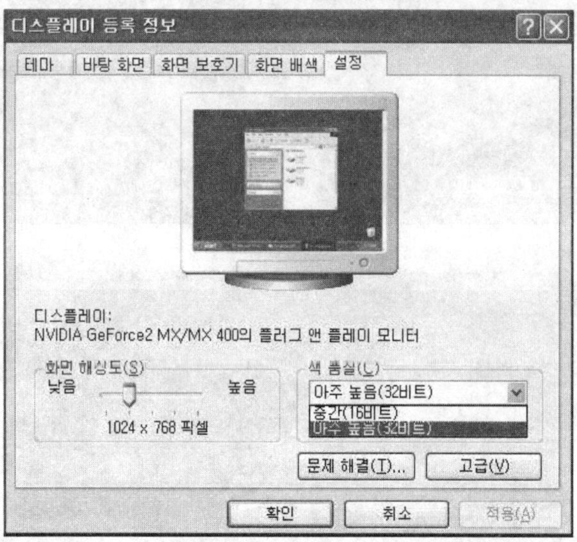

◕ 해상도 조절하기

화면 해상도의 손잡이를 드래그 하면 된다. 15인치 모니터에는 800×600을 17인치 모니터에는 1024×768을 추천한다.

원하는 해상도와 색 품질을 설정했으면 <확인> 버튼 또는 <적용> 버튼을 클릭한다.

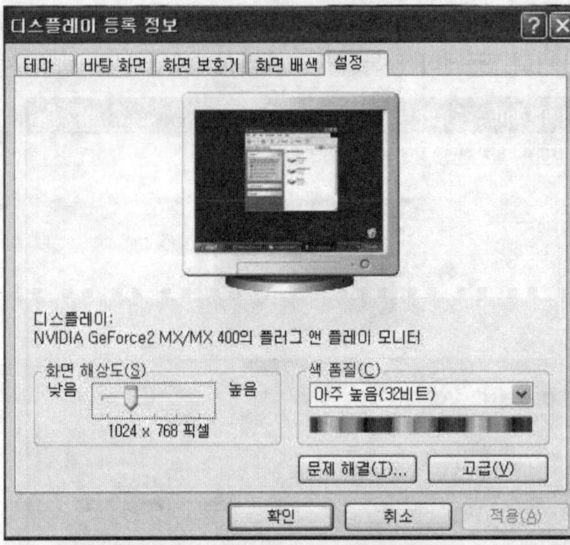

800×600

1024×768

1152×864

4) 테마 바꾸기

'테마'는 배경 그림과 아이콘, 마우스 포인터, 화면 보호기, 상황별 효과 음향 등 윈도우 XP를 구성하는 여러 요소를 하나의 테마 아래 묶어 놓은 것이다. 윈도우 XP의 겉모습을 '디스플레이 등록 정보' 대화상자에서 하나하나 꾸미는 방법이 번거롭다면 테마를 이용해 한번에 모든 구성 요소를 바꿀 수도 있다.

'디스플레이 등록정보 테마 탭'에서 윈도우 XP에 기본으로 들어있는 다양한 주제의 테마를 선택해 적용할 수 있다.

테마를 변경하면 배경 그림, 기본 아이콘과 마우스 포인터의 모양, 배경 음악 등이 한꺼번에 바뀐다. 윈도우 XP에 기본으로 들어있는 테마 말고도 인터넷 등에서 다양한 주제로 제작된 테마를 쉽게 찾을 수 있다.

'디스플레이 등록 정보' 대화상자를 열어 테마 탭을 선택한다. 테마 목록단추( )를 눌러 원하는 테마를 선택한다.

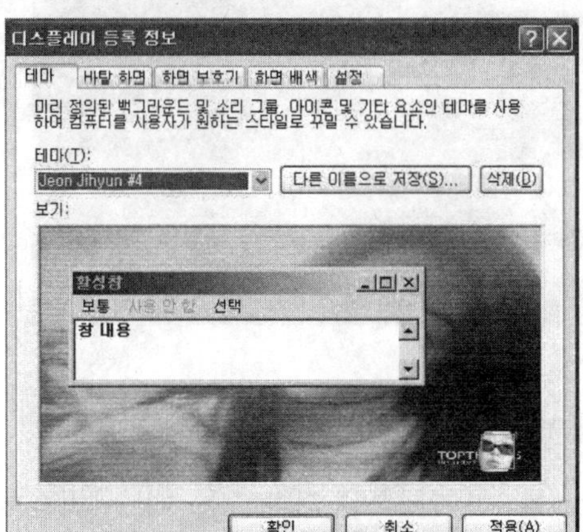

'보기' 창에 선택한 테마가 어떤 모습인지 나타난다. 테마가 마음에 들지 않으면 다시 테마 목록 단추(▼)를 눌러 다른 것은 선택하고, 마음에 들면 <적용> 버튼을 클릭한다. 만일 테마를 적용하지 않으려면 <취소> 버튼을 클릭 하여 종료한다.

그림처럼 바탕화면에 테마가 적용된다. 창, 아이콘, 마우스 포인터, 화면보호기의 모양을 각각 살펴보자. 모두 바뀌어 있을 것이다. 뿐만 아니라 창을 닫거나 열 때 들리는 소리 또한 바뀐다. 설정이 끝나면 <확인>을 클릭 하여 '디스플레이 등록 정보' 대화상자를 닫는다.

이전 상태로 되돌리려면 테마 목록에서 예전에 사용하던 테마를 선택하고 <적용> 단추를 클릭하면 된다. 그리고 아예 테마를 적용하지 않으려면 테마 목록에서 'Windows XP'를 선택하면 된다.

3.1.2 하드웨어 설치/제거하기

완제품 컴퓨터를 구입한 경우 이미 모든 하드웨어가 컴퓨터에 설치되어 있기 때문에 사용자가 하드웨어를 직접 설치하는 일은 드물다. 하지만 컴퓨터를 사용하다 보면 어떤 하드웨어에 문제가 있어 새 것으로 업그레이드하거나, 컴퓨터를 구입할 때 설치하지 않았던 새로운 종류의 하드웨어를 설치하고 사용할 수 있도록 설정하는 과정을 알아두면 컴퓨터를 사용하면서 여러모로 도움이 될 것이다.

◕ Plug & play(PnP)기능으로 하드웨어 설치하기

Plug & play기능은 윈도우 95부터 포함된 기능으로, '꽂기만 하면 작동한다'라는 뜻이다. 새로운 하드웨어를 장착하고 컴퓨터를 새로 부팅하면 윈도우가 자동으로 해당 하드웨어를 인식하고 필요한 설정 과정을 안내한다.

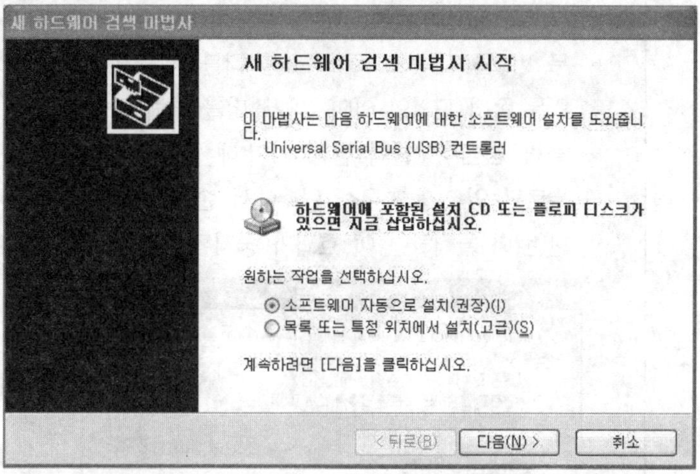

제어판에서 '새 하드웨어 추가'로 하드웨어를 추가로 설치하기 윈도우 XP가 출시된 후에 새로 개발된 최신 하드웨어나 최근에는 거의 사용하지 않는 낡은 하드웨어를 컴퓨터에 장착한 경우에는 플러그 앤 플레이 기능이 제대로 작동 하지 않을 수도 있다. 이런 경우에는 윈도우 XP의 제어판에서 '새 하드웨어 추가'를 더블 클릭하면 '하드웨어 추가 마법사'가 실행된다. '하드웨어 추가 마법사'에서 안내하는 내용을 잘 읽어 보면서 필요한 설정을 마치면 된다.

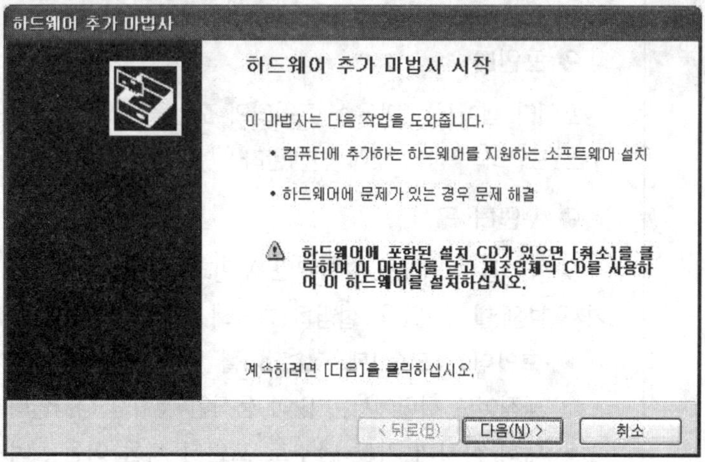

3.1.3 마우스 포인터의 모양을 바꾸거나 속도 조절하기

마우스 포인터의 모양이 마음에 들지 않거나 마우스가 너무 민감하게 움직여 작업하기 힘들다면 제어판에서 '마우스'를 실행해 마우스 설정 사항을 조절하면 된다.

제어판을 실행한 다음 '마우스' 아이콘을 더블 클릭한다.

▸ 단추 구성 : 오른손잡이용 또는 왼손잡이용으로 마우스를 설정할 수 있다. '오른쪽 단추와 왼쪽 단추 기능 바꾸기'에 체크하면, 왼손잡이용으로 마우스가 설정되어 마우스의 오른쪽/왼쪽 단추의 용도가 반대로 바뀝니다.

▸ 두 번 클릭 속도 : 마우스를 더블 클릭 할 때 클릭 간격을 조절할 수 있다. 옆에 있는 폴더 모양의 아이콘에서 더블 클릭 연습을 할 수 있다.

▸ 클릭 잠금 : '클릭 잠금 켜기'에 체크 하면 마우스 왼쪽 단추를 일정 시간 동안 누르고 있으면 마우스 단추에서 손을 떼어도 계속 누르고 있는 효과가 나타난다. 한번 더 클릭하면 이 효과가 중지된다.

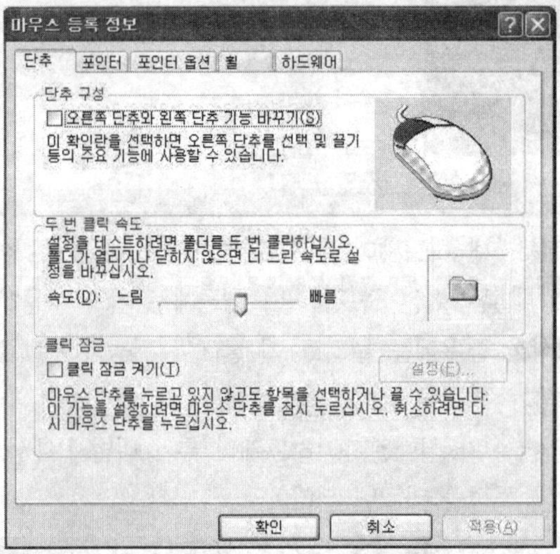

◕ 포인터

포인터 탭에서는 마우스 포인터의 모양을 바꿀 수 있다. 구성표에서 마음에 드는 마우스 포인터 구성을 찾아 선택한다.

◕ 포인터 옵션

포인터 옵션 탭에서는 마우스 포인터 속도와 사용자의 편의를 위한 추가 기능을 몇 가지 설정 할 수 있다. 설명을 참고해 사용할 항목에 체크 하면 된다.

▸ 포인터 속도 선택 : 손잡이를 '빠름' 쪽으로 가져가면 마우스를 실제로 조금만 움직여도 화면에서는 많이 움직인 것처럼 나타난다.

▸ 대화 상자의 기본 단추로 포인터 자동 이동 : 여기에 체크하면 새로운 창이 뜰

때 <확인> 또는 <취소>와 같은 단추 위로 마우스 포인터가 자동으로 옮겨진다.

- ▶ 포인터 자국 표시 : 여기에 체크하면 마우스를 움직일 때 그 자취가 별똥별이 지나간 것처럼 나타난다.
- ▶ 입력할 때는 포인터 숨기기 : 여기에 체크하면 키보드로 내용을 입력하는 동안에는 마우스 포인터가 보이지 않는다.
- ▶ Ctrl키를 누르면 포인터 위치 표시 : 여기에 체크하면 ctrl키를 눌렀을 때 마우스 포인터가 어디 있는지 알려 준다.

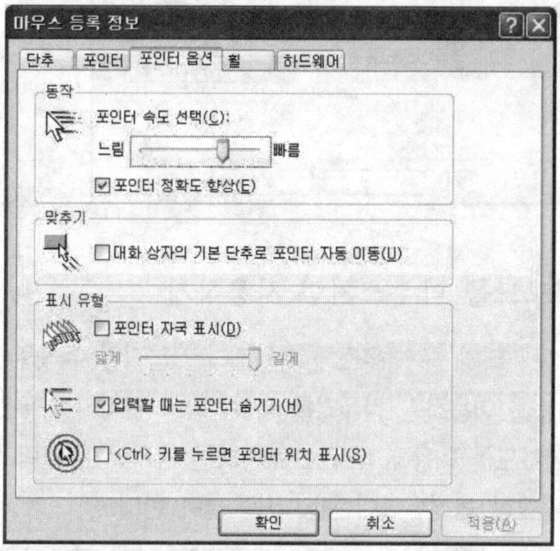

◕ 마우스 포인터 변경하기

원한다면 특정 마우스 포인터의 모양만 다른 모습으로 바꿀 수 있다.

① '마우스 등록정보' 대화상자의 포인터 탭에서 '사용 중'을 선택하고 <찾아보기>를 누른다.

② '찾아보기' 대화상자가 열리면 C:\WINDOWS\CURSORS폴더를 연다. 윈도우 XP에서 지정할 수 있는 각종 마우스 포인터가 보인다. 마음에 드는 커서를 클릭하고 <확인>을 누른다.

③ '마우스 등록정보' 대화상자에서 <확인>을 누르면 작업할 때 모래시계 대신 선택한 아이콘이 나타난다.

④ 원래 상태로 되돌리려면 '마우스 등록정보' 대화상자의 포인터 탭에서 <기본값 사용>을 클릭하면 된다.

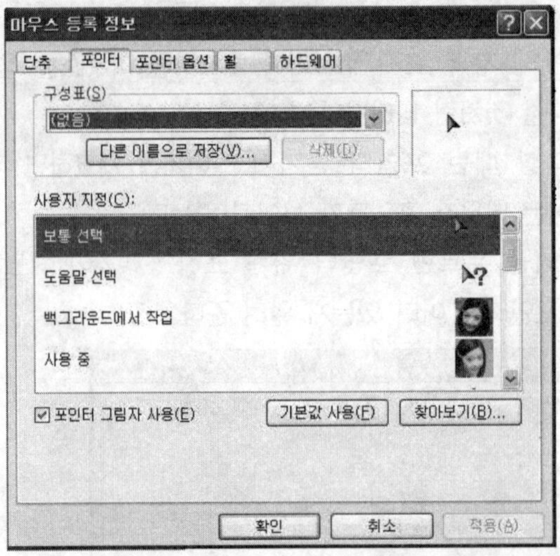

3.1.4 키보드를 마우스처럼 사용하기

마우스 포인터가 꼭 마우스를 사용해야만 움직일 수 있는 것은 아니다. 윈도우 XP의 마우스키 기능을 이용하면 컴퓨터를 사용하다가 갑자기 마우스가 고장 나서 사용할 수 없게 된 경우 키보드를 이용해 마우스 포인터를 움직이고, 클릭 더블, 클릭 등을 할 수 있다.

'내게 필요한 옵션' 아이콘을 더블 클릭 한다.

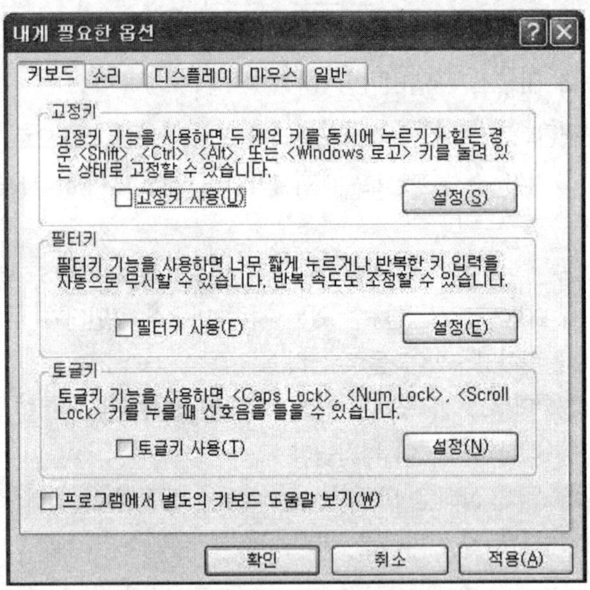

'내게 필요한 옵션' 대화상자가 열리면 마우스 탭에서 '마우스키 사용'에 체크하고 <확인>을 클릭 한다.

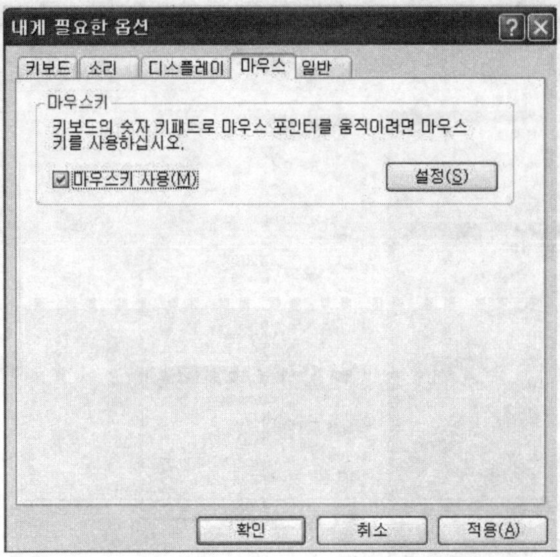

작업 표시줄의 시스템 트레이에 '마우스 키' 아이콘이 생긴다.

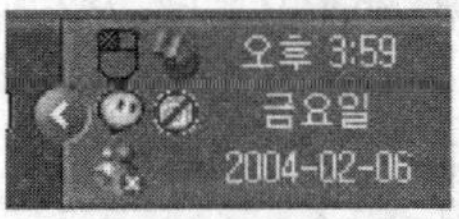

마우스 키가 활성화 된 다음 키보드의 오른쪽에 위치해 있는 키패드를 누르면 마우스 포인터가 움직인다.

3.2 시스템 관리

윈도우 XP에는 시스템을 안정적으로 운영하고, 문제가 생겼을 때 손쉽게 복원할 수 있는 기능이 담겨 있다.

3.2.1 비상시를 대비하여 시동디스크 만들기

컴퓨터를 사용하다 보면 갑자기 문제가 생겨 컴퓨터가 부팅조차 되지 않는 경우가 있다. 이런 경우를 대비해 시스템 부팅에 필요한 정보를 플로피 디스크에 담아 둔 것을 시동 디스크라고 한다. 비상시에 시동 디스크가 있다면 일단 컴퓨터를 부팅할 수 있는 것이다. 컴퓨터가 아무 문제없이 잘 작동되고 있을 때 미리 미리 시동 디스크를 만들어 놓는 것이 좋다. 시동 디스크는 탐색기나 내 컴퓨터에서 플로피 디스크를 포맷하면서 만들 수 있다.

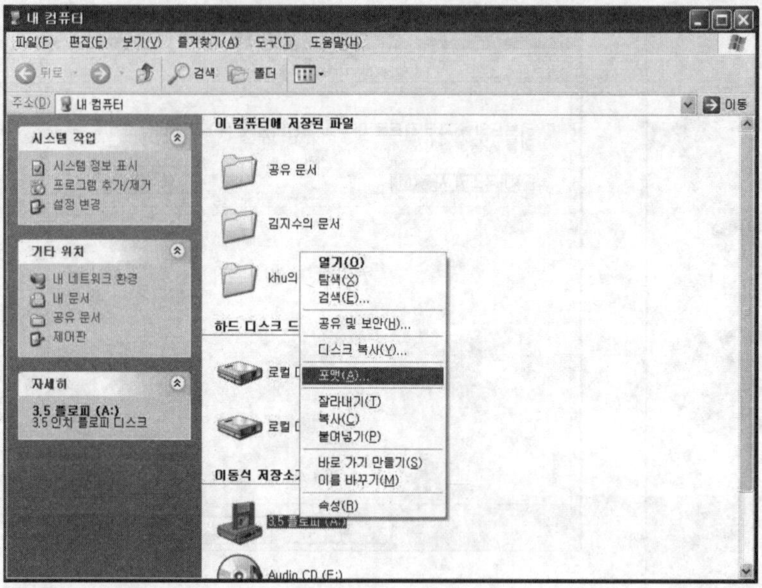

디스켓을 넣고 포맷을 누르면 위에 창이 뜨는데 거기에서 MS-DOS 시동 디스크 만들기에 체크를 하고 시작을 누르면 포맷 후 시동 디스크가 자동으로 작성된다.

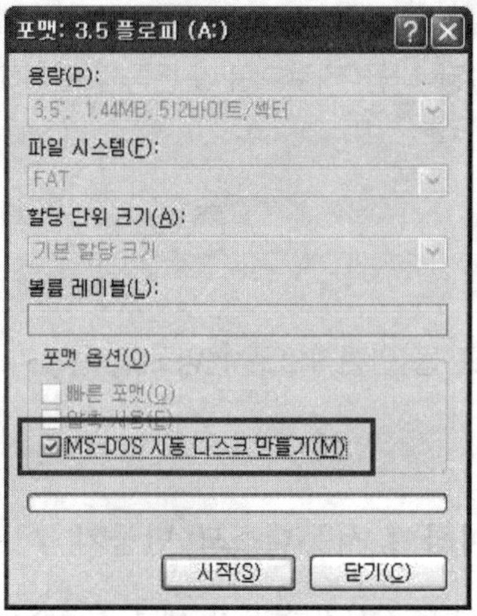

3.2.2 시스템 관리하기

1) Windows 작업 관리자

컴퓨터의 속도가 급격하게 느려지거나 프로그램이 다운되어 작업을 할 수 없을 경우가 종종 있는데, 이런 경우에는 Windows 작업 관리자를 실행해 자원을 많이 차지하는 프로세스(Process)를 끝냄으로써 정상적인 상태로 되돌아 갈수 있다.

작업 관리자를 실행하기 위해서는 Ctrl + Alt + Delete 키를 동시에 클릭 한다.

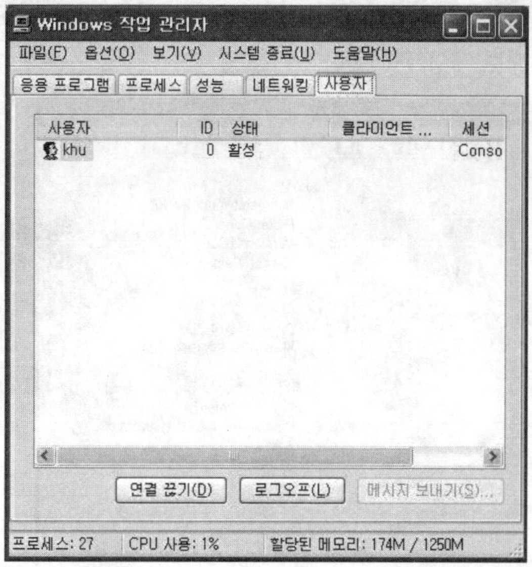

응용 프로그램이나 프로세스를 강제로 종료하기 위해서는, 응용 프로그램은 응용프로그램 탭에서 프로세스는 프로세스 탭에서 해당 프로그램이나 프로세스를 클릭한 후 <작업 끝내기> 버튼이나 <프로세스 끝내기> 버튼을 클릭 한다.

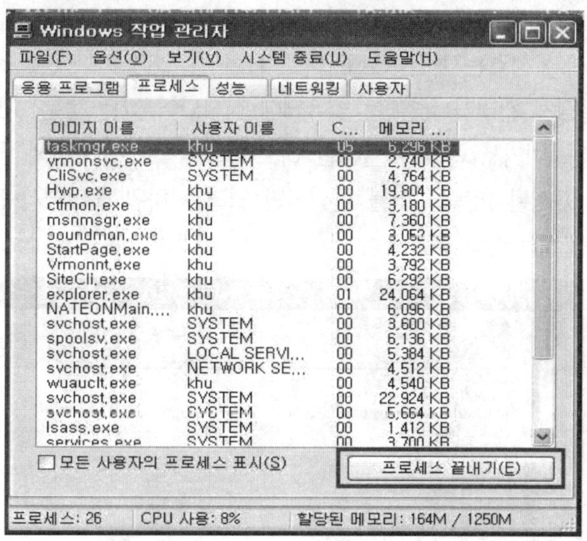

작업 관리자에서는 시스템의 자원 관리를 위해 CPU, 메모리, 네트워크의 사용 상태를 확인해 볼 수 있으며 현재 여러분의 컴퓨터에 접속되어 있는 사용자가 누구인지도 알 수 있다.

2) 시스템 등록 정보

컴퓨터를 사용하다 보면 컴퓨터 본체에 문제가 생기는 경우도 있지만 각종 주변 장치에서 문제가 생기기도 한다. 컴퓨터에 장착된 각종 하드웨어에 관련된 정보는 '시스템 등록 정보'에서 관리한다.

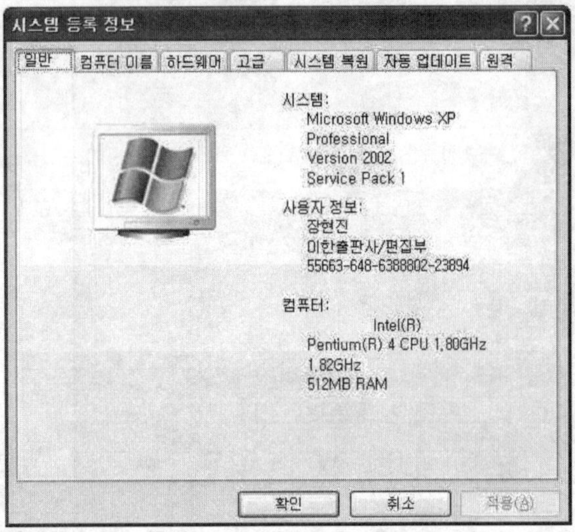

시스템 등록 정보는 제어판에서 시스템을 선택하던지, 바탕화면의 '내 컴퓨터' 아이콘에서 오른쪽 마우스 버튼 클릭 후 '등록 정보'를 선택하면 된다.

'시스템 등록 정보'의 하드웨어 탭에서 <장치 관리자>를 클릭하면 어떤 하드웨어에 문제가 생겼는지 살펴보고 바로 잡을 수 있다.

'장치 관리자' 창에는 컴퓨터에 장착되어 있는 모든 하드웨어에 관련된 정보를 보여준다. 여기서 문제가 발생한 하드웨어 목록에는 노란색 물음표가 표시된다. 이 물음표로 표시된 항목을 더블 클릭하면 열리는 하위 폴더에서 노란색 느낌표가 있는 장치를 더블 클릭한다.

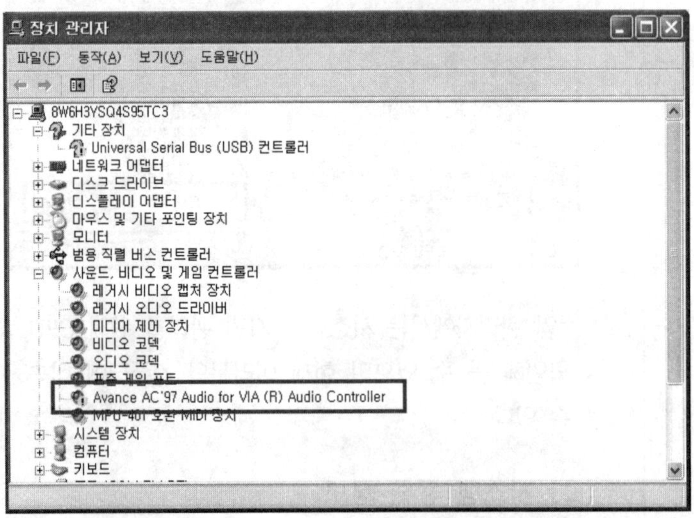

더블 클릭한 하드웨어에 대한 등록정보 대화상자가 나타난다. 일반 탭의 '장치 상태'란을 보면 장치의 상태를 확인 할 수 있다.

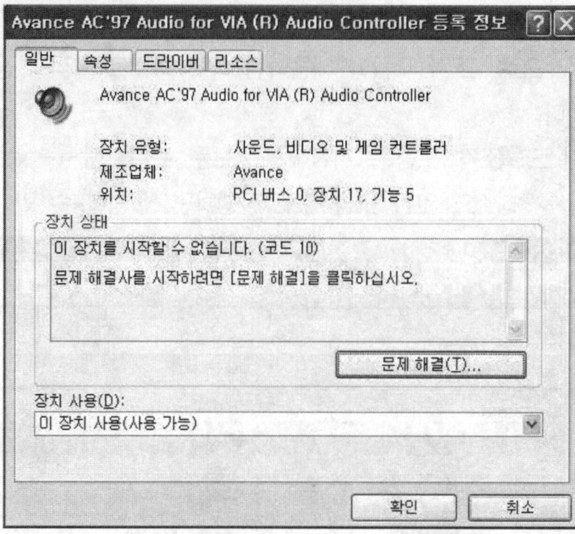

만약 문제 발견 시에는 <문제해결> 버튼을 클릭하여, 문제를 수정하고 나면 다음 그림과 같이 느낌표가 사라지게 된다.

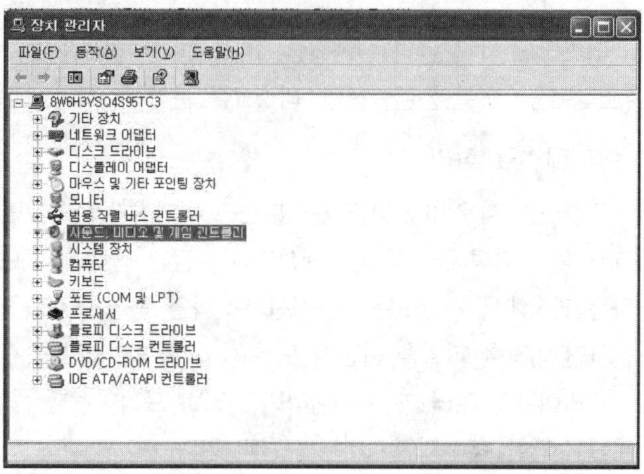

3) 하드 디스크 최적화하기

① 디스크 조각 모음

디스크 조각 모음이란 하드 디스크에 널리 흩어져 있는 파일을 일정하게 배열해 주는 것을 말한다. 하드 디스크에 파일이 저장될 때는 차례로 저장되는 것이 아니라 하드 디스크의 빈 공간을 여기저기 채우면서 저장된다. 이렇게 흩어져 있는 파일을 읽기 위해 하드 디스크 표면을 읽는 헤드(하드 디스크 표면에서 데이터를 읽는 장치)는 많이 움직여야 하므로 필요한 파일을 찾는 속도가 느려진다. 이러한 문제를 해결해 주는 것이 디스크 조각 모음이다.

조각 모음을 하지 않는다고 당장 컴퓨터에 직접적인 문제가 생기는 것은 아니지만 주기적으로 조각 모음을 해준다면 하드 디스크 최적의 상태로 유지하는 데 도움이 될 것이다.

디스크 조각 모음은 시작에서 <모든 프로그램>→<보조 프로그램>→<시스템 도구> →<디스크 조각 모음>으로 진행하면, 실행할 수 있다.

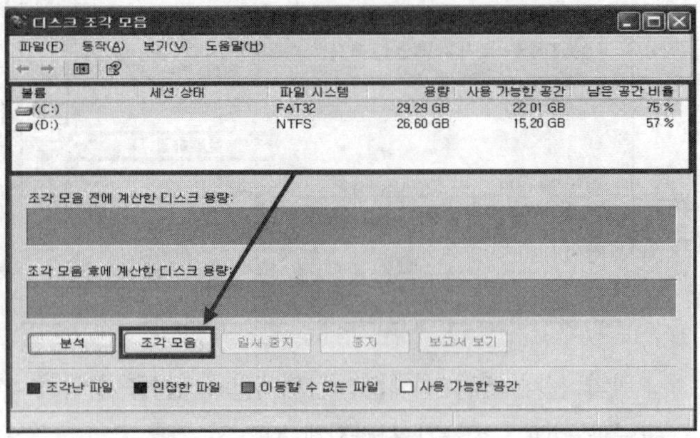

디스크 조각 모음이 실행되면 조각 모음을 하고자 하는 드라이브(볼륨)를 선택한 후 <조각모음> 버튼을 클릭하면, 디스크를 분석 후 자동으로 조각모음을 실행한다.

② 디스크 정리

컴퓨터를 사용하다 보면 하드디스크 여기저기에 쓸모없는 파일이 쌓이게 된다. 프로그램 설치 과정에서 임시로 생성되어 저장된 템포러리(Temporary)파일과 인터넷을 사용하는 과정에서 저장되는 임시 인터넷 파일 등을 예로 들 수 있다. '디스크 정리'를 이용하면 이러한 파일을 한번에 모두 삭제 할 수 있다.

드라이브가 여러 개 존재한다면 정리할 드라이브를 묻는다. 정리하고자 하는 드라이브를 선택한 후 <확인> 버튼을 클릭 한다.

삭제할 파일의 종류를 선택해서 <확인> 버튼을 클릭한다.

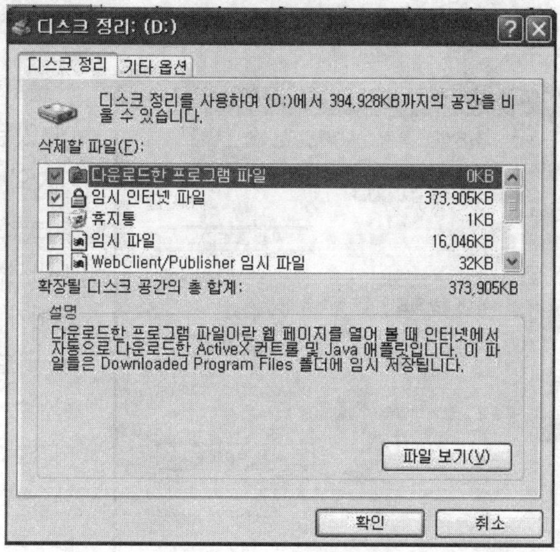

- **다운로드한 프로그램 파일** : 웹 페이지를 열어 볼 때 인터넷에서 자동으로 다운로드한 ActiveX컨트롤 및 Java 애플릿 파일들이 여기에 속한다.
- **임시 인터넷 파일, 오프라인 웹 페이지** : 자주 드나드는 웹 페이지를 나중에 빨리 볼 수 있도록 웹 페이지를 구성하는 그림파일, HTML파일 등을 말한다. 이 파일들을 지워도 컴퓨터를 사용하는 데는 지장 없다.
- **휴지통** : 컴퓨터에서 삭제한 파일이 들어 있다. 휴지통을 비우면 이 파일들은 영구적으로 복구 할 수 없다.
- **임시 파일** : 응용 프로그램이 설치되는 과정이나 작업하다가 임시로 저장하기 위해 사용하는 폴더이다. 이러한 정보는 대부분 프로그램의 종료와 함께 삭제되지만, 삭제되지 않은 채 그대로 남아 하드디스크 공간을 차지하고 있는 경우도 있다.
- **이전 운영 체제의 백업 파일** : 윈도우 98/Me 등 윈도우 XP 이전 버전에서 윈도우 XP로 업그레이드 설치를 했다면 이전 버전의 윈도우 백업 파일들이 저장된다. 이전 윈도우 버전으로 되돌아갈 필요가 없다면 이 백업 파일을 삭제해도 좋다.
- **내용 색인 카탈로그 파일** : 책의 뒷부분에 보면 원하는 것을 쉽게 찾을 수 있도록 도와주는 찾아보기나 색인(index)이 있듯이, 컴퓨터에서 파일을 쉽게 검색할 수 있도록 파일에 대한 요약 정보를 저장해 놓은 것을 색인 파일이라 한다. 색인 파일은 필요할 때마다 다시 만들 수 있으므로 이 파일을 삭제해도 시스템에 영향을 주지 않는다.

③ 디스크 검사

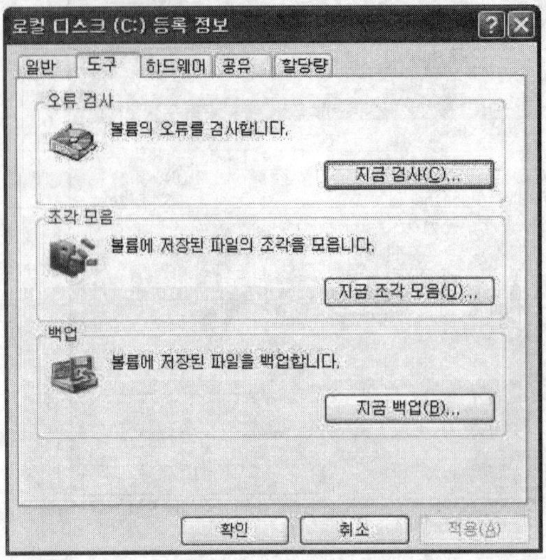

플로피디스크에 중요한 자료가 들어 있는데, 파일이 손상되었다는 메시지와 함께 파일을 읽어 들이지 못하는 경우가 가끔 발생한다. 경우에 따라서는 하드디스크에서도 똑같은 문제가 발생할 때도 있다. 이런 경우에 하드디스크에는 플로피와는 비교할 수 없을 정도로 많은 데이터가 저장되어 있기 때문에 그 피해정도는 더욱 심하다. 이렇게 하드디스크나 플로피디스크에 문제가 생겼을 때 아주 심각한 문제가 아니라면 윈도우의 '디스크 검사' 기능을 이용해 원래 상태로 복구할 수 있다. 하지만 디스켓이나 하드디스크 표면에 생긴 흠집 등 물리적인 손상 때문에 생긴 문제라면 사실상 원래 상태로 복구하기는 힘들다.

디스크 검사를 하기 위해서는 탐색기나 내 컴퓨터를 통해서 드라이브의 등록정보에 접근한다. 도구 탭의 <지금 검사>버튼을 클릭 한다.

'디스크 검사' 대화상자가 열리면 옵션을 선택한 후 <시작> 버튼을 클릭한다.

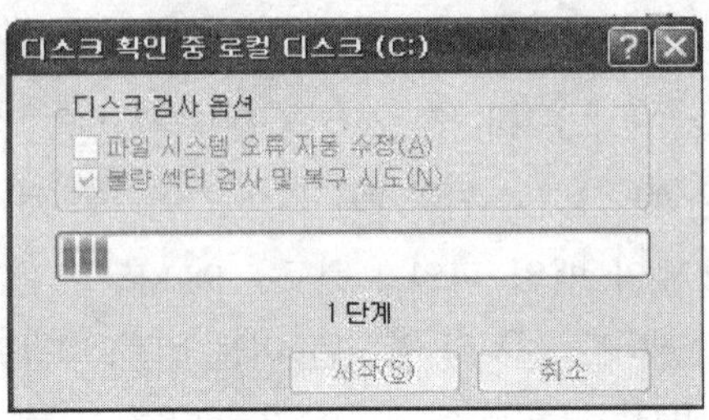

④ 시스템 복원

윈도우 XP의 '시스템 복원'기능을 이용해 현재의 컴퓨터 상태를 기록해 두면 나중에 시스템 문제가 생겼을 때 현재의 정상적인 컴퓨터 상태로 간단하게 되돌릴 수 있다.

'시스템 복원'을 실행 하려면 시작에서 <모든 프로그램> → <보조 프로그램> → <시스템도구> → <시스템복원>을 선택한다.

'시스템 복원' 대화상자가 열린다. 현재의 윈도우 상태를 저장하면 현재 날짜가 복원 지점이 된다. '복원 지점 만들기'를 선택하고 <다음> 버튼을 클릭 한다.

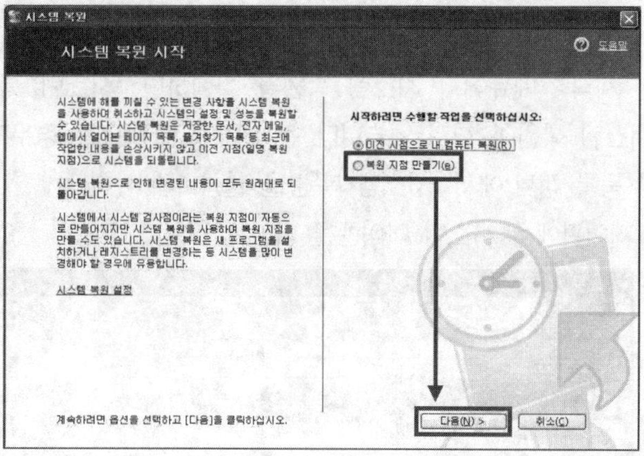

지금 저장하는 복원 지점을 나중에 알아 볼 수 있도록 설명을 덧붙인다. 설명을 입력했으면 <만들기> 버튼을 클릭 한다.

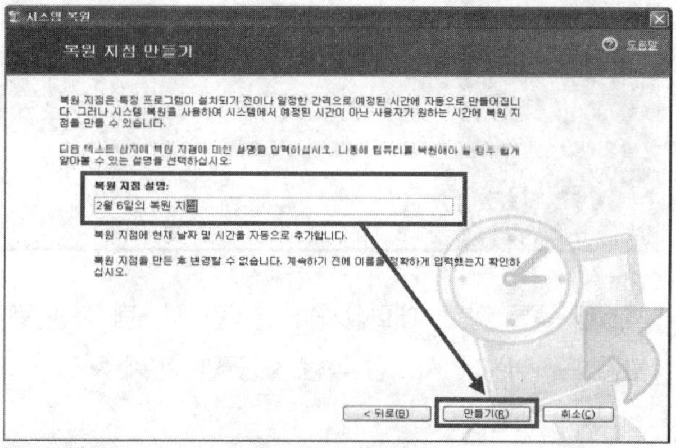

끝났으면 <닫기> 버튼을 클릭 한다.

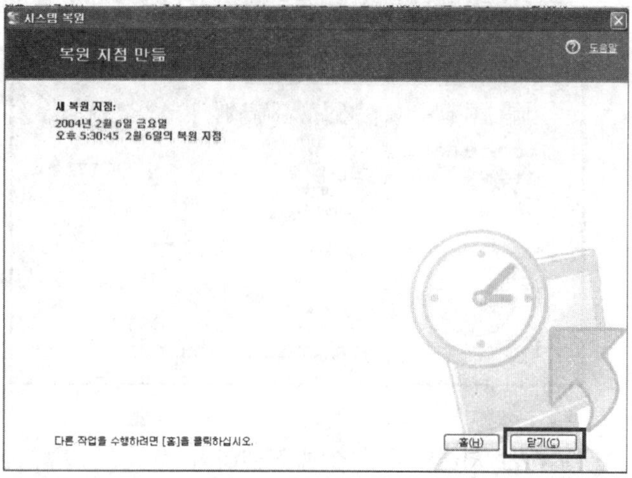

⑤ '시스템 복원' 작동하기

<시작> 메뉴에서 시스템 복원을 실행하면 '시스템 복원' 대화상자가 열리지 않고 '시스템 복원이 꺼져 있습니다.'는 메시지만 나오는 경우가 있다. 이런 경우에는 '시스템 등록 정보'에서 '시스템 복원'을 활성화해야 한다.

제어판에서 시스템 아이콘을 더블 클릭한다.

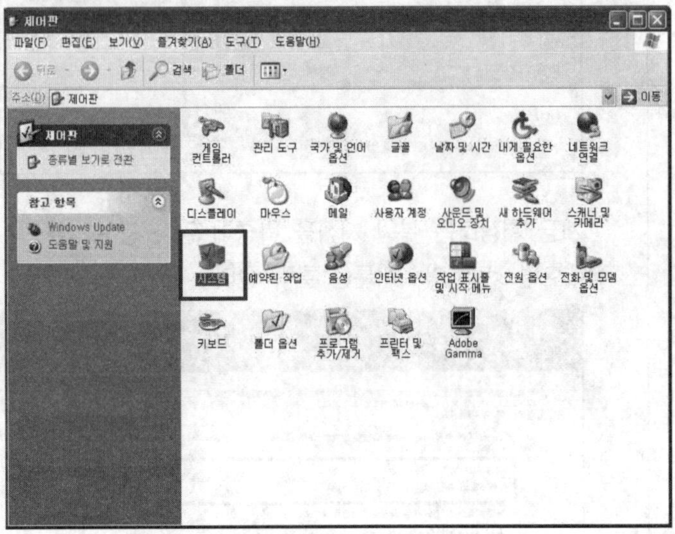

'시스템 등록 정보' 대화상자가 열리면 시스템 복원 탭을 선택합니다.

'모든 드라이브에 시스템 복원 사용 안 함'에 체크가 되어 있으면 이 표시를 없애고 <확인>을 누른다.

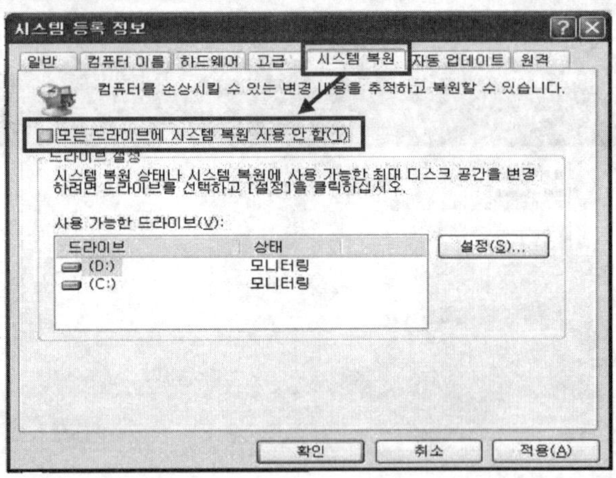

⑥ 이전 시점으로 시스템 복원하기

시작에서 <모든 프로그램>→<보조 프로그램>→<시스템도구>→<시스템복원>을 선택하여 시스템 복원을 실행 한다.

'시스템 복원' 대화상자가 열린다. '이전 시점으로 내 컴퓨터 복원'을 누르면 시스템을 과거의 어느 시점으로 복원할 수 있습니다. '이전 시점으로 내 컴퓨터 복원'을 선택한 후 <다음> 버튼을 클릭 한다.

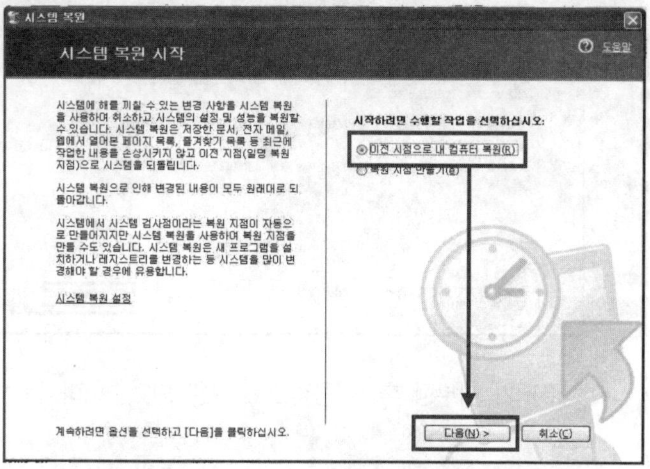

달력이 나타나면 원하는 날을 선택한 다음 진하게 표시된 날짜를 누르면 복원 가능한 지점 내역이 나타난다. 여기서는 앞에서 만든 복원 지점을 선택한 뒤 <다음> 버튼을 클릭한다.

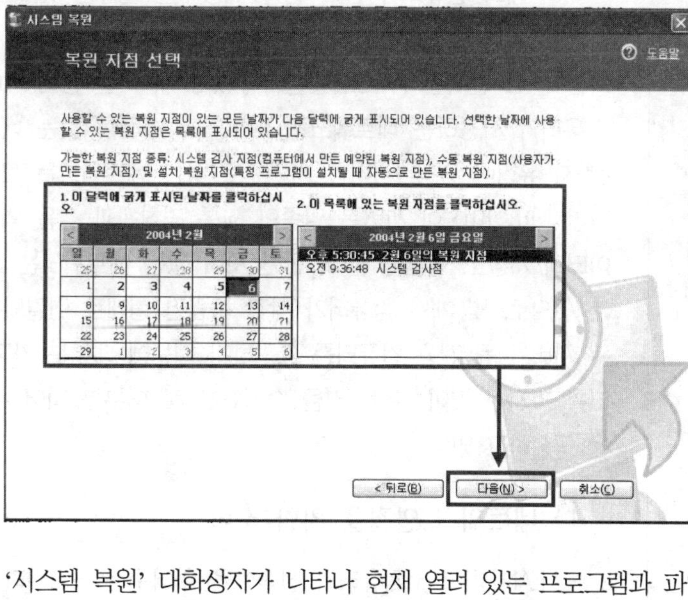

'시스템 복원' 대화상자가 나타나 현재 열려 있는 프로그램과 파일을 모두 닫으라고 안내한다. 모든 프로그램을 닫은 후에 <다음> 버튼을 클릭 한다.

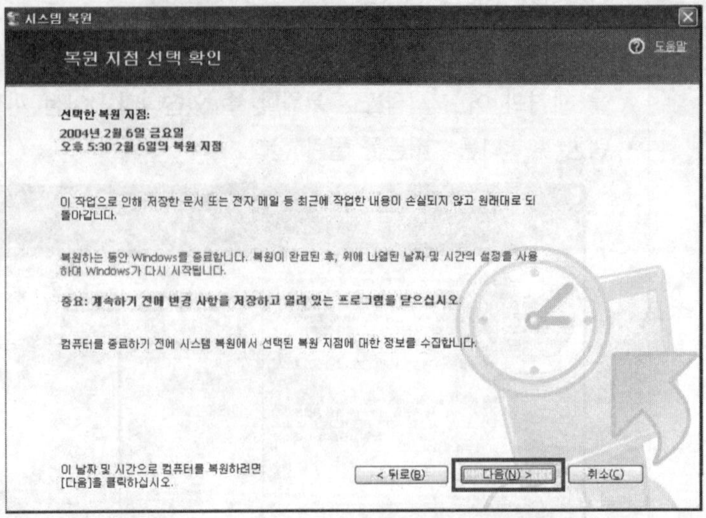

컴퓨터가 재부팅 후 '성공적으로 복원 되었습니다.'는 메시지가 출력된다.

3.3 네트워크 사용하기

3.3.1 네트워크란?

여러 대의 컴퓨터가 함께 연결된 상태를 말하는 것으로, 작게는 2대의 컴퓨터를 연결한 것일 수도 있고, 크게는 인터넷 그 자체를 말하기도 한다. 네트워크는 케이블, 적외선 신호, 전화선 등으로 연결되어 있으며, 이를 통해 데이터가 전송된다.

우리가 사용하는 네트워크는 네트워크 서버를 갖는 네트워크, 서버 없는 네트워크, 2가지 유형이 있다. 서버를 기반으로 하는 네트워크는 모든 데이터의 마지막 도착 지점이 서버이며, 이 서버는 일종의 교통 경찰관과 같은 역할을 하는 것으로 공유할 데이터의 저장소 역할을 한다. 반면 서버 없는 네트워크는 소위 일대일 네트워크라 불리는 것으로, 몇 개의 컴퓨터가 각각 독립된 형태로 연결되어 있다. 서버 기반 네트워크는 서버가 될 전용 컴퓨터를 요구하기 때문에 대부분 가정용 PC사용자들은 여유 컴퓨터를 가지는 것이 부담스러울 수 있으므로 대부분 피어 투 피어(Peer to Peer, P2P)형식을 구성하고 있다.

1) 네트워크 연결을 위한 준비

- LAN 카드 : 컴퓨터와 전송선을 이어주는 장치이다. 예전에는 확장 슬롯에 있었지만 지금은 메인보드 안에 내장된 경우가 대부분이다.
- 크로스오버 케이블 : 가정에서 허브를 사용하지 않고 두 대의 컴퓨터를 연결함으로써 네트워크를 공유할 때 사용하는 것으로, 허브 구입 비용을 절감할 수 있다.

- LAN CABLE : 컴퓨터와 허브를 연결할 때 사용하는 케이블이다.
- 허브 : 데이터가 하나 또는 그 이상의 방향으로부터 한 곳에 모이는 장소로, 들어온 데이터들은 다시 하나 또는 그 이상의 방향으로 전달된다. 여러 대의 컴퓨터를 연결할 때 사용한다.

5포트 허브

		단순 네트워크			인터넷 공유		
		랜카드	케이블	허브	랜카드	케이블	허브
2대	컴퓨터A	1개	PC to PC 케이블	X	2개 (인터넷 원선)	PC to Hub케이블 PC to PC 케이블	X
	컴퓨터B				1개		
2대 이상	컴퓨터A	1개	PC to Hub 케이블 각1개	O	(인터넷 원선)	PC to Hub케이블 각 1개 + 1개	O
	컴퓨터B				1개		

연습문제

1. Window의 컴퓨터 끄기에는 모두 몇 가지가 있으며, 어느 것인지 나열해보시오.

2. 복사와 잘라내기의 차이점은 무엇인가?

3. 윈도우의 작업 표시줄을 이동시켜 보고, 자주 사용하는 바탕화면의 프로그램 실행 아이콘을 등록시켜 보시오.

4. 제어판을 통해 프로그램을 추가 또는 삭제하여 보시오.

5. 본인의 이미지를 이용하여 바탕화면을 바꿔보시오.

6. 마우스의 포인터 모양과 이동속도를 변경하여 보시오.

7. 시스템을 1주일 전의 상태로 복원하여 보시오.

제 2 편 한글 2005

1장 기본 내용 알아보기

2장 표 구성하기

1장 기본 내용 알아보기

《학습목표》

본장에서는 한글워드프로세서의 기능과 효율적인 활용을 위한 구성을 이해한다. 또한, 한글 2005의 기본기능 및 한글 2005의 구성에 대하여 학습하고 한글 2005로 작성한 문서를 편집하는 학습을 수행하며 간단한 생활문서 작성 및 편집을 학습한다.

1.1 한글 2005란 ?

(1) 한글 2005란?

1989년에 첫 선을 보인 한글 1.0이후, 한글은 이후 10여 년 동안 발전하여 한글 3.0, 한글 815, 한글 97에 이어 2001년에 "한글 2005"가 발표되었으며, 한글 2005를 거쳐 현재 한글 2007이 출시되었다. 본 교재에서는 많은 사용자들이 익숙한 한글 2005를 이용하여 작성되었다.

※ 한글 2005의 사용 환경

운영체제	한글 윈도우 95/98/Me/NT/2000/xp/2003/Vista
CPU	펜티엄 이상
RAM	32MB 이상, 128MB 이상 권장
HDD	권장 설치 460MB, 전부 설치 580MB
CD-ROM	2배속 이상, 8배속 이상 권장

(2) 한글 2005의 시작과 종료

한글 2005를 프로그램을 설치한 후, 한글 2005를 사용하기 위해서 가장 첫 번째 단계인 "한글 2005 실행/종료"이다. 다양한 방법이 있으므로, 자신에게 맞는 사용법을 익혀 사용하면 된다.

1) 한글 2005 실행하기

◕ 작업표시줄에서 시작하기

- 윈도우 바탕 화면에서 [시작]-[프로그램]-[한글과컴퓨터]-[한글 2005]-[한글 2005]를 클릭 하여 실행한다.
- (윈도우 98/Me 사용자는 [시작]-[프로그램]-[한글과컴퓨터]-[한글 2005]-[한글 2005]나, [시작]-[한글 2005]를 선택한다.)

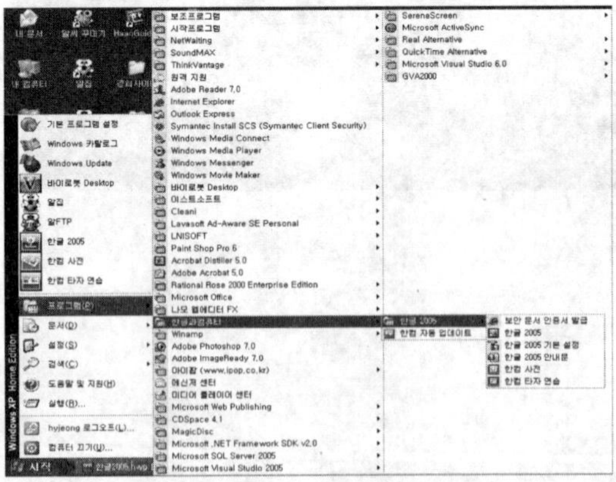

2) 한글 2005 종료하기

한글 2005를 종료하는 방법에는 여러 가지 방법이 있다. 메뉴의 [파일]-[끝]메뉴를 클릭하면 한글 2005가 종료된다.

그 외, [Alt]+[F4], [Alt]+[X], 화면 오른쪽 위의 닫기 단추를 이용해 프로그램을 종료할 수 있다.

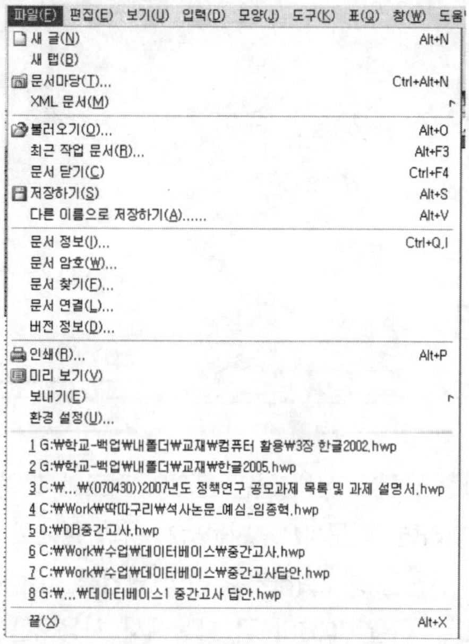

글자가 입력된 후 저장하지 않은 상태에서 프로그램을 종료하게 되면 파일을 저장할 것인지 사용자에게 물어본다. 저장하려면 [예], 저장하지 않으려면 [아니오], 종료를 취소하려면 [취소]를 누르면 된다.

(3) 한글 2005의 문서창 살펴보기

한글 2005의 문서창을 보면 다양한 기능들로 구성되어 있다는 것을 알 수 있다. 복잡해 보이는 것만큼 유용한 기능을 많이 사용할 수 있다. 여기서는 초기화면의 주요 요소만 간단히 살펴보도록 하겠다.

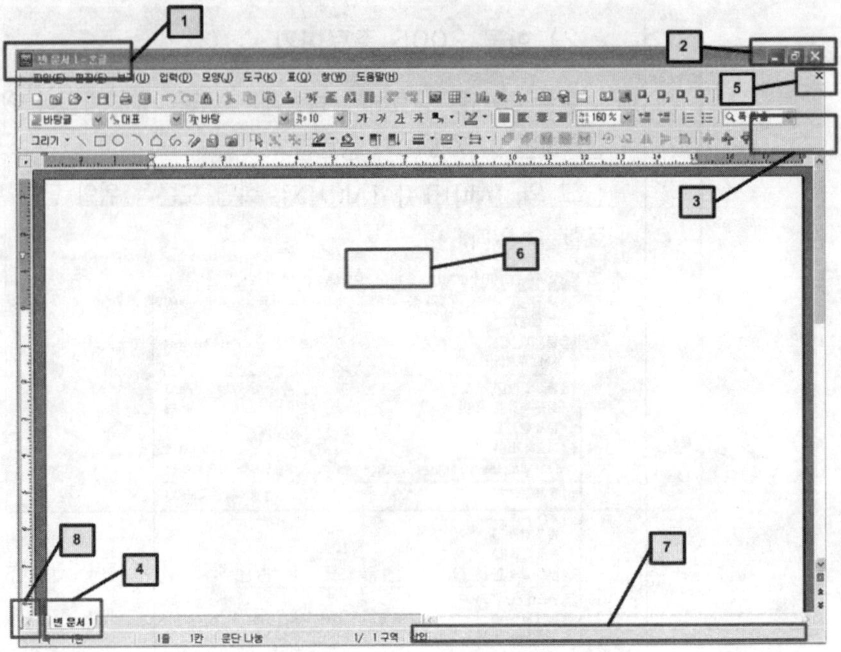

① 제목 표시줄 : 현재 실행 중인 문서의 경로와 파일의 이름이 나타난다. 따로 저장하기 전이라면 '빈문서1', '빈문서2' 등의 형태로 나타나게 된다.

② 조절 단추 : 창을 최소화하거나 창의 크기를 조절하고 종료할 수 있다.

③ 도구 상자 : 한글 2005의 각 메뉴에서 사용되는 명령을 아이콘화 한 것이다. 실행하고자 하는 기능의 아이콘 위에서 마우스 왼쪽 단추를 누르면 기능이 실행된다. 만약 아이콘이 무슨 기능인지 모를 때에는 아이콘 위에 마우스 포인터를 약 1초만 올려놓으면, 풍선 도움말이 나타나 메뉴 이름과 단축키를 보여준다.

④ 문서 탭 : 새로운 편집 창이 아닌 하나의 창에서 여러 개의 문서를 실행 할 수 있다. 이 때, 각 문서는 별도로 작업되어지고 저장되어야 한다.

⑤ 문서 탭 닫기 단추 : 프로그램을 실행하고 작업 중인 문서 창만 종료 할 때 사용 한다.

⑥ 편집 화면 : 문서의 제작 및 편집 작업이 이루어지는 화면이다.

⑦ 상태 표시줄 : 현재 실행 중인 문서의 쪽, 단, 줄번호, 칸번호, 문단 부호, 현재/전체 구역, 입력 상태 그리고 각 도구 상자의 아이콘에 대한 간단한 설명이 표시된다.

⑧ 보기 선택 단추 : [보기] 메뉴의 쪽 윤곽 보기, 쪽 윤곽 꺼짐, 문단 부호, 조판 부호, 투명선, 격자 보기/감추기 기능을 쉽고 빠르게 사용할 수 있다.

1.2 문서작성의 기본 기능

(1) 문서 작성의 첫 걸음

1) 한글2005의 저장 형식

한글에서 작성한 문서는 기본적으로 한글문서형식인 *.hwp 파일로 저장된다. 또한, 다른 프로그램에서 사용할 수 있는 [파일]-[다른 이름으로 저장]-[파일형식](또는 Alt + V 키)목록에서 한글 고유문서 파일형식이 아닌 다른 형식으로 저장할 수 있다.

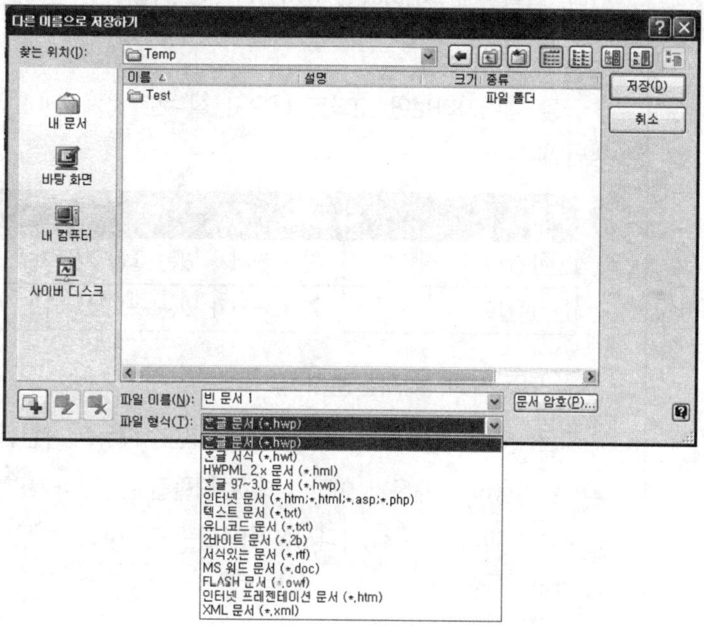

① 한글 문서((*.hwp)

한글 2005 버전의 문서파일 형태이며 기본적으로 설정되어 있다.

② 한글 97~3.0문서(*.hwp)

한글 2005의 새로운 기능으로 편집된 내용은 한글 2005의 이전버전인 한글 97 문서 파일 형식으로 제대로 저장되지 않는다.

③ 인터넷 문서(*.htm, *html)

인터넷 문서의 기본 형식으로 쓰이는 HTML형식으로 저장할 때 사용한다.

④ 텍스트(*.txt)

일반적인 문자나 숫자, 그리고 각종 기호들로만 이루어진 기본적인 형태의 정보를 담고 있는 문서 파일 형식으로, 특수한 제어 문자나 그래픽 문자는 포함하지 않는다.

⑤ FLASH 문서(*.swf)

한글에서 작성된 문서를 Flash에서 사용가능하도록 Flash 파일 형식인 *.swf로 저장한다.

2) 문서를 입력하기 전에 알아야 할 사항

① 한글/영문 입력하기

키보드의 한/영이나, 왼쪽 Shift+Space Bar를 누를 때마다 현재 입력 모드를 알 수 있다. 입력기에 [한]이라고 표시되면 한글, [E]라고 표시되면 영어를 입력할 수 있다.

② 지우기

글을 입력하다보면 오타도 나오고 실수도 하게 된다. 이럴 경우에 사용할 수 있는 방법이다.

키	기능
Ctrl+Y	현재 커서가 있는 줄을 지우기
Alt+Y	현재 커서가 있는 곳으로부터 그 줄의 끝까지 지우기

③ 되돌리기, 다시실행하기

지금 [지우기]를 한 것이 실수였다면, 메뉴의 [편집]-[되돌리기] 또는 도구바의 ⟲를 이용하여 지우기 이전 상태로 되돌릴 수 있다. 또한 되돌리기 이전의 상태로 복원하고자 한다면 [편집]-[다시실행] 또는 도구바의 ⟳을 선택하면 되돌리기 이전의 작업상태로 돌아온다.

3) 삽입과 수정하기

문서를 편집할 때는 "삽입"과 "수정"상태를 잘 활용하면 좋다. 대부분의 경우에 쓰이는 "삽입"은 커서 위치에 입력 또는 복사하여 붙이는 내용이 끼워 넣어지므로, 이미 있던 글은 뒤로 밀린다. 반면에 "수정"은 글자를 입력하면 새로 입력하는 내용만큼 이후의 내용이 없어진다. 설정키는 Ins 키를 누르면 수정 상태가 되고 다시 또 한번 누르면 삽입 상태가 된다. 현재의 상태는 한글 2005 화면 하단의 상태바에 표시되어 있으므로 현재의 설정 상태를 참조하면 된다.

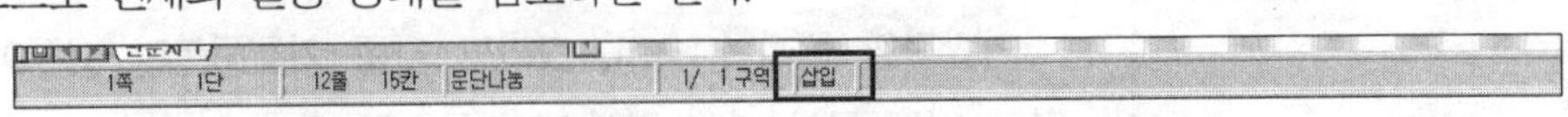

메뉴 [파일]-[환경설정]을 클릭 하여 보자.

"수정"은 고칠 내용의 글자수가 같을 때 유용하게 쓰일 수 있다. 하지만, 문서를 작성하다보면 실수로 눌려진 "수정"상태가 문서로 인해 문서를 망치게 될 수도 있다.

Ins 키를 눌러도 "수정"상태로 바뀌어지지 않게 하기 위해 [삽입 잠금]이라는 기능이 있다. 이 경우 삽입 상태로만으로 문서를 작업할 수 있다. 해제하려면 [삽입 잠금]을 다시 한번 클릭 하여 주면 된다.

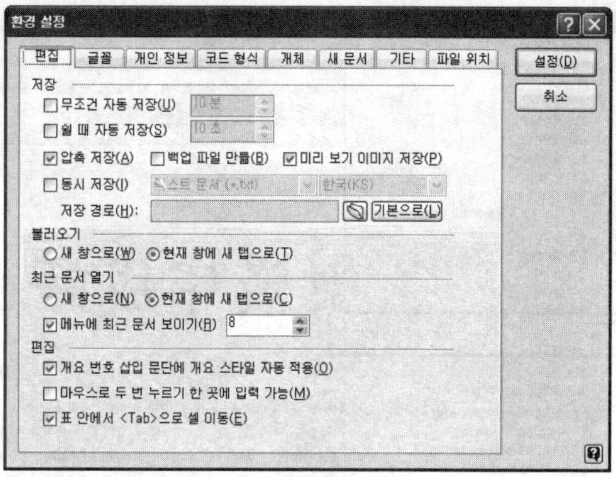

4) 한영 자동 전환하기

한글 모드로 설정해놓고 영어 문자를 입력하거나, 반대로 영어 모드로 설정해놓고 한글 문자를 입력할 경우 한영 자동 전환에서 자동으로 옳게 고쳐주는 기능이 있다. 이를 설정해 놓으면 문서 입력시에 매우 편리하게 이용할 수 있다.

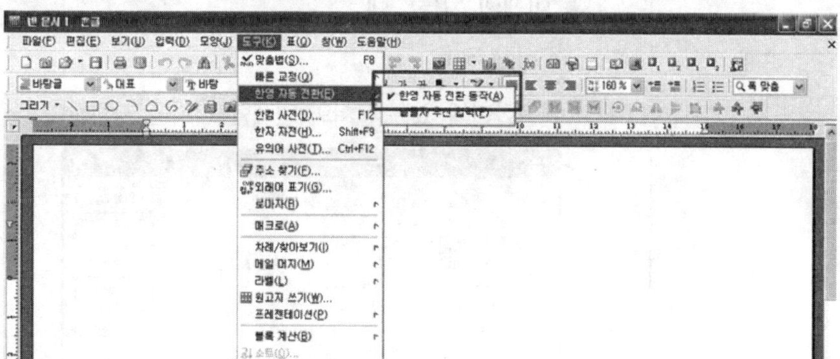

예를 들어, '안녕하세요'를 영문입력 상태에서 'dkssudgktpdy'로 입력하는 경우가 있다. 한영 자동 전환이 동작하고 있는 상태에서는 자동으로 '안녕하세요'로 바뀌게 된다.

메뉴에서 [도구]-[한영자동전환]-[한영자동전환동작]에 ∨표시 되어있다면 한영자동전환 상태이다. 한영자동전환 기능을 사용하지 않으려면 ∨를 클릭하여 해제해 주면 된다.

5) 인쇄하기

문서의 인쇄는 문서 전체나 일부를 여러 매 인쇄할 수 있고, 인쇄물의 용도에 따라 확대 축소하는 등 다양한 조건으로 지정할 수 있다.

현재 편집 화면의 문서를 인쇄하기 위해서는 메뉴에서 [파일]-[인쇄]나 Alt+P를 선택하면 된다.

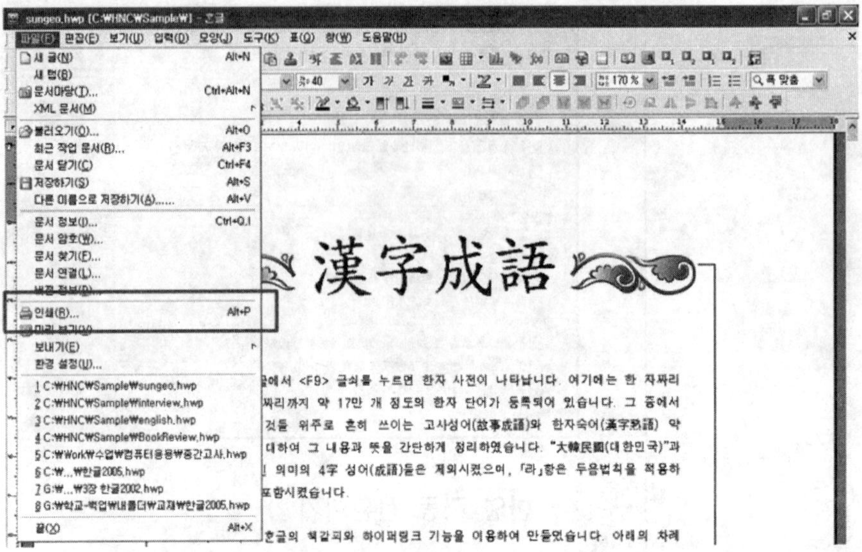

'인쇄' 대화상자에는 여러 가지 선택 사항들이 많다.

◕ 인쇄의 '기본' 탭

- **인쇄 범위**

편집화면에 있는 문서의 인쇄할 범위를 지정한다.

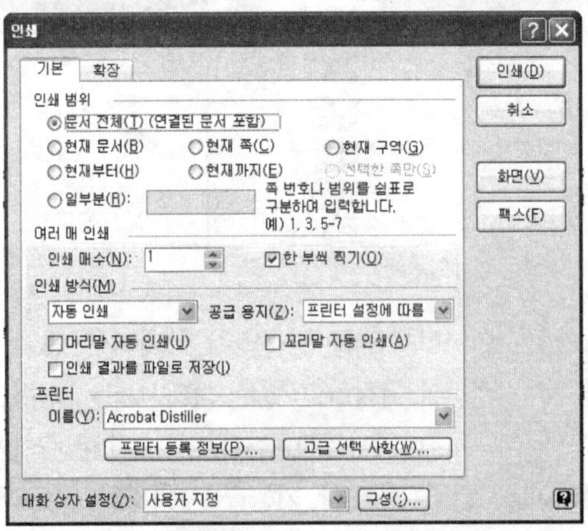

① 문서 전체 : 현재 파일의 처음부터 끝까지 모든 페이지를 인쇄한다.

② 현재 쪽 : 현재 커서가 있는 부분만 인쇄한다.

③ 현재부터 : 커서가 놓인 현재 페이지부터 끝가지 인쇄한다.

④ 현재까지 : 처음부터 커서가 놓은 현재 페이지까지 인쇄한다.

⑤ 일부분 : 인쇄할 범위를 직접 입력하여 지정된 페이지만 인쇄한다. 각 범위 사이는 ','로 구분하며 연속 쪽인 쪽은 '-'로 표시한다. 예를 들어, "1,4,7-10"이라고 입력할 경우 1쪽, 4쪽 7~10쪽을 인쇄한다.

◕ 블록 설정하고 인쇄하기

문서의 일부분을 블록으로 설정하고 [인쇄]를 실행하면 [인쇄범위]에서 선택한 쪽만이 처음값으로 지정된다. 이때에는, 블록이 설정된 모든 페이지를 인쇄한다. 예를 들어, 2쪽 끝부터 3쪽 중간까지 블록으로 설정 후, "선택한 쪽"만 인쇄를 실행하면 2쪽과 3쪽 전체를 인쇄하게 된다.

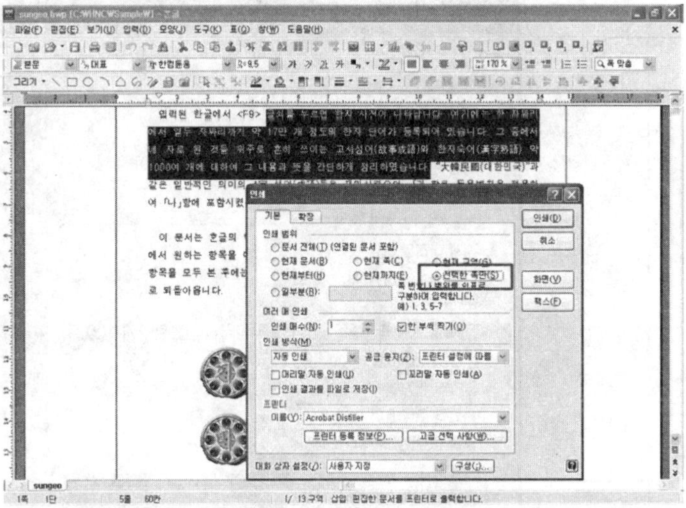

- **여러 매 인쇄**

갈은 내용의 문서가 여러 장이 필요할 경우, 여러 매 인쇄를 이용하여 매번 인쇄 도구 단추를 눌러 출력해야 하는 불편함을 덜 수 있다. 인쇄 매수에 1-9999사이의 원하는 매수를 지정하면 원하는 매수만큼의 출력물을 얻을 수 있다.

한부씩 찍기를 사용하게 되면 1-2-3, 1-2-3, 1-2-3쪽의 순서로 실행하며 출력물을 다시 정리할 필요가 없어서 편리하다. 한 부씩 찍기를 선택하지 않으면 1-1-1, 2-2-2, 3-3-3쪽의 순서로 실행되며 인쇄 속도가 더 빨라지게 된다.

- **나눠찍기와 모아찍기**

① 나눠찍기 : 공급 종이보다 큰 문서의 내용을 여러 장에 나누어서 찍는 것이다. 편집용지의 종류가 B4나 A3등과 같이 일반적인 사용자들이 쓰는 프린터

에서 인쇄할 수 없는 크기일 때, 나눠찍기를 지정하면 A4 여러 장에 편집된 문서 한 쪽을 나누어 인쇄한다.

② 모아찍기 : 모아찍기는 한 장의 종이에 여러 쪽의 문서를 인쇄하는 것이다. 편집 용지의 크기와 확대/축소비율에 따라 공급용지에 들어갈 수 있는 최대 쪽만큼 한 장에 모아서 인쇄한다. 예를 들어, '2쪽씩 모아 찍기'는 한 장에 편집된 문서의 내용이 두 쪽씩 들어갈 수 있도록 축소 비율을 자동으로 인쇄하여 조절한다.

◕ 인쇄의 '확장' 탭

- **인쇄 방식**

① 역순 인쇄 : 저장된 인쇄 범위에서 가장 마지막 쪽을 먼저 인쇄하여 가장 첫 쪽을 마지막으로 인쇄하는 기능으로 인쇄가 끝났을 때 출력물을 다시 정리하지 않아도 된다.

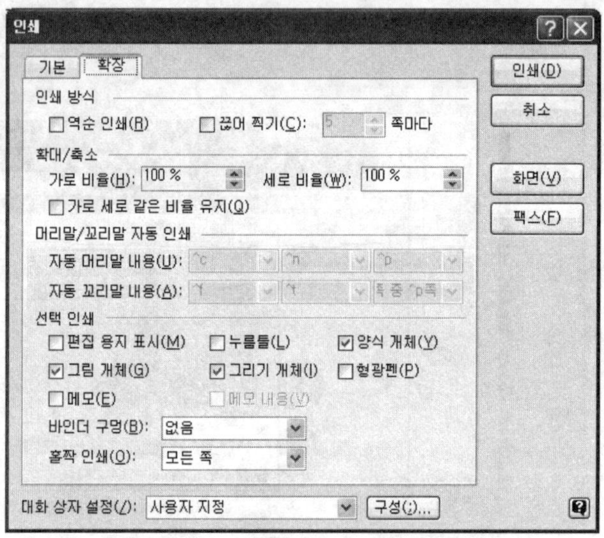

② 끊어 찍기 : 인쇄 도중에 수시로 작업을 멈추고 출력물을 확인하기 위한 기능으로 일정한 쪽 수 만큼 인쇄를 한 다음, 사용자에게 다음 인쇄를 위한 준비가 다 되었는지를 확인하는 기능으로 사용자는 인쇄를 계속 진행하거나 도중에 멈출 수 있다.

③ 확대/축소 : 편집된 문서를 임의의 크기로 확대 하거나 축소하고자 할 때 가로 비율과 세로 비율을 사용자가 지정할 수 있다. A3로 작성된 문서를 A4에 인쇄하려면 70& 이하로 축소하면 모든 내용이 A4 용지 안에 축소되어 인쇄된다.

④ 바인더 구멍 : 인쇄한 문서에 구멍을 뚫어 바인더에 철을 해두는 용도로 출력할 때에는 사용할 바인더의 종류에 따라 구멍이 뚫릴 자리를 표시하여 인쇄한다. 2공, 3공, 4공 등 여러 가지 방식으로 지원되므로 원하는 바인더 구

멍 종류를 선택한 후에 인쇄하면 된다. 바인더 구멍 '혼합(A4 넓은 쪽)'을 선택한 모습이다.

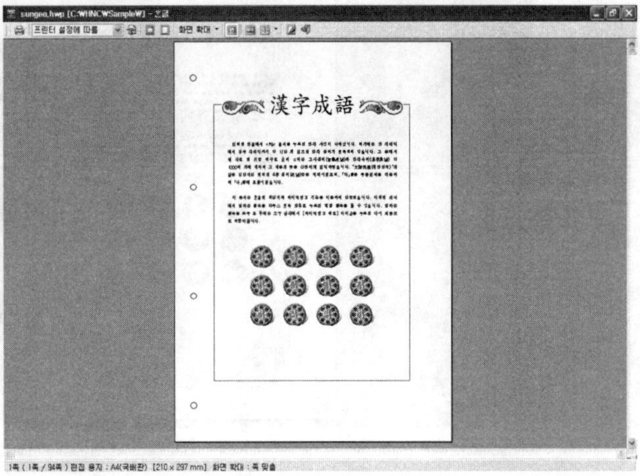

◕ 작성한 문서 인쇄하기와 미리보기

'인쇄' 버튼을 누르면 인쇄가 된다. 인쇄하기 전에 기본 탭의 프린터에 인쇄할 프린터가 제대로 설정되어 있는지 본다.

인쇄하기에 앞서 '화면' 단추를 누르면 문서가 어떤 형태로 인쇄될지를 미리 볼 수 있다.

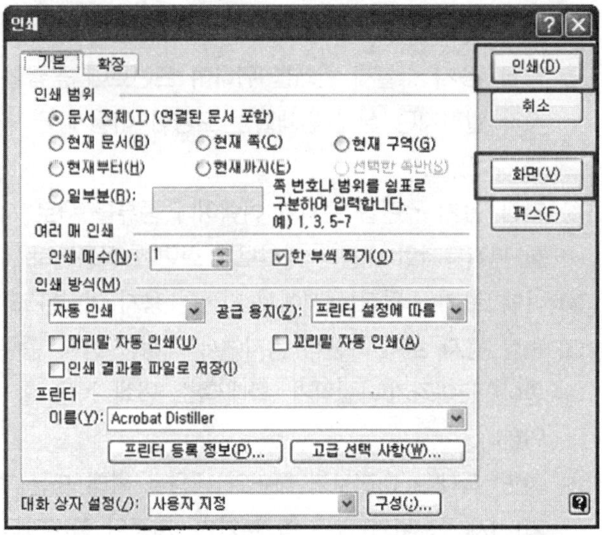

미리보기는 [파일]-[미리보기]나 도구단추를 눌러서도 볼 수 있다.

미리보기 창은 단지 인쇄될 내용만을 보는 상태이므로 문서의 내용을 편집하는 일은 할 수 없다. 미리보기 에서는 머리말/꼬리말 내용은 물론 [파일]-[인쇄]에서 지정한 인쇄 범위나 인쇄 방식, 확대/축소 비율 등 모두 미리보기에서 그대로 확인할 수 있다.

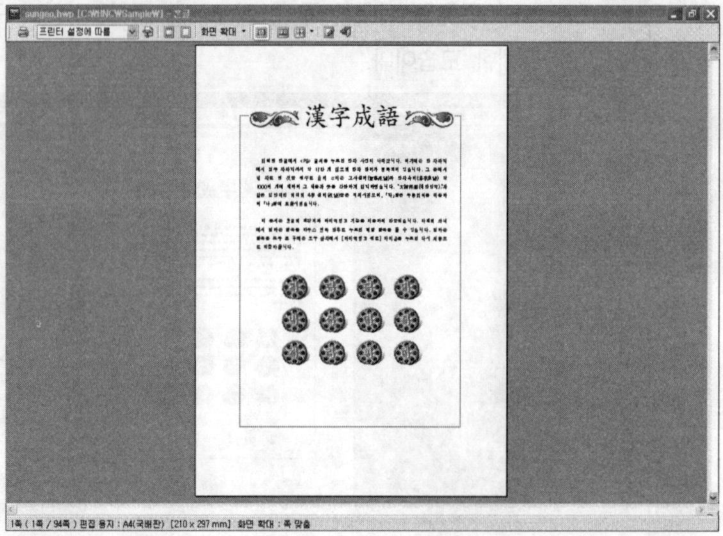

◑ 미리 보기 화면의 기능들

① 인쇄 : [파일]-[인쇄]가 실행되어, 다시 인쇄에 대한 여러 가지 선택을 할 수 있다.

② 공급 용지 : 실제 인쇄를 위하여 프린트에 공급할 용지를 선택합니다. 공급 용지가 달라지면 실제 인쇄되는 모양이 어떻게 달라지는 지도 미리보기 화면에서 볼 수 있다.

③ 편집 용지 : 편집 용지의 여백이나 종류를 새로 지정할 수 있습니다. 새로 지정한 편집용지의 내용은 미리보기 화면에 적용된다.

④ 여백 보기 : 편집 용지에서 지정한 용지 여백을 빨간색으로 표시한다.

⑤ 편집 용지 보기 : 편집 용지에서 지정한 용지 종류의 크기를 녹색 선으로 표시한다. 모아찍기/나눠찍기, 확대/축소 인쇄 등을 할 때에 편집 영역의 크기를 확인한다.

⑥ 화면 확대 : 미리보기 화면의 내용을 확대 또는 축소해서 보여준다. [네 쪽 보기], [세 쪽 보기], [두 쪽 보기]는 지정된 쪽수만큼씩 미리 보기 창에 보여주며, [여러 쪽 보기] 상태로 바뀐다. [쪽 맞춤]은 한 쪽의 크기를 미리보기 창 크기에 맞춰서 보여주며 [100%]~[500%]는 한 쪽의 크기를 지정된 비율만큼 확대해서 보여준다.

⑦ 쪽 맞춤 : 미리 보기 화면의 한쪽 내용을 보여준다.

⑧ 맞쪽 보기 : 마치 책을 펼쳐놓은 것처럼 짝수 쪽과 홀수 쪽을 나란히 한 화면에서 보여줍니다. 오른쪽에는 항상 홀수 쪽이 나오게 된다.

⑨ 여러 쪽 보기 : 오른쪽 삼각형 화살표를 눌러 지정한 쪽수만큼 한 화면에 여러 쪽을 보여준다.

⑩ 현재 쪽 편집 : 현재 '미리 보기' 화면에서 보이고 있는 쪽의 첫줄의 편집상태로 돌아간다.

⑪ 닫기 : 미리보기 상태를 끝내고 문서 편집 상태의 이전 커서 위치로 돌아간다.

6) 자동 저장 설정

◕ 백업 파일 만들기

저장할 때 먼저 존재하던 한/글 문서 파일(*.hwp)을 파일 이름은 같고 확장자가 bak인 파일로 만들어 놓은 후, 새로운 내용을 파일로 저장한다. 이렇게 해서 혹시 다른 내용을 잘못 저장하였더라도 bak 확장자를 가진 파일을 hwp로 확장자를 바꾸면 원래의 한글 문서 파일을 되살릴 수 있다.

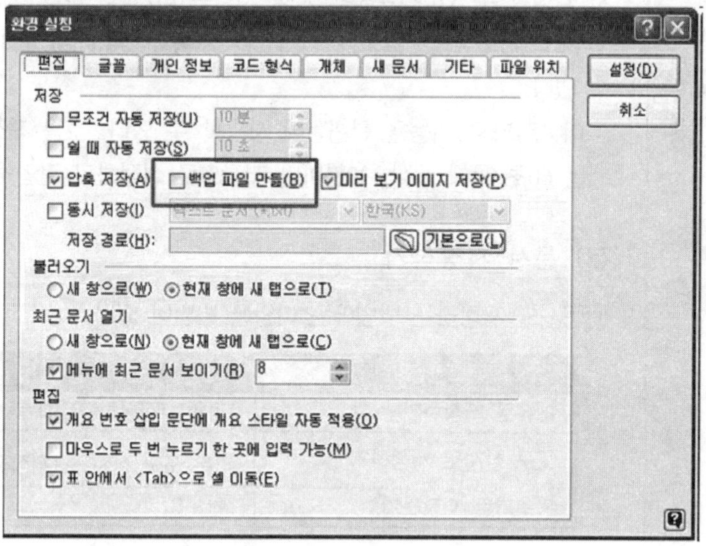

한글 2005는 기본적으로 백업 파일을 만들지 않는다. 따라서 [파일] → [환경설정]을 선택한 다음, '백업 파일 만듦'을 선택하면 백업 파일을 만들게 된다.

◕ 자동 저장 설정하기

자동저장은 사용자가 일정 시간 쉬고 있을 때 저장되는 쉴 때 자동 저장기능과, 사용자의 작업여부와 관계없이 일정 시간이 지나면 무조건 저장되는 무조건 자동 저장이 있다.

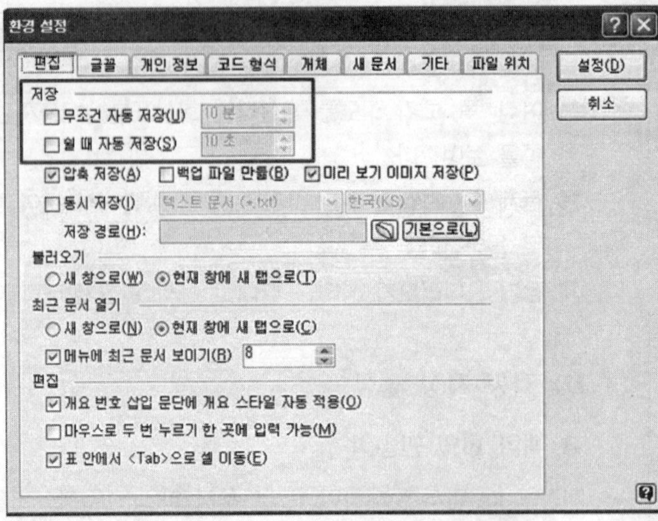

쉴 때 자동 저장은 사용자가 마지막으로 글자판을 입력한 후 초 단위로 지정된 시간 동안 새로운 글자판 입력이 없으면(keyboard idle time) 자동 저장 한다. 1~360초 까지 설정할 수 있다. 무조건 자동 저장은 마지막으로 저장하거나 자동 저장이 이루어진 후부터 분 단위로 일정한 간격으로 자동 저장(timed backup)한다. 1~60분까지 설정할 수 있다.

이 두 가지 기능을 한꺼번에 사용할 수 있다. 보통 작성된 글을 편집하거나 교정할 때는 60초 후에 저장, 30분마다 저장으로 설정하고 작업하는 것이 이상적이다.

NOTE

문서작성 시에 백업 파일을 만든다고 해도 작업한 내용 전부를 되돌릴 수는 없다. 스스로 저장하는 습관은 매우 중요하다.

(2) 문서 저장하기

문서를 저장하는 방법에는 다양한 방법이 있다.

내용	실행 방법
메뉴로 저장하기	[파일]-[저장하기] 메뉴
도구 상자로 저장하기	기본 도구 상자의 [저장하기]
단축키로 저장하기	Alt+S

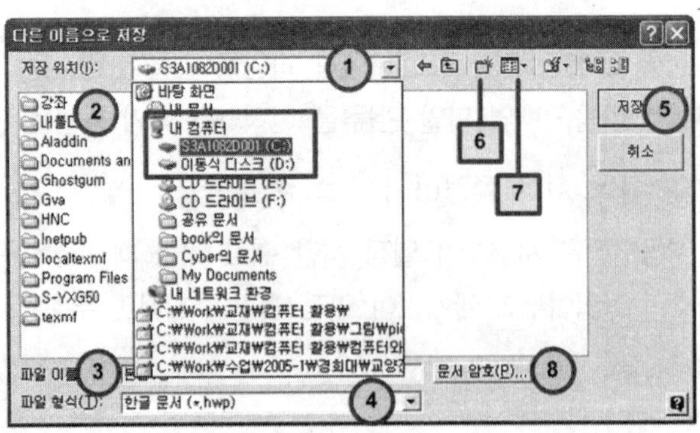

저장화면이 나타나면 ①번을 클릭하여 폴더를 지정하자. 기본적으로 "내 컴퓨터"-"C:"를 선택하면 ②번처럼 C 드라이브의 폴더들이 나타난다. 이때 저장하고자 하는 폴더 이름을 찾아서 선택한 후 ③번의 파일 이름을 입력한다. 기본적으로 이름만 입력하면 한글 문서의 확장자인 *.hwp는 ④번에서 선택되어 있으므로 한글 문서로 자동 저장된다. 즉 ③번에서 "hello" 라고 입력하고 ⑤번 저장버튼을 클릭하면 해당 폴더에 "hello.hwp" 파일이 저장된다. 다른 형태(*.txt, *.html 등)로 저장을 원하면 ④번을 클릭하여 원하는 형식을 선택하면 된다. ⑦번은 폴더와 파일을 보는 형식을 바꾸는 부분으로 "미리보기", "큰 아이콘", "아이콘", "간단히", "자세히" 등으로 바꿀 수 있다. ⑧번은 한글문서에 암호를 설정할 수 있다. 만일 C 드라이브에 폴더를 만들고 현재 문서를 저장하고자 할 경우에는 ⑥번을 클릭 하여 폴더를 만들면 된다. 예를 들어 C 드라이브 아래에 "test"라는 폴더를 만들고 현재의 문서에 나만의 암호를 설정하여 저장하면 다음과 같다.

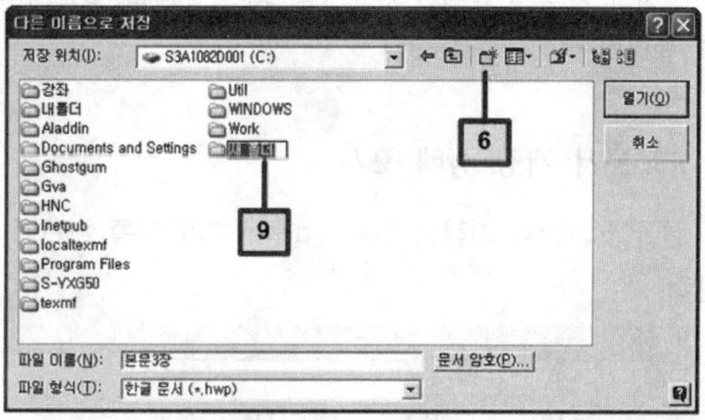

다른 이름으로 저장 화면에서 ⑥번을 클릭하면 ⑨번과 같이 기본적으로 "새 폴더" 형식으로 빈 폴더 공간을 만들어 준다. 이때 폴더의 이름을 바꾸어주거나 ⑨번 폴더 이름에 마우스 포인터를 위치시키고 마우스 오른쪽 버튼을 클릭하여 이름 바꾸기를 할 수 있다. ⑨번에서 "test"라고 입력하고 Enter↵ 키를 누르거나 더블 클릭하여 현재의 폴더로 들어가면 다음과 같이 빈 폴더 공간이 나타난다.

①번의 현재 폴더 이름이 맞는지 확인하고 ③번에 파일 이름을 입력한다.

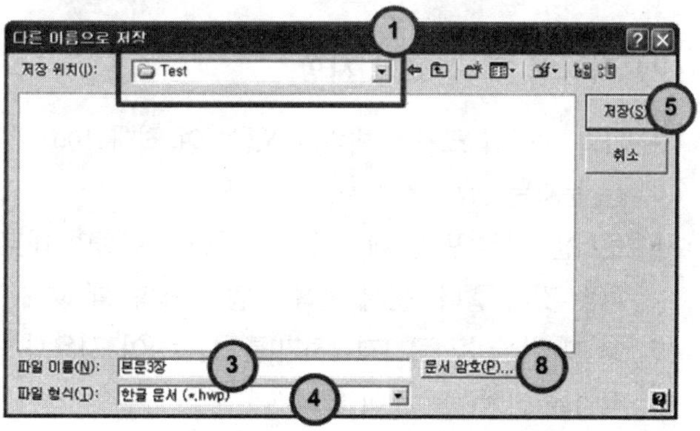

⑧번의 경우는 저장하는 한글 문서에 사용자만의 암호를 설정하는 부분이다. ⑧번을 클릭하면 "문서 암호"와 "암호 확인"을 입력할 수 있도록 되어 있으며, 원하는 암호를 동일하게 입력한 후 설정버튼을 클릭한다.

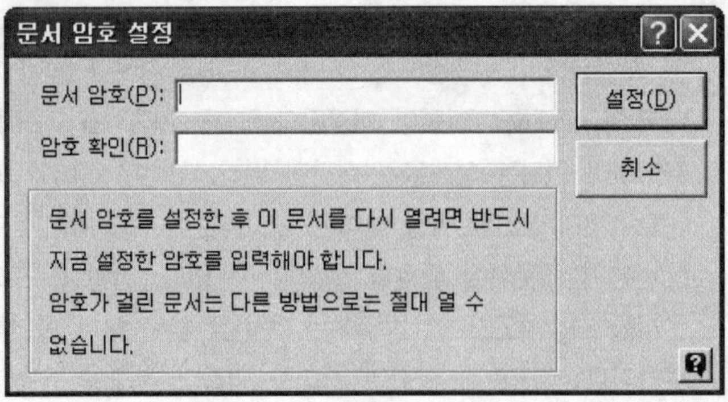

설정이 모두 완료되었으면 ⑤번 저장 버튼을 클릭하면 된다. 이때 ④번 파일 형식을 한번씩 확인하도록 하자.

1) 문서 저장 상태 표시

한글에서 문서 저장의 현재 상태에 따라 왼쪽 하단에 세 가지 색깔로 다르게 나타낸다.

문서 탭 이름표의 색상	저장 상태
빨간색	고쳐진 내용이 있을 때
파란색	자동 저장이 되었을 때
검은색	저장이 완료되었을 때

2) 저장할 때 참고할 사항

- 파일 이름의 크기는 빈칸을 포함하여 최대 100자까지 쓸 수 있다. 사용할 수 없는 문자는 \/ : * ? " [> | 이다.
- 문서를 처음 만들 때 처음 몇 줄을 입력하면 바로 [저장하기]를 실행해서 저장하는 것이 좋다. 문서 편집 작업을 계속 할 때에도 잠시 자리를 뜨거나 작업을 쉴 때에는 수시로 [저장하기]를 실행하여 사용자가 직접 자주 저장하면서 문서 작업을 진행하는 것이 좋다.

(3) 문서 불러오기

이미 저장한 문서를 수정이나 추가하기 위해 다시 불러낼 수 있다.

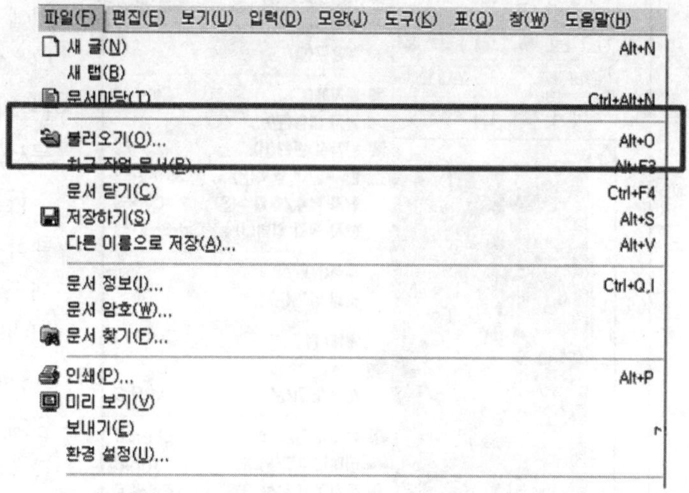

> **NOTE**
> 파일 목록 창에서 Ctrl 이나 Shift를 사용하여 여러 개의 파일을 선택하면, 여러 문서를 한꺼번에 불러올 수 있다.

[파일]-[불러오기]를 선택하거나 도구상자에서 도구단추를 누르거나 단축키 Alt+O를 누른다.

'불러오기' 대화상자가 나타나면 [위치]에서 원하는 파일이 있는 폴더를 선택한 후, 파일 목록 상자에서 불러올 파일을 선택하고 [열기] 단추를 누르면 문서창에 문서가 뜬다.

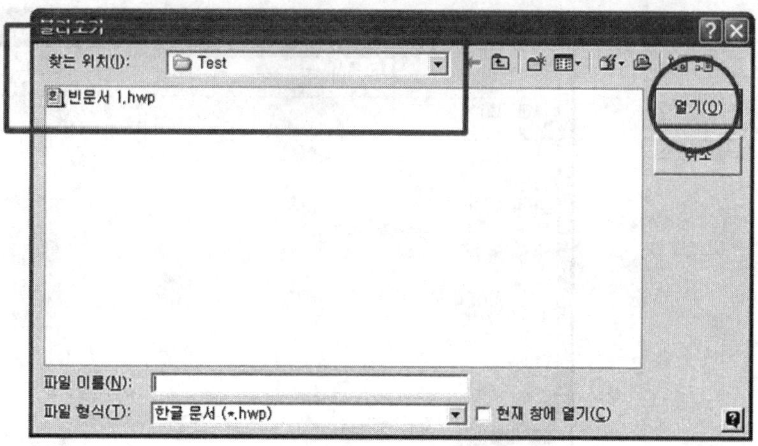

(4) 끼워 넣기

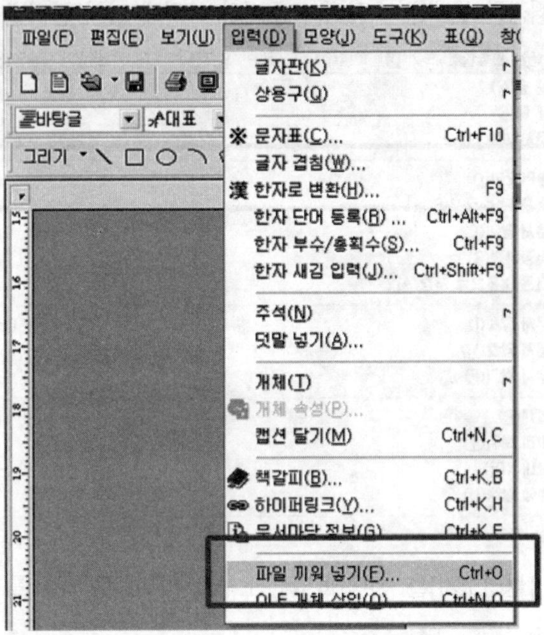

편집하고 있는 문서를 커서 위치에 선택한 문서 파일을 삽입한다. 이 기능을 실행하여 서로 다른 파일로 만들어진 두 개 이상의 문서를 하나로 합칠 수 있다.

[입력]-[파일 끼워 넣기]를 선택하거나 Ctrl+O를 선택하면 현재 열려있는 문서의 커서 위치에 선택된 문서의 내용이 입력된다.

[끼워 넣기]의 화면을 보면 하단에 끼워 넣을 파일 형식을 선택할 수 있다. 이때 끼워 넣을 수 있는 파일형식을 보면 매우 다양하게 지원함을 알 수 있는데 "한글 문서", "html 인터넷 문서", "텍스트 문서", "데이터베이스", "MS-워드", "훈민정음" 등 있다.

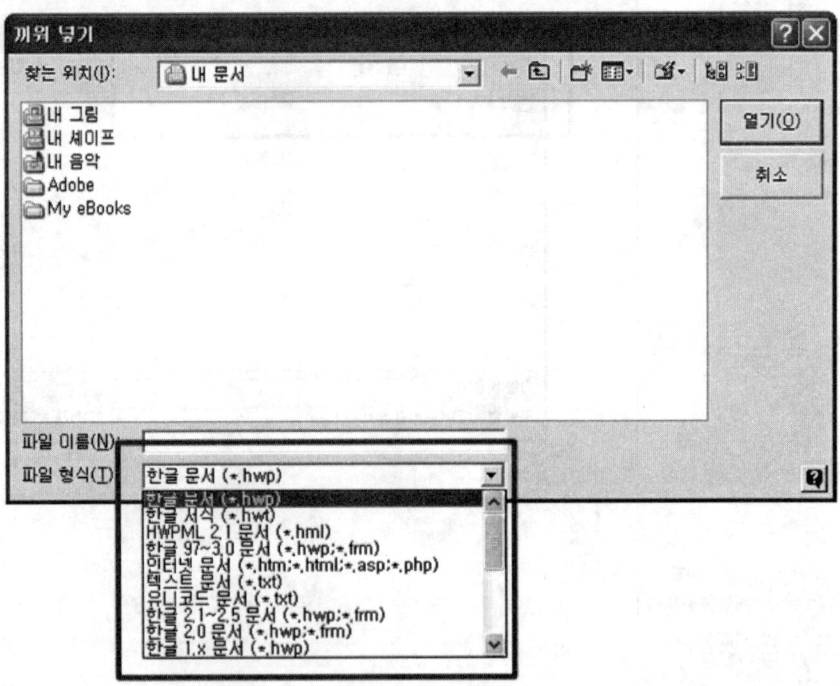

파일 끼워 넣기를 할 때에는 끼워 넣을 문서의 편집 용지, 쪽 테두리 모양 등을 그대로 유지한 채 끼워 넣을 것인지를 선택해야 한다. [예]를 선택하면 현재 커서 위치를 기준으로 앞뒤로 구역을 나눈 다음 나뉜 구역 사이에 파일을 끼워 넣는다. [아니요] 단추를 누르면, 현재 커서 위치에 파일 내용 전체를 삽입한다.

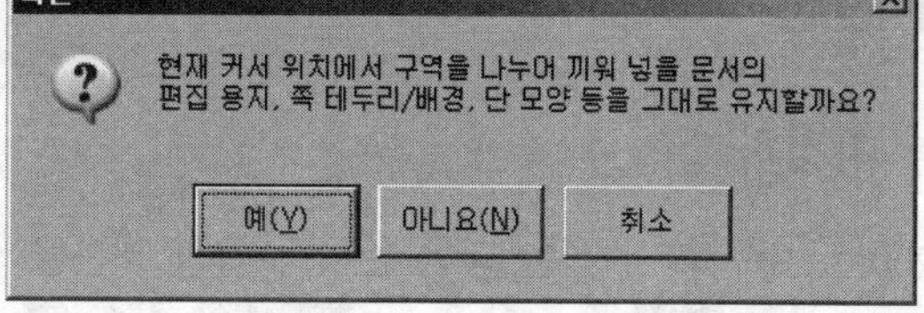

(5) 문서 찾기

한/글의 [문서 찾기]는 본문 내용이나 문서 요약 또는 파일 이름으로 원하는 곳의 파일들을 검색하여 파일을 찾아준다. [문서 찾기] 기능을 이용하면 디스크에 저장되어 있는 한/글 파일(*.hwp) 중에서 찾고자 하는 낱말이 포함되어 있는 파일이 어느 드라이브, 어느 폴더에 있는 어떤 이름의 파일인지 빠르게 찾아준다.

많은 한/글 파일을 가지고 작업할 때, 오래된 파일의 이름이 기억나지 않거나 어느 폴더에 저장해 두었는지 모를 때는 [문서 찾기]를 사용하면 유용하다.

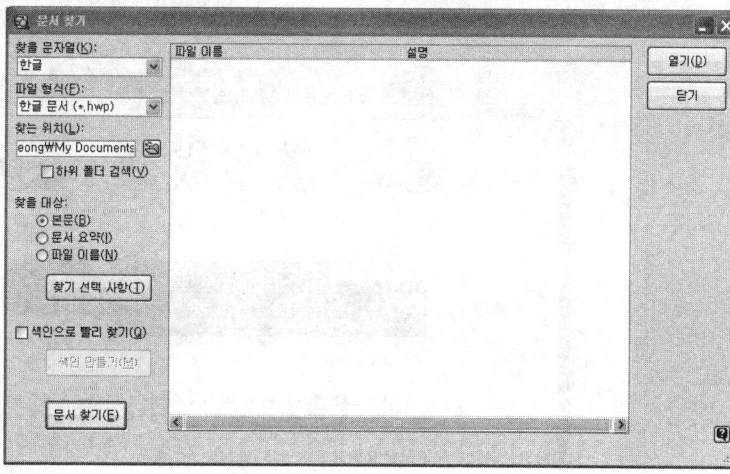

[파일]-[문서 찾기]를 선택하면 '문서 찾기' 대화상자가 나타난다. 찾고자 하는 문자열을 입력하고, 위치를 지정한 후 찾을 대상을 선택한 후에 확인 단추를 누른다.

① **본문** : 한글 파일의 본문 중에서 사용자가 지정한 문자열이 있는 파일을 찾는다.

② **문서 요약** : 한글 파일의 본문은 무시하고 문서 요약에 들어 있는 내용만 찾는다.

③ **파일 이름** : "찾을 문자열"에 입력한 파일 이름이 어느 폴더에 있는지 찾는다. 파일 이름이 정확하게 기억나지 않을 경우에는 아무개 문자(*와 ?)를 파일 이름에 함께 지정할 수 있다.

검사 대상이 '본문'일 경우를 제외하고는 많은 시간이 걸리지 않다. 파일 찾기가 끝나면 결과 화면이 나오고, 원하는 파일을 선택한 후 열기를 선택하면 찾으려고 했던 문서가 열리게 된다.

1.3 한글 문서 편집

(1) 블록 지정하기

한글 2005로 문서를 작성한 다음 문서의 특정 부분을 선택하여 서식 설정, 복사, 이동 등의 편집 기능을 적용하게 되는데 이렇게 문서를 선택하는 것을 블록 설정이라고 한다. 한글 2005에서 블록을 지정하는 방법은 마우스를 이용하는 방법과 글자판을 이용하는 방법이 있다.

1) 마우스로 블록 지정하기

① 마우스 끌기

블록을 시작할 부분에 마우스 포인터를 놓은 후, 마우스 왼쪽 단추를 누른 채로 블록에서 지정할 내용의 끝 부분까지 마우스 끌기를 하면 블록이 설정된다.

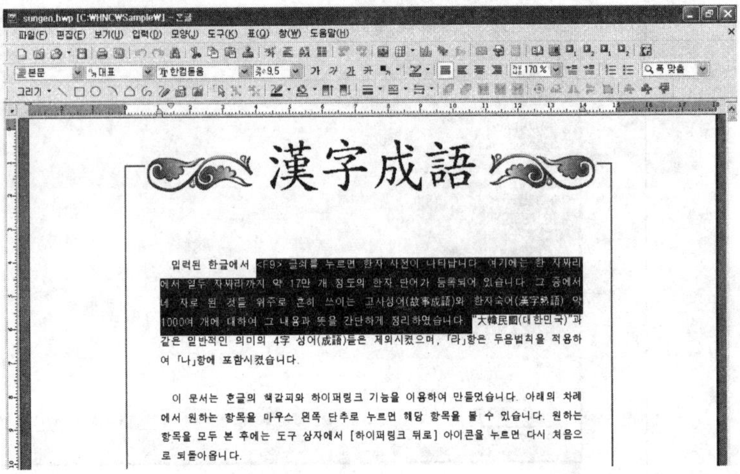

② 더블 클릭 하여 블록 지정하기

본문에서 어떤 낱말에 마우스 포인터를 가져다 놓고 마우스 왼쪽 단추를 더블 클릭하면, 그 낱말이 블록으로 설정된다. 그리고 세 번 누르기를 하면 그 문단이 블록으로 설정된다.

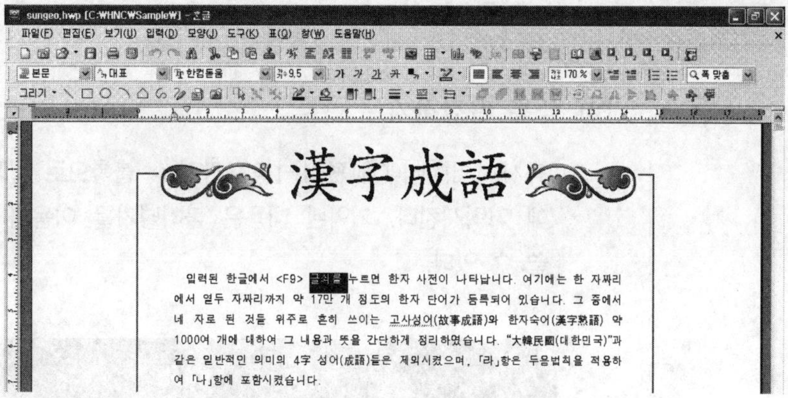

③ 한줄 전체를 블록으로 지정하기

본문의 왼쪽 여백에서 마우스 포인터가 화살표 모양으로 바뀔 때 이 상태에서 마우스를 한 번 클릭하면 마우스 포인터가 가리키고 있는 한 줄이 블록으로 바뀌고, 두 번 클릭하면 문단이, 그리고 연속해서 세 번 클릭하면 편집중인 문서 전체가 블록으로 지정된다.

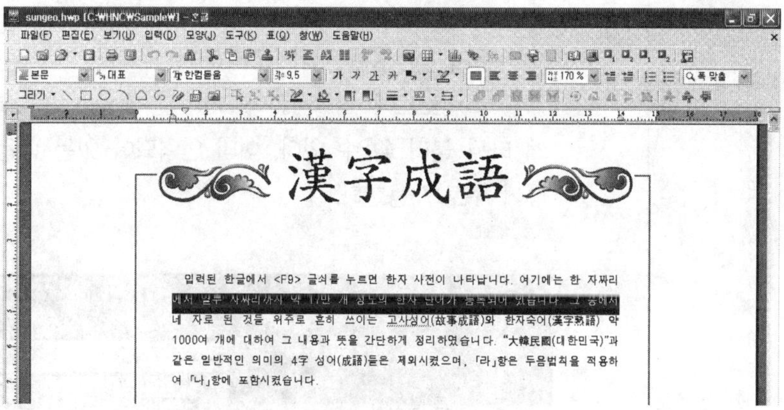

2) 글사판으로 블록 설정하기

- F3 키 이용하기 : 블록으로 지정할 내용의 시작위치에 커서를 둔 후, F3키를 누릅니다. ←↑↓→키를 눌러 지정할 내용의 끝부분까지 커서를 옮기면 그 부분이 블록으로 지정된다. F3키를 두 번 누르면 그 낱말이 블록으로 설정되고, 세 번 누르면 문단이 블록으로 설정된다. 그리고 네 번 누르면, 문서 전체가 블록으로 설정됩니다. 해제는 Esc키를 이용한다.
- Shift 이용하기 : 블록으로 지정할 내용의 시작위치에 커서를 둔 후, Shift키를 누른 상태에서 화살표 방향키를 이동하면 커서가 옮겨진 위치까지 블록이 설정된다.
- Ctrl+A : 단축 키 Ctrl+A를 사용하면 문서 전체가 블록으로 지정된다. 메뉴에서

[편집]-[모두선택]을 클릭해도 편집중인 문서 전체가 블록 지정된다.

(2) 블록 편집하기

① 복사하기[Ctrl+C],[편집]-[복사하기] : 블록으로 설정된 부분의 내용을 클립보드에 기억시킨다. 기억된 내용은 붙여넣기를 이용하여 원하는 위치에 다시 불러 쓸 수 있다.

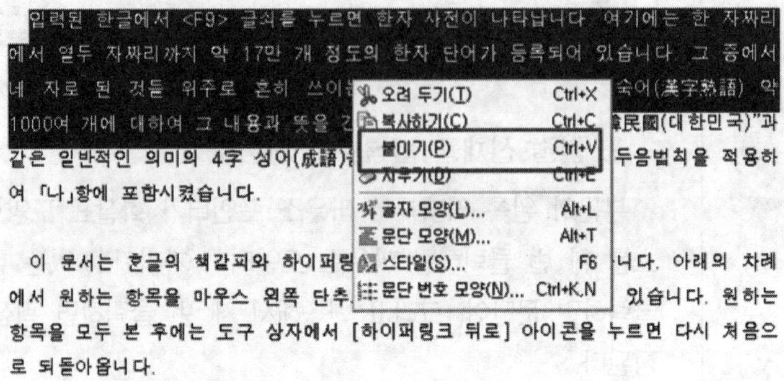

② 오려두기[Ctrl+X],[편집]-[오려두기] : 블록으로 설정된 부분을 지우면서 그 내용을 클립보드에 기억시킨다. 기억된 내용은 붙여넣기를 이용하여 원하는 위치에 다시 불러 쓸 수 있다. 이미 입력되어 있는 내용의 위치를 다른 곳으로 옮길 때에 주로 사용한다.

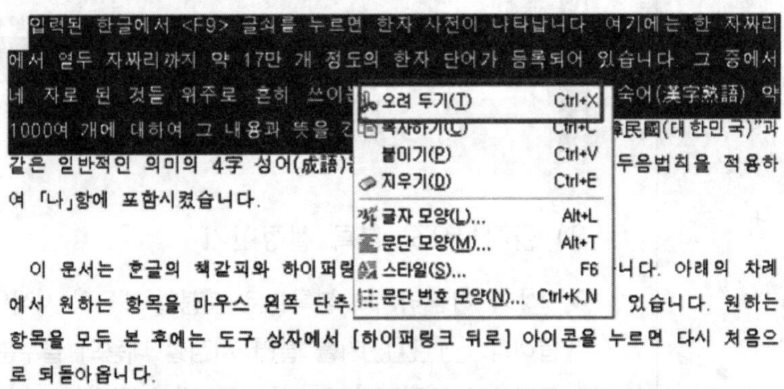

③ 붙이기[Ctrl+V],[편집]-[붙이기] : 복사하기나 오려두기를 실행하여 클립보드에 기억된 내용을 커서 위치에 삽입한다. 한 번 클립보드에 기억시킨 내용은 여러 번 반복하여 [붙이기]를 할 수 있다.

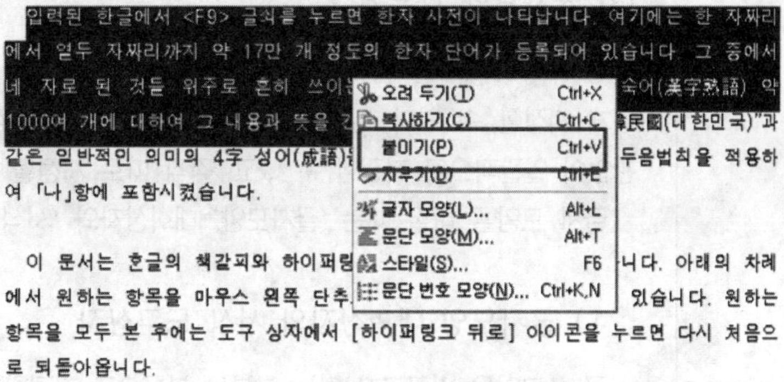

④ 지우기[Ctrl+E],[편집]-[지우기] : 블록으로 설정된 부분을 지운다. 문서에서 필요 없는 부분을 한꺼번에 지울 때 사용한다.

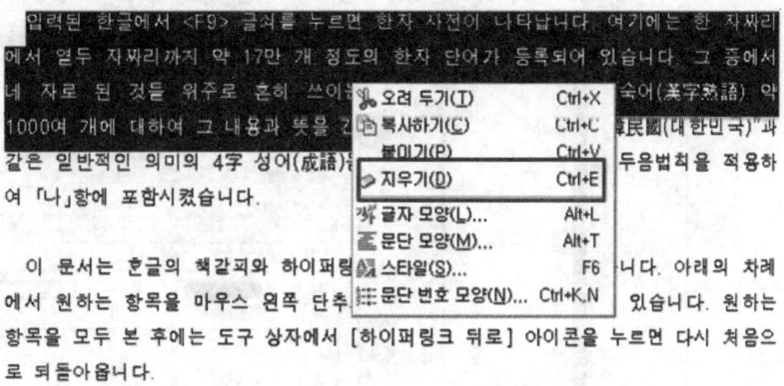

TIP

- 마우스 끌기로 복사와 이동하기
  마우스 끌기와 놓기(drag & drop)를 이용하면 더욱 빠르게 복사할 수 있다.
  복사 및 이동하고자 하는 부분을 블록으로 지정한 후, 블록 부분을 마우스로 선택한다.
  Ctrl키를 누른 상태에서 원하는 위치까지 마우스를 드래그 하면 복사가 되고, Ctrl 키를 누르지 않은 상태에서 드래그하면 이동이 된다.
  (옆의 그림 참조)

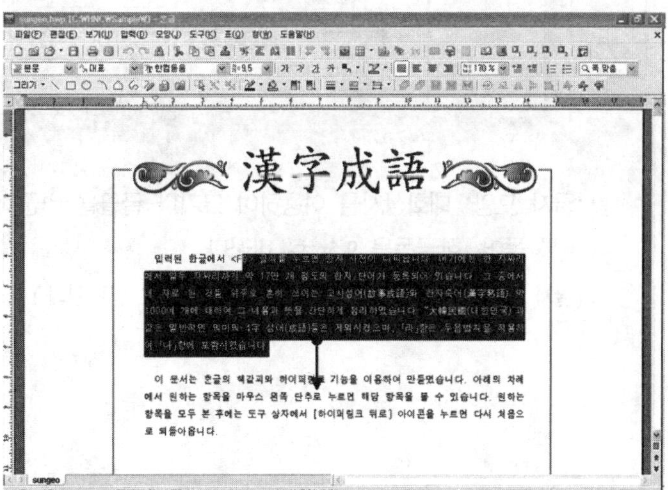

(3) 글자모양 다루기

한글 2005에서는 입력할 내용이나 블록으로 설정한 내용에 대한 글자 모양을 다양하게 지정할 수 있다. 글자 모양은 글꼴, 글자 크기, 장평, 자간 등을 언어 종류에 상관없이 일괄적으로 지정할 수 있고, 각각 따로 지정할 수도 있다.

글자 모양을 바꿀 때는 '글자모양' 대화상자와 '서식' 도구 상자를 이용해 지정한다.

1) 글자모양 대화상자와 서식 도구상자

글자 모양을 바꾸고자 하는 부분을 블록으로 지정한 후, 마우스 오른쪽 버튼을 눌러 '글자 모양'을 선택한다. 또는 도구상자의 버튼을 이용해도 된다.

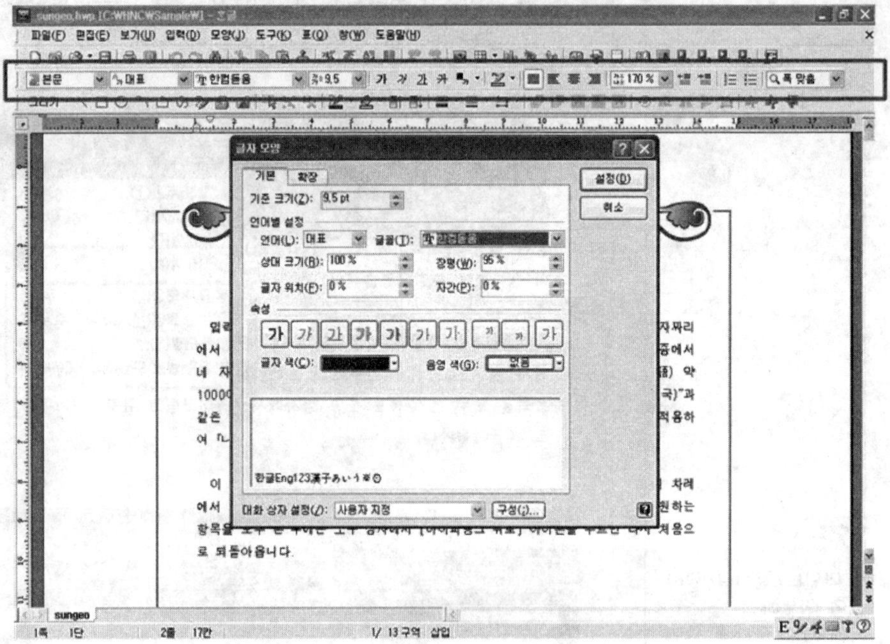

'글자 모양' 대화상자를 이용하여 크기나 글꼴을 바꾼다.

예를 들어, 한글돋움 9.5pt로 바꾼다.

(글자 모양을 지정하지 않으면 10.0pt 바탕으로 입력된다.)

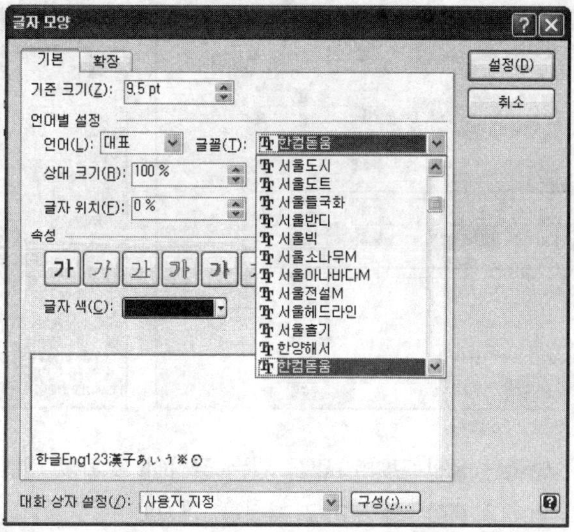

블록 지정한 글자 모양이 지정한 대로 바뀌었다.

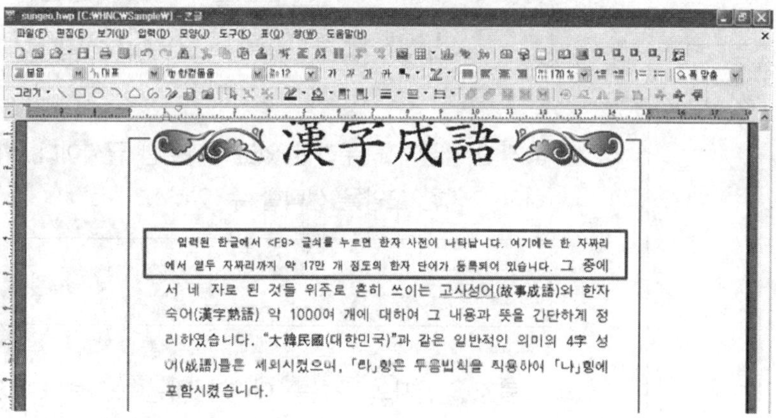

2) 글자 속성

선택한 글꼴에 대하여 오른쪽으로 기운 글씨(기울임꼴), 두꺼운 글씨(진하게), 밑술, 외곽선, 그림자, 양각, 음각, 첨각 등의 다양한 글자 속성을 적용하여 글씨를 멋지게 꾸밀 수 있다.

글자모양의 기본 탭과 확장 탭을 이용하여 다양한 글자 속성을 지정할 수 있다.

① 기울임 : 오른쪽으로 기울인 글씨이다.

② 진하게 : 두꺼운 글씨이다.

기울임 **진하게**

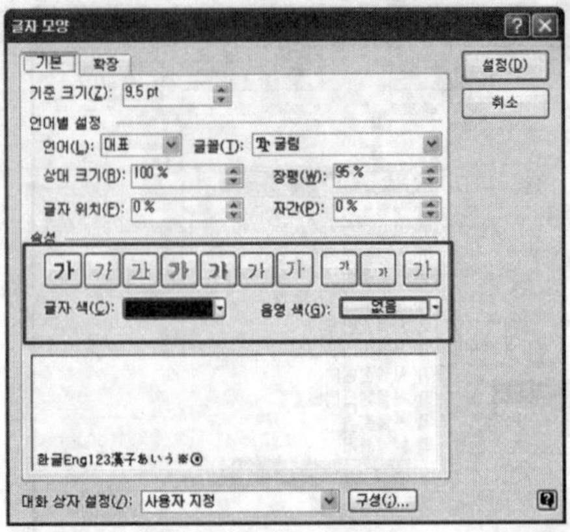 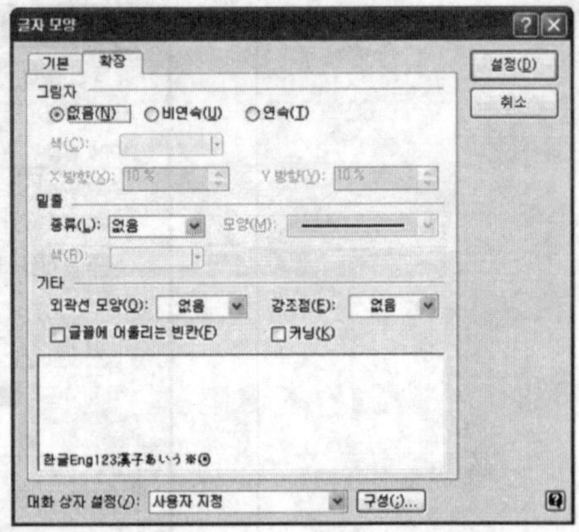

③ 밑줄 : 실선 모양의 밑줄 있는 글씨이다. 확장 탭의 밑줄 항목을 이용하여, 밑줄 위치나 색깔, 선 모양을 지정할 수 있다.

아래밑줄 가운데밑줄 윗밑줄

모양 있는 밑줄1 모양있는밑줄2 모양있는밑줄3

④ 외곽선 : 글자 테두리만 있고 속은 빈 글씨이다. 확장 탭의 외곽선 모양을 이용하여 다양한 모양을 선택할 수 있다.

외곽선1 외곽선2 외곽선3 외곽선4 외곽선5 외곽선6

⑤ 그림자 : 글자의 오른쪽 아래에 비연속 그림자가 있는 글씨이다. 확장 탭의 그림자 항목을 이용하여 위치, 색, 연속 비연속을 지정할 수 있다.

그림자1 그림자2 그림자3

⑥ 양각과 음각 : 양각은 글자가 돌출된 글씨이며, 그림자와 외곽선 효과는 함께 사용할 수 없다. 음각은 글자가 파인 글씨이며 마찬가지로 그림자와 외곽선 효과는 함께 사용할 수 없다.

양각 음각

⑦ 위첨자와 아래첨자 : 위첨자는 보통 글씨의 어깨에 작게 나오는 글씨이며, 아래첨자는 보통 글씨의 아래에 작게 나오는 글씨이다.

위첨자
아래첨자

⑧ 보통 모양 : 설정한 모든 글자속성을 한번에 해제하여 속성을 적용하지 않은 글자모양으로 되돌린다.

⑨ 글꼴에 어울리는 빈칸 : 빈칸의 폭을 각 글꼴이 가지고 있는 본래의 폭으로 만든다. 이 항목을 선택하지 않으면 빈칸의 폭을 무조건 글자크기의 1/2로 지정한다.

⑩ 커닝 : 이 항목을 선택하면, 한글과 영문을 섞어 썼을 경우 글자간격을 일정하게 유지한다.

3) 글자 크기

한글 2005에서는 글자 크기에 제한이 없어져서 용지 크기가 허용하는 한 얼마든지 큰 글자를 사용할 수 있다. 글자의 크기를 조절하면 가로 세로가 함께 커지고 줄어든다.

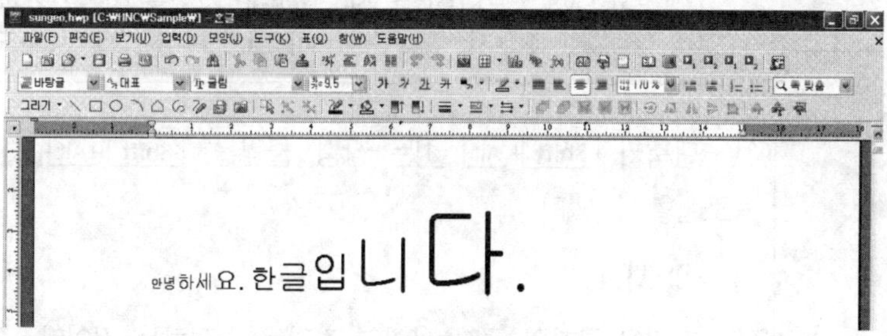

 서식 도구 상자의 글자 크기부분을 이용하면 손쉽게 글자크기를 바꿀 수 있다. 직접 숫자를 입력해서 바꿀 수도 있다. 글자 크기는 제한이 없으며, 크기는 0.1포인트 단위로 지정할 수 있으며, 1포인트 글씨는 가로 × 세로가 0.35㎜이다.

4) 장평과 자간

장평과 자간은 글자모양에서 바꿀 수 있다.

① 장평

글자의 크기는 그대로 유지하면서 글자의 가로 폭을 줄이거나 늘려서 글자 모양에 변화를 줄일 수 있다. 장평은 글자의 “가로 : 세로”의 비율을 나타낸다.

장평에서 지정할 수 있는 가로 : 세로 비율은 50~200%이다. 장평이 100%보다 작으면 홀쭉한 글자가 되고, 100%보다 크면 옆으로 퍼진 글자가 된다.

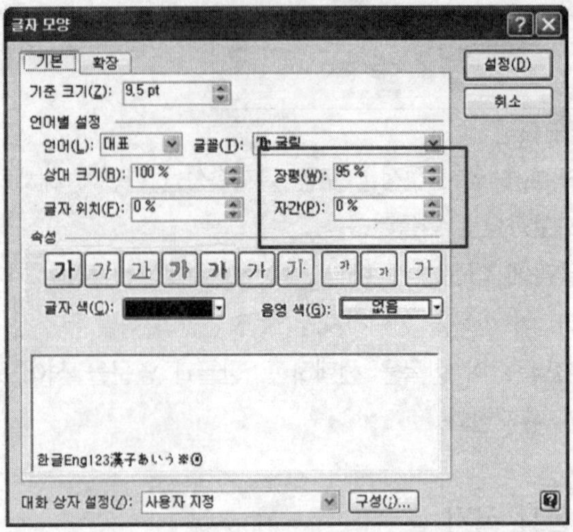

장평 50% 이 넓은 세상위에 그 길고 긴 시간 속에
장평 100% 이 넓은 세상위에 그 길고 긴 시간 속에
장평 150% 이 넓은 세상위에 그 길고 긴 시간 속에
장평 200% 이 넓은 세상위에 그 길고 긴 시간 속에

단축키 Shift+Alt+J는 장평 줄임을, Shift+Alt+K는 장평 늘림으로 1%단위로 조절할 수 있다.

② 자간

자간은 글자와 글자 사이의 간격을 조절하는 것이다. 각 글자 사이의 간격을 알맞게 조절하면 읽기 편한 문서를 만들 수 있다. 자간은 -50%~50%까지 지정할 수 있다. 자간이 0이면 자간을 따로 주지 않은 상태이며, 0보다 작은 숫자를 입력하면 다음 글자와의 간격이 줄어들고, 0보다 큰 숫자를 입력하면 다음 글자와의 간격이 넓어진다.

자간 -50% 그 수많은 사람들 중에 오직 그대만을 사랑해
자간 -25% 그 수많은 사람들 중에 오직 그대만을 사랑해
자간 0% 그 수많은 사람들 중에 오직 그대만을 사랑해
자간 25% 그 수많은 사람들 중에 오직 그대만을 사랑해
자간 50% 그 수많은 사람들 중에 오직 그대만을 사랑해

단축키 Shift+Alt+W는 자간 줄임을, 단축키 Shift+Alt+N는 자간 늘림으로 1% 단위로 조절할 수 있다.

5) 글자 위치

한글 2005에서 새로 추가된 글자 위치는 글자의 기준선을 기준으로 글자를 위나 아

래로 움직인다. 현재 글자의 '기준 크기'를 기준으로 100%~-100%까지 지정할 수 있다. 음수값을 입력하면 글자 기준선 위에, 양수 값을 입력하면 글자 기준선 아래에 위치한다.

-100%, -50%, 0%, 50%, 100%로 조절한 후의 글자 위치이다.

사 랑 합 니 다

상대 크기는 기준 글자 크기에 대한 특정 글자의 상대 크기 비율을 설정한다.
상대 크기 50%인 상태에서 글자위치를 -85%, 55%, -15%로 지정한 모습이다.

사
해
랑

글자모양의 상대 크기, 글자 위치에서 각각 지정할 수 있다.

(4) 문단 모양/ 편집 용지 다루기

1) 문단 모양 조절하기

① 문단과 문단 모양

여러 문장이 이어지다가 문맥에 따라 줄이 바뀌는 부분이 있다. 문단이란 Enter↵와 Enter↵로 구분된 공간에 입력된 내용을 말한다. 문단은 문단 모양을 실행해 문단의 왼쪽/오른쪽 여백, 들여 쓰기/내어 쓰기, 정렬 방식, 줄 간격 등을 바꿀 수 있다.

문단 모양은 [모양]-[문단모양]이나, 단축키 Alt+T, 또는 서식 도구 상자에서 단추를 선택하면 된다.

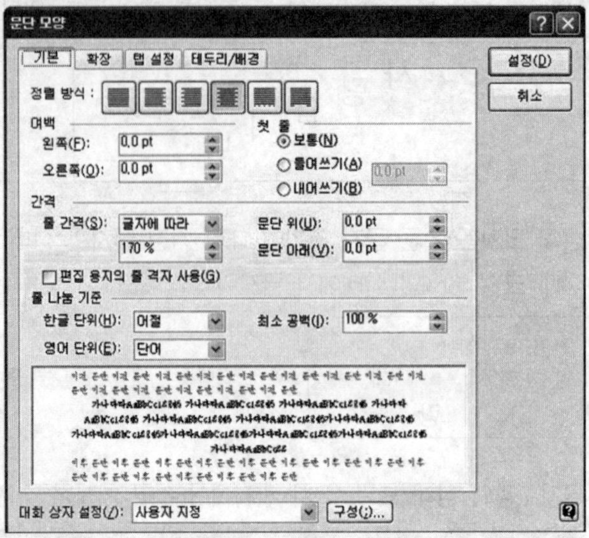

② 문단 정렬 방식

정렬이란 글자 또는 문단이 한 줄 내에서 어디를 기준으로 정렬할 것인지 정하는 것이다. 문단의 정렬에는 양쪽 정렬, 왼쪽 정렬, 오른쪽 정렬, 가운데 정렬, 배분 정렬, 나눔 정렬이 있다.

- 양쪽 : 양쪽을 가지런하게 맞춘다. 가장 널리 쓰이는 방식이다.
- 왼쪽 : 왼쪽을 가지런하게 맞춘다.
- 오른쪽 : 오른쪽을 가지런하게 맞춘다.
- 가운데 : 글자를 가운데로 모은다.
- 배분 : 글자 수에 상관없이 양쪽 맞춤을 하되, 글자사이를 일정하게 띄우는 정렬 방식이다.
- 나눔 : 글자 수에 상관없이 양쪽 맞춤을 하되, 어절사이를 일정하게 띄우는 정렬 방식이다.

2) 여백과 들여 쓰기, 내어 쓰기

편집화면 바로 위의 가로 눈금자를 살펴보면 손쉽게 문단 여백을 지정하고 들여 쓰기, 내어 쓰기를 할 수 있다. 문단 왼쪽 여백과 오른쪽 여백은 편집 용지에서 지정한 여백 외에, 글자를 입력할 공간에서 별도로 지정하는 여백을 의미한다. 첫 줄 시작 위치는 나머지 줄 시작 위치 보다 왼쪽에 있으면 내어 쓰기이고 오른쪽에 있으면 들여 쓰기가 된다.

단, 눈금자에서는 왼쪽/오른쪽 여백이 0이 될 때 까지만 조절할 수 있으며, 음수값으로는 조절할 수 없다.

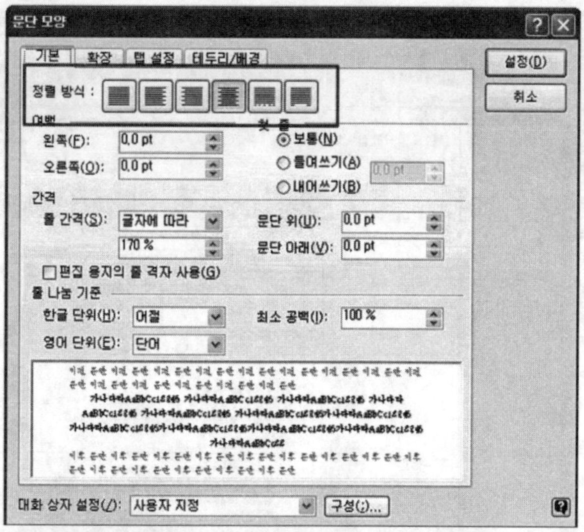

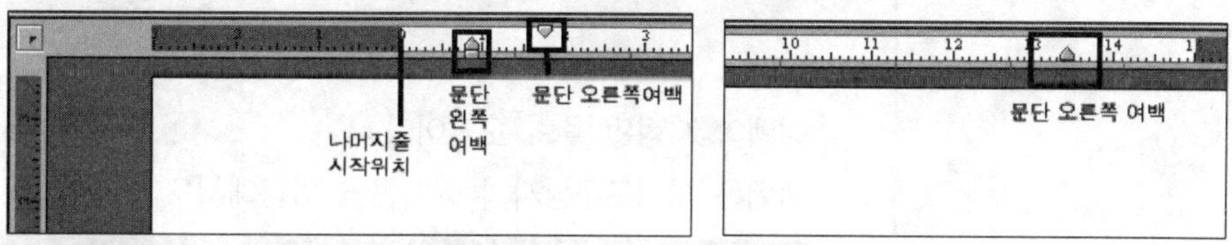

문단 모양 대화상자를 이용하여도 여백과 들여 쓰기, 내어 쓰기를 조절할 수 있다.

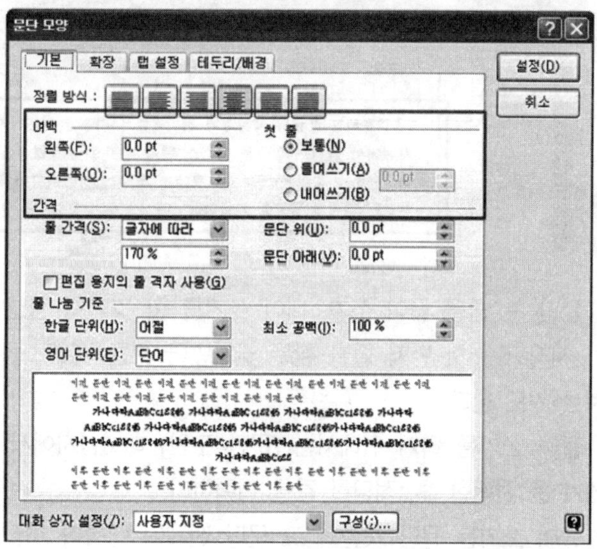

예를 들어, 왼쪽 여백을 20으로 바꾸기 위해서는 20을 입력해주면 용지 왼쪽 여백 끝에서 현재 문서가 놓여 있는 문단 전체 시작 부분이 안쪽으로 20pt만큼 들여 써지

게 된다.

왼쪽 여백을 20, 오른쪽 여백을 -20으로 설정한다.

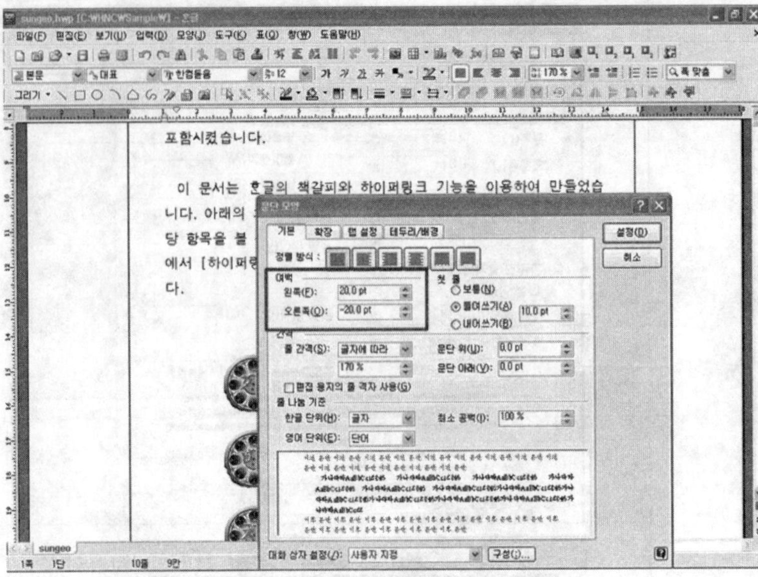

여백이 지정된 후의 모습이다.
여백은 서식도구상자의 아이콘을 이용해서도 조절할 수 있다.

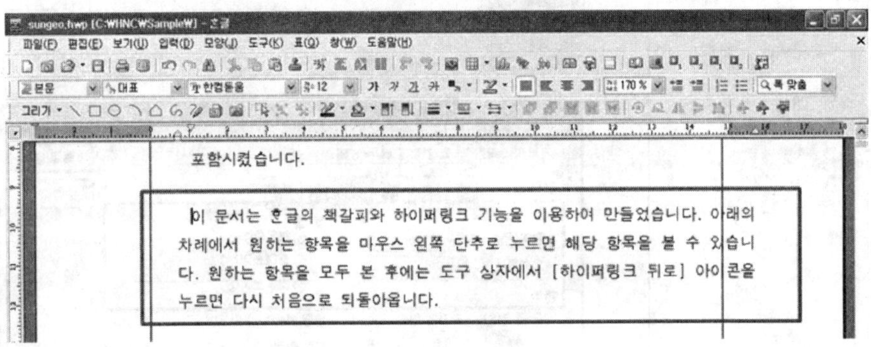

문단 첫 줄을 들여 쓰기, 내여 쓰기를 할 것인지 정할 수 있다. 각 문단은 그 문단이 시작되는 첫 번째 줄을 한두 글자만큼 오른쪽으로 들여 쓰기도 하고, 왼쪽으로 내여 쓰기도 한다.

들여 쓰기를 하기 위해서는 [문단 모양] 대화상자에서 [첫줄]의 대화상자에서 "들여 쓰기"를 선택한 후, 적당한 값을 입력한다.

들여 쓰기는 문단 첫줄의 그 문단 전체의 왼쪽이 지정한 값만큼 오른쪽으로 들어가서 시작하게 된다.

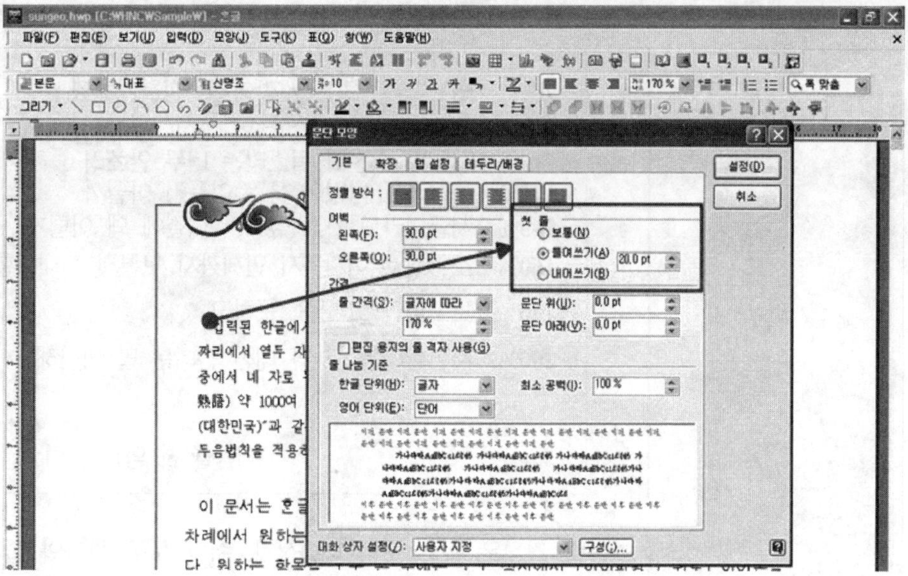

내어 쓰기도 들여 쓰기와 마찬가지로 첫 줄에서 설정해 주면 된다.

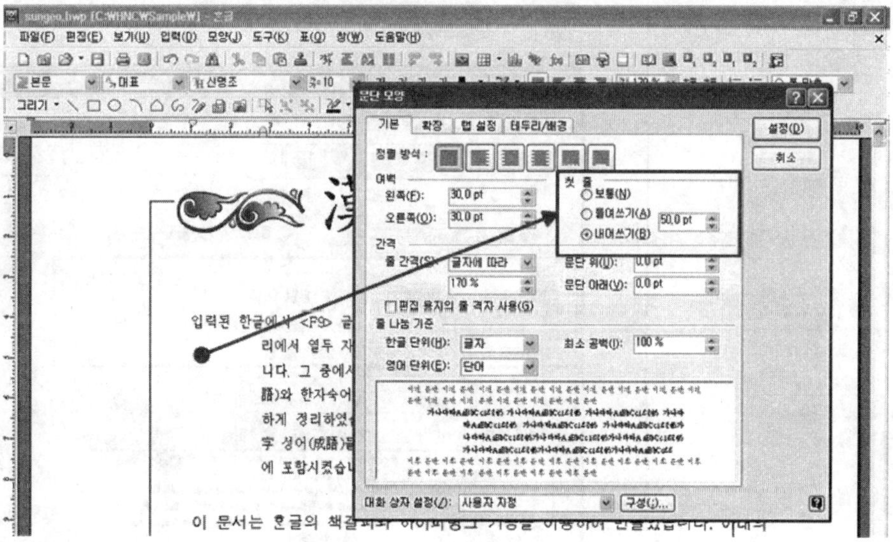

내어 쓰기는 문단 첫줄을 제외한 그 문단 전체의 왼쪽 여백이 내어 쓰기 값만큼 들어가서 시작하게 된다.

들여쓰기는 가로 눈금자의 왼쪽 여백 표시 위쪽에 있는 들여 쓰기/내여 쓰기 표시를 마우스 끌기를 하여 쉽게 설정할 수 있다.

3) 줄 간격 설정하기

현재 문단의 줄 간격을 바꿀 수 있다. 같은 문단 안에서의 줄과 줄 사이의 간격은 모두 일정하게 된다. 줄 간격은 지금 줄의 맨 위부터 다음 줄의 맨 위까지의 간격이다.

30% 왜 이렇죠 분명 아직 그댈 사랑하는데
70% 왜 나는 제가 만든 사랑이 날 힘들게해요
90% 흔들리는 내맘 조차 모르는 그대는 너무 멀리 있어요
100% 왜 이렇죠 자꾸 그대가 말이 없어져요
115% 잘있다는 전화 목소리는 너무 안쓰러
130% 혹시라도 나없이 홀로 아픈건 아닐까
145% 지금이라도 가고 싶지만 니곁에 왜 이렇게
160% 조금씩 멀어지는지 언제까지 모른척 지내야할지
180% 보고싶단 그 말도 못하고
200% 사랑한다는 그 말 대신 건네는 말 미안해

김동률 & 양파 - 벽

줄 간격은 문단 모양 대화상자, 서식 도구 상자의 줄 간격 도구를 이용해서 바꿀 수 있다.

또한, 단축키 Alt+Shift+A Alt+Shift+Z를 이용하여 10%단위로 줄이거나 늘릴 수 있다.

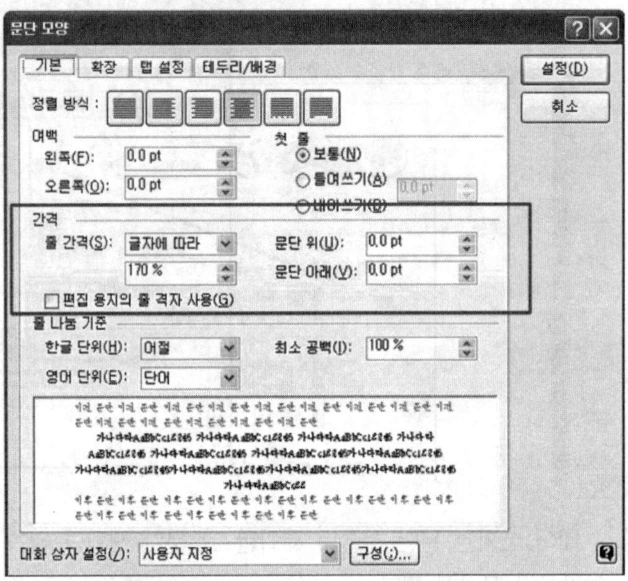

(5) 편집 용지

1) 편집 용지 설정하기

편집 용지 설정은 문서를 어느 크기의 종이에 편집할 것인지, 종이를 좁게 쓸 것인지 넓게 쓸 것인지, 그리고 종이의 상하좌우에 어느 정도 여백을 남길 것인지 미리 정

하는 기능이다.

편집 용지를 설정하기 위해서는 [모양]-[편집용지]나 도구단추를 사용한다. F7키를 사용해도 된다.

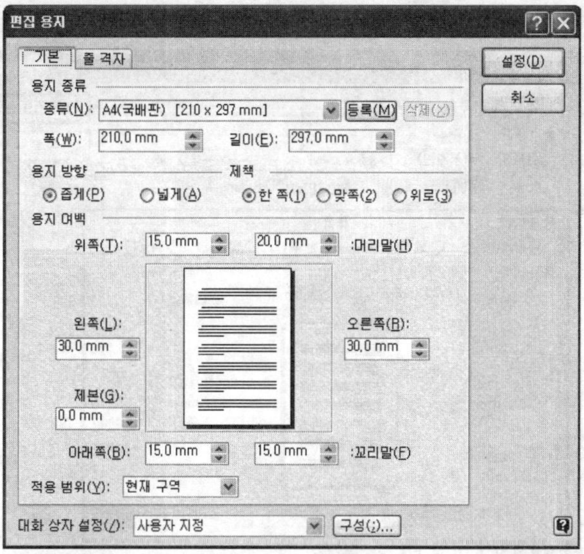

대화 상자를 열어 용지 종류에서 종류를 고를 수 있다.

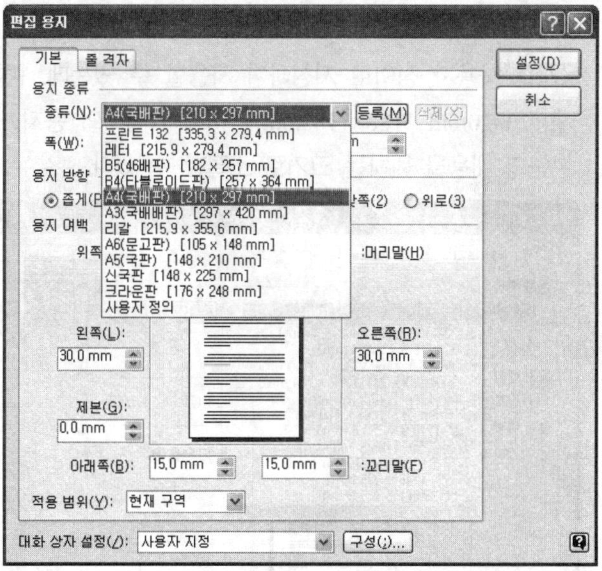

용지 방향에는 “넓게”와 “좁게” 두 가지가 있다. 이는 인쇄 폭이 좁은 프린터를 이용하여 넓은 문서를 이용할 때에 “넓게”를 이용하면 편리하다.

용지 여백은 선택한 용지 종류에서 상하좌우 여백을 빼고 난 나머지가 본문이 들어가는 자리가 된다. 눈금자에서도 여백을 설정할 수 있으며, 용지 종류에 따라 가장 보기 좋은 여백을 자동으로 설정해 주게 된다. 위쪽, 아래쪽, 왼쪽, 오른쪽, 머리말, 꼬리말, 제본의 여백을 바꿀 수 있다.

제책은 문서를 홀 · 짝수 쪽 구별 없이 한 쪽으로면 편집할 것인지 홀수 쪽과 짝수 쪽을 구별하는 맞쪽 보기로 편집할 것인지, 위로 넘기기로 편집할 것인지를 정한다.

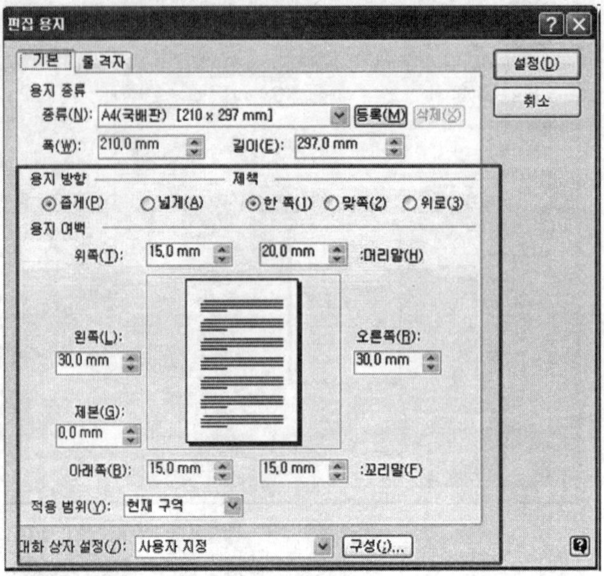

① 사용자 정의로 용지 설정하기

용지를 사용자 정의로 지정하여 사용할 수 있는데, 종류에서 "사용자 정의"를 선택한 후, 20×20mm~1188×1188mm 사이에서 임의의 용지 크기를 지정하여, 한쪽에 들어갈 본문의 내용을 원하는 크기로 조절할 수 있다.

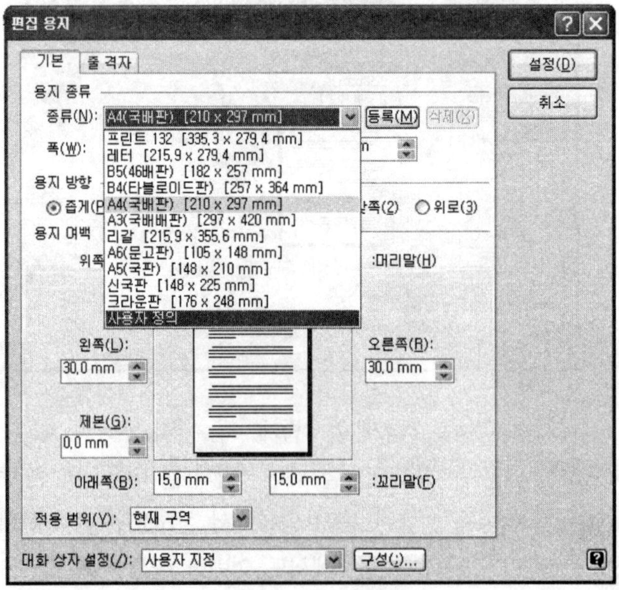

사용자 정의로 지정한 용지를 자주 사용할 경우 등록할 수 있다. 크기와 여백을 지정한 후, 등록 단추를 눌러 용지 이름을 입력한다.

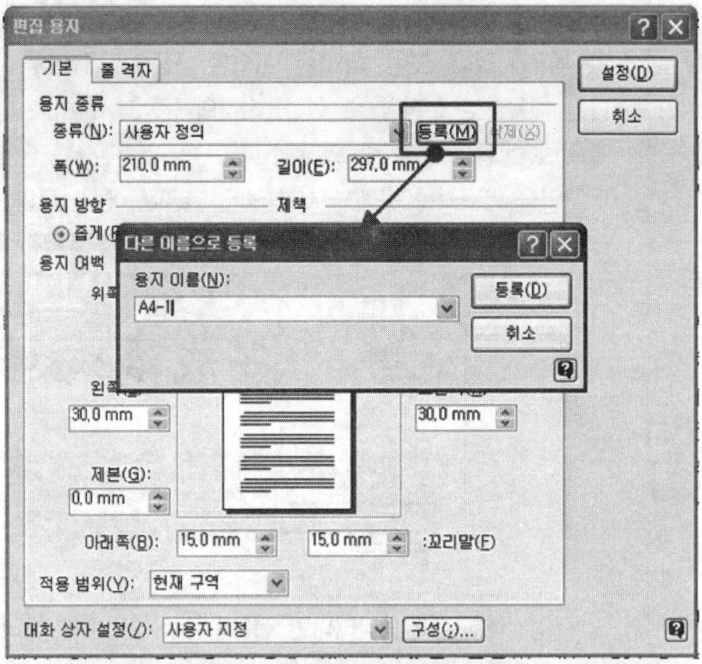

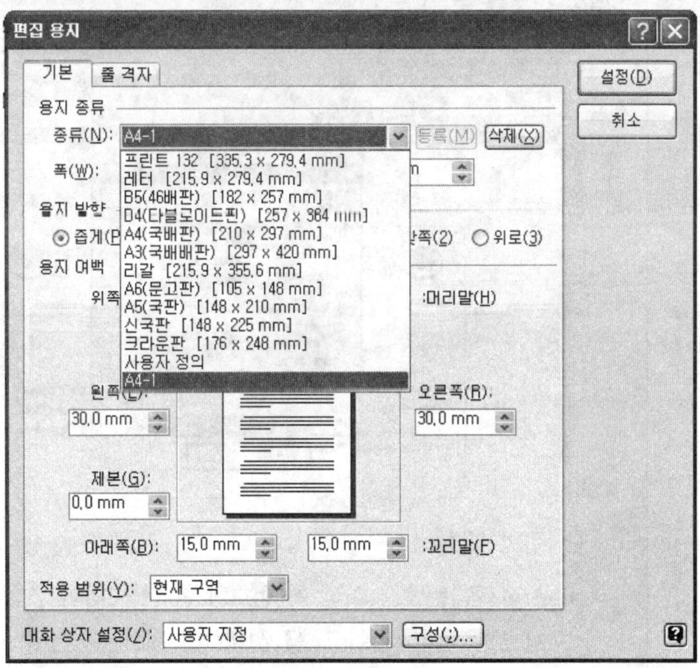

등록한 용지는 종류 목록에 나타나게 되며, 다시 불러내 사용할 수 있다. 삭세 버튼을 누르면 등록한 용지를 삭제할 수 있다.

2) 한 문서에 다른 편집 용지 사용하기

문서를 여러 장으로 나누어 작성할 때 각 장마다 다르게 쪽 번호나 배경 등을 설정할 경우가 있다. 그럴 때에는 [구역]을 나눔으로써 이후부터 작성하는 내용은 앞부분과 다른 내용으로 설정할 수 있다. 하나의 문서에서 서로 다른 편집 용지, 바탕쪽, 배경, 쪽 번호 등을 사용할 수 있다.

구역을 만들려는 곳에 커서를 놓은 후 메뉴에서 [모양]-[구역]을 클릭한 후,

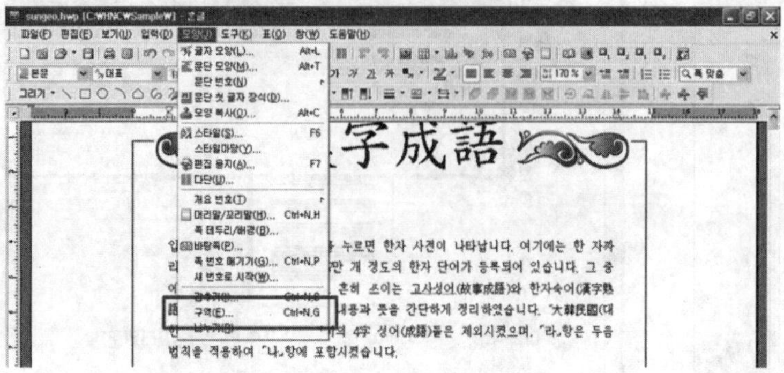

"구역" 대화상자가 나타나면 적용범위 목록단추를 눌러 "새 구역으로"를 선택한 후, 설정 단추를 누른다.

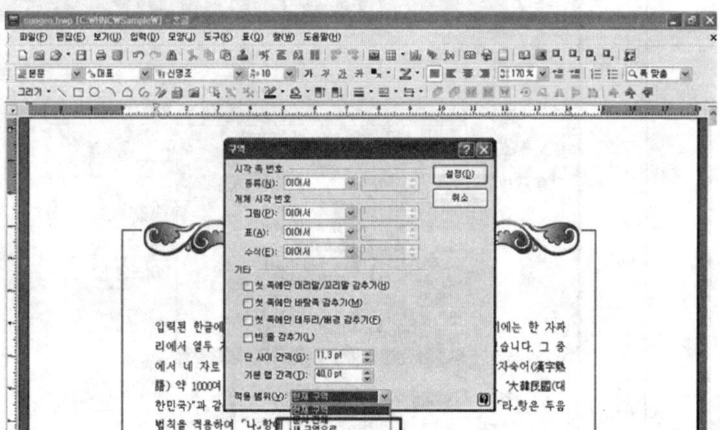

◑ 구역 대화상자

- 시작 쪽 번호 : 시작 쪽 번호의 종류를 '이어서', '홀수', '짝수', '임의 값' 중에서 선택하며, '임의 값'을 선택하면 원하는 새로운 번호로 정할 수 있다.
- 틀 시작 번호 : 그림, 표, 수식 등의 시작 번호를 이어서 할 것인지, 임의의 값으로 지정할 것인지를 선택한다.
- 기타 : 각 구역을 시작하는 첫 쪽에만 머리말/꼬리말, 바탕쪽, 테두리/배경 등을

감출 것인지 선택한다. 또 빈 줄 감추기는 시작 부분의 빈 줄이 여러 줄 있다면 2줄까지는 감추어서 아래의 내용을 위로 올리고 나머지 빈 줄은 그대로 표시되게 해준다.

구역이 나눠졌으면 "적용 범위"에서 "현재 구역"으로 설정하고, 용지 방향을 "넓게"로 바꾸고 나면

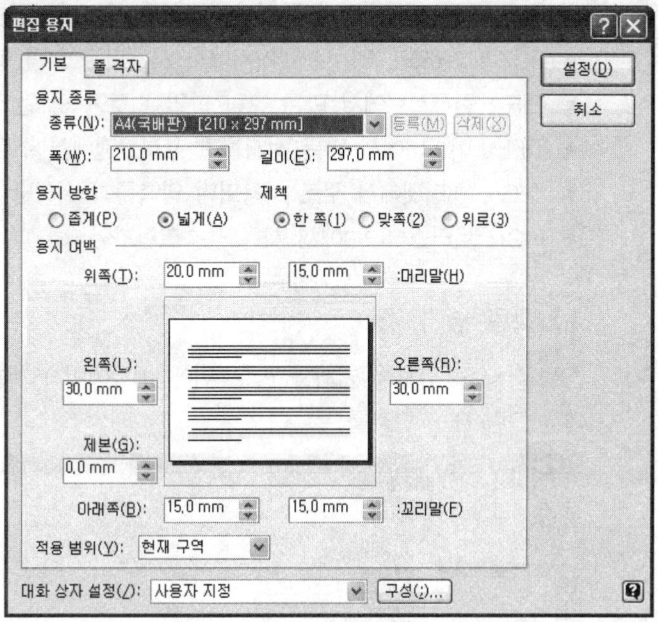

다음과 같이 한 문서 안에 다른 편집 용지를 설정할 수 있다.

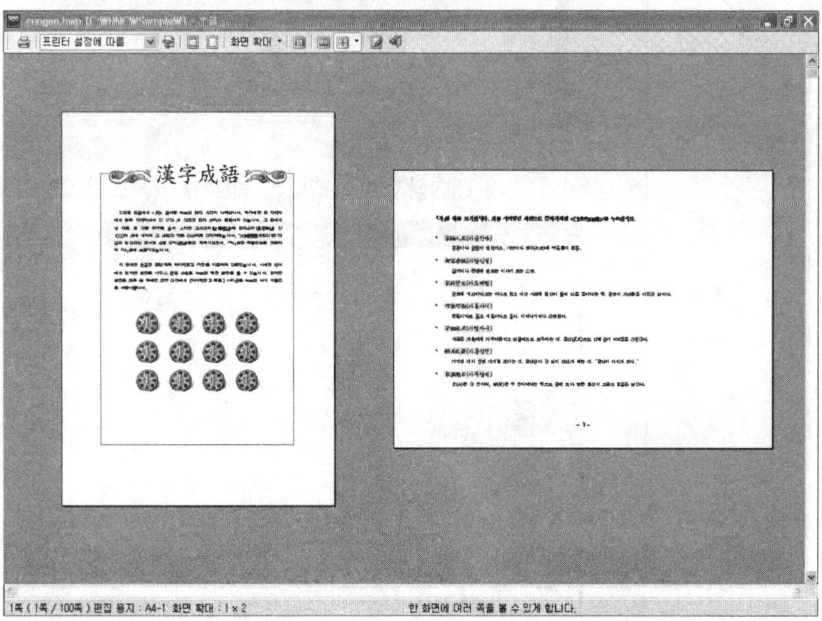

(6) 그림 넣기

문서를 작성하다 보면 그림을 삽입하게 되는 경우가 많게 된다. 한글 2005에서는 아주 간편한 방법으로 그림을 삽입할 수 있다.

◕ 한글에서 불러올 수 있는 이미지 파일들

- BMP : 윈도우 그림판 등에서 사용되는 윈도우 표준 비트맵 그림 파일
- PCX : Zsoft의 페인트 브러시에서 사용되는 그림 파일
- GIF : 컴퓨서브에서 만든 그림 파일로 토인 및 인터넷에서 많이 사용
- TIFF : 어도비에서 만든 전자출판 프로그램에서 주로 사용되는 그림 파일
- JPG : 인터넷에서 주로 사용되며 압축률이 뛰어남
- PIC : 로터스 1-2-3에서 사용되는 그림파일

1) 그림 넣기

그림을 넣을 위치에 커서를 놓은 뒤에 메뉴에서 [입력]-[개체]-[그림]이나 도구 사자에서 그림 도구 단추를 누른다.

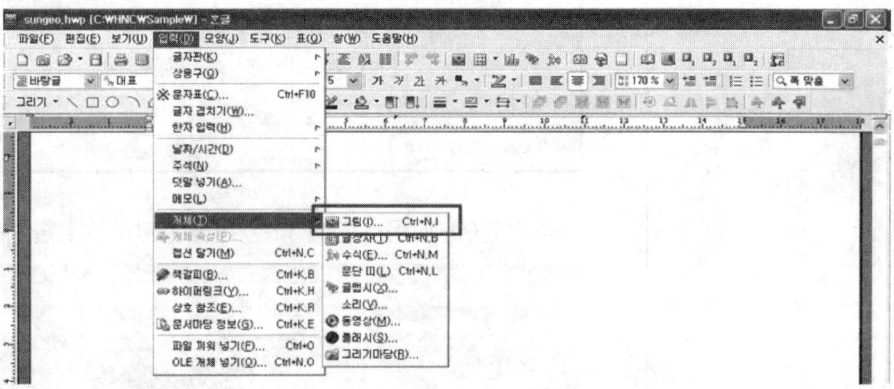

그림 넣기 대화상자가 나타나면 파일이 저장되어 있는 폴더를 찾아서 파일을 선택한다.

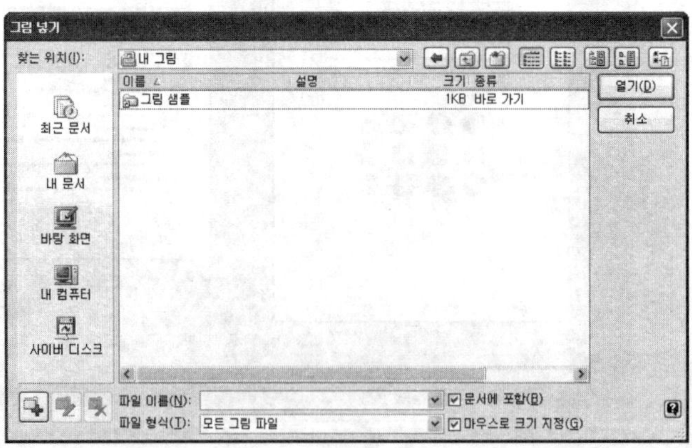

화면에서 마우스 커서가 +모양으로 변경되면 다음과 같이 마우스를 드래그해서 그림의 크기를 결정한다.

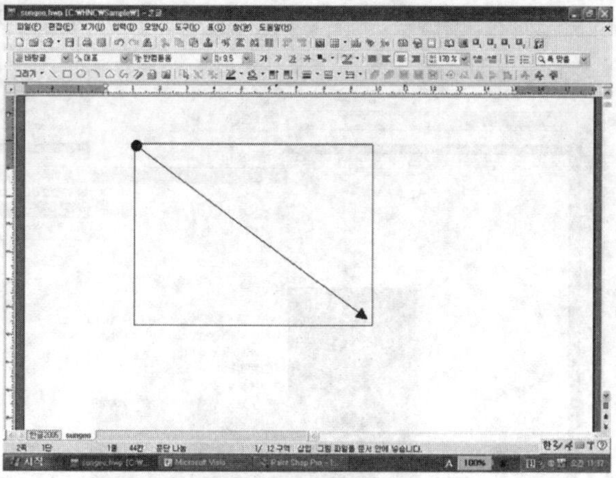

다음과 같이 그림이 삽입된다.

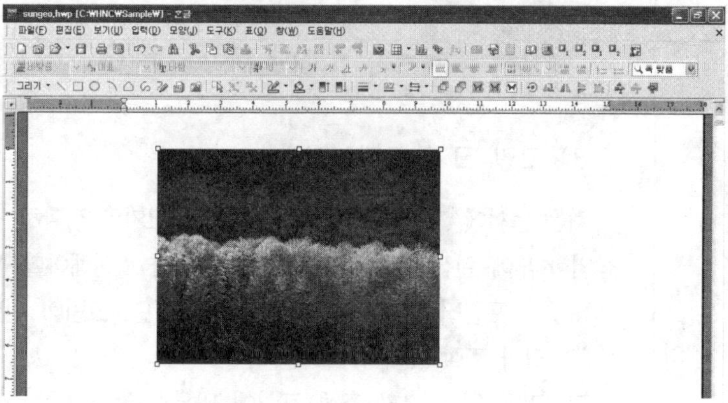

2) 그림을 본문과 배치시키기

그림을 글 뒤로, 글 앞으로, 또는 글과 어울림으로 지정하여 배치할 수 있다.
그림이 선택된 상태에서 마우스 오른쪽 단추를 눌러, 본문과의 배치를 선택한다.
기본도구모음의 아이콘을 이용해도 된다.

- 어울림 : 개체와 본문이 같은 줄을 쓰되, 서로의 자리를 침범하지 않고 본문이 개체에 흐르듯이 어울리도록 배치한다. "어울림"으로 지정했을 때에는 [본문위치]에서 본문이 개체의 어느 쪽에 흐르도록 할 것인지를 정한다.
- 자리차지 : 개체가 개체의 높이만큼 줄을 차지하고 있기 때문에 개체가 차지하고 있는 영역에는 본문이 오지 못한다.
- 글 뒤로 : 개체가 없는 것처럼 본문이 채워지고, 개체는 본문의 배경처럼 사용된다.

- 글 앞으로 : 개체가 없는 것처럼 본문이 채워지고, 개체는 본문이 덮이도록 본문 위에 배치한다.

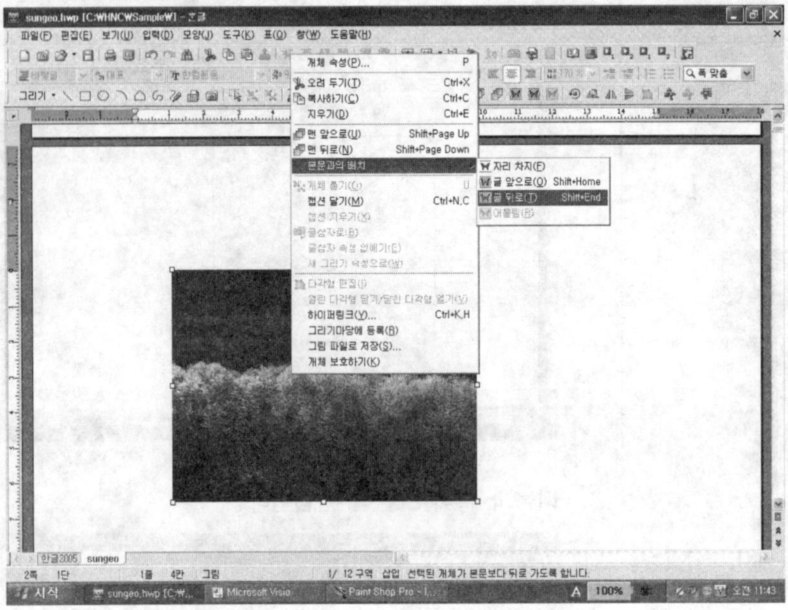

3) 그림 크기 조절하기

처음 문서에 그림을 넣었을 때 원하는 크기로 정확히 맞추기는 힘들다. 또한 그림을 삽입한 후에 편집 형태에 따라 그림 크기를 조절해야할 필요가 있을 때도 있다.

마우스 포인터를 그림 위에 놓고 클릭하면, 그림이 선택 되면서 모서리와 테두리에 8개의 크기 조절 표시가 나타난다.

모서리에 있는 크기 조절 표시에 마우스 포인터를 가져가면 마우스 포인터가 대각선 방향의 양방향 화살표 모양으로 바뀔 때, 마우스를 드래그 하면 그림의 크기를 크거나 작게 조절할 수 있다.

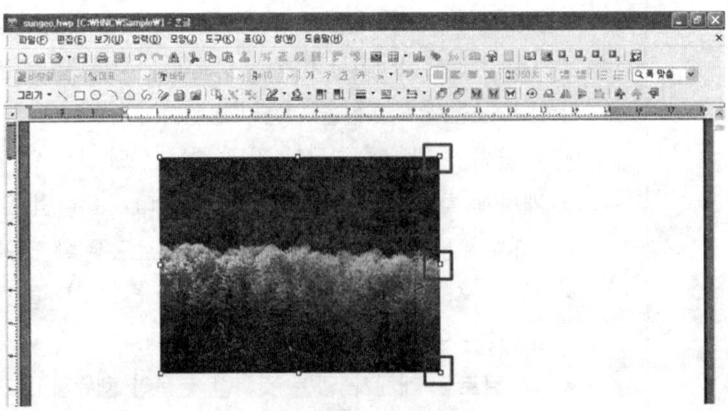

마우스로 조절하는 방법 외에도 [개체속성] 대화상자를 이용하여 그림의 크기를 조절할 수 있다. [기본]탭에 [크기] 입력 상자에 원하는 그림의 크기를 직접 입력하거나, [그림]탭의 [확대/축소비율]에 그림의 원래 크기를 100%로 했을 때, 현재 그림을 얼마의 크기로 확대하거나 축소할 것인지 비율을 입력한다.

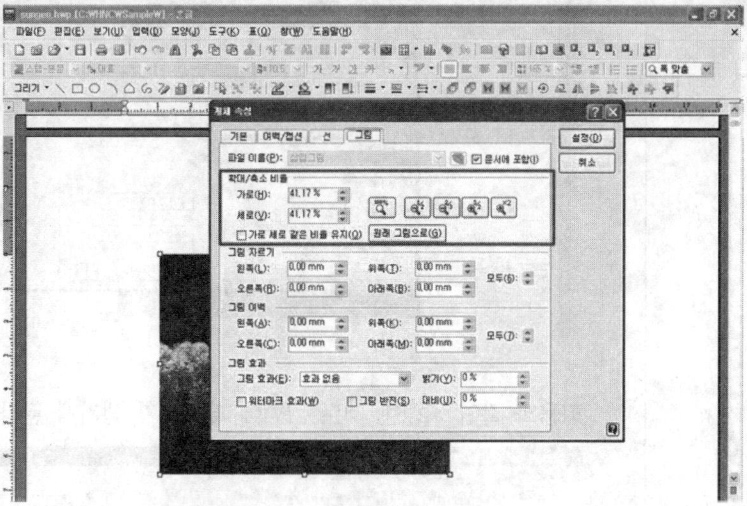

또한, 원래 크기, 현재 크기의 1/2배, 2/3배, 3/2배, 2배의 확대/축소 아이콘 중에서 원하는 크기를 선택할 수 있다.

Shift + ← : 그림의 너비를 1㎜ 줄인다. Shift + → : 그림의 너비를 1㎜ 늘린다.

Shift + ↑ : 그림의 높이를 1㎜ 줄인다. Shift + ↓ : 그림의 높이를 1㎜ 늘린다.

4) 그림에 대두리 넣기

필요에 따라 선의 모양과 색상, 굵기 등을 지정하여 다양한 모양으로 그림에 테두리를 넣을 수 있다.

개체 속성 대화상자에서 [선]탭을 실행하여 종류 목록을 단추를 눌러 테두리 종류를 선택한다. 선 색과 선 모양을 선택 한 후, 설정 단추를 누른다.

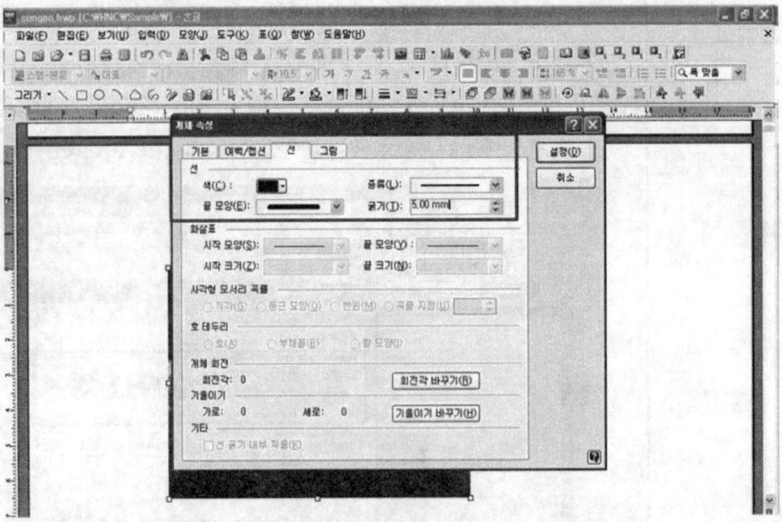

다음과 같이 지정한 대로 그림에 테두리가 생기게 된다.

TIP

- 테두리와 그림간격
그림과 테두리 사이에 간격을 두어 그림과 테두리가 떨어져 보이게 하고 싶을 때에는 그림의 [그림 여백]을 이용한다. [그림 여백]을 통하여 그림 테두리와 잇어 들인 그림 사이의 상하좌우 간격을 각각 다르게 지정할 수 있다.

5) 그림 자르기

어떤 그림은 일부분만 잘라내서 문서에 삽입해야 하는 경우가 있다. 이런 경우에 포토샵 같은 그래픽 프로그램을 이용해 직접 필요한 부분만 잘라내 저장한 후, 한글 2005에 삽입할 필요가 없다.

그림을 자르기 위해서는 마우스로 그림을 선택한 다음 '그림' 도구 상자에서 자르기 도구 단추를 누른다.

마우스 포인터를 그림 테두리와 모서리에 있는 크기 조절 표시에 가져가면 마우스 포인터 모양이 그림처럼 바뀌게 된다.

크기를 조절할 때와 마찬가지로 마우스를 드래그 하면 점선 영역 안에 포함된 부분이 문서에 남게 되고 나머지 부분은 사라진다.

즉 점선 안에 포함된 영역이 잘라낼 수 있는 부분을 나타낸다.

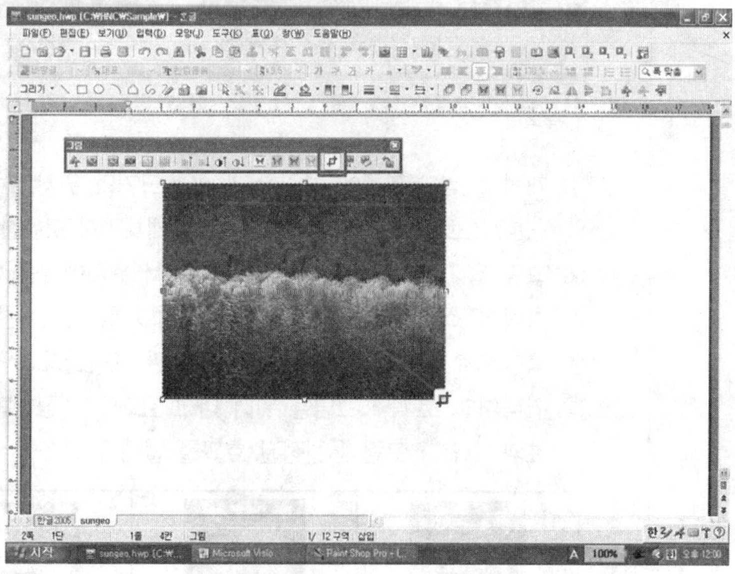

원하는 부분에서 마우스를 놓으면, 필요한 부분만 문서에 남게 된다.

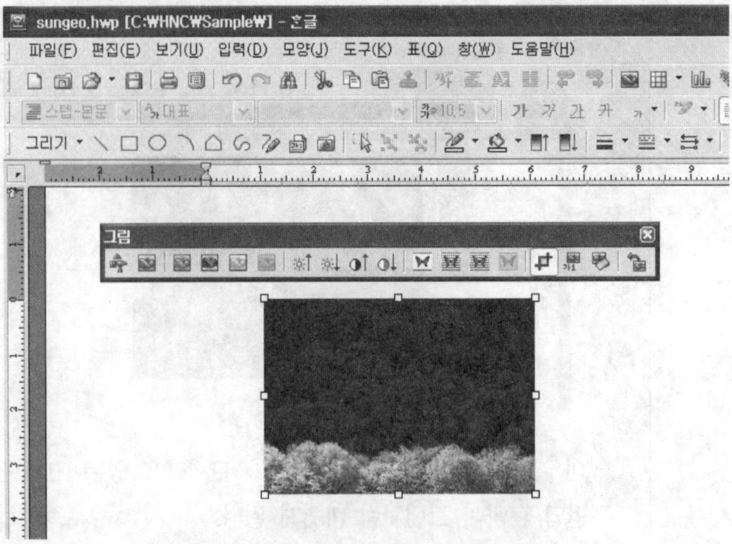

6) 그림 도구 상자 알아보기

(1) (2) (3) (4) (5) (6) (7) (8) (9) (10) (11) (12) (13)(14) (15) (16) (17) (18)

① 개체 속성 : 본문에 삽입한 개체의 크기와 위치, 여백, 선 속성 등 모든 개체가 공통적으로 가지고 있는 속성과 각 개체만의 고유한 속성 고치기를 한다.

② 그림 넣기 : 미리 준비된 그림을 커서 위치에 삽입한다.

③ 그레이 스케일로 : 그림을 256 단계의 회색으로 변경한다.

④ 흑백으로 : 그림을 흰색과 검정으로만 표현한다.

⑤ 워터마크 효과 : 그림을 워터 마크 효과로 설정한다.

⑥ 효과 없앰 : 그림에 설정된 효과를 없애 준다.

(효과 없앰)	(그레이 스케일)	(흑백으로)	(워터마크)

⑦ 밝기 증가 : 아이콘을 클릭 할 때마다 5%씩 밝기가 증가하며 100%가 되면 흰색으로 나타난다.

⑧ 밝기 감소 : 아이콘을 클릭 할 때마다 5%씩 밝기가 감소하며 -100%가 되면 검은색으로 나타난다.

⑨ 명암 증가 : 아이콘을 클릭 할 때마다 그림의 명암이 증가한다.
⑩ 명암 감소 : 아이콘을 클릭 할 때마다 그림의 명암이 감소한다.
⑪ 자리 차지 : 그림의 양쪽 옆에 글자가 배치되지 않고 여백으로 설정한다.
⑫ 글 앞으로 : 글자 위에 그림이 표시된다.
⑬ 글 뒤로 : 그림 위에 글자가 표시된다.
⑭ 어울림 : 그림과 본문이 자리를 침범하지 않고, 본문은 '본문의 위치' 항목에서 선택한 위치에 배치된다.
⑮ 자르기 : 그림의 일부를 자를 때 사용, 다시 한번 누르면 자르기가 해제됨
⑯ 캡션 달기 : 본문에 들어가는 그림에 번호와 제목, 간단한 설명 등을 붙일 수 있다.
⑰ 삽입 그림 빼기 : 문서에 포함된 그림을 빼낸다. 문서에 포함되지 않은 그림은 빼낼 수 없다.
⑱ 원래 그림으로 : 그림에 적용된 여러 가지 효과를 제거하여 원래 그림으로 되돌려 준다.

(7) 기호 넣기

우리가 사용하는 기본적인 문자 이외에 특수문자나 기호 등을 문서에서 사용할 경우가 많다. 한글에서 이를 처리하는 방법에 대하여 알아보자.

1) 기호 입력하기

메뉴에서 [입력]-[글자표]를 누른다. 단축키 Ctrl+F10를 눌러도 된다.

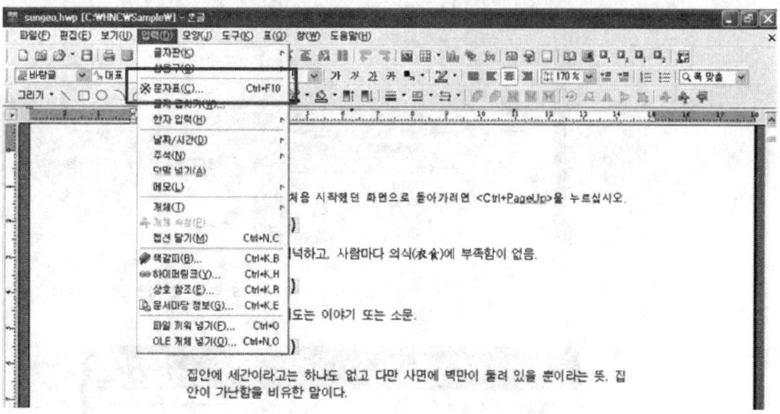

원하는 기호를 골라 선택한 후, 넣기 단추를 클릭한다.

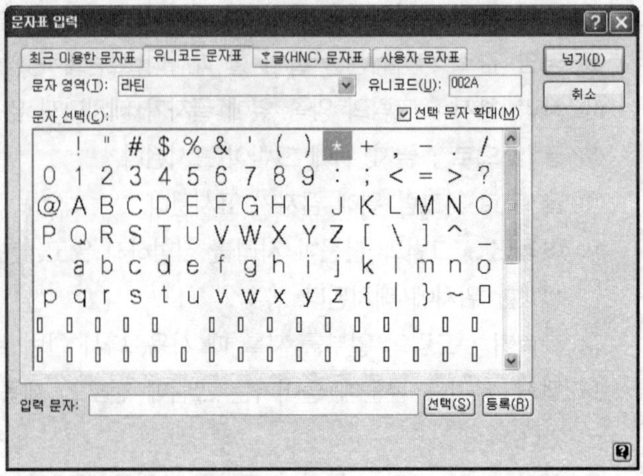

2) 글자 겹침

앞에서 설명한 문자표를 이용해도 종종 입력할 수 없는 문자가 있다. 기존의 문자를 2~3개 겹쳐서 만들 수 있는 모양일 경우, 글자 겹침을 이용하여 만들 수 있다. 또한 문자표 입력에서는 ⑮까지 밖에 원 문자를 지원하지 않지만 글자 겹침을 이용하면 999까지 만들 수 있다.

메뉴의 [입력]-[글자 겹침]을 선택하면 '글자 겹침' 대화상자가 나타난다. '겹쳐 쓸 글자'에 겹치고자 하는 글자를 입력한 후, 겹쳐 쓸 모양에서 원하는 문자 모양을 선택한 다음 넣기 단추를 누른다.

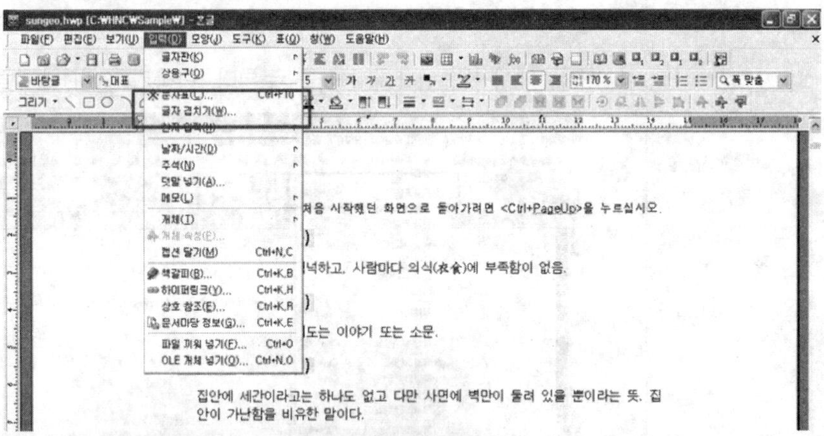

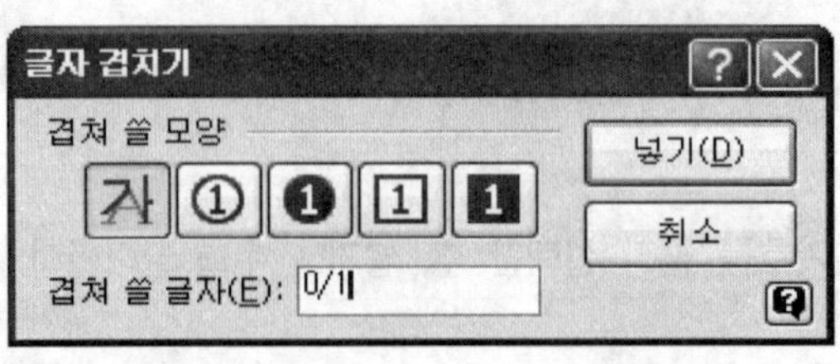

글자 겹치기를 이용하여 다양한 문자를 만들 수 있다.

(8) 한자 다루기

글을 읽을 때나 입력할 때에 한자를 많이 접하게 된다. 한글에서는 문서 작성 시 한자 입력 방법을 통해 어려운 한자도 손쉽게 입력할 수 있다.

1) 한자 입력하기

한자로 변환할 단어 뒤에 커서를 클릭한 후, 메뉴에서 [입력]-[한자입력]-[한자로 바꾸기]이나, 단축키 F9나, 한자 키를 눌러도 된다.

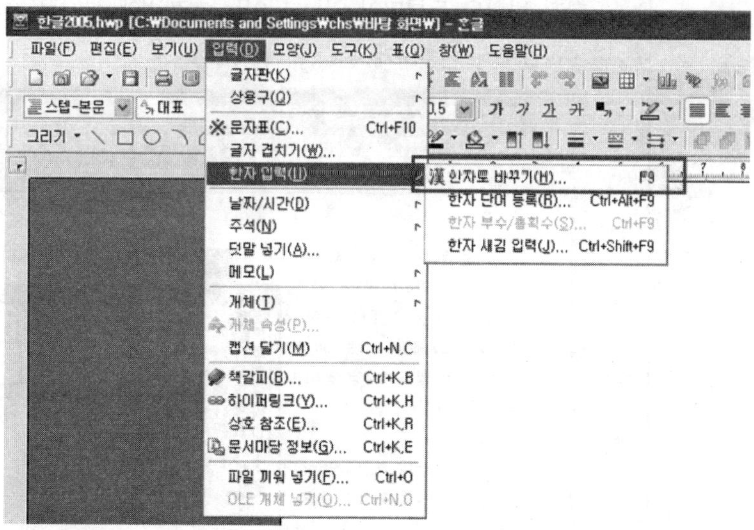

한자 목록에서 원하는 한자를 선택하여 변환을 선택한다.

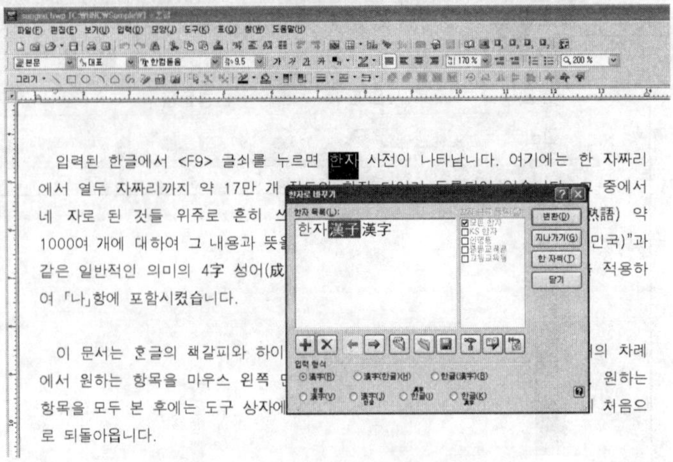

지정된 단어가 한자로 변환되어 진다.

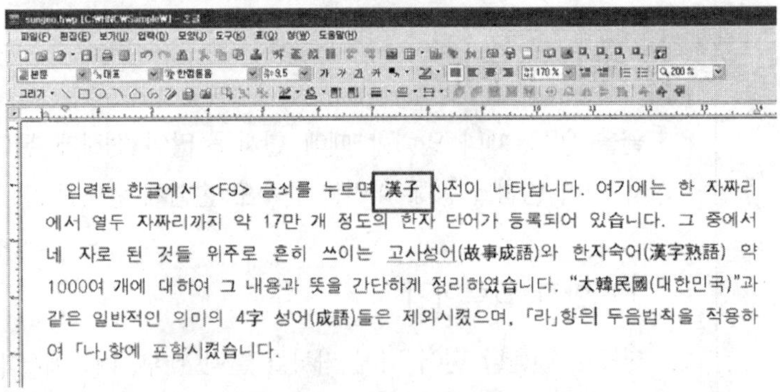

한자 변환은 등록되어 있는 단어는 한꺼번에 한자로 변환할 수 있지만, 그렇지 않으면 한 글자씩 변환하게 된다.

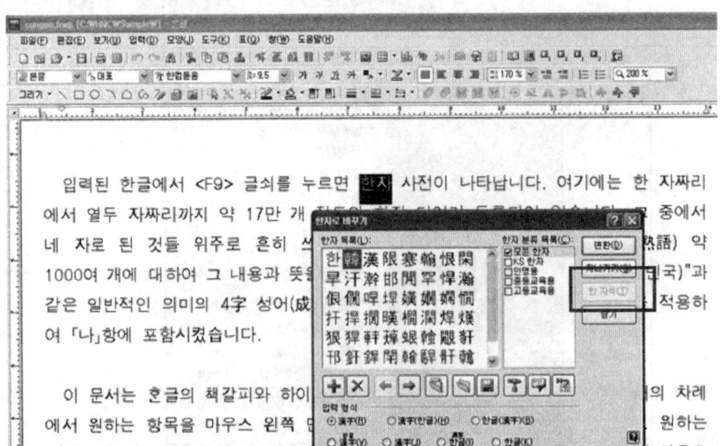

한자를 한글로 변환하는 것도 한자를 한글을 변환하는 것과 마찬가지로 F9키나, [편집]-[한글로 바꾸기]를 선택하여 변환할 수 있다.

◕ 한자 새김 입력

한자 입력을 같은 음을 가진 여러 개의 한자 중에서 고르는 것이 아니라, 미리 한 가지로 정해 둔 새김(뜻과 음)을 통하여 입력하는 방법이다. 약 4100여 한자의 새김이 기본으로 등록되어 있으며, 사용자가 자주 사용하는 한자의 새김을 추가로 등록할 수 있다.

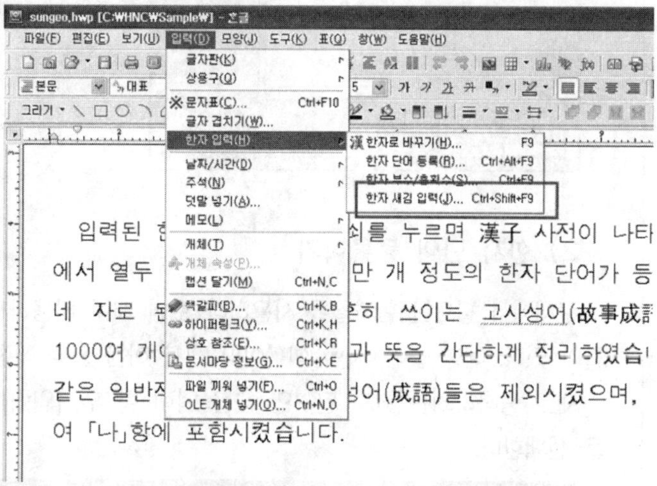

메뉴에서 [입력]-[한자 새김 입력]을 선택한 후, '착할 선'을 입력해보자. 뜻과 음을 붙여서 입력해야 한다.

넣기를 누르면 커서가 위치된 곳에 '善'이 입력되게 된다.

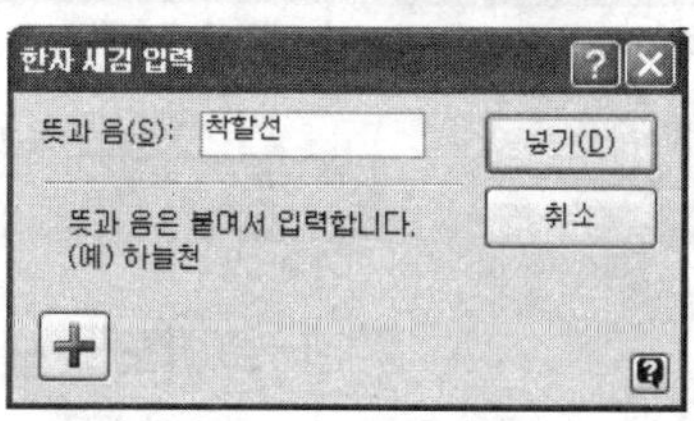

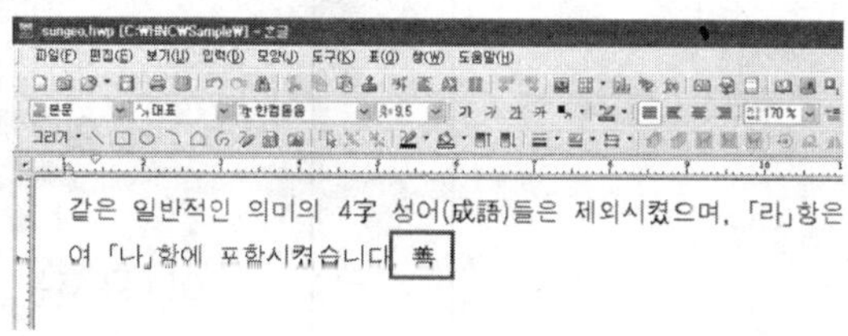

한자 새김 입력 대화상자에서 +단추를 누르면 등록되어 있는 한자를 확인할 수 있다. 그리고 등록되어 있지 않은 한자도 사용자 사전에 추가하여 이용할 수 있다.

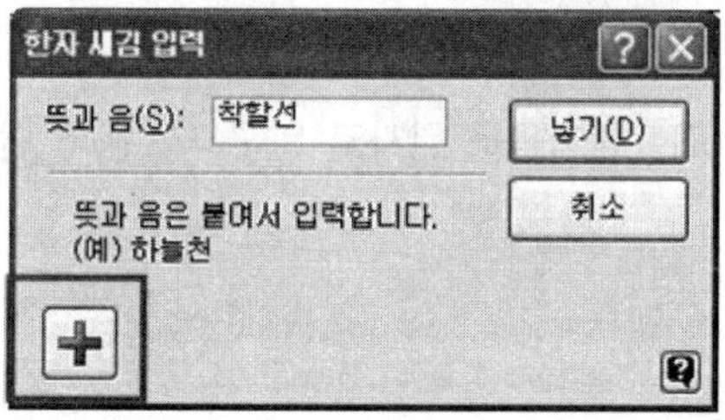

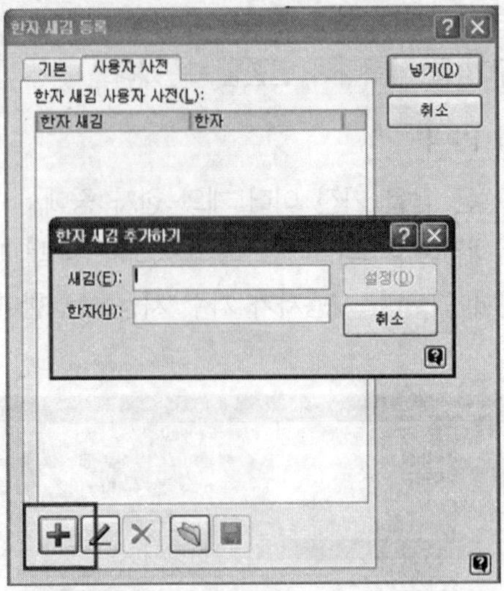

2) 한자 단어 등록하기

문서에서 필요한 한자들을 사용하다 보면 자주 사용하지만 등록되어 있지 않은 단어들이 있다. 예를 들어, 사람 이름이나 회사 이름 등을 직접 등록하여 사용할 수 있다.

새로 등록하려는 한자 단어의 음을 입력 한 후, [입력]-[한자입력]-[한자 단어 등록]을 선택한다.

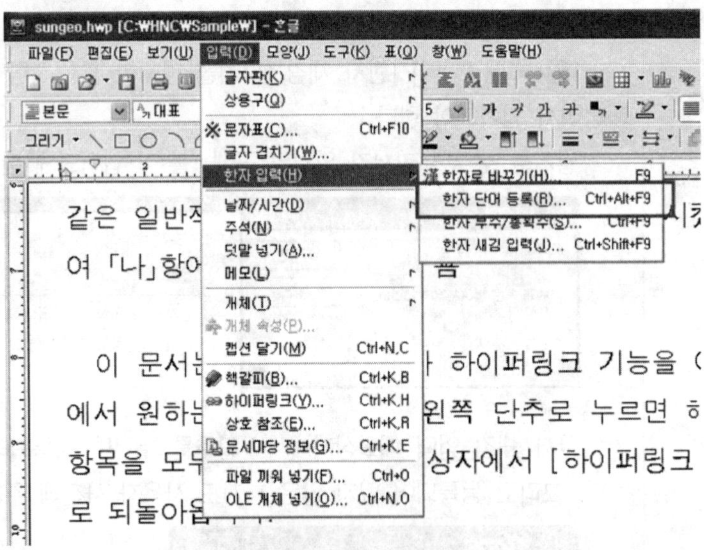

한자 입력란에 있는 한자음을 한자로 바꾼 후, 등록 단추를 누른다.

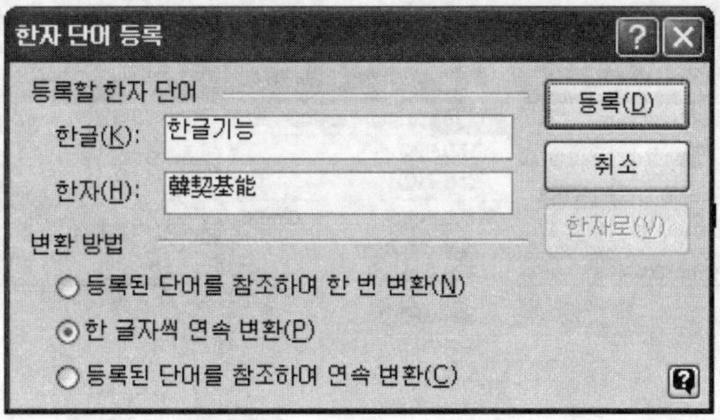

등록한 한자 맨 끝에 커서를 두고 한자를 변환하면 단어가 등록되어 있음을 확인할 수 있다.

■ **"한자로 변환" 대화상자**

- 목록 : 문서에서 커서 앞에 있는 한글과 관련된 모든 한자를 표시한다.
- 입력 형식 : 한글은 한자로 변환할 때 모양과 형식을 설정한다. 한자를 입력하는 형식에 따라 7가지의 서로 다른 표기를 할 수 있다.

韓國　韓國(한국)　한국(韓國)　韓國(위에 한국)　韓國(아래에 한국)　한국(위에 韓國)　한국(아래에 韓國)

- 선택 사항
  - 선택 문자 확대 : 체크 표시를 하면 선택한 한자를 확대해서 볼 수 있으므로 정확한 한자를 선택할 수 있다.
  - 자전 보이기 : 체크 표시를 하면 선택한 한자의 음과 뜻을 볼 수 있어서 정확한 의미의 한자를 선택할 수 있다.
- 한자 단어 등록 : 한자 단어를 등록한다.
- 단어 지우기 : 등록된 한자 단어를 삭제한다.
- 사용자 한자 사전 불러오기 : 사용자 정의 한자 사전을 불러온다.
- 사용자 한자 사전 저장 : 사용자 정의 한자 사전을 지정한다.

(9) 수식 다루기

수학이나 화학 등에서 사용되는 수식을 입력하기란 매우 까다롭고 복잡하지만 한글 2005에서 제공하는 수식 편집기를 이용하면 간단한 산술식에서부터 복잡한 수식까지 입력할 수 있다.

1) 수식 만들기

수식을 입력하기 위해서는 메뉴에서 [입력]-[개체]-[수식]을 선택하면 수식을 입력할 수 있는 수식 편집 영역이 열린다.

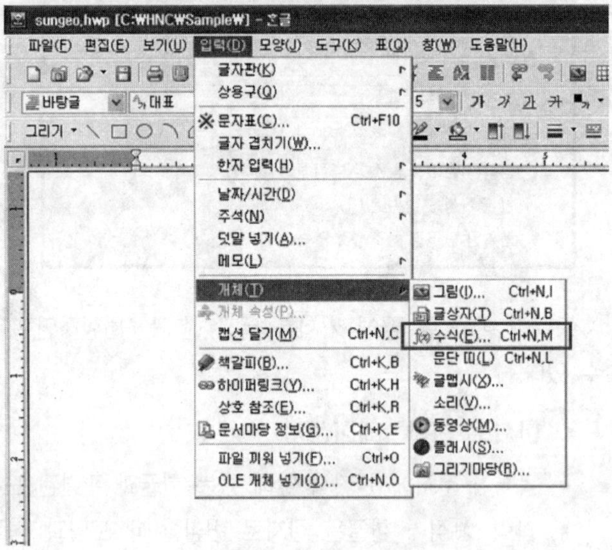

◑ 수식 도구 상자

수식 도구 상자를 이용하면 굳이 수식 명령어를 입력하지 않고도 필요한 수식 모양을 선택하고, 빈 칸에 식을 입력해 수식을 쉽게 만들 수 있습니다.

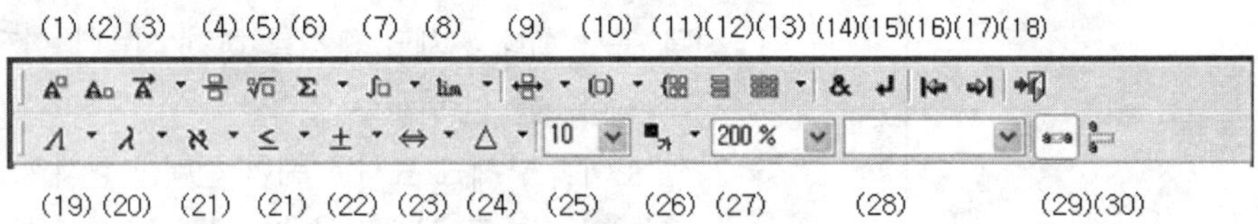

(1) 위 첨자(^)	(2) 아래 첨자(_)	(3) 장식기호
(4) 분수(over)	(5) 근호(sqrt)	(6) 합연산자(sum)
(7) 적분(int)	(8) 극한(Lim)	(9) 상호 관계
(10) 괄호	(11) 경우 기호(cases)	(12) 세로 쌓기(pile)
(13) 행렬(matrix)	(14) 줄맞춤 기호에 따라 정렬	
(15) 줄 바꾸기 <Enter>	(16) 이전항목	(17) 다음항목
(18) 넣기	(19) 그리스 대문자	(20) 그리스
(21) 소문자	(22) 그리스 기호	(23) 합 집합 기호
(24) 연산 논리 기호	(25) 화살표	(26) 기타기호
(27) 글자크기		
(30) 글자색	(31) 화면확대	(32) 명령어입력
(33) 글자단위 영역	(33) 줄단위 영역	

수식 편집 영역에서 Ctrl+F10 글쇠를 누르면 '문자표' 대화상자가 나타난다. 그리고 확장 연산자 에서는 '수식 도구 상자'에서 지원하지 못하는 수식 모양들을 제공한다.

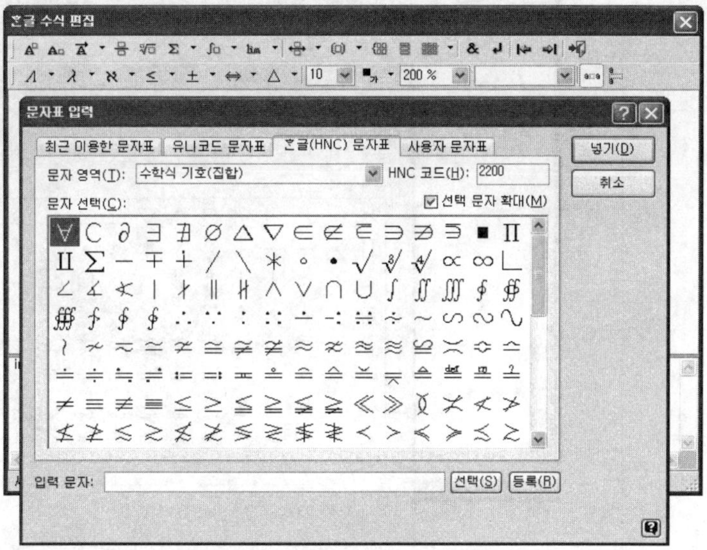

2) 수식 작성하기

"$\int_{0}^{\infty} ax^2dx$" 작성해 보도록 하자.

메뉴 [입력]-[개체]-[수식]이나, 도구상자에서 수식 도구 단추를 클릭한다.

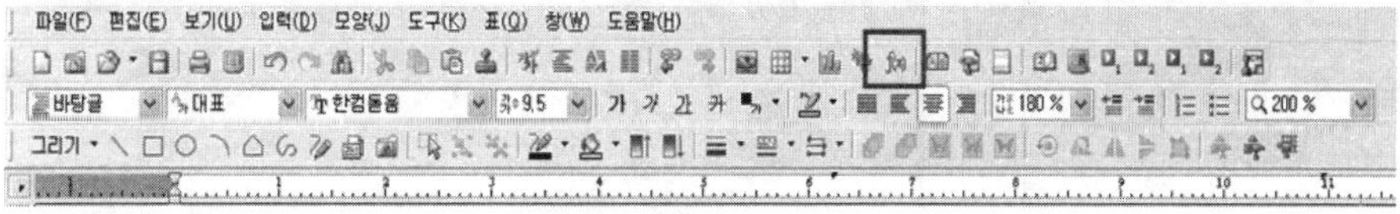

수식 도구 상자에서 적분 도구 단추를 선택한다.

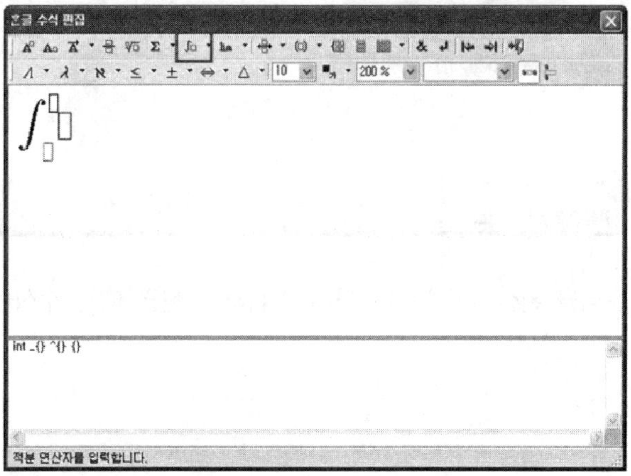

수식 도구 상자에서 Ctrl + F10을 눌러 기호를 찾아 입력한다.

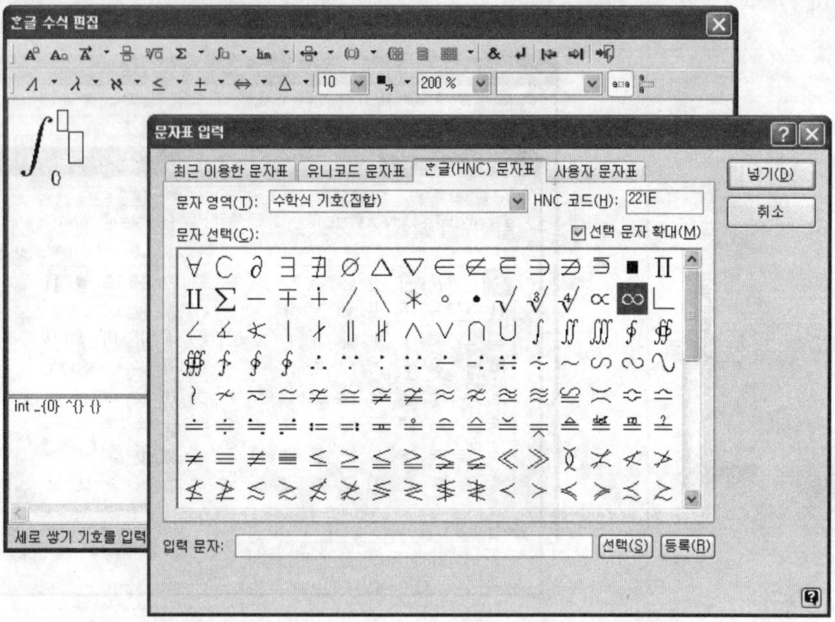

위 첨자 도구 단추를 누른 다음 2를 입력한 후, tab키를 누른 후 dx를 입력한다.

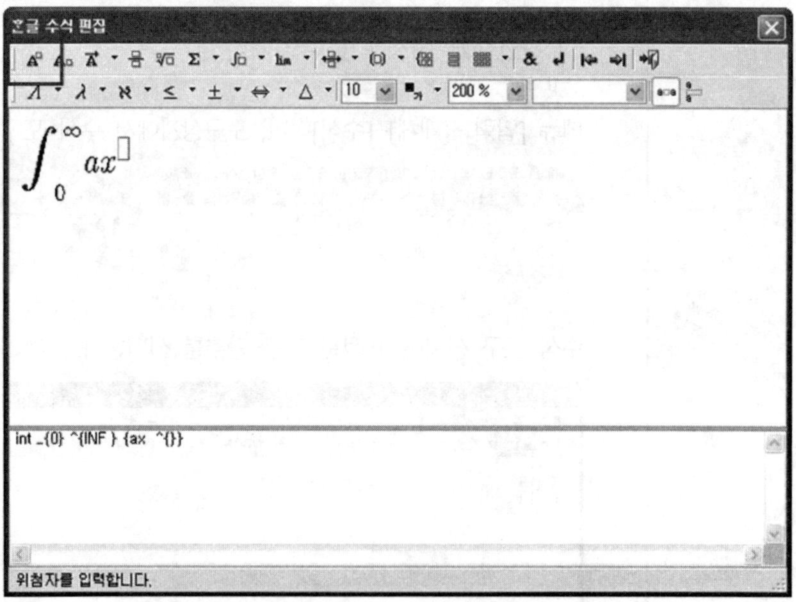

수식을 완성하고 난 후 다시 편집하고 싶을 때는 수식을 더블 클릭하면 된다.

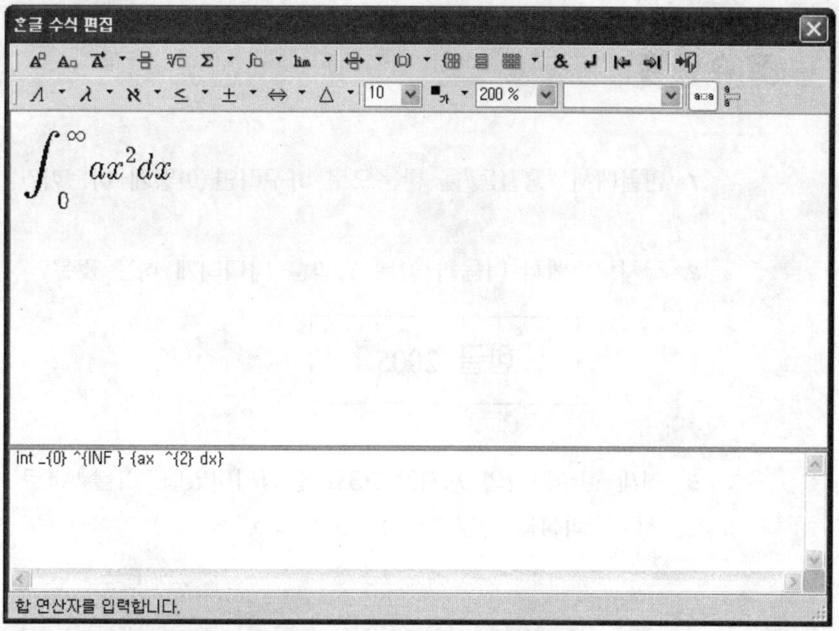
한글 수식 편집
int _{0} ^{INF } {ax ^{2} dx}
합 연산자를 입력합니다.

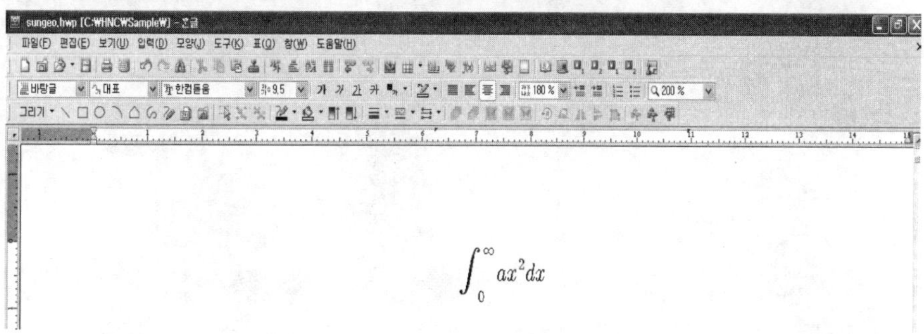
sungeo.hwp [C:₩HNC₩Sample₩] - 한글

연습문제

1. 한글에서 "홍길동"을 한문으로 바꾸려면 어떻게 하는가?

2. 글자모양에서 다음과 같은 효과를 나타나게 하는 것은?

한글 2005

3. 현재 한글문서의 용지는 B5로 설정되어있다. 이를 A4로 바꾸려면 어떻게 하면 되는지 그 과정을 설명하시오

2장 표 구성하기

《학습목표》

본장에서는 한글 2005에서 다양한 형태의 표를 작성하고 편집하는 내용에 대하여 학습하고 글맵시를 이용하여 시간표를 작성하는 내용에 대하여 학습한다. 또한, 글맵시를 이용한 문서의 작성, 문서에 소리삽입, 원고지형 문서 작성 등의 기능에 대해서도 알아본다.

2.1 표 만들기

(1) 메뉴를 통하여 표 만들기

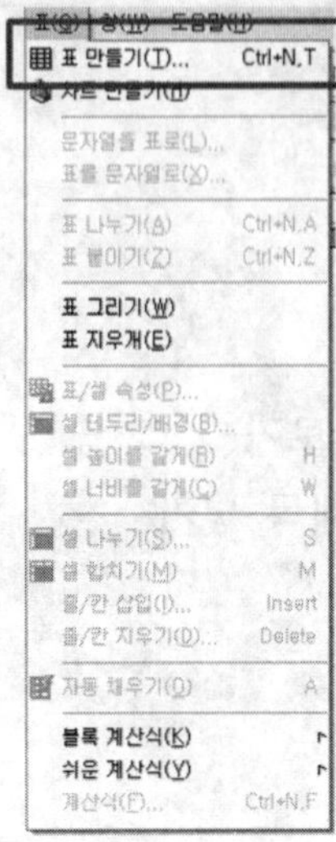

표 메뉴에서 [표 만들기(T)]를 클릭하면 '표 만들기' 대화상자가 나타난다.

'표 만들기' 대화상자가 열리면 줄 수를 10으로, 칸 수를 6으로 설정한 후, [작성] 버튼을 누르면 시간표를 작성할 표가 만들어진다.

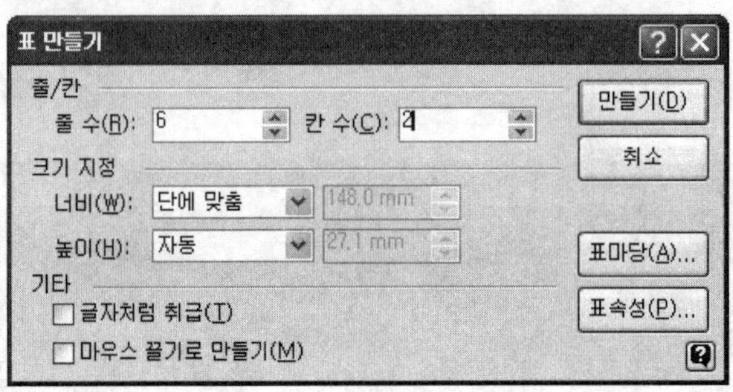

'크기 지정 설정'은 표를 만들 때 너비와 높이를 지정하여 표 크기를 미리 정할 수 있다.

표의 너비는 "단에 맞춤" "문단에 맞춤" "임의 값" 중에 선택할 수 있다.

"단에 맞춤"이나 "문단에 맞춤"은 커서가 있는 단이나 문단 폭에 꽉 차는 너비로 표를 만드는 것이고, "임의 값"은 원하는 너비 값을 직접 입력하여 표를 만드는 것이다.

표의 높이는 "자동" "임의 값"중에 고를 수 있다.

"자동"은 셀의 기본 높이에 줄 수를 곱한 크기로 표를 만드는 것이고 "임의 값"은 원하는 높이 값을 직접 입력하여 표를 만드는 것이다.

마우스 끌기로 만들기를 선택하지 않아야 표의 크기를 직접 입력할 수 있다.

마우스 포인터가 바뀌면 이 상태에서 표를 넣고자 하는 위치에서부터 마우스를 드래그 한 후, 적당한 크기다 되면 마우스 단추에서 손을 떼면

> **NOTE**
>
> 표 만들기 대화상자에서 "마우스 끌기로 만들기(M)"를 선택시.
> 대화상자가 열리면 줄과 칸의 수를 입력한 후, '마우스 끌기로 만들기'를 선택한 후 [작성]단추를 누른다.

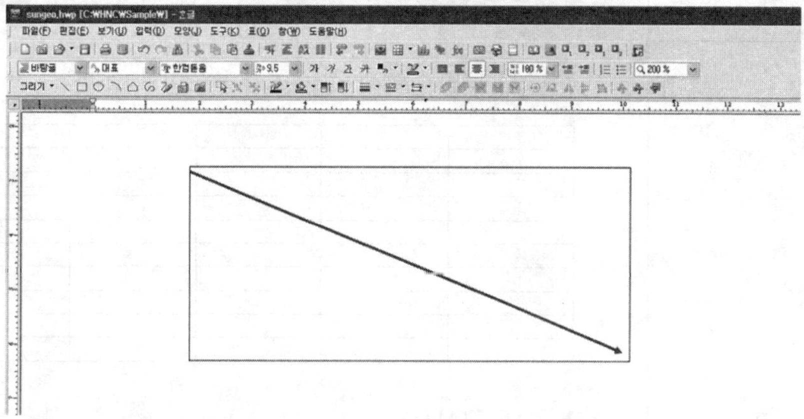

마우스를 드래그 한 위치에 그대로 표가 만들어지게 된다.

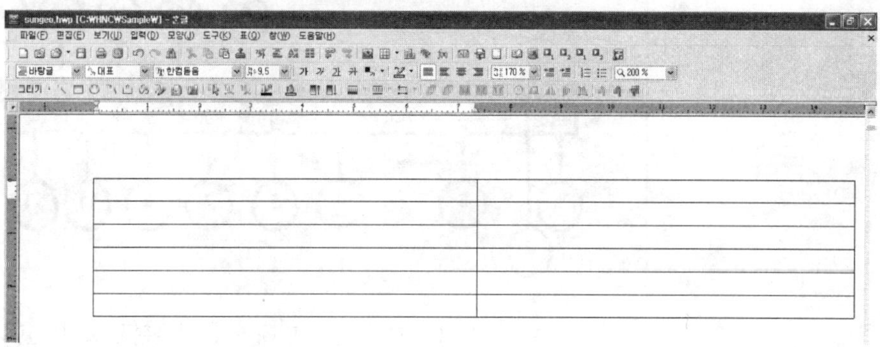

(2) 도구바를 통하여 표 만들기

표를 만들 때 메뉴를 이용할 수 도 있지만 도구바를 이용하여 빠르고 간단하게 만들 수 있다. 해당 도구바는 [기본 도구상자]에 있는 ▦이다.

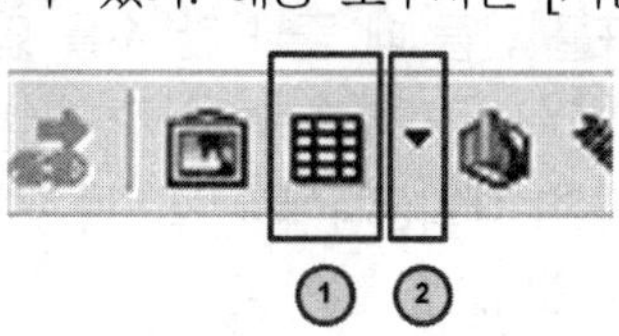

①번을 클릭하면 표 만들기 대화상자가 나타나며, ②번을 클릭 하여 마우스로 드래그하면 다음과 같이 표를 만드는 구성을 나타낸다. 이때 10×6의 의미는 줄 수 10, 칸 수 6을 나타낸다.

마우스를 떼면 다음과 같은 표가 만들어질 것이다.

◕ 표 도구상자

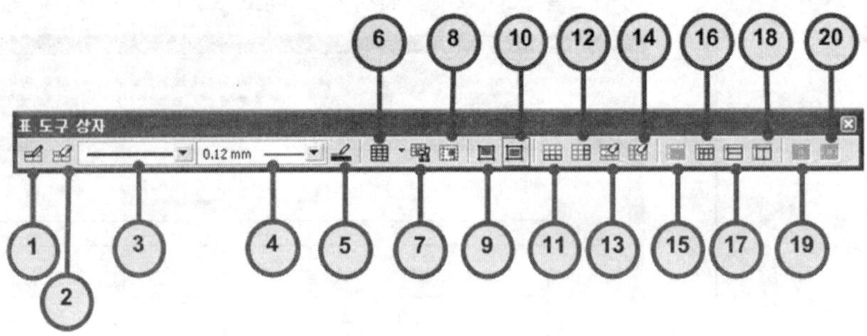

① 표 그리기 : 마우스로 드래그 하여 표를 직접 그릴 수 있다.

② 표 지우기 : 만들어진 표에서 선을 지운다.

③ 셀 테두리 모양 : 셀 테두리 모양을 바꾸거나 투명하게 할 수 있다.

④ 셀 테두리 두께 : 셀 테두리의 두께를 변경한다.

⑤ 셀 테두리 색 : 셀 테두리의 색을 변경한다.

⑥ 표 만들기 : 원하는 표를 만들 때 줄과 칸 수를 입력할 수도 있고 드래그 하여 만들 수도 있다.

⑦ 표/셀 속성 : [표/셀 속성] 대화상자에서 크기나 여백 본문과의 배치, 캡션 달기 등의 속성을 설정할 수 있다.

⑧ 셀 테두리/배경 : [셀 테두리/배경] 대화상자에서 테두리와 배경을 변경한다.
⑨ 세로 위로 정렬 : 셀 안에 입력한 데이터를 위로 정렬한다.
⑩ 세로 가운데 정렬 : 셀 안에 입력한 데이터를 가운데로 정렬한다.
⑪ 아래에 줄 삽입 : 커서가 있는 줄 아래에 한 줄을 삽입한다.
⑫ 오른쪽에 칸 삽입 : 커서가 있는 칸 오른쪽에 한 칸을 삽입한다.
⑬ 줄 지우기 : 커서가 있는 셀의 줄을 삭제한다.
⑭ 칸 지우기 : 커서가 있는 셀의 칸을 삭제한다.
⑮ 셀 합치기 : 여러 개의 셀을 하나로 합친다.
⑯ 셀 나누기 : 하나의 셀을 여러 개로 나눈다.
⑰ 셀 두 줄로 나누기 : 셀 블록으로 지정된 여러 개의 셀이나 커서가 있는 셀을 두 줄로 분할한다.
⑱ 셀 두 칸으로 나누기 : 셀 블록으로 지정된 여러 개의 셀이나 커서가 있는 셀을 두 칸으로 분할한다.
⑲ 셀 높이를 같게 : 셀 블록으로 지정한 셀의 높이를 모두 같게 한다.
⑳ 셀 너비를 같게 : 셀 블록으로 지정한 셀의 너비를 모두 같게 한다.

표에 대한 구성을 알아보면 다음과 같다.

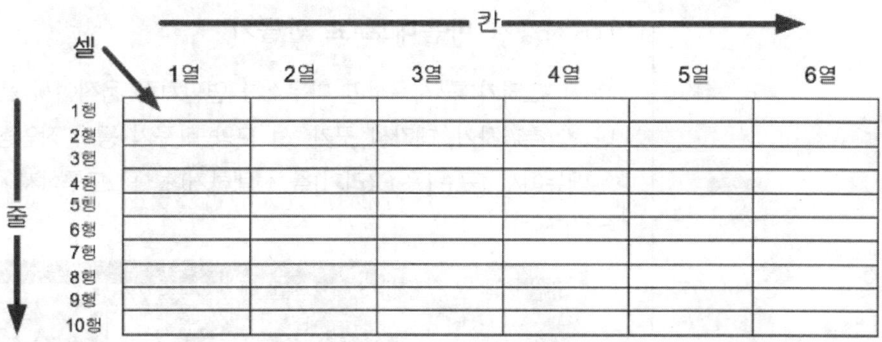

시간표를 만들기에는 기본적으로 만들어진 표의 간격이 좁다. 간격을 조정하도록 하자. 글자판으로 표의 간격 크기를 조절하는 방법은 다음과 같다.

2.2 표 크기 조절하기

셀 블록 상태에서 글자판인 [Shift], [Alt], [Ctrl] 과 화살표 방향키를 동시에 누르면 셀 크기가 조절된다. 단, 불연속적인 셀 블록을 설정한 경우, [Alt]나 [Shift]로 셀 크기를 조절하면 현재 셀에 대한 크기만 조절됩니다.

◕ Alt + 화살표 방향키

셀 블록으로 설정한 셀이 들어 있는 줄이나 칸의 크기를 바꾸되 표 전체의 크기는 그대로 유지하고 싶으면, Alt와 화살표 방향키를 함께 누른다. 줄이나 칸 전체의 크기를 같이 바꾸되, 줄어든 크기만큼 이웃 줄이나 칸이 늘고, 늘어난 크기만큼 이웃 줄이나 칸이 줄게 된다.

◕ Ctrl + 화살표 방향키

줄이나 칸 전체의 크기를 같이 바꾸되 다른 셀의 크기에 영향을 주지 않으려면, Ctrl과 화살표 방향키를 함께 누른다. 그러면 줄이나 칸의 크기를 바꾸는 만큼 표 전체의 크기가 변하게 된다.

◕ Shift + 화살표 방향키

표의 경계선에 마우스 포인터를 놓고 글자판의 Shift를 누른 채로 마우스 끌기를 하면, 해당 셀의 크기만을 늘이거나 줄인다. 다만 최소 크기 제한이 있으므로, 현재 셀에 있는 내용보다 더 작은 크기로 줄일 수는 없다.

2.3 기타 표 만들기의 내용 알아보기

(1) 사용자 마음대로 표 만들기

'표 그리기'를 사용하면 마우스를 연필처럼 움직여서 표를 만들 수 있다. 표에 줄이나 칸 추가하기, 대각선 긋기, 선 모양 바꾸기 등의 작업을 쉽게 할 수 있다.

메뉴에서 [표]-[표 그리기]를 선택하거나, 표 도구상자에서 '표 그리기' 도구 단추를 누른다.

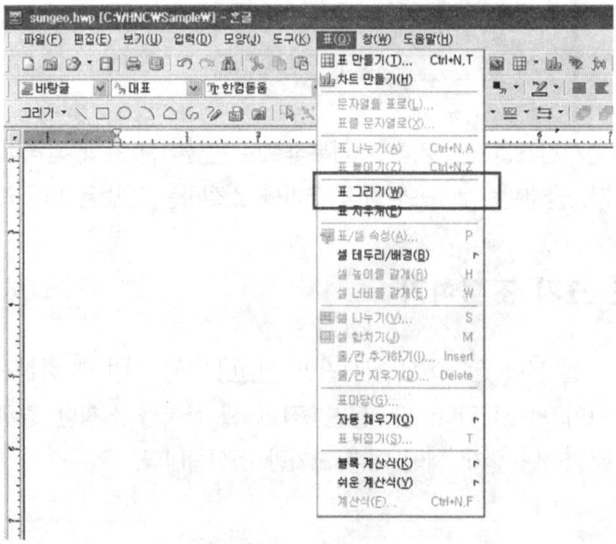

마우스 포인터가 연필 모양이 되면 다음과 같이 드래그를 한다.

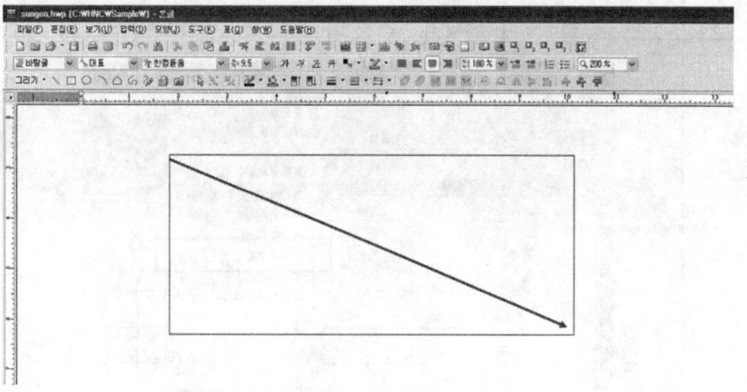

표의 가운데 부분에서 마우스로 드래그 하여 두 줄을 만든다.

표를 구성하는 줄과 칸 크기를 사용자 마음대로 지정해 표를 그리고 싶을 때 이용하면 편리하다.

표를 그릴 때 다양한 선 모양과 굵기를 지정해서 그릴 수 있다.

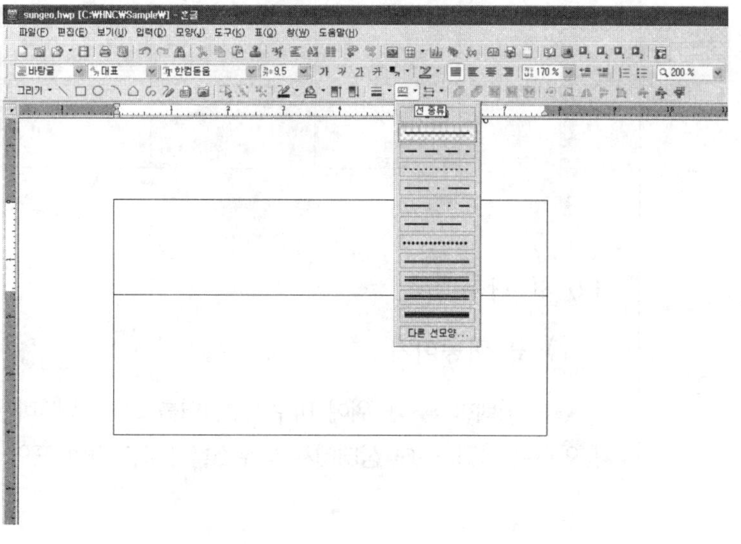

마찬가지로 표 지우개를 이용해 표를 지울 수 있다.

메뉴에서 [표]-[표 지우개]나 도구 상자에서 표 지우기 도구 단추를 누른다.

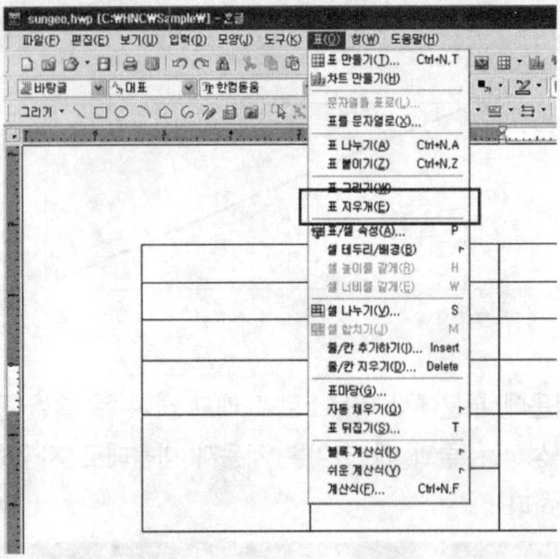

마우스 포인터가 지우개 모양으로 변하면 지울 선에 마우스를 놓고 드래그 하면 빨간색 선이 나타나며 마우스에서 손을 떼면 선이 지워지게 된다.

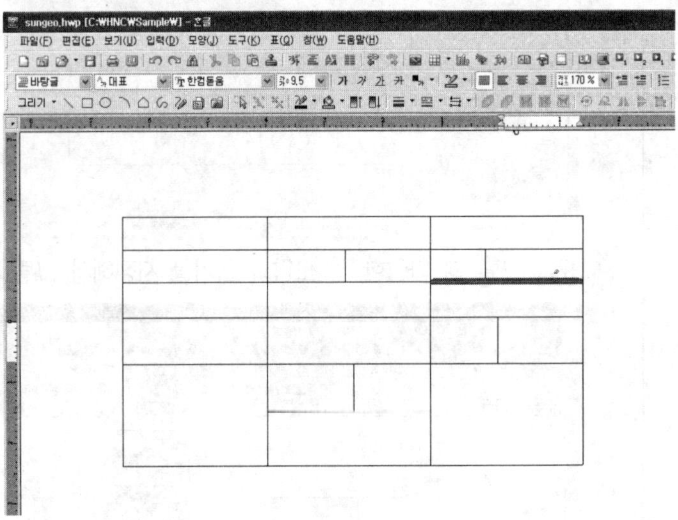

(2) 표 다루기

1) 표 이동하기

표를 선택한 후 표 위에 마우스포인터를 가져가면, 마우스 포인터가 네 방향 화살표 모양으로 바뀐다. 이 상태에서 마우스를 드래그하면 표의 위치를 옮길 수 있다.

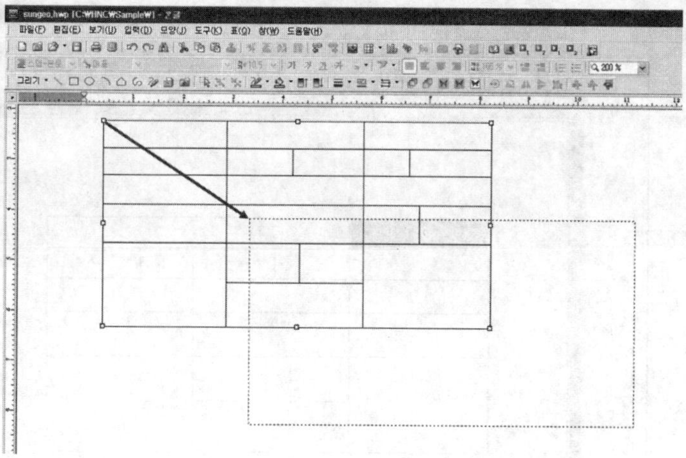

2) 표 지우기

표를 지우기 위해서는 표를 선택한 상태에서 Delete 키를 누르거나 [편집]-[지우기]를 선택하거나 빠른 메뉴에서 [지우기]를 선택해도 된다.

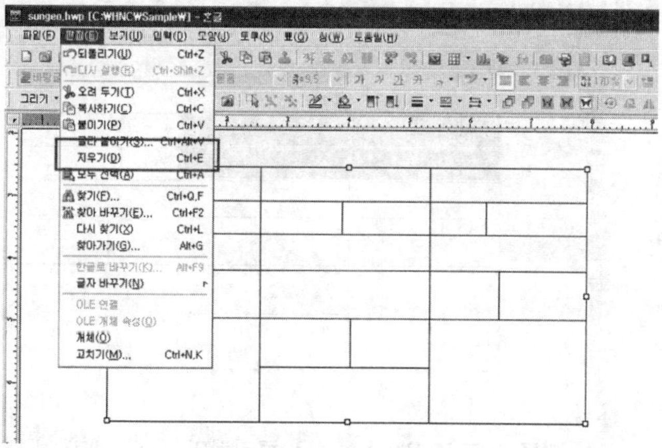

(3) 셀 블록 지정하기

여러 칸으로 이루어진 표에서 각각의 칸을 "셀(cell)"이라고 한다. 표는 여러 개의 셀들이 모여서 이루어진 것으로, 셀은 표 편집의 기본이 된다.

셀의 크기나 표의 크기, 표에 입력된 글자 모양, 문단 모양 그리고 배경과 테두리 등을 바꾸기 위해서는 셀 블록을 지정해야 한다.

1) 마우스를 이용하여 셀 블록 지정하기

셀 안에 마우스 포인터를 올려놓고 Ctrl을 누른 채 마우스 왼쪽 단추를 클릭 하면 마우스로 하나의 셀 블록을 지정할 수 있다.

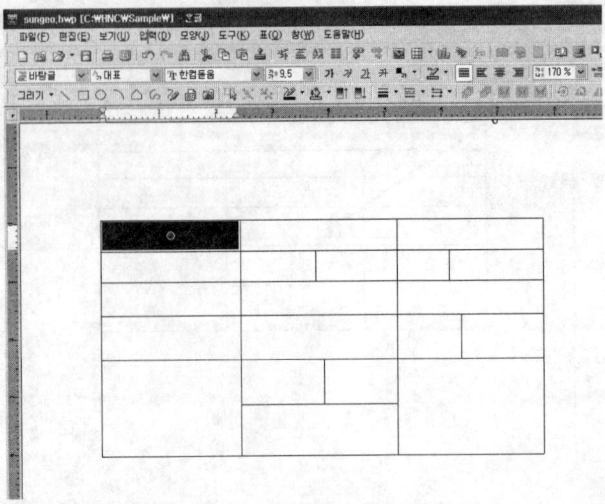

표 안에 커서를 놓고 Shift를 누른 채 원하는 마지막 셀을 클릭하면 한꺼번에 여러 개의 셀 블록이 지정된다. 또는 셀 블록을 지정할 처음부터 마지막 셀까지 드래그 한다.

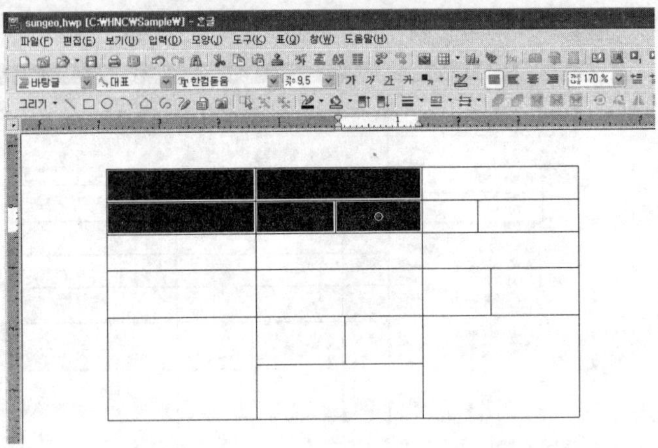

Ctrl키를 누르고 원하는 셀을 클릭하면 특정 셀만 셀 블록으로 지정할 수 있다.

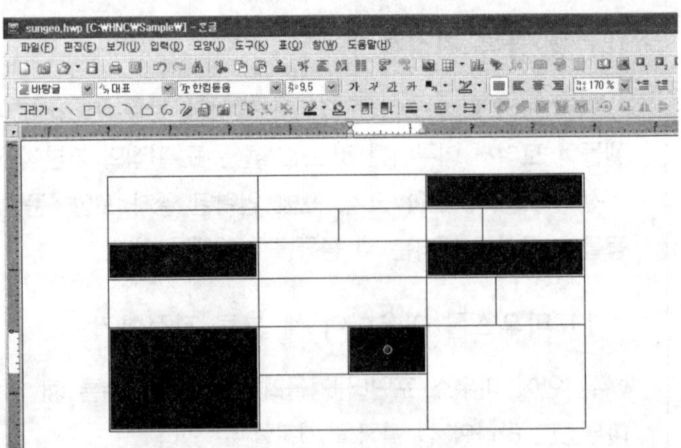

2) 키보드로 셀 블록 지정하기

글자를 블록 지정할 때는 F3키를 누른다. 표를 지정할 때에는 F5키를 눌러서 셀 블록을 지정하게 된다.

셀 안에 커서를 놓고 F5를 누르면 흑백의 둥근 원이 있는 셀 블록이 지정되며, 다시 F5 또는 F3을 누르고 방향키를 누르면 여러 개의 셀 블록으로 지정 된다. Shift+F5를 누른 후 방향키를 눌러도 여러 개의 셀 블록이 지정된다.

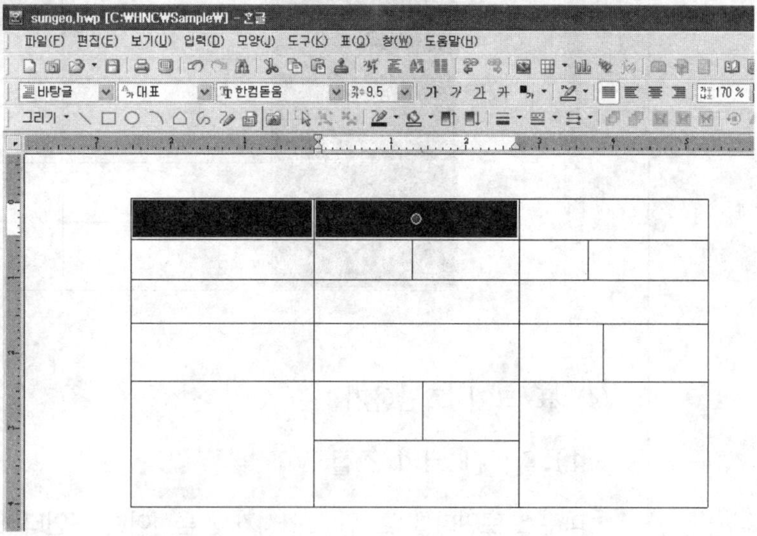

셀 안에 커서를 놓고 F5를 눌러 셀 블록을 지정한 다음 F8을 누르면 가로 줄 전체가 셀 블록으로 지정된다.

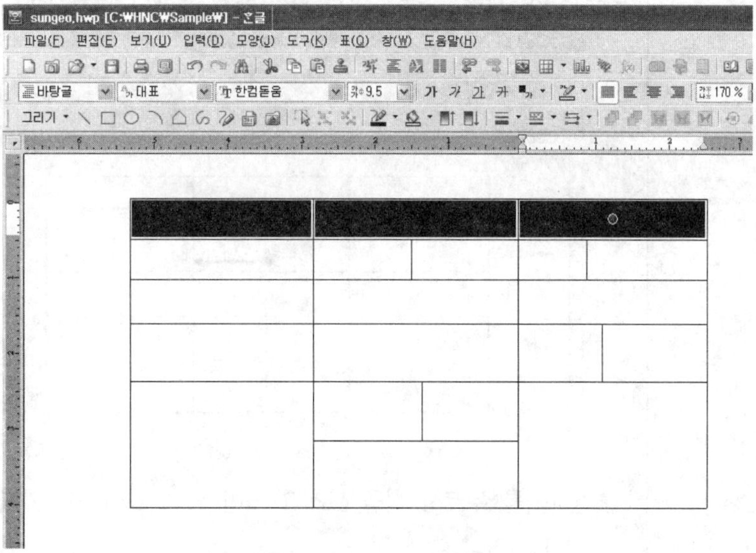

셀 안에 커서를 놓고 F5를 눌러 셀 블록을 지정한 다음 F7을 누르면 세로 칸 전체가 셀 블록으로 지정된다.

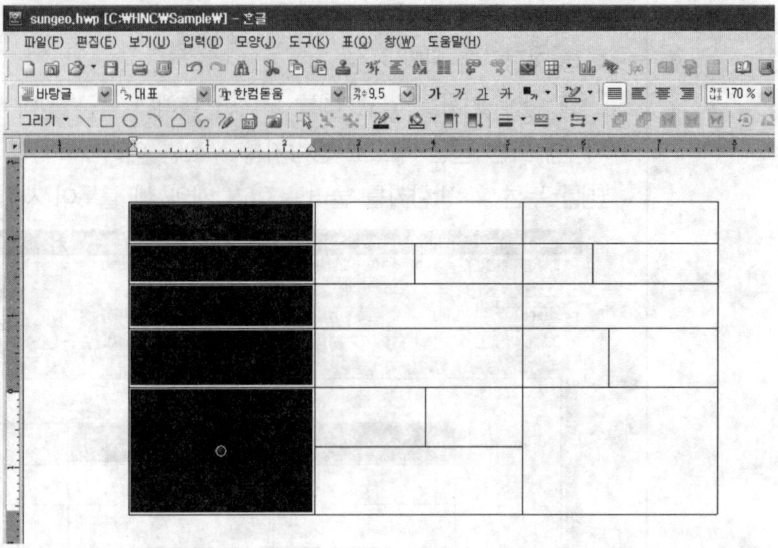

(4) 표 크기 조절하기

1) 줄, 칸 크기 조절

마우스 포인터를 표 위로 가져가서 움직이면 포인터 모양이 양방향 화살표로 바뀐다. 마우스 포인터가 표의 선 위에 위치할 때 모양이 바뀌는 것을 알 수 있는데 이렇게 표의 선 위에서 나타나는 양방향 화살표는 표의 선을 이동할 수 있다는 의미이다. 마우스로 선을 드래그 하면 선택된 선 전체가 움직이게 된다.

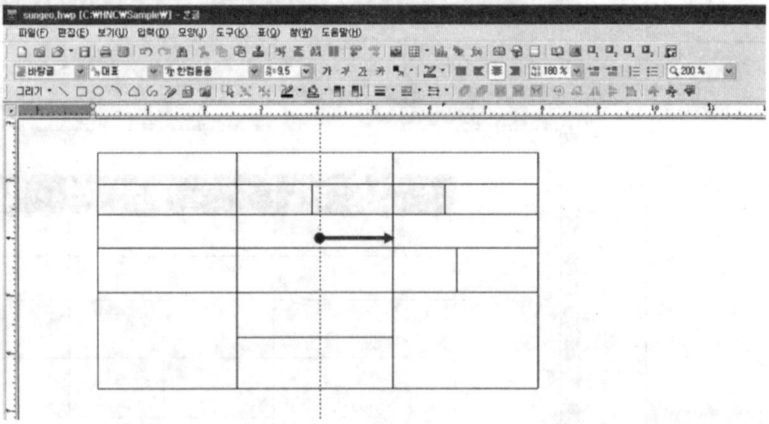

Ctrl키를 누르고 선을 드래그 하면 셀 전체의 크기가 늘거나 줄면서 표의 전체적인 크기도 늘거나 줄게 된다.

Shift 키를 누르고 선을 드래그 하면 해당 셀의 크기만 늘이거나 줄이게 된다. 다만 최소 크기의 제한이 있으므로 현재 셀이 있는 내용보다 더 작은 크기로 줄일 수는 없다. 표 크기에는 변화가 없다.

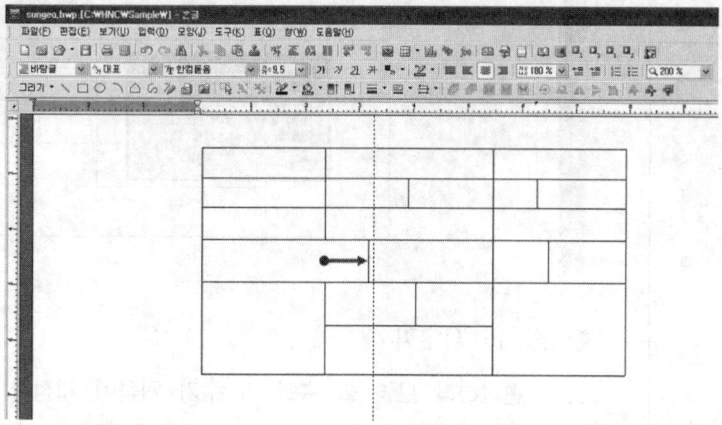

2) 줄, 칸 추가와 지우기

① 줄, 칸 추가

표를 만들다 보면 새로운 줄이나 칸이 더 필요한 경우가 생긴다.

표 전체에 새로운 줄이나 칸을 삽입해야 하는 경우에는 일단 [표]-[줄/칸 추가하기]이나, 셀 블록 상태에서 Insert키를 누르면 '줄/칸 추가하기' 대화상자가 나타난다.

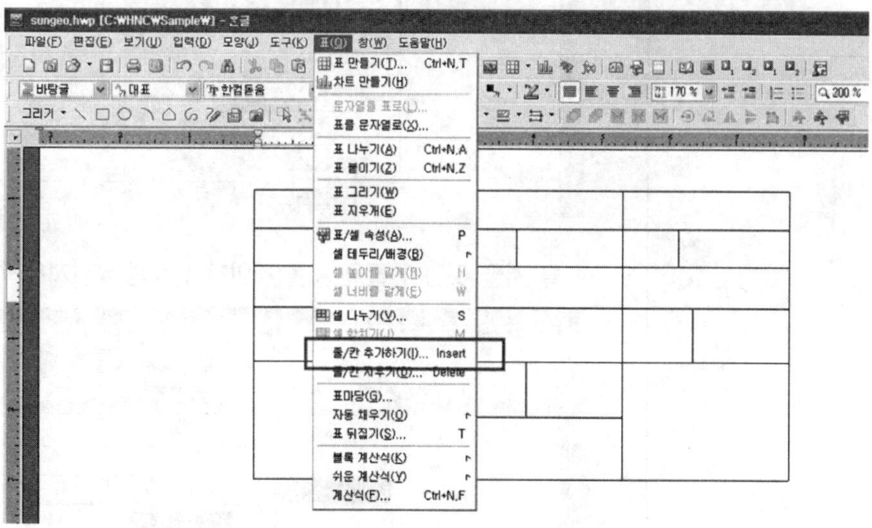

현재 블록 지정된 셀의 어느 방향에 줄 또는 칸을 삽입할 것인지 선택하고, 삽입할 줄 또는 칸의 수를 지정한 후, [넣기] 단추를 누르면 줄 또는 칸이 입력된다.

줄/칸은 최대 63개까지 삽입할 수 있다.

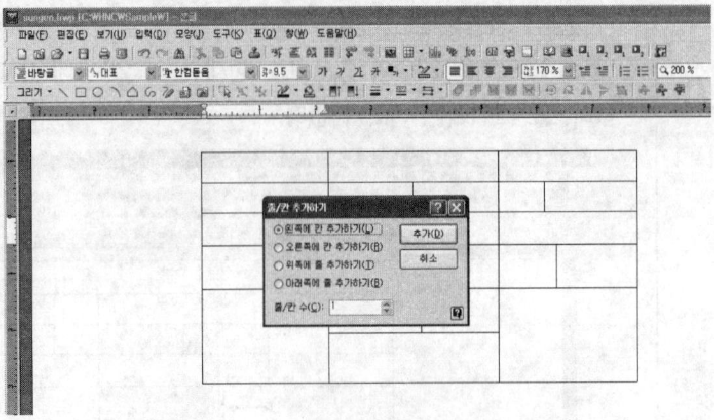

② 줄, 칸 지우기

표를 편집하다 보면 줄 수와 칸 수가 처음에 지정한 것보다 남는 경우가 생긴다. 표를 만드는 과정에서 필요 없는 줄이나 칸을 지우는 방법이다.

지우려는 줄 또는 칸에 포함된 셀에 커서를 두고 [표]-[줄/칸 지우기]를 선택하거나 지우려는 줄과 칸에 블록을 지정한 후 Delete키를 누른다.

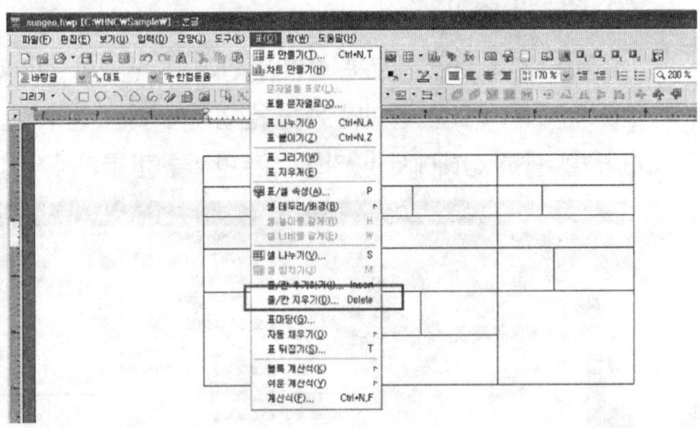

칸을 지울 것인지 줄을 지울 것인지 선택한 후 [지우기] 단추를 누른다.

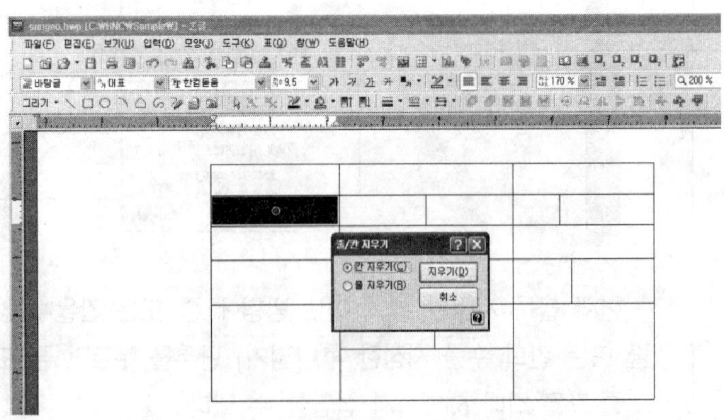

(5) 셀 높이, 셀 너비를 같게

1) 셀 높이를 같게

표에서 셀 높이를 동일하게 만들 셀들을 블록 지정한 다음 [표]-[셀 높이를 같게]를 선택한다.

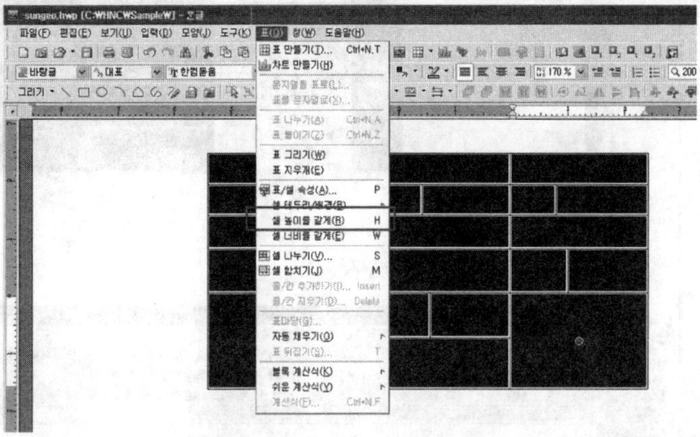

그림과 같이 셀 높이가 일정하게 된다.

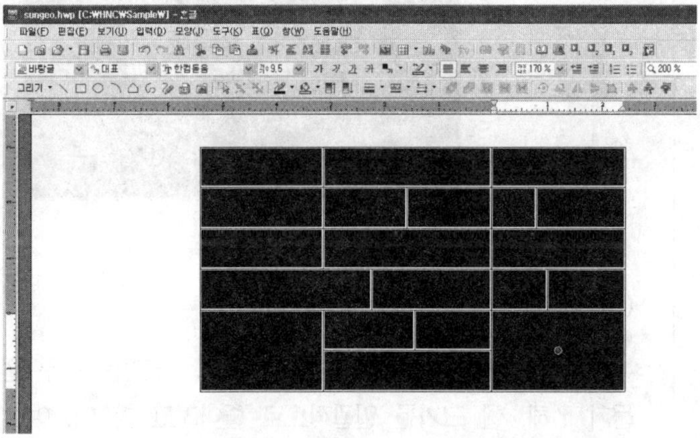

2) 셀 너비를 같게

표에서 셀 너비를 동일하게 만들 셀들을 블록 지정한 다음 [표]-[셀 너비를 같게]를 선택한다.

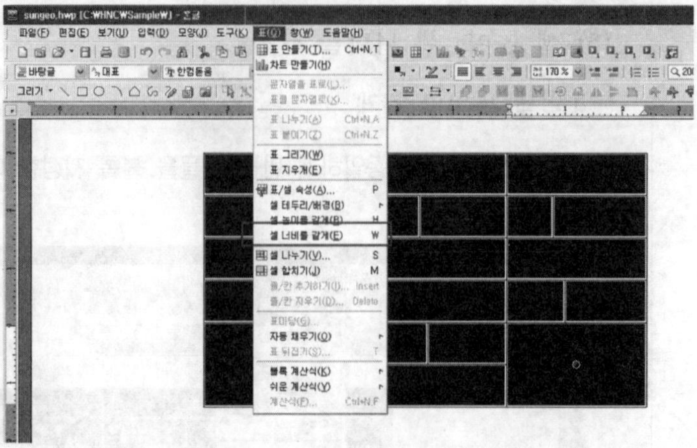

셀 너비가 일정하게 지정된다.

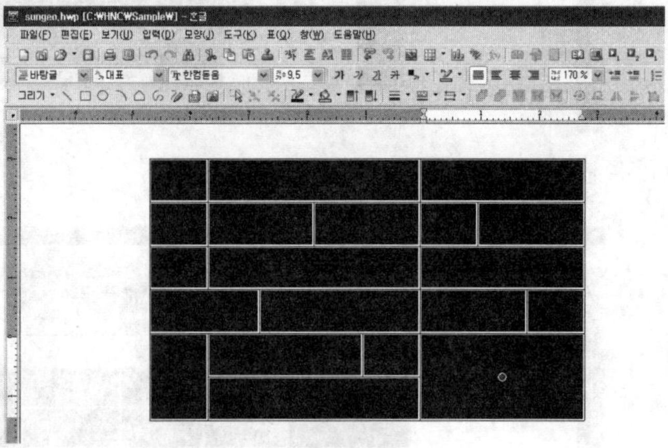

(6) 여러 줄, 칸 크기 조절하기

첫 번째 칸을 제외하고 나머지 칸들의 크기는 모두 일정하면서 폭이 좁은 표를 만들기 위해, 셀 크기를 일괄적으로 줄이려고 할 때, 여러 개의 셀 크기를 일괄적으로 조절할 필요가 있게 된다.

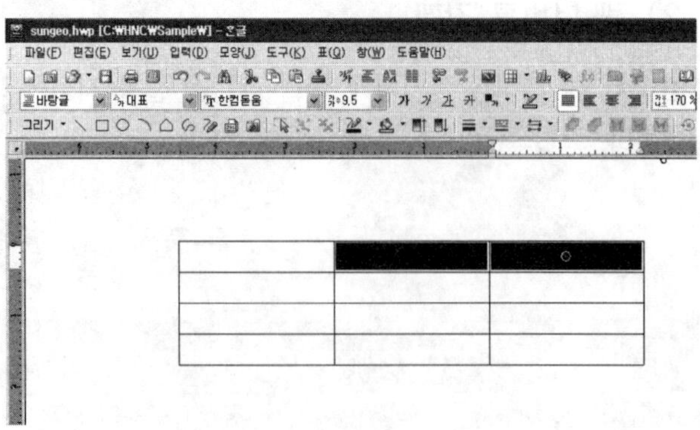

크기를 조절할 칸들을 F5를 눌러 셀 블록으로 지정한 후, Ctrl 글쇠를 누른 상태에서 지정된 선중에서 하나를 선택하고 마우스를 드래그 한다.

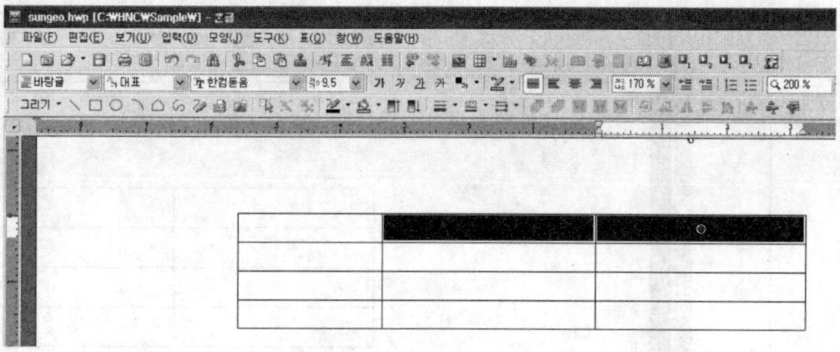

지정한 칸의 크기가 한꺼번에 변한다.

마찬가지로, Shift 키를 누르고 마우스를 드래그 하게 되면 셀 블록 내에서 마우스로 직접 드래그한 선만 움직인다.

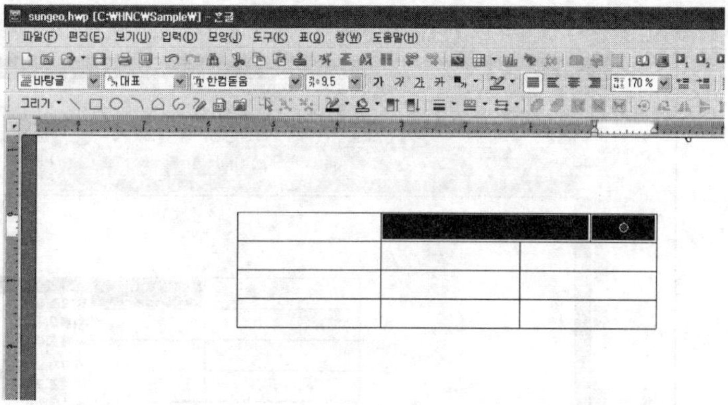

(7) 셀 합치기

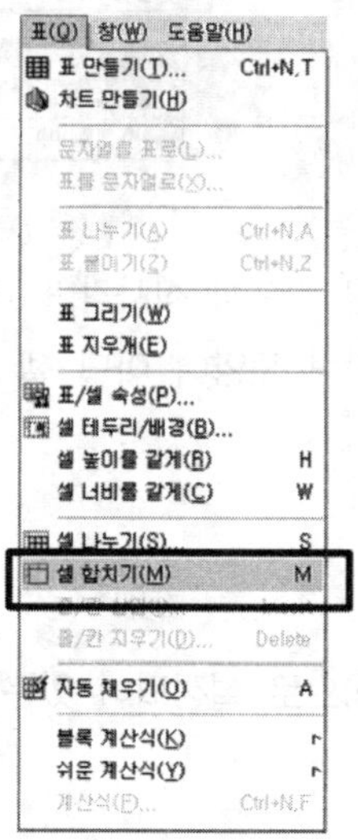

셀 합치기는 두개 이상의 셀(cell)을 하나의 셀로 합치는 기능이다.

하나로 합치려는 셀들을 블록으로 지정한 후, 메뉴에서 [표]-[셀 합치기]를 선택하거나, 표 도구상자에서 '셀 합치기' 도구 단추를 누른다.

또는 '표 지우개'를 이용하여 셀과 셀 사이의 선을 지우면 셀 합치기를 한 것과 동일한 효과를 얻을 수 있다.

지우게 될 선을 마우스로 드래그 하여 지운다.

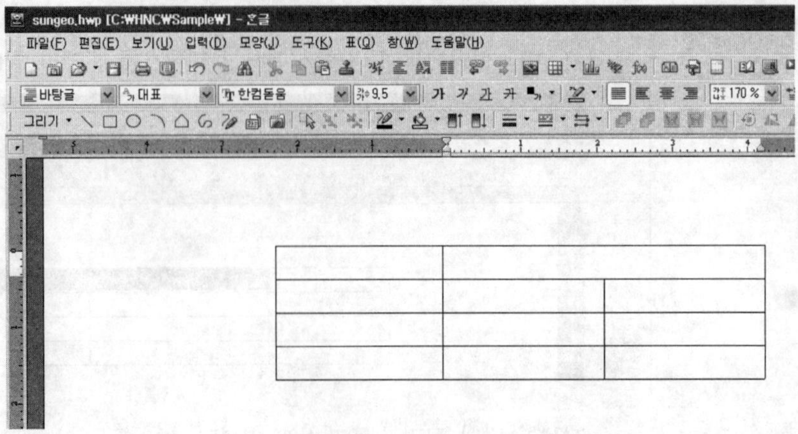

여러 개의 셀을 합칠 경우에는 '셀 합치기' 메뉴가 편리하다. 두 셀을 하나로 합치는 경우에는 '표 지우개' 도구 단추를 이용하는 것이 편리하다.

다음과 같이 셀이 하나로 합쳐지게 된다.

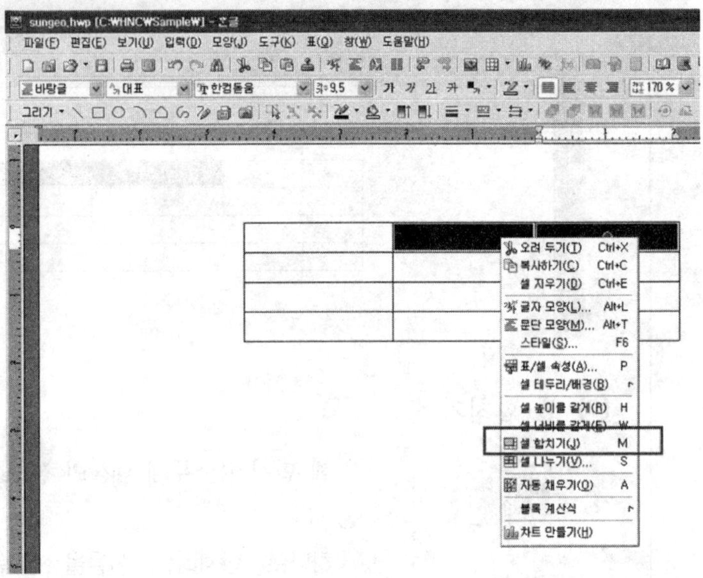

셀 합치기를 할 때, 선택된 셀 블록은 반드시 직사각형 모양이어야 한다. 만약 불연속적인 셀 블록을 설정하였거나, 직사각형 모양이 아닌 셀 블록을 선택했을 경우에는 셀 합치기를 할 수 없다.

(8) 셀 나누기

현재 커서가 위치한 셀 또는 셀 블록으로 설정되어 있는 셀들을 여러 개의 셀들로 나눈다.

여러 개의 셀로 나눌 셀들을 블록 지정한 후 [표]-[셀 나누기]를 선택한다.

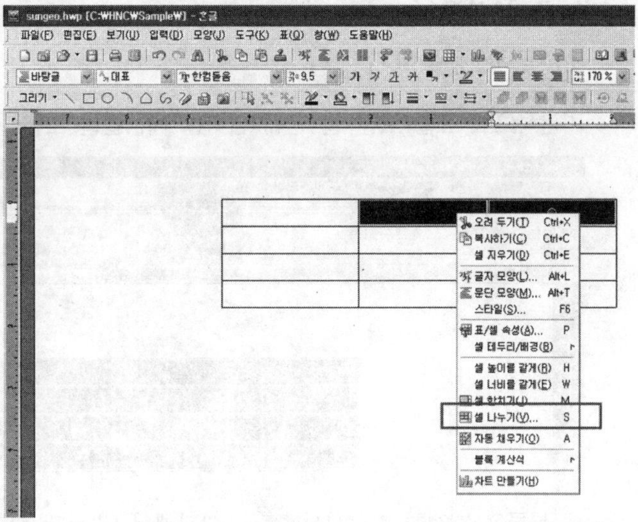

줄을 나눌 것인지 칸을 나눌 것인지 선택한 다음, 수를 선택하고 '나누기'를 누른다.

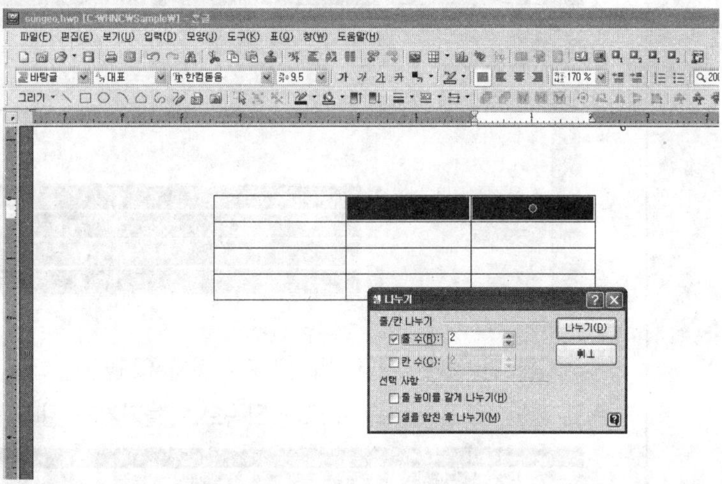

셀이 나눠지게 된다.

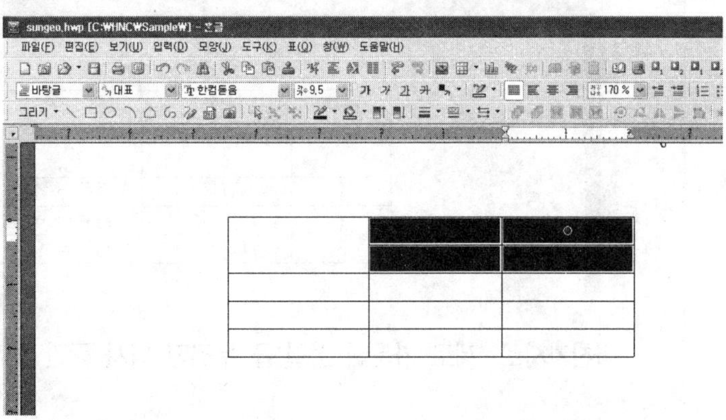

(9) 셀 편집하기

1) 글자 정렬하기

기본적으로 표를 보면 셀 안에 입력한 내용들을 보면 왼쪽으로 치우쳐져 있다.

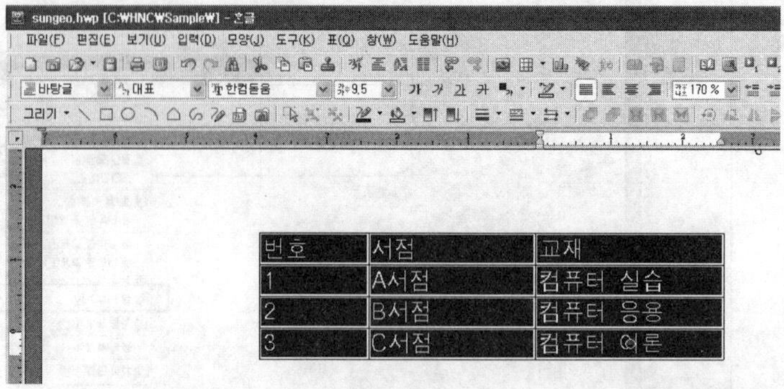

셀 블록을 지정한 후 '서식' 도구 상자에서 '가운데 정렬' 도구 단추를 클릭 한다.

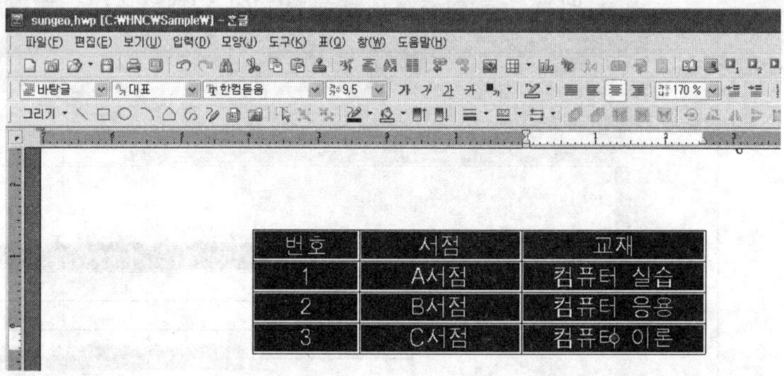

글자를 입력하면 위나 아래에 치우치지 않고 가운데에 입력되게 되는데 이때 '세로 위로 정렬' 도구 단추를 누르면 위쪽으로 올라가게 된다.

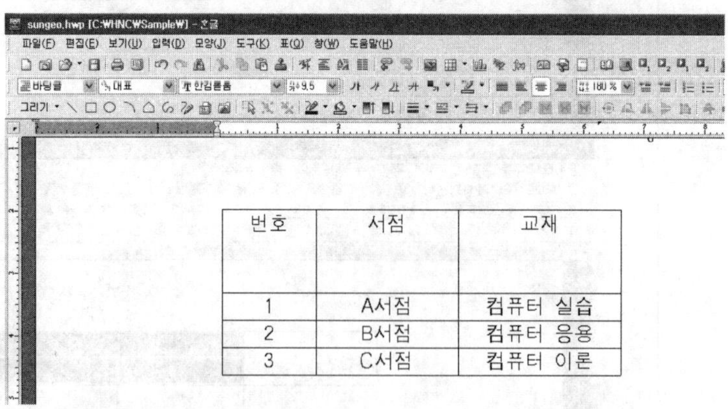

마찬가지로 '세로 가운데 정렬'을 누르면 다시 중간 위치로 오게 된다.

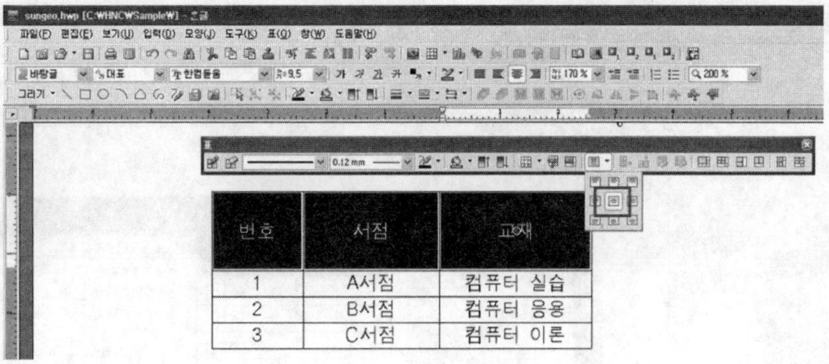

아래로 정렬하기 위해서는 메뉴에서 [표]-[표/셀 속성]을 선택하면 셀 탭에서 세로 정렬을 '아래'로 선택하면 된다.

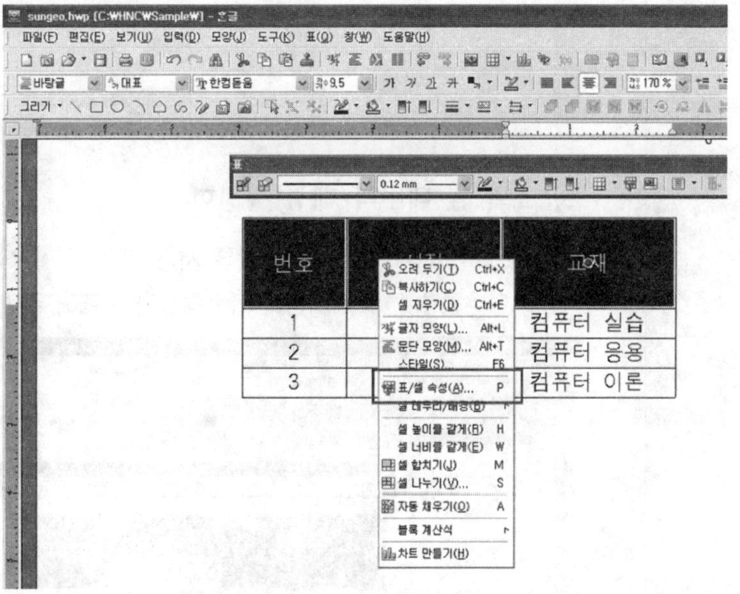

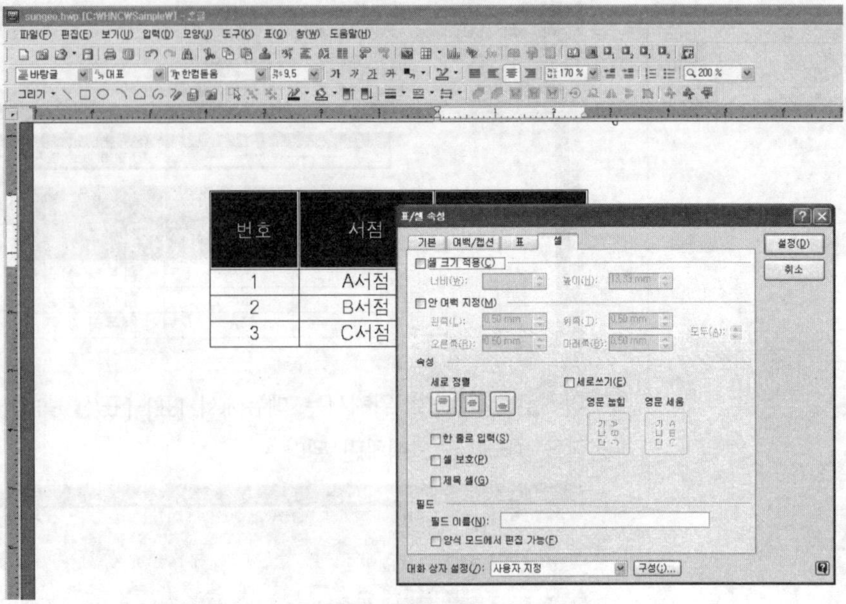

2) 표와 셀 테두리/배경 설정하기

배경 효과를 지정하려는 셀을 블록 지정 한 후에 '표' 도구 상자에서 '셀 테두리/배경' 도구 단추를 누른 후, 지정하려는 속성을 선택해 주면 된다.

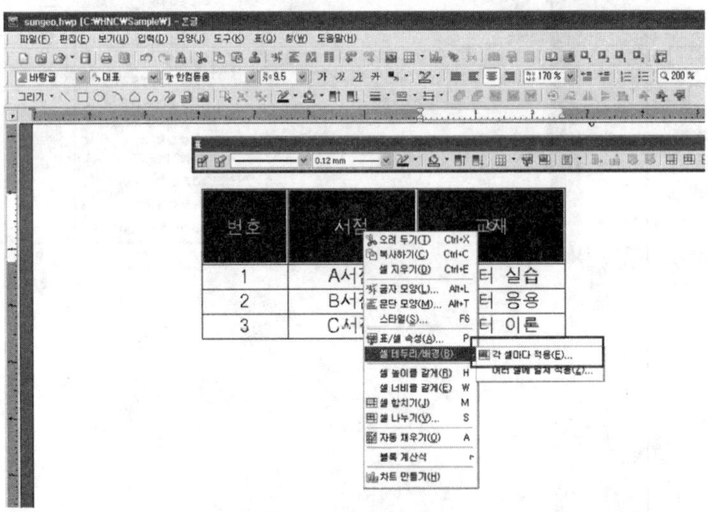

색으로 채우기는 셀의 배경을 한 가지 색으로 채운다. 면의 색과 무늬 색, 무늬 모양을 지정할 수 있다.

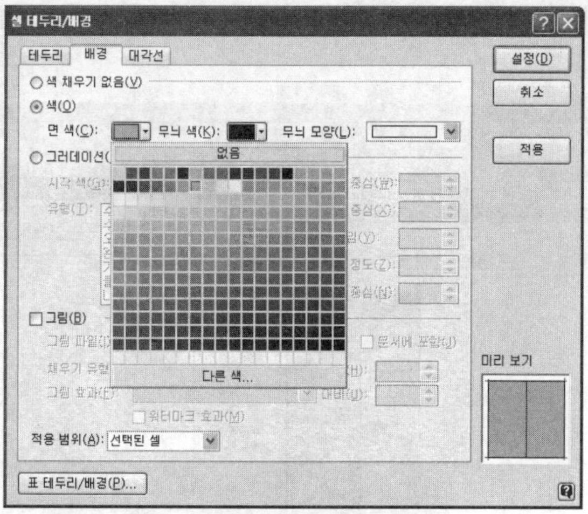

번호	서점	교재
1	A서점	컴퓨터 실습
2	B서점	컴퓨터 응용
3	C서점	컴퓨터 이론

셀의 배경을 다단계 색 퍼짐 효과를 주는 그러데이션으로 채운다. 다양한 유형을 선택할 수 있으며, 개체의 가로/세로 중심을 어디에 놓을지 정할 수 있고 기울임의 각도, 번짐 정도/중심을 정할 수 있다.

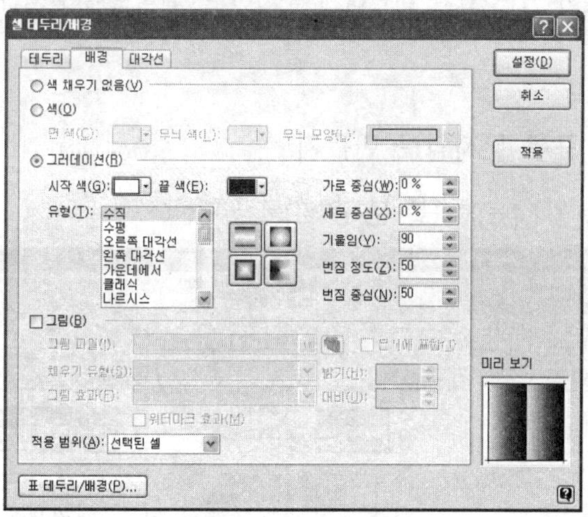

셀 배경을 색과 그러데이션으로 채운 모습이다.

번호	서점	교재
1	A서점	컴퓨터 실습
2	B서점	컴퓨터 응용
3	C서점	컴퓨터 이론

그림으로 채우기는 적당한 그림을 고른 후, 채우기 효과와 그림 효과 등을 지정해 준다.

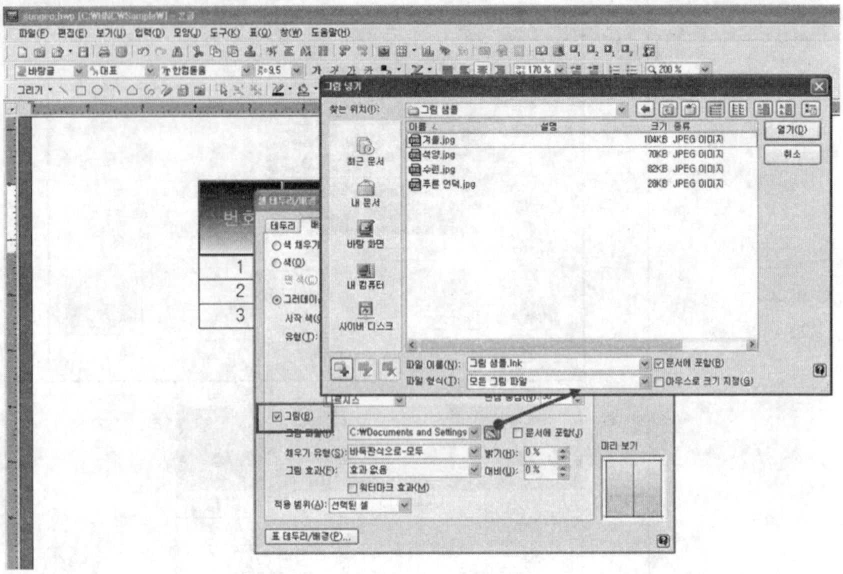

(10) 표를 문자열로, 문자열을 표로

만들어 놓은 표를 간단하게 문자열로, 블록으로 설정한 본문 내용을 표로 만들어준다.

1) 표를 문자열로 만들기

메뉴에서 [표]-[표를 문자열로]를 선택한다.

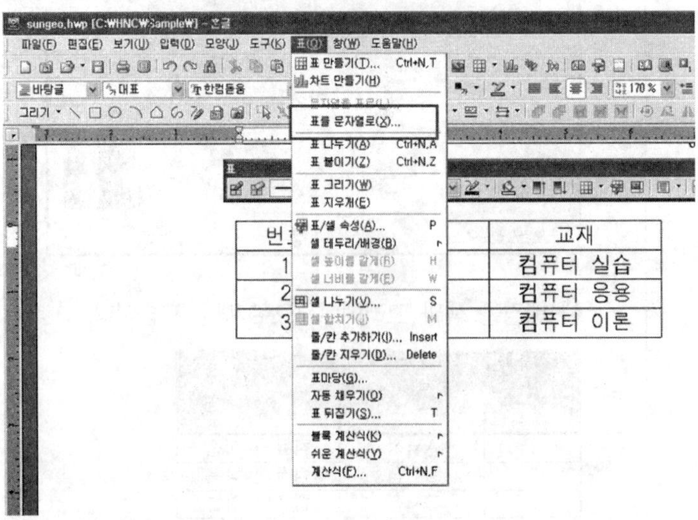

대화상자가 나타나면 분리방법을 선택한 후 [설정] 단추를 누른다.

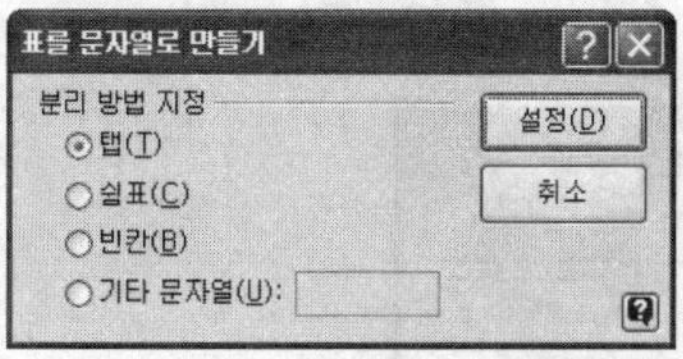

- 탭 : 표의 칸을 문자열로 만들 때, 칸 사이의 구분 기호를 탭으로 만든다.
- 쉼표 : 표의 칸을 문자열로 만들 때, 칸 사이의 구분 기호를 쉼표로 만든다.
- 빈칸 : 표의 칸을 문자열로 만들 때, 칸 사이의 구분 기호를 빈 문자로 만든다.
- 기타 문자열 : 표의 칸을 문자열로 만들 때, 칸 사이의 구분 기호를 사용자가 직접 정할 수 있다.

표가 없어지고 분리 방법에 따라서 각 셀의 내용이 문자열로 나열된다.

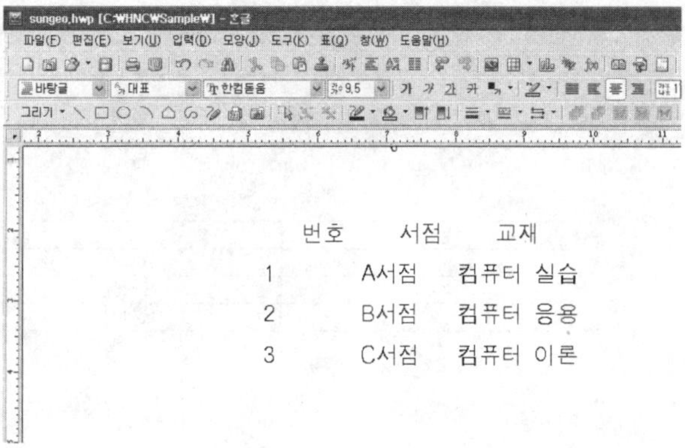

2) 문자열을 표로 만들기

문자열을 블록으로 지정한 후, [표]-[문자열을 표로]를 선택한다.

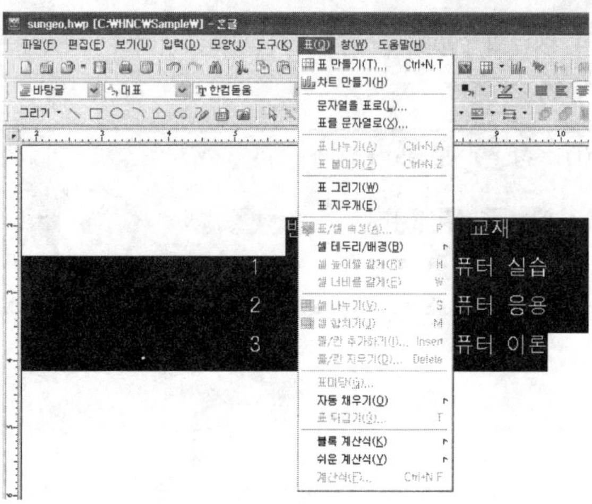

대화상자가 나타나면 분리 방법으로 '자동으로 넣기'를 선택한 다음 [설정] 단추를 누른다.

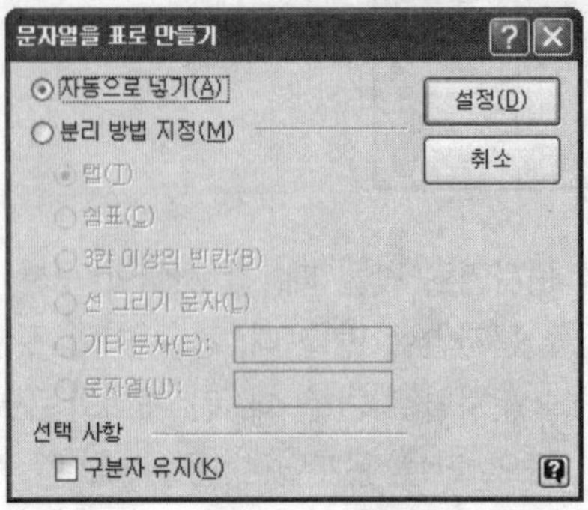

블록 지정한 부분에 입력된 글을 표로 만든다. 처음의 표와는 약간 다를 수 있다.

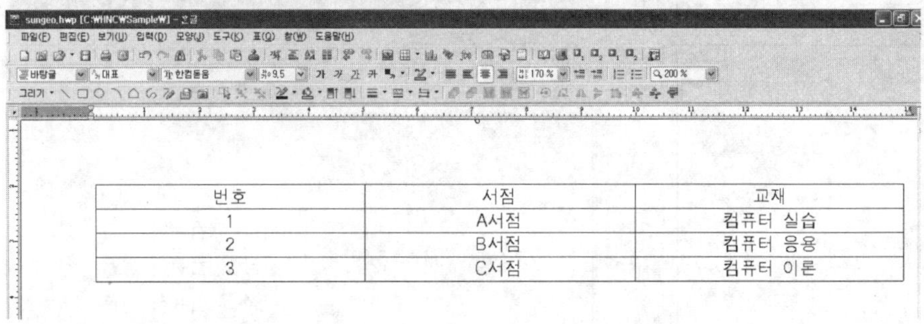

2.4 글맵시를 이용하여 시간표 제목 넣기

한글 메뉴의 [입력]-[객체]-[글맵시]를 선택하거나 도구바에서 모양의 글맵시 도구를 클릭 한다.

이때 다음과 같은 도구상자와 글맵시 입력화면이 나타난다.

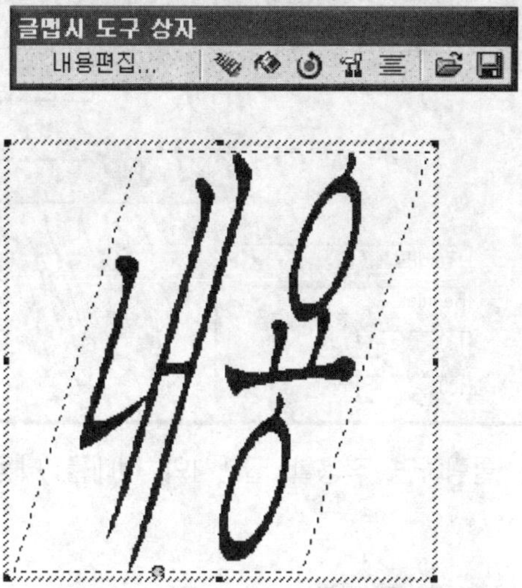

글맵시 도구상자의 기능은 다음과 같다.

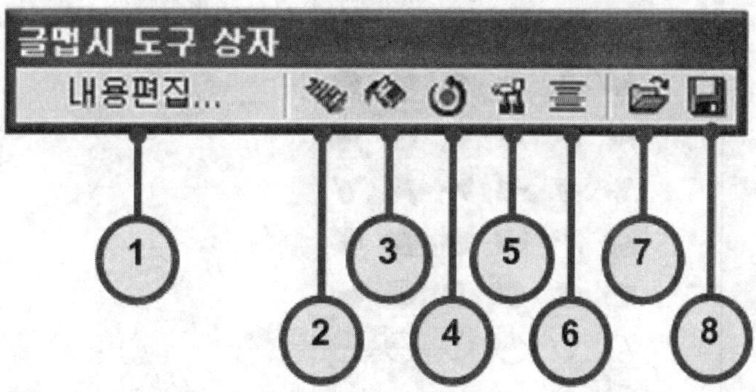

①은 글맵시를 적용할 문자를 입력한다.

②는 글맵시를 적용할 모양의 형태를 설정한다.

③은 글맵시를 적용하는 문자의 색깔을 채운다.

④는 글맵시를 적용한 문자의 회전을 설정할 수 있다.

⑤는 설정사항을 나타낸다.

⑥은 글맵시의 글자를 정렬시킨다.

⑦은 글맵시 파일을 열 수 있다.

⑧은 현재의 글맵시를 파일로 저장한다.

이제 시간표의 제목을 입력하여 보자. ①번 내용편집을 클릭하면 내용입력 대화상자가 나타난다. 문자입력 창에서 "1 학기 시간표"라고 입력하여 보자. 오른쪽 하단에 미리보기가 적용되어 글맵시가 적용된 문자를 볼 수 있다. 필요하다면 글꼴과 속성, 줄 간격과 글자 간격을 조정한다. '확인'버튼을 클릭 하여 입력된 글을 적용한다.

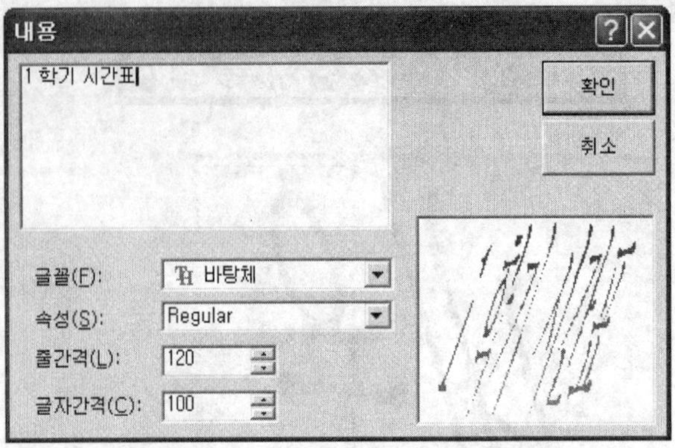

위 ②번을 클릭하면 적용할 글맵시의 형태를 다음과 같이 여러 모양으로 바꿀 수 있다.

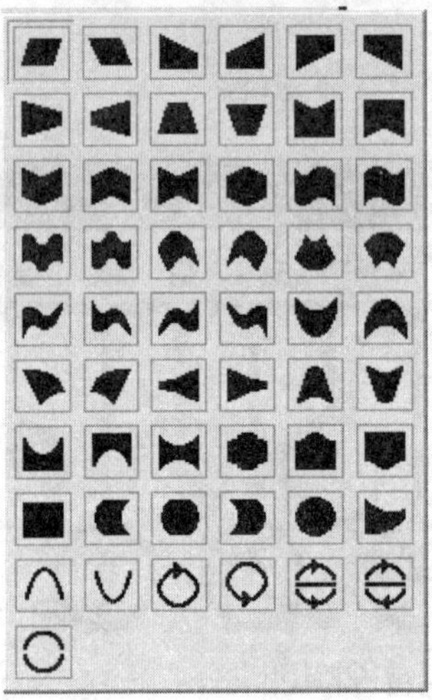

글맵시의 모양은 으로 선택하여 보았다. 다음은 위 ③번 을 클릭 하여 글맵시의 색깔을 설정하여 보자.

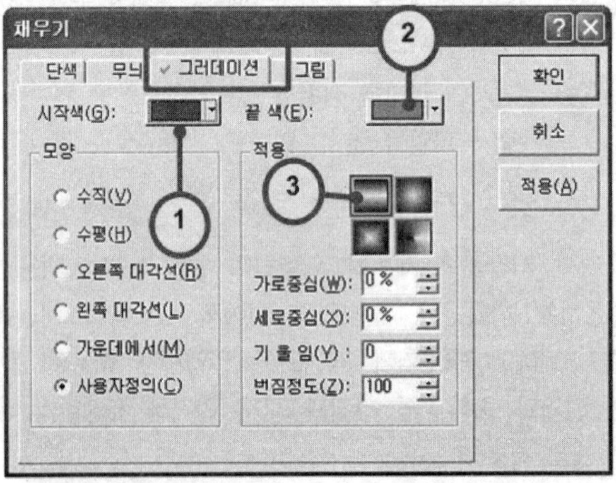

'그라데이션 탭'을 클릭한 후 ①번 시작색과 ②번 끝색을 선택한다. ③번 그라데이션 적용의 형태를 선택하고 확인버튼을 클릭 하여 현재 글맵시를 적용한 시간표 제목에 반영하여 보자. 글맵시를 적용한 시간표 제목 테두리 영역에 약간 진한 점들이 나타나며, 이 점들에 마우스를 클릭 하여 드래그 함으로서 크기를 임의로 조정할 수 있다.

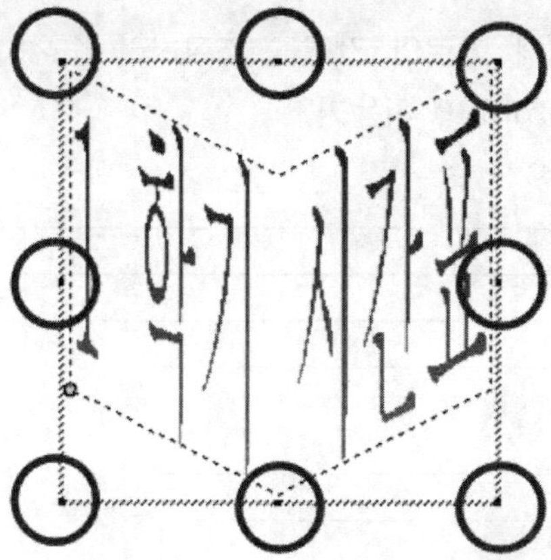

마우스로 드래그 하여 적당한 크기로 조절하도록 하자. 그리고 "1학기 시간표" 글자위에 마우스 오른쪽 버튼을 클릭 하여 '개체 속성'을 클릭하면 나타나는 개체속성 대화상자에서 중간의 ☐ 글자처럼 취급(C)을 선택하고 '설정' 버튼을 누른다. "1학기 시간표" 글자 뒤의 여백공간에 마우스로 클릭 하여 커서를 나타내게 하고, 도구모음에서 을 클릭 하여 가운데 정렬을 하자.

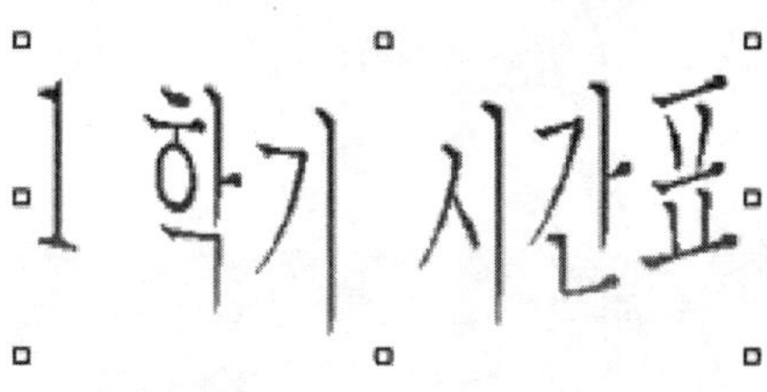

이제 시간표제목이 완성되었다.

연습문제

1. 한글 문서에서 그림을 삽입하기 위해서는 어떻게 하여야 하는지 그 과정을 기술하시오.

2. 다음과 같은 표에서 전체 가로의 간격을 조절하려고 한다. ①번을 ②번으로 간격을 줄이려고 할 때 어떻게 하여야 하는가?

①

②

제 3 편 파워포인트

1장 파워포인트 소개

《학습목표》

본 장에서는 텍스트, 이미지, 사운드, 동영상 등 멀티미디어를 이용하여 발표 효과를 높이는 프레젠테이션을 위해 사용하는 응용 프로그램인 마이크로소프트사의 파워포인트를 소개한다. 또한, 효과적인 프레젠테이션을 위한 준비 시 고려할 사항과 파워포인트 2003의 특징, 그리고 파워포인트의 실행과 종료 방법에 대해 알아본다.

1.1 파워포인트란 무엇인가

(1) 파워포인트 2003 소개

파워포인트 2003은 마이크로소프트사에서 개발한 프레젠테이션 응용 프로그램으로 엑셀 2003, 워드 2003, 액세스 2003 등 오피스 2003에 포함되어 있다.

과거에는 브리핑을 위해 전지에 매직펜을 이용하여 자료를 작성하고 지시봉으로 보고자가 보고하였다. 특히 군대에서는 차트를 전담으로 작성하는 병사들도 있었다. 그러나 최근에는 기업이나 학교의 연구소 등에서 제품을 소개하고 세미나, 논문 발표 등을 위해 OHP나 프로젝터 등을 사용하고 있다. 이러한 장비들을 통해 보고하는 자료들 대부분은 텍스트, 이미지, 사운드, 동영상 등 멀티미디어를 이용하고 동적인 효과를 부여할 수 있는 프레젠테이션 응용 프로그램을 사용한다.

◑ OHP(Over Head Projector)

OHP는 투명한 필름 용지에 작성한 내용을 빛의 통해 반사시켜 스크린에 투사한다. OHP를 이용하기 위해서는 OHP용 필름에 파워포인트로 작성한 프레젠테이션 내용을 작성하여야 한다.

〈그림 1-1〉 OHP 종류

◑ 프로젝터(Projector)

프로젝터는 컴퓨터나 VTR 등에서 입력 신호를 받아 스크린에 투사한다. 기업에서 홍보물을 발표하거나 세미나 발표 등에 활용된다. 프로젝터 종류에는 CRT 방식, LCD 방식, PDP 방식, FED 방식, DMD 방식 등이 있다.

〈그림 1-2〉 프로젝터 종류

◕ 프레젠테이션 응용 프로그램

프레젠테이션(Presentation)의 사전적 의미는 "발표", "소개", "제시" 등이다. 프레젠테이션 응용 프로그램으로는 마이크로소프트사의 파워포인트를 비롯하여 하버드 그래픽스(Harvard Graphics)와 프리랜스(Freelance Graphics), 코렐 프레젠트(Corel Present) 등이 있다.

(2) 파워포인트 2003으로 할 수 있는 일

파워포인트 2003을 사용하여 다음과 같은 작업을 할 수 있다.

- 광고 전단지를 작성할 수 있다.
- 약도, 안내문, 메뉴판 등을 작성할 수 있다.
- 회사의 보고서 자료를 작성할 수 있다.
- 제품을 소개하는 제품 카탈로그를 작성할 수 있다.
- 사업 계획 등 계획서를 작성할 수 있다.
- 세미나의 발표 자료를 작성할 수 있다.
- 강의 자료로 작성할 수 있다.
- 홈페이지를 작성할 수 있다.
- 영상 앨범을 작성할 수 있다.

1.2 프레젠테이션을 준비시 고려할 사항

(1) 충실한 발표 자료 준비

발표자는 발표할 내용을 체계적으로 청중의 관점에서 준비한다. 일반적으로 발표할 내용에 대한 소개를 서론에서 하며, 본론과 내용의 정리 및 결과를 결론에서 한다. 파워포인트로 준비하는 프레젠테이션의 슬라이드에는 범위가 한정적이므로 내용을 함축적으로 사용하는 것이 좋다. 통계자료는 표나 차트를 사용하며 도형과 그림 등을 이용하면 효과적이다. 파워포인트의 [개요 보기] 기능을 이용하여 발표할 내용을 서론, 본론, 결론으로 나누어 준비하면 편리하다.

〈그림 1-3〉 개요 보기

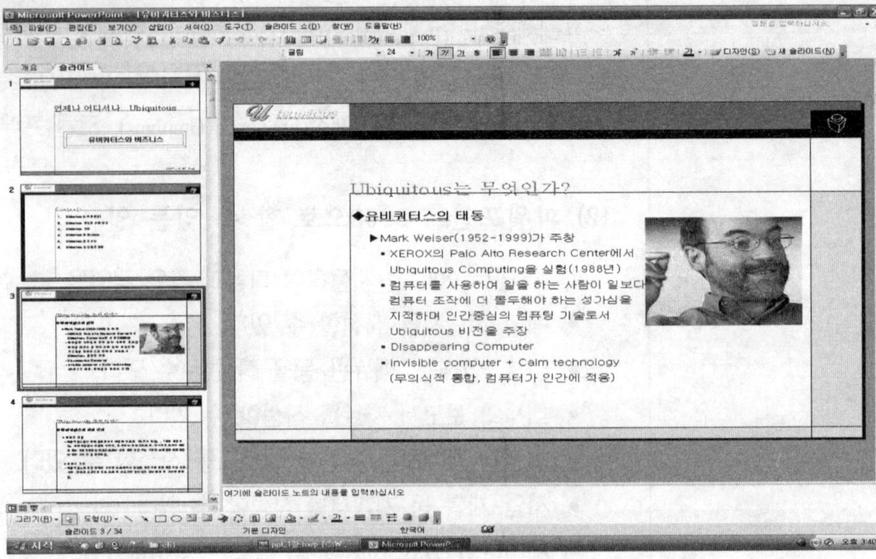

◑ 프레젠테이션(Presentation)

프레젠테이션이란 자신의 의사를 상대방에게 전달하는 것이다. 파워포인트에서의 프레젠테이션은 엑셀의 문서 단위가 워크시트와 같이 작성하는 문서의 단위를 의미한다. 프레젠테이션 파일의 확장자는 *. PPT이며 한 프레젠테이션에는 한 개 이상의 슬라이드로 구성된다.

◑ 슬라이드(Slide)

슬라이드란 한 장의 화면을 말하며 파워포인트에서는 프레젠테이션을 구성하는 단위를 나타낸다. 한 프레젠테이션 파일은 한 장 이상의 슬라이드로 만들어지며 일반적으로 한 장의 슬라이드는 텍스트, 도형, 이미지, 사운드 등의 개체들로 구성되어 있다.

◑ 개요

개요란 프레젠테이션 자료의 줄거리를 말한다. 프레젠테이션의 자료를 전달하는 가장 쉽고 확신한 방법은 슬라이드의 내용을 요약하여 개요로 작성하는 것이다.

(2) 발표 노트 작성

방송의 사회자가 진행을 위해 작성한 노트를 참조하는 것을 보았을 것이다. 프레젠테이션을 준비할 때 발표자는 발표할 내용과 별도의 발표 노트를 작성하는 것이 좋다. 특히 통계 수치나 영문 약자 등은 발표자만 볼 수 있는 발표 노트를 작성하여 프레젠테이션시 활용하는 것이 유용하다. 또한 청중들의 예상되는 질문을 준비하여 관련 자료를 발표 노트에 준비하면 보다 효과적인 프레젠테이션이 될 수 있다. 파워포인트에서는 [슬라이드 노트] 기능을 활용할 수 있다.

〈그림 1-4〉 슬라이드 노트 기능

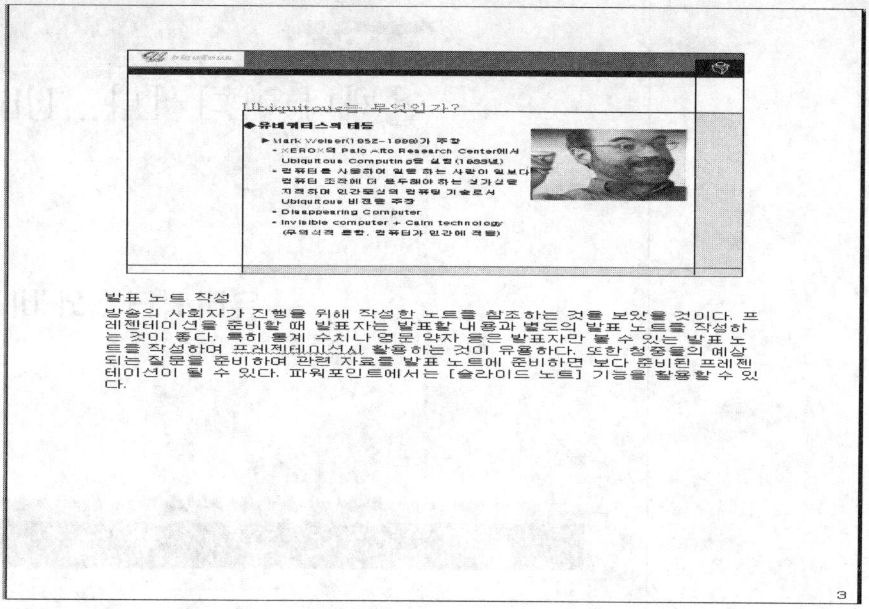

(3) 발표시간 조정

"명강의는 짧다."

발표자가 발표 자료를 충실하게 준비하였으나 시간 조절을 잘못 해서 결론을 말하지 못하는 경우가 종종 발생한다. 발표자는 대부분의 청중들이 시간을 쫓기는 경우가 많으므로 발표 내용의 핵심만 준비하는 것이 좋다. 특히 발표를 위해 실내의 조명을 꺼놓은 상태에서 프레젠테이션을 장시간 진행할 경우 청중들의 시선을 집중하기 어렵다. 이때에는 간단한 휴식시간을 갖는 것도 좋나. 전체적인 발표시간을 소설하는 것은 충분한 연습을 통해서 가능하며 파워포인트에서는 [예행 연습]기능이 있으므로 이 기능을 이용하여 시간을 사전에 체크하는 것이 유익하다.

〈그림 1-5〉 [예행 연습] 기능

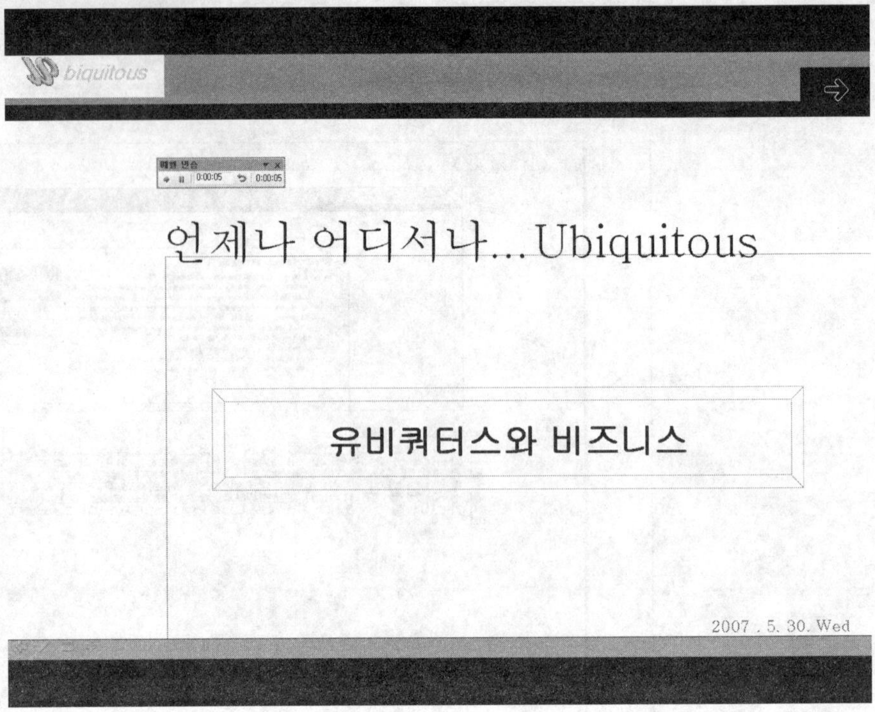

(4) 개체 크기/색상 조절

프로젝터나 OHP를 이용하여 프레젠테이션을 진행할 경우 자료의 글자가 너무 작거나 배경색과 개체의 색상이 유사하여 청중들에게 내용 전달이 되지 않는 경우가 있다. 통계 자료 등의 수치나 표, 그림들의 개체를 사용할 경우 글자의 크기와 색상을 청중의 입장에서 작성하는 것이 좋다. 일반적으로 프로젝터를 사용할 경우 어두운 배경색에 밝은 개체의 색을 사용하는 것이 좋으며 글자의 크기는 14포인트 이상으로 작성하는 것이 좋다.

◕ **개체**(Object)

개체는 슬라이드를 구성하는 단위이다. 파워포인트에서 사용가능한 개체에는 텍스트, 이미지, 사운드, 동영상, 클립아트, 차트 등을 기본적으로 제공하며 다른 응용 프로그램에서 제공하는 여러 개체를 사용할 수 있다. 사람의 몸을 구성하는 요소로는 손, 발, 얼굴, 가슴 등이 있으며 각각의 요소에는 길고 짧고, 하얗고 검은 것과 같이 슬라이드에 포함된 여러 개체의 속성을 변경하여 다양한 효과를 부여할 수 있다.

(5) 장소와 장비, 참석자에 관한 점검

발표자가 프레젠테이션을 진행할 장소의 크기와 준비물을 점검하자. 참석할 대상자는 몇 명인지? 참석자의 관심 사항이 무엇인지? 등을 사전에 조사하는 것이 좋다. 또한 발표장에서 사용할 장비들의 상태를 사전에 점검하는 것이 좋다. 프로젝터의 조작 방법을 익히고 노트북과 연결상태는 이상이 없는지? 스크린에 비쳐진 발표 내용이 초점이 올바른지? 준비한 글자 크기와 색상이 청중의 자리에서 잘 보이는지 확인한다.

1.3 파워포인트 2003의 특징

(1) 기본 보기 화면

파워포인트 2003은 한 윈도우에서 [슬라이드 보기], [슬라이드 노트 보기], [개요 보기]의 세 개의 화면을 동시에 볼 수 있다. [기본 보기] 화면은 슬라이드 화면을 중앙에 배치하며 왼쪽에 [개요 보기] 화면과 하단에 [슬라이드 노트] 화면을 배치한다.

〈그림 1-6〉 기본 보기 화면

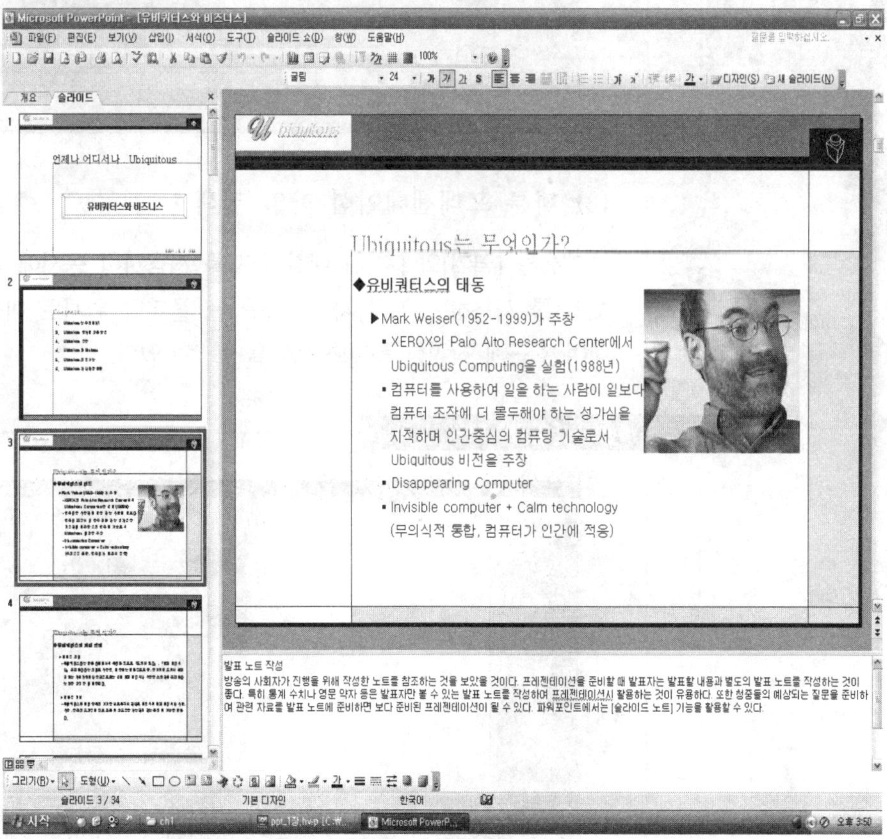

(2) 다국어 지원

파워포인트 2003은 1999년 1월 1일에 적용되는 유럽의 새로운 통화인 유로(Euro)화를 지원하며 Language Pack을 설치하면 일본어, 중국어, 불어, 독일어 등 다국어를 제공할 수 있으므로 일본어 파워포인트나 중국어 파워포인트를 사용할 필요가 없다.

〈그림 1-7〉 오피스 언어 설정

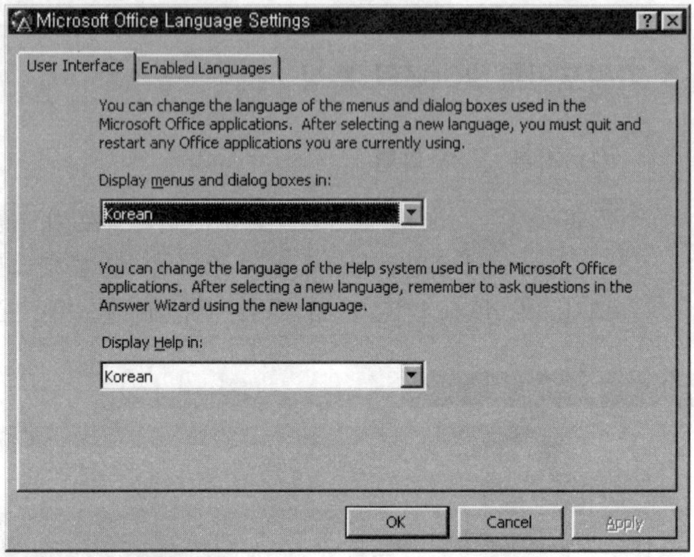

(3) 빠른 프레젠테이션 파일 검색

개선된 [열기]와 [저장] 대화 상자를 사용하여 동시에 은 파일을 볼 수 있다. {즐겨찾기}를 사용하면 가장 자주 사용하는 폴더와 위치로 이동할 수 있다. {기록}을 클릭하여 최근에 작업한 폴더와 파일을 볼 수 있다.

〈그림 1-8〉 [열기] 대화 상자

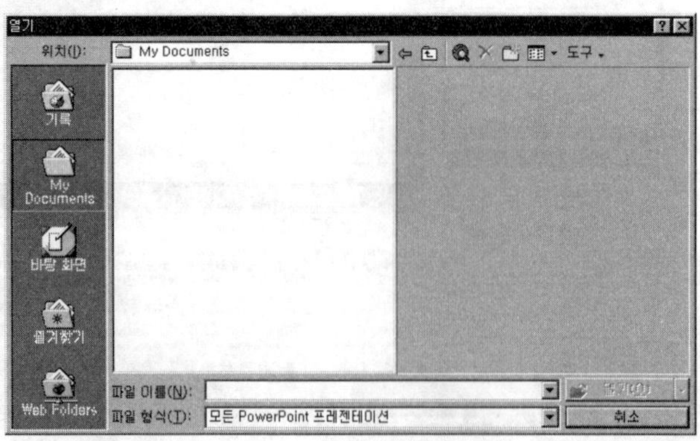

(4) 개선된 길잡이

Office 길잡이는 사용자가 작업시 필요할 때 많은 도움을 제공한다. 직접 해결하지 못하는 문제는 인터넷을 통해 도움을 얻을 수도 있다. 길잡이의 모양을 변경하고 영구적으로 나타나지 않는 기능이 추가되었다.

(5) 작업에 필요한 조언

프레젠테이션 작업중에 Office 길잡이가 작업에 따라 팁과 조언을 제공한다. 슬라이드의 텍스트가 너무 작거나 슬라이드에 개체의 크기가 너무 클 경우 전구 모양이 나타나며 이 전후를 클릭하면 길잡이가 제공하는 조언을 볼 수 있다.

(6) 표 작성

파워포인트 [표 및 테두리] 도구 모음을 이용하여 자유로운 표를 만들 수 있다. 워드에서 사용하는 표 그리기 인터페이스와 동일하며 펜으로 그림을 그리는 것처럼 도구를 사용하여 간단하게 표를 그릴 수 있다.

〈그림 1-9〉 표 작성

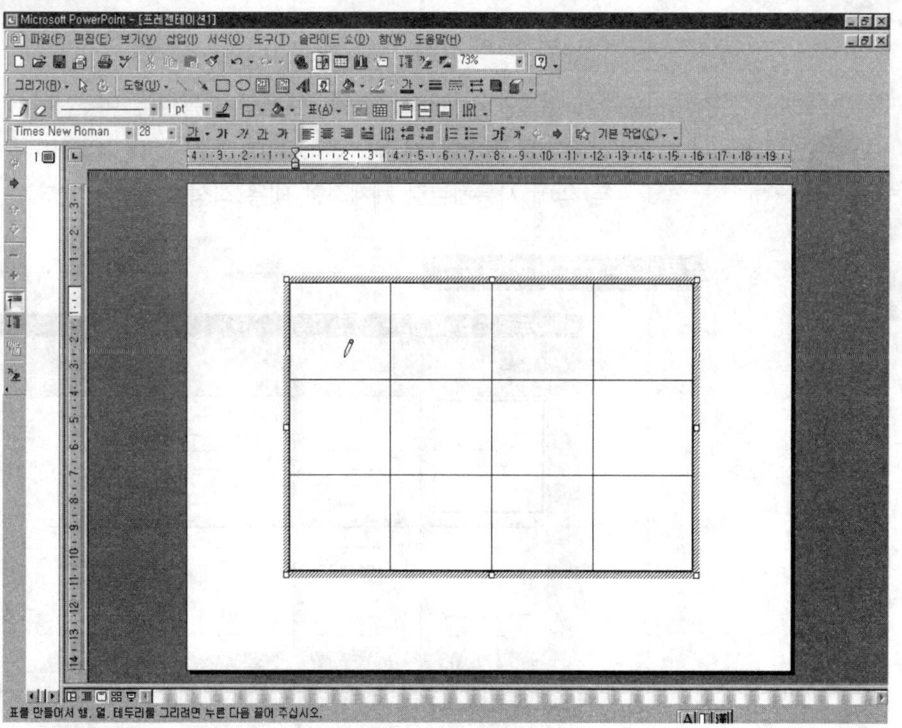

(7) 글머리 기호

다양한 모양의 글머리 기호를 슬라이드에 사용할 수 있다. 특히 지정된 글머리 기호 이외의 자신이 준비한 그림을 글머리 기호로 사용할 수 있다. 웹페이지를 작성할 때 불릿기호로 사용하는 그림들을 슬라이드에 사용하므로 보다 화려한 프레젠테이션을 준비할 수 있다.

〈그림 1-10〉 글머리 기호

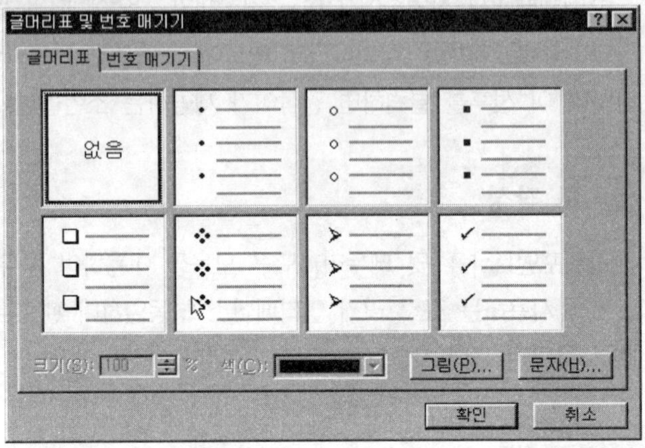

(8) 번호 매기기

파워포인트 2003의 슬라이드에서 자동으로 번호를 부여할 수 있다. 목차와 같은 슬라이드를 준비할 때 원 숫자, 로마 숫자, 영문 알파벳 등 다양한 모양의 번호를 텍스트 앞에 사용하므로 체계적인 내용 작성을 할 수 있다.

〈그림 1-11〉 번호 매기기

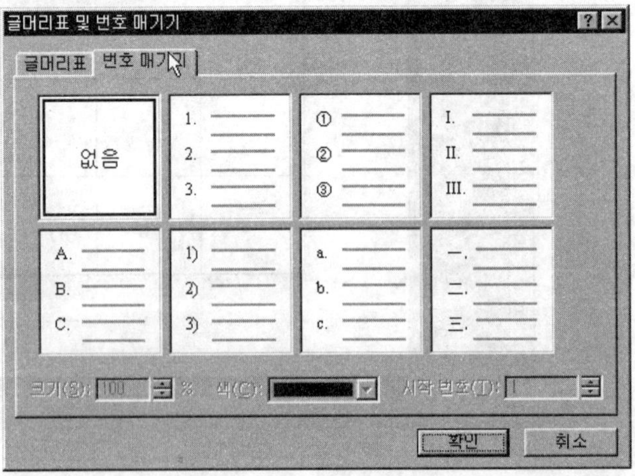

(9) 클립 모음집

파워포인트 2003은 새로운 [클립 모음집]을 제공하여 클립아트, 소리, 동영상 등 클립들을 제공한다. 사용자가 준비된 클립이 있다면 추가할 수 있으며 인터넷을 통해 새로운 클립을 다운로드 받을 수 있다.

〈그림 1-12〉 클립 모음집

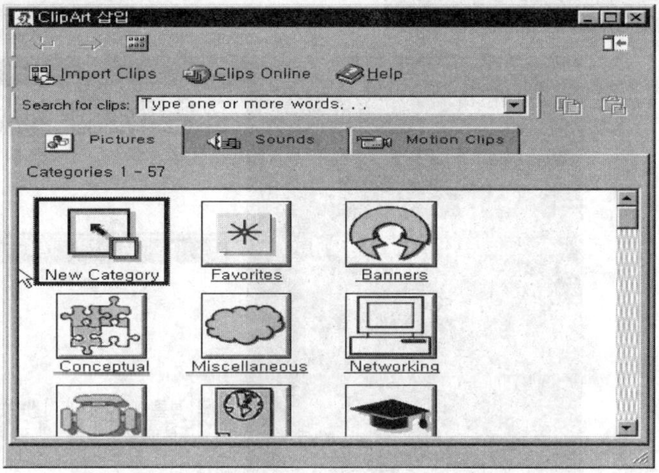

(10) 움직이는 GIF 그림

파워포인트 2003에서는 홈페이지에서 많이 사용되는 움직이는 GIF 형식을 지원하여 슬라이드에 삽입하여 사용할 수 있다. 움직이는 GIF 그림을 사용하여 동적인 프레젠테이션을 수행할 수 있다.

(11) 확장된 클립보드

개체를 복사하면 클립보드에 임시 저장되며 필요할 때 붙여넣기를 할 수 있다. 오피스 2000은 기존에 한 개의 개체만을 저장하던 클립보드를 확장하여 [클립보드] 도구 모음을 제공하며 최대 12개의 개체를 클립보드에 저장할 수 있다.

〈그림 1-13〉 [클립보드] 도구 모음

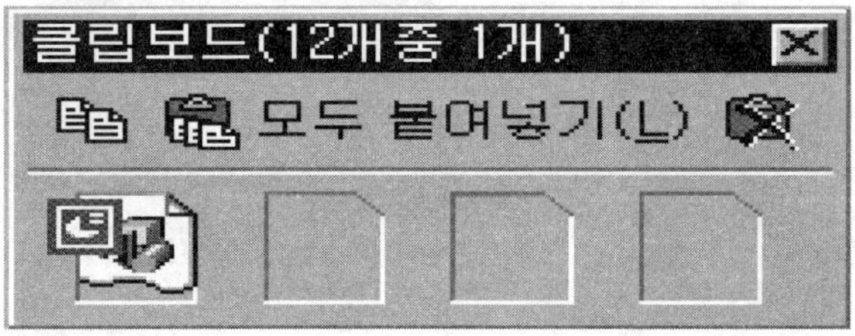

(12) 스캐너/프로젝터 지원

스캐너와 디지털 카메라를 이용하여 사진과 그림을 스캔하여 슬라이드에 삽입할 수 있다.

또한 프로젝터 마법사를 이용하여 발표를 위해 준비한 프로젝터 해상도를 자동으로 점검할 수 있다.

〈그림 1-14〉 프로젝터 마법사

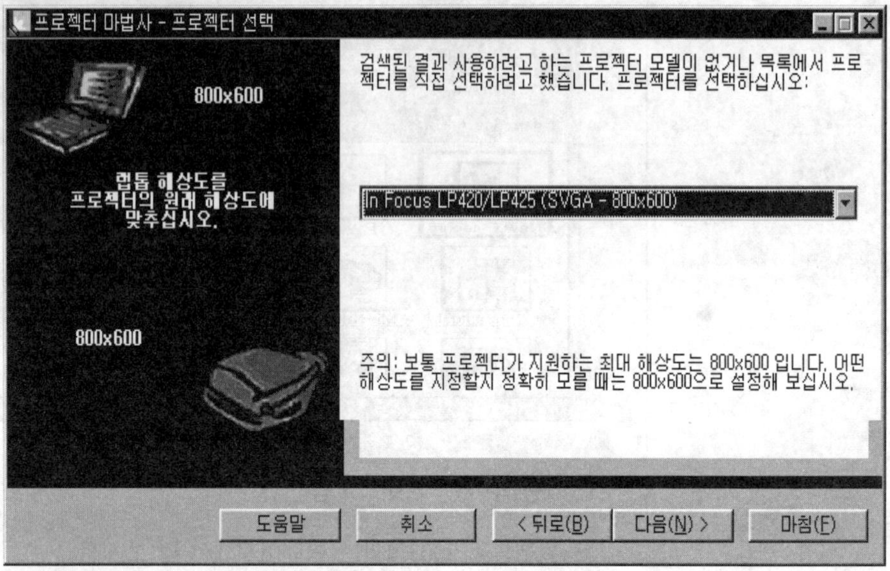

1.4 파워포인트 실행과 종료 방법

(1) 파워포인트 실행

파워포인트를 실행하는 방법은 다음과 같은 방법이 있다.

- 작업표시줄의 [시작]-[프로그램]-[Microsoft PowerPoint]를 순서적으로 선택하여 파워포인트를 실행한다.

〈그림 1-15〉 파워포인트 2003 시작

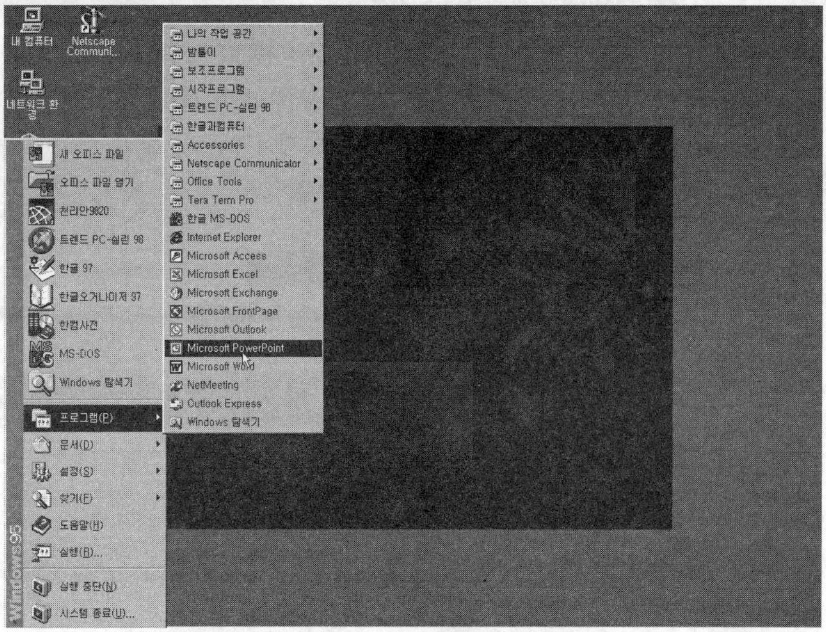

- [Windows 탐색기]나 다른 응용 프로그램에서 파워포인트 파일을 더블 클릭하여 파워포인트를 실행한다.
- 바탕화면에서 파워포인트 단축 아이콘을 더블 클릭하여 실행한다.

〈그림 1-16〉 바탕화면의 파워포인트 단축 아이콘

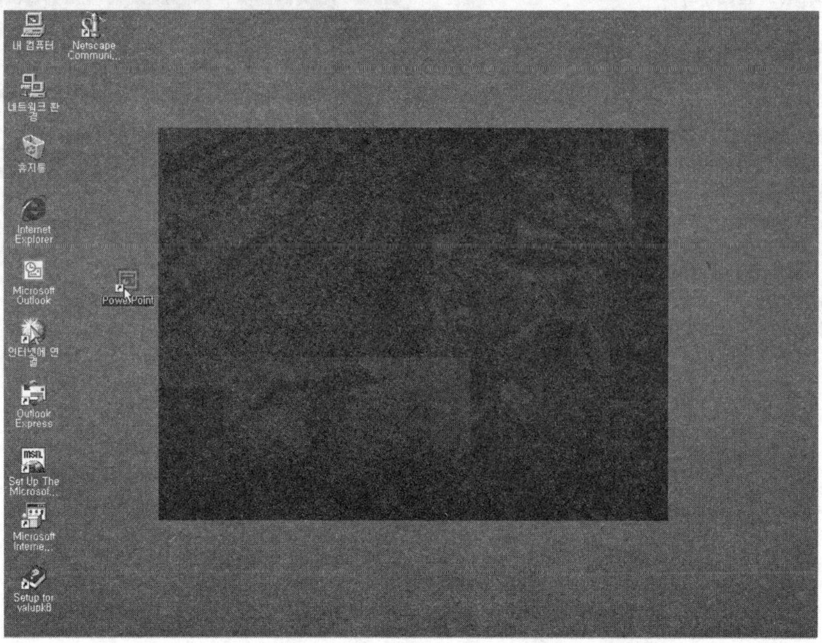

TIP

- 단축아이콘 등록
  바탕화면에서 마우스 오른쪽버튼을 클릭한 다음 [새로 만들기]-[단축 아이콘]을 선택하여 파워포인트 2003이 설치된 폴더의 POWERPNT.EXE를 선택한다.

(2) 파워포인트 종료

파워포인트 2003을 종료하는 방법은 다음과 같다.

- 실행중인 파워포인트에서 [파일]-[끝내기]를 선택하여 파워포인트를 종료한다.
- 제목 표시줄의 왼쪽에 제어 메뉴를 클릭 하여 제어 메뉴의 [닫기] 메뉴를 선택하여 파워포인트를 종료한다.

〈그림 1-17〉 제어 메뉴의 [닫기] 메뉴 선택

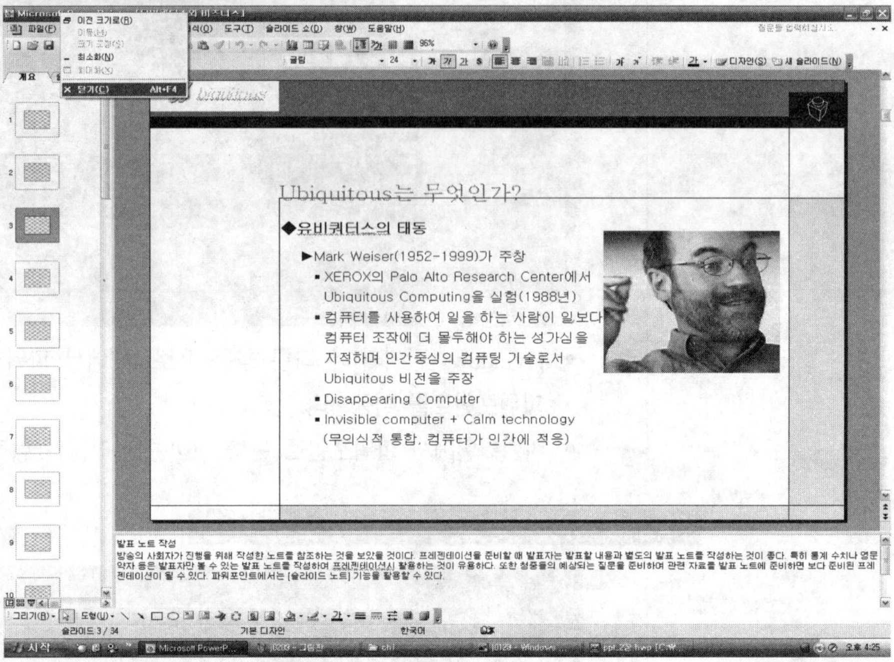

- 제목 표시줄의 오른쪽에 있는 [윈도우 종료] 버튼(☒)을 클릭하여 파워포인트를 종료한다.
- Alt+F4를 눌러 파워포인트를 종료한다.
- 제목 표시줄의 왼쪽 제어 메뉴에 있는 파워포인트 아이콘(▣)을 더블 클릭하여 파워포인트를 종료한다.

TIP

- 종료와 닫기
  파워포인트 2003에서는 여러 프레젠테이션 파일을 열 수 있다. 여러 프레젠테이션 파일을 열었을 때 [파일]-[종료] 메뉴를 선택하면 파워포인트 프로그램이 종료되며 [파일]-[닫기] 메뉴를 선택하면 해당 프레젠테이션 파일만 닫히며 파워포인트는 계속 실행된다.

연습문제

1. 프레젠테이션 응용 프로그램의 특징과 종류에 대해 설명하라.

2. 파워포인트 2003으로 할 수 있는 작업의 예를 들어보라.

3. 프레젠테이션을 준비시 고려할 사항은 무엇인가

4. 파워포인트 2003의 특징을 설명하라.

5. 파워포인트를 "사용자 정의" 설치를 해 보자.

6. 파워포인트의 실행과 종료 방법을 실습하라.

2장 파워포인트 시작하기

《학습목표》

본 장에서는 프레젠테이션을 만들기 위한 기초과정으로써, 파워포인트 화면 구성을 살펴본 후 파워포인트의 보기 화면을 알아본다. 그리고 파워포인트 2003의 도구 모음들을 살펴보고, 파워포인트 파일 열기 방법에 대해 알아본다.

2.1 파워포인트 화면 구성

〈그림 2-1〉 파워포인트 2003 화면 구성

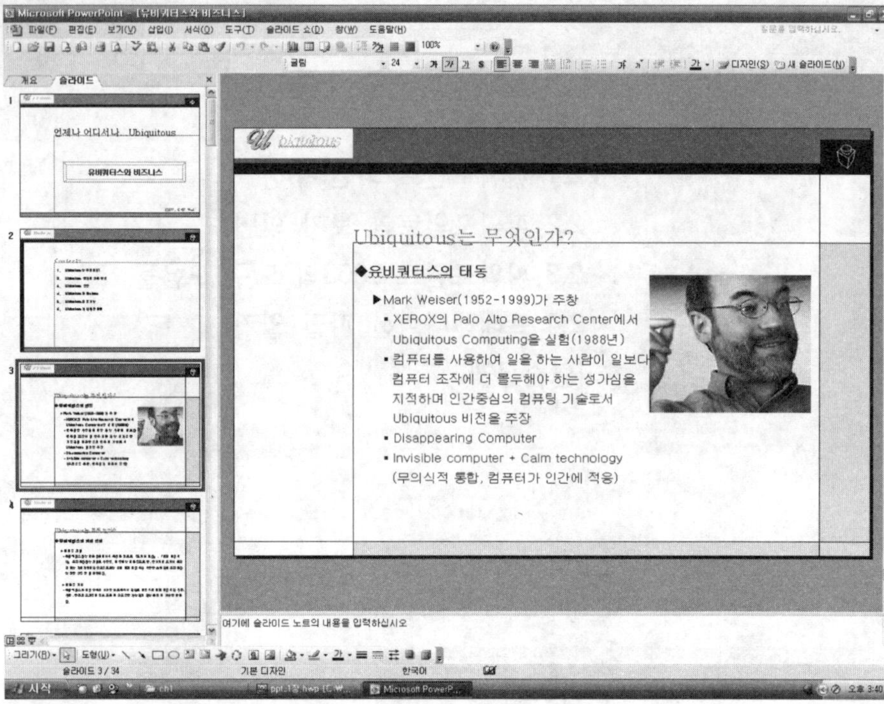

(1) 제목 표시줄

현재 작업중인 프레젠테이션 파일을 나타낸다. 제목표시줄 왼쪽에는 제어 명령을 나타내는 버튼과 오른쪽에는 윈도우를 축소, 복원, 종료 아이콘이 있다.

〈그림 2-2〉 제목 표시줄

제어 명령 아이콘	윈도우를 제어하는 명령을 나타낸다.
축소 아이콘	파워포인트를 작업표시줄로 내린다.
복원 아이콘	윈도우의 크기를 축소하고 복원한다.
종료 아이콘	파워포인트 응용 프로그램을 종료한다.

(2) 메뉴 표시줄

제목 표시줄 아래에 나타나며 사용자가 메뉴를 추가하거나 변경할 수 있다. 메뉴 표시줄의 메뉴들은 마우스를 이용하여 선택하거나 Alt키와 방향키를 이용하여 사용할 수 있다. 메뉴 표시줄에 나타나는 축소 아이콘과 복원 아이콘, 종료 아이콘은 불러온 파워포인트 프레젠테이션 파일에 적용된다.

〈그림 2-3〉 메뉴 표시줄

(3) 도구 모음 표시줄

자주 사용하는 명령들을 쉽게 사용할 수 있도록 아이콘으로 제공한다. 사용자는 원하는 유형의 도구 모음을 나타내거나 감출 수 있고 도구 모음에 새로운 아이콘을 추가하거나 삭제할 수 있다. 도구 모음의 이동 및 추가, 삭제에 관한 내용은 "2.3 도구 모음 활용 방법"에서 설명한다.

〈그림 2-4〉 도구 모음

(4) 슬라이드 보기 화면 창

파워포인트 2003의 새로운 기능으로 한 슬라이드를 동시에 3개의 화면으로 볼 수 있다. [기본 보기]에서 가장 큰 영역을 차지하며 텍스트, 그림 등의 개체를 포함한 슬라이드를 볼 수 있다. 슬라이드 보기 화면 창에는 눈금자와 안내선을 나타낼 수 있다.

(5) 슬라이드 개요 보기 화면 창

슬라이드의 개요를 볼 수 있는 화면이다. 각 슬라이드의 번호와 슬라이드 제목, 내용들을 볼 수 있다. 이동줄을 이용하여 다음 슬라이드로 이동할 수 있다.

(6) 슬라이드 노트 보기 화면 창

가장 적은 영역을 차지하는 슬라이드 노트 보기 화면 창은 발표할 내용을 미리 메모할 수 있는 노트이다.

(7) 보기 버튼 모음

슬라이드의 보기 화면을 다양한 형식을 제공한다. 기본 보기, 개요 보기, 슬라이드 보기, 여러 슬라이드 보기, 슬라이드 쇼의 아이콘을 클릭하여 원하는 형식으로 슬라이드를 볼 수 있다. 각 보기 화면에 대한 내용은 다음 절에서 설명한다.

〈그림 2-5〉 보기 버튼 모음

(8) 상태 표시줄

현재 사용자의 작업 상태를 알려준다. 전체 슬라이드 페이지와 현재 작업중인 슬라이드 페이지를 알려주고 적용한 디자인 서식의 종류를 알 수 있다.

〈그림 2-6〉 상태 표시줄

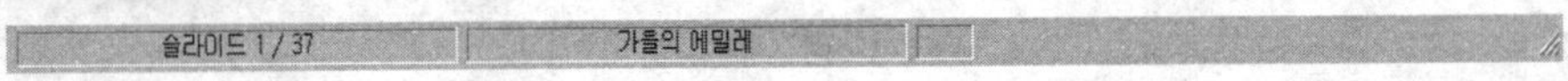

(9) 이동줄

이동줄은 수평 이동줄과 수직 이동줄이 있으며 일반적으로 수직 이동줄만을 사용한다. 슬라이드의 크기가 한 화면에 나타나지 않을 경우 수평 이동줄이 나타나며 수직 슬라이드에는 다음 슬라이드로 이동할 수 있는 화면 전환 버튼이 있다.

〈그림 2-7〉 이동줄

2.2 파워포인트의 보기 화면

(1) 기본 보기

파워포인트 2003에서 가장 크게 변경된 화면이다. 기본 보기 화면은 슬라이드 틀과 개요 틀, 슬라이드 노트 틀을 한 화면에 개괄적으로 볼 수 있다. 각각의 틀과 틀 사이에는 구분선이 있으며 마우스로 드래그하여 틀의 크기를 조정할 수 있다.

〈그림 2-8〉 기본 보기 화면

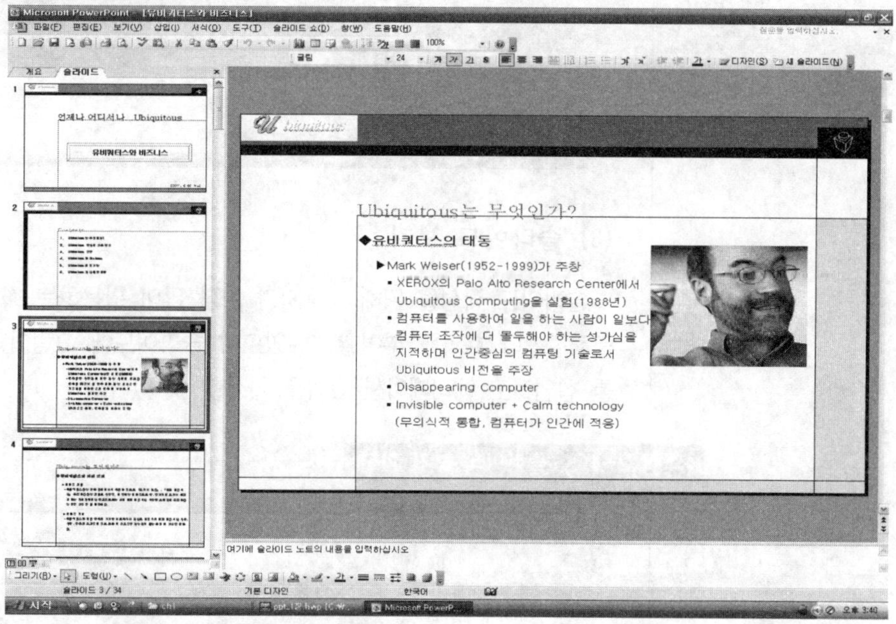

(2) 개요 보기

개요 보기 화면은 슬라이드에 포함된 그림이나 사운드, 동영상 등의 개체는 볼 수 없으며 발표하고자하는 내용의 줄거리를 확인하고자 할 때 유용하다. 슬라이드의 개요는 슬라이드의 제목과 내용들이 레벨로 정리되어 볼 수 있다. 슬라이드 번호를 클릭하면 작은 [미리 보기] 화면이 나타난다.

〈그림 2-9〉 개요 보기 화면

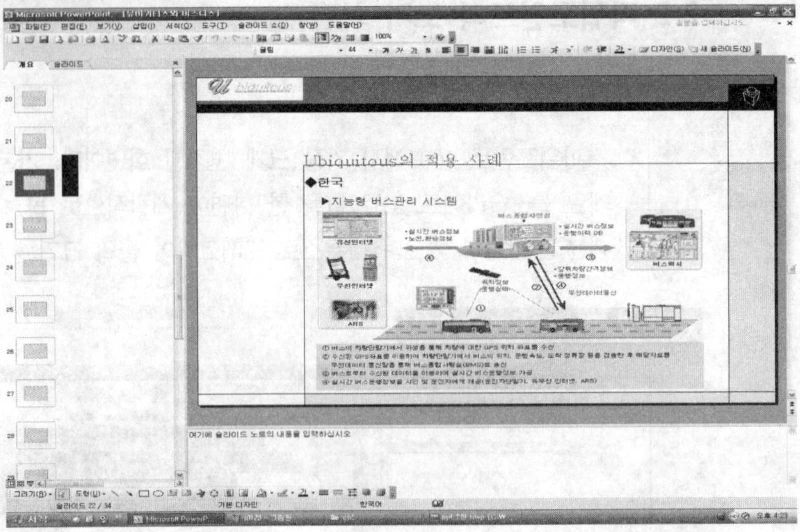

(3) 슬라이드 보기

슬라이드 작성을 위해 사용자가 가장 많이 활용하는 화면이다. 슬라이드의 배경색을 조정하거나 효과를 부여할 수 있으며 슬라이드에 그림이나 사운드, 동영상 등의 개체를 삽입하고 애니메이션 효과를 설정할 수 있다.

〈그림 2-10〉 슬라이드 보기 화면

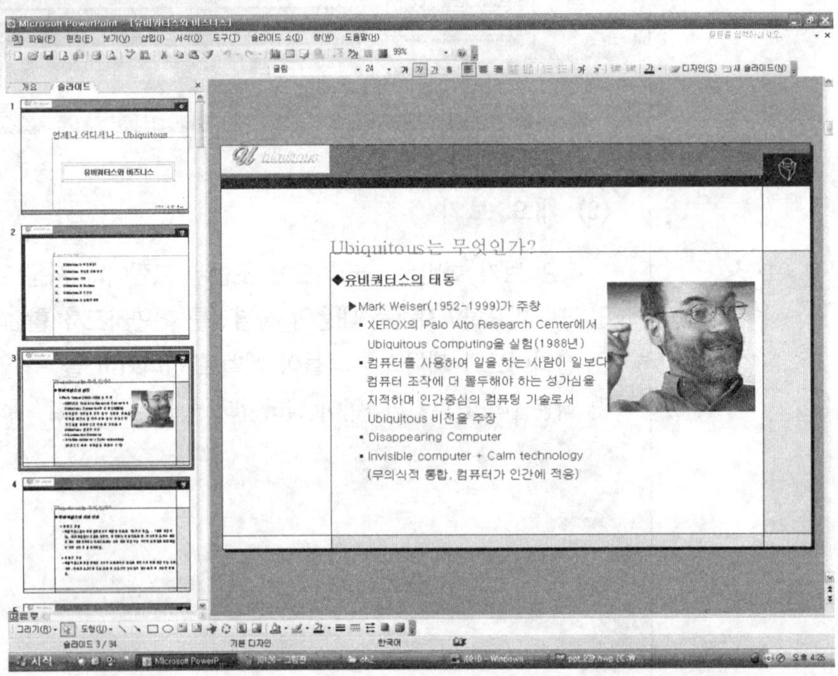

(4) 여러 슬라이드 보기

프레젠테이션 파일에 포함된 전체 슬라이드를 동시에 볼 수 있다. 작성한 슬라이드의 전체 구성화면을 점검하거나 각 슬라이드의 순서 조정할 때 이용하면 유용하다. 또한 각 슬라이드에 소요되는 예상 시간 등을 확인하고 불필요한 슬라이드는 발표 전에 감출 수 있어 리허설을 할 때 사용된다.

〈그림 2-11〉 여러 슬라이드 보기 화면

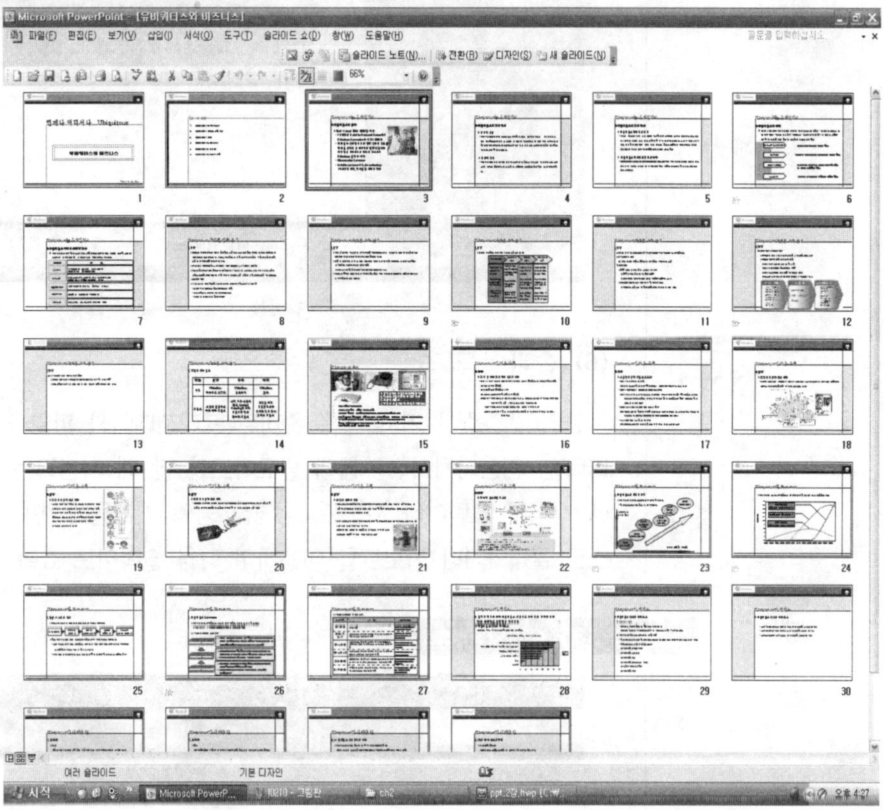

(5) 슬라이드 노트 보기

발표자가 청중들을 위한 내용을 슬라이드에 작성하고 발표자만이 볼 수 있는 노트를 작성할 수 있다. 슬라이드 노트 화면에는 청중들이 볼 화면과 발표자가 설명할 내용을 한 화면에 볼 수 있어 발표 준비를 위해 설명할 내용들을 정리할 때 유용하다.

〈그림 2-12〉 슬라이드 노트 보기 화면

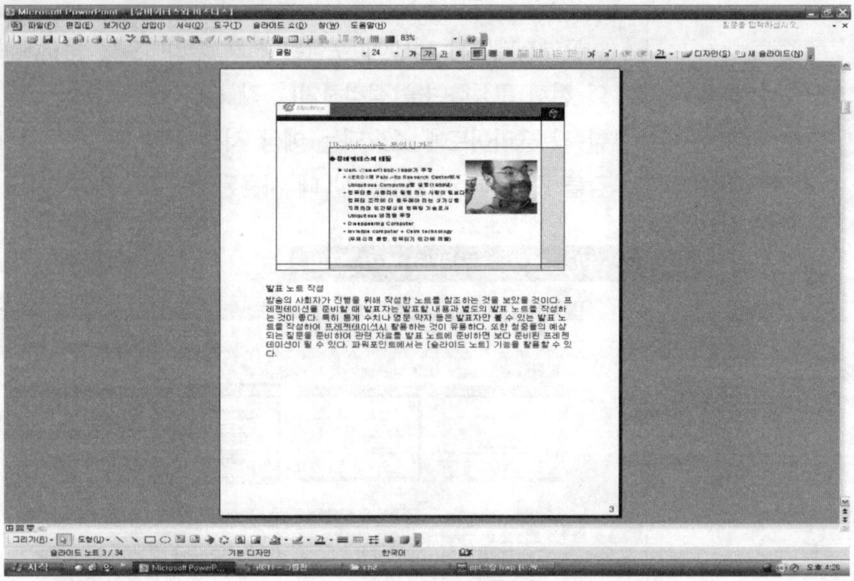

(6) 슬라이드 쇼

슬라이드 쇼 보기 화면은 준비된 프레젠테이션 파일을 LCD 프로젝터나 모니터, 멀티비전, 영상장치 등을 통해 발표하고자 할 때 사용되는 화면이다. 발표자는 슬라이드에 작성된 그림이나 사운드, 동영상 등의 개체들에 애니메이션 효과를 부여하여 마우스로 클릭하거나 키보드를 이용하여 다음 슬라이드 쇼를 진행한다.

〈그림 2-13〉 슬라이드 쇼

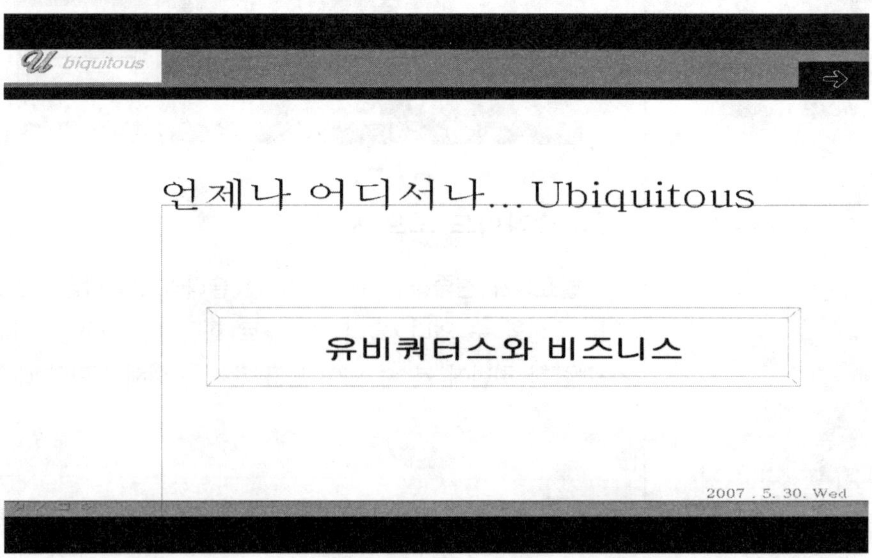

(7) 흑백으로 보기

작성한 슬라이드를 흑백 OHP나 인쇄를 위해 흑백으로 보기를 사용한다. [흑백으로 보기]화면은 일반적으로 [슬라이드 보기] 화면에서 사용하며 [흑백으로 보기] 화면에서 텍스트와 슬라이드 배경색을 조정할 수 있다.

〈그림 2-14〉 흑백으로 보기 화면

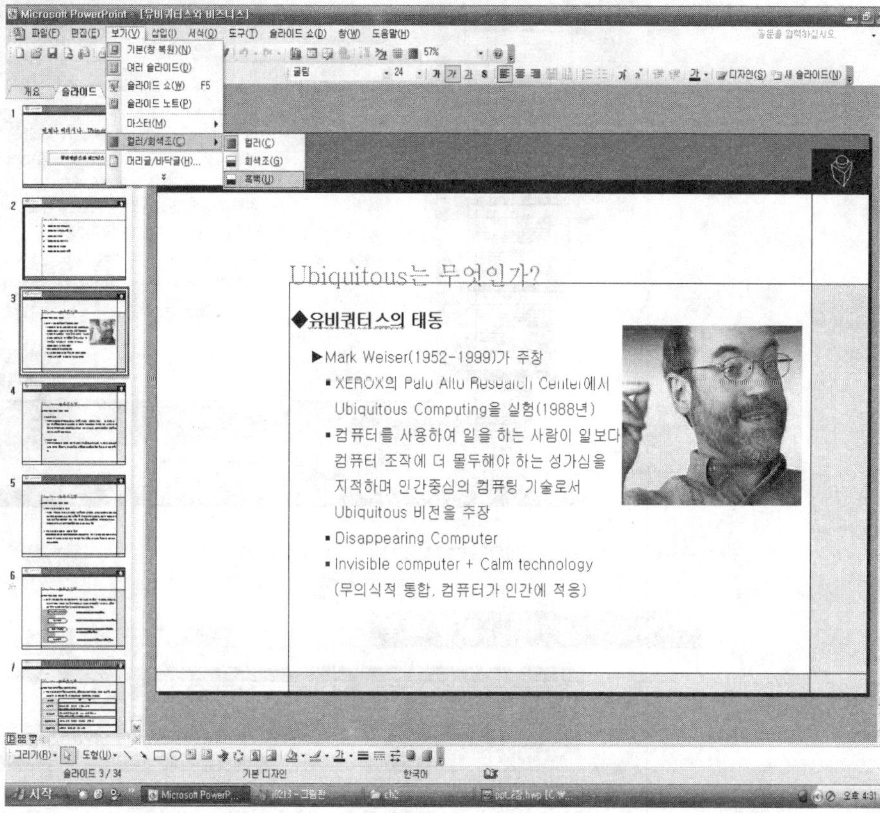

2.3 파워포인트 2003의 도구 모음들

(1) 도구 모음 보이기/감추기

[검토] 도구 모음을 도구 모음 표시줄에 나타낸다.

① [보기]-[도구 모음]을 선택한다. 메뉴 중에 원하는 도구 모음을 선택한다.

〈그림 2-15〉 도구 모음 선택

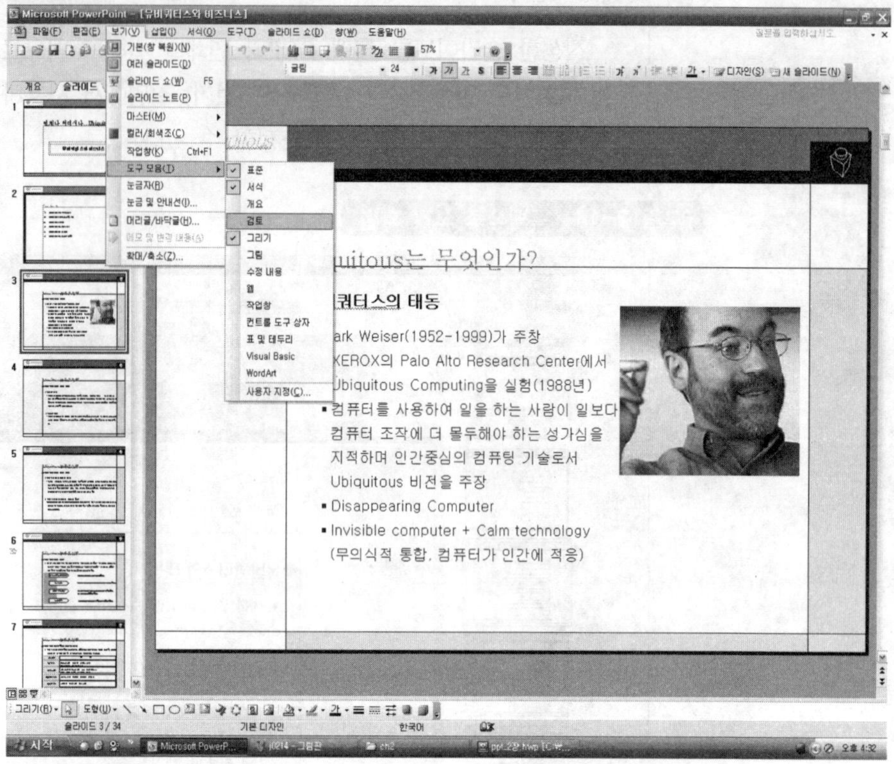

② 선택한 도구 모음이 나타난다.

〈그림 2-16〉 나타난 도구 모음

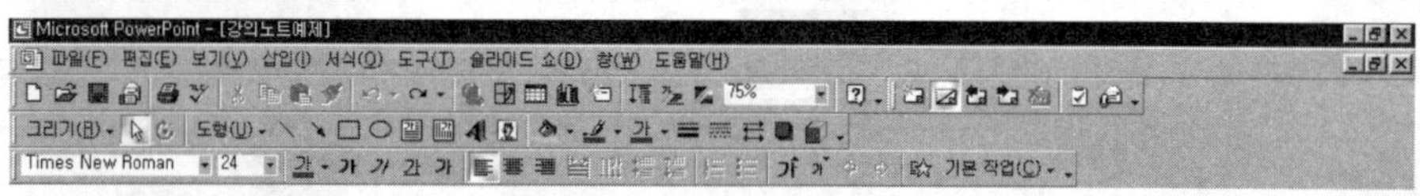

③ 나타난 도구 모음을 감추려면 [보기]-[도구 모음]을 선택하여 부메뉴의 선택한 도구 모음을 다시 선택하여 해제한다.

〈그림 2-17〉 도구 모음 단축 메뉴

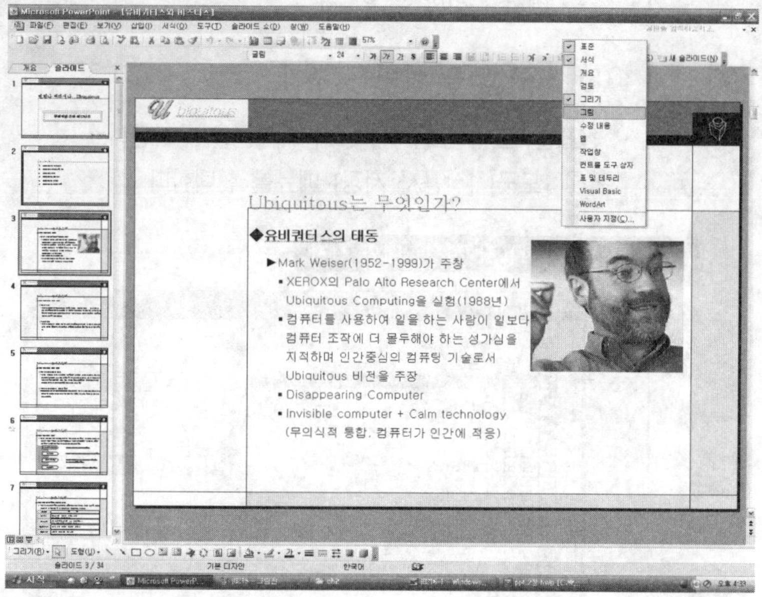

> **TIP**
>
> • 도구모음의 단축 메뉴
> 도구 모음 표시줄의 여백에서 마우스 오른쪽 클릭을 하면 다음 그림과 같은 메뉴가 나타난다. 여기서 나타내고자 하는 도구 모음을 선택할 수 있고 선택한 도구 모음을 해제할 수 있다.

(2) 도구 모음 이동

[표준] 도구 모음을 마우스로 클릭하여 이동한다.

① 나타난 도구 모음을 이동하기 위해 도구 모음의 왼쪽 모서리를 클릭한다.

② 마우스로 드래그하여 이동하고자 하는 위치에 놓는다.

〈그림 2-18〉 도구 모음 이동

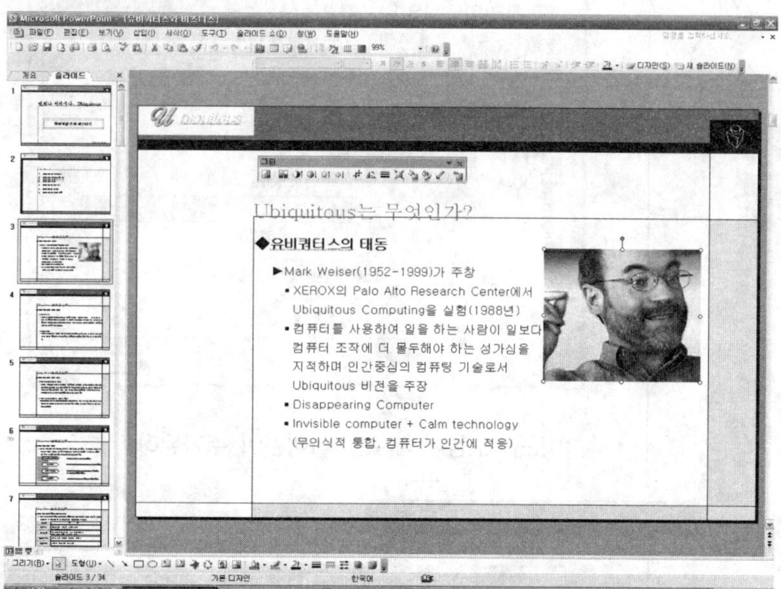

③ 도구 모음을 상단이나 하단으로 이동하여 고정할 수 있으며 파워포인트 작업창에서 분리할 수 있다.

(3) 도구 모음 아이콘 추가

[표준] 도구 모음에 [찾기] 아이콘을 추가한다.

① [도구]-[사용자 지정] 메뉴를 선택한다.

〈그림 2-19〉 [사용자 지정] 대화 상자

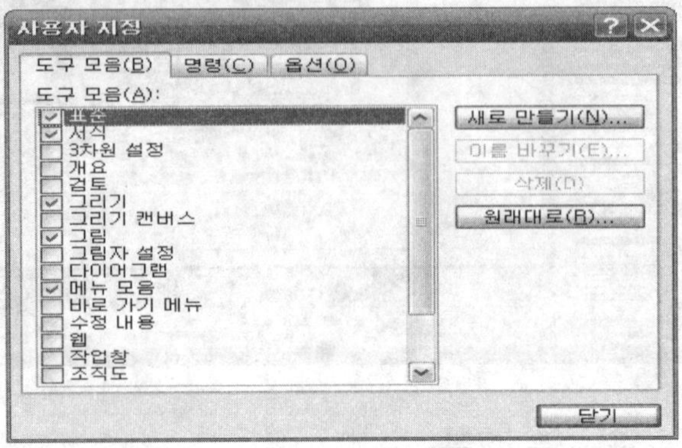

② [명령] 탭에 등록된 여러 명령들 중 도구 모음에 추가할 명령 버튼을 마우스로 끌어다 도구 모음에 옮겨 놓는다.

〈그림 2-20〉 명령 버튼 추가

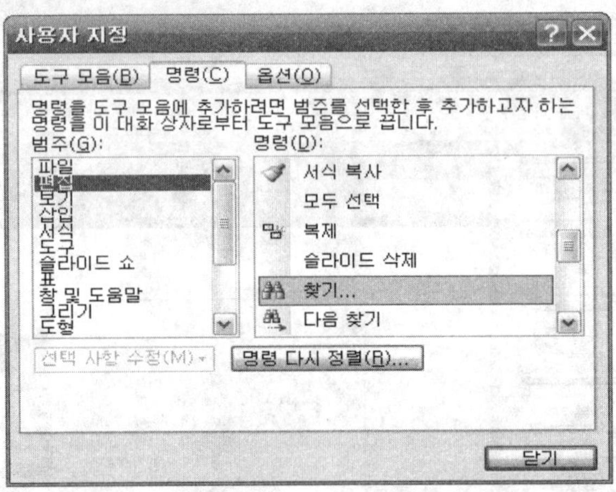

③ 도구 모음에 새로운 아이콘이 추가된다.

〈그림 2-21〉 추가된 명령 도구

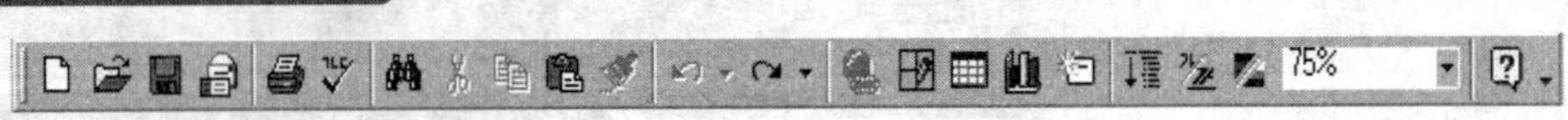

〈그림 2-22〉 도구 모음 옵션

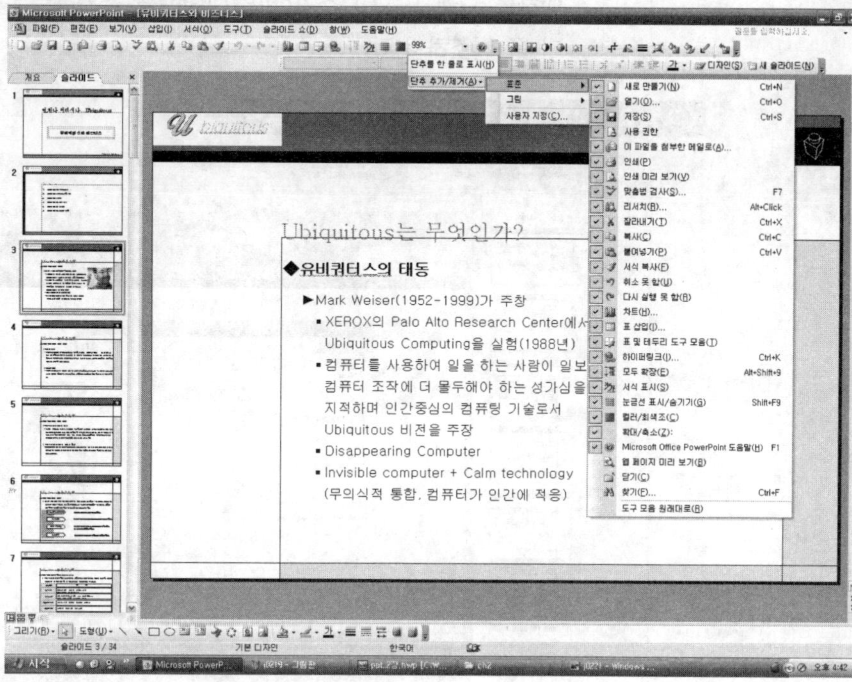

TIP

- 도구모음의 도구 모음 옵션
  각 도구 모음마다 오른쪽에 [도구 모음 옵션] 버튼이 있다. 이 버튼을 클릭하면 [단추 추가/삭제] 버튼이 나타나며 도구 모음에 포함할 수 있는 아이콘들의 리스트가 나타난다. 여기서 포함할 아이콘을 선택하여 도구 모음을 추가할 수 있다.

TIP

- 도구 삭제
  도구 모음의 아이콘들을 나타내지 않고자 할 때 해당 아이콘을 클릭하여 도구 모음 밖으로 드래그하여 놓거나 도구 모음 옵션에서 해당 아이콘의 선택을 해제한다.

(4) 도구 모음 추가

자주 사용하는 명령 아이콘을 "나의 작업"이라는 도구 모음을 만들어 모아 놓는다.

① [도구]-[사용자 지정]을 선택한다.

② [사용자 지정] 대화상자에서 [도구 모음] 탭을 선택한다.

③ [새로 만들기] 버튼을 클릭하여 [새 도구 모음] 대화 상자에서 [도구 모음 이름]으로 "나의 작업"이라고 입력한다.

〈그림 2-23〉 [새 도구 모음] 대화 상자

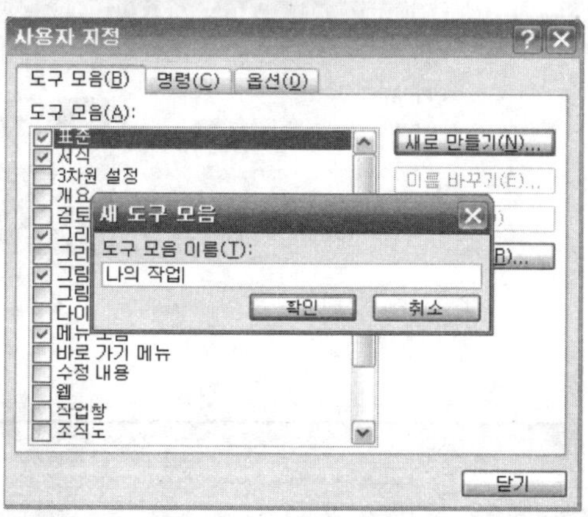

④ 작은 도구 모음이 만들어지며 [명령] 탭을 선택하여 [나의 작업] 도구 모음에 아이콘을 드래그 하여 추가한다. 아이콘을 추가하는 방법은 "2.3.3 도구 아이콘 추가"를 참조하시오.

〈그림 2-24〉 새 도구 모음에 명령 버튼 추가

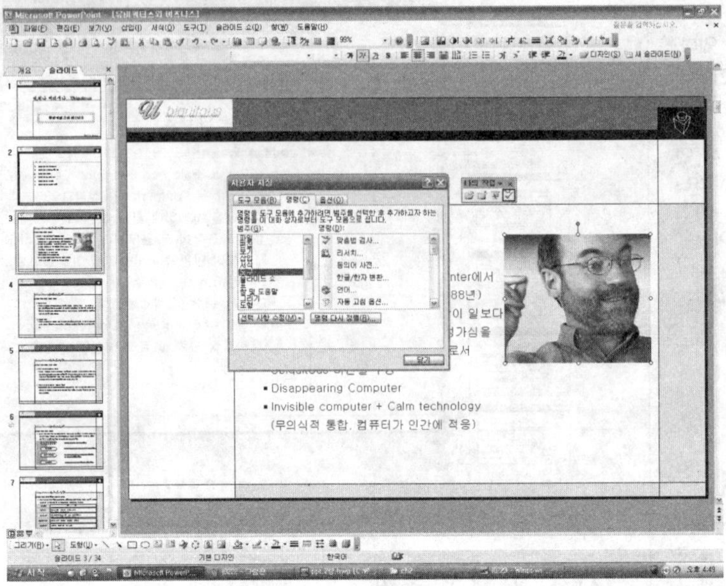

⑤ [나의 작업] 도구 모음에 추가한 아이콘들이 나타나며 도구 모음을 드래그하여 이동할 수 있다.

〈그림 2-25〉 [나의 작업] 도구 모음

2.4 프레젠테이션 파일 열기

(1) 파워포인트 시작 대화 상자에서 파일 열기

파워포인트를 실행하여 [PowerPoint] 대화 상자에서 [기존 프레젠테이션 열기]를 선택하여 프레젠테이션 파일을 연다.

① 파워포인트를 실행하여 [PowerPoint] 오른쪽 대화 상자에서 [기존 프레젠테이션 열기]를 선택한다.

〈그림 2-26〉 파워포인트 시작 대화 상자

② 최근 작업한 파워포인트 파일들의 경로와 파일명 나타나며 해당 파일을 열려면 파일을 선택하고 [확인] 버튼을 클릭한다. [기타 파일]을 더블 클릭하면 [열기] 대화 상자가 나타나며 찾고자 하는 파일의 위치와 파일명을 선택한다.

〈그림 2-27〉 [열기] 대화 상자

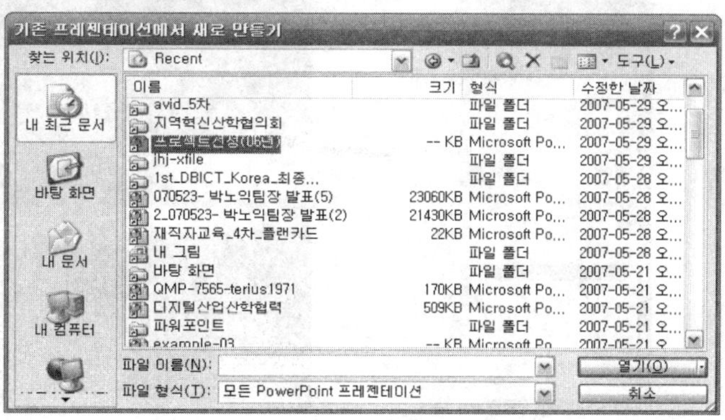

(2) [열기] 메뉴와 [열기] 아이콘 사용

[파일]-[열기] 메뉴 선택과 [표준] 도구 모음의 [열기] 아이콘을 클릭하여 프레젠테이션 파일을 불러온다.

① [파일]-[열기] 메뉴를 선택한다. 혹은 [표준] 도구 모음의 [열기] 아이콘( )을 클릭한다.

② [열기] 대화 상자에서 찾고자 하는 프레젠테이션 파일의 경로와 파일을 선택한다.

〈그림 2-28〉 [찾기] 대화 상자

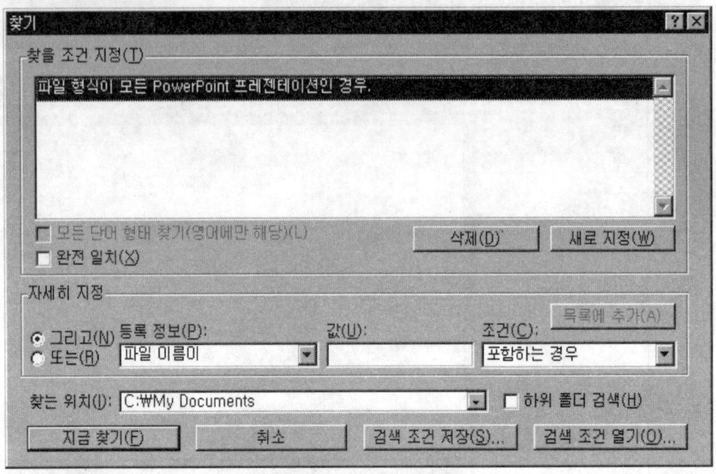

TIP

• [찾기] 기능 이용
[열기] 대화 상자의 [찾기] 기능을 이용하면 다양한 조건으로 원하는 파워포인트 프레젠테이션 파일을 찾을 수 있다. [열기] 대화 상자에서 [도구]-[찾기] 메뉴를 선택한 다음 [찾기] 대화 상자에서 [등록 정보]와 [값], [조건]을 이용하여 조건식을 만든다.

(3) 오피스 파일 열기

① 작업 표시줄의 [시작] 버튼을 클릭한 다음 [오피스 파일 열기]를 선택한다.

〈그림 2-29〉 오피스 파일 열기 선택

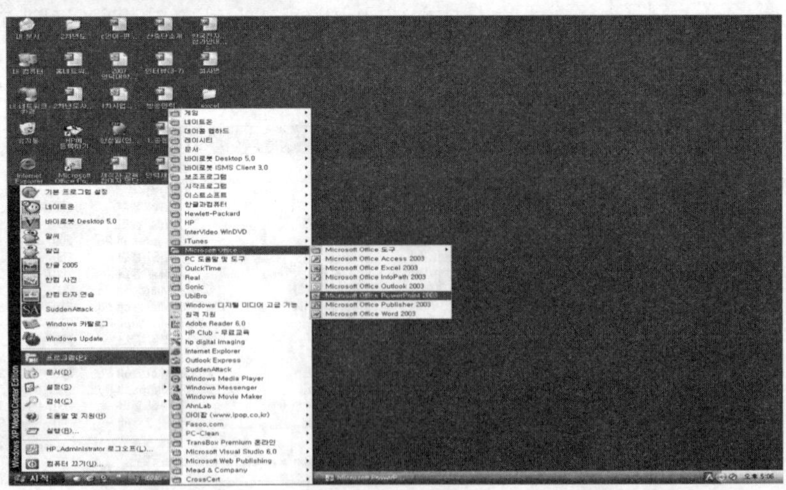

② [오피스 파일 열기] 대화 상자에서 찾고자 하는 프레젠테이션 파일의 경로와 파일을 선택한다.

〈그림 2-30〉 [오피스 파일 열기] 대화 상자

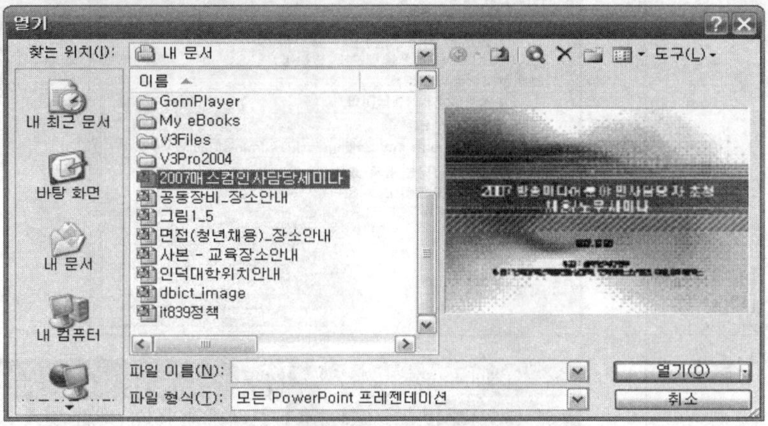

TIP

- 열기 단축키
파워포인트 프레젠테이션 파일을 열기 위한 단축키로는 Ctrl+O와 Ctrl+F12를 사용한다.

(4) 프레젠테이션 파일 저장

[파일]-[다른 이름으로 저장] 메뉴를 선택하여 작성한 프레젠테이션 파일을 저장한다.

① 작성한 프레젠테이션 파일을 저장하기 위해 [파일]-[저장] 메뉴를 선택하거나 [파일]-[다른 이름으로 저장] 메뉴를 선택한다.

② [다른 이름으로 저장] 대화 상자가 나타난다.

〈그림 2-31〉 다른 이름으로 저장

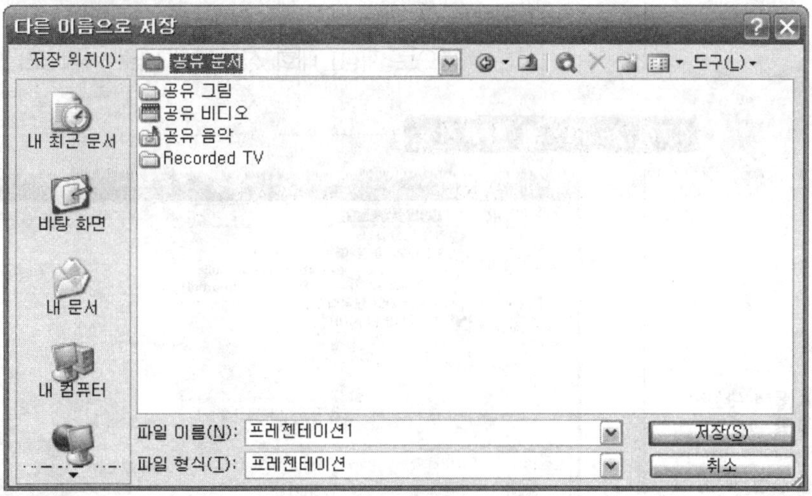

TIP

- [저장] 아이콘과 단축키
[표준] 도구모음의 [저장] 아이콘을 클릭하여 편집중인 프레젠테이션을 저장한다. 단축키로는 Ctrl+S와 F12, Shift+F12를 사용한다.

③ [다른 이름으로 저장] 대화상자에서 저장할 파일의 위치와 파일 형식, 파일 이름을 지정한다.

〈그림 2-32〉 저장 옵션

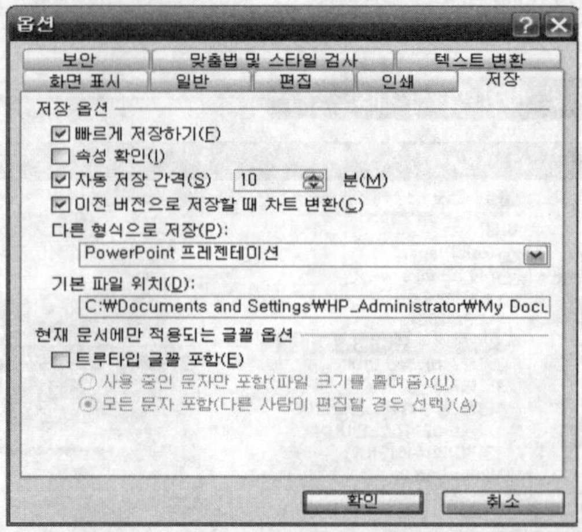

TIP

• 저장옵션
[도구]-[옵션]을 선택한 다음 [옵션] 대화 상자의 [저장] 탭을 선택한 다음 옵션을 설정한다.

메 뉴 명	설 명
빠른 저장 사용	프레젠테이션에 대한 변경 사항만 저장한다.
등록 정보 확인	파일의 등록정보를 확인한다.
자동 저장 간격	일정시간 시간마다 자동으로 작업중인 파일을 저장한다.
이전 버전으로 저장할 때 차트 변환	오피스 2000이전의 버전으로 저장할 경우 차트 개체를 변환하여 저장한다.
다른 형식으로 저장	저장 형식을 지정할 수 있다. 파워포인트의 이전 버전이나 HTML형식으로 저장이 가능하다.
기본 파일 위치	저장할 파일의 기본 위치를 지정한다.

(5) 프레젠테이션 파일을 웹 서버에 저장

① [파일]-[다른 이름으로 저장] 메뉴를 선택한다.

② [다른 이름으로 저장] 대화 상자에서 바로 가기 모음의 네트워크 환경을 클릭한다.

〈그림 2-33〉 웹 폴더 저장

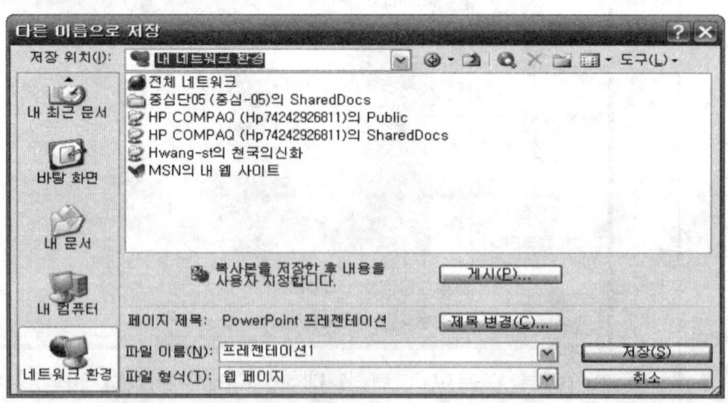

TIP

• 새 웹 폴더 만들기
[새 폴더 만들기] 버튼()을 클릭한 다음 웹 폴더 추가 마법사의 지시에 따라 새 웹 폴더를 만듭니다.

③ 웹 폴더에 등록된 폴더를 선택한 다음 프레젠테이션 파일을 저장한다.

연습문제

1. 파워포인트 2003의 화면 구성 요소를 설명하라

2. 파워포인트 2003의 보기 화면의 종류와 특징을 설명하라.

3. 자신이 자주 사용하는 도구 모음을 사용자 정의로 만들어 보라.

4. Office 길잡이를 변경해 보라.

5. 파워포인트 예제 파일을 다양한 방법으로 열어 보라.

6. 파워포인트 파일을 웹 서버에 직접 저장해 보라.

3장 기본 슬라이드 작성하기

《학습목표》

본 장에서는 프레젠테이션 자료를 만들기 위해 새 슬라이드를 작성하여 내용을 구성하는 방법을 살펴본다. 그리고 슬라이드를 복사하고 삭제하는 방법과 슬라이드의 순서를 변경하고 디자인을 변경하는 방법에 대해 알아본다.

3.1 새 슬라이드 작성

(1) 마법사 사용

① 파워포인트를 실행한 다음 [Power Point] 대화 상자에서 [내용 구성 마법사]를 선택한다. 혹은 [파일]-[새로 만들기] 메뉴를 선택하고 [새 프레젠테이션] 대화 상자의 [일반] 탭을 선택하여 [내용 구성 마법사]를 선택한다.

〈그림 3-1〉 [새 프레젠테이션] 대화 상자

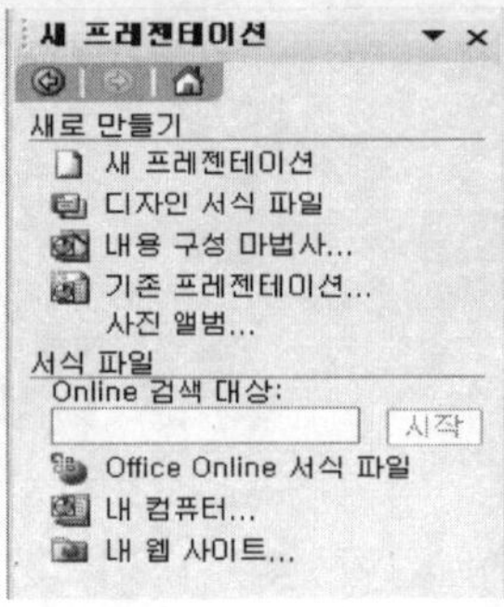

② [내용 구성 마법사] 대화 상자가 나타나며 새 프레젠테이션을 만들기 위해 [다음] 버튼을 클릭한다.

〈그림 3-2〉 내용 구성 마법사

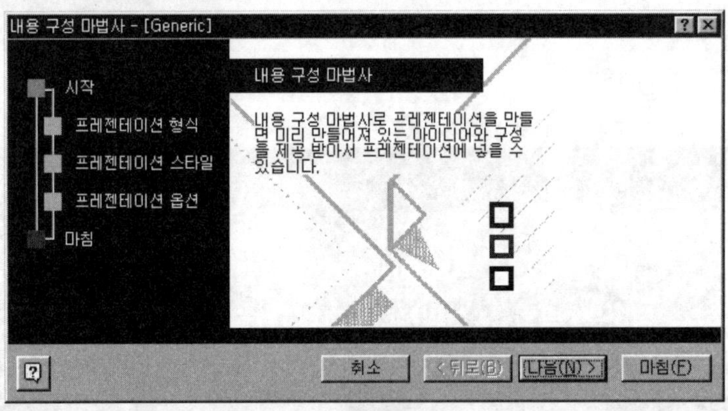

NOTE

내용 구성 마법사란?
[내용 구성 마법사]는 미리 준비된 유형의 슬라이드를 사용자에 제공하며 사용자는 간단한 항목만 입력하여 간단한 프레젠테이션을 작성할 수 있다. 마법사를 이용하여 프레젠테이션을 만드는 방법은 초보자를 위한 가장 간단한 방법이다.

③ 프레젠테이션 형식을 지정한다. 여러 분류가 있으며 해당하는 분류에는 미리 준비된 서식이 제공된다. [추가] 버튼을 클릭하여 사용자가 작성한 서식을 추가할 수 있다.
④ 사용자가 발표시 어떤 장비를 사용할지 고려하여 프레젠테이션 스타일을 선택한다.
⑤ [프레젠테이션 옵션]에서 [프레젠테이션 제목]과 [바닥글]을 입력하고 각 슬라이드마다 슬라이드 번호와 날짜를 입력할지 선택한다.

〈그림 3-3〉 프레젠테이션 옵션 입력

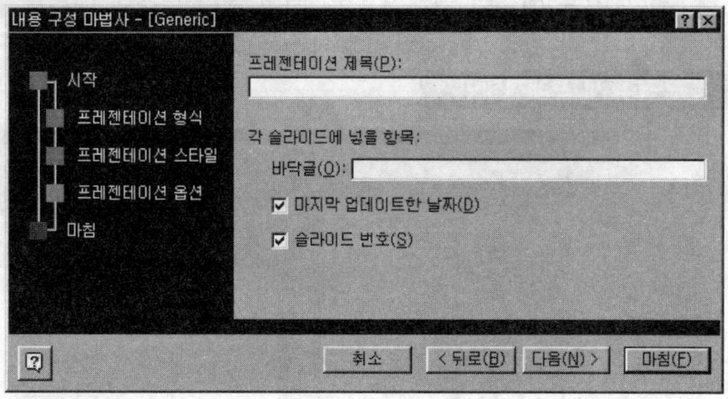

⑥ [마침] 버튼을 클릭 하여 [내용 구성 마법사]를 종료하면 새로운 프레젠테이션이 완성된다.

(2) 슬라이드 구성 사용

① 파워포인트를 실행한 다음 [PowerPoint] 대화 상자에서 [새 프레젠테이션]을 선택한다.

② [새 슬라이드] 대화 상자가 나타나며 각 슬라이드 구성에는 텍스트와 그림, 클립아트 등의 개체를 포함하고 있으며 추가할 슬라이드 성격에 맞는 슬라이드 구성을 선택한다.

〈그림 3-4〉 슬라이드 구성 선택

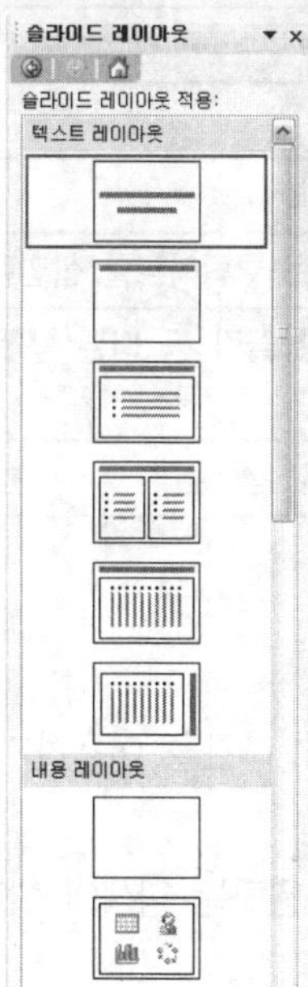

③ 원하는 구성 요소가 포함된 슬라이드를 선택하여 [확인] 버튼을 클릭한다.
④ 슬라이드의 개체를 클릭 하여 해당 요소의 내용을 입력한다.

〈그림 3-5〉 새 프레젠테이션

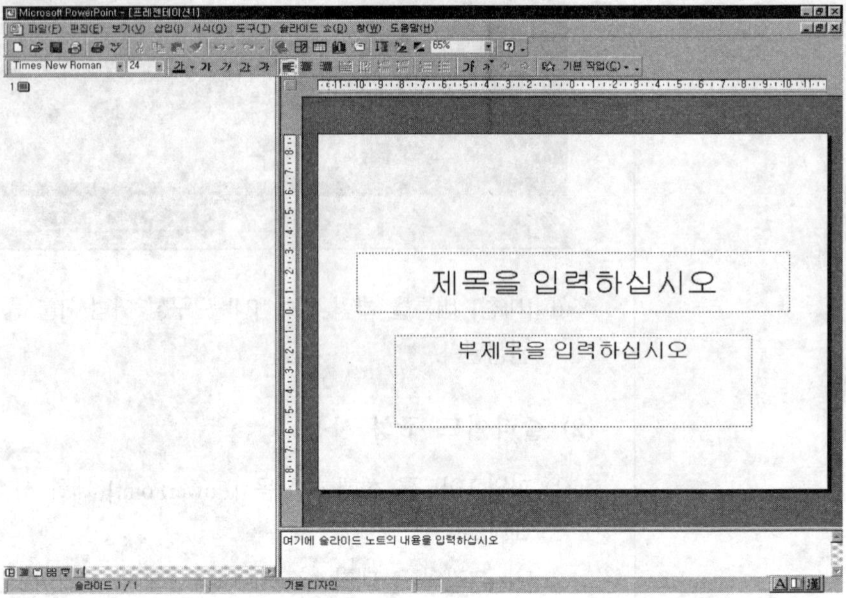

슬라이드에 포함된 다음과 같은 개체를 사용할 수 있다.

텍스트	슬라이드를 작성하기 위한 텍스트 상자 개체를 삽입한다.
글머리 기호	불릿 기호를 포함한 텍스트 상자 개체를 삽입한다.
표	표 개체를 삽입한다.
차 트	차트 개체를 삽입한다.
조직도	조직도 개체를 삽입한다.
클립아트	파워포인트에서 제공하는 클립아트를 삽입한다.
개 체	엑셀 워크시트나 동영상 클립 등 다른 응용 프로그램에서 작성한 개체를 삽입한다.
매체 클립	사운드나 동영상 클립을 삽입한다.

(3) 서식 파일 사용

① [PowerPoint] 대화 상자에서 서식 파일을 이용하기 위해 [디자인 서식 파일]을 선택한다.
② [새 프레젠테이션] 대화 상자에서 원하는 형식의 슬라이드가 포함되어 있는 탭을 선택한다.

〈그림 3-6〉 [새 프레젠테이션] 대화 상자

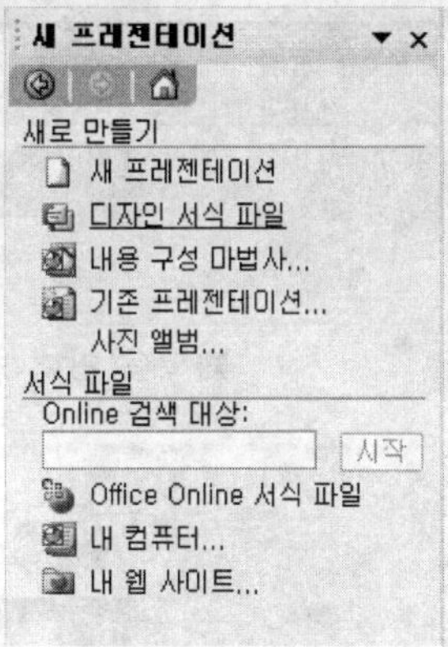

③ 탭에는 여러 디자인 서식이 준비되어 있으며 원하는 디자인 서식을 선택한다. 선택한 디자인 서식은 오른쪽의 [미리 보기] 화면에 나타난다.

〈그림 3-7〉 디자인 서식 선택

④ [새 슬라이드] 대화 상자가 나타나며 추가할 슬라이드 성격에 맞는 슬라이드 구성을 선택한다.

⑤ 선택한 슬라이드 구성과 디자인 서식이 적용된 슬라이드가 화면에 나타난다. 하단의 상태 표시줄에 디자인 서식이 나타난다.

〈그림 3-8〉 새 프레젠테이션

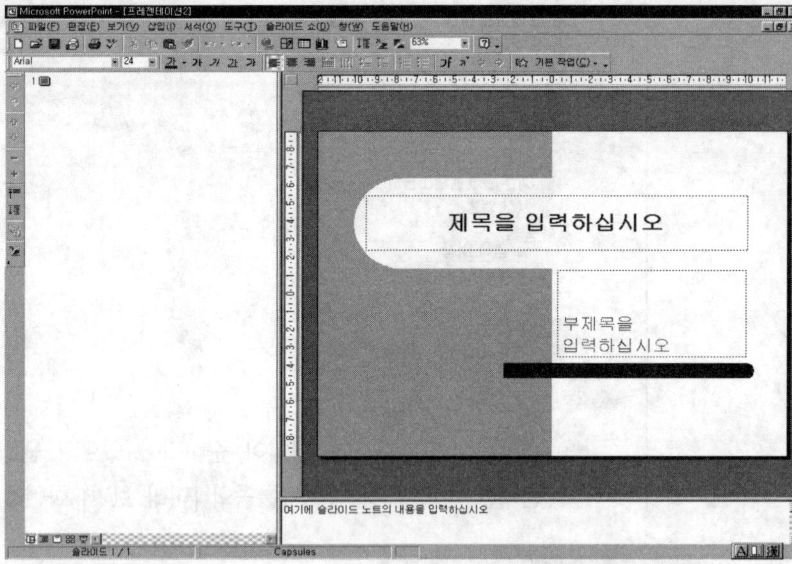

〈그림 3-9〉 디자인 서식 변경

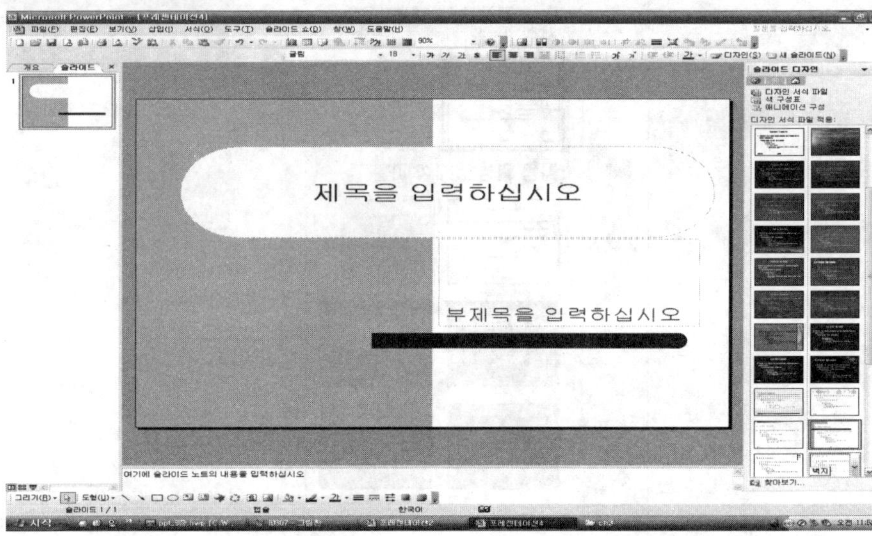

TIP

- 상태 표시줄을 클릭하여 디자인 서식 변경 상태 표시줄의 디자인 서식을 나타내는 디자인 서식명을 더블 클릭하면 다음 그림과 같은 [디자인 서식 파일 적용] 대화 상자에서 다른 디자인 서식을 선택하여 변경한다.

TIP

- [새로 만들기] 아이콘 새로운 슬라이드를 추가하기 위해 [표준] 도구 모음의 [새로 만들기] 아이콘( )을 클릭하면 [새 슬라이드] 대화 상자가 나타난다.

(4) [새로 만들기] 메뉴 사용

① [파일]-[새로 만들기] 메뉴를 선택한다.

② [새 프레젠테이션] 대화 상자가 나타나며 [일반] 탭을 선택한 다음 "새 프레젠테이션"을 선택하면 [새 슬라이드] 대화 상자가 나타나며 "내용 구성 마법사"를 선택하면 [내용 구성 마법사] 대화 상자가 나타난다.

③ 디자인 서식을 사용하기 위해서는 디자인 탭을 선택하고 원하는 서식 하나를 선택하여 [확인] 버튼을 클릭하여 적용한다.

(5) 슬라이드 추가

① 새로운 슬라이드를 추가하기 위해 [삽입]-[새 슬라이드] 메뉴를 선택한다.
② [새 슬라이드] 대화 상자가 나타나며 추가할 슬라이드 구성을 선택한다.
③ 작업 중인 프레젠테이션의 슬라이드 뒤에 선택한 구성 형식의 슬라이드가 추가된다.

3.2 슬라이드 복사

(1) [여러 슬라이드 보기] 화면에서 복사

[여러 슬라이드 보기] 화면에서 제목 슬라이드를 복사하여 다음 슬라이드에 추가한다.
① [여러 슬라이드 보기] 화면에서 복사하고자 하는 슬라이드를 선택한다.

〈그림 3-10〉 복사할 슬라이드 선택

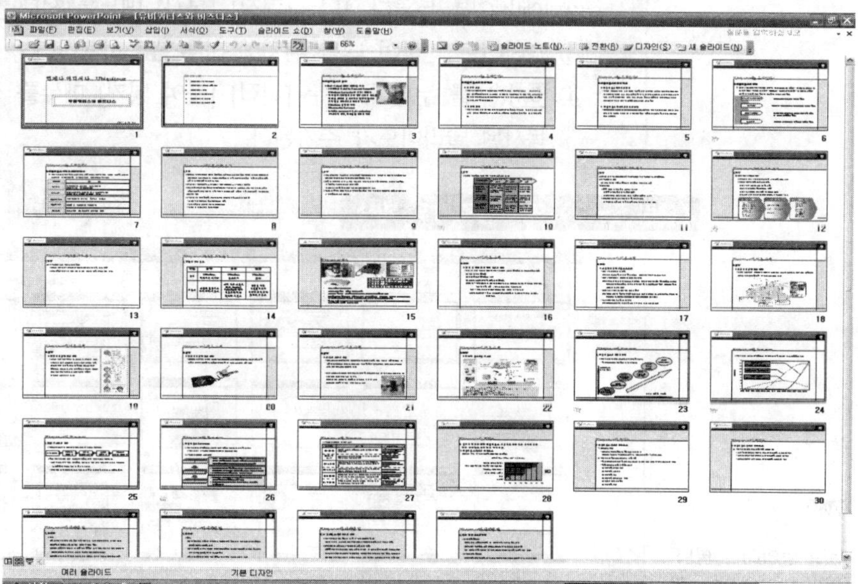

② Ctrl+C를 누른다. 또는 [편집]-[복사] 메뉴를 선택한다.
③ 슬라이드를 붙여 넣을 위치에 마우스로 선택한다.
④ Ctrl+V를 누른다. 또는 [편집]-[붙여 넣기] 메뉴를 선택한다.
⑤ 복사된 슬라이드가 추가된다.

(2) [개요 보기] 화면에서 복사

[개요 보기] 화면에서 제목 슬라이드를 복사하여 3번째 슬라이드에 추가한다.

① [개요 보기] 화면에서 복사하고자 하는 슬라이드의 번호를 선택한다.

〈그림 3-11〉 복사할 슬라이드 선택

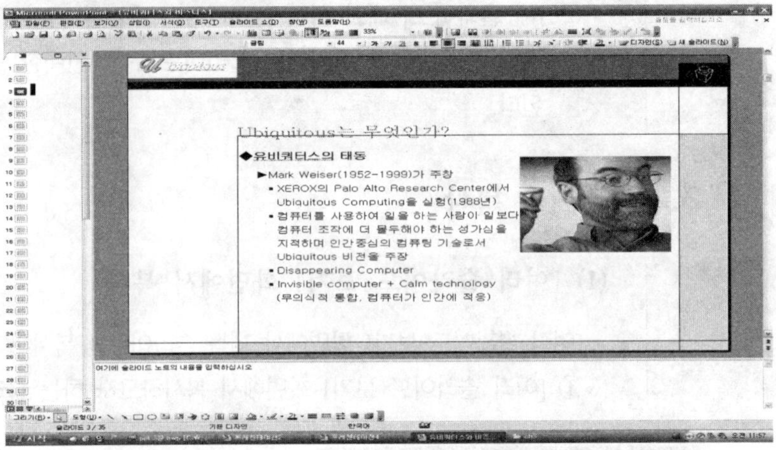

② Ctrl+C를 누른다. 또는 [편집]-[복사] 메뉴를 선택한다.

③ 슬라이드를 붙여 넣을 위치에 마우스로 선택한다.

④ Ctrl+V를 누른다. 또는 [편집]-[붙여 넣기] 메뉴를 선택한다.

⑤ 복사된 슬라이드가 추가된다.

〈그림 3-12〉 여러 슬라이드 복사

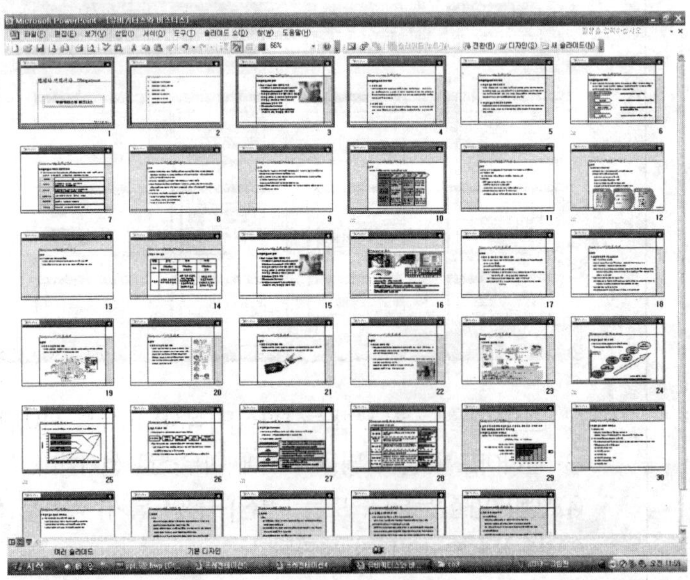

TIP

• 여러 슬라이드 복사
여러 슬라이드를 복사할 경우 Shift와 Ctrl를 누른 상태에서 마우스로 슬라이드를 선택한 다음 [편집]-[복사], [붙여넣기]를 선택하거나 Ctrl+C와 Ctrl+V를 누른다.

(3) 슬라이드 복제

① [여러 슬라이드 보기] 화면에서 복제할 슬라이드를 선택한다.

② [편집]-[복제] 메뉴를 선택하거나 Ctrl+D 를 누른다.

③ 복사된 슬라이드가 다음 슬라이드에 추가된다.

3.3 슬라이드 삭제

(1) [여러 슬라이드 보기] 화면에서 삭제

[여러 슬라이드 보기] 화면에서 제목 슬라이드를 삭제한다.

① [여러 슬라이드 보기] 화면에서 삭제하고자 하는 슬라이드를 선택한다.

〈그림 3-13〉 슬라이드 선택

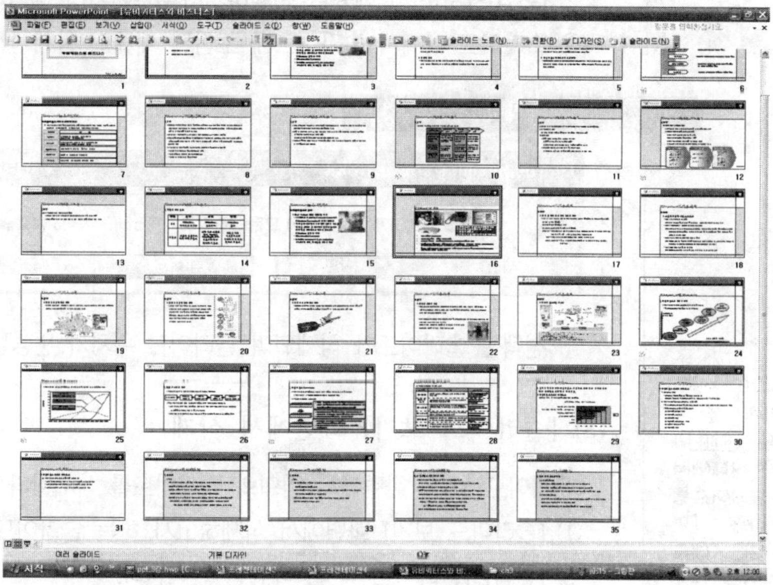

② Delete를 누르거나 [편집]-[지우기] 메뉴를 선택한다.

③ 선택한 슬라이드가 삭제되며 슬라이드 위치가 변경된다.

※ [취소], [재실행] 메뉴는 작업의 상황에 따라 메뉴명이 변경된다.

> TIP
> • 취소, 재실행
> 파워포인트에서 삭제된 슬라이드나 개체들을 복구할 수 있다. [편집]-[실행 취소]를 선택하거나 [취소] 아이콘( )을 클릭하면 이전 작업 상태로 복구한다. 이전으로 복구한 작업을 다시 실행할 경우 [편집]-[재실행] 메뉴를 선택하거나 [재실행] 아이콘( )을 클릭한다.

(2) [개요 보기] 화면에서 삭제

[취소] 아이콘을 클릭하여 삭제된 슬라이드를 원래의 상태를 복구한 다음 [개요 보기] 화면에서 2번째 슬라이드를 삭제한다.

① [개요 보기] 화면에서 삭제하고자 하는 슬라이드의 개요 번호를 선택한다.

〈그림 3-14〉 슬라이드 선택

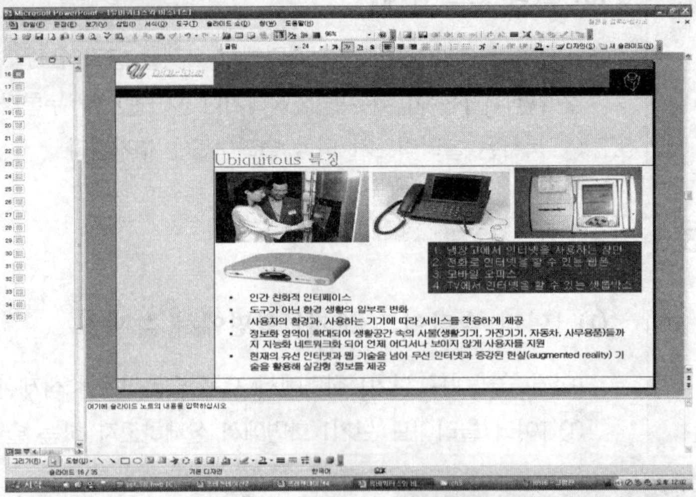

② [편집]-[지우기] 메뉴를 선택하거나 Delete를 눌러 해당 슬라이드를 삭제한다.

③ 슬라이드 삭제시 슬라이드에 포함된 개체도 함께 삭제된다는 경고가 나타난다.

〈그림 3-15〉 슬라이드 삭제 경고

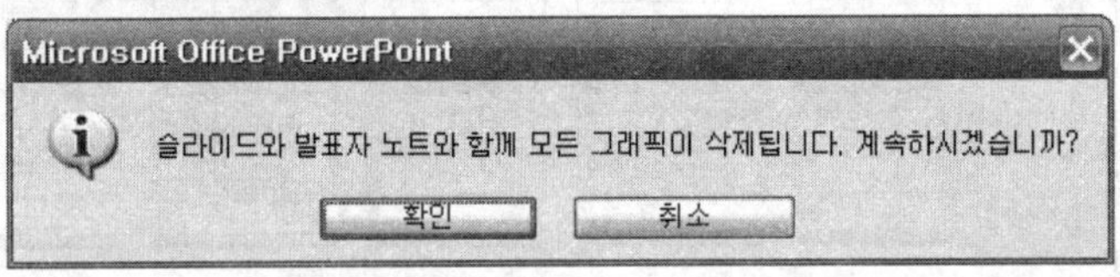

④ 선택한 슬라이드가 삭제되며 슬라이드 위치가 변경된다.

TIP

- 여러 슬라이드 삭제 여러 슬라이드를 복사할 경우 Shift와 Ctrl를 누른 상태에서 마우스로 슬라이드를 선택한 다음 [편집]-[지우기] 메뉴를 선택하거나 Delete를 눌러 삭제한다.

(3) [슬라이드 보기] 화면에서 삭제

[슬라이드 보기] 화면에서 임의의 슬라이드를 삭제한다.

① [슬라이드 보기] 화면에서 삭제하고자 하는 슬라이드로 이동한다.

② [편집]-[슬라이드 삭제] 메뉴를 선택한다.

※ [슬라이드 삭제] 메뉴는 모든 보기 화면에서 사용이 가능하다.

3.4 슬라이드 순서 변경

(1) [여러 슬라이드 보기] 화면에서 변경

1번째 슬라이드와 2번째 슬라이드의 순서를 변경한다.

① [여러 슬라이드 보기] 화면에서 옮기고자 하는 슬라이드를 선택한다.

② 선택한 슬라이드를 이동하고자 하는 위치로 드래그한다.

〈그림 3-16〉 선택한 슬라이드 드래그

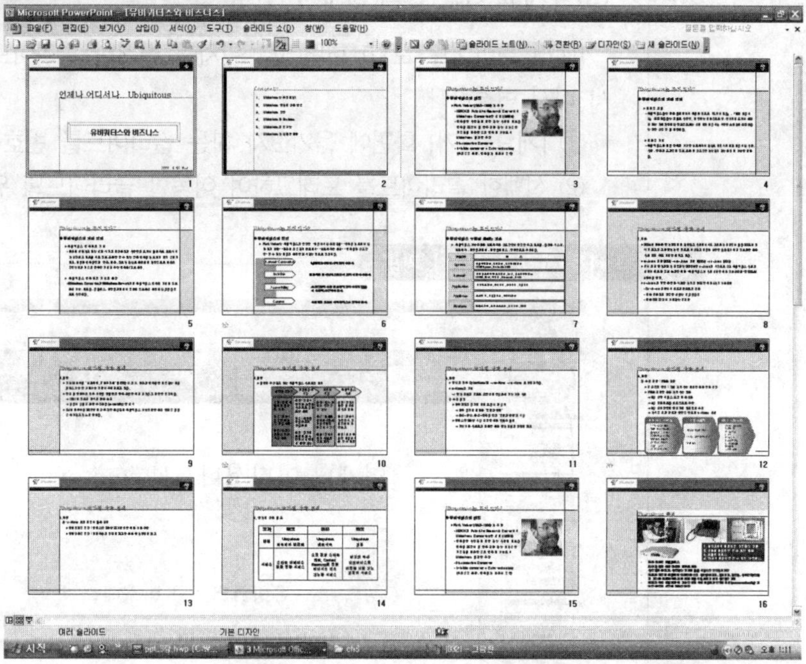

③ 드래그한 슬라이드를 이동위치에서 마우스를 놓으면 선택한 슬라이드가 이동된다.

〈그림 3-17〉 이동된 슬라이드

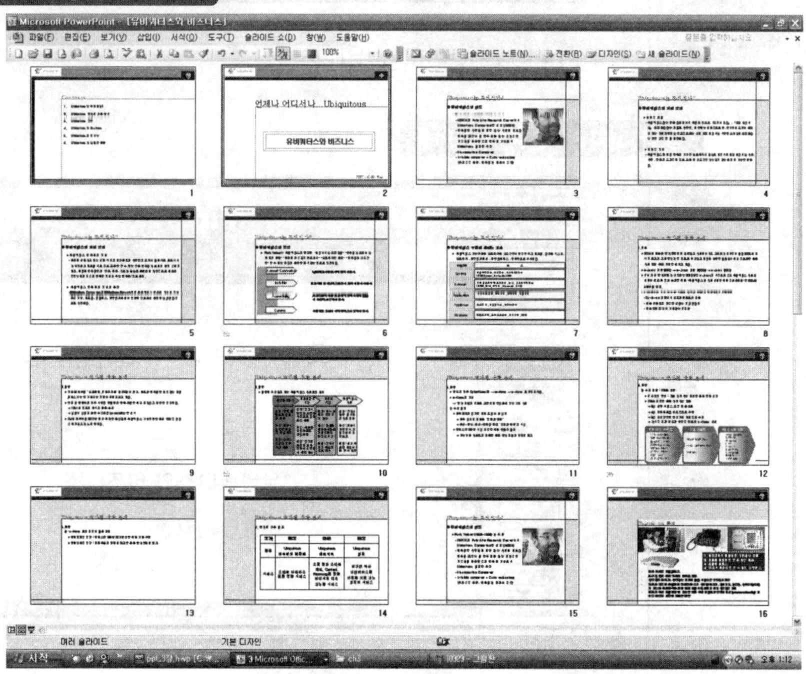

(2) [개요 보기] 화면에서 변경

[여러 슬라이드 보기] 화면에서 위치를 변경한 슬라이드를 다시 [개요 보기] 화면에서 다시 변경한다.

① [개요 보기] 화면에 옮기고자 하는 슬라이드를 번호를 선택한다.

② 선택한 슬라이드를 드래그하여 이동할 슬라이드의 위치에 놓는다.

〈그림 3-18〉 [개요 보기] 화면

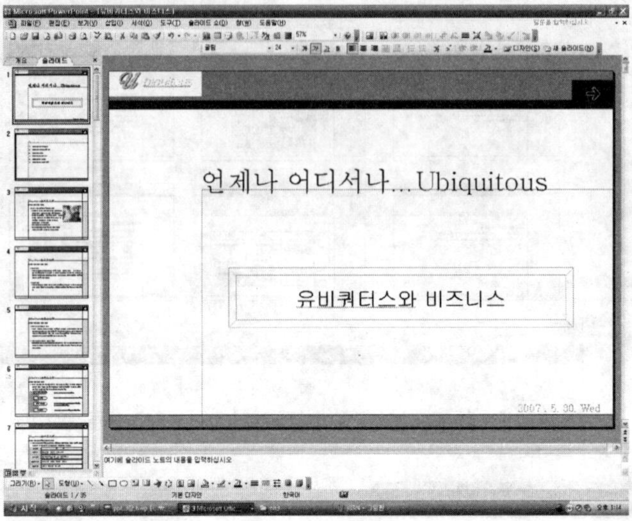

③ 선택한 슬라이드가 이동된다.

〈그림 3-19〉 슬라이드 이동

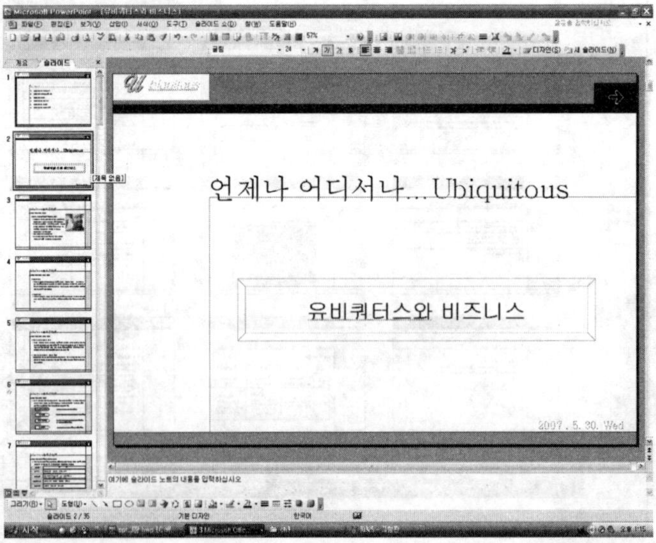

(3) [위로 이동], [아래로 이동] 아이콘 사용

[개요 보기] 화면에서 [개요] 도구 모음을 이용하여 슬라이드의 위치를 이동한다.

① [개요 보기] 화면에 [보기]-[도구 모음]-[개요] 메뉴를 선택하여 [개요] 도구 모음을 나타낸다.

② 슬라이드 순서를 변경하기 위해 이동할 슬라이드 번호를 클릭한다. [개요] 도구 모음의 아이콘들이 활성화된다.

③ [아래로 이동] 아이콘(🡇)을 클릭하여 이전 슬라이드 위치로 이동한다.

〈그림 3-20〉 [아래로 이동] 아이콘 사용

④ [개요] 도구 모음의 [위로 이동] 아이콘(🡅)을 클릭하여 다음 슬라이드로 이동한다.

〈그림 3-21〉 [위로 이동] 아이콘 사용

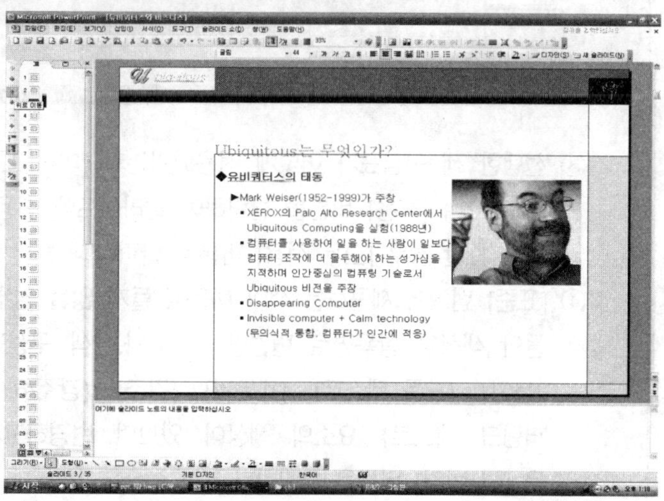

3.5 디자인 변경

(1) 슬라이드 색 구성 변경

슬라이드에 포함된 제목 텍스트 개체의 색상을 변경한다.

① 슬라이드의 색상을 변경하기 위해 [서식]-[슬라이드 디자인]을 선택한다.

② 오른쪽 슬라이드 디자인 대화 상자가 나타나며 [색 구성표]를 선택하여 기본적인 색 구성표에 제공하여 사용자가 선택할 수 있다. 우측 하단에 [색 구성표 편집...]을 클릭하면, [색 구성표]대화상자가 나타난다.

〈그림 3-22〉 색 구성표

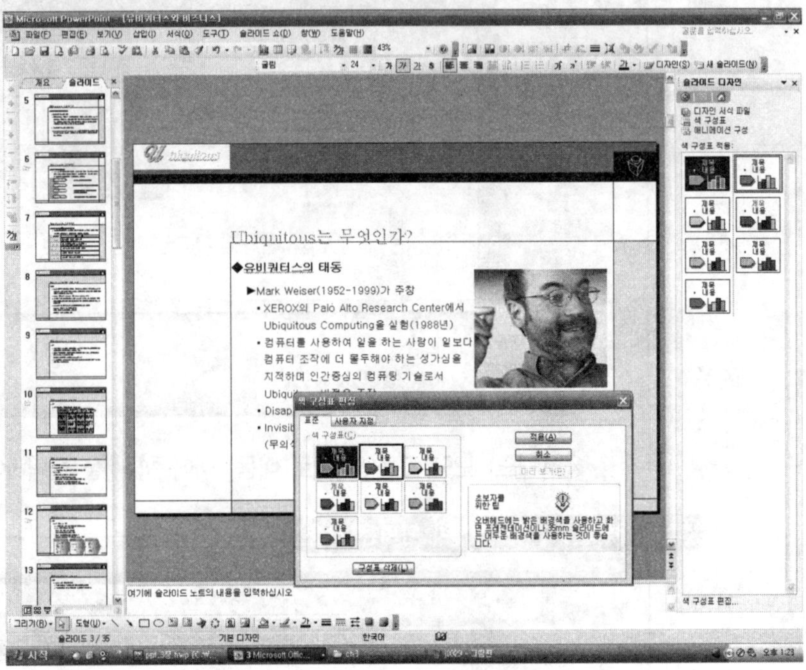

③ 선택한 색 구성표가 어떻게 적용되었는지 [미리 보기] 버튼을 클릭하여 확인할 수 있으며 [적용] 버튼을 클릭하여 슬라이드에 적용한다. 모든 슬라이드에 적용하고자 할 경우 [모두 적용] 버튼을 클릭한다.

④ [표준] 탭에서 제공하는 색이 마음에 들지 않을 경우 [사용자 정의] 탭에서 개체들의 색상을 항목별로 변경할 수 있다. [색 구성표]에는 {배경}, {텍스트/선}, {음영}, {제목 텍스트}, {채우기}, {강조}, {강조/하이퍼링크}, {강조/열어본 하이퍼링크 텍스트} 요소의 색상이 있으며 변경하고자 하는 요소를 클린한 다음 [색 변경] 버튼을 클릭한다.

〈그림 3-23〉 사용자 정의 색 구성표

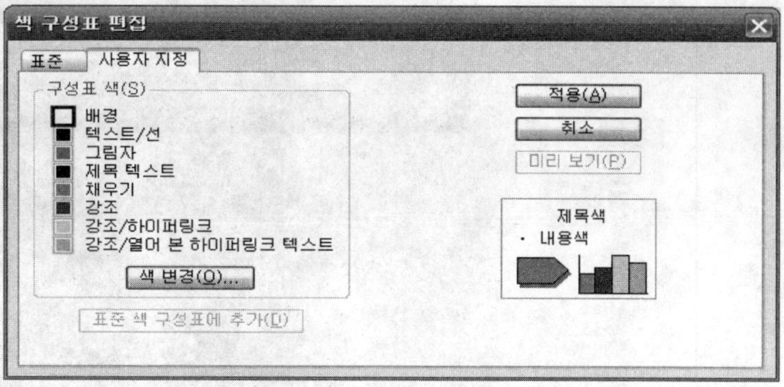

⑤ [제목 텍스트 색] 대화 상자가 나타나며 [표준] 탭에서 원하는 색상을 지정하고 [확인] 버튼을 클릭한다. 오른쪽 하단에는 변경한 색상을 미리보기 화면에 나타나므로 색상 변경이 유용하다.

〈그림 3-24〉 색 변경

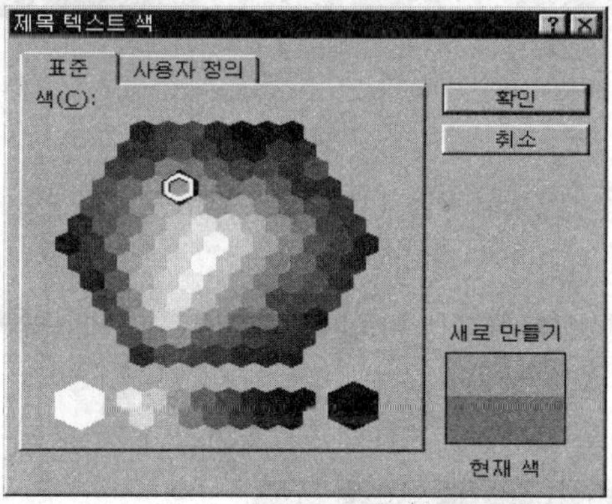

⑥ 설정한 색상이 [색 구성표]의 [사용자 정의] 탭에 나타나며 [적용] 버튼을 클릭하여 슬라이드에 반영한다.

〈그림 3-25〉 변경된 슬라이드

(2) 배경색

삽입한 슬라이드의 배경을 흰색으로 변경하고 2가지의 색을 혼합하여 효과를 낸다.

① [서식]-[배경]을 선택한다.

② [배경색] 대화 상자가 나타나며 배경색 채우기 드롭다운 화살표를 클릭한다.

〈그림 3-26〉 배경색

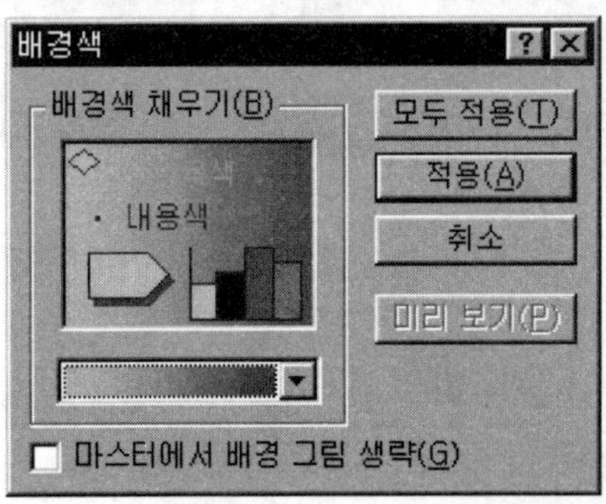

③ 기본 색상과 [다른 색]과 [채우기 효과] 메뉴가 나타나며 기본 색상 중 흰색을 선택하고 [미리 보기] 버튼을 클릭하여 슬라이드를 확인한다.

〈그림 3-27〉 변경된 배경색

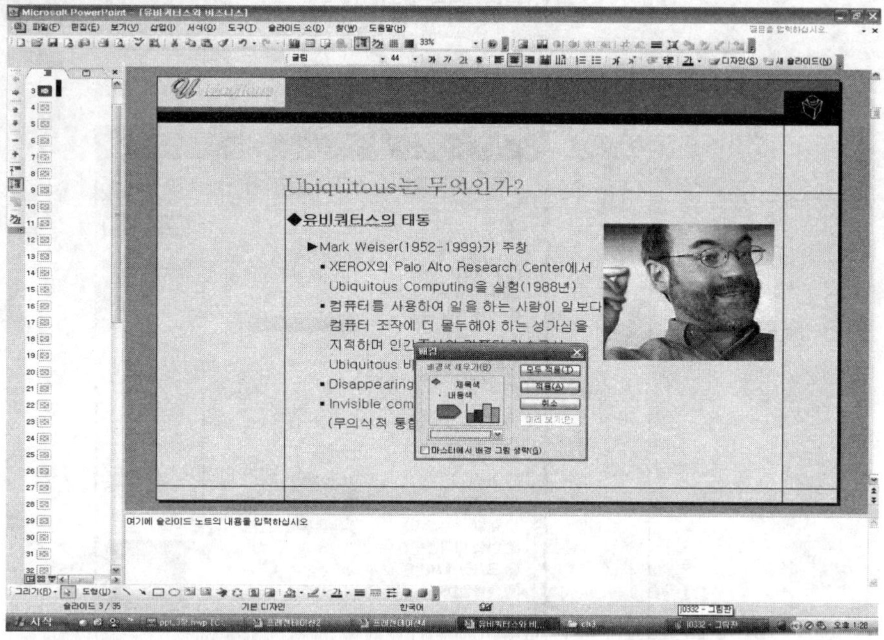

④ 배경색 채우기 드롭다운 화살표를 클릭한 다음 [채우기 효과]를 선택한다.

〈그림 3-28〉 채우기 효과 선택

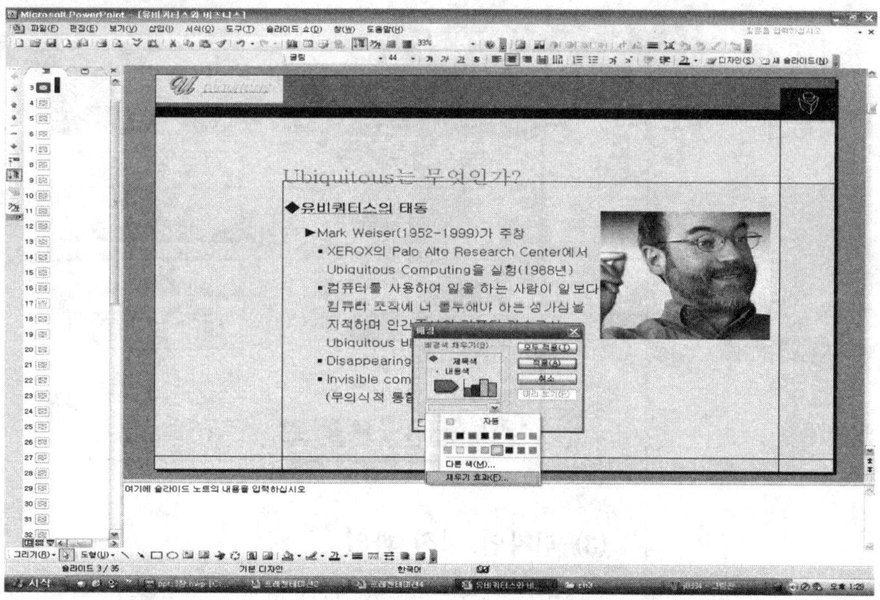

⑤ [채우기 효과] 대화 상자의 [변화] 탭에서 색상을 한가지의 색, 혹은 두 색으로 지정할 수 있으며 음영 스타일을 지정할 수 있다.

⑥ 배경색을 두가지 색으로 지정하고 음영 스타일을 "제목"으로 지정한 다음 [확인] 버튼을 클릭한다.

〈그림 3-29〉 색과 음영 스타일 지정

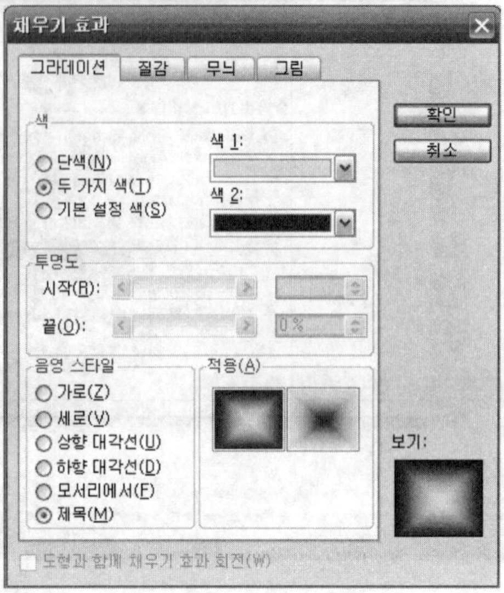

⑦ [배경색] 대화 상자에서 [마스터에서 배경 그림 생략]을 선택한 다음 [적용] 버튼을 클릭하여 배경에 그림이 제외된다.

〈그림 3-30〉 배경 그림 생략

(3) 디자인 서식 파일

배경에 적용된 디자인 서식 파일을 변경한다.

① [서식]-[디자인 서식 적용] 메뉴를 선택한다.

② [디자인 서식 파일 적용] 대화 상자에 나타난 서식 파일을 선택한다.

〈그림 3-31〉 디자인 서식 파일 적용

③ 미리보기 화면에 선택한 디자인 서식이 나타나며 [적용] 버튼을 클릭하여 슬라이드에 적용한다.

〈그림 3-32〉 변경된 디자인 서식

연습문제

1. 새로운 슬라이드를 작성하는 방법에 대해 설명하라.

2. 마법사를 사용하는 장점에 대해 설명하라.

3. 슬라이드 복사, 삭제, 순서 변경을 새 슬라이드를 만들어서 실습하라.

4. 슬라이드의 배경 색 구성을 변경해 보라.

5. 채우기 효과의 다양한 기능을 이용하여 슬라이드의 배경색을 변경하라.

6. 기존에 사용하던 디자인 서식을 이용하여 서식 파일을 변경하라.

4장 기본 개체 사용하기

《학습목표》

본 장에서는 기본 프레젠테이션을 위해 텍스트 개체와 그리기 개체를 사용하는 방법을 살펴본다. 그리고 텍스트와 그리기 개체의 편집, 개체 서식 변경, 그리고 개체를 정렬하는 방법에 대해 알아본다.

4.1 텍스트 개체 사용

(1) 텍스트 입력

[슬라이드 구성]에서 제목 슬라이드를 이용하여 슬라이드 제목과 발표자의 이름을 입력하고 텍스트 상자 개체를 사용하여 발표 일시를 입력한다.

① [삽입]-[새 슬라이드]를 선택하여 새로운 슬라이드를 추가한다.

② 슬라이드 제목과 부제목으로 발표자의 이름을 입력하기 위해 [새 슬라이드] 대화 상자에서 [제목 슬라이드]를 선택하여 슬라이드를 추가한다.

〈그림 4-1〉 슬라이드 추가

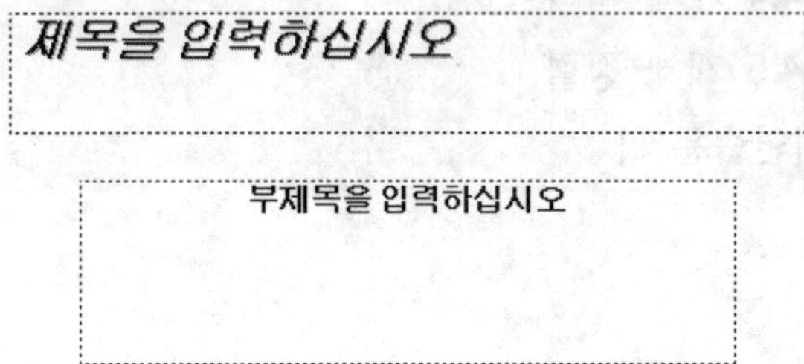

③ 슬라이드에 제목을 입력하기 위해 "제목을 입력하십시오"라는 부분을 마우스로 클릭한 다음 "인터넷 서비스"를 입력한다.

〈그림 4-2〉 텍스트 입력

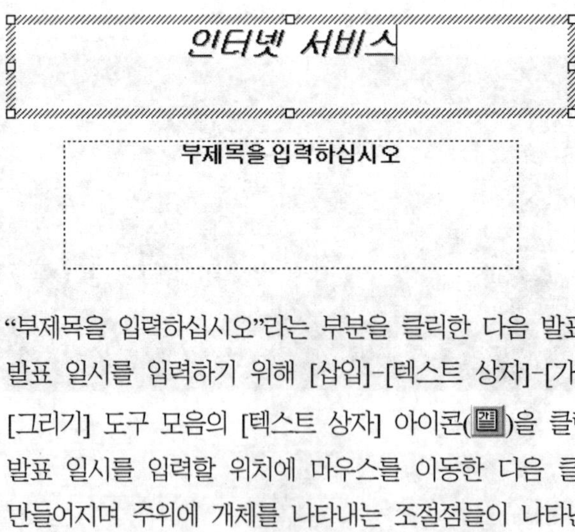

④ "부제목을 입력하십시오"라는 부분을 클릭한 다음 발표자의 이름을 입력한다.

⑤ 발표 일시를 입력하기 위해 [삽입]-[텍스트 상자]-[가로] 메뉴를 선택한다. 혹은 [그리기] 도구 모음의 [텍스트 상자] 아이콘( )을 클릭한다.

⑥ 발표 일시를 입력할 위치에 마우스를 이동한 다음 클릭하면 슬라이드에 커서가 만들어지며 주위에 개체를 나타내는 조절점들이 나타난다.

〈그림 4-3〉 텍스트 상자 개체 삽입

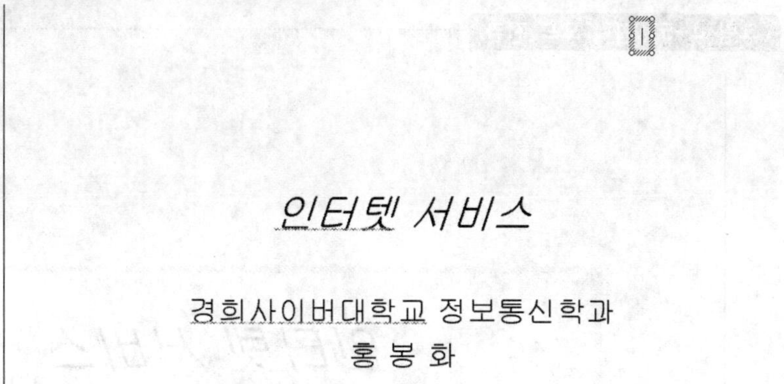

⑦ "2007년 5월 31일"이라고 텍스트를 입력한 다음 Esc키를 누르거나 마우스로 슬라이드의 다른 개체를 선택한다.

〈그림 4-4〉 텍스트 입력

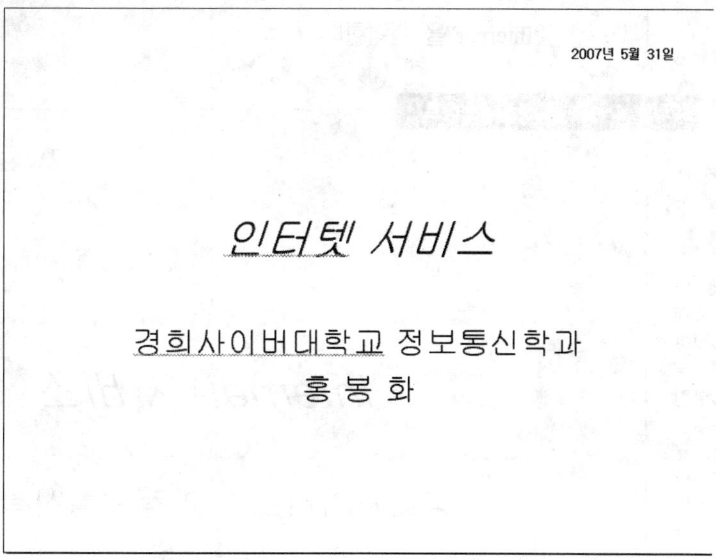

(2) 텍스트 수정

입력한 제목의 텍스트 일부를 "인터넷"에서 "Internet"으로 변경한다.

① 입력한 텍스트의 제목을 "인터넷 서비스"에서 "Internet 서비스"라고 수정하기 위해 마우스로 수정할 텍스트의 위치로 이동한 다음 클릭한다.

② 텍스트 상자 개체가 선택되며 커서가 만들어져 입력 모드로 전환된다.

〈그림 4-5〉 입력 모드 전환

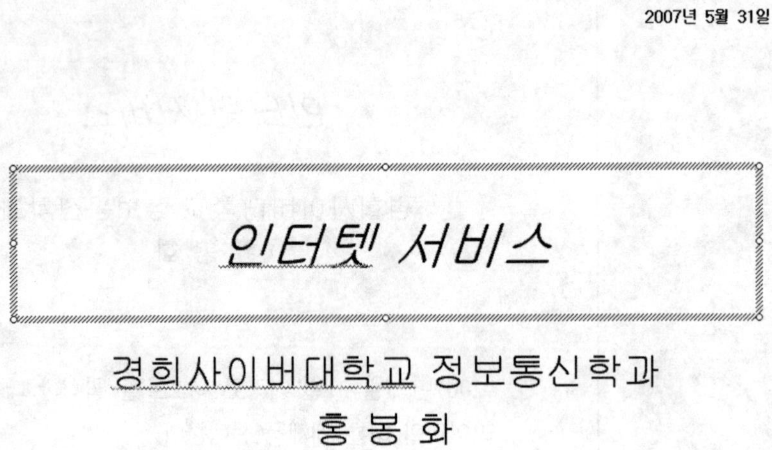

③ 방향키를 사용하여 수정할 텍스트의 위치로 이동하고 한/영키를 누른 다음 "Internet"을 입력한다.

〈그림 4-6〉 수정된 텍스트

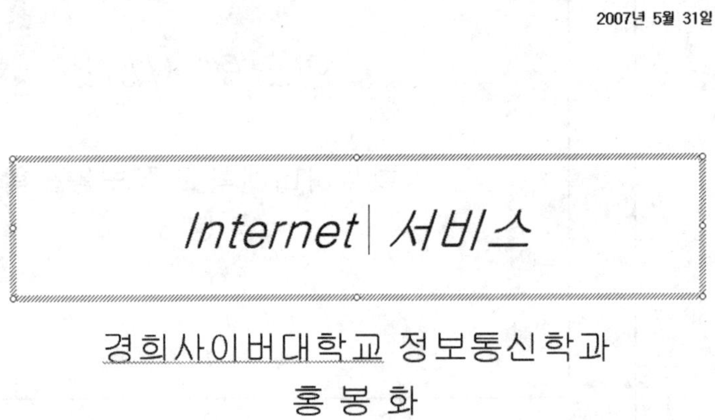

TIP

- 블록 설정
텍스트를 수정할 부분을 마우스로 드래그하여 블록 설정하거나 Shift키를 누른 상태에서 방향키 등을 이용하여 블록 설정할 수 있다. 블록 설정된 내용들은 일괄 수정하거나 삭제, 서식 적용할 때 유용하다.

(3) 글꼴 변경

작성한 제목의 영문을 "Comic Snas MS"로 한글을 "휴먼예체"로 변경하고 텍스트의 색을 파란색으로 변경한다. 작성자의 이름 텍스트 크기를 "28" 포인트로 확대한다.

① 변경할 텍스트 상자 개체를 선택한 다음 [서식]-[글꼴] 메뉴를 선택한다.

② [글꼴] 대화 상자에서 {영문 글꼴}의 콤보박스의 글꼴 리스트에서 "Comic Sans MS"로 선택하고 {한글 글꼴}은 "휴면옛체"로 선택한다.

〈그림 4-7〉 글꼴 변경

③ {색}의 콤보박스 리스트 버튼을 클릭하고 이미 등록된 색을 선택하거나 [다른 색]을 선택하여 보다 다양한 색상표에서 원하는 색을 선택할 수 있다.

〈그림 4-8〉 텍스트 색상 변경

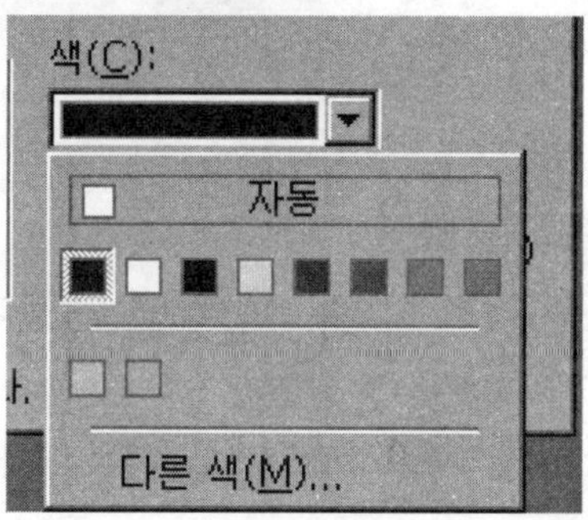

④ 작성자 이름을 확대하기 위해 "홍봉화"를 블록으로 설정한 다음 [서식]-[글꼴] 메뉴를 선택하고 [글꼴] 대화 상자에서 {크기}를 "28"로 설정한다.

〈그림 4-9〉 텍스트 크기 선택

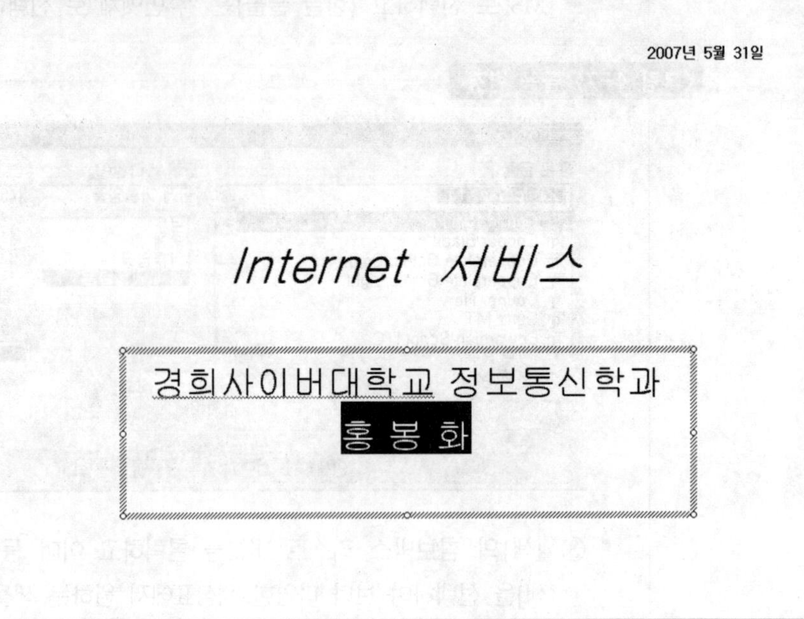

TIP

• [글꼴 크기 늘림]과 [글꼴 크기 줄임] 아이콘
텍스트 개체를 선택하고 [글꼴 크기 늘림]아이콘(가)을 클릭하여 글꼴 크기를 확대하며 [글꼴 크기 줄임] 아이콘(가)을 클릭하여 글꼴의 크기를 순차적으로 줄일 수 있다.

4.2 그리기 개체 사용

(1) 도형 그리기

직사각형과 타원을 슬라이드에 삽입한다.

① [그리기] 도구 모음의 [직사각형] 아이콘(□)을 클릭하고 마우스를 슬라이드 위로 이동한다.

② + 모양의 마우스 포인터를 직사각형의 시작점에서 클릭한 다음 드래그하여 직사각형을 그린다.

〈그림 4-10〉 직사각형 그리기

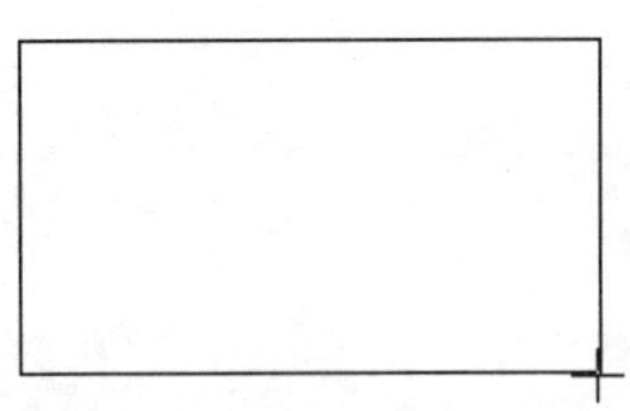

③ [그리기] 도구 모음의 [타원] 아이콘( )을 클릭하여 슬라이드에 타원을 그린다.

〈그림 4-11〉 타원 그리기

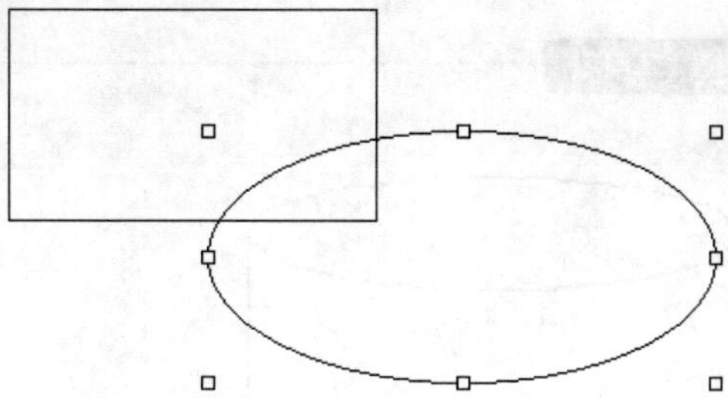

〈그림 4-12〉 정사각형 그리기

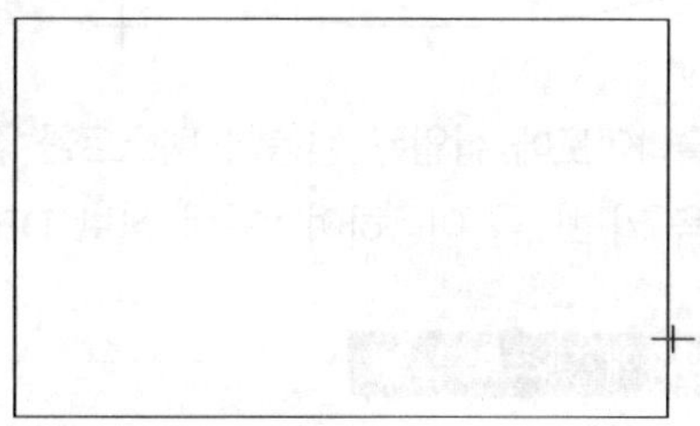

> **TIP**
>
> • 도형과 Shift
> 도형을 그릴 때 Shift를 누르고 드래그를 하면 정사면체 도형을 만들 수 있다. 직사각형이나 원을 그리고자 할 때 [직사각형] 아이콘과 [타원] 아이콘을 클릭한 다음 Shift를 누른 상태에서 사각형과 타원을 그리면 정사각형과 원을 그릴 수 있다.

(2) 다양한 도형 그리기

원통과 정육면체 등 다양한 도형들을 슬라이드에 삽입하고 도형에 텍스트를 입력한다.

① [그리기] 도구 모음의 [도형]-[기본 도형] 메뉴를 선택하면 나음 그림과 같은 다양한 도형들이 제공된다.

〈그림 4-13〉 파워포인트에서 제공되는 기본 도형들

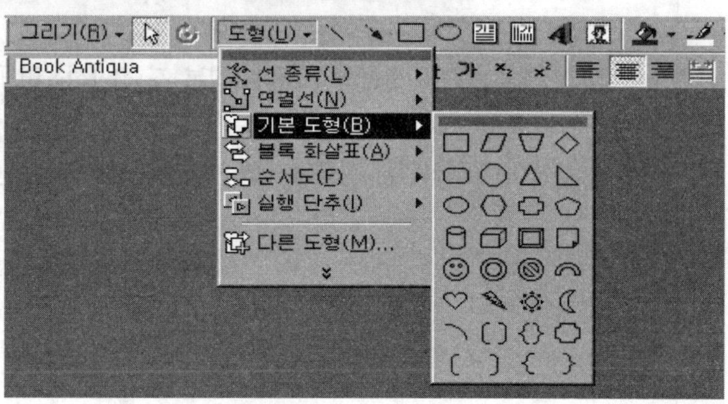

② 앞서 작성한 직사각형과 타원과 같이 원통을 슬라이드에 삽입하기 위해 [원통] 아이콘(⌸)을 선택한다.

③ 슬라이드에 마우스를 이용하여 원하는 크기의 원통을 그린다.

〈그림 4-14〉 원통 그리기

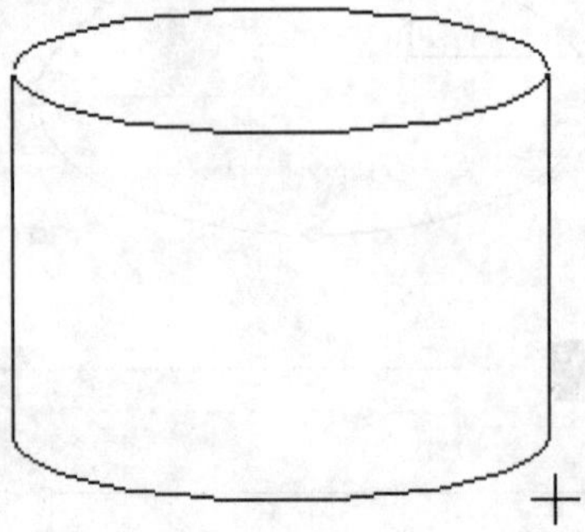

④ 슬라이드에 삽입된 원통에 텍스트를 삽입하기 위해 원통 도형 개체를 선택한 다음 키보드를 이용하여 "학생 정보 DB"라고 입력한다.

〈그림 4-15〉 원통에 텍스트 삽입

⑤ [그리기] 도구 모음의 [도형]-[기본 도형]-[정육면체]를 선택하여 슬라이드에 정육면체를 그린다.

⑥ 슬라이드에 삽입된 정육면체를 선택한 다음 "수강 신청 시스템" 이라고 입력한다.

〈그림 4-16〉 정육면체에 텍스트 삽입

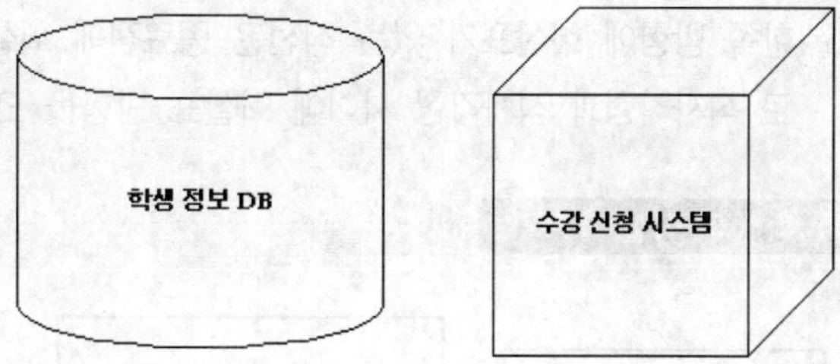

> **TIP**
> • 도형과 텍스트의 결합
> 도형에 삽입되는 텍스트는 텍스트 상자 개체를 이용할 수 있다. 텍스트 상자 개체와 도형 개체는 서로 다른 개체이므로 개체 그룹하여 사용하는 것이 유용하다.

(3) 선 그리기

직사각형과 직선, 화살표가 있는 선을 사용하여 하드웨어 기본 구조를 슬라이드에 그린다.

① 하드웨어의 구조를 나타낼 장치로 직사각형을 사용한다. 직사각형을 그리기 위해 [그리기] 도구의 [직사각형] 아이콘(□)을 클릭한다.

② 슬라이드에 장치를 나타낼 위치에 드래그하여 직사각형을 그린다.

〈그림 4-17〉 직사각형 그리기

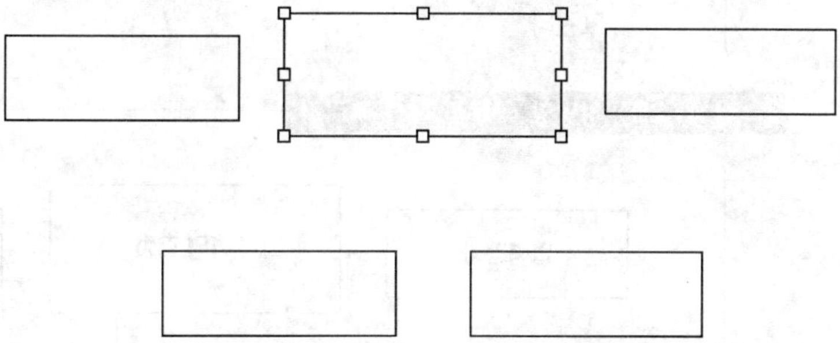

③ 각 장치를 나타내기 위해 직사각형 개체를 선택한 다음 텍스트를 입력한다.

〈그림 4-18〉 텍스트 입력

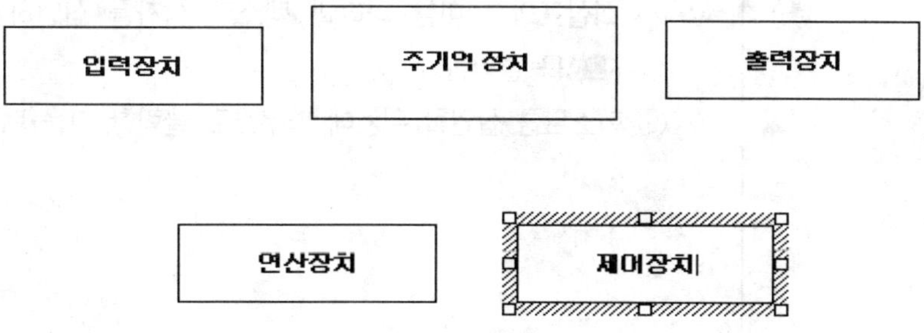

④ 직사각형과 직사각형 사이에 화살표가 있는 직선을 그리기 위해 [그리기] 도구 모음의 [도형]-[선 종류]-[화살표]를 선택한다.

⑤ 한쪽 방향에 화살표가 있는 직선은 종료점에 화살표 모양이 만들어진다. 마우스로 직사각형과 직사각형 사이에 화살표 방향을 고려하여 직선을 그린다.

〈그림 4-19〉 화살표 직선 그리기

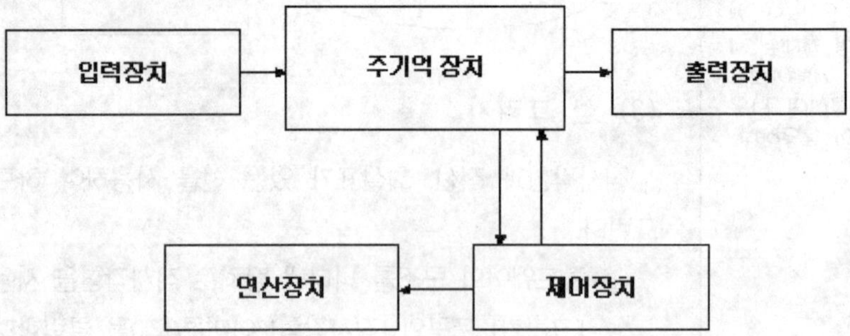

⑥ 양방향 화살표가 있는 직선을 그리기 위해 [그리기] 도구 모음의 [도형]-[선 종류]-[양방향 화살표]를 선택한다.

⑦ 연산장치와 주기억 장치간에 양방향 화살표가 있는 직선을 마우스로 드래그하여 그린다.

〈그림 4-20〉 양방향 화살표 직선 그리기

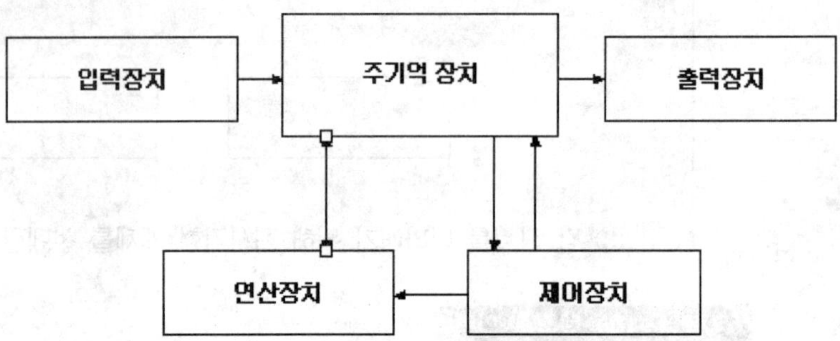

⑧ 화살표의 의미를 나타낼 텍스트 상자를 삽입하기 위해 [텍스트 상자] 아이콘( )을 클릭한다.

⑨ 텍스트를 삽입할 위치에 마우스로 클릭한 다음 텍스트를 입력한다.

〈그림 4-21〉 텍스트 입력

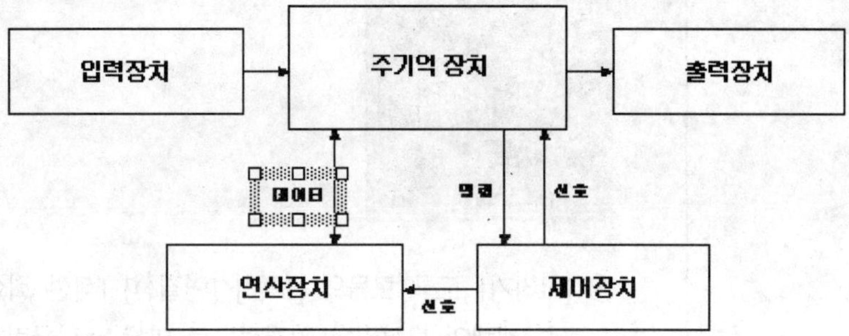

TIP

- Shift 와 선 그리기 선을 그릴 때 Shift 를 누르고 드래그를 하면 수평선과 수직선, 45 사선을 그릴 수 있다.

(4) 순서도 그리기

프로그램 언어에서 사용하는 if-else문의 형식을 나타내는 순서도를 그린다.

① 조건을 나타내기 위해 [그리기] 도구 모음의 [도형]-[순서도]-[판단]를 선택한다.

② 슬라이드에 판단 도형 개체를 삽입하고 "수식"이라고 텍스트를 입력한다.

〈그림 4-22〉 순서도 개체 삽입

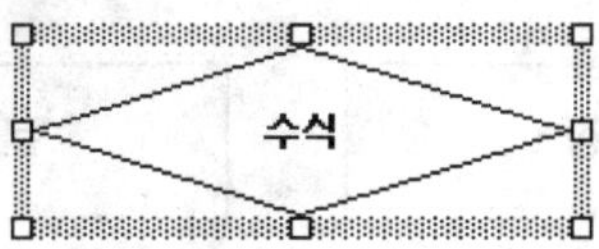

③ [그리기] 도구 모음의 [도형]-[순서도]-[처리]를 선택한 다음 슬라이드에 처리 도형 개체를 삽입한다.

④ 슬라이드에 판단 도형 개체를 삽입하고 "문장 1" "문장 2" 라고 텍스트를 입력한다.

〈그림 4-23〉 텍스트 삽입

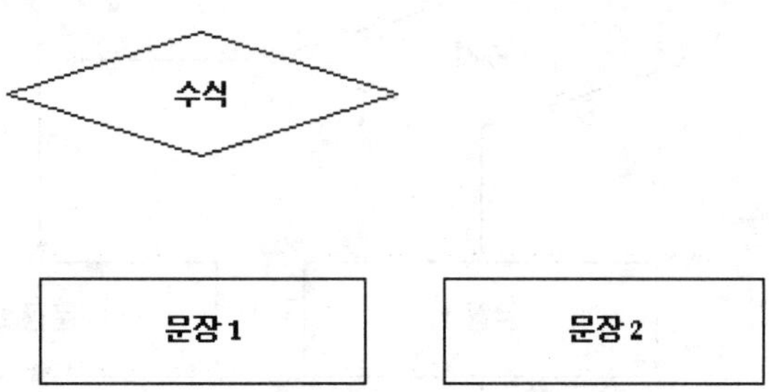

⑤ 순서도의 도형 개체를 연결하기 위해 [그리기] 도구 모음의 [연결선]을 선택하면 다음과 같은 연결선의 종류가 나타난다.

〈그림 4-24〉 연결선 종류들

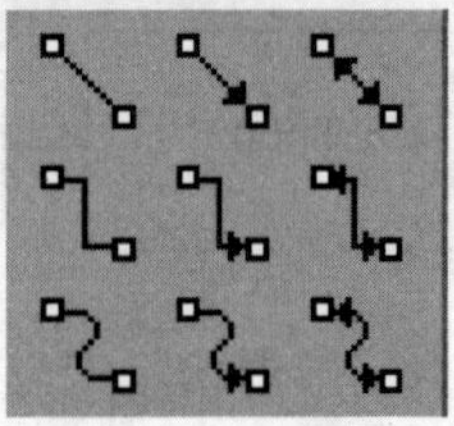

⑥ [그리기] 도구 모음의 [도형]-[연결선]-[직선 화살표 연결선]을 선택한 다음 "수식" 개체의 모서리를 연결점으로 마우스로 클릭한 다음 "문장 1" 개체의 연결점까지 드래그한다.

〈그림 4-25〉 개체 연결

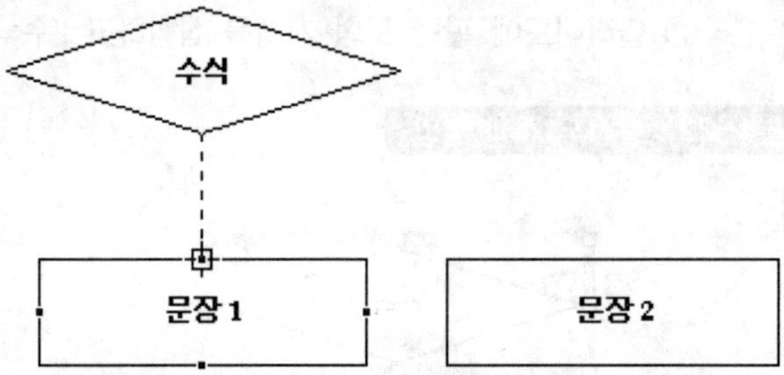

⑦ [도형]-[연결선]-[꺽인 화살표 연결선]을 선택하여 "수식" 개체와 "문장 2" 개체를 연결하고 "문장 2"와 "문장 1"에서 나온 연결선과 연결한다.

〈그림 4-26〉 꺽인 화살표 연결선

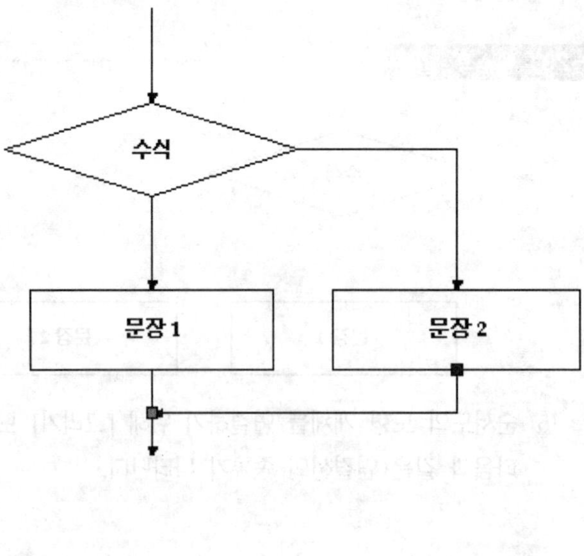

⑧ 텍스트 상자 개체를 이용하여 연결선에 “True” “False”를 입력한다.

〈그림 4-27〉 텍스트 상자 개체 삽입

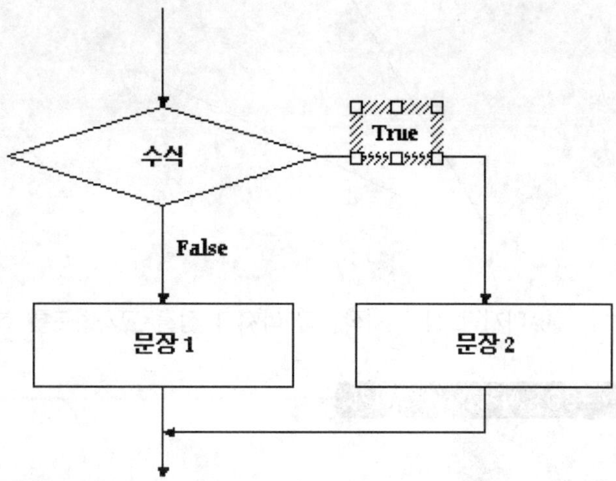

TIP

- 연결선과 선의 차이 연결선은 개체와 개체의 연결점에 연결되어 개체를 이동하면 자동적으로 연결선이 이동된다.

(5) 자유형 곡선 그리기

[그리기] 도구 모음의 [도형]-[선]-[자유형]을 이용하여 별모양의 다각형을 그린다.

① 파워포인트에서 자유 곡선을 사용하는 방법으로 선종류의 범주에서 곡선, 자유형, 자유 곡선을 이용할 수 있다. 별모양의 다각형을 그리기 위해 자유형 아이콘( )을 선택한다.

〈그림 4-28〉 선 종류

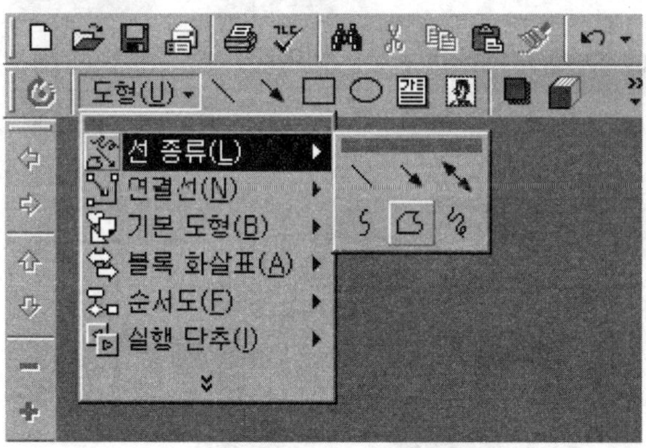

② 슬라이드에 마우스로 다각형을 그릴 위치에서 시작점을 클릭하고 다른 점으로 이동한다.

〈그림 4-29〉 다각형 그리기

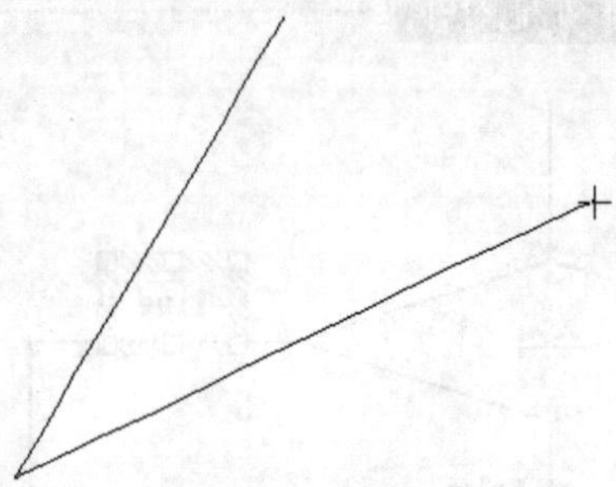

③ 마지막 점을 시작점과 마지막 점을 교차하도록 한다.

〈그림 4-30〉 마지막 선 그리기

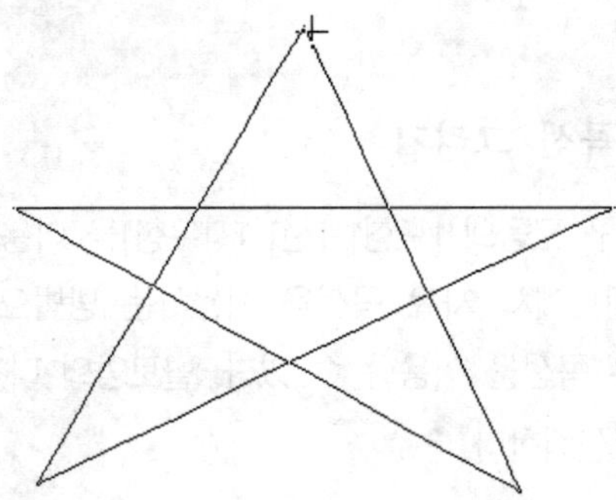

④ 별 모양의 다각형이 완성된다.

〈그림 4-31〉 완성된 다각형

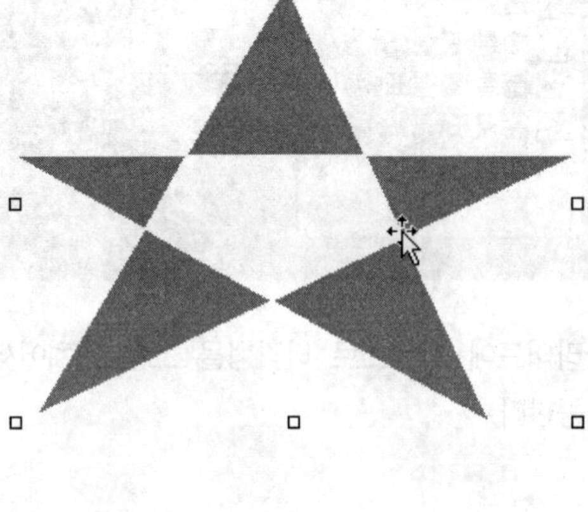

4.3 개체 편집

(1) 개체 복사

삽입된 텍스트 상자 개체와 도형 개체를 복사한다.

① 복사하고자 할 때 해당 개체를 선택한다. 선택된 개체의 주위에 크기 조절 핸들이 나타난다.

〈그림 4-32〉 개체 선택

② Ctrl+C 를 사용하여 복사하거나 [편집]-[복사] 메뉴를 선택한다. 개체는 클립보드에 복사된다.

③ 복사된 텍스트 상자 개체를 붙여넣기 위해 Ctrl+V 를 사용하거나 [편집]-[붙여넣기]를 선택한다.

〈그림 4-33〉 텍스트 붙여 넣기

〈그림 4-34〉 클립보드 도구 모음

TIP

• 클립보드 도구 모음 오피스 2000은 윈도우에서 제공하는 클립보드 기능이 보강되었다. [보기]-[도구 모음]-[클립보드]를 선택하면 최대 12개까지 클립보드에 저장된 내용들을 확인할 수 있다.

〈그림 4-35〉 다중 개체 선택

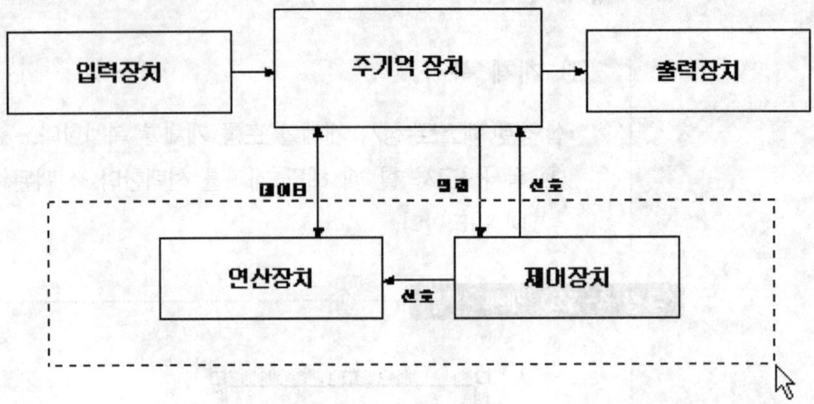

TIP

• 다중 개체 선택
한 개 이상의 개체를 복사할 경우 복사할 개체를 선택하는 방법은 해당 개체의 두 변을 마우스로 드래그하여 선택한다. 모든 개체를 선택할 경우는 Ctrl+A키를 사용한다.

(2) 개체 삭제

슬라이드에 삽입된 텍스트 상자 개체를 삭제한다.

① 텍스트 상자를 마우스로 클릭하여 선택한다.

〈그림 4-36〉 개체 선택

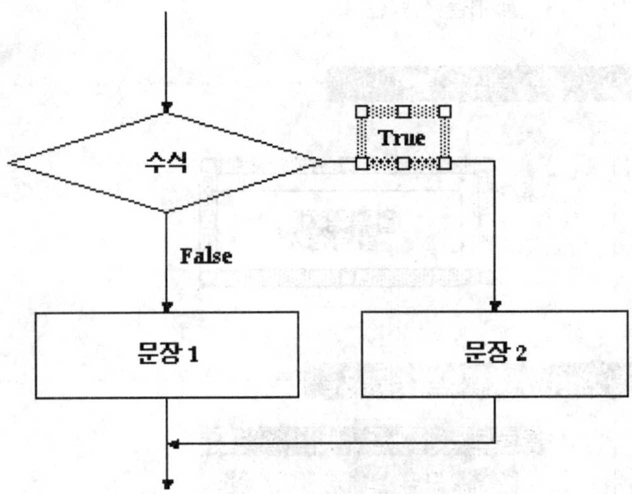

② Delete를 누르거나 [편집]-[지우기] 메뉴를 선택한다.

③ 선택한 개체가 삭제된다.

〈그림 4-37〉 삭제된 개체

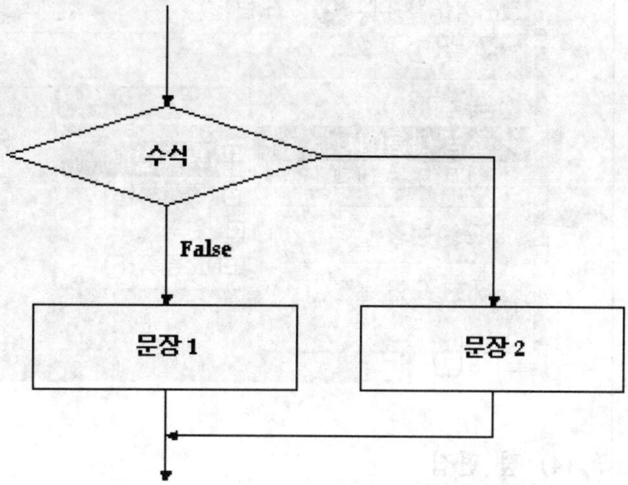

④ 삭제된 텍스트 상자 개체를 복구하기 위해 [표준] 도구 모음의 [지우기 실행 취소] 아이콘( )을 클릭하거나 [편집]-[지우기 실행 취소]를 선택한다.

(3) 개체 이동

슬라이드에 삽입된 도형 개체를 마우스와 키보드를 이용하여 다른 곳의 위치로 이동한다.

① 텍스트 상자를 마우스로 클릭하여 선택한다.
② 마우스를 클릭한 상태에서 드래그하여 선택한 개체를 이동한다.

〈그림 4-38〉 개체 마우스로 이동

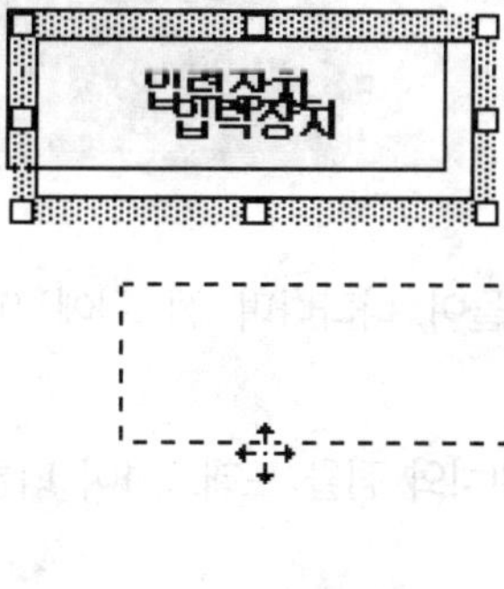

③ ←, →, ↑, ↓를 사용하여 이동한다.
혹은 도형 개체를 선택한 후 [그리기] 도구 모음의 [그리기]-[조금 이동]-[위쪽], [아래쪽], [왼쪽], [오른쪽] 메뉴를 선택하여 이동한다.

〈그림 4-39〉 그리기 도구 모음

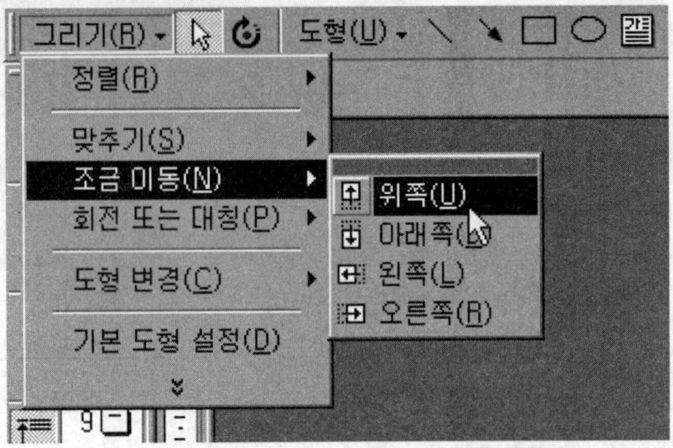

TIP

- 미세 이동
  개체를 이동할 때 조금씩 이동하고자 할 때 방향키와 함께 Ctrl키를 사용하면 미세한 이동을 한다.

(4) 점 편집

"2. (5) 자유형 곡선 그리기"에서 작업한 도형의 모양을 변경한다.

① 편집할 자유 곡선 개체를 선택한다.

② 마우스 오른쪽 클릭을 하여 [점편집] 메뉴를 선택한다.

〈그림 4-40〉 점 편집 메뉴 선택

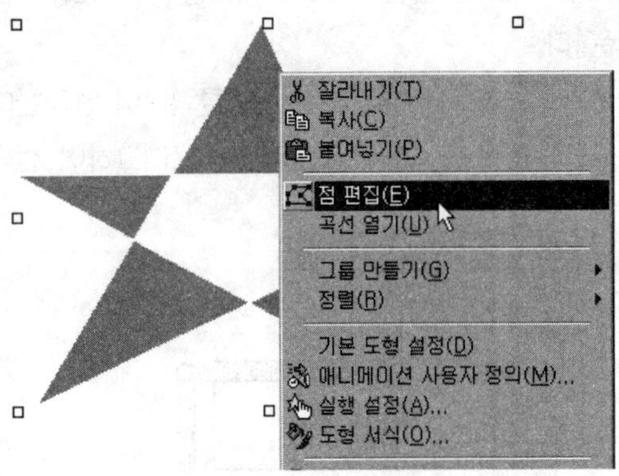

③ 선택한 개체에 점들이 나타나며 점 위에 마우스를 이동하면 마우스 포인터가 <✥>로 변경된다.

④ 마우스로 변경할 위치의 점을 드래그하여 다른 위치로 이동한다.

〈그림 4-41〉 점 편집

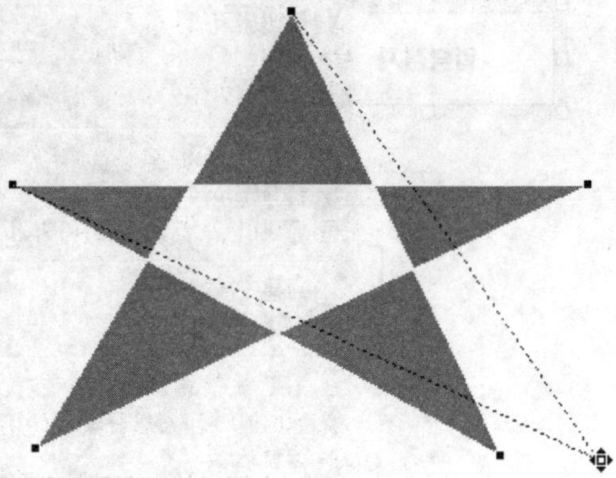

⑤ 변경된 도형이 완료된다.

〈그림 4-42〉 편집된 도형

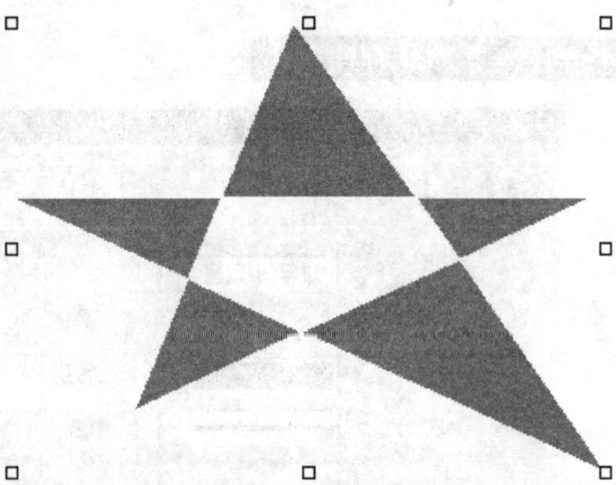

4.4 개체 서식 변경

(1) 채우기 색상 지정

"2. (3) 선그리기"에서 작성한 텍스트와 도형의 채우기 색을 변경한다.

① 작성한 텍스트와 도형의 색을 변경하기 위해 개체를 선택한 다음 마우스 오른쪽 클릭을 한다.

〈그림 4-43〉 개체 선택

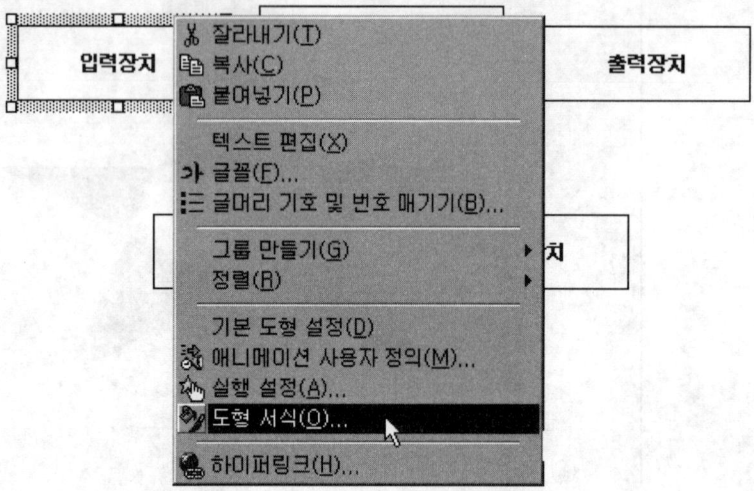

② [도형 서식] 메뉴를 선택하면 [도형 서식] 대화 상자가 나타나며 [색 및 선] 탭을 선택하여 개체의 색상을 변경한다.

〈그림 4-44〉 도형 서식 대화 상자

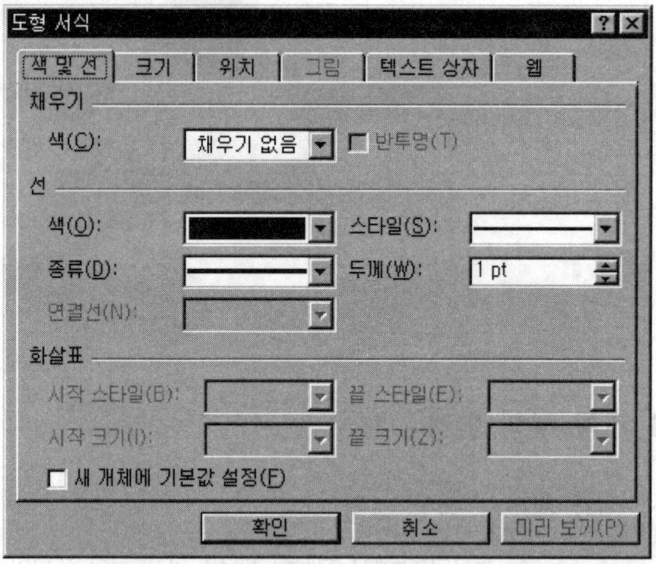

③ 채우기의 {색} 목록 상자 버튼을 클릭한다. 기본 색상이 나타나며 등록되지 않은 색을 사용하기 위해서는 [다른 색]을 선택하고, 여러 채우기 효과를 내려면 [채우기 효과]를 선택한다. 배경에 그림 파일을 사용할 수 있다.

〈그림 4-45〉 채우기 색 지정

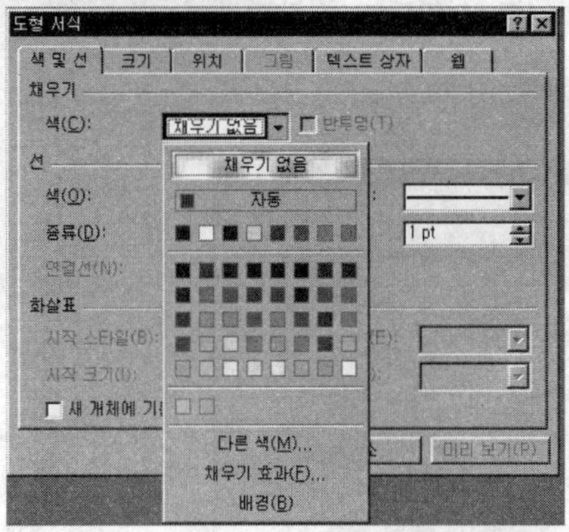

④ 기본 색상을 사용하지 않고 다른 색을 사용하기 위해 [다른 색]을 선택하면 다음과 같은 [색] 대화 상자가 나타나며 [표준] 탭과 [사용자 정의] 탭을 선택하여 원하는 색을 선택할 수 있다.

〈그림 4-46〉 표준색

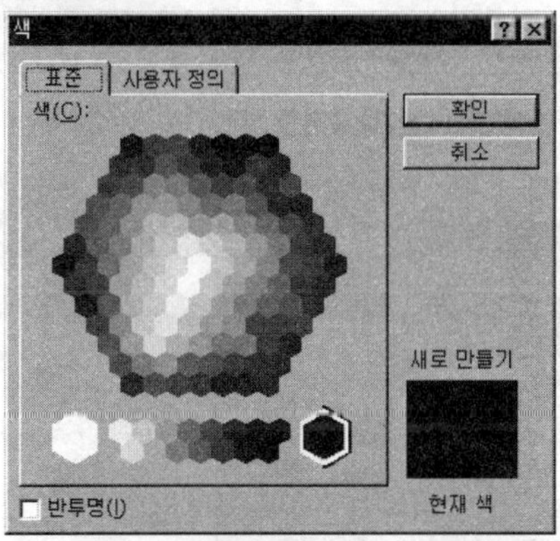

〈그림 4-47〉 사용자 정의 색

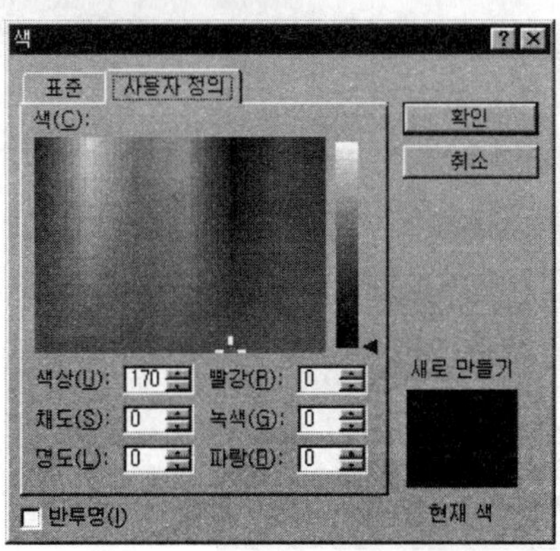

⑤ [채우기 효과]를 선택하면 [채우기 효과] 대화 상자가 나타나며 [그라데이션] 탭에는 그라데이션을 지정하는 기능을 제공한다.

〈그림 4-48〉 그라데이션 효과

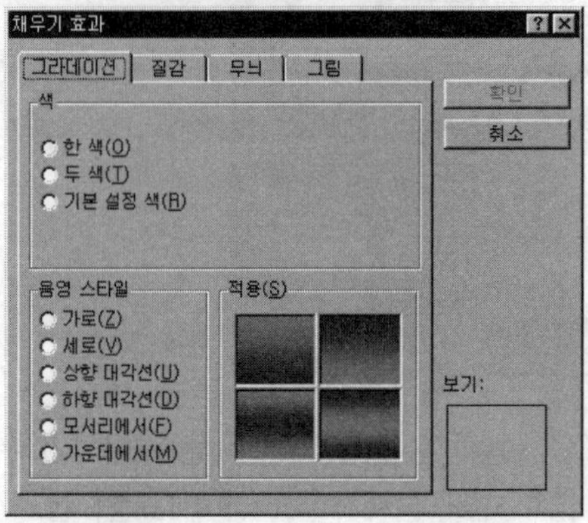

⑥ [질감] 탭과 [무늬] 탭을 선택하여 개체에 채울 질감과 무늬를 선택할 수 있다.

〈그림 4-49〉 질감

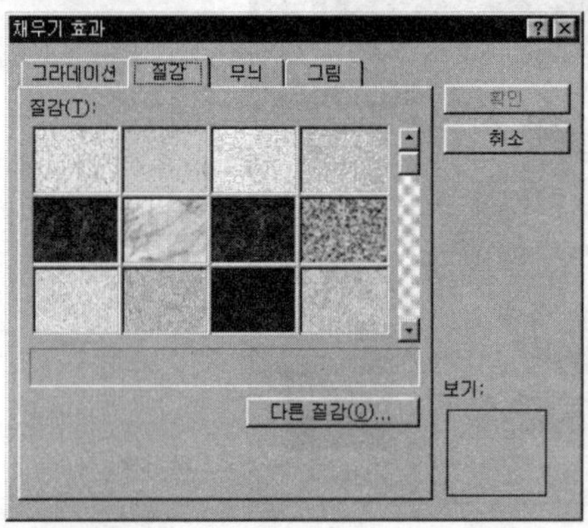

〈그림 4-50〉 무늬

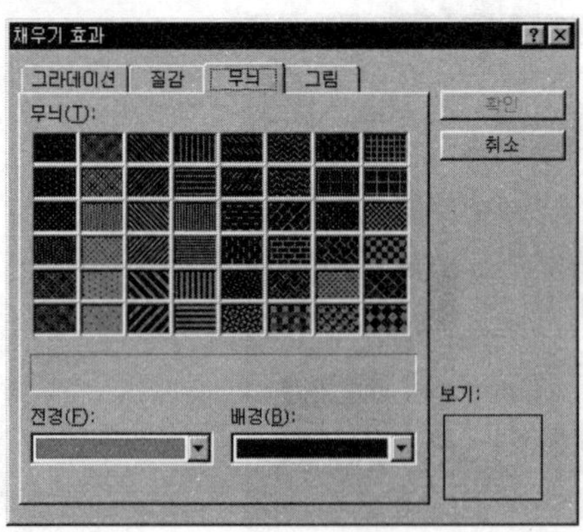

⑦ 텍스트 개체도 마우스로 선택하고 오른쪽 클릭한 다음 [텍스트 상자 서식] 메뉴를 선택하면 [텍스트 상자 서식] 대화 상자가 나타나며 같은 방법으로 채우기 색을 지정할 수 있다.

〈그림 4-51〉 텍스트 상자 서식

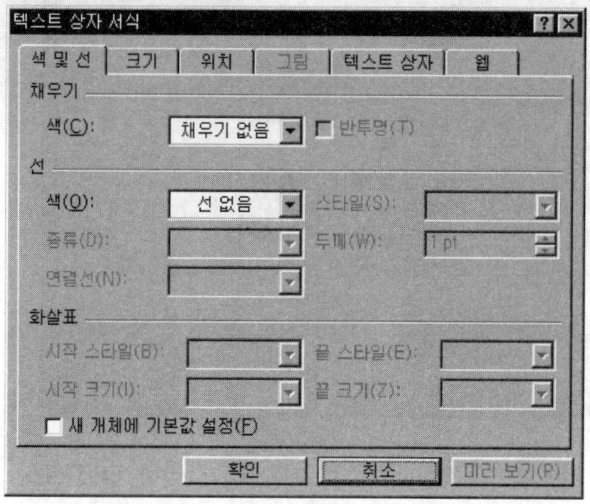

⑧ 다음과 같이 텍스트 상자와 개체의 채우기 색을 지정한 슬라이드가 만들어진다.

〈그림 4-52〉 채우기 색 지정한 슬라이드

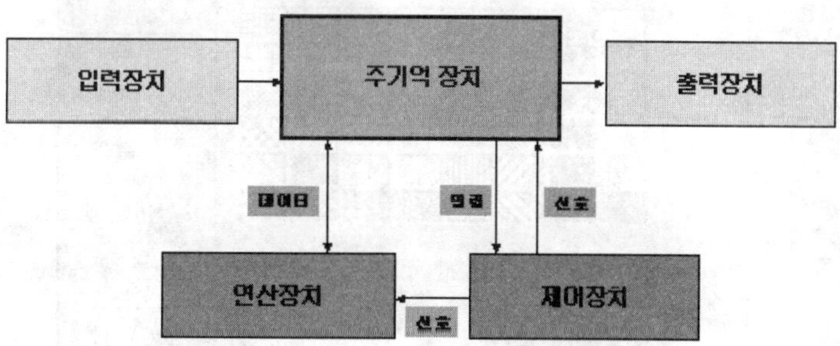

(2) 선 스타일 지정

"4. (1) 채우기 색상 지정"에서 작업한 슬라이드에서 사용된 화살표의 스타일과 크기를 조절한다.

① 화살표를 선택한 다음 오른쪽 클릭하여 [도형 서식]을 선택한다.

② [도형 서식] 대화 상자가 나타나며 [색 및 선] 탭에서 선의 {색} 목록 상자 버튼을 클릭하여 선의 색상을 지정한다. 선의 색상도 채우기 색과 같이 기본 색상과 다른 색을 사용할 수 있으며 선의 무늬를 지정할 수 있다.

〈그림 4-53〉 선 색 지정

③ [선 무늬] 대화 상자가 나타나며 다양한 무늬 중에 원하는 무늬를 선택한다.

〈그림 4-54〉 선 무늬

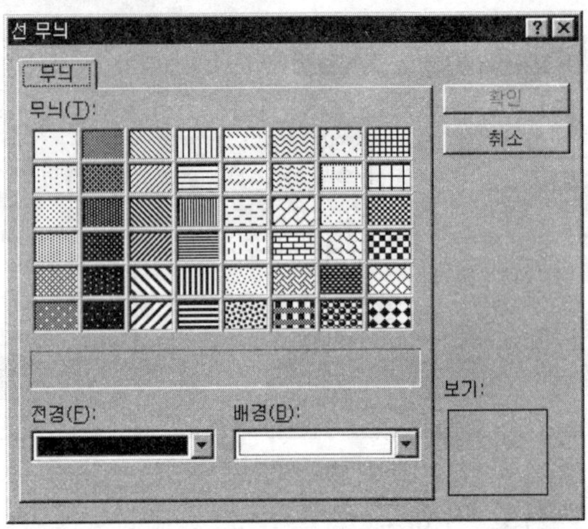

④ 선의 {종류} 목록 상자 버튼을 클릭하면 둥근 점선, 사각 점선, 대시 등 다양한 선의 종류를 선택할 수 있다. 선의 두께와 스타일을 {두께}, {스타일}에서 지정할 수 있다.

〈그림 4-55〉 선의 종류

⑤ 화살표의 {시작 스타일}과 {끝 스타일}을 선택하여 화살촉의 모양을 지정할 수 있다.

〈그림 4-56〉 화살표 스타일

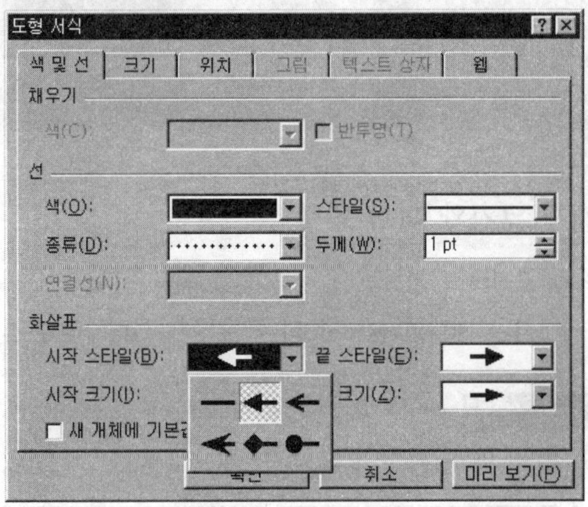

⑥ 화살표의 스타일과 크기를 변경한 슬라이드는 다음과 같다.

〈그림 4-57〉 변경된 슬라이드

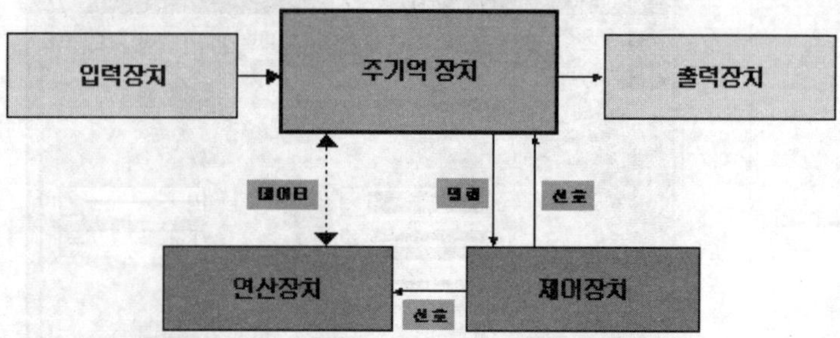

〈그림 4-58〉 화살표 스타일

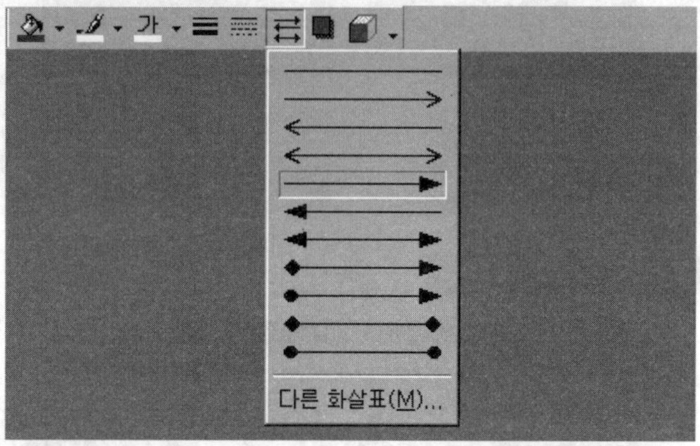

TIP

- 화살표 스타일 아이콘
선 개체를 선택한 다음 [그리기] 도구 모음의 [화살표 스타일] 아이콘을 클릭하면 다양한 모양의 화살표가 나타나며 원하는 스타일의 화살표를 지정한다.

(3) 개체 크기와 회전 지정

개체의 크기를 변경하고 회전하여 효과를 준다.

① 직사각형 개체를 선택한 다음 오른쪽 클릭하여 [도형 서식]을 선택한다.

〈그림 4-59〉 개체 선택

② [도형 서식] 대화 상자의 [크기] 탭을 선택한다.

〈그림 4-60〉 도형 크기와 회전

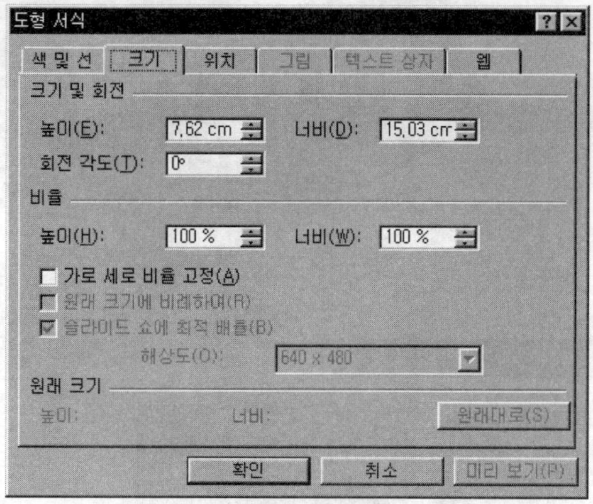

③ 크기의 {높이}와 {너비} 수치를 조정하여 직사각형의 크기를 변경하고 {회전 각도}의 수치를 조정하여 직사각형을 회전시킨다. 회전 각도는 +는 시계 방향으로 −는 반대 시계 방향으로 회전한다.

〈그림 4-61〉 도형 회전

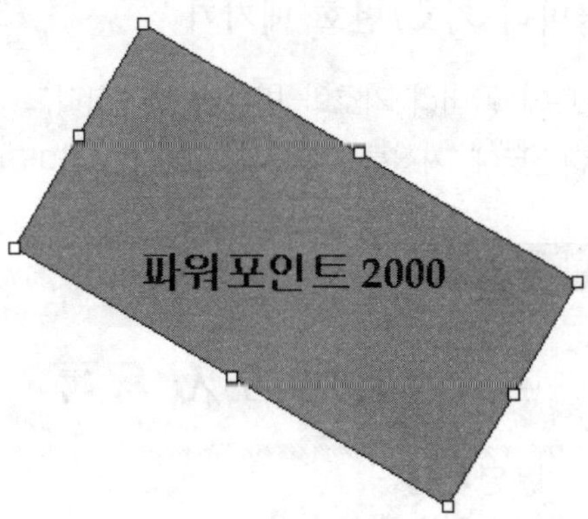

④ 다른 방법으로 개체른 선택한 다음 [그리기] 도구 모음의 [각도를 자유롭게 회전] 아이콘( )을 클릭하여 모서리 부분을 클릭하여 드래그 하여 회전할 수 있다.

〈그림 4-62〉 자유 회전

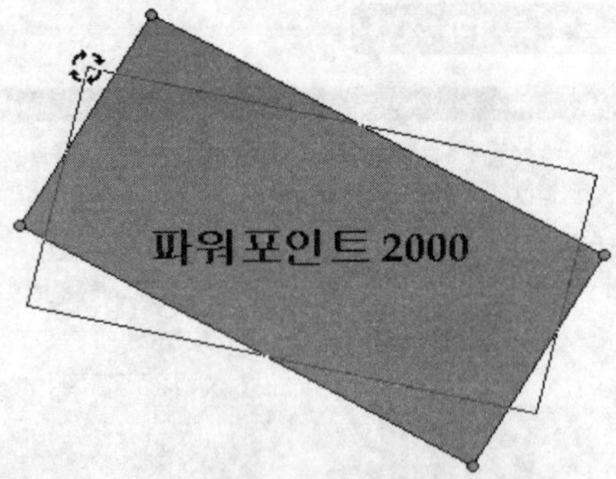

〈그림 4-63〉 회전, 대칭 아이콘들

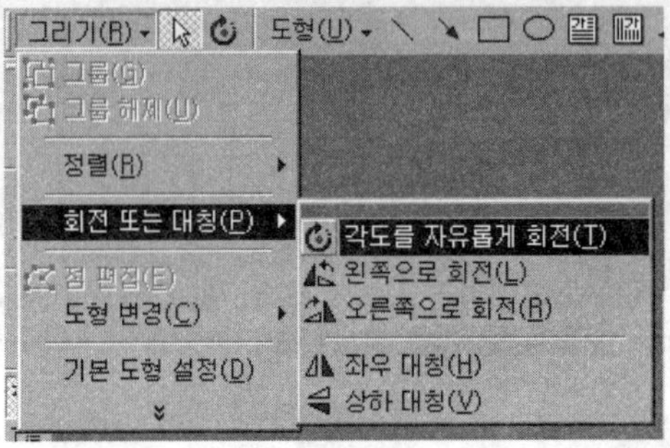

TIP

• 회전 아이콘들 [그리기] 도구 모음의 [그리기]-[회전 또는 대칭] 메뉴를 선택하여 회전시킬 수 있다.

(4) 글머리 기호/번호 매기기

텍스트에 글머리 기호와 번호를 부여한다.

① 텍스트에 커서를 위치하고 [서식]-[글머리 기호 및 번호 매기기]를 선택한다.

〈그림 4-64〉 텍스트 선택

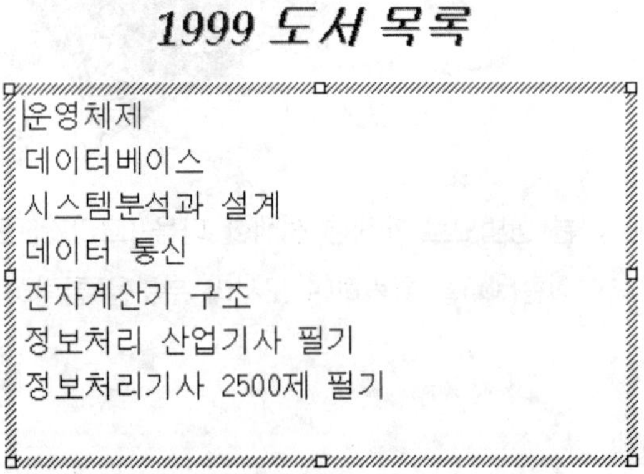

② [글머리 기호 및 번호 매기기] 대화 상자가 나타나며 [글머리 기호] 탭에는 7가지의 글머리표가 준비되어 있다. 원하는 모양의 글머리 기호를 선택한다.

〈그림 4-65〉 글머리 기호 대화 상자

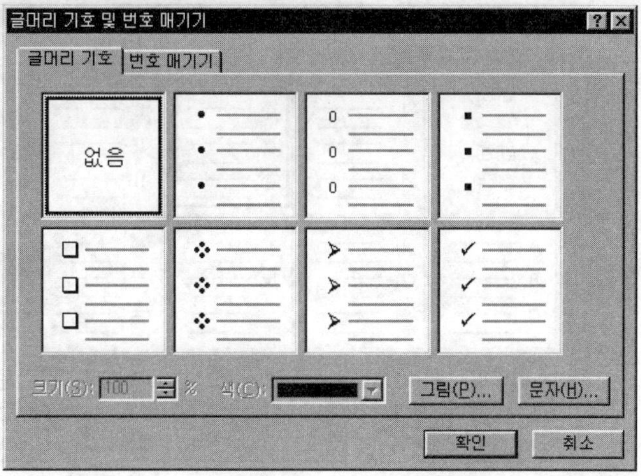

③ [그림] 버튼을 클릭하면 [그림 글머리 기호] 대화 상자에서가 나타나며 준비된 클립 중에 원하는 클립을 선택하여 삽입한다.

〈그림 4-66〉 그림 글머리 기호 대화 상자

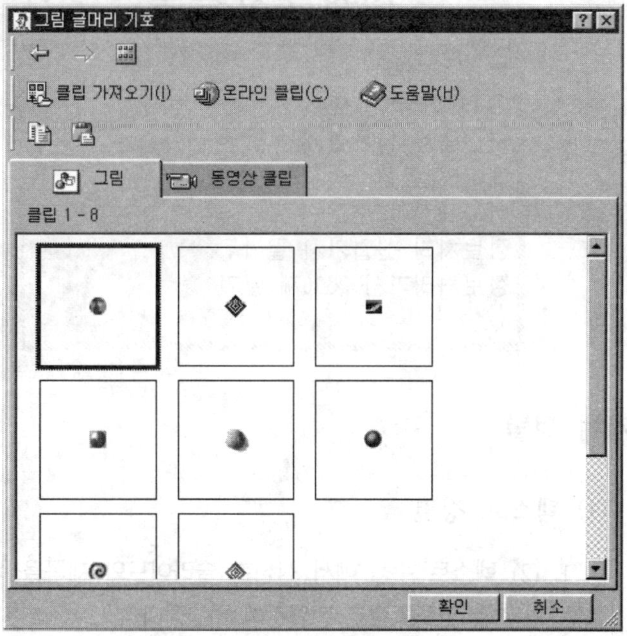

④ 텍스트에 커서를 위치하고 [서식]-[글머리 기호 및 번호 매기기]를 선택하면 [글

머리 기호 및 번호 매기기] 대화 상자가 나타나며 [번호 매기기] 탭에 준비된 7가지의 번호를 사용할 수 있다.

〈그림 4-67〉 번호 매기기

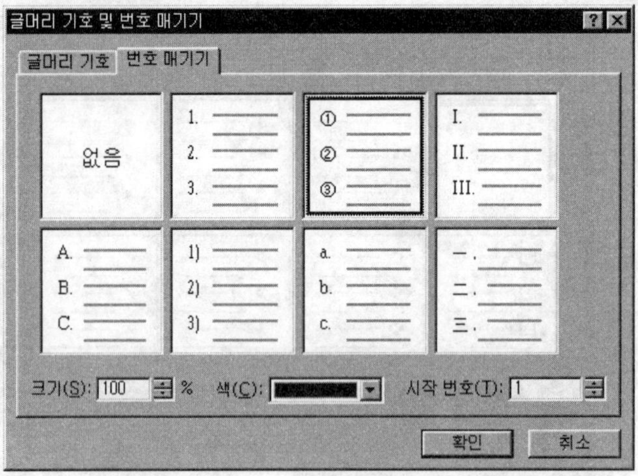

⑤ 글머리 기호와 번호를 부여한 슬라이드가 만들어 진다.

〈그림 4-68〉 글머리 기호와 번호 부여한 슬라이드

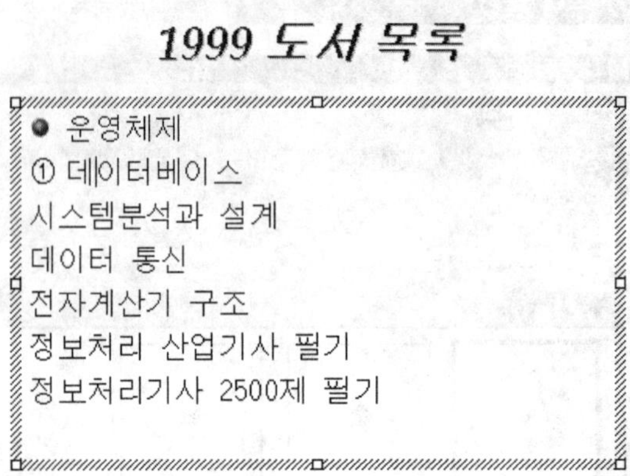

4.5 개체 정렬

(1) 텍스트 정렬

"1. (2) 텍스트 수정"에서 작성한 슬라이드의 제목을 복사한 다음 텍스트의 위치를 왼쪽, 가운데, 오른쪽으로 정렬하여 비교한다.

① 4.1.2에서 작성한 슬라이드에서 제목을 나타낸 텍스트 상자 개체를 선택한 다음

Ctrl+C를 눌러 개체를 복사한다.

② 새로운 슬라이드에서 Ctrl+V를 눌러 붙여넣기 한다.

〈그림 4-69〉 텍스트 상자 개체 복사

③ 3개의 텍스트 상자를 방향키를 이용하여 이동한다.

④ 텍스트 상자 개체를 선택하고 텍스트에 커서를 옮겨 놓는다.

⑤ [서식]-[맞춤]-[왼쪽 맞춤], [가운데 맞춤], [오른쪽 맞춤]을 선택하여 텍스트를 정렬한다.

⑥ 왼쪽 맞추기와 가운데 맞추기, 오른쪽에 맞추어진 텍스트가 나타납니다.

〈그림 4-70〉 텍스트 정렬

TIP

- 텍스트 균등 분할
텍스트를 균등하게 분할하면 텍스트 상자 크기를 조절할 때마다 텍스트 간격이 자동으로 조정된다. [서식]-[맞춤]-[균등 분할]을 선택하거나 [서식] 도구 모음의 [균등 분할] 버튼을 클릭하면 입력한 텍스트를 균등하게 배열할 수 있다.

(2) 도형 정렬

"2. (1) 도형 그리기"에서 작성한 슬라이드에 포함된 개체들의 위치를 정렬한다.

① "4.2.1. 도형 그리기"에서 실습한 도형을 선택한 다음 마우스 오른여 각각의 개체에 채우기 색을 지정한다.

② 채우기 색이 지정된 도형은 다음 그림과 같이 노란색의 타원과 파란색의 직사각형이 겹쳐있다.

〈그림 4-71〉 채우기 색 지정

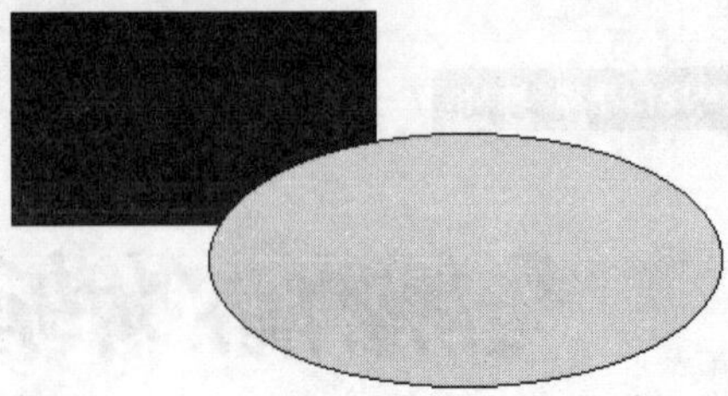

③ 겹쳐진 파란색의 직사각형이 타원에 가려져 있으며 직사각형을 선택하고 [그리기] 도구 모음의 [그리기]-[정렬]-[앞으로 가져오기]를 선택한다.

	맨 앞으로 가져오기	선택한 개체가 여러 도형들 중 최상위로 나타난다.
	맨 뒤로 가져가기	선택한 개체가 여러 도형들 중 최하위로 나타난다.
	앞으로 가져오기	선택한 개체가 한단계 앞으로 나타난다.
	뒤로 가져가기	선택한 개체가 한단계 뒤로 나타난다.

〈그림 4-72〉 앞으로 가져오기

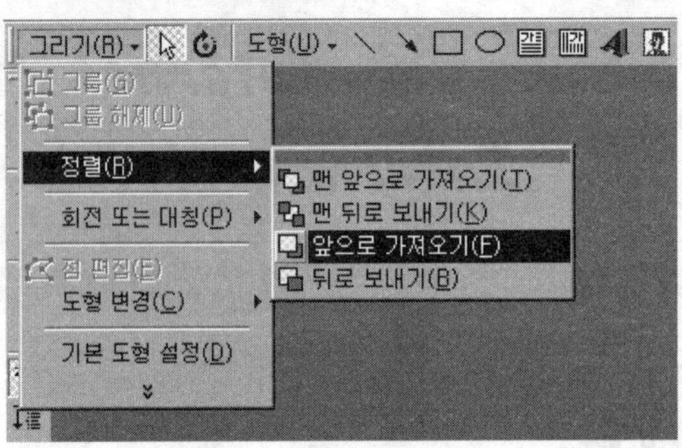

④ 파란색의 직사각형이 타원 앞으로 나타난다.

〈그림 4-73〉 정렬된 도형

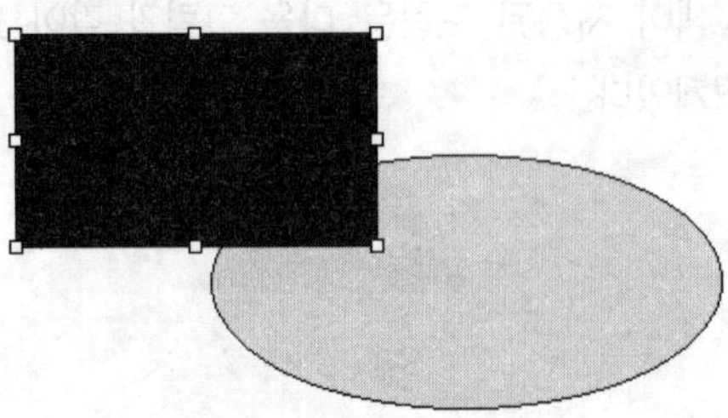

(3) 개체 맞춤

도형의 블록 화살표를 이용하여 연도별 국민 총생산(GNP)를 슬라이드에 차트로 만들었다. 이때 블록 화살표를 아래 기준에 맞춰 표시한다.

① [그리기] 도구 모음의 [도형]-[블록 화살표]-[위쪽 화살표]를 선택하여 화살표를 그린다.

〈그림 4-74〉 블록 화살표 선택

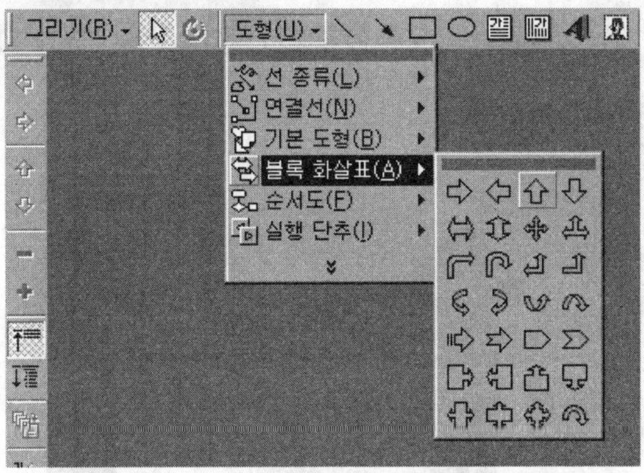

② 슬라이드에 블록 화살표를 선택하고 [서식]-[도형]을 선택하면 [도형] 대화상자에서 채우기 색상과 선의 종류 등을 지정한다. 자세한 내용은 4절을 참조한다.

③ [도구]-[사용자 정의]를 선택하여 [사용자 정의] 대화 상자에서 개체를 맞추기 위해 도구 모음의 아이콘을 추가한다.

〈그림 4-75〉 사용자 정의 대화 상자

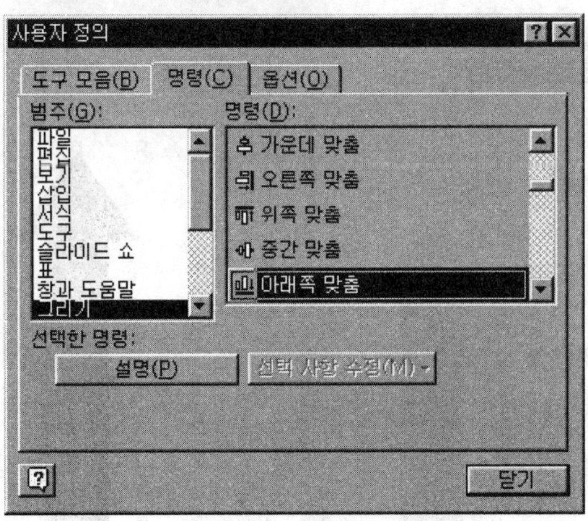

TIP

• 맞추기 아이콘 [사용자 정의] 도구 모음의 [명령] 탭의 {그리기} 범주에 있는 다음과 같은 아이콘들을 원하는 도구 모음에 추가한다. 도구 모음 아이콘 추가 방법은 아래의 표 참조

	왼쪽 맞춤	가장 왼쪽 개체를 중심으로 맞춘다.
	가운데 맞춤	개체들의 중앙(수평)에 맞춘다.
	오른쪽 맞춤	가장 오른쪽 개체를 중심으로 맞춘다.
	위로 맞춤	가장 위의 개체를 중심으로 맞춘다.
	중앙 맞춤	개체들을 세로 중앙에 맞춘다.
	아래로 맞춤	가장 아래 개체를 중심으로 맞춘다.

④ 삽입된 블록 화살표를 정렬하기 위해 다중 선택한다.

〈그림 4-76〉 개체 다중 선택

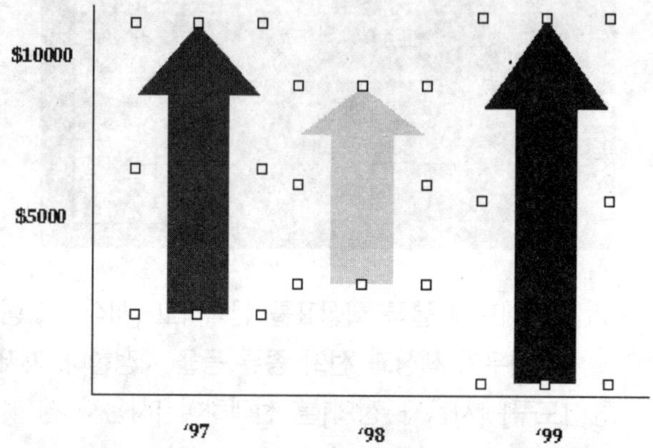

⑤ [아래로 맞춤] 아이콘( )을 클릭하여 개체 중 가장 아래에 있는 개체를 기준으로 정렬한다.

〈그림 4-77〉 아래로 맞춤

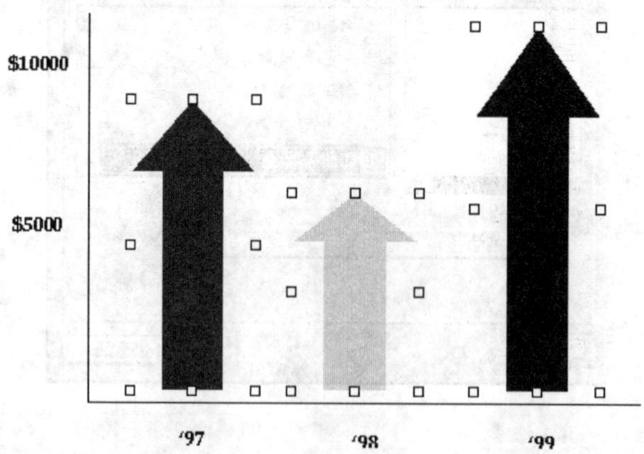

(4) 개체 배분

"5. (3) 도형 맞춤"에서 작업한 도형들간의 간격을 동일하게 배분한다.

① 블록 화살표 개체를 다중 선택한다.

〈그림 4-78〉 개체 다중 선택

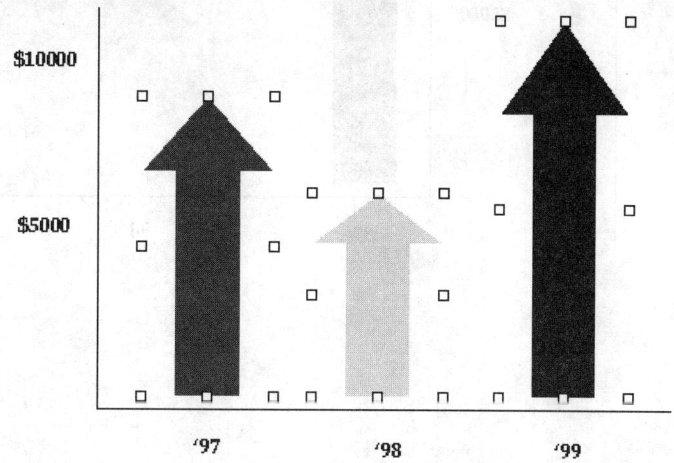

② [그리기] 도구 모음의 [그리기]-[맞춤/배분]-[가로 간격을 동일하게]를 선택한다.

③ 개체들간의 가로 간격을 동일하게 배분하여 정렬한다.

〈그림 4-79〉 가로 간격 맞춤

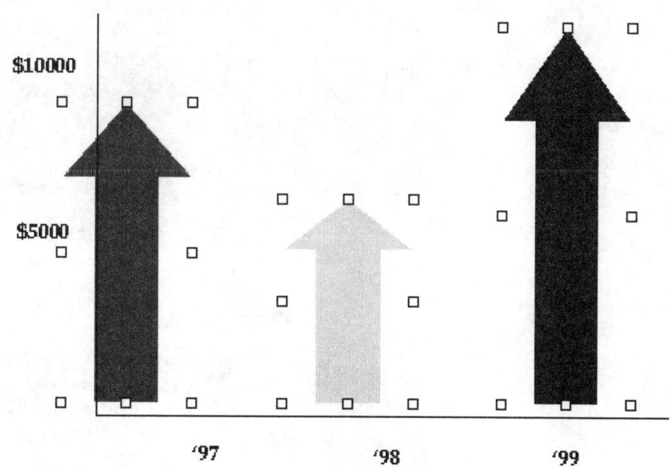

④ 텍스트 상자와 개체의 간격을 조절하여 슬라이드를 완성한다.

〈그림 4-80〉 변경된 슬라이드

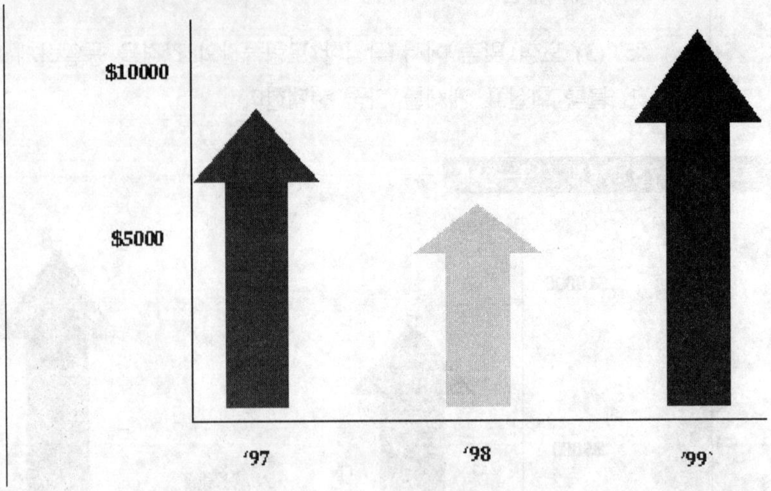

연습문제

1. 텍스트 개체와 도형 개체를 이용하여 자신의 집 약도를 작성하시오.

2. 순서도 도형을 이용하여 1부터 100까지 합계를 구하는 프로그램의 순서도를 작성하시오.

3. 다각형 그리기를 이용하여 자신의 사인을 만드시오.

4. 여러 도형들의 채우기 색과 효과를 이용하여 로고를 만드시오.

5. 도형과 텍스트 상자를 이용하여 성적 분포도를 만들어 보라. 작성시 개체간의 간격과 정렬을 고려하시오.

6. 발표 목차를 텍스트를 이용하여 작성하고 글머리 기호와 번호를 부여하시오.

5장 멀티미디어 클립 사용하기

《학습목표》

본 장에서는 멀티미디어 프레젠테이션을 위해 그림 개체와 클립아트 개체, 동영상 개체, 그리고 소리 개체를 사용하는 방법을 살펴본다. 그리고 그림 개체와 클립아트 개체, 동영상 개체, 그리고 소리 개체를 그룹하는 방법에 대해 알아본다.

5.1 그림 개체 사용

(1) 그림 삽입

하드웨어 기본 구조 그림을 슬라이드에 삽입한다.

① 하드웨어 기본 구조 그림을 슬라이드에 삽입하기 위해 [삽입]-[그림]-[그림 파일]을 선택한다.

② [그림 삽입] 대화 상자에서 사용자가 준비한 그림 파일의 경로와 파일을 선택한다. 선택한 그림은 미리보기 화면으로 확인할 수 있으며 [삽입] 버튼을 클릭 하여 슬라이드에 그림을 추가한다.

〈그림 5-1〉 [그림 삽입] 대화 상자

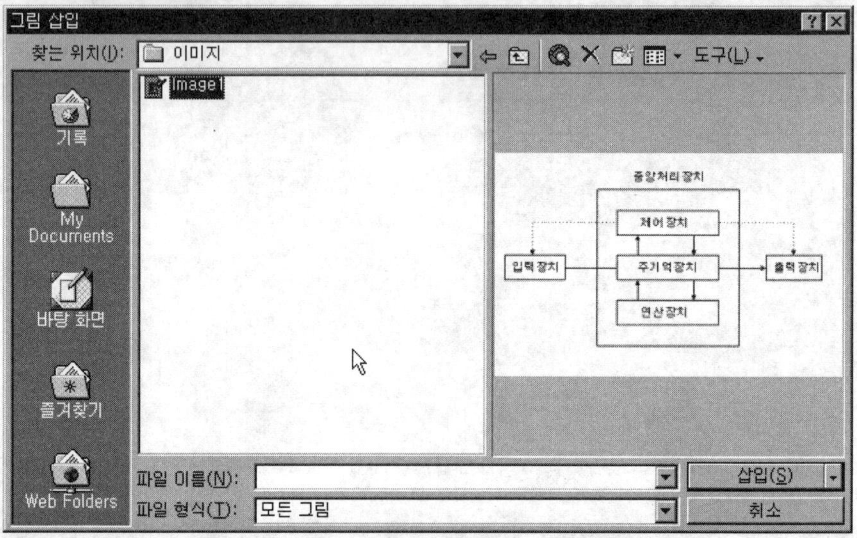

③ 슬라이드에 그림이 삽입되며 [텍스트 상자] 아이콘을 클릭하여 “하드웨어 구조” 라고 입력한다.

〈그림 5-2〉 추가된 그림 개체

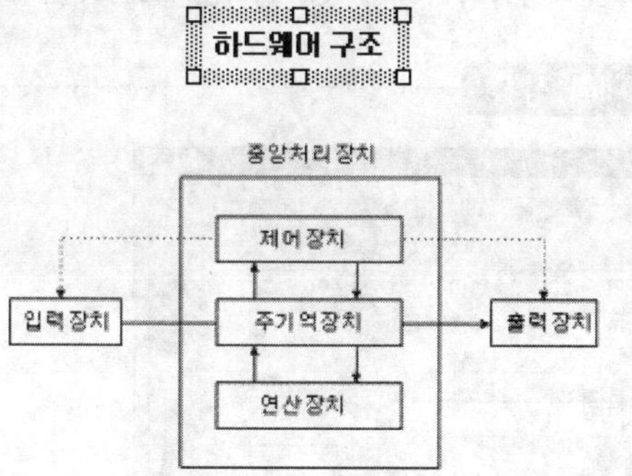

TIP

- [그림 파일 삽입] 아이콘
  [그림] 도구 모음의 [그림 파일 삽입] 아이콘( )을 클릭한다. 방법은 1절 참조

(2) 그림 서식 수정

슬라이드에 그림 개체를 삽입하고 명암 조정 서식을 수정한다.

① [삽입]-[그림]-[그림 파일]을 선택하여 슬라이드에 사진 파일을 삽입한다.

〈그림 5-3〉 사진 파일 삽입

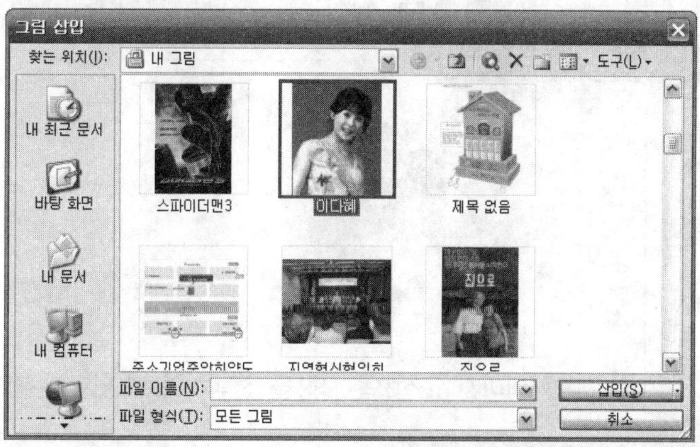

② 슬라이드에 삽입한 그림 개체를 선택하고 [서식]-[그림]을 선택한다.

〈그림 5-4〉 그림 개체 선택

③ [그림 서식] 대화 상자가 나타나며 [그림] 탭을 선택하여 {잘라내기}의 {왼쪽}, {오른쪽}, {위쪽}, {아래쪽}의 수치를 조절하면 그림 일부분을 잘라낼 수 있다.

〈그림 5-5〉 그림 서식 대화 상자

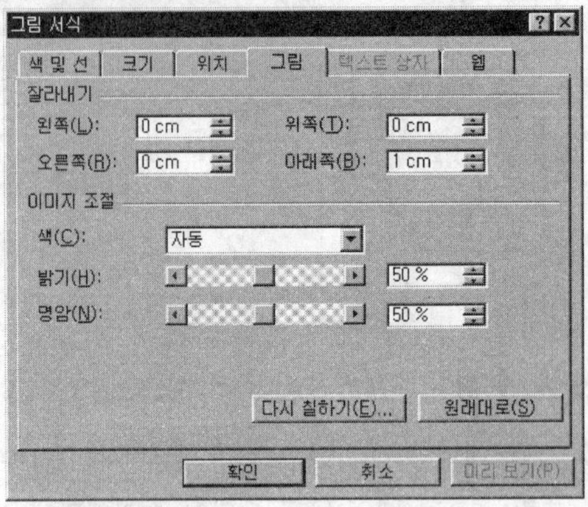

④ 그림의 아래쪽을 잘라내기 위해 {아래쪽}에 "1cm"로 설정하면 다음 그림과 같이 아래 부분이 잘린 그림이 만들어 진다.

〈그림 5-6〉 그림 자르기

TIP

• 원래 이미지로 복구
그림 서식을 조절한 상태에서 [원래대로] 버튼을 클릭하여 원래의 그림으로 복구할 수 있다.

⑤ {이미지 조절}의 {색}을 선택하여 다양한 유형의 그림으로 전환할 수 있다.

〈그림 5-7〉 이미지 색 조절

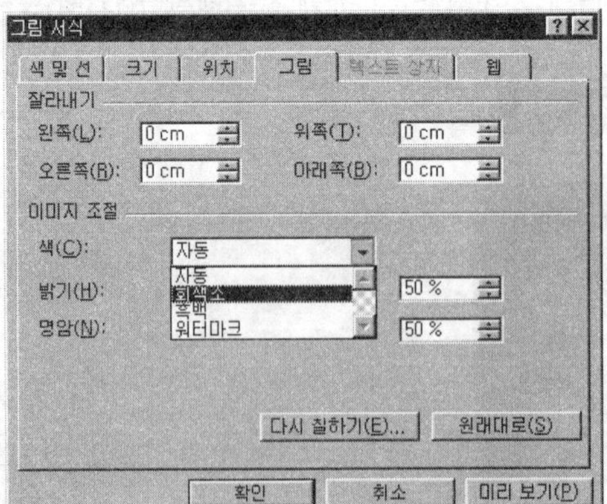

⑥ {색}을 "회색조"로 선택하면 회색의 여러 색채를 이용하여 그림을 변경한다.

〈그림 5-8〉 회색조 그림

⑦ "흑백"을 선택하면 그림을 흰색과 검은색으로 변경한다. 컬러 사진을 흑백 사진 같은 효과를 부여할 때 유용하다.

〈그림 5-9〉 흑백 그림

⑧ {밝기}와 {명암}의 조절 막대를 이동하여 조절한다. 밝기의 수치를 높이면 흰색이 추가되어 그림의 색이 밝아진다. 명암의 수치를 높이면 회색이 적어지며 밝아진다.

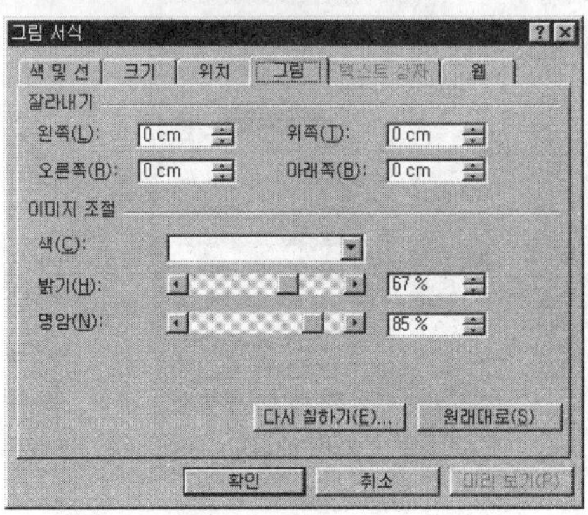

〈그림 5-10〉 밝기와 명암의 조정

⑨ 다음 그림은 밝기와 명암을 일정량 증가한 것이다.

〈그림 5-11〉 밝기와 명암이 조절된 개체

	이미지 조절	그림을 “회색”, “흑백”, “워터마크” 등의 유형으로 변경한다.
	명암:밝게	회색이 적어지며 밝아진다.
	명암: 어둡게	회색이 많아지며 어두워진다.
	밝기:밝게	흰색이 많아지며 밝아진다.
	밝기:어둡게	검은색이 많아지며 어두어진다.

TIP

- [그림] 도구 모음의 아이콘들 그림 서식 도형 메뉴 들은 옆의 표 [그림] 도구 모음의 아이콘 들을 사용할 수 있다.

(3) 그림 개체 효과

그림 개체의 테두리 선을 지정하고 그림의 일부를 투명 효과를 부여한다.

① 그림 개체를 선택한다.

② [그림] 도구 모음의 [선 스타일] 아이콘(☰)을 클릭하여 원하는 테두리 선을 지정한다.

〈그림 5-12〉 선스타일

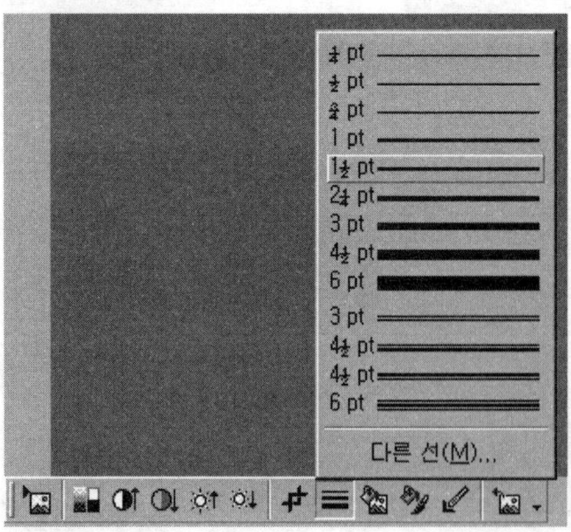

③ 선택한 선의 스타일이 그림의 테두리 선에 나타난다.

〈그림 5-13〉 그림의 테두리 선

④ 투명한 색을 설정하기 위해 그림 개체를 선택한다.

⑤ [그림] 도구 모음의 [투명한 색 설정] 아이콘( )을 클릭한다.

⑥ 마우스로 투명한 색으로 변경할 부분을 클릭한다.

〈그림 5-14〉 투명한 색 지정

⑦ 선택한 부분이 투명한 색으로 변경된다.

〈그림 5-15〉 투명색 지정

⑧ 슬라이드 배경색을 검정색으로 변경하면 투명색으로 지정한 부분이 검정색으로 나타난다. 배경색 변경 방법은 1.2절을 참조한다.

〈그림 5-16〉 배경색 변경

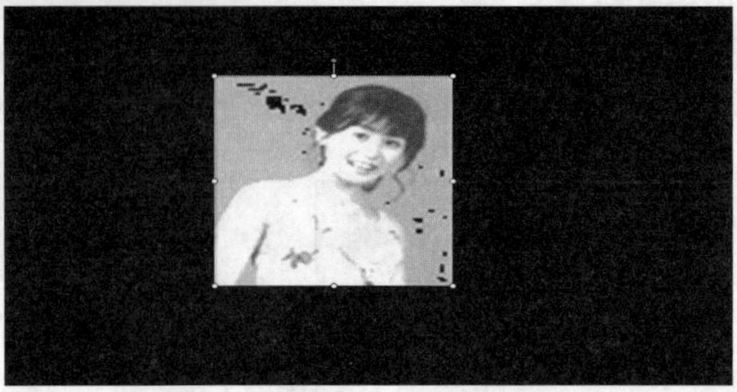

5.2 클립아트 개체 사용

(1) 클립아트 삽입

클립아트를 사용하여 동문회 안내문을 작성하자.

① 클립아트를 슬라이드에 삽입하기 위해 [삽입]-[그림]-[클립 아트]를 선택한다.

② [클립 아트 삽입] 대화 상자가 나타나며 등록된 종류들이 나타난다.

〈그림 5-17〉 [클립 아트 삽입] 대화 상자

③ [클립 아트 삽입] 대화 상자의 여러 종류에서 슬라이드에 삽입할 클립아트의 종류를 클릭한다.

④ 선택한 종류에는 여러 클립아트들이 제공되어 있으며 삽입하고자 하는 클립아트를 클릭하여 [복사]를 선택한다.

〈그림 5-18〉 클립아트 삽입

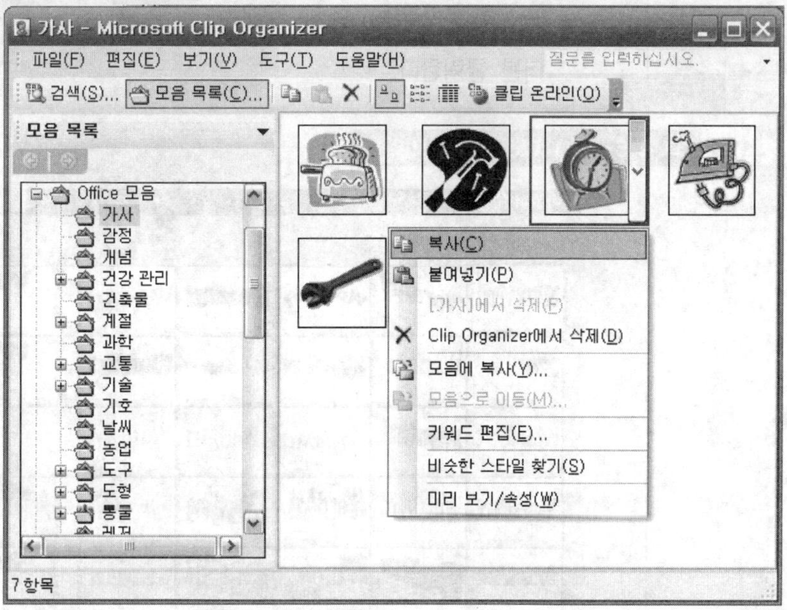

TIP

• 클립 아트 삽입 아이콘
[그리기] 도구 모음의 [클립 아트 삽입] 아이콘(▣)을 클릭한다.

⑤ 슬라이드에 클립아트가 삽입을 위해 [Ctrl+V, 붙여넣기]를 하고, [텍스트 상자] 아이콘을 클릭하여 "동문회 개최"라는 제목과 장소와 일시, 안건 등을 알리는 안내문구를 입력한다.

〈그림 5-19〉 슬라이드에 삽입된 클립아트

TIP

• 삽입된 그림의 위치
슬라이드에 삽입한 그림은 슬라이드 중앙에 위치한다. 다른 개체를 삽입하기 위해서는 개체를 이동하여야 하는데 가장 간단한 방법은 마우스로 개체를 선택하여 드래그한다. 개체의 이동에 관한 자세한 방법은 4장을 참조하기 바란다.

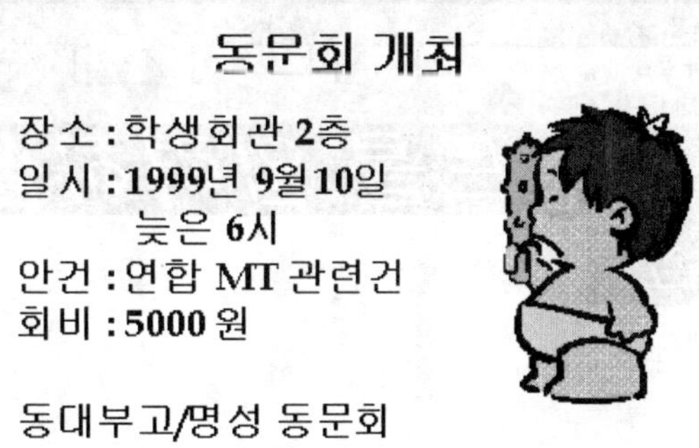

(2) 워드아트 삽입

워드아트와 클립아트를 삽입하여 전단지를 만들자.

① 슬라이드에 워드아트를 삽입하기 위해 [삽입]-[그림]-[WordArt]를 선택한다.

② [WordArt 모음집] 대화 상자가 나타나며 사용자가 원하는 스타일을 선택한 다음 더블 클릭한다.

〈그림 5-20〉 WordArt 모음집

③ [WordArt 텍스트 편집] 대화 상자에서 표현할 텍스트를 "텍스트를 입력하십시오."라는 부분에 입력한다. 텍스트의 글꼴과 크기를 선택할 수 있다.

〈그림 5-21〉 WordArt 텍스트 편집

④ 입력한 텍스트의 워드아트가 슬라이드에 삽입되었다.

〈그림 5-22〉 WordArt 삽입

슬라이드에 클립아트를 삽입하기 위해 [클립 아트 삽입] 아이콘( )을 클릭한다. [클립 아트 삽입] 대화 상자에서 삽입할 클립아트를 선택하여 슬라이드에 삽입한다.

〈그림 5-23〉 클립 아트 삽입

[텍스트 상자] 아이콘( )을 클릭한 다음 텍스트를 입력한다.

〈그림 5-24〉 텍스트 삽입

TIP

- WordArt 삽입 아이콘
  [그리기] 도구 모음이나 [WordArt] 도구 모음의 [WordArt 삽입] 아이콘( )을 클릭한다.

(3) 사용자 정의 클립 추가

회사 로고를 클립 아트 종류 "즐겨찾기"에 추가한다.

① [삽입]-[그림]-[클립 아트]를 선택한다.

② [클립 아트 삽입] 대화 상자가 나타나며 [그림] 탭의 "오피스 모음"을 클릭한다.

〈그림 5-25〉 오피스 모음

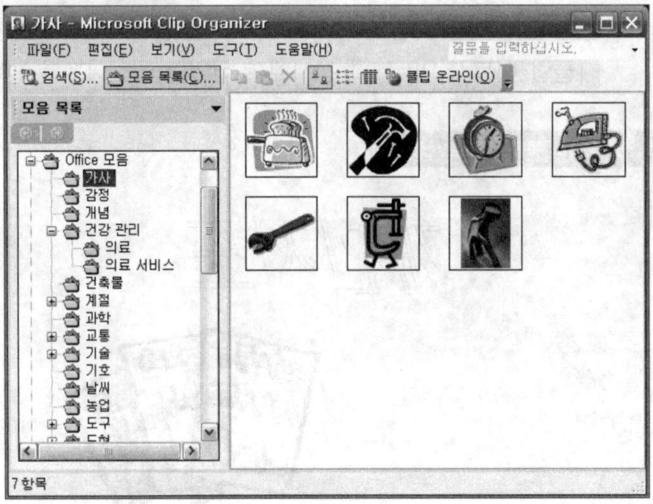

③ [즐겨 찾기] 폴더를 선택한 후, [파일-클립 추가]를 클릭하여 추가할 클립의 경로와 파일명을 선택한다. 해당 파일을 선택한 후, 클립이름을 입력하고 "추가" 버튼을 클릭한다.

〈그림 5-26〉 클립 모음집에 클립 추가 대화 상자

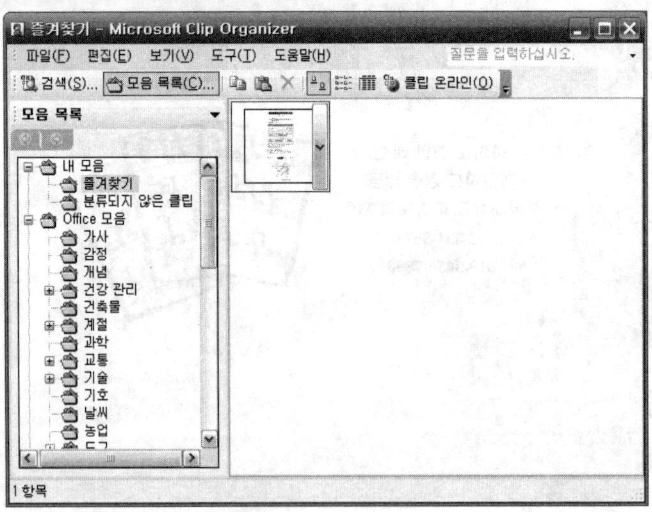

④ [클립 아트 삽입] 대화 상자에 새로 추가된 로고가 등록되었으며 추가된 클립을 선택하여 [클립 삽입] 버튼을 클릭하여 슬라이드에 클립아트를 삽입한다.

〈그림 5-27〉 클립 삽입

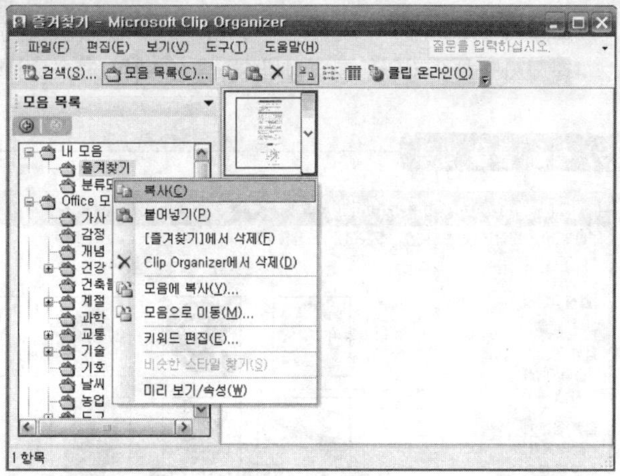

⑤ 선택한 클립 아트가 슬라이드에 삽입된다.

〈그림 5-28〉 클립 아트 삽입한 슬라이드

TIP

- 인터넷을 이용한 클립 추가
[클립 아트 삽입] 대화 상자에서 [온라인 클립] 버튼을 클릭하면 인터넷을 통해 마이크로소프트 홈페이지에 연결되며 추가된 클립들을 다운로드 받을 수 있다.

(4) 클립 아트 모음집

클립 모음집에 등록된 클립들 중 물고기와 관련한 클립을 검색하고 활용 방법을 익힌다.

① 클립 아트 모음집에 등록된 여러 클립들을 키워드를 이용하여 검색할 수 있다. 찾고자 하는 키워드를 {검색(S)}을 선택한 후, {검색 대상}에 입력한다.

〈그림 5-29〉 찾을 클립 입력

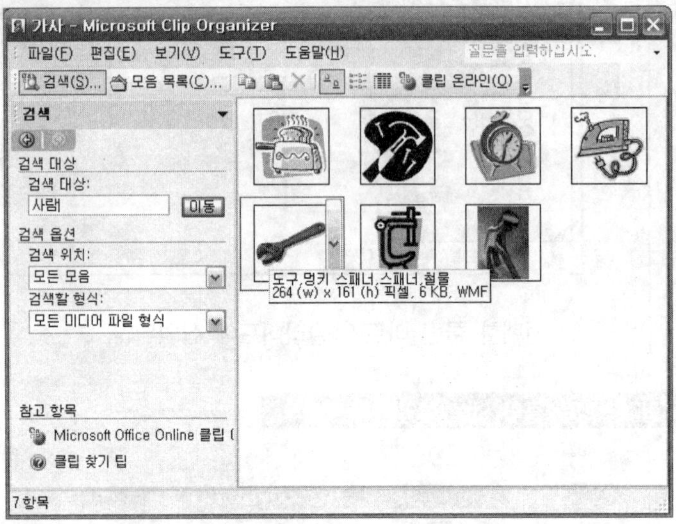

② 관련 클립들이 [클립 아트 삽입] 대화 상자에 나타난다.

〈그림 5-30〉 검색 결과

③ 검색한 클립을 선택하고 [미리보기] 버튼을 클릭하면 클립아트가 확대하여 볼 수 있다.

〈그림 5-31〉 클립 미리보기

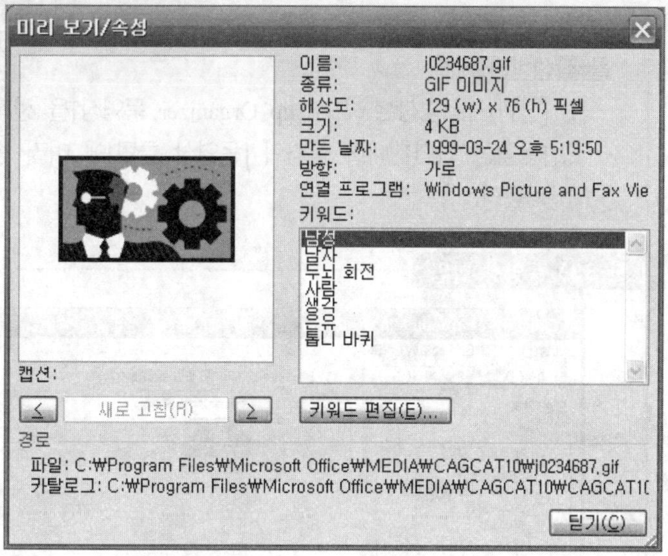

④ 검색한 클립을 선택하고 [모음에 복사] 항목을 클릭하여 선택한 클립을 다른 종류로 이동할 수 있다.

〈그림 5-32〉 다른 클립에 추가

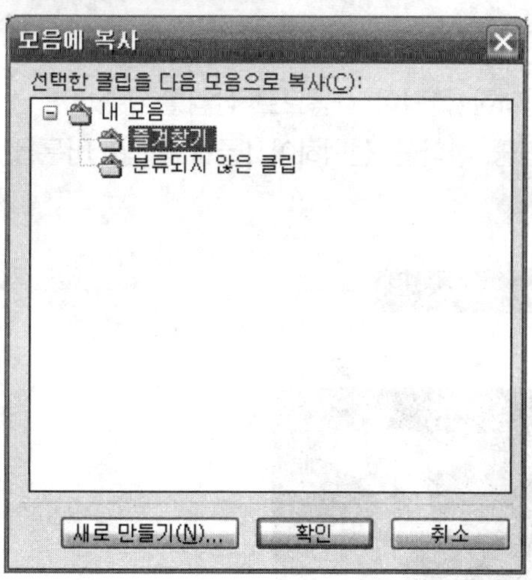

5.3 동영상 개체 사용

(1) 동영상 클립 추가

동영상 클립을 인터넷을 통해 추가하여 동영상 모음집의 클립을 사용하여 슬라이드를 작성한다.

① [삽입]-[동영상/소리]-[Clip Organizer 동영상]을 선택한다.

② [동영상 삽입] 대화 상자의 [동영상 클립]에 여러 종류가 있다. [웹 모음] 을 클릭한다.

〈그림 5-33〉 동영상 삽입

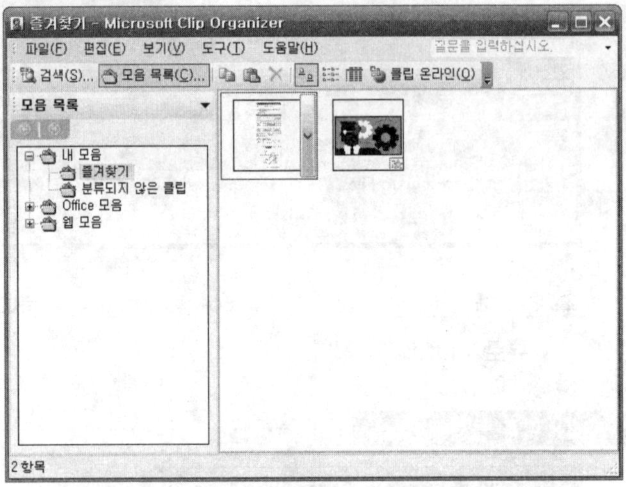

③ 웹에서 선택한 클립이 자동으로 삽입할 수 있다.

④ 여러 클립중 하나를 선택하여 [클립 삽입] 버튼을 클릭하여 클립을 슬라이드에 삽입한다.

〈그림 5-34〉 슬라이드에 클립 삽입

⑤ 삽입된 동영상 클립을 [슬라이드 쇼]-[쇼 보기]를 선택하여 감상한다.

〈그림 5-35〉 슬라이드 쇼

(2) 동영상 파일 삽입

준비된 동영상 파일(TV 광고)을 슬라이드에 삽입한다.

① [삽입]-[동영상/소리]-[동영상 파일]을 선택한다.

② [동영상 삽입] 대화 상자가 나타나며 준비된 동영상 파일을 선택하여 [확인] 버튼을 클릭한다.

〈그림 5-36〉 동영상 삽입

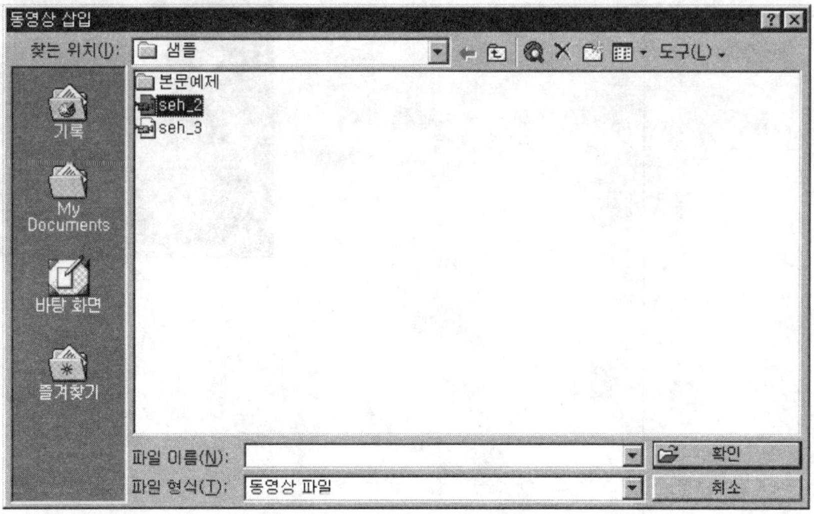

③ 슬라이드 쇼 실행할 때 동영상을 자동으로 재생할지 여부를 확인한다.

〈그림 5-37〉 재생 여부 확인

④ 슬라이드에 동영상 파일이 삽입된다.

〈그림 5-38〉 동영상 파일 삽입

⑤ [슬라이드 쇼]-[쇼 보기]를 선택하면 동영상을 감상할 수 있다.

〈그림 5-39〉 동영상 실행

(3) 동영상 파일 개체 속성

3. (2)에서 삽입한 동영상 개체의 속성을 변경한다.

① 슬라이드에 삽입한 동영상 개체를 선택하고 마우스 오른쪽 클릭하여 [동영상 개체 편집]을 선택한다.

〈그림 5-40〉 동영상 개체 선택

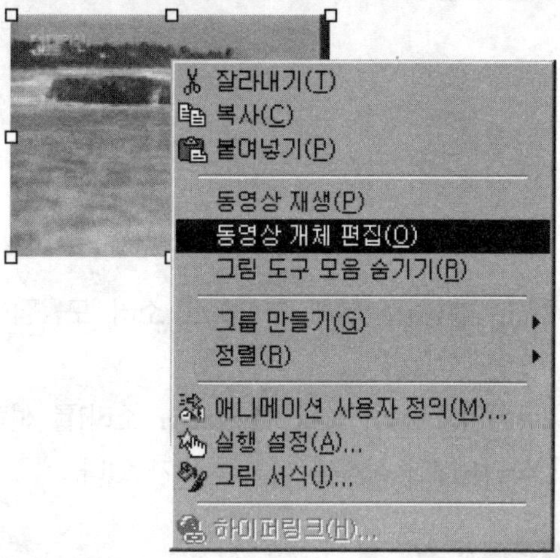

② [동영상 옵션] 대화 상자가 나타나며 재생 옵션을 선택한다. {반복 재생}은 동영상 파일의 재생이 계속 반복되며 {동영상 자동 되감기}를 선택하면 재생한 동영상 파일을 자동으로 되감기를 한다.

〈그림 5-41〉 동영상 옵션

③ 슬라이드의 동영상 개체를 선택하고 마우스 오른 클릭을 한 다음 [동영상 재생]을 선택한다.

④ 슬라이드에 별도의 응용 프로그램 없이 동영상 파일이 재생된다.

〈그림 5-42〉 동영상 파일 재생

5.4 소리 개체 사용

(1) 소리 클립 추가

소리 클립을 인터넷을 통해 추가하고 소리 모음집을 이용하여 슬라이드에 소리를 삽입한다.

① [삽입]-[동영상/소리]-[Clip Organizer 소리]를 선택한다.

② [소리 삽입] 대화 상자에 여러 종류가 있다.

〈그림 5-43〉 소리 삽입 대화 상자

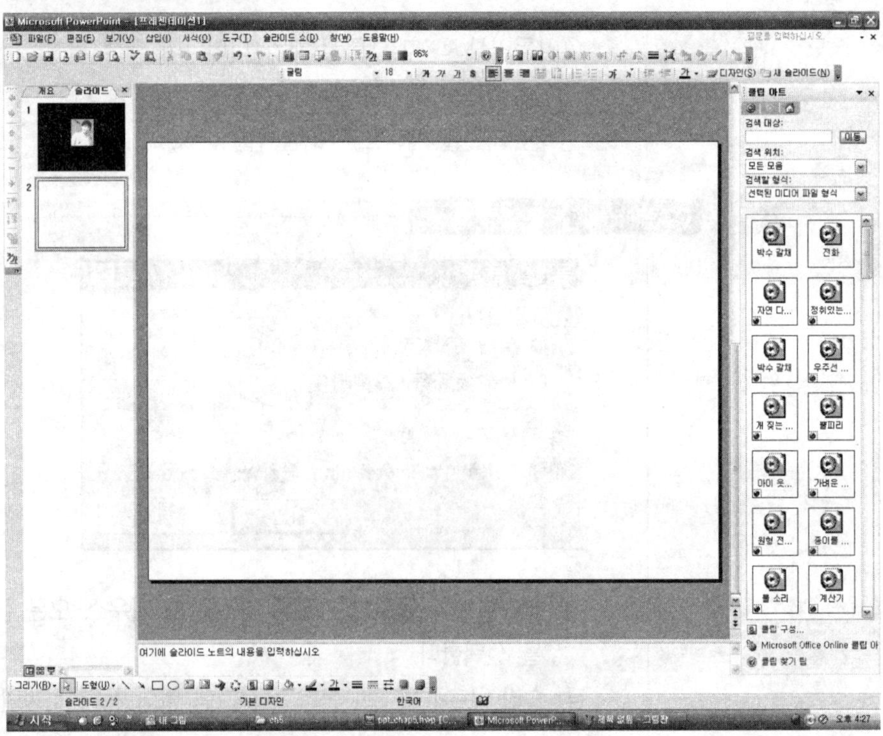

③ 한 클립 종류를 선택하면 등록된 여러 소리 클립들이 나타난다. 만약 소리 클립이 제공되지 않는다면 [온라인 클립] 버튼을 클릭하여 인터넷에서 다운로드 받을 수 있다. 인터넷에서 클립을 추가하는 방법은 3. (1) 참조.

④ 슬라이드 쇼 실행할 때 소리를 자동으로 재생할지 여부를 확인한다.

⑤ 스피커 모양의 아이콘이 슬라이드에 만들어진다.

> TIP
> • 소리 재생
> 삽입된 소리 클립을 더블 클릭하면 소리가 재생된다.

〈그림 5-44〉 스피커 아이콘

⑥ 삽입된 소리 클립을 [슬라이드 쇼]-[쇼 보기]를 선택하여 감상한다.

〈그림 5-45〉 슬라이드 쇼

(2) 소리 파일 삽입

준비된 소리 파일(미디 파일)을 슬라이드에 삽입한다.

① [삽입]-[동영상/소리]-[소리 파일]을 선택한다.

② [소리 삽입] 대화 상자가 나타나며 준비된 미디 파일을 선택하여 [확인] 버튼을 클릭한다.

〈그림 5-46〉 미디 파일 삽입

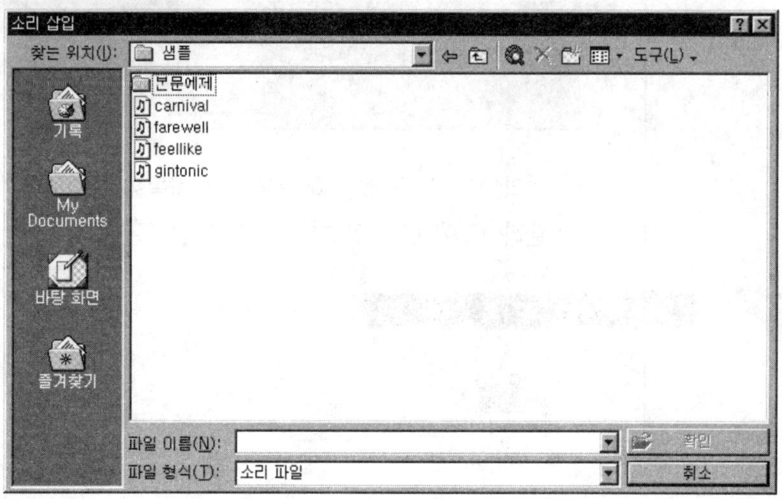

③ 슬라이드 쇼 실행할 때 동영상을 자동으로 재생할지 여부를 확인한다.
④ 슬라이드에 스피커 모양의 아이콘이 삽입된다.

〈그림 5-47〉 소리 파일 삽입

⑤ [슬라이드 쇼]-[쇼 보기]를 선택하면 미디 파일을 감상할 수 있다.

(3) 오디오 CD 파일 삽입

준비된 오디오 CD의 음악을 슬라이드의 배경 음악으로 사용한다.
① [삽입]-[동영상/소리]-[CD 오디오 재생]을 선택한다.
② [동영상 및 소리 옵션] 대화 상자가 나타나며 오디오 CD의 트랙과 시간을 조정하고 [확인] 버튼을 클릭한다.

〈그림 5-48〉 CD 오디오 재생

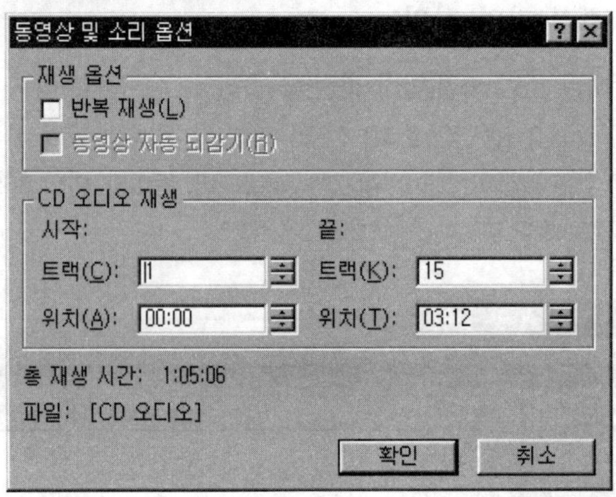

③ 슬라이드 쇼 실행할 때 동영상을 자동으로 재생할지 여부를 확인한다.
④ 슬라이드에 CD 모양의 아이콘이 삽입된다.

〈그림 5-49〉 오디오 음악 삽입

⑤ [슬라이드 쇼]-[쇼 보기]를 선택하면 미디 파일을 감상할 수 있다.

(4) 소리 파일 개체 속성

4. (1)에서 삽입한 소리 클립 개체의 속성을 변경한다.

① 슬라이드에 삽입한 소리 개체를 선택하고 마우스 오른쪽 클릭하여 [소리 개체 편집]을 선택한다

② [소리 옵션] 대화 상자가 나타나며 재생 옵션을 선택한다. {반복 재생}은 소리 파일의 재생이 계속 반복된다.

〈그림 5-50〉 소리 옵션

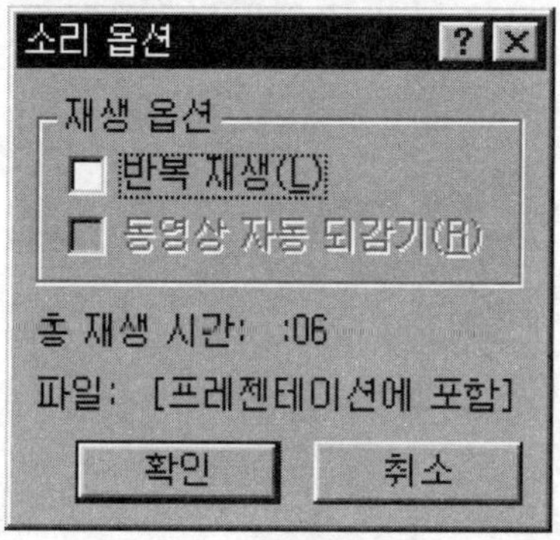

③ 슬라이드의 소리 개체를 선택하고 마우스 오른 클릭을 한 다음 [소리 재생]을 선택한다.

④ 슬라이드에 별도의 응용 프로그램 없이 소리 파일이 재생된다.

5.5 개체 그룹

(1) 개체 그룹 하기

사각형과 원을 이용하여 안내 기호를 만들고 두 개의 개체를 그룹화 하여 크기를 줄이고 위치를 이동한다.

① [그리기] 도구 모음의 [직사각형] 아이콘(□)을 클릭하여 슬라이드에 직사각형을 그린다.

〈그림 5-51〉 직사각형 그리기

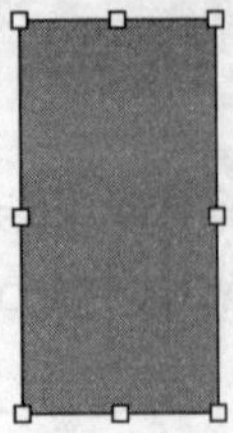

② [그리기] 도구 모음의 [타원] 아이콘(○)을 클릭하여 슬라이드에 원을 그린다. 원을 그리기 위해서는 Shift 를 누르고 드래그하여 그린다.

〈그림 5-52〉 원 그리기

③ 두 개의 개체를 하나의 개체처럼 묶기 위해 다중 선택한 후 마우스 오른쪽 클릭하여 [그룹 만들기]-[그룹]을 선택한다.

〈그림 5-53〉 그룹 만들기

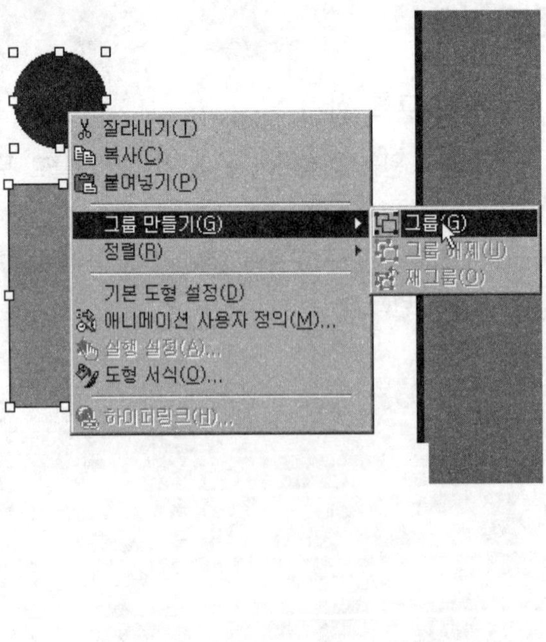

④ 그룹화된 개체는 하나의 개체와 같으며 크기를 조절하면 두 개의 개체가 같은 비율로 조절된다.

〈그림 5-54〉 그룹 개체 크기 조절

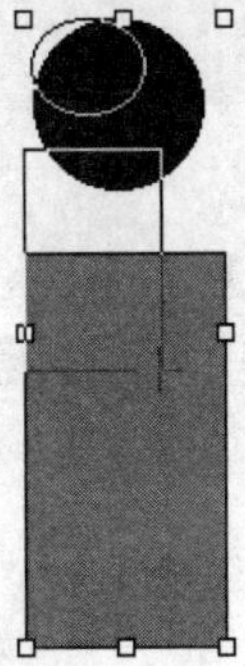

⑤ 그룹된 개체를 선택하고 이동하면 두 개의 개체가 같이 이동된다.

〈그림 5-55〉 그룹 개체 이동

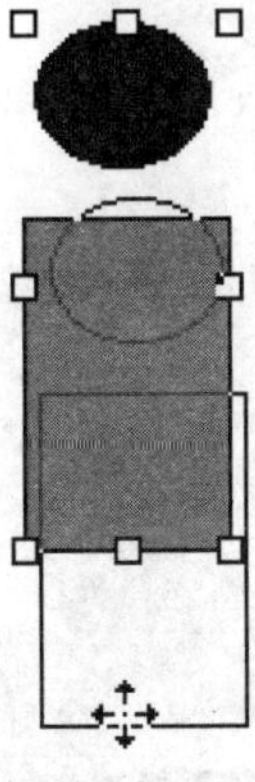

(2) 그룹 해제하기

그룹된 개체를 해제하여 개체 수정한 다음 다시 그룹화한다.

⑥ 그룹된 개체를 선택한 다음 마우스 오른쪽 클릭하여 [그룹 만들기]-[그룹 해제]를 선택한다.

〈그림 5-56〉 그룹 해제

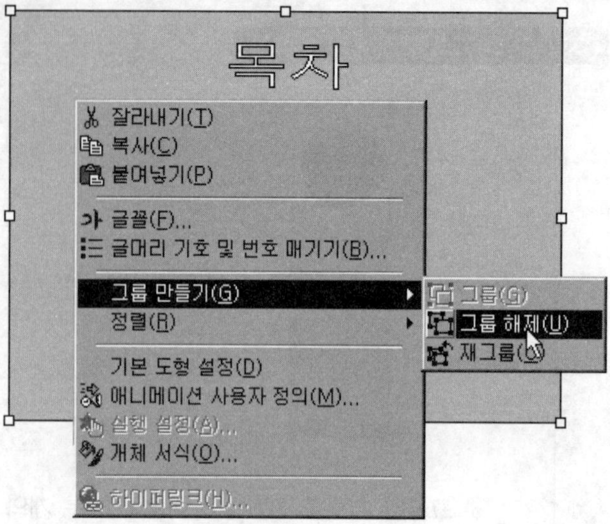

⑦ 그룹 해제된 개체를 이동하여 개체간격을 넓힌 다음 다시 개체를 선택하여 마우스 오른쪽 클릭하여 [그룹 만들기]-[재그룹]을 선택한다.

〈그림 5-57〉 재그룹

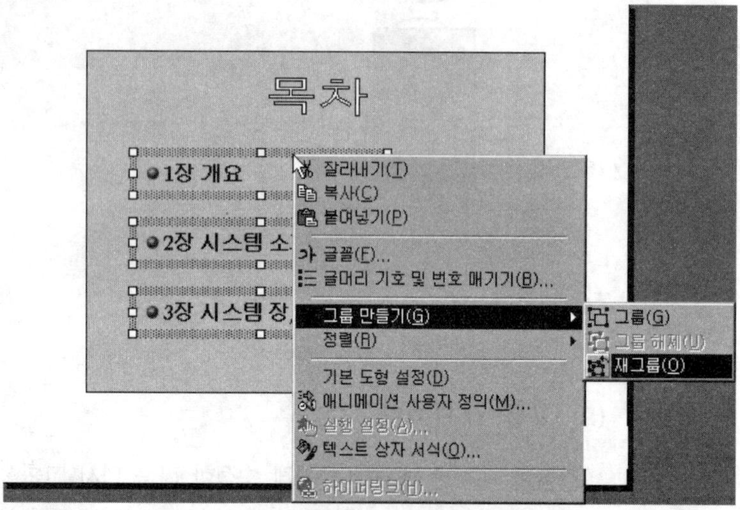

⑧ 그룹된 개체를 선택하고 이동하면 개체들이 같이 이동된다.

〈그림 5-58〉 그룹 개체 이동

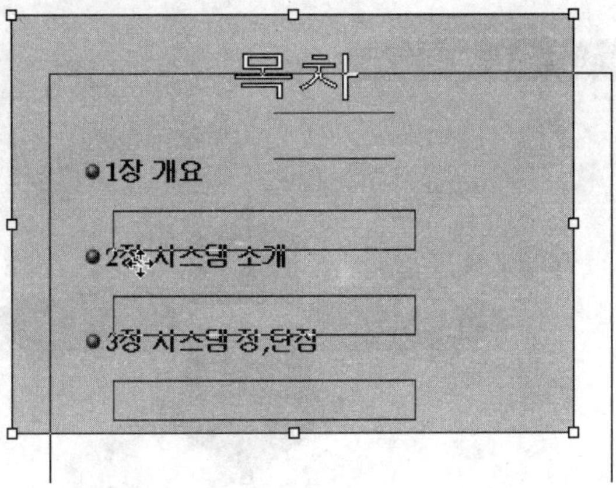

(3) 클립 아트 그룹 해제

클립아트의 개체를 그룹 해제하여 개체를 수정하여 응용한다.

① [삽입]-[그림]-[클립 아트]를 선택한다.

② [클립 아트 삽입] 대화 상자에서 도형 클립을 클릭하여 삽입한다.

〈그림 5-59〉 클립 아트 삽입 대화 상자

③ 슬라이드에 삽입된 클립 아트를 선택하여 마우스 오른쪽 클릭하여 [그룹 만들기]-[그룹 해제]를 선택한다.

〈그림 5-60〉 클립 아트 그룹

④ 클립아트를 그리기 개체로 변환할지 여부를 물어본다. [예] 버튼을 클릭한다.

〈그림 5-61〉 그리기 개체 변환 여부

⑤ 각각의 그리기 개체로 분리되며 개체들을 수정할 수 있다.

〈그림 5-62〉 그룹 해제

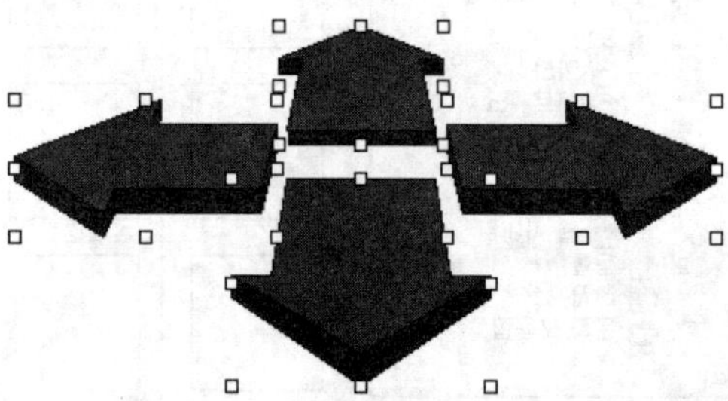

⑥ 그룹 해제된 개체들중 한 개체를 삭제하고 개체를 선택하여 [그리기] 도구 모음의 [각도를 자유롭게 회전] 아이콘( )을 클릭한 다음 개체를 회전한다.

⑦ 편집된 개체들을 하나의 개체로 그룹화하면 다음과 같다.

〈그림 5-63〉 수정된 그룹 개체

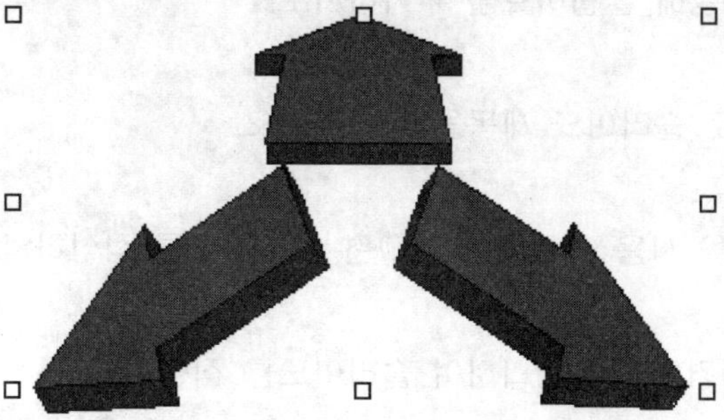

연습문제

1. 자신의 사진을 이용하여 슬라이드 앨범을 작성하시오.

2. 인터넷을 통해 클립아트를 추가하시오.

3. 워드아트로 슬라이드 제목을 작성하시오.

4. AVI 파일을 사용하여 영화 예고편 슬라이드를 작성하시오.

5. 클래식 배경음악을 삽입하여 슬라이드를 작성하시오.

6. 클립아트 개체의 그룹을 해제하여 개체를 수정하시오.

제 4 편 엑 셀

1장 표 작성과 인쇄하기

《학습목표》

본 장에서는 마이크로소프트사의 엑셀을 이용하여 표 작성과 인쇄하는 방법을 소개한다. 먼저 엑셀의 초기 화면 구성 요소를 살펴보고, 표 작성하기, 표에 계산식과 합계 함수 사용하기, 평균과 순위 및 판단 함수 사용하기, 엑셀의 주소 종류, 그리고 인쇄하기 기능에 대해 알아본다.

엑셀은 수치 데이터를 주로 작업할 때 유용한 응용프로그램이다. 데이터를 분석하는 다양한 기능과 풍부한 함수 제공, 다양한 데이터베이스 기능, 그리고 매크로를 통한 자동화기능을 활용하여 업무에 효율성과 생산성을 향상시킬 수 있다.

1.1 초기 화면 구성 요소

엑셀 화면의 구성요소와 명칭을 잘 알아둔다.

NOTE

- 이것만은 반드시!
- ■ 워크시트 : 엑셀에서 작업할 수 있는 영역 전부
- ■ 셀 : 워크시트의 구성 기본 단위이면서 엑셀 작업 기본 단위
- ■ 셀 포인터 : 워크시트 상에서 데이터가 입력될 초점이 맞추어진 셀 범위
- ■ 채우기 핸들 : 복사나 데이터 채우기 등의 기능을 수행하는 포인터

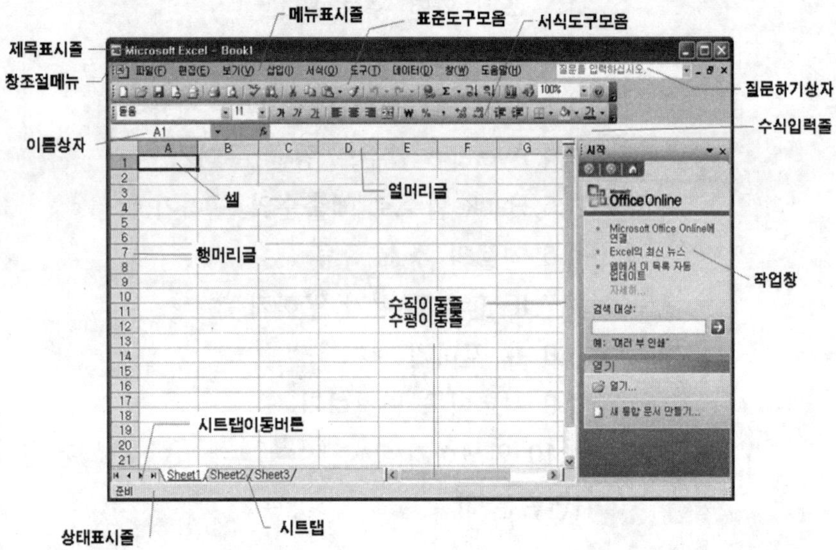

◕ 명칭 설명

① 제목표시줄 : 제어메뉴, 작업파일명 표시, 창의 최대화/최소화/닫기 버튼

② 제어메뉴 : 창의 이동과 표시, 닫기 기능

③ 메뉴표시줄 : 엑셀에서 제공되는 메뉴들로, 엑셀의 작업상태에 따라 적절한 메뉴가 다르게 제공된다.

④ 도구모음 : 메뉴를 선택하는 대신 아이콘(단추)을 이용할 수 있다.

⑤ 이름상자 : 선택된 셀이나 범위를 표시한다.

⑥ 수식 입력줄 : 현재 셀 포인터가 있는 셀의 입력 내용을 표시한다.

⑦ 셀 전체 선택버튼 : 워크시트의 모든 셀을 선택한다.

⑧ 열머리글 : A, B, C...로 표시되는 엑셀의 열을 지칭한다.

⑨ 행머리글 : 1, 2, 3...으로 표시되는 엑셀의 행을 지칭한다.

⑩ 수직/수평 이동줄 : 워크시트를 수직/수평 방향으로 이동할 수 있다.

⑪ 창 분할 버튼 : 워크시트를 분할하여 준다.

⑫ 시트탭 : 작업 시트를 선택할 수 있다.
⑬ 시트탭 이동 버튼 : 시트 이동을 할 수 있다.
⑭ 상태표시줄 : 엑셀에서 현재 선택한 메뉴나 아이콘, 상태에 대한 설명내용이 표시된다.

1.2 표 작성하기

다음과 같은 표를 워크시트에 작성해보자. 작성된 표는 계속 활용하므로 잘 작성하도록 한다.

	A	B	C	D	E	F	G	H	I	J	K
1	사원별 매출실적										
2											
3								(단위:천원)			
4	사원번호	이름	소속지역	1사분기	2사분기	3사분기	4사분기	합계	평균	매출순위	평가
5	101	권진수	동부	180	253	299	314	1,046	262	1	우수
6	102	김민수	서부	358	196	279	182	1,015	254	3	우수
7	103	김지은	남부	121	269	258	159	807	202	13	
8	104	김의도	동부	168	179	231	256	834	209	12	
9	105	김희재	서부	218	191	277	260	946	237	7	
10	106	노종헌	남부	248	105	250	245	848	212	10	
11	107	박근용	북부	119	127	209	261	776	194	14	
12	108	박서정	북부	104	371	279	221	975	244	5	우수
13	109	이민경	동부	158	297	225	167	847	212	11	
14	110	이주석	서부	277	247	185	233	942	236	8	
15	111	조석현	동부	209	233	244	244	930	233	9	
16	112	정유진	남부	356	191	150	265	962	241	6	우수
17	113	황영택	북부	109	341	280	251	981	245	4	우수
18	114	김도윤	남부	214	291	278	257	1,040	260	2	우수
19	합계		2,839	3,291	3,504	3,315	12,949	3,237			
20	평균		203	235	250	237	925	231			

◕ 데이터 입력

① 셀 포인터를 A1으로 이동하고 다음과 같이 입력한다.

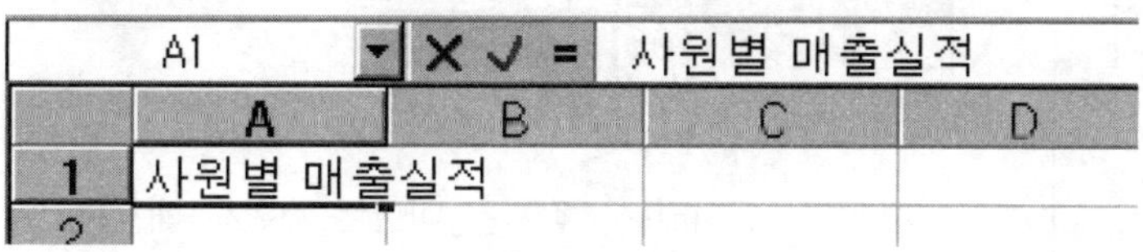

② A4에는 「사원번호」, A5에는 「101」을 입력한다.
③ A5에서 채우기 핸들에 마우스 포인터를 맞춘다.
④ 마우스포인터 모양이 작은 십자가 모양이 되었을 때, 마우스의 오른쪽으로 A18까지 드래그한다.

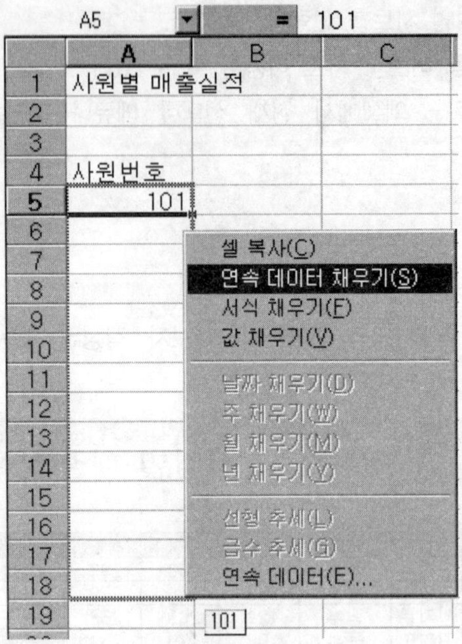

NOTE

- [연속 데이터 채우기]는 연속적인 수치 데이터를 입력할 때 사용한다.
- 이 기능을 사용하려면 [도구] 메뉴에서 [옵션]을 누르고 [편집] 탭을 누른다. [셀을 끌어서 놓기 허용] 확인란이 선택이 되어 있어야 한다.

⑤ 표시되는 단축메뉴에서 [연속 데이터 채우기]를 선택한다.

⑥ B4에서 B6까지 데이터를 입력하고, B7에 「김」을 입력하면 다음과 같이 자동으로 내용이 완성되는 것을 볼 수 있다.

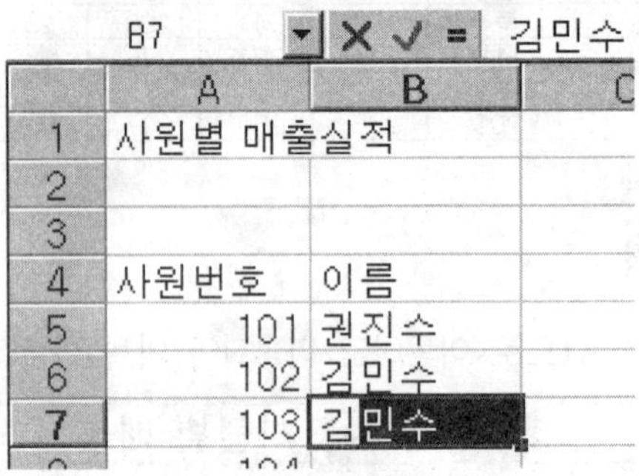

NOTE

- 자동완성 기능은 열 방향으로 데이터를 입력할 때만 적용되는 기능으로 입력되는 첫글자에 따라 이미 위에 입력된 내용을 가상으로 완성시켜주는 기능이다. 입력하려는 내용과 같은 내용이면 ENTER키를 누르면 되고, 아니면 다른 내용을 계속 입력하면 된다.
- 자동으로 입력하지 않으려면 [도구] 메뉴에서 [옵션]을 누르고 [편집] 탭을 누른다. [셀 내용을 자동 완성] 확인란 선택을 취소한다.

실제 입력 데이터는 「김지은」이므로 채워진 내용은 무시하고 계속 입력한다.

⑦ C열에 데이터를 입력할 때는 자동완성기능을 유용하게 사용할 수 있다. 같은 내용의 데이터가 반복되므로 첫글자만 입력하면 나머지 내용이 완성된다.

⑧ D4에 「1사분기」라고 입력하고, 마우스 포인터를 자동 채우기 핸들에 맞춘다. G4까지 마우스의 왼쪽으로 드래그한다.

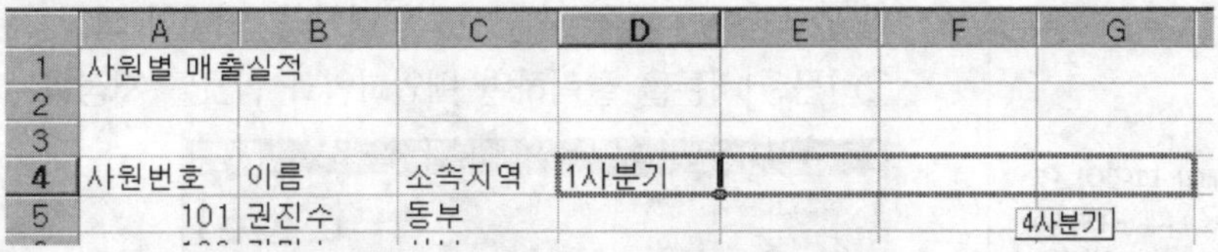

⑨ 다음과 같이 내용이 표시된다.

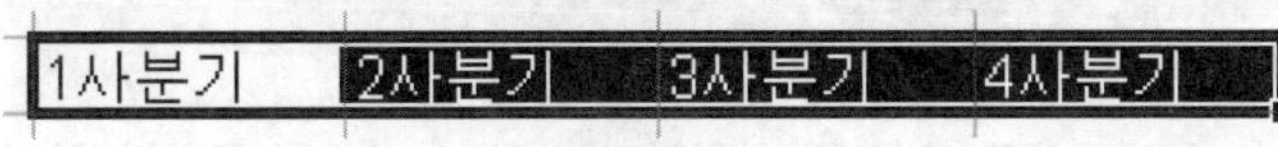

⑩ D5에서 G18까지 데이터를 입력하기 위해 범위를 잡는다. 데이터를 상하방향으로 입력할 때는 ENTER키와 SHIFT+ENTER키만 이용하여 입력한다.

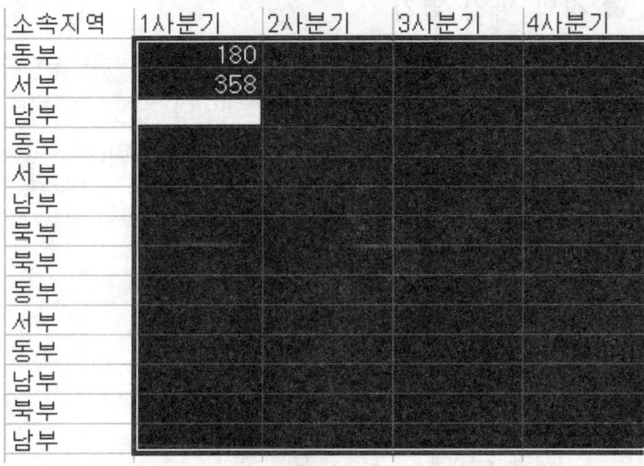

NOTE

셀의 채우기 핸들을 끌어 같은 행이나 열에 있는 다른 셀로 그 셀을 복사할 수 있다. 연속 데이터에서 값이 확장될 수 있는 숫자, 날짜, 시간 등이 셀에 있으면 값이 복사되지 않고 늘어난다. 예를 들면 1사분기, 1월, 월요일 등으로 [도구]메뉴에서 [옵션]을 누르고 [사용자 정의 목록]탭을 누르면 자동 채우기 항목들을 확인할 수 있다.

NOTE

데이터를 좌우방향으로 입력하려면 TAB와 SHIFT+TAB키를 이용한다.

◕ 파일 저장

① 데이터를 모두 입력하였으면 지금까지 작성한 내용을 저장 해보자. [파일]메뉴의 [저장]을 누르면 [다른 이름으로 저장] 대화상자가 나타난다. 저장하려는 드라이브와 폴더를 선택한다. 엑셀의 기본 저장위치는 My Documents 폴더이다.

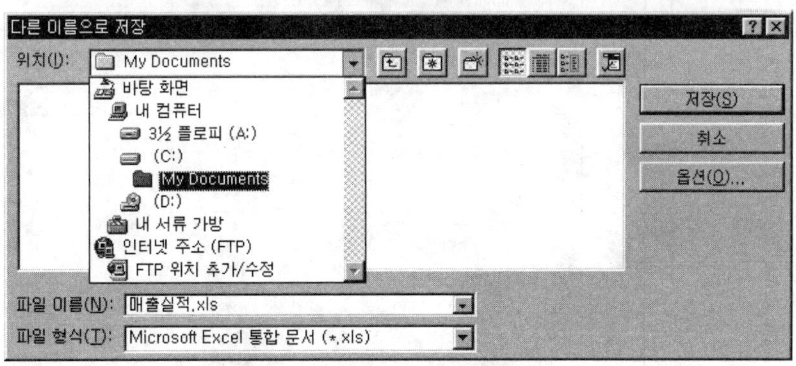

파일 이름은 「매출실적」으로 입력한다. 엑셀의 확장자는 [.xls]이다.

② [옵션]버튼을 클릭하면 백업파일과 암호를 지정할 수 있다.

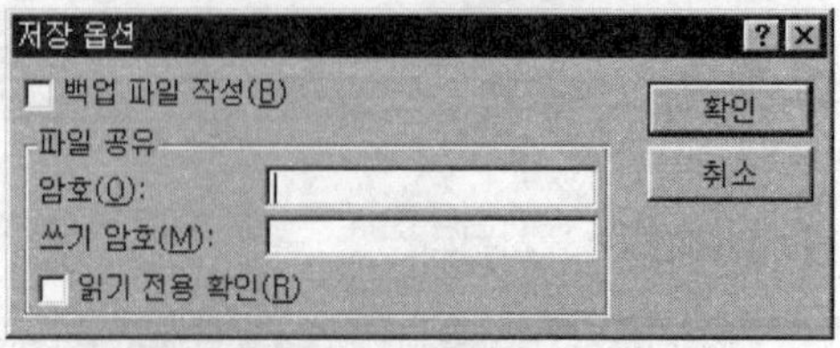

③ [저장 옵션]을 지정하고, [저장] 버튼을 클릭하여 저장한다.

④ 작업하던 파일을 종료하려면 [파일]메뉴의 [닫기]를 누른다.

◕ 작업 파일 열기

① 저장된 파일을 열려면 [파일]메뉴의 [열기]를 누른다.

② 표시되는 열기 대화상자에서 파일의 저장된 위치를 찾아 「매출실적」파일을 선택하고 [열기]버튼을 클릭하면 파일이 열린다.

NOTE

- 여러 개의 파일이 열려 있을 때 한번에 모두 종료하려면 SHIFT키를 누르고 [파일]메뉴를 누르면 [닫기] 대신에 [모두 닫기]를 선택할 수 있다.
- 엑셀에서 SHIFT키를 누른 상태에서 메뉴를 선택하면 내용이 위와 같이 변경되는 경우가 종종 있다.

NOTE

여러 개의 파일을 ctrl키와 shift키를 사용하여 동시에 열 수 있다.

1.3 표에 계산식과 합계 함수 사용하기

사원별 매출합계와 분기별 합계를 구해보자.

◕ 수식을 사용하여 합계 구하기

① H4와 A19에 합계라고 입력한다.

② H5로 셀 포인터를 이동한다. 「권진수」의 1사분기~4사분기까지의 매출실적을 구하는 수식을 입력한다. 엑셀에서 수식은 「=」으로 시작한다.

「=D5+E5+F5+G5」

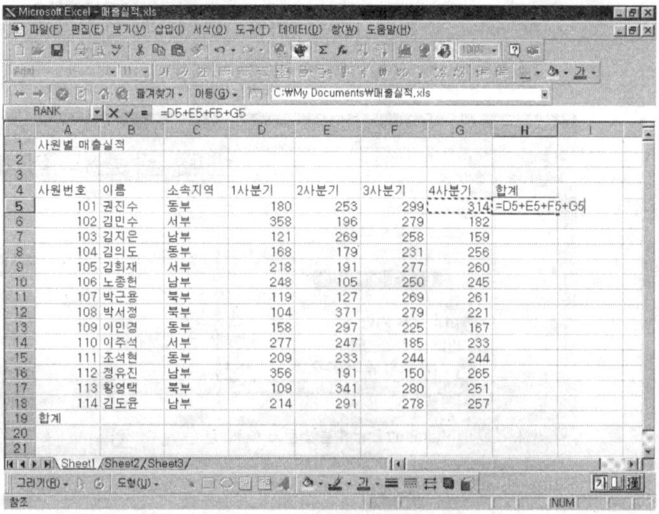

	A	B	C	D	E	F	G	H
1	사원별 매출실적							
2								
3								
4	사원번호	이름	소속지역	1사분기	2사분기	3사분기	4사분기	합계
5	101	권진수	동부	180	253	299	314	=D5+E5+F5+G5
6	102	김민수	서부	358	196	279	182	
7	103	김지은	남부	121	269	258	159	
8	104	김의도	동부	168	179	231	256	
9	105	김희재	서부	218	191	277	260	
10	106	노종헌	남부	248	105	250	245	
11	107	박근용	북부	119	127	269	261	
12	108	박서정	북부	104	371	279	221	
13	109	이민경	동부	158	297	225	167	
14	110	이주석	서부	277	247	185	233	
15	111	조석현	동부	209	233	244	244	
16	112	정유진	남부	356	191	150	265	
17	113	황영택	북부	109	341	280	251	
18	114	김도윤	남부	214	291	278	257	
19	합계							
20								
21								

③ H5에 셀 포인터를 맞추고, 채우기 핸들에 마우스 포인터를 맞춘 후 H18까지 드래그한다.

수식이 복사되면서 나머지 사람들의 합계도 구해지는 것을 확인할 수 있다.

④ 수식이 제대로 맞는지 확인하기 위해 수식을 볼 수 있는 상태로 변경한다.

ctrl + ~ 키를 누르면 시트가 수식을 표시하는 시트로 변경된다. 수식이 정확한 것을 확인할 수 있다.

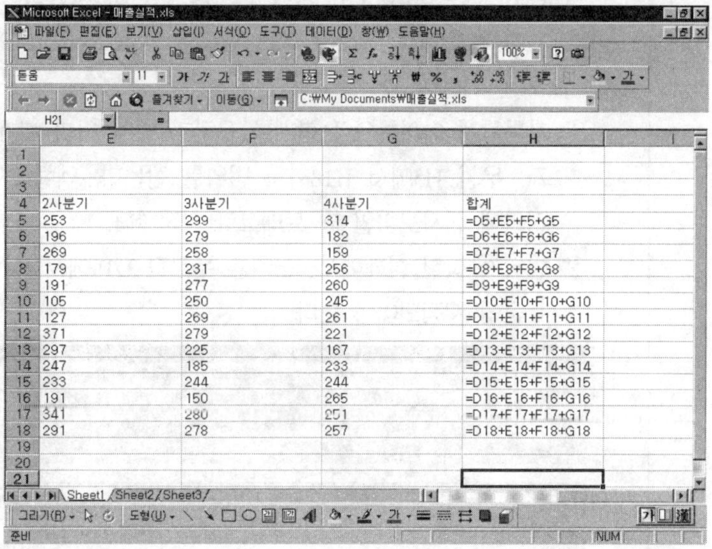

다시 ctrl + ~ 키를 누르면 값이 표시되는 시트로 돌아간다.

⑤ D19로 셀 포인터를 이동하고 1사분기의 매출합계를 구하고, 다른 분기의 매출합계를 복사로 구한다.

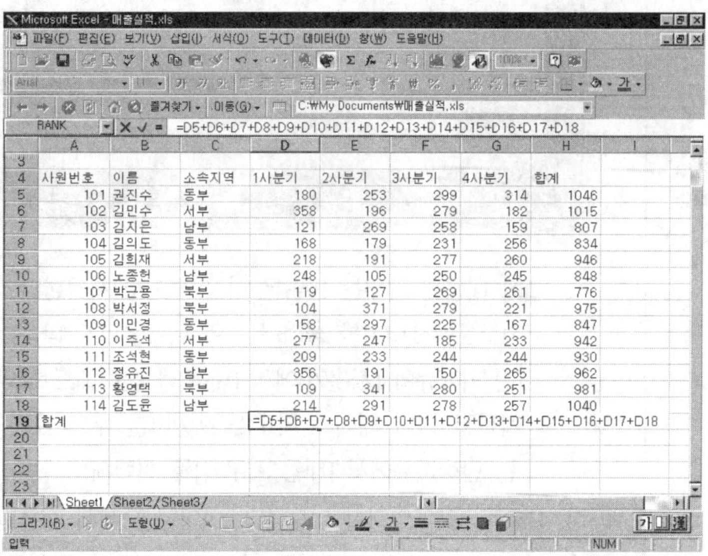

D19의 수식은

「=D5+D6+D7+D8+D9+D10+D11+D12+D13+D14+D15+D16+D17+D18」으로 상당히 입력하기가 힘들다. 그래서 다음의 방법을 사용한다.

◕ 자동합계 아이콘으로 합계 구하기

엑셀에서 사용하는 수식 중에서 가장 빈번히 사용하는 기능이 합계를 구하는 기능이다. 그래서 합계를 구하는 데는 함수를 사용하기도 하지만 아이콘으로 합계를 계산할 수 있는 기능이 있다.

① 자동합계 아이콘으로 합계를 구하기 위해 이미 합계가 작성된 셀의 내용을 지우자. 우선 H5에서 H18까지 범위를 잡는다. 엑셀에서의 범위는 마우스 포인터가 하얀색 십자모양일 때 드래그로 지정한다.

② 범위가 잡힌 상태에서 ctrl키를 누르고 D19에서 H19까지 범위를 잡는다. 범위가 두군데 지정되어야 한다.

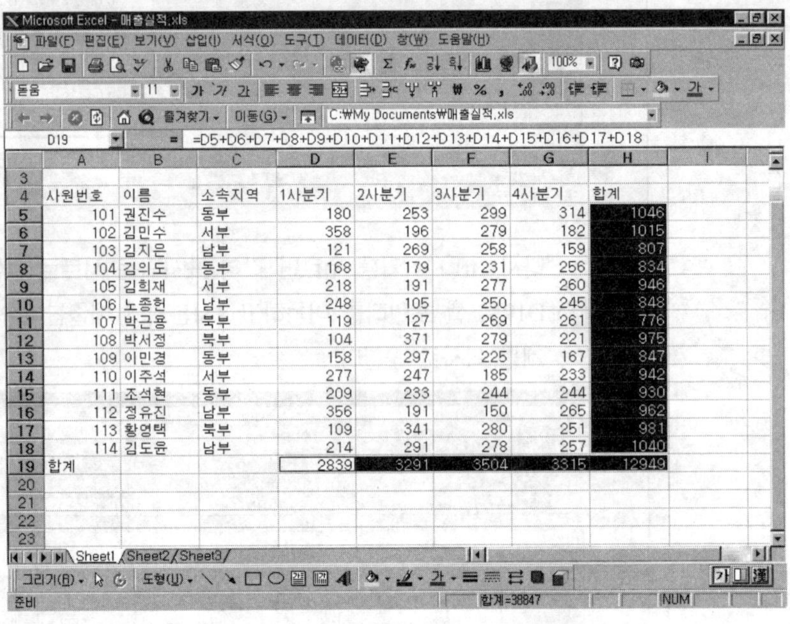

NOTE

떨어져 있는 셀을 동시에 범위를 잡을 때는 ctrl키를 사용한다.

③ 셀의 내용을 지우는 방법은 다음 중에서 사용한다.

- 키보드의 Del키를 눌려서 셀의 내용을 지운다.
- [편집]메뉴의 [지우기]에서 [내용]을 선택해도 된다.
- 지정된 범위 내에다 마우스 포인터를 두고 오른쪽 마우스를 클릭하면 표시되는 단축메뉴에서 [내용 지우기]를 선택해도 된다.

④ H5에다 셀포인터를 이동한다. 아이콘 중에서 자동합계(Σ) 아이콘을 클릭한다.

⑤ =sum(D5:G5)가 입력되고 D5에서 G5까지 점선으로 범위가 지정되는 것을 볼

수 있다. 범위가 틀리면 범위를 수정하고, 맞으면 ENTER키를 누른다. 수식을 직접 입력하는 것보다 훨씬 간편하게 계산 할 수 있는 방법이라는 것을 알 수 있다.

⑥ 채우기 핸들로 나머지 셀에 수식을 복사한다.

⑦ D19에서 H19까지도 마찬가지 방법으로 수식을 입력한다.

◕ 여러 셀에 자동합계 아이콘으로 합계 구하기

자동 합계 아이콘을 조금 더 편리하게 사용하는 방법이다.

① 합계가 입력된 셀의 내용을 CTRL키를 이용하여 범위를 지정한 후 지운다.

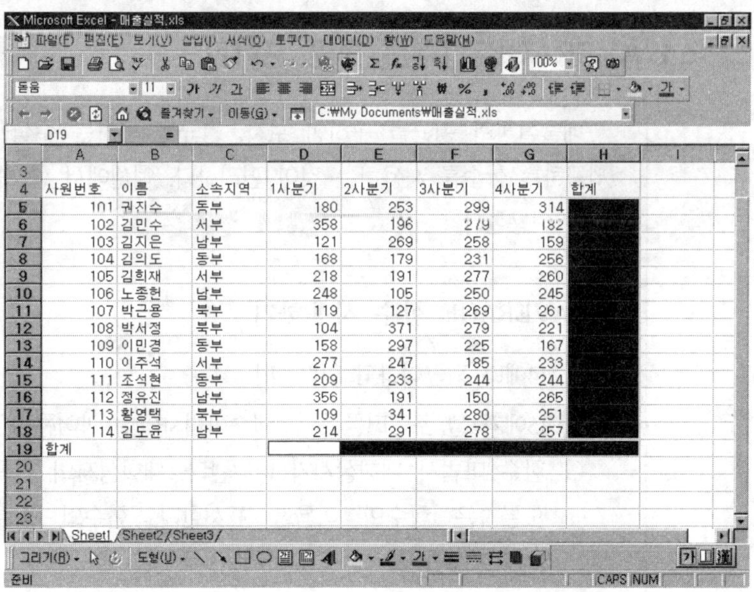

② 지정된 범위를 그대로 둔 상태에서 자동합계 아이콘을 누른다.

③ 지정된 범위에 정확하게 합계가 계산되어 입력되는 것을 알 수 있다.

◕ 천단위마다 컴마 사용하기

구해진 합계는 천단위를 초과하므로 천 단위마다 「,」를 입력해보자.

① 「,」가 입력되어야 하는 합계의 범위를 지정한다.

② 아이콘 중에서 콤마 유형(,)을 클릭한다.

③ 천단위마다 「,」가 입력되는 것을 확인 할 수 있다.

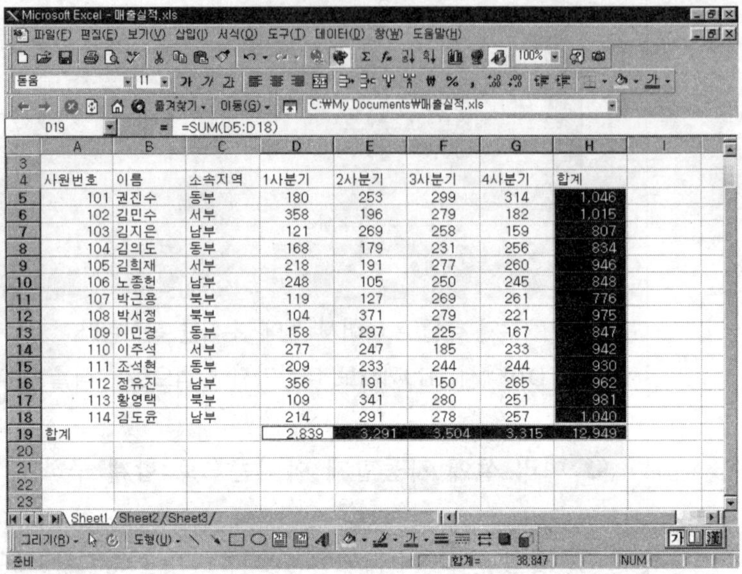

D19 =SUM(D5:D18)

	A	B	C	D	E	F	G	H
4	사원번호	이름	소속지역	1사분기	2사분기	3사분기	4사분기	합계
5	101	권진수	동부	180	253	299	314	1,046
6	102	김민수	서부	358	196	279	182	1,015
7	103	김지은	남부	121	269	258	159	807
8	104	김의도	동부	168	179	231	256	834
9	105	김희재	서부	218	191	277	260	946
10	106	노종현	남부	248	105	250	245	848
11	107	박근용	북부	119	127	269	261	776
12	108	박서정	북부	104	371	279	221	975
13	109	이민경	동부	158	297	225	167	847
14	110	이주석	서부	277	247	185	233	942
15	111	조석현	동부	209	233	244	244	930
16	112	정유진	남부	356	191	150	265	962
17	113	황영택	북부	109	341	280	251	981
18	114	김도윤	남부	214	291	278	257	1,040
19	합계			2,839	3,291	3,504	3,315	12,949

1.4 AVERAGE 함수로 평균 구하기

매출실적의 평균을 구하여 보자. 평균을 구하는 수식을 사용해도 되지만 엑셀에서 제공하는 함수를 사용하는 것이 편리하다. 엑셀에서 함수를 사용하는 방법은 함수마법사를 이용한다.

◕ AVERAGE 함수 사용하기

① I4에다 평균이라고 입력한다.

② I5에가 셀 포인터를 두고 함수마법사(fx) 아이콘을 클릭한다.

③ 함수 마법사 대화상자가 나타난다. 대화상자의 왼쪽은 함수의 종류를 표시하고, 오른쪽은 함수의 이름을 표시한다. 함수의 종류는 [통계], 함수의 이름은 [AVERAGE]를 선택하고 [확인] 버튼을 클릭한다.

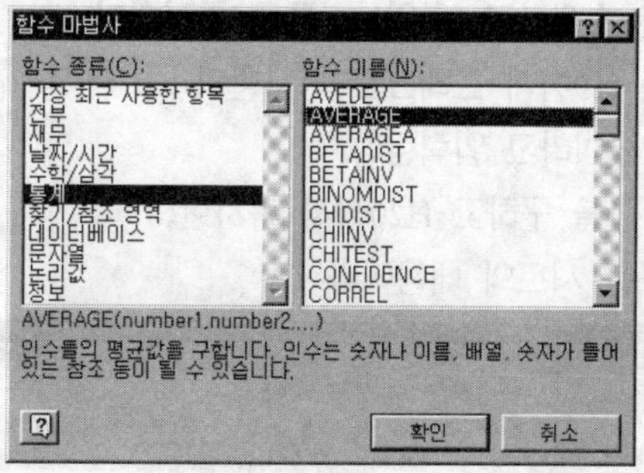

④ 워크시트의 왼쪽에 표시되는 창을 보면 평균을 내는 셀의 범위가 자동으로 표시된다. 하지만 셀의 범위가 잘못 지정된 것을 알 수 있다.

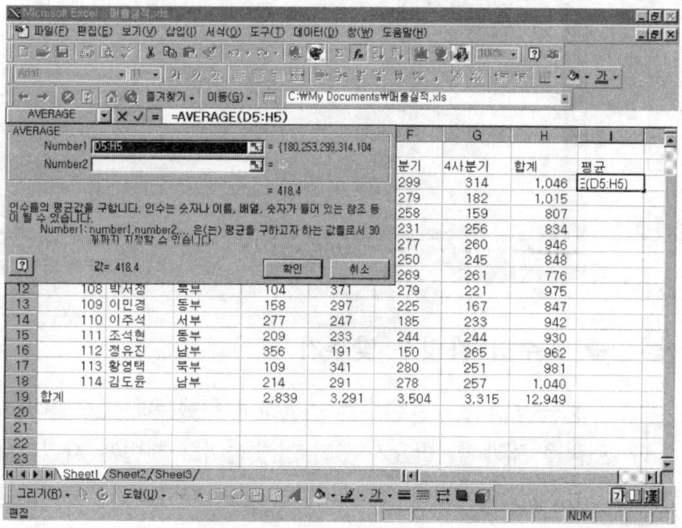

⑤ 잘못된 범위를 수정한다. H5를 G5로 수정한다.

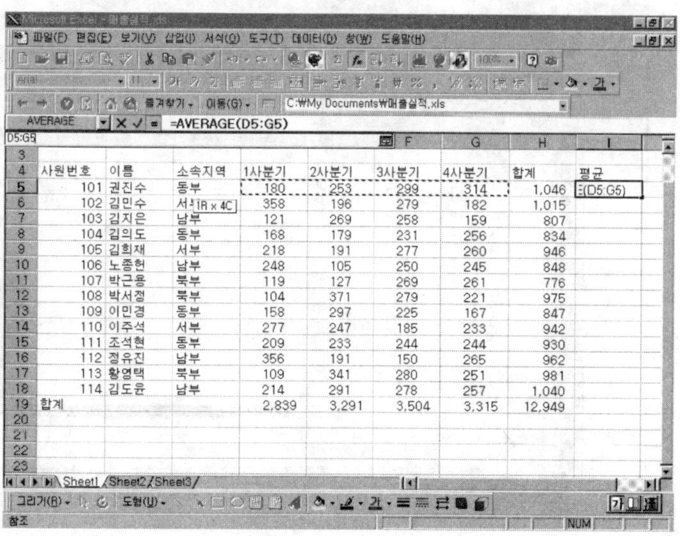

NOTE

범위를 수정할 때는 키보드로 직접 입력해도 되고, 마우스를 사용해서 수정해도 된다. 마우스를 사용하면 셀을 입력하는 입력란이 자동으로 작은 창이 되어 표시된다.

⑥ 셀의 범위를 수정하고 [확인] 버튼을 클릭한다.

⑦ I5의 함수를 I19까지 드래그로 복사한다.

⑧ A20에다 평균이라고 입력한다.

⑨ D20에다 평균을 구하고 H20까지 복사한다.

⑩ 평균까지 구한 시트의 내용이다.

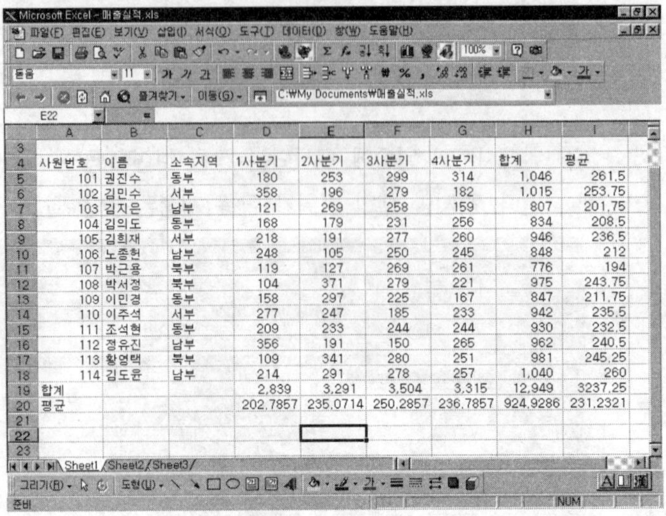

	A	B	C	D	E	F	G	H	I
3									
4	사원번호	이름	소속지역	1사분기	2사분기	3사분기	4사분기	합계	평균
5	101	권진수	동부	180	253	299	314	1,046	261.5
6	102	김민수	서부	358	196	279	182	1,015	253.75
7	103	김지은	남부	121	269	258	159	807	201.75
8	104	김의도	동부	168	179	231	256	834	208.5
9	105	김희재	서부	218	191	277	260	946	236.5
10	106	노종헌	남부	248	105	250	245	848	212
11	107	박근용	북부	119	127	269	261	776	194
12	108	박서정	북부	104	371	279	221	975	243.75
13	109	이민경	동부	158	297	225	167	847	211.75
14	110	이주석	서부	277	247	185	233	942	235.5
15	111	조석현	동부	209	233	244	244	930	232.5
16	112	정유진	남부	356	191	150	265	962	240.5
17	113	황영택	북부	109	341	280	251	981	245.25
18	114	김도윤	남부	214	291	278	257	1,040	260
19	합계			2,839	3,291	3,504	3,315	12,949	3237.25
20	평균			202.7857	235.0714	250.2857	236.7857	924.9286	231.2321

◕ 소수점 자릿수 맞추기

평균을 Average 함수를 이용하여 구했는데 소숫점이하 자릿수가 임의로 표시되므로 조정을 해야 할 필요가 있다. 소숫점이하 첫번째 자리까지 나타나도록 해보자.

① 소숫점자리를 맞추어야 할 셀의 범위를 지정한다. 평균이 계산된 범위이다.

② 범위를 잡은 상태에서 자릿수 줄임(.00→.0) 아이콘과 자릿수 늘임(.0→.00) 아이콘을 이용하여 소수점이하 첫번째 자리에 맞춘다.

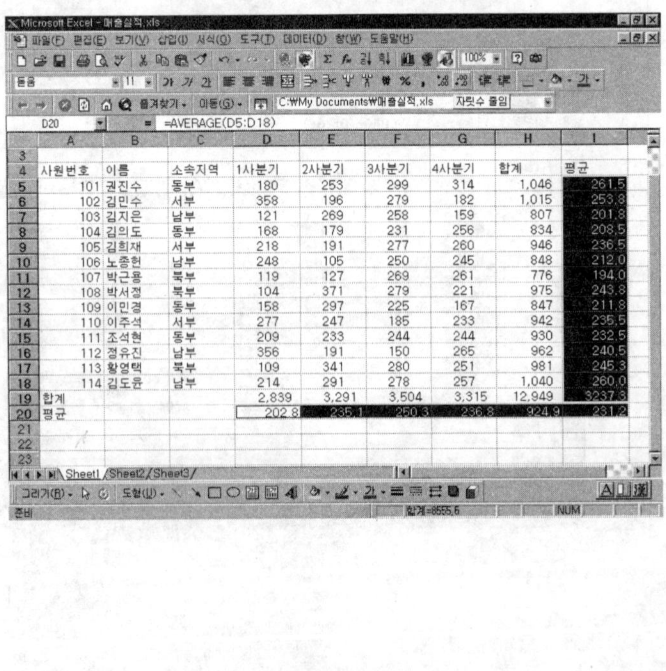

	A	B	C	D	E	F	G	H	I
3									
4	사원번호	이름	소속지역	1사분기	2사분기	3사분기	4사분기	합계	평균
5	101	권진수	동부	180	253	299	314	1,046	261.5
6	102	김민수	서부	358	196	279	182	1,015	253.8
7	103	김지은	남부	121	269	258	159	807	201.8
8	104	김의도	동부	168	179	231	256	834	208.5
9	105	김희재	서부	218	191	277	260	946	236.5
10	106	노종헌	남부	248	105	250	245	848	212.0
11	107	박근용	북부	119	127	269	261	776	194.0
12	108	박서정	북부	104	371	279	221	975	243.8
13	109	이민경	동부	158	297	225	167	847	211.8
14	110	이주석	서부	277	247	185	233	942	235.5
15	111	조석현	동부	209	233	244	244	930	232.5
16	112	정유진	남부	356	191	150	265	962	240.5
17	113	황영택	북부	109	341	280	251	981	245.3
18	114	김도윤	남부	214	291	278	257	1,040	260.0
19	합계			2,839	3,291	3,504	3,315	12,949	3237.3
20	평균			202.8	235.1	250.3	236.8	924.9	231.2

1.5 RANK 함수로 매출순위 구하기

사원별로 합계를 기준으로 매출순위를 구해보자. 합계가 많은 순서로 순위를 구하는 함수는 RANK라는 함수이다.

① J4에다 매출순위라고 입력한다.

② J5로 셀 포인터를 이동하고 함수 마법사 아이콘을 클릭한다.

③ 함수 종류는 [통계], 함수 이름은 [RANK]를 선택하고 [확인] 버튼을 클릭한다.

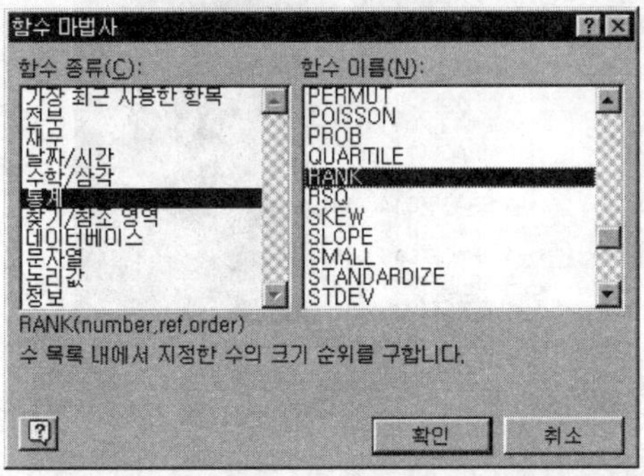

NOTE 메뉴를 이용하려면 [삽입]메뉴의 [함수]를 선택한다.

④ [RANK] 함수는 3개의 입력란에 값을 입력해야 한다.

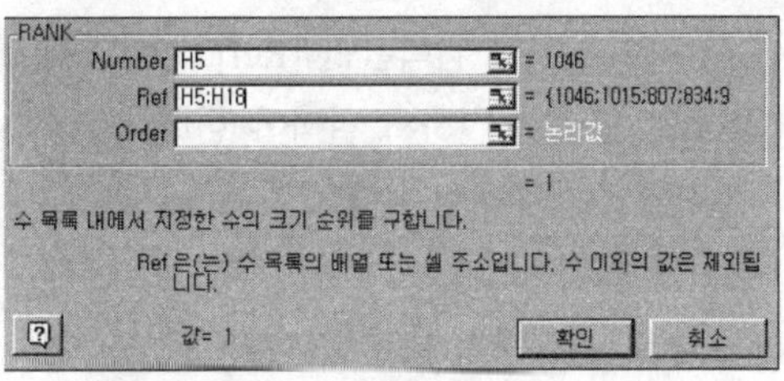

NOTE [RANK]함수를 쉽게 찾는 방법이 있다. 함수 이름의 첫번째 함수를 선택한 후 키보드에서 「R」을 클릭하면 「R」로 시작하는 함수이름으로 건너뛴다.

⑤ [확인] 버튼을 클릭하면, J5에 「1」이라는 순위가 표시된다.

⑥ 평균을 구할 때와 마찬가지로 J5의 함수식을 J18까지 복사를 한다.

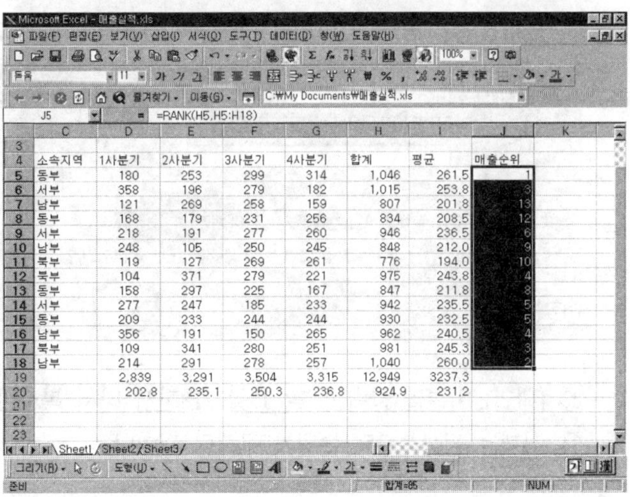

	C	D	E	F	G	H	I	J
3								
4	소속지역	1사분기	2사분기	3사분기	4사분기	합계	평균	매출순위
5	동부	180	253	299	314	1,046	261.5	1
6	서부	358	196	279	182	1,015	253.8	3
7	남부	121	269	258	159	807	201.8	13
8	동부	168	179	231	256	834	208.5	12
9	서부	218	191	277	260	946	236.5	6
10	남부	248	105	250	245	848	212.0	9
11	북부	119	127	269	261	776	194.0	10
12	북부	104	371	279	221	975	243.8	4
13	동부	158	297	225	167	847	211.8	8
14	서부	277	247	185	233	942	235.5	5
15	동부	209	233	244	244	930	232.5	5
16	남부	356	191	150	265	962	240.5	4
17	북부	109	341	280	251	981	245.3	3
18	남부	214	291	278	257	1,040	260.0	2
19		2,839	3,291	3,504	3,315	12,949	3237.3	
20		202.8	235.1	250.3	236.8	924.9	231.2	
21								
22								
23								

⑦ 복사된 순위를 살펴보면 순위가 잘못된 것을 알 수 있다. 무엇이 잘못 되었는지 알아보기 위해 ctrl + ~ 를 이용하여 수식을 살펴본다.

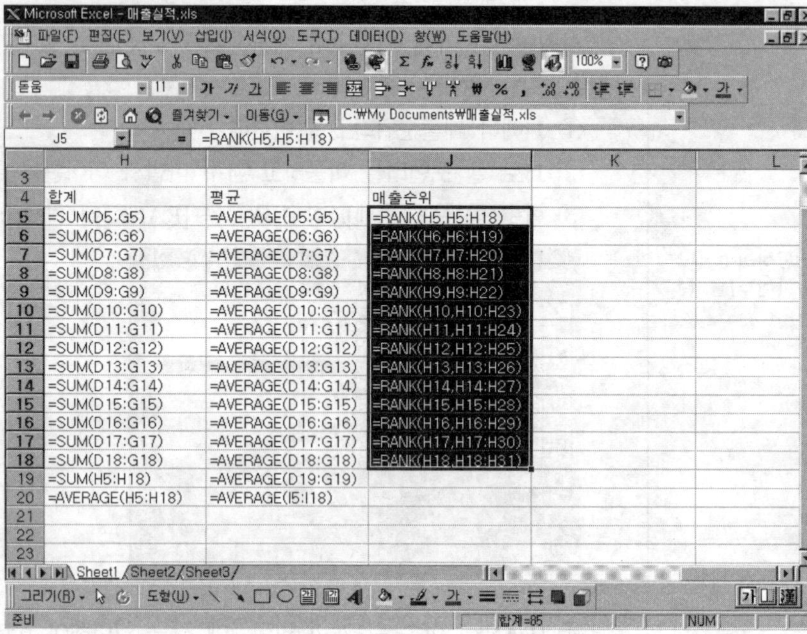

⑧ [RANK] 함수의 두번째 입력란인 [Ref]의 범위가 잘못되어 있음을 알 수 있다. 복사될 때 [Ref]의 범위는 변하지 말아야 한다.

⑨ [Ref]의 주소를 절대주소로 변환하기 위해 J5로 셀 포인터를 이동하고, 함수 마법사 아이콘을 클릭한다.

⑩ [RANK] 함수의 편집창이 바로 표시된다.

⑪ [Ref] 입력란으로 이동하고, H5:H18을 범위를 잡고, 키보드에서 F4키를 클릭한다.

⑫ H5:H18이 $H$5:$H$18으로 바뀌는 것을 볼 수 있다.

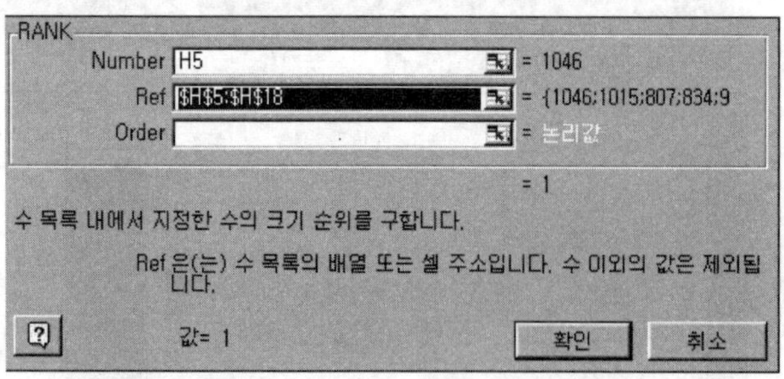

⑬ [확인] 버튼을 클릭한 후, J5를 J18까지 다시 복사한다.

⑭ 이제는 정상적으로 순위가 구해질 것이다.

1.6 엑셀의 주소 종류

엑셀의 셀은 행과 열이 만나서 셀의 주소를 이룬다. 계산식이나 함수식은 모두 이 셀의 주소를 사용한다. 이러한 주소의 종류에는 3가지 있다.

① 상대주소 : 엑셀에서 가장 일반적인 주소 형식이다. 복사를 하게되면 복사하는 행이나 열의 방향에 따라 주소가 변한다.

② 절대주소 : 특별한 경우에 사용하는 주소 형식으로 복사를 해도 주소가 변하지 않는다. 순위를 내는 [RANK] 함수의 [Ref]처럼 변하면 안되는 범위를 지정할 때 사용한다. 절대주소를 나타내는 기호는 $ 기호이다.

③ 혼합주소 : 상대주소와 절대주소가 혼합된 형태이다. 행과 열 중에서 한 가지만 절대주소를 사용해야 하는 경우에 사용한다.

④ 3종류의 주소가 F4 키로 상호 변환할 수 있다.
상대주소(A1) → 절대주소($A$1) → 혼합주소(A$1) → 혼합주소($A1) → 상대주소(A1) → 절대주소($A$1) → 혼합주소(A$1) → 혼합주소($A1) ....

1.7 IF 함수로 평가 구하기

사원의 매출합계가 950보다 크면 우수사원이라는 평가를 하려고 한다. 이렇게 특정한 조건에 맞추어서 조건에 따라 처리 방법이 다를 때는 [IF]라는 함수를 사용한다. 엑셀에서 [IF] 함수는 자주 사용하는 유용한 함수이다.

① K4에 평가라고 입력한다.

② K5로 셀 포인터를 이동하고, 함수마법사 아이콘을 클릭한다.

③ 함수종류는 [논리값], 함수이름은 [IF]를 선택하고 [확인] 버튼을 클릭한다.

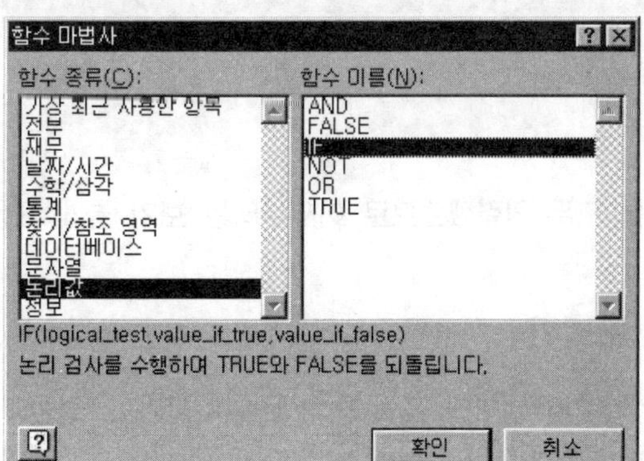

④ 표시되는 창의 3개의 입력란에 값을 입력한다.

⑤ K5의 값을 K18까지 복사한다.

⑥ 데이터가 모두 입력된 표이다. 모든 데이터가 한 화면에 보이지 않으므로 확대/축소(75%) 아이콘을 사용하여 화면을 75%로 축소하면 모두 보인다.

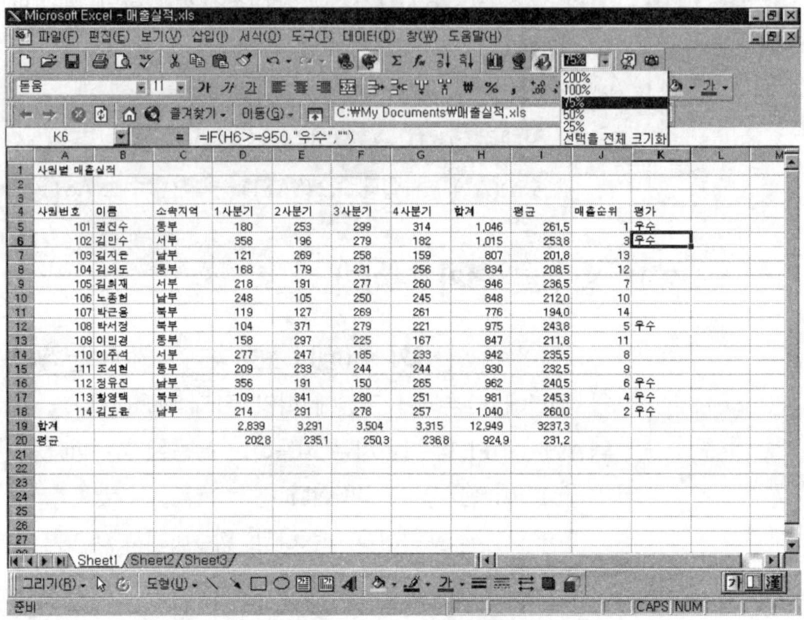

1.8 표 꾸미기

데이터를 모두 입력했으므로 이제부터는 보기 좋게 표를 꾸며보자.

◕ 제목 꾸미기

제목을 입력된 데이터 표의 중앙에 위치시키고, 글꼴의 종류와 크기, 색상을 변경하는 작업이다.

① 제목이 중앙에 표시되어야 할 영역인 A1부터 K1까지 범위를 지정한다.

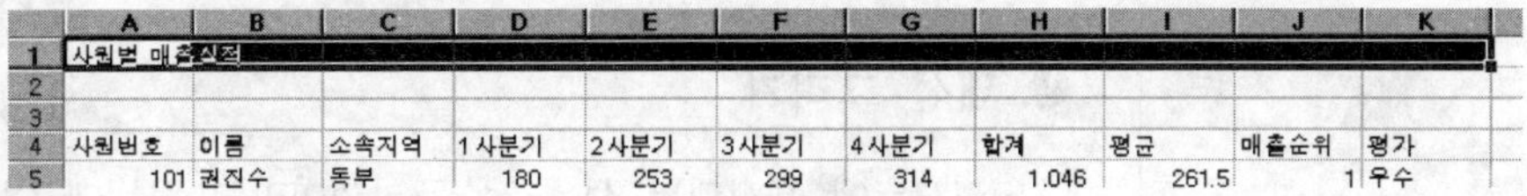

② [병합 후 가운데 맞춤] 아이콘(▣)을 클릭한다. 셀들이 A1 하나의 셀로 병합이 된다.

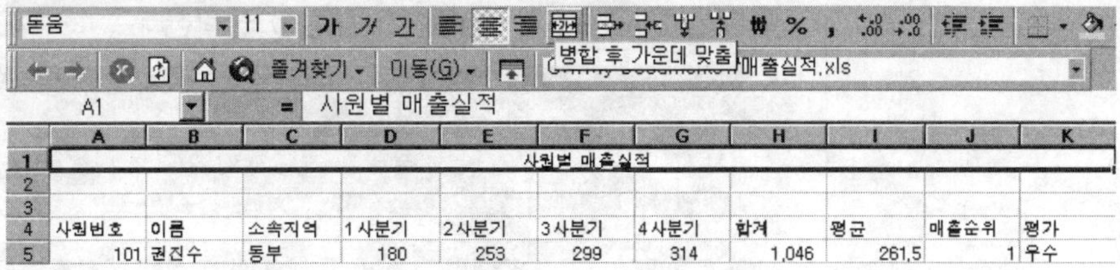

③ A1에 셀 포인터를 둔 상태에서 [서식] 메뉴의 [셀]을 선택하고, 표시되는 창에서 [글꼴] 탭을 선택한다.

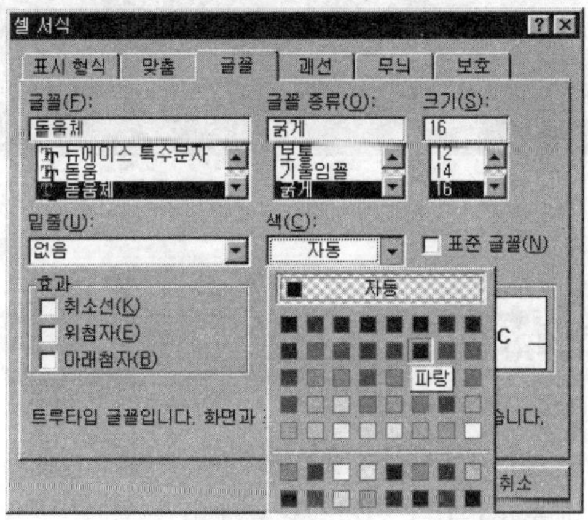

④ 글꼴은 [돋움체], 글꼴 종류는[굵게], 크기는[16], 색은 [파랑]을 선택하고 [확인] 버튼을 클릭한다.

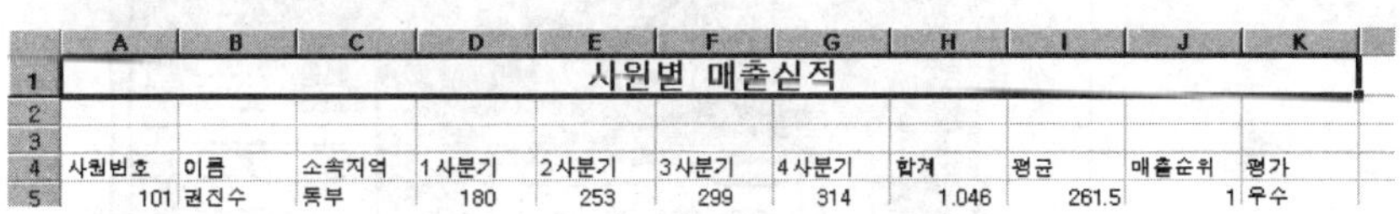

⑤ A1에 셀 포인터를 두고, 색 채우기(▣) 아이콘을 클릭하여 노랑을 선택한다. 제목의 배경색(A1 셀의 바탕색)이 지정된다.

⑥ CTRL 키를 이용하여, A4에서 K4까지, A19, A20의 범위를 지정하고, 색 채우기 아이콘으로 흐린 회색을 선택한다.

NOTE

메뉴를 사용하지 않고, 글꼴(돋움체) 아이콘, 글꼴 크기(16) 아이콘, 굵게(가) 아이콘, 글꼴 색(가) 아이콘을 사용해도 된다.

NOTE

메뉴는 [서식] 메뉴의 [셀]에서 [무늬] 탭을 사용한다.
이미 지정된 색을 표시하지 않으려면 색 채우기 아이콘에서 [채우기 없음]을 선택한다.

◕ 괘선 그리기

워크시트에 표시되는 선을 셀 구분선이라고 하는데 이 선의 위치를 기준으로 표에 원하는 선을 그릴 수 있다.

① A4에서 K18까지 범위를 지정한다. 괘선(⊞ ▾) 아이콘을 클릭한다.

② 표시되는 창에서 (⊞) 아이콘을 클릭한다.

③ A19에서 I20까지는 메뉴를 사용하여 괘선을 지정하여 보자.

④ [서식] 메뉴의 [셀]을 선택하고, [괘선] 탭을 클릭한다.

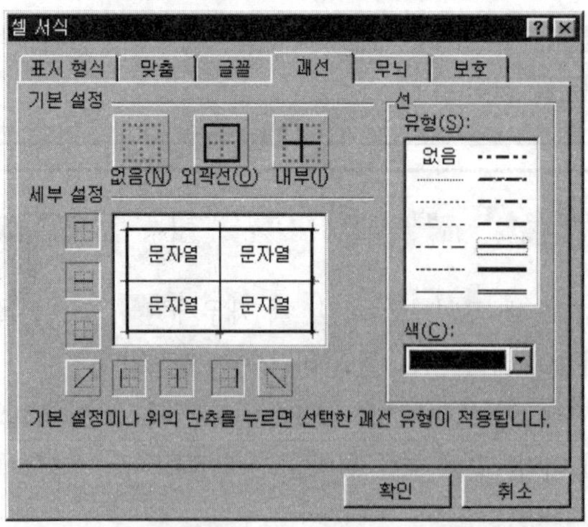

⑤ 선의 유형과 색을 설정 할 수 있고, 세부적인 선의 위치를 지정할 수 있다.

⑥ 선의 유형과 색을 먼저 지정하고, 기본설정이나 세부설정을 해야 선의 유형과 색이 지정된다. 순서가 바뀌면 지정이 안된다.

⑦ 선의 유형을 굵은 실선으로 하고, 색은 파랑으로 선택한 후 외곽선( ) 아이콘과 내부( ) 아이콘을 클릭한다.

⑧ 메뉴로 선이 지정된 표이다.

18	114	길도윤	남부	214	291	278	257	1,040	260,0
19	합계			2,839	3,291	3,504	3,315	12,949	3237,3
20	평균			202,8	235,1	250,3	236,8	924,9	231,2
21									

⑨ 합계와 평균을 A열과 C열의 가운데로 위치를 변경하자.

⑩ A19에서 C19을 범위 지정하고, 병합 후 가운데 맞춤아이콘을 클릭한다.

⑪ A20에서 C20을 범위 지정하고, 병합 후 가운데 맞춤아이콘을 클릭한다.

18	114	길도윤	남부	214	291	278	257	1,040	260,0
19		합계		2,839	3,291	3,504	3,315	12,949	3237,3
20		평균		202,8	235,1	250,3	236,8	924,9	231,2
21									

⑫ 이미 지정된 괘선이 무시되면서 병합된 셀의 상태에 맞게 괘선이 지정된다.

◕ 지정된 괘선을 지우기

① 지우려는 괘선의 범위를 지정한다.

② 괘선 아이콘을 사용한다

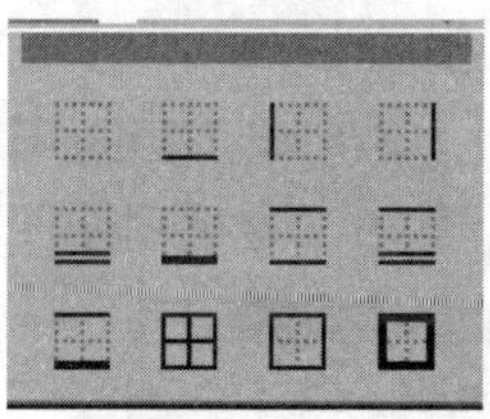

③ 메뉴의 [괘선] 탭에서 원하는 위치의 괘선을 지울 수 있다.

◕ 가운데 맞춤

보기좋게 셀의 데이터를 가운데로 맞춘다.

① A4에서 K20까지 범위를 지정한다.

② 가운데 맞춤( ) 아이콘을 클릭한다.

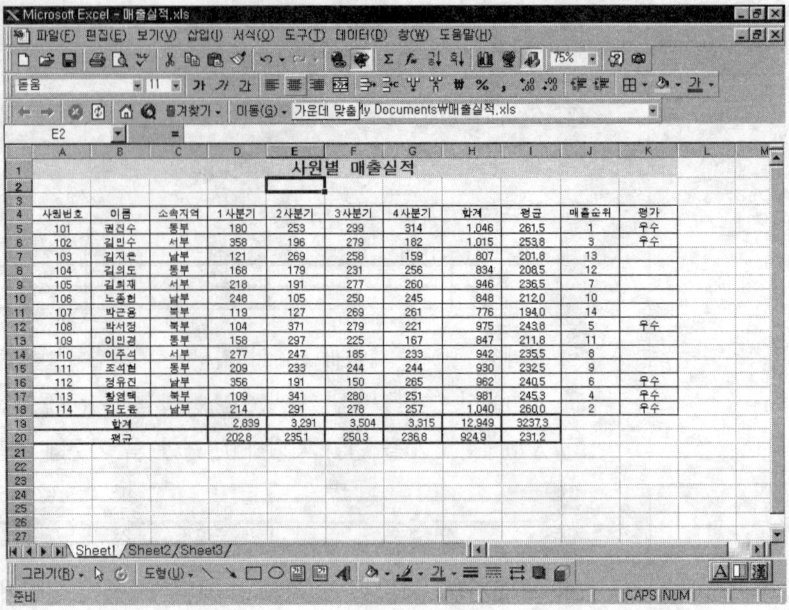

◕ 셀 서식 이용하기

가운데 맞춤을 했는데 19행의 합계 수치와 H열의 합계 수치는 정확하게 가운데로 지정되지 않는다. 이 부분은 콤마 유형으로 천 단위를 지정한 데이터이다. 새로운 방법으로 콤마 유형을 지정해서 가운데로 맞추어 보자.

① CTRL키를 이용하여 D19에서 I19까지와 H5에서 H19까지 범위를 지정한다.

② [서식] 메뉴의 [셀]에서 [표시 형식] 탭을 선택한다.

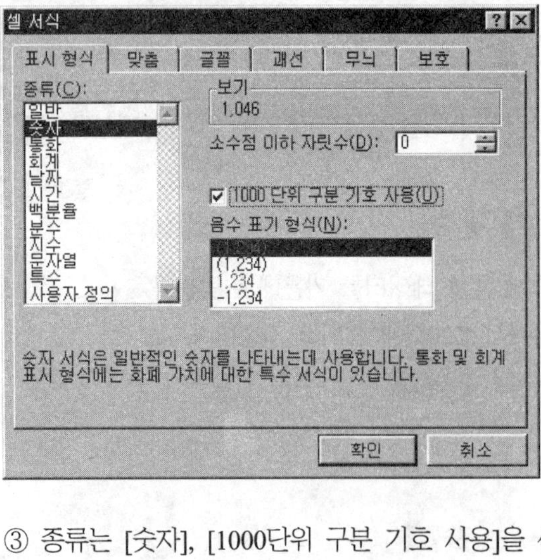

③ 종류는 [숫자], [1000단위 구분 기호 사용]을 선택한 후 [확인] 버튼을 클릭한다.

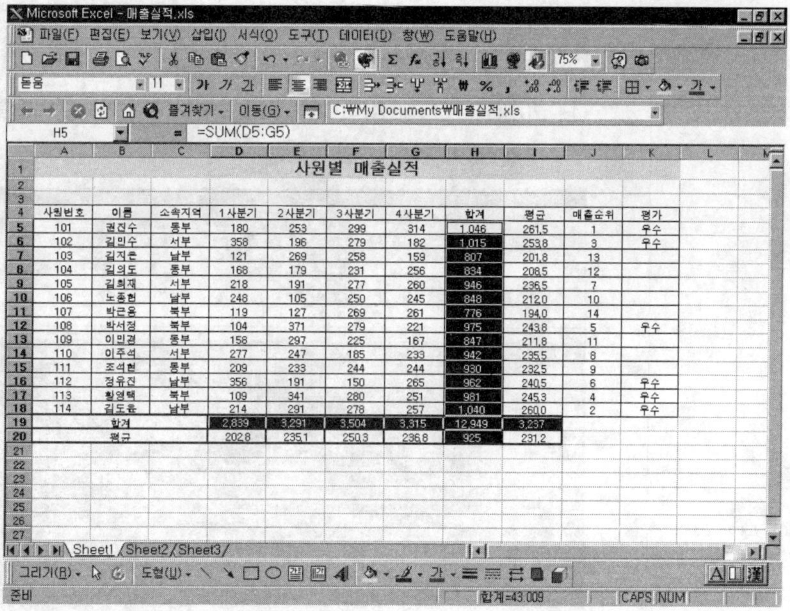

NOTE

엑셀에서 정확하거나 특별한 데이터의 표시를 원하는 경우 [표시 형식] 탭을 이용한다.

데이터들이 셀의 가운데로 맞추어진 것을 알 수 있다.

◕ 열 너비과 행 높이 맞추기

데이터를 보기좋게 하기위해 셀의 열 너비과 행 높이를 조절해보자.

① A에서 K까지 열머리글을 범위를 지정한다.

② 열머리글 사이의 열 구분선에 마우스 포인터를 맞추고, 두 번 클릭한다.

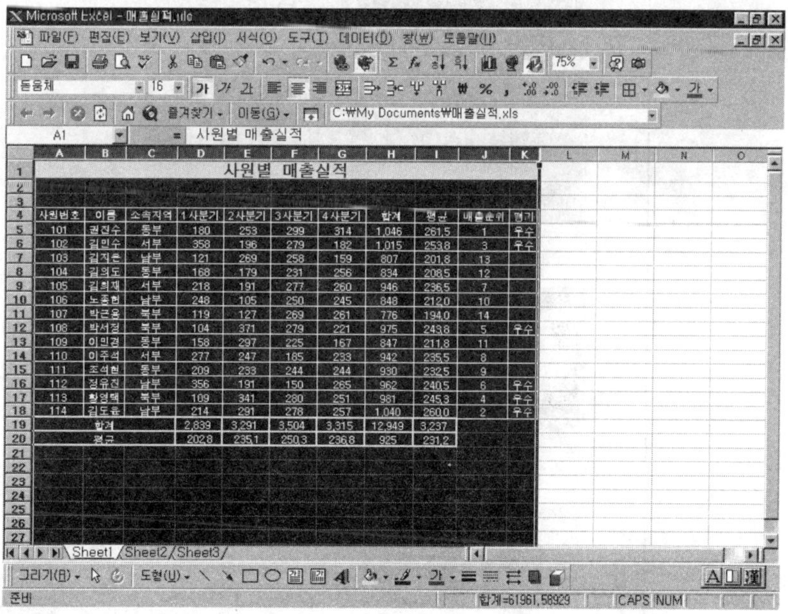

셀의 데이터 길이에 맞게 열 너비가 자동으로 조정된다.

③ 4행에서 20행까지 행머리글을 범위를 지정한다.

④ 20행과 21행 사이의 행구분선에 마우스 포인터를 맞추고, 표시되는 숫자가 18.00일 때까지 드래그한다.

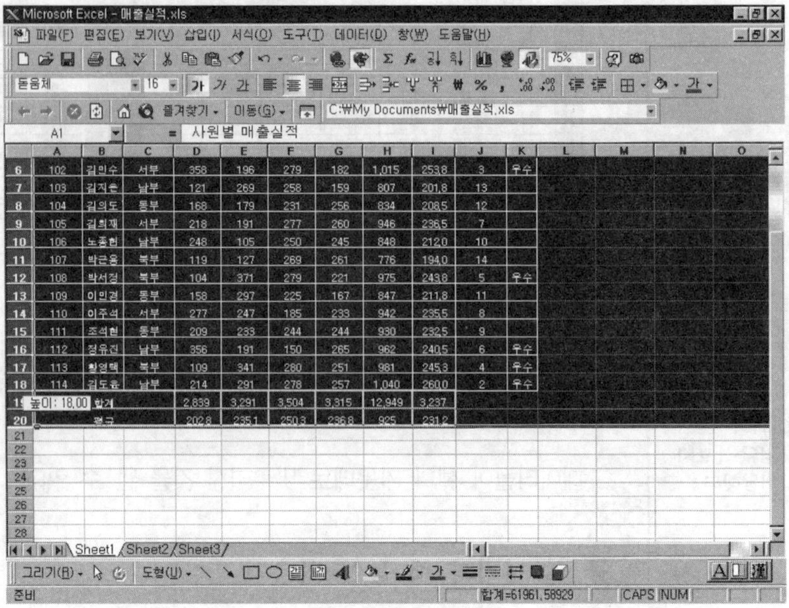

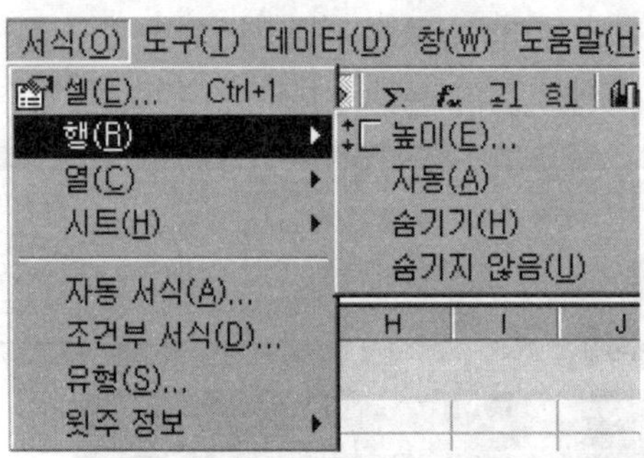

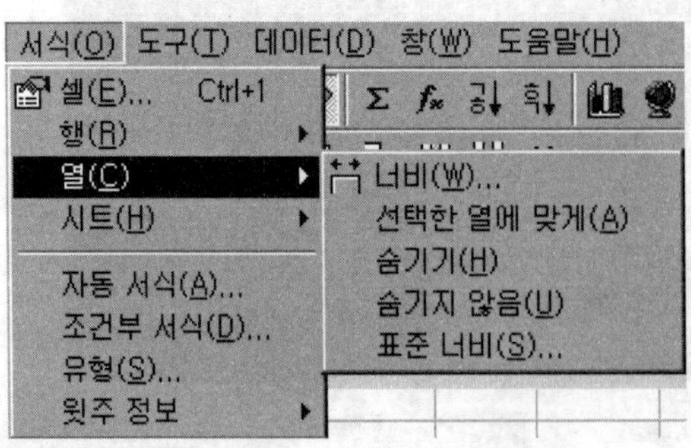

NOTE

- 열과 행에 대한 너비를 조정할 때 메뉴를 사용할 수 있다.
- [서식]메뉴의 [행]에서 원하는 작업을 선택한다.

◕ 수직 방향 맞추기

행 높이를 변경하니 셀의 데이터들이 모두 셀의 바닥쪽으로 위치하므로 수직 방향의 가운데로 이동해보자.

① A4에서 K20까지 범위를 지정한다.

② [서식] 메뉴의 [셀]을 선택한다.

③ [맞춤] 탭을 선택한다.

④ 문자열 맞춤에서 수직을 가운데로 선택하고 [확인] 버튼을 클릭한다.

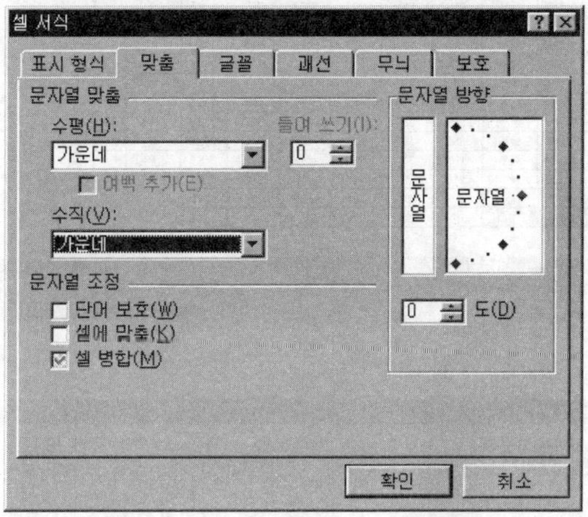

NOTE

[병합 후 가운데 맞춤] 아이콘으로 병합한 셀의 병합을 해제하려면 [맞춤]탭에서 병합의 선택을 해제한다.

문자열 방향을 조절하여서 비스듬한 각도의 글꼴을 표시할 수도 있다.

◕ 지정된 꾸미기(서식) 기능 해제하기

① 일부만 해제하는 경우에는 지정할때의 메뉴를 다시 사용하여 지정된 사항의 선택 해제를 주로 사용한다.

② 모든 서식을 해제하려면 해제하려는 서식이 있는 범위를 지정하고, [편집] 메뉴의 [지우기] 중에서 [서식]을 선택한다.

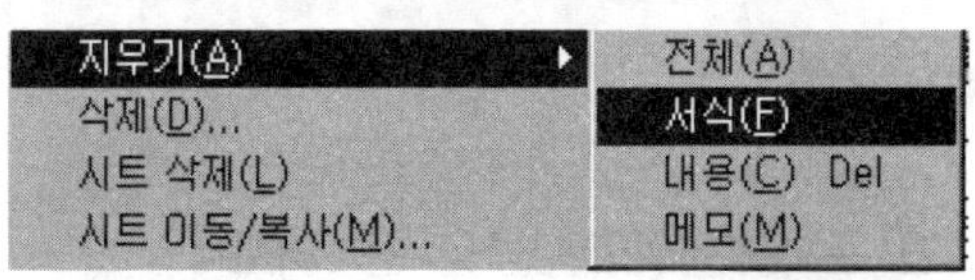

◕ 셀 구분선 표시 안하기

워크시트의 셀 구분선을 표시하지 않도록 해보자.

① [도구] 메뉴의 [옵션]을 선택한다.

② [화면 표시] 탭에서 [셀 구분선]란의 표시를 해제한다.

③ 완성된 표가 표시된다.

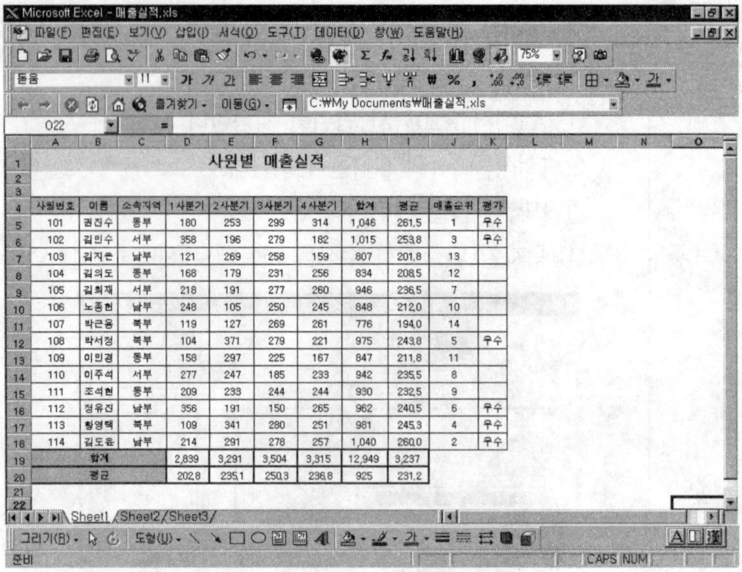

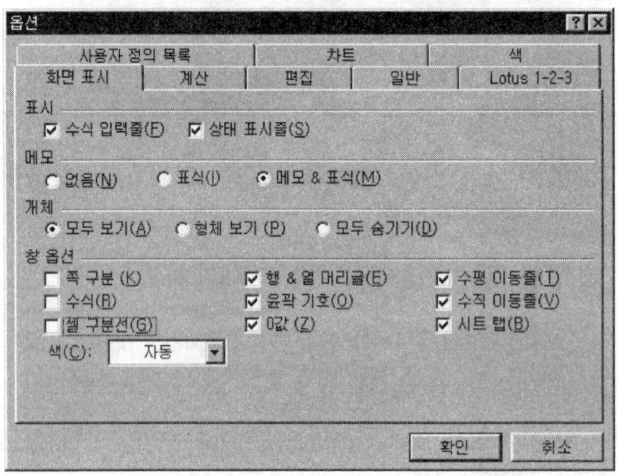

NOTE

[화면 표시] 탭에서는 엑셀 창의 여러 표시 형식을 조절할 수 있다.

1.9 시트이름 변경하기

Sheet1이라고 표시되는 시트이름을 변경해보자.

① Sheet1이라는 시트탭에서 두 번 클릭하면 바로 변경할 수 있는 상태가 된다.

② 이름을 「매출실적 표」라고 변경하고 ENTER키를 누른다.

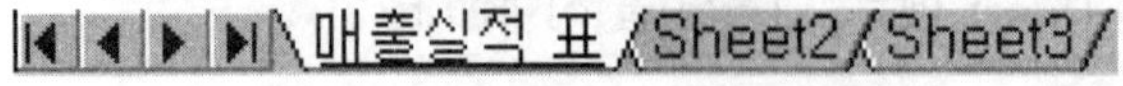

③ Sheet2를 선택하고, 시트명을 「매출실적 차트」로 변경한다.

④ Sheet3은 메뉴를 사용하여 변경해보자.

⑤ Sheet3을 선택하고 오른쪽 마우스를 클릭하면 단축메뉴가 표시된다.

⑥ [이름 바꾸기] 메뉴를 선택한다.

⑦ 「매출실적 분석」으로 변경한다.

1.10 인쇄하기

화면의 워크시트를 프린터를 이용해 인쇄해보자. 인쇄를 하기전에 미리 보기 기능을 이용하여 원하는 인쇄 양식으로 설정해야 한다.

① 「매출실적 표」시트를 선택한다.

② [파일] 메뉴의 [쪽 설정]을 선택한다.

③ [쪽] 탭에서는 용지설정과 배율을 지정할 수 있다. 용지는 [가로 방향]으로 한다.

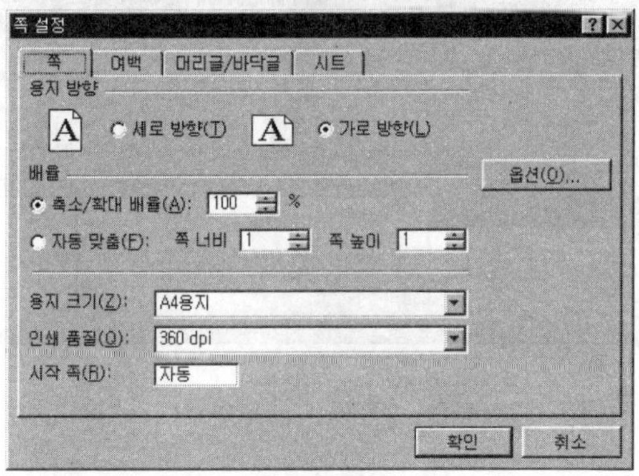

NOTE

자동 맞춤을 이용하면 원하는 쪽 수에 맞추어 워크시트를 인쇄한다. 예를 들어 한 쪽에 전부를 인쇄하고 싶다면 쪽 너비와 쪽 높이를 각각 1로 설정하면 된다.

④ [여백] 탭을 선택한다. 여백을 지정할 수 있고, 쪽 맞추기를 통해 인쇄를 용지의 어느 부분에 설정할 수 있다. 쪽 맞추기의 수평, 수직을 모두 선택한다.

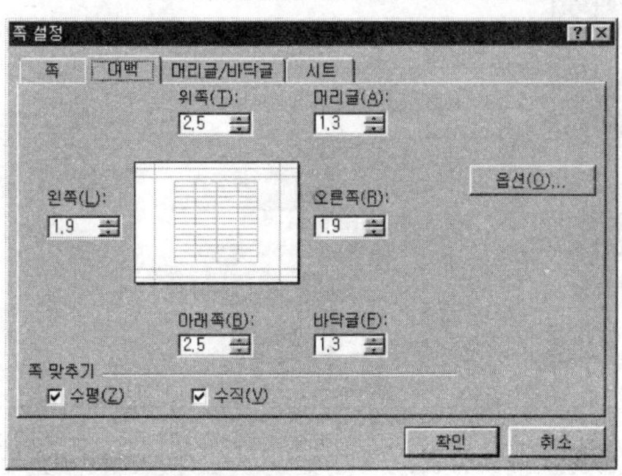

⑤ [머리글/바닥글] 탭을 선택한다. 용지의 머리글 부분과 바닥글 부분에 필요한 내용을 표시 할 수 있다. 매출실적 표를 머리글에 표시한다.

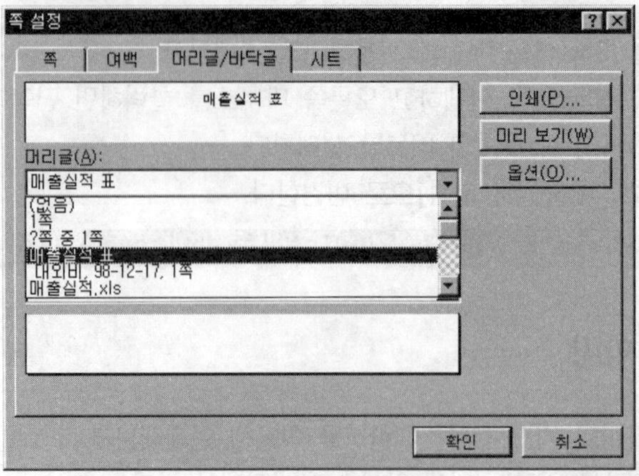

⑥ 바닥글 편집을 클릭한다. 왼쪽에는 날짜를, 오른쪽에는 전체쪽수에 대한 현재 쪽수를 표시한다. 아이콘들을 클릭하면 자동으로 선택된다.

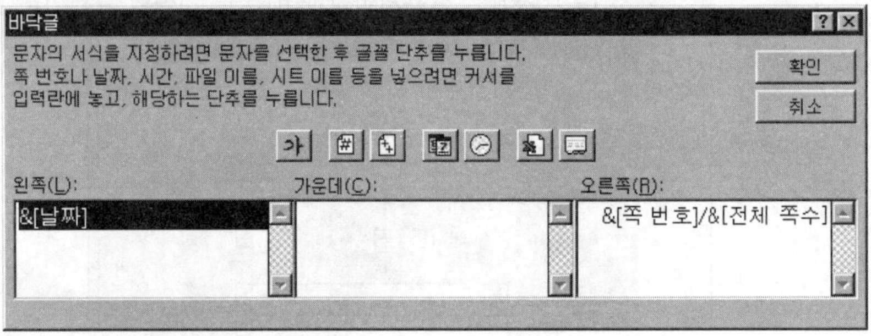

⑦ [시트]탭을 클릭한다. 인쇄시의 여러 가지 지정사항들을 선택할 수 있다.

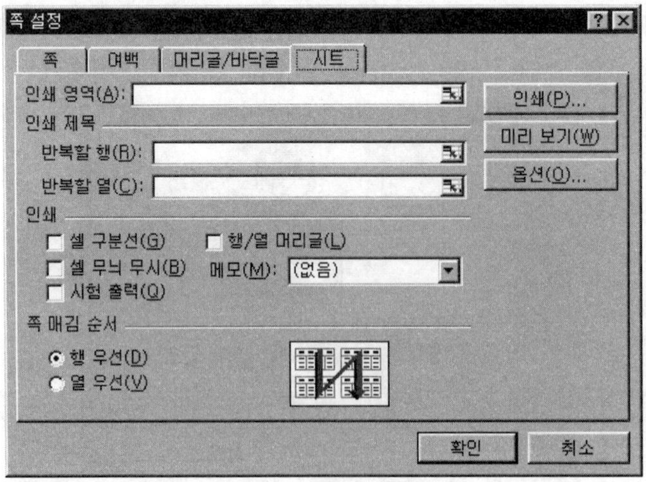

⑧ [미리 보기] 버튼을 클릭한다.

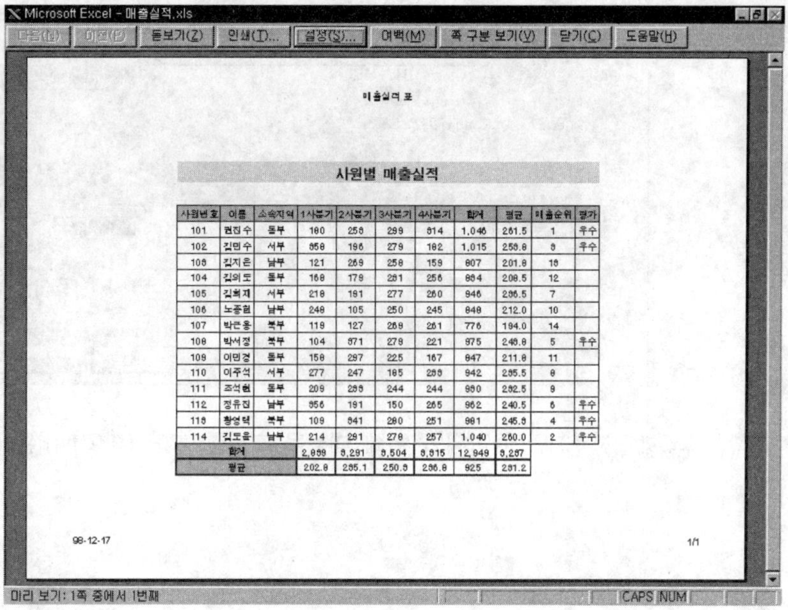

지정한 사항들이 모두 적용이 되었는지 확인한다.

⑨ [쪽 구분 보기] 버튼을 클릭하면 워크시트상태에서 크기를 마우스 조절할 수 있다.

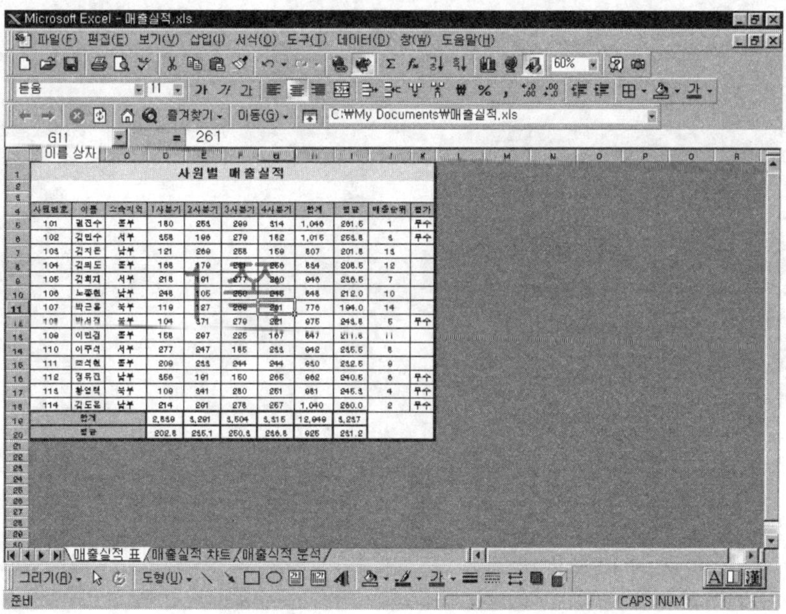

NOTE

컴퓨터에 프린터가 연결이 안되어 있으면 [미리 보기] 기능은 되지 않는다.

NOTE

[보기] 메뉴의 [기본]을 선택하면 워크시트로 돌아간다.

⑩ [파일] 메뉴의 [쪽 설정] 을 선택하고 [인쇄] 버튼을 클릭한다.

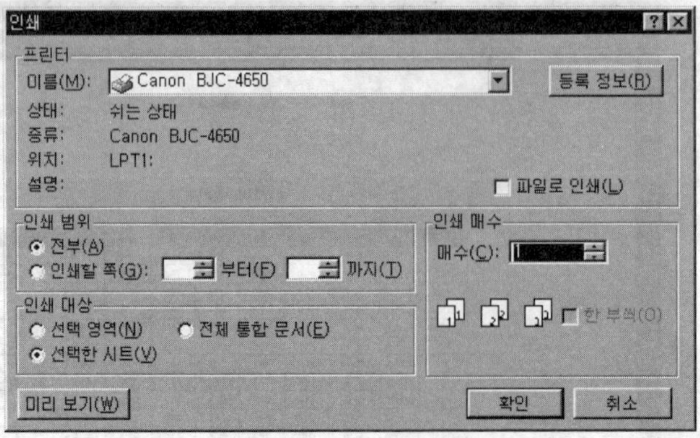

⑪ 인쇄 범위와 인쇄 대상을 지정한 후에 [확인] 버튼을 클릭한다.

연습문제

1. 실습문제(1)

1. 데이터 입력

2. 처리조건

① 계산표는 A2부터 작성한다.

② 제목은 "각 연도별 영업 실적 비교 현황"

항 목	2002년	2003년	2004년	2005년
고 정 비	35000			
판 매 량	5500			
판매가격	1000			
단위당변동비	100			
총 수 익				
변 동 비				
손익분기점 매출량				
손익분기점 매출액				
합 계				

③ 고정비는 매년 5%씩 누진 증가되게 한다.

④ 판매량은 매년 10%씩 누진 증가되게 한다.

⑤ 판매가격은 매년 5%씩 누진 증가되게 한다.

⑥ 단위당 변동비는 매년 5%씩 누진 감소되게 한다.

⑦ 총수익 = 판매량 * 판매가격 - (고정비 + 단위당변동비)

⑧ 변동비 = 판매량 * 판매가격

⑨ 손익분기점 매출량 = 고정비 / (판매가격 * 단위당 변동비)

⑩ 손익분기점 매출액 = 손익분기점 매출량 * 판매가격

⑪ 각 항목의 합계를 구한다.

⑫ 모든 수치는 천단위마다 콤마(,)를 붙이고 정수처리하되 (손익분기점 매출량)만 소수점 둘째 자리까지 구하며, 모든 데이터는 가운데 맞춤하고, 열과 간격을 맞추어 통일성을 기한다.

2. 실습문제(2)

번 호	성 명	국 어	영 어	수 학	합 계	평 균	석 차
1	강나루	87	88	90			
2	정장훈	78	73	87			
3	심현호	90	92	98			
4	신상훈	75	76	80			
5	홍기석	95	96	87			
6	오진수	86	85	89			
7	자재연	79	80	72			
8	김유리	88	90	87			
계							

1. 데이터 입력
2. 처리 조건
   ① 계산표는 A2부터 작성한다.
   ② 제목은 "2-1반 성적표" 로 하고, 약간 확대한다.
   ③ 합계 = 국어 + 영어 + 수학
   ④ 평균 = 합계 / 3
   ⑤ 모든 수치는 천단위마다 콤마(,)를 붙이고 정수처리하며, 모든 데이터는 가운데 맞춤을 원칙으로 하고 열과 간격을 맞추어 통일성을 기한다.

2장 표 편집과 차트 작성하기

《학습목표》

본 장에서는 표를 작성하여 편집하는 방법, 도형을 이용하여 제목 꾸미는 방법, 그리고 표를 입체적으로 표시하기 위한 차트 작성하는 방법을 알아본다. 그리고 다양한 차트의 종류를 알아보고, 차트를 편집하는 방법에 알아본다.

적절한 과정을 통해 다음과 같은 차트를 작성해보자.

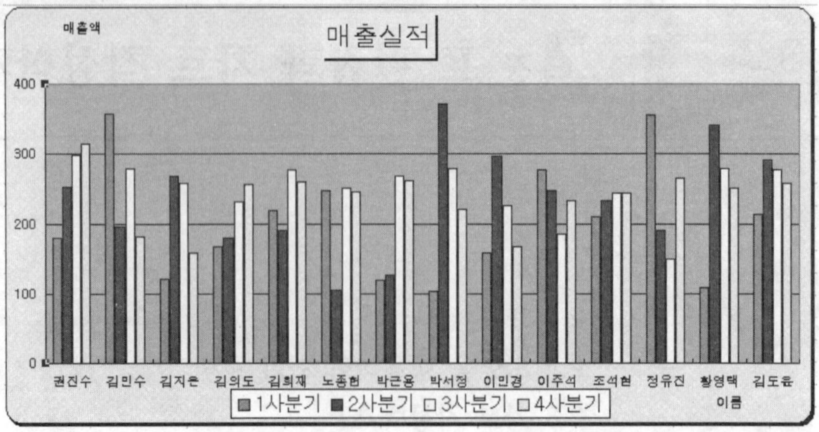

2.1 표 편집

작성된 데이터를 차트를 작성하기에 적합한 형태로 편집을 해보자.

◕ 데이터 복사

「매출실적 표」 시트 데이터의 일부를 다른 시트에 복사하여 보자.

① 「매출실적 표」 시트를 선택한다.

② A4에서부터 H19까지 범위를 지정한다.

③ 복사( ) 아이콘을 클릭한다.

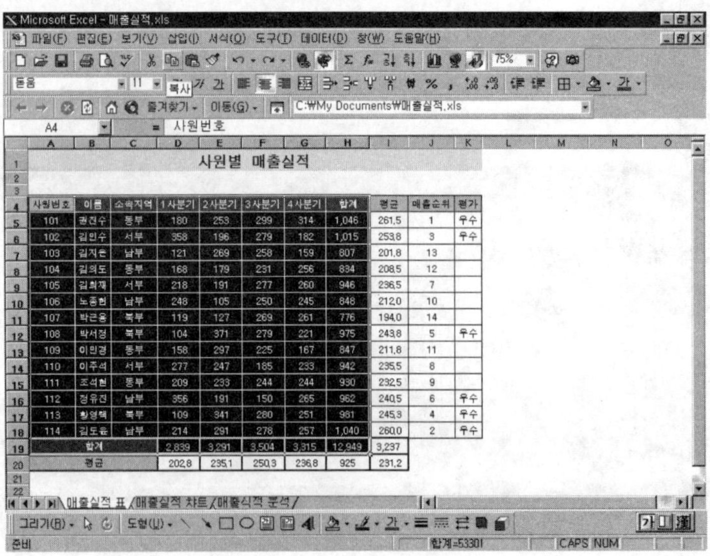

사원별 매출실적

사원번호	이름	소속지역	1사분기	2사분기	3사분기	4사분기	합계	평균	매출순위	평가
101	권진수	동부	180	253	299	314	1,046	261.5	1	우수
102	김민수	서부	358	196	279	182	1,015	253.8	3	우수
103	김지은	남부	121	269	258	159	807	201.8	13	
104	김의도	동부	168	179	231	256	834	208.5	12	
105	김희재	서부	218	191	277	260	946	236.5	7	
106	노종현	남부	248	105	250	245	848	212.0	10	
107	박근용	북부	119	127	269	261	776	194.0	14	
108	박서정	북부	104	371	279	221	975	243.8	5	우수
109	이민경	동부	158	297	225	167	847	211.8	11	
110	이주석	서부	277	247	185	233	942	235.5	8	
111	조석현	동부	209	233	244	244	930	232.5	9	
112	정유진	남부	356	191	150	265	962	240.5	6	우수
113	황영택	북부	109	341	280	251	981	245.3	4	우수
114	김도윤	남부	214	291	278	257	1,040	260.0	2	우수
합계			2,839	3,291	3,504	3,315	12,949	3,237		
평균			202.8	235.1	250.3	236.8	925	231.2		

④ 「매출실적 차트」 시트를 클릭한다.

⑤ A1에 셀포인터를 이동하고, 붙여넣기(📋) 아이콘을 클릭한다.

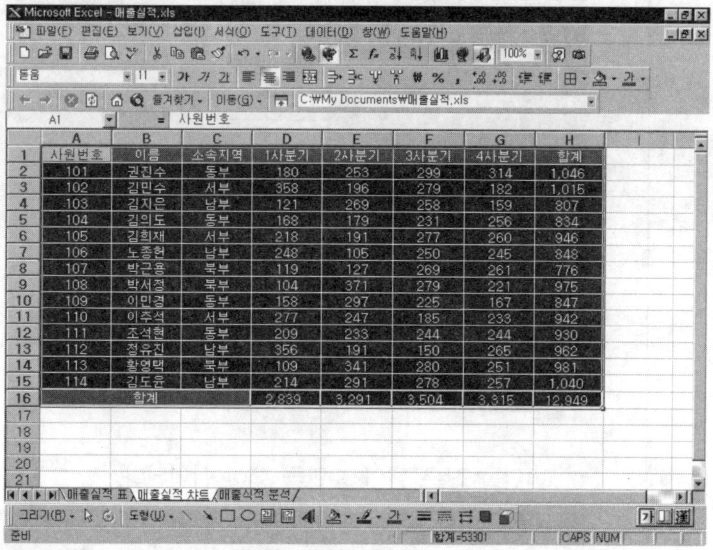

셀의 행 높이와 열 너비는 복사가 되지 않는다.

⑥ 「매출실적 분석」 시트를 선택하고, A1으로 셀 포인터를 이동한다.

⑦ 단축메뉴에서 [붙여넣기] 메뉴를 선택한다.

⑧ 「매출실적」 파일을 저장한다.

◕ 행/열 삽입과 삭제하기

표 편집시 필요할 때는 셀과 열을 삽입하거나 삭제할 수 있다.

① 행 머리글 1과 2를 범위 지정한다.

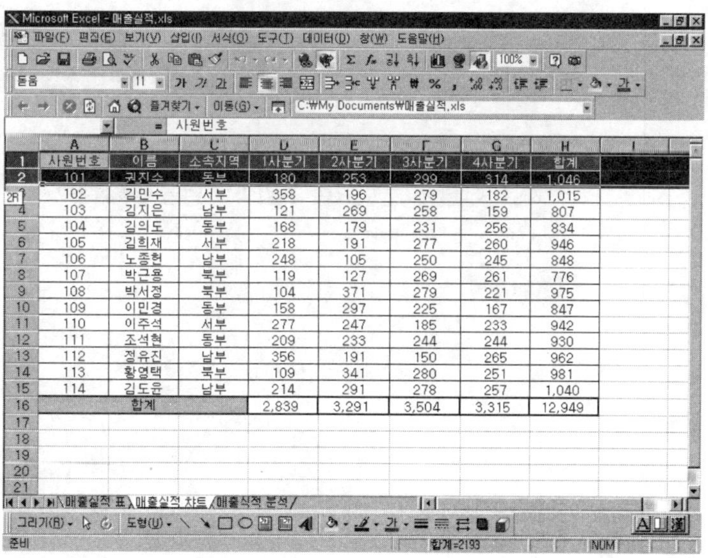

NOTE

- 엑셀에서는 단축메뉴를 유용하게 사용한다. 단축메뉴는 작업하려는 범위 내에 마우스 포인터를 이동하고, 오른쪽 마우스를 클릭해서 표시되는 메뉴이다. 대부분 단축 메뉴에 작업할 메뉴가 표시되므로 자주 사용한다.
- [복사]라는 기능을 사용하면 [클립보드]라는 영역에 내용이 기억되어 있다. [클립보드]는 컴퓨터의 메모리에 있는데 컴퓨터의 전원을 끄기 전까지 기억이 된다. 그래서 한번 복사가 된 내용은 다른 내용이 복사가 될 때까지 기억되므로 같은 내용을 계속 복사해야 하는 경우에는 [붙여 넣기]만 반복하면 된다.

② 단축메뉴에서 [삽입]을 선택한다.

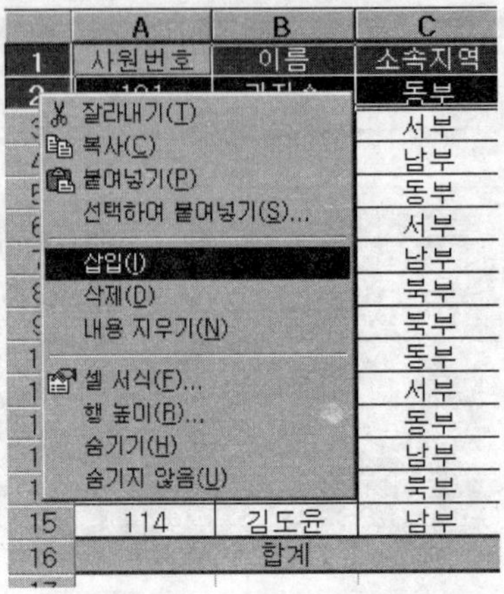

③ 범위를 잡은 행의 수만큼 행이 삽입된다.

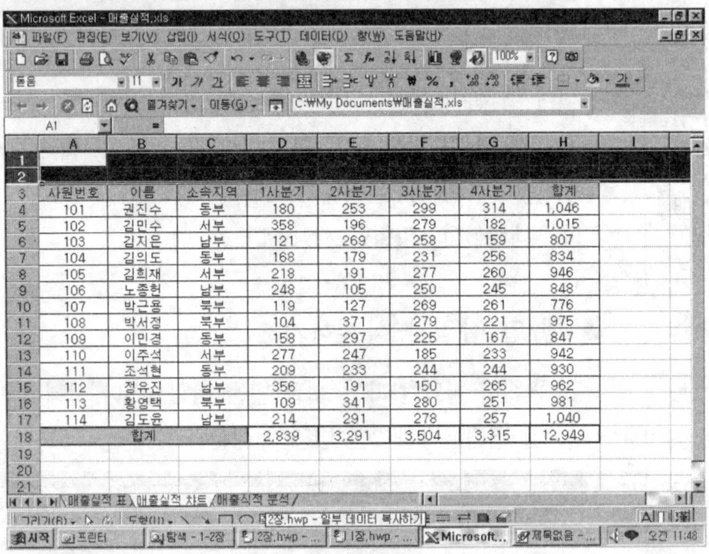

NOTE

CTRL키로 범위를 지정한 열을 삭제할 수 있다. 하지만 범위내에 병합된 셀이 있으면 안된다. A18셀이 병합된 셀이므로 명령이 실행되지 않는 것이다.

열의 삽입도 동일한 방법으로 할 수 있다.

④ 차트 작성에 불필요한 A열과 C열을 삭제해보자. CTRL키를 이용하여 열머리글 A와 C를 선택한다.

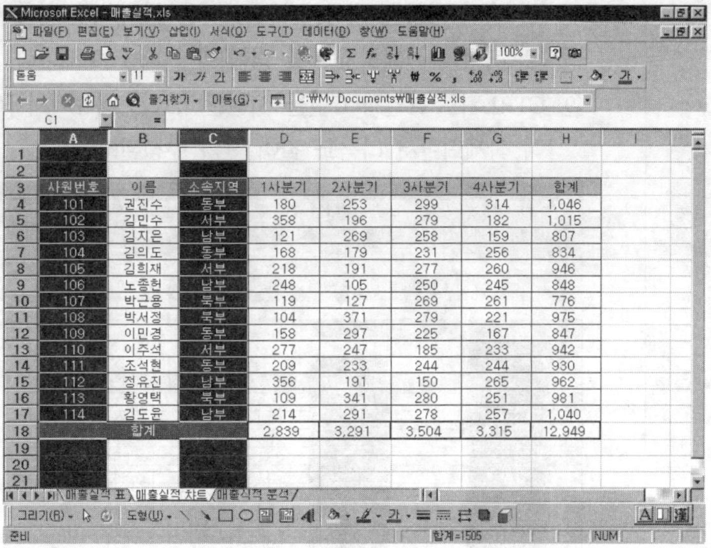

⑤ 단축메뉴에서 [삭제]를 선택하면, 경고음과 함께 다음과 같은 대화상자가 표시된다. 삭제를 할 수 없다는 내용이다.

⑥ 범위를 해제하고, A열 하나만 범위를 지정하고, [삭제]메뉴를 사용해도 마찬가지이다. C열만 범위 지정해도 동일하다. A18셀의 병합이 원인이다.

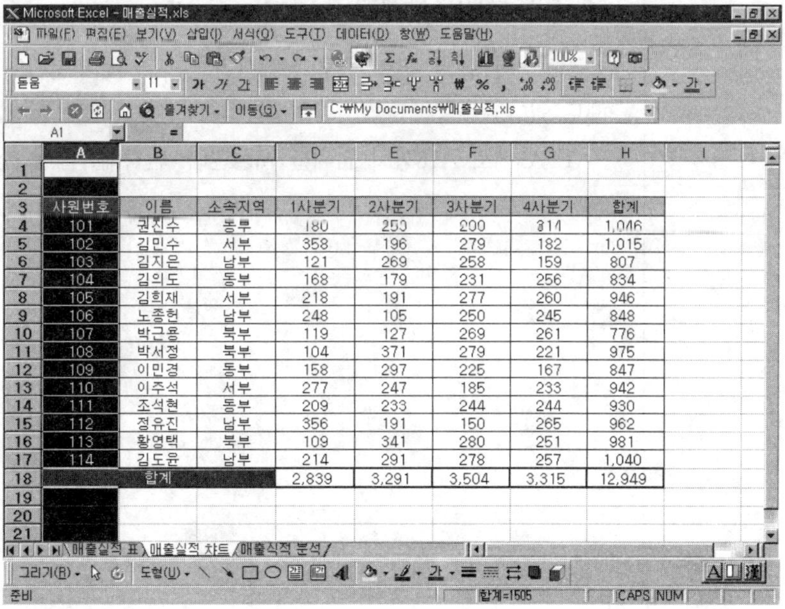

⑦ A18셀의 병합을 해제한다. A18셀을 선택하고, 단축메뉴에서 [셀 서식]을 선택한다.

⑧ [맞춤]탭을 선택하고, [셀 병합]의 선택을 해제한다.

⑨ CTRL키로 A열과 C열을 지정한다. 단축메뉴에서 [삭제]를 선택한다. A열과 C열이 삭제되면서 다음과 같이 표가 수정된다.

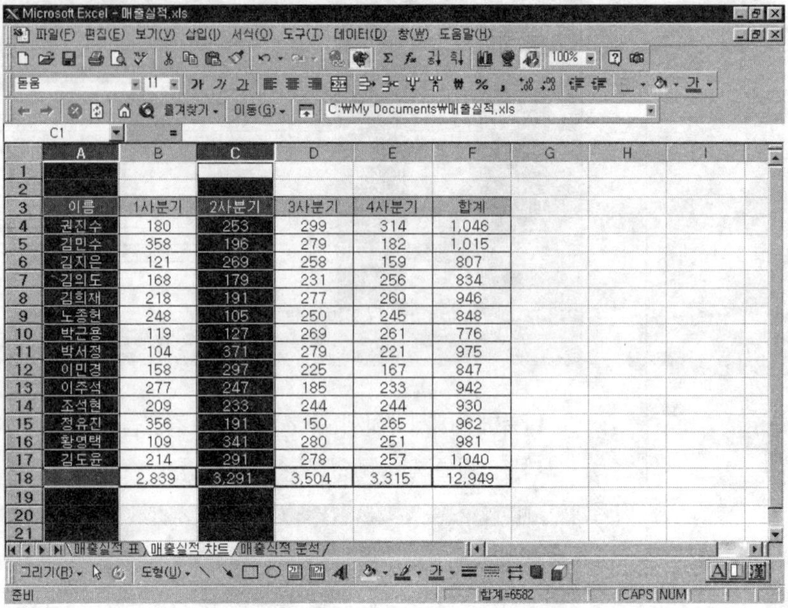

⑩ A18에 「합계」라고 입력한다.

◕ 부분 삽입/삭제하기

전체적인 행과 열의 삽입/삭제뿐만 아니라 일부분만의 셀의 삽입과 삭제가 필요할 때도 있다.

① A3에서 A18까지 범위를 지정한다. 단축메뉴에서 [삽입]을 선택한다.

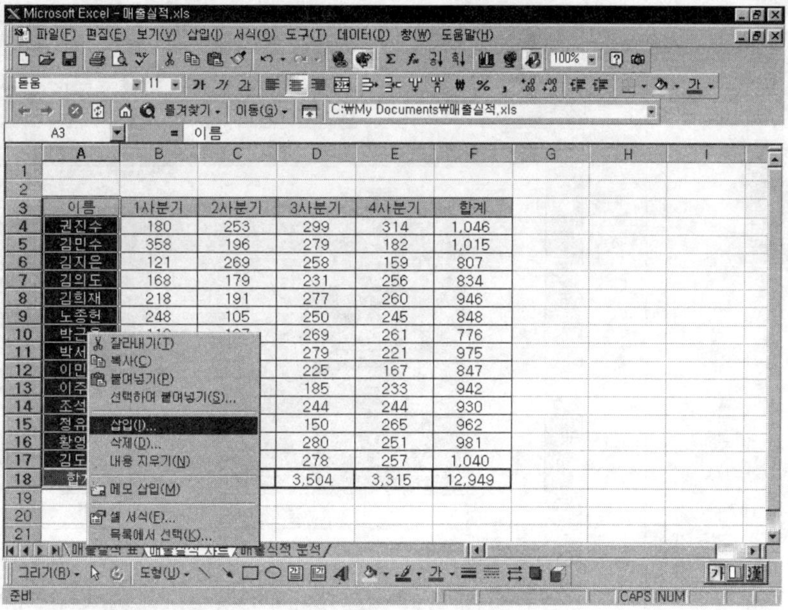

② 다음과 같은 대화상자가 표시된다.

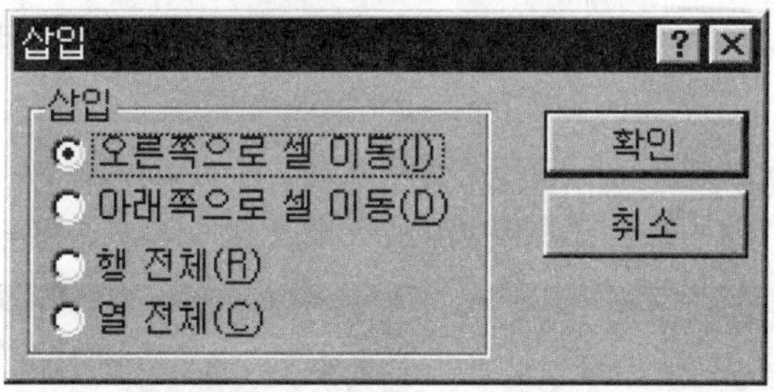

③ [오른쪽으로 셀 이동]을 선택하고 [확인] 버튼을 클릭하면 전체 표가 모두 오른쪽으로 이동한다. 삭제의 경우도 동일하게 적용이 된다.

◕ 데이터 이동하기

가까운 위치인 경우에, 표의 위치 이동을 마우스로 쉽게 할 수 있다.

① 데이터가 있는 범위를 모두 마우스로 범위지정한다. B3에서 G18까지 범위지정한다. 지정된 범위에서 18행의 테두리에서 마우스 포인터를 위치하고, 아래쪽으로 두 행 드래그한다.

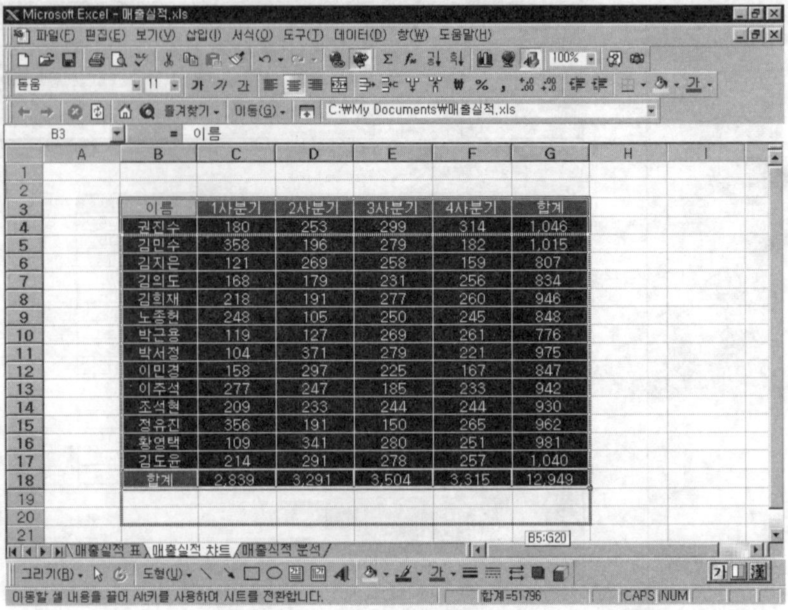

NOTE

이동하려는 방향쪽의 지정된 범위의 테두리에 마우스 포인터를 맞추고, 이동한다.

② 이동하기전의 원래 위치로 마우스를 이용하여 이동시켜보자.

③ 이번에는 메뉴를 사용해서 데이터를 이동해보자. B3에서 G18까지 범위를 지정하고, [편집] 메뉴의 [잘라내기]를 선택한다.

④ B5로 셀 포인터를 이동한다.

⑤ [편집] 메뉴의 [붙여넣기]를 선택한다. 다음은 이동된 표이다.

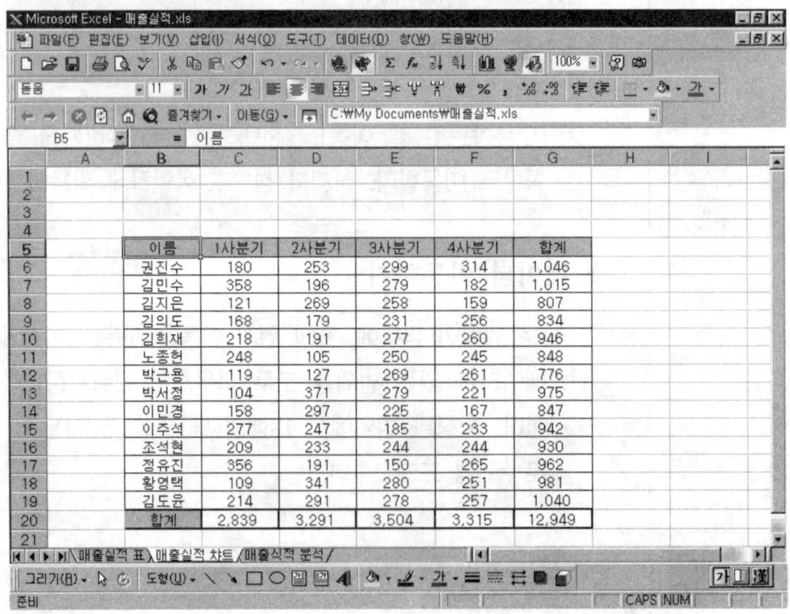

2.2 도형을 이용하여 제목 꾸미기

제목을 엑셀에서 제공되는 도형을 이용하여 작성해보자.

① [도형] 버튼의 [별/현수막]에서 [아래쪽 리본]을 선택한다.

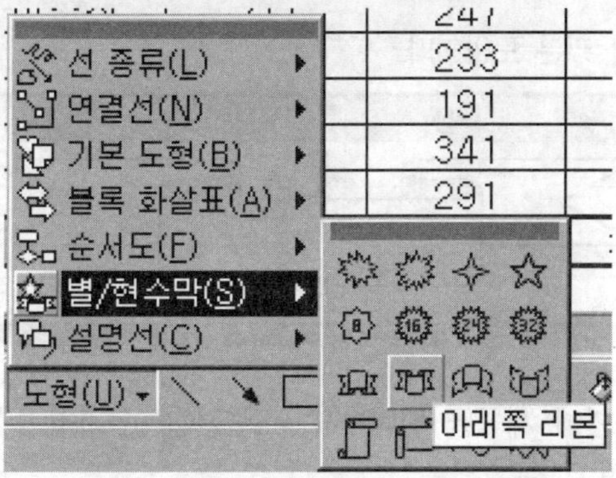

② 마우스 포인터가 검은색 십자모양으로 바뀌면 C1셀의 한 지점에서 시작점으로 하는 사각형을 대각선 방향으로 그린다.

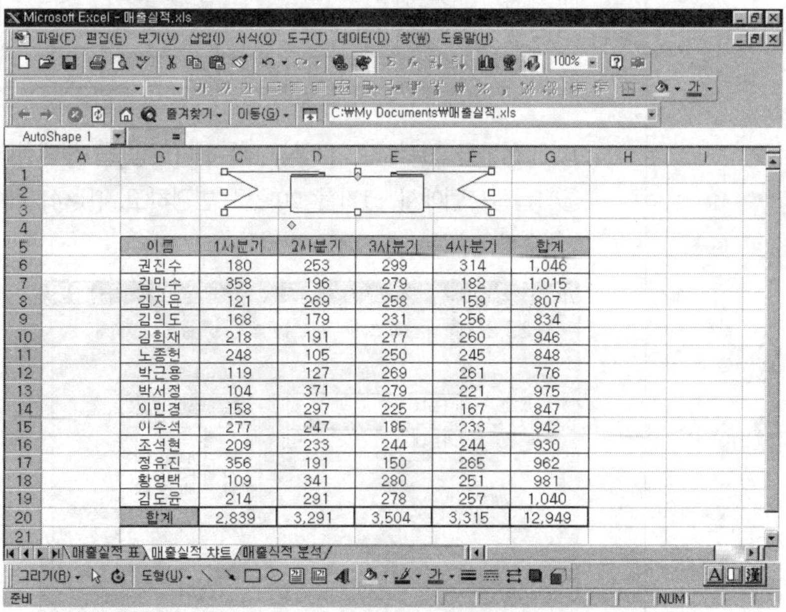

NOTE

정사각형의 네모난 점 8개는 「조절점」이라고 한다. 조절점에 마우스 포인터를 맞추고, 도형의 크기를 조절할 수 있다.

③ 리본의 모양을 바꾸기 위해 노란색 마름모로 표시되는 「조정핸들」을 이용한다.

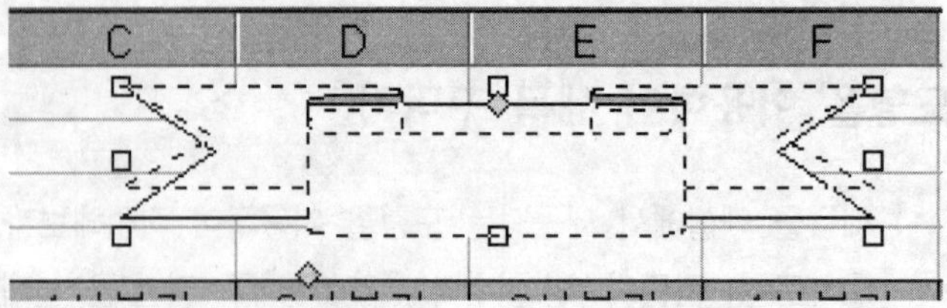

④ 변경된 리본 모양이다.

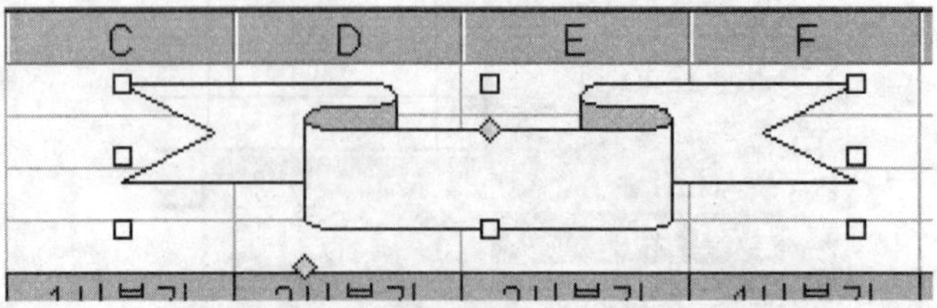

⑤ 리본 안에 제목을 넣어보자. 조절점이 표시되는 상태에서 「매출실적」이라고 입력한다.

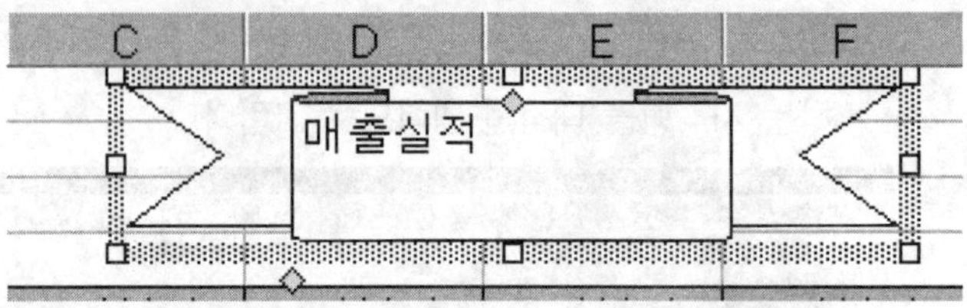

⑥ 도형틀을 선택하고, [서식] 메뉴의 [도형]을 선택한다.

⑦ [글꼴] 탭에서 크기를 20으로 변경하고, [맞춤] 탭에서 [문자열 맞춤]의 수평과 수직을 모두 가운데로 변경한다.

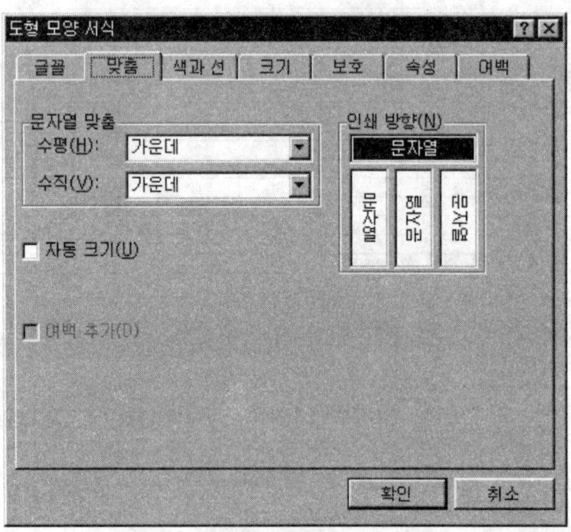

⑧ [색과 선] 탭을 선택하고, [채우기]의 색에서 [채우기 효과]를 선택하여 적절한 색을 지정한다.

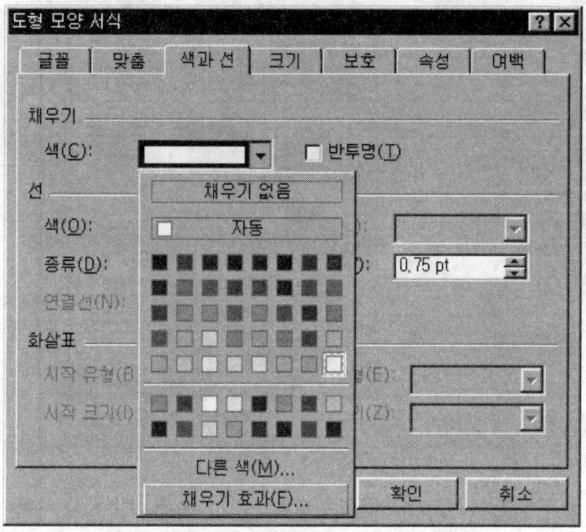

⑨ 다음은 완성된 제목이다.

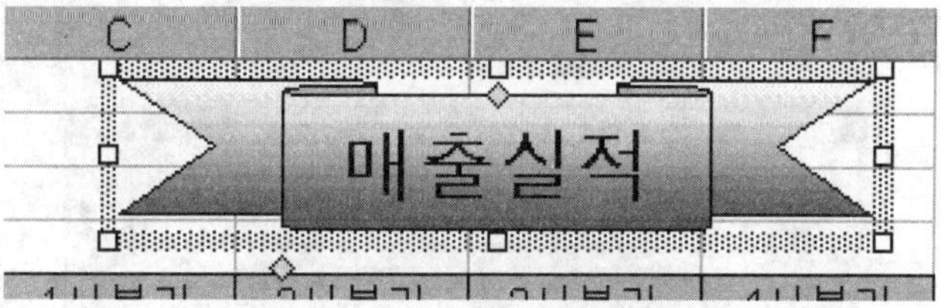

2.3 차트 작성하기

차트는 엑셀에서 데이터를 분석하는데 시각적으로 표시하므로써 쉽게 해준다. 다양한 차트가 제공되고 설정사항도 유용함으로 잘 작성하도록 한다.

◕ 차트 마법사

사원별로 분기별 판매실적을 막대차트로 표시해보자.

① B5에서 F19까지 범위를 지정한다.

② [삽입] 메뉴의 [차트]를 선택한다. 차트 마법사가 표시된다.

NOTE

차트 마법사(아이콘)아이콘을 클릭해도 된다. 마법사기능은 마이크로소프트사에서 사용자의 편리함을 위해 만든 기능이다. 복잡한 여러 단계를 차례로 따라가면서 해결하도록 한 것이다.

③ 1단계에서 [표준 종류] 탭에서 「세로 막대형」을 선택하고 [다음] 버튼을 클릭한다.

④ 2단계에서 [데이터 범위] 탭에서는 데이터의 범위와 행/열 기준을 바꾸어 차트를 표시할 수 있다.

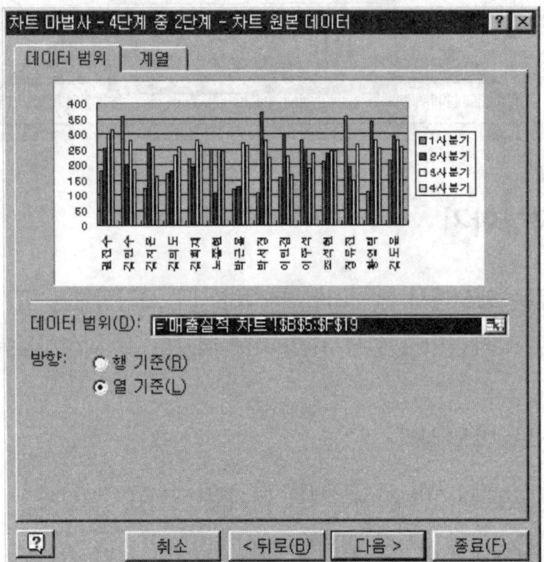

⑤ 데이터 범위의 (버튼) 버튼을 클릭하면, 데이터의 범위를 새로 지정할 수 있도록 마법사 창이 작아진다.

⑥ 현재의 데이터 범위가 점선으로 둘러싸여서 표시된다.

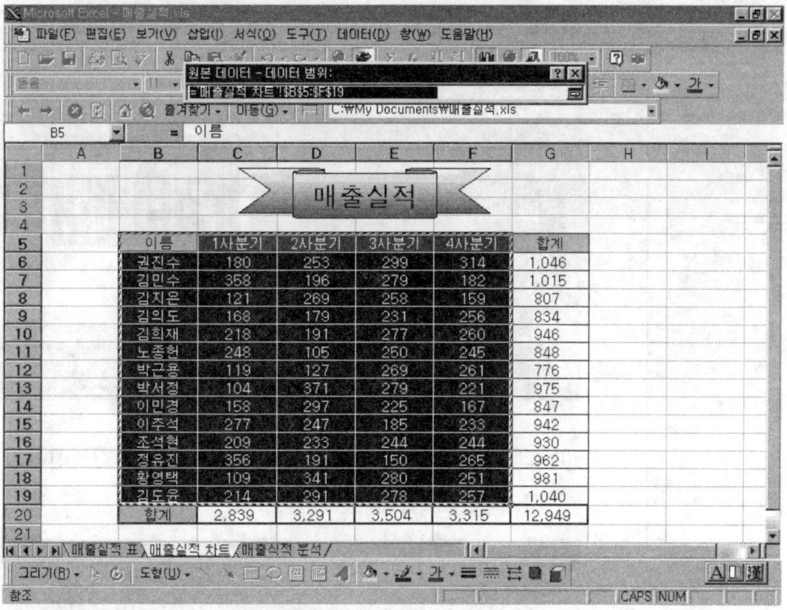

이름	1사분기	2사분기	3사분기	4사분기	합계
권진수	180	253	299	314	1,046
김민수	358	196	279	182	1,015
김지은	121	269	258	159	807
김의도	168	179	231	256	834
김희재	218	191	277	260	946
노종헌	248	105	250	245	848
박근용	119	127	269	261	776
박서정	104	371	279	221	975
이민경	158	297	225	167	847
이주석	277	247	185	233	942
조석현	209	233	244	244	930
정유진	356	191	150	265	962
황영택	109	341	280	251	981
김도윤	214	291	278	257	1,040
합계	2,839	3,291	3,504	3,315	12,949

⑦ ( ) 버튼을 클릭하면 마법사 창으로 복귀한다.

⑧ [계열] 탭에서 데이터 계열의 추가/삭제 여부와 이름, 범위, X축 이름을 변경할 수 있다.

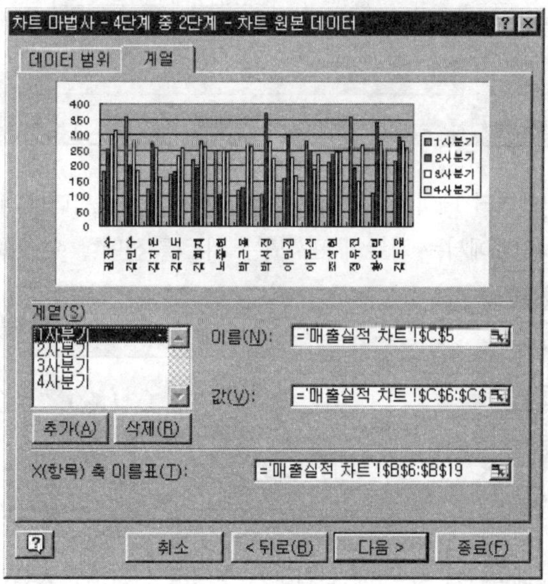

다음 버튼을 클릭한다.

⑨ 3단계의 [제목] 탭에서 차트와 축의 제목을 지정한다. 차트 제목은 「매출실적」,

X축 제목은 「이름」, Y축 제목은 「매출액」으로 한다.

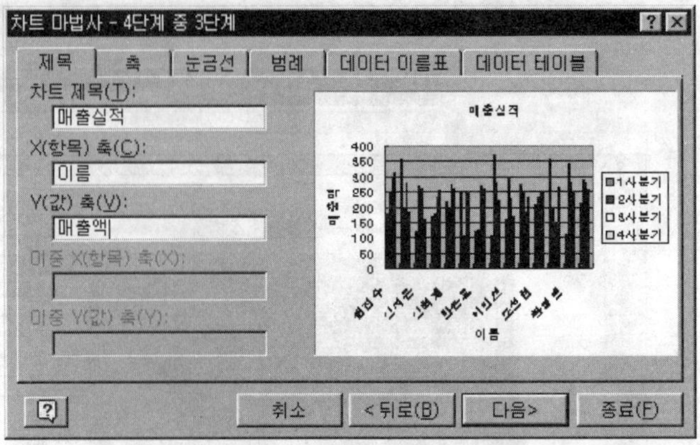

⑩ [데이터 테이블] 탭에서 [데이터 테이블 표시]란을 선택하면 다음과 같이 차트 아래부분에 표가 표시된다.

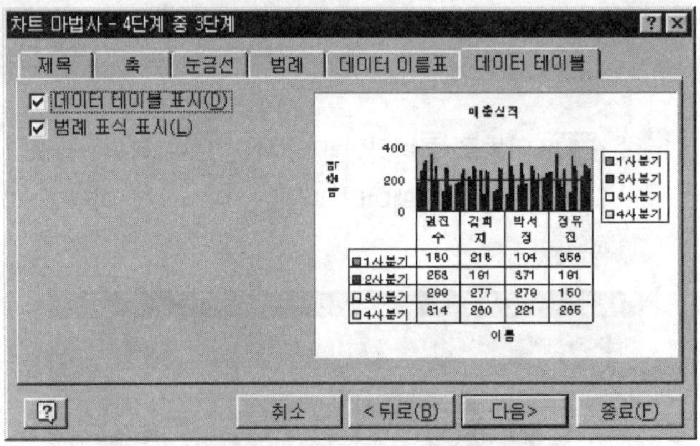

⑪ [데이터 테이블 표시]란의 선택을 해제하고, [다음] 버튼을 클릭한다.

⑫ 4단계에서는 차트의 표시되는 시트를 선택할 수 있다.

NOTE

[새로운 시트로]를 선택하면 「Chart1」이라는 차트만 표시되는 시트가 삽입된다.

⑬ 「매출실적 차트」에 삽입하는 것으로 선택하고 [종료] 버튼을 클릭한다.

⑭ 마법사의 각 단계를 따라서 작성된 차트가 표시된다.

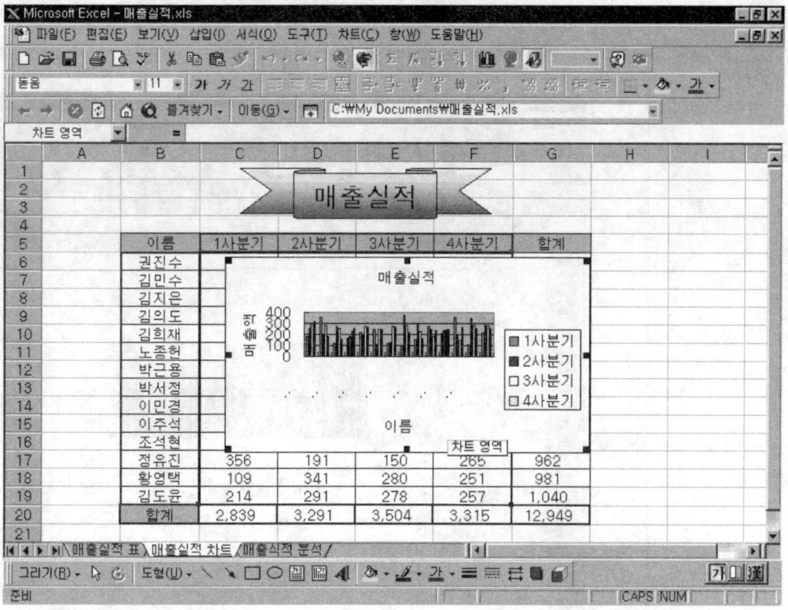

◕ 차드 편집하기

마법사 기능으로 완성된 차트를 보기 좋게 수정해보자.

① 표의 위에 겹쳐서 표시된 차트를 표의 아래쪽으로 이동해보자. 차트의 주위에 표시된 검은색 사각형은 조절점으로 차트의 이동과 크기 조절을 할 수 있다. 조절점이 있는 상태에서 마우스로 이동하면 점선이 미리 표시가 된다.

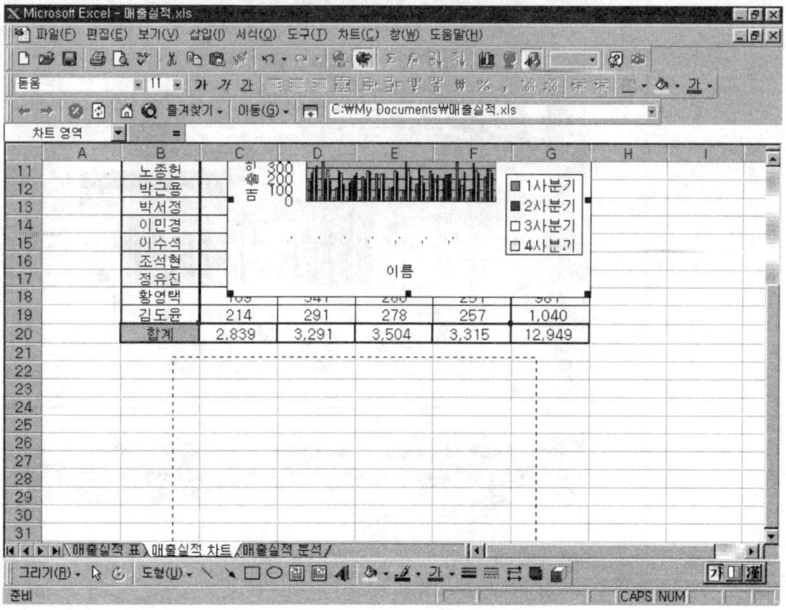

② 이동된 차트의 크기를 조절점을 이용하여, 좌우는 B열과 G열에 맞게, 상하는 22행에서 37행에 맞게 조절한다.

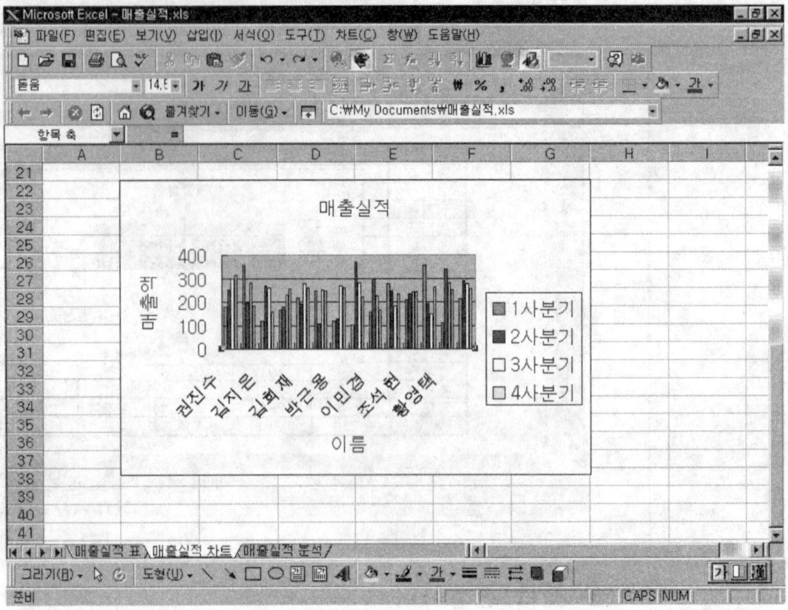

③ 우선 제목을 꾸며보자. 「매출실적」이라는 제목을 선택하고, 단축메뉴에서 [차트 제목 서식]을 선택한다.

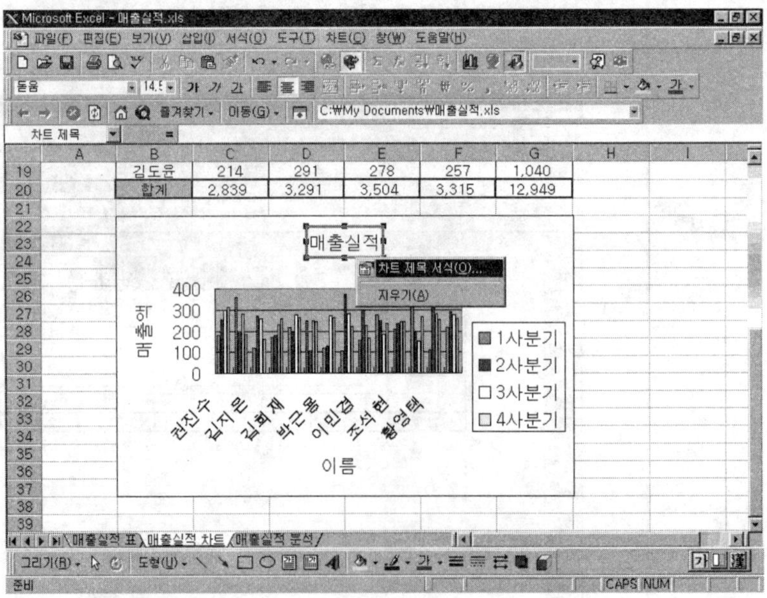

④ [무늬] 탭에서는 [음영]을 선택한다.

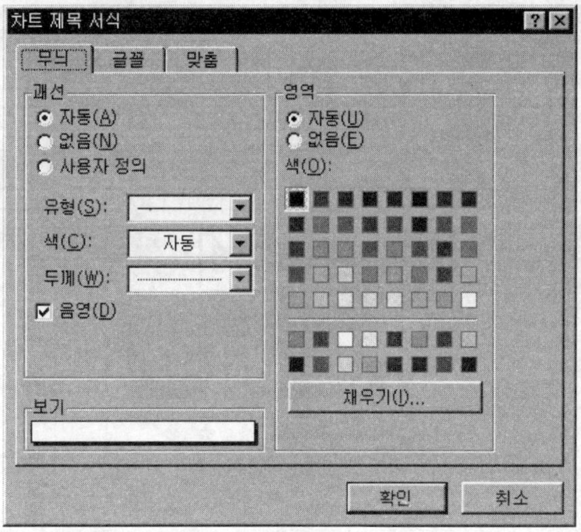

⑤ [글꼴] 탭에서는 크기를 14로 선택한다.

⑥ [맞춤] 탭에서는 [수평], [수직]을 가운데로 선택하고, [인쇄 방향]은 7도로 지정한다.

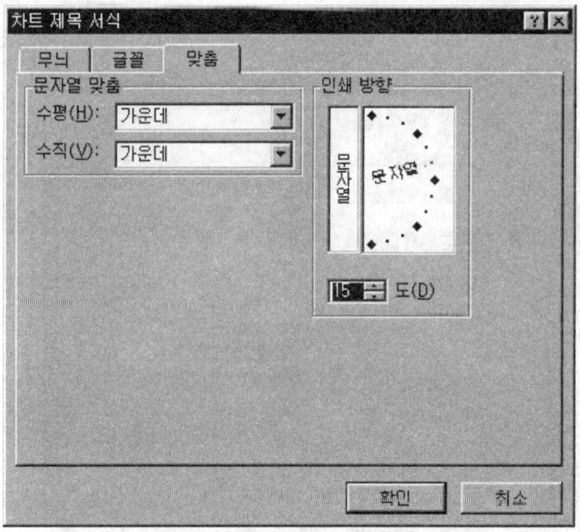

[확인] 버튼을 클릭한다.

⑦ Y축 제목인 「매출액」을 위로 이동하고 단축메뉴에서 [축 제목 서식]을 선택한다.

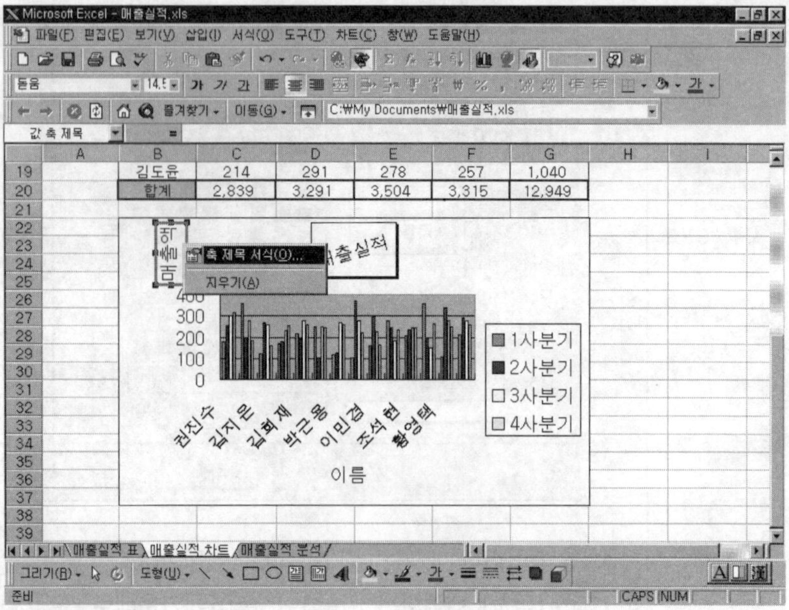

⑧ [맞춤] 탭에서 [인쇄 방향]을 0도로 지정하고, [글꼴] 탭에서 크기를 10으로 지정한다.

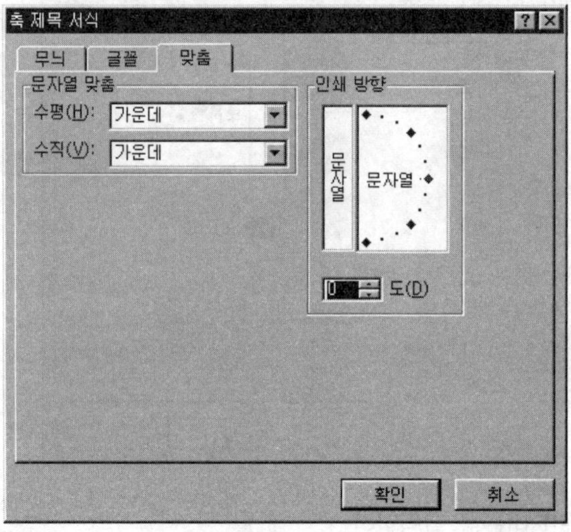

마찬가지로 X축의 제목도 크기 10으로 조절한다.

⑨ 범례를 선택하고 단축메뉴에서 [범례 서식]을 선택한다.

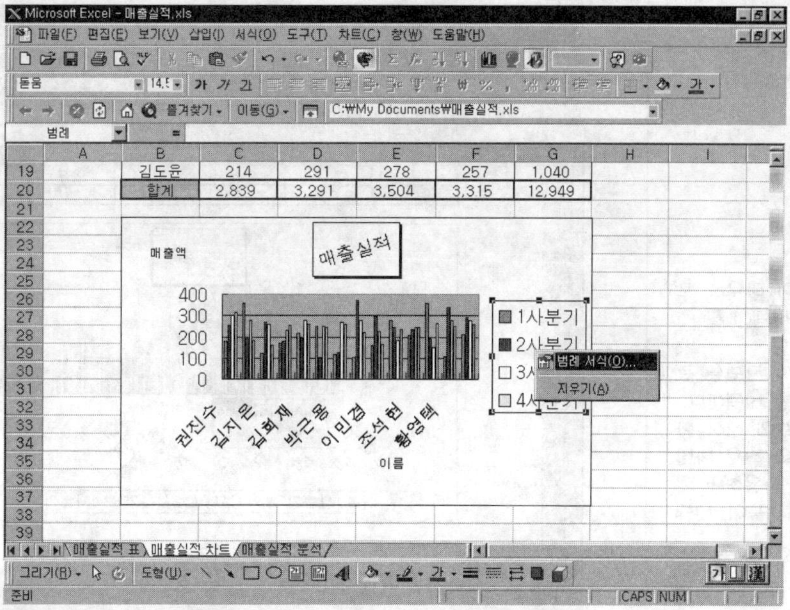

⑩ [글꼴] 탭에서 크기는 11로 지정하고, [위치 바꾸기]는 아래쪽을 지정한다.

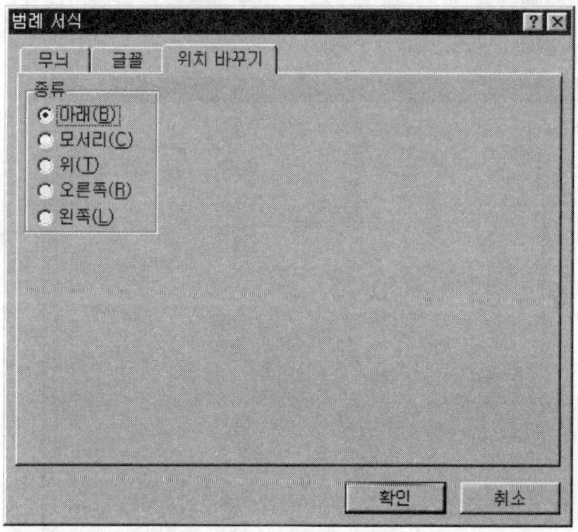

⑪ X축을 선택하고, 단축메뉴에서 [축 서식]을 선택한다.

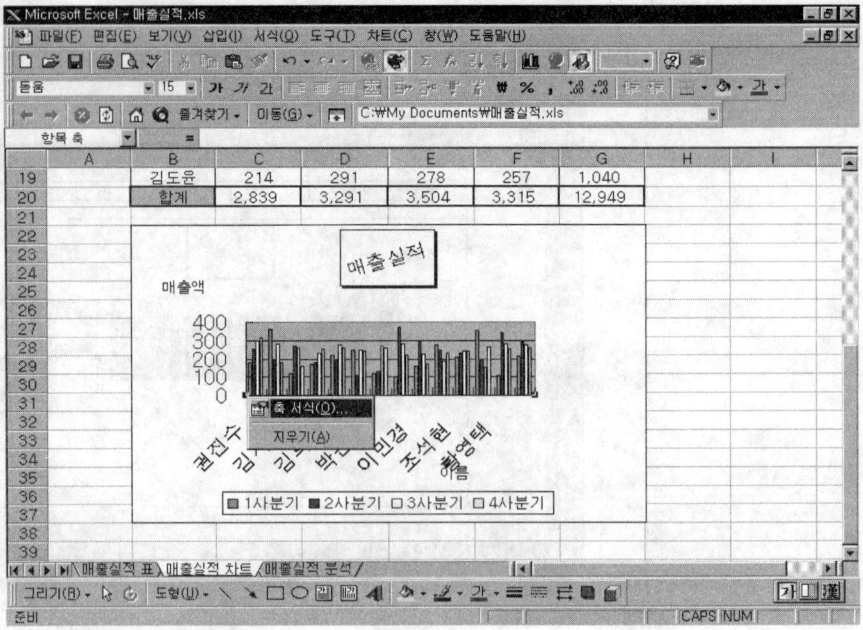

■ X축 같이 마우스 포인터로 선택이 잘 안 되는 경우
- 선택이 잘되는 큰 개체를 선택한다.
- 키보드의 상하 화살표와 좌우 화살표를 사용하면 원하는 X축이 선택된다.
- 선택이 잘 안되는 개체에서는 단축 메뉴를 표시하기도 어렵다. 그런 상황에서는 [서식]메뉴에서 메뉴를 선택할 수 있다.

⑫ [글꼴] 탭에서는 8을 선택하고, [맞춤] 탭에서는 [인쇄 방향]의 자동을 해제하고, 0도를 지정한다.

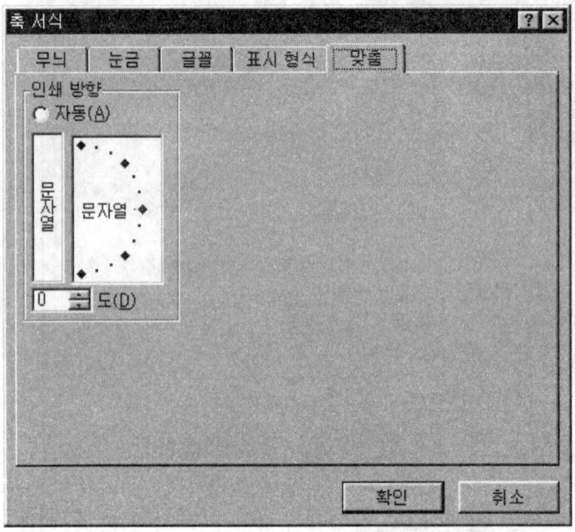

⑬ Y축도 글꼴 크기를 8로 표시한다. Y축은 [눈금] 탭에서 [주단위]를 100으로 지정한다.

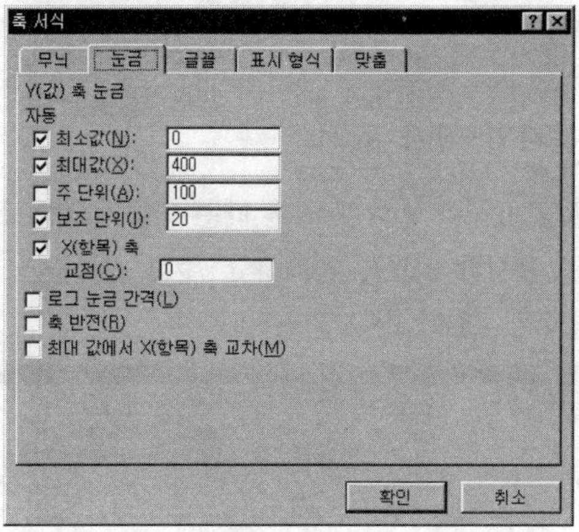

NOTE

[주단위]를 100으로 변경한 후에 [주단위] 앞의 상자를 선택하면 안 된다. 선택하면 [주단위]가 자동으로 적용된다.

Y축의 눈금이 100단위로 표시된다.

⑭ 막대 차트가 그려진 그림 영역과 차트 영역의 크기를 조정하여 다음과 같이 차트를 완성한다. 완성된 차트에 색상과 음영 등의 꾸미는 기능을 사용해도 보기 좋다.

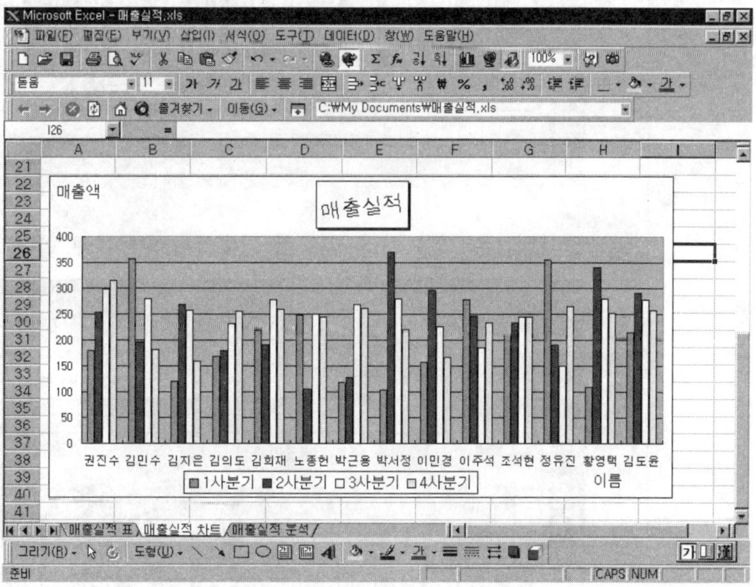

⑮ 차트의 특정 영역을 선택하지 않은 상태에서 단축메뉴를 표시하면, 차트 마법사의 1단계에서 4단계까지를 표시할 수 있는 단축 메뉴가 표시된다.

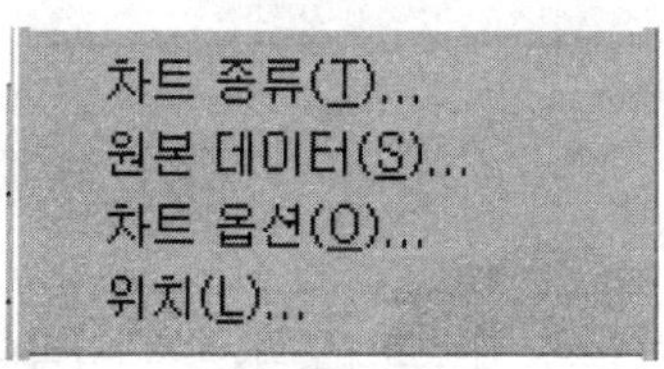

각 단계에서 미처 지정하지 못하였거나 새로 지정해야 되는 경우에 유용하다.

◕ 차트에 문자열 상자 표시

차트에 설명을 표시할 필요가 있을 때는 다음과 같이 문자열 상자를 사용한다.

① 메시지를 표시할 차트를 선택하고, 수식 입력줄에 내용을 입력한다. 「3사분기가 매출 실적이 고르다」라고 입력한다.

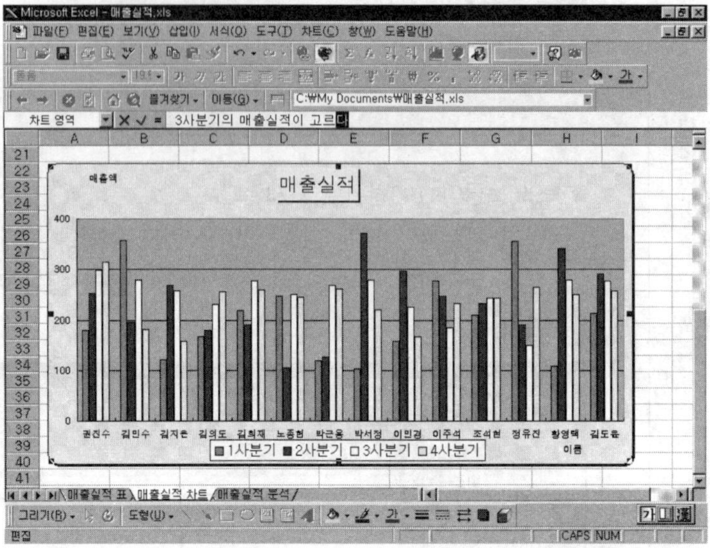

② ENTER 키를 친다. 차트의 가운데서 오른쪽에 입력한 내용이 있는 틀이 표시된다.

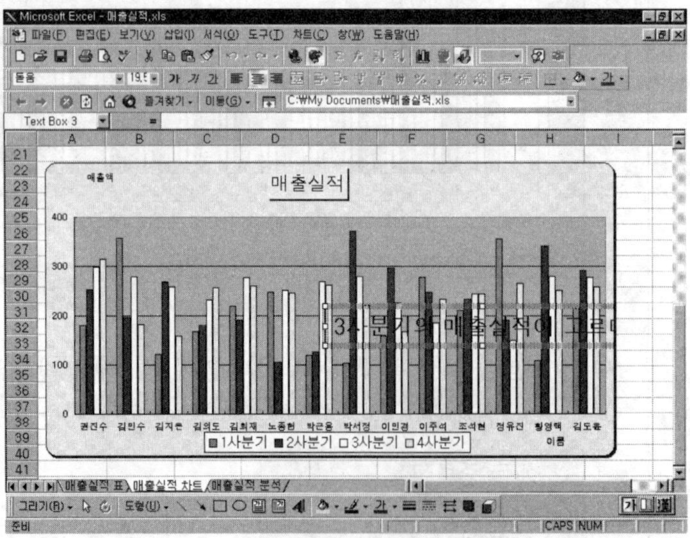

③ 표시된 틀을 선택하고 단축 메뉴의 [도형 상자 서식]을 이용하여 서식을 변경한다.

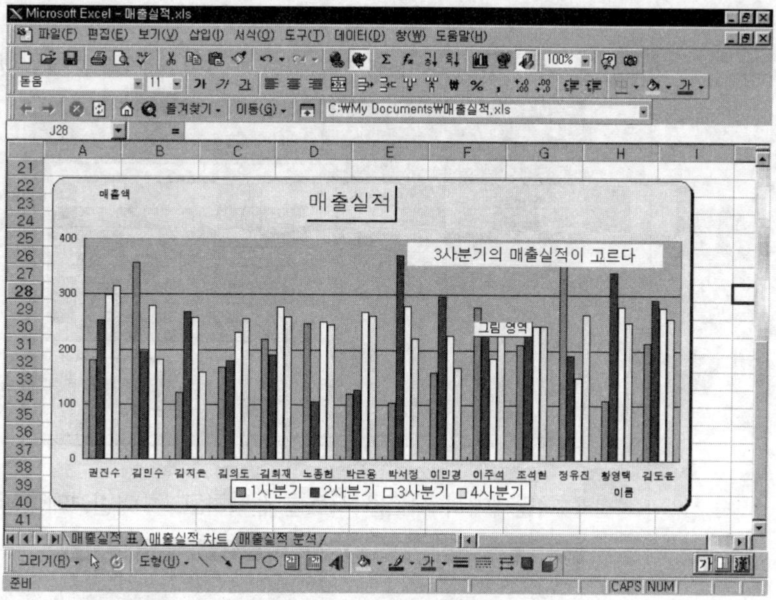

적당한 위치로 이동한다.

◕ 차트의 데이터를 그림파일로 표시

보다 효율적으로 데이터를 표시하기 위해 그림을 이용하는 경우가 있다. 새로운 시트에 이민경이라는 사원의 분기별 매출실적을 그림으로 표시해보자.

① CTRL 키를 이용하여 매출실적 차트 시트의 B5에서 F5까지와 B14에서 F14까지 범위를 지정한다.

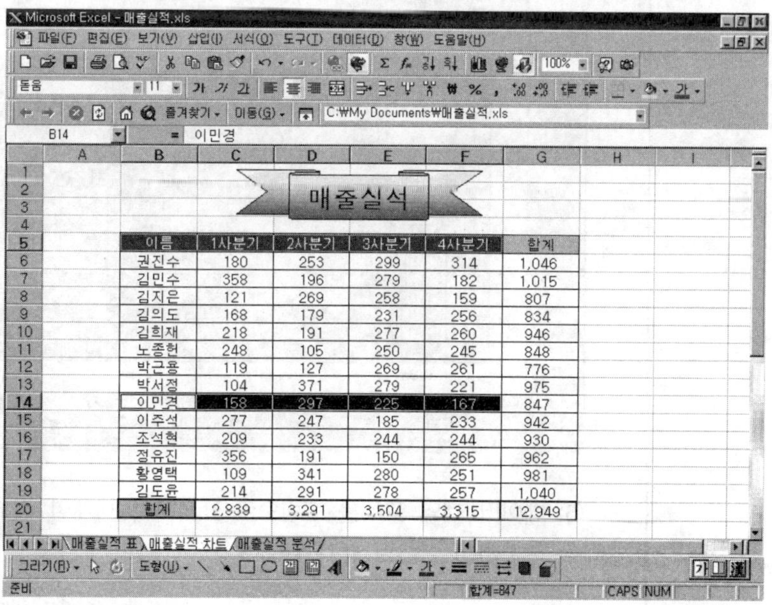

② 차트 마법사를 이용하여 3단계에서 차트의 제목을 「이민경의 매출실적」으로 입력하고, [범례] 탭에서 범례 표시의 선택을 해제한다.

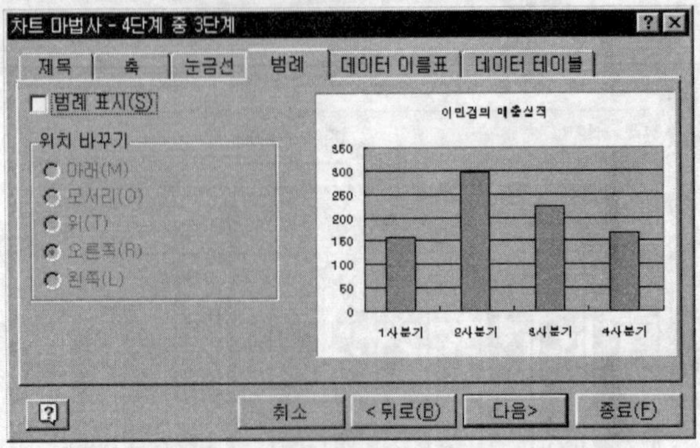

③ 4단계에서 새로운 시트를 선택하고, 「이민경매출실적」으로 입력한다.

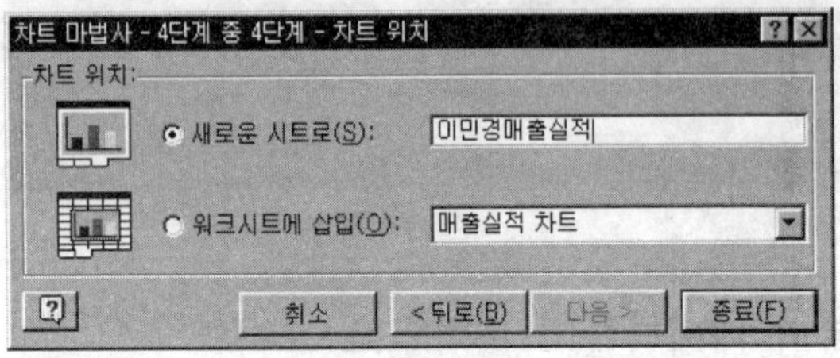

④ [종료] 버튼을 클릭한다. 차트 시트가 삽입된다.

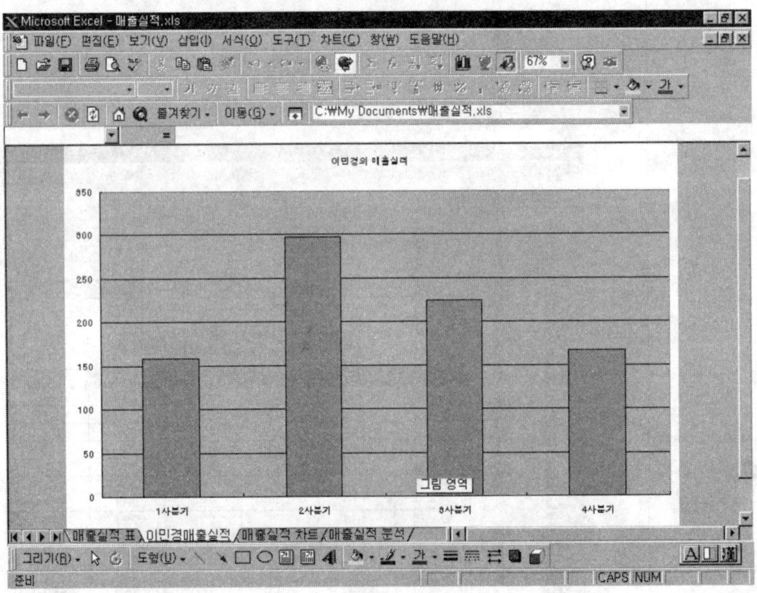

⑤ 데이터 계열 모두를 그림으로 표시하려면 계열 중에 하나를 클릭한다. 계열마다 조절점이 하나씩 표시가 된다.

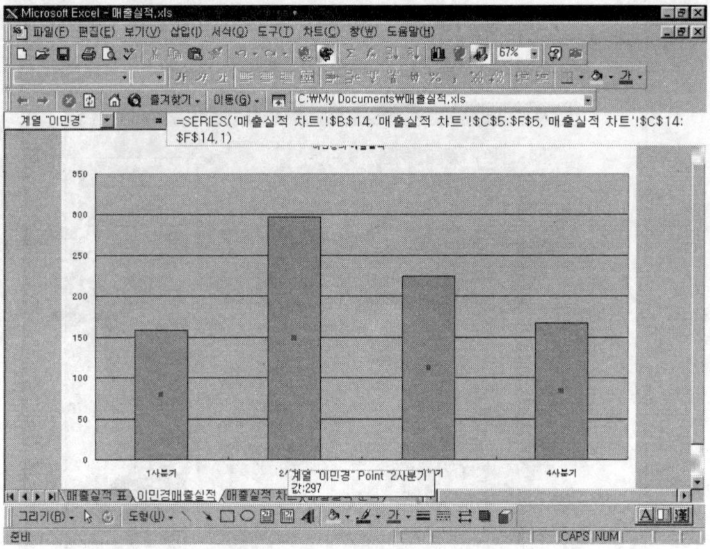

NOTE

특정한 하나의 계열만 그림으로 표시하려면 모든 계열에 조절점이 표시된 상태에서 그 계열만 다시 클릭하면 조절점이 하나의 계열로 모아지면 된다.

⑥ [삽입] 메뉴에서 [그림]의 [그림 파일]을 선택한다.

⑦ 그림 파일이 있는 폴더를 지정해야한다. 여기서는 기본적으로 제공되는 그림 폴더를 이용한다. [Program Files] → [Microsoft Office] → [Clipart] → [Popular]에서 그림 파일을 찾는다. Car.wmf 파일을 선택한다. [삽입] 버튼을 클릭한다.

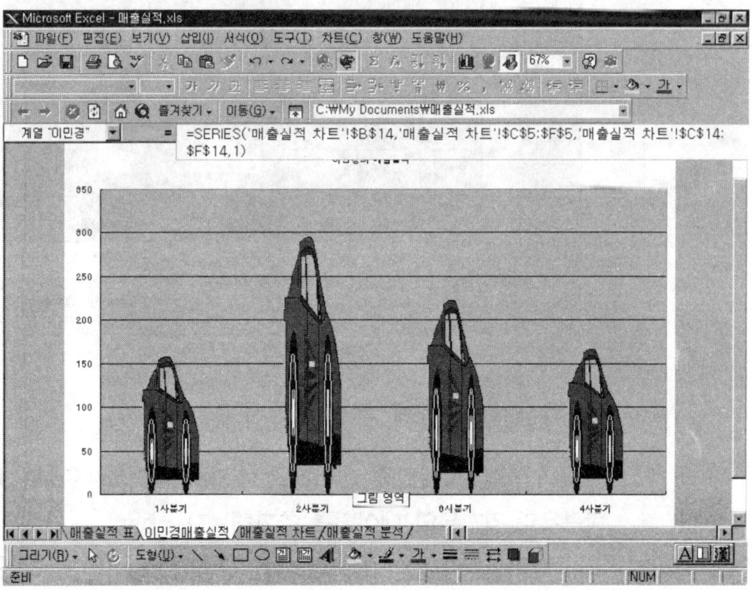

⑧ 그림을 100단위마다 하나씩 표시되도록 해보자. [서식]메뉴의 [선택한 데이터 계열]을 선택하고, [무늬] 탭에서 [채우기] 버튼을 클릭한다.

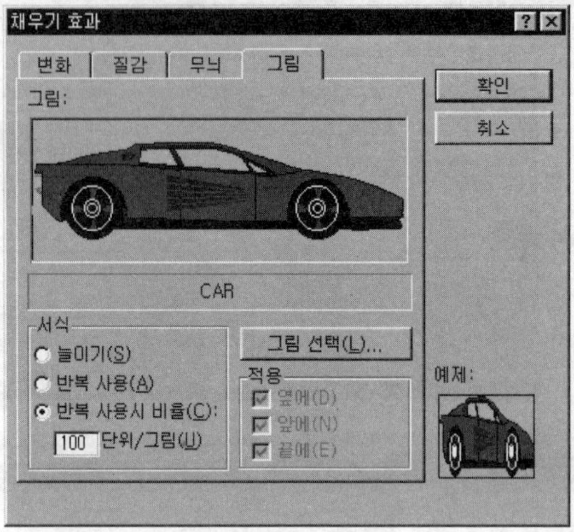

NOTE

차트에 지정된 그림 파일을 삭제하려면 삭제하려는 데이터 계열을 선택하고, [편집] 메뉴의 [지우기]의 [서식]을 선택한다. 그림도 일종의 서식이다.

⑨ [반복 사용시 비율]을 100으로 지정한다. [확인] 버튼을 클릭한다. 그림이 지정된 단위마다 하나씩 표현된다.

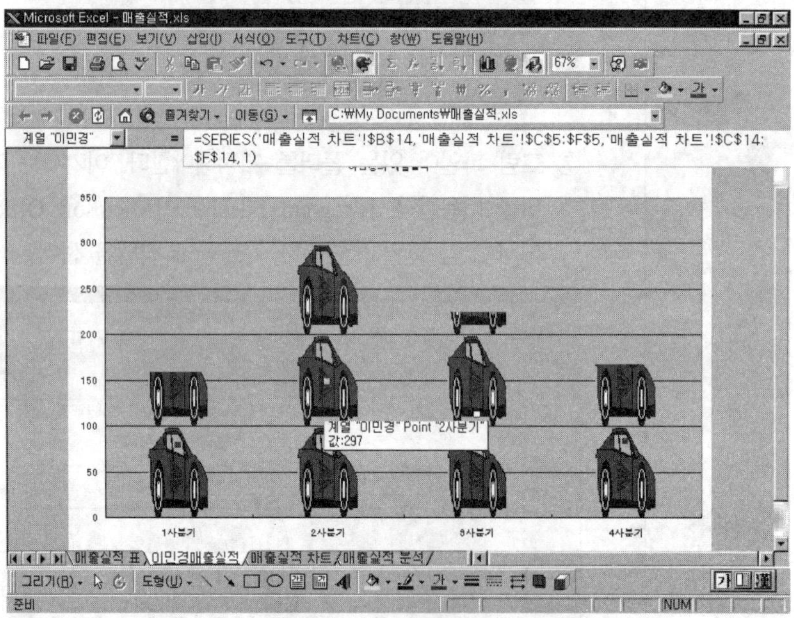

◕ 차트에 데이터 추가 및 삭제

이미 작성된 차트에 데이터를 추가하거나 삭제할 수 있다. 「이민경매출실적」시트에 박근용과 김지은의 데이터를 추가해보자.

① 「이민경매출실적」 시트에서 단축메뉴의 [원본 데이터]를 선택한다. 데이터 범위

에 CTRL 키를 이용하여 박근용과 김지은의 분기별 데이터를 추가한다.

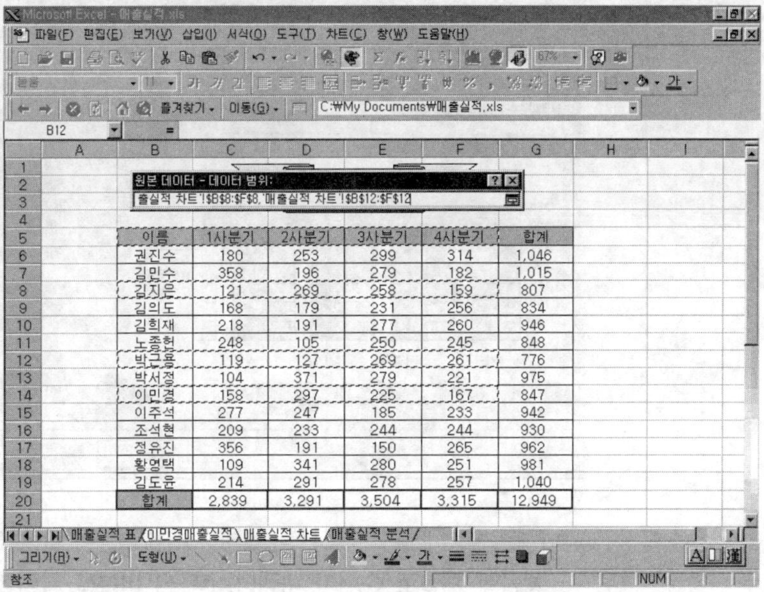

> **NOTE**
>
> 데이터를 추가하기위해서는 [차트] 메뉴의 [원본 데이터...]을 선택해도 되고, [차트] 메뉴의 [데이터 추가...]를 선택해도 된다.

② 데이터가 추가된 차트는 다음과 같다.

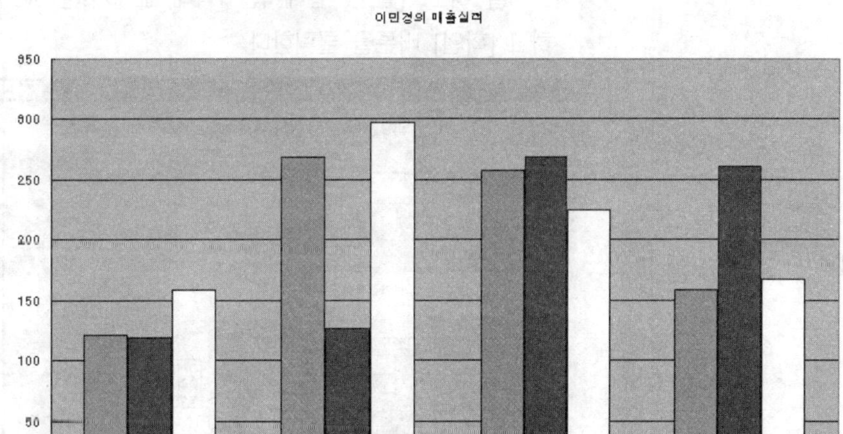

③ 추가된 차트는 데이터계열이 3개이므로 범례가 표시되어야 구분이 용이하다. 단축메뉴의 [차트 옵션] 에서 [범례] 탭을 선택하고 [범례 표시]를 선택한다.

④ 데이터 계열의 순서를 바꿀 수 있다. 데이터 계열중에 임의의 계열을 선택하고, 단축메뉴에서 [데이터 계열 서식]의 [데이터 계열] 탭을 선택한다.

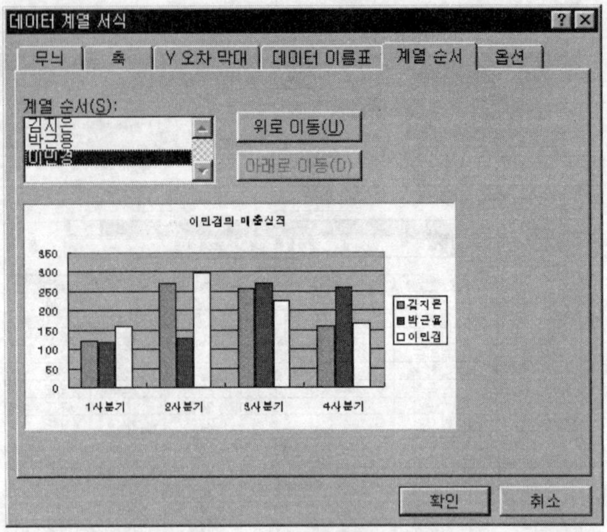

⑤ [계열 순서]에서 이민경을 선택하고 [위로 이동] 버튼을 클릭하면, 이민경이 제일 처음의 계열로 순서가 바뀐다. [확인] 버튼을 클릭한다.

⑥ 이민경 데이터 계열을 클릭하고. [데이터 계열 서식]의 [무늬] 탭에서는 [음영] 선택을 하고, [옵션] 탭에서는 [막대 포개기]는 50, [항목 너비]는 100으로 변경하고 [확인] 버튼을 클릭한다.

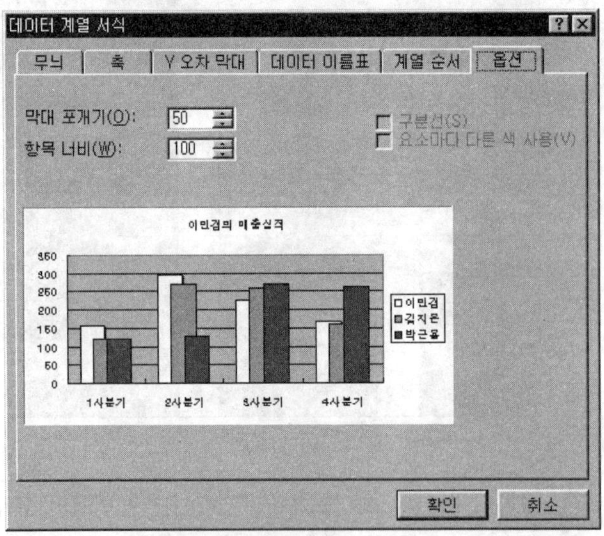

⑦ 추가된 데이터 계열 중에서 김지은의 데이터를 삭제해보자. 김지은 데이터 계열을 선택하고, Delete 키를 키보드에서 누르거나 단축메뉴의 [지우기]를 선택하면 삭제된다.

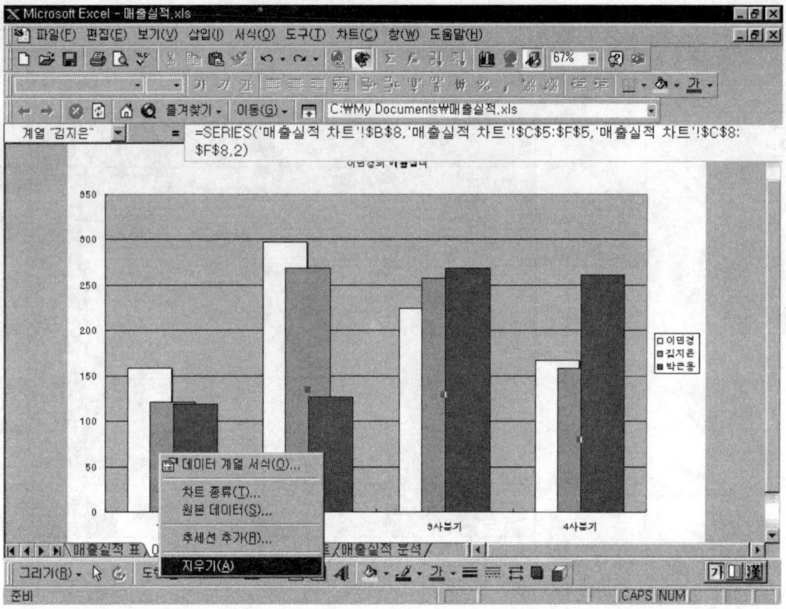

◕ 혼합형 차트 작성

데이터 계열간에 값의 차이가 큰 경우에는 하나의 차트 종류로 데이터를 적절하게 표현하기가 어렵다. 이런 경우에 차트 종류를 혼합하여 작성하는 것이 가능하다.

① 「이민경매출실적」 시트를 선택한다. 분기별 합계 데이터를 추가해보자. [차트] 메뉴의 [데이터 추가]를 선택한다. 표시되는 대화상자의 범위에 「매출실적 차트」의 B20에서 F20까지를 드래그로 입력한다.

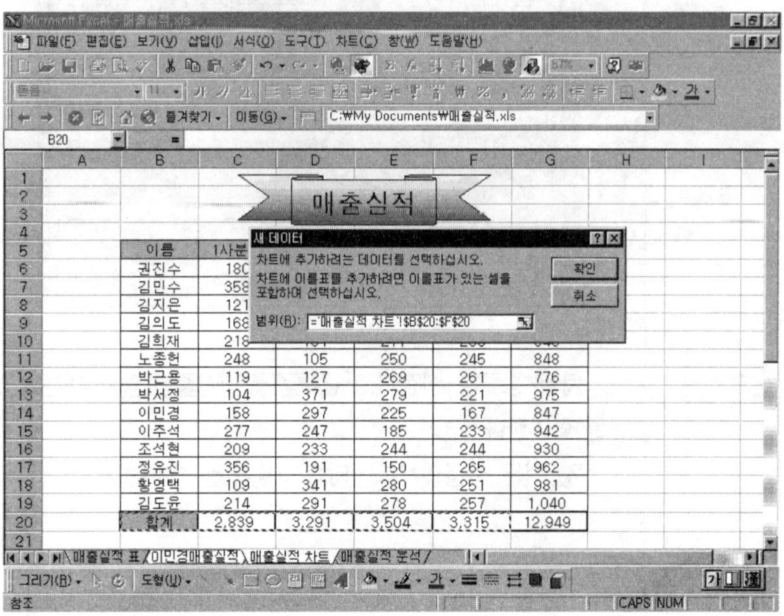

② [확인] 버튼을 클릭한다. 합계 데이터가 추가된 차트이다.

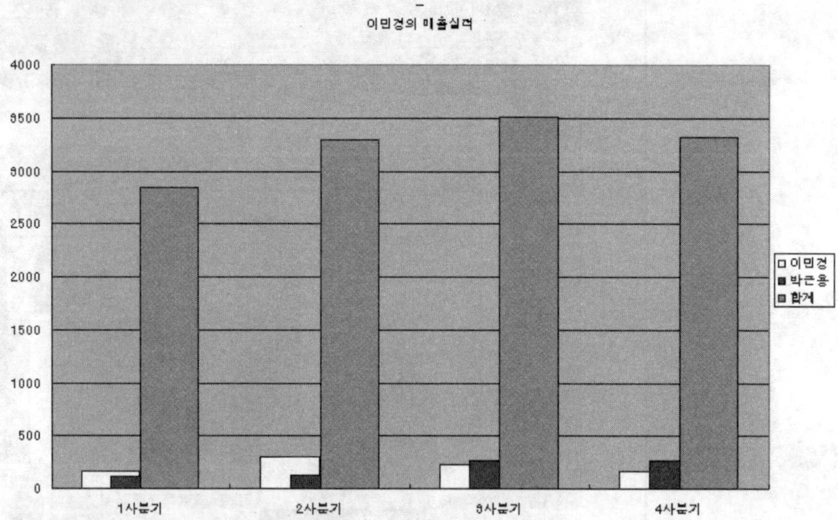

③ 합계값이 월등히 크므로 이민경과 박근용의 데이터가 잘 표시되지 않는다. 그래서 합계데이터 계열을 다른 적절한 차트 종류로 변경해보자. 우선 합계 데이터 계열을 선택하고, 단축메뉴에서 [챠트 종류]를 선택한다.

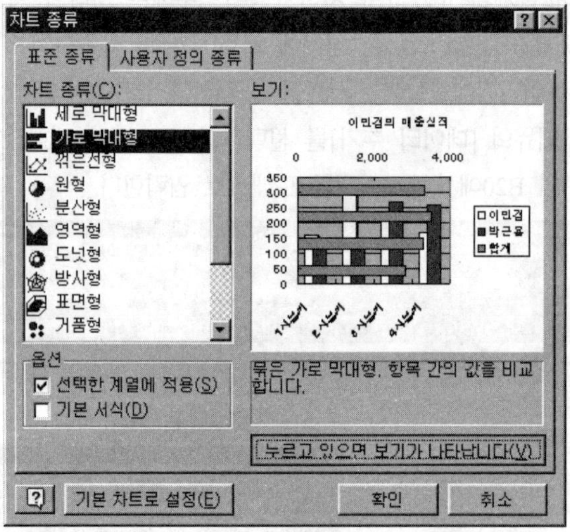

NOTE

혼합형 차트가 되지 않는 경우도 있으므로, (누르고 있으면 보기가 나타납니다(V)) 버튼으로 반드시 미리 확인한다.

차트 종류를 지정하고 (누르고 있으면 보기가 나타납니다(V)) 버튼을 클릭해서 적절한 차트의 종류를 확인한다.

④ 꺾은 선형의 「데이터표식이 있는 꺾은선형」을 선택하고 [확인] 버튼을 클릭한다.

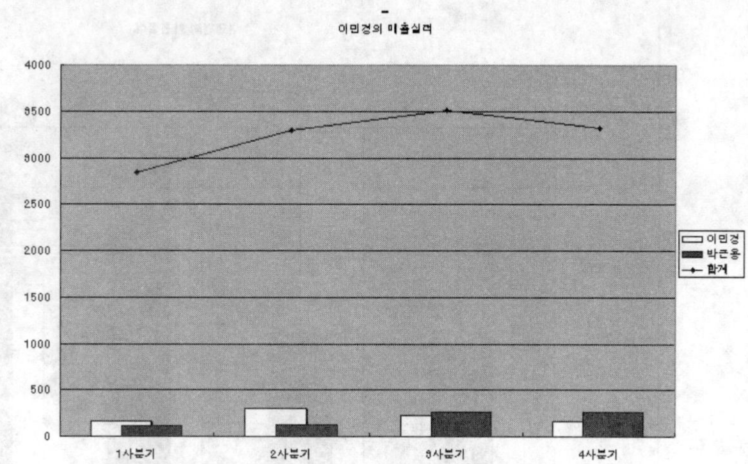

⑤ 차트의 종류가 다르고, 값의 차이가 크므로 축을 별도로 사용하도록 작성해보자. 합계 데이터 계열을 선택하고 단축메뉴에서 [데이터 계열 서식]을 선택한다.

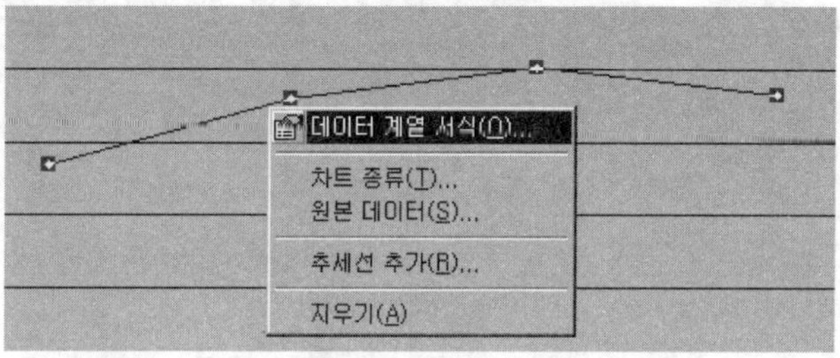

⑥ [축] 탭에서 [데이터 계열 지정]을 [이중 차트로]를 선택한다.

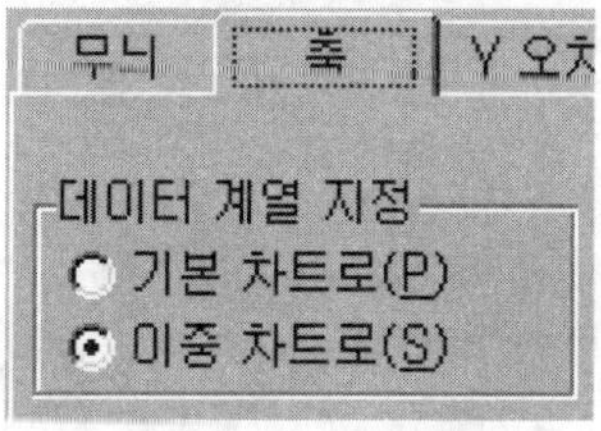

⑦ [옵션] 탭에서 [요소마다 다른 색 사용]을 선택한다.

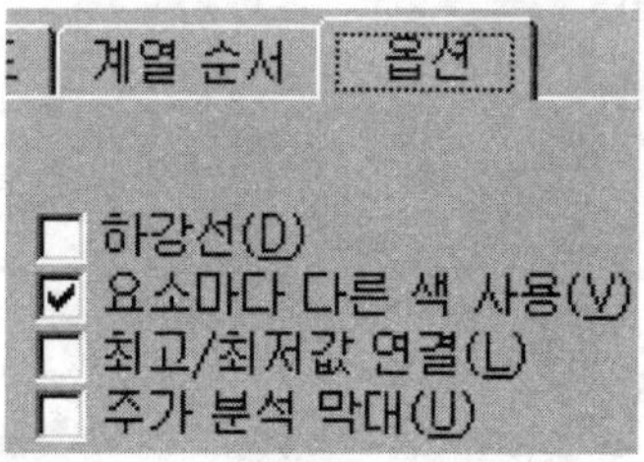

⑧ 완성된 혼합형 차트이다.

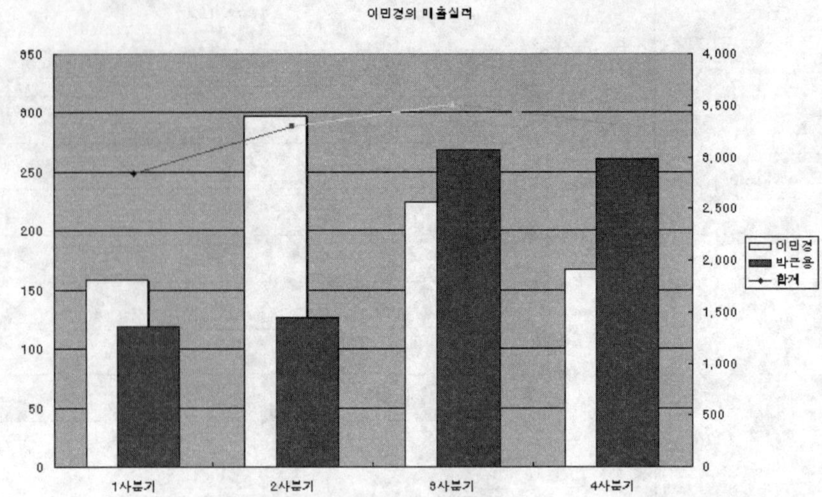

NOTE

혼합형 차트는 2가지 이상의 차트 종류를 혼합할 수 있다.

연습문제

1. 실습문제(1)

1장의 문제1의 완성된 표를 이용하여 차트 작성

① 각 연도별 영업실적 비교를 세로 막대형으로 작성한다.

② 차트 제목 : 각 년도별 영업실적 비교

③ X축 이름 : 년도

④ Y축 이름 : 매출액

⑤ X, Y축 눈금 단위, 색상, 무늬, 문자크기, 간격, 전체균형 등은 임의로 선정한다.

2. 실습 문제(2)

1장의 문제2의 완성된 표를 이용하여 차트 작성

① 성적표를 국어, 영어, 수학은 세로 막대형, 평균은 꺽은선형으로 작성한다.

② 차트 제목 : 2-1반 성적표

③ X축 이름 : 성 명

④ Y축 이름 : 국어, 영어, 수학, 평균

⑤ X, Y축 눈금 단위, 색상, 무늬, 문자크기, 간격, 전체균형 등은 임의로 선정한다.

3장 데이터의 가상 분석

《학습목표》

본 장에서는 사원별 매출실적을 기준으로 얼마간 증가된 내년도의 매출실적을 책정할 경우, 다양한 방법으로 데이터를 분석하기 위한 방법을 살펴본다. 이를 위해 목표 값 찾는 방법, 해 찾는 방법, 시나리오, 그리고 데이터 표에 대해 알아본다.

「매출실적.XLS」에서 올해의 사원별 매출실적을 기준으로 얼마간 증가된 내년도의 매출실적을 책정할 경우, 다양한 방법으로 분석할 수가 있다.

3.1 목표값 찾기

수식에서 얻으려는 값은 알고 있지만 그 결과값을 얻기 위해 필요한 입력 값을 모를 때 [목표값 찾기] 기능을 사용한다. 현재 권진수의 매출합계가 1,046이다. 내년도 매출합계를 1,300으로 증가시켜야 하는데, 2사분기의 매출만 증가시켜야 한다면 다음과 같이 한다.

① 「매출실적 분석」 시트를 선택한다.

② H2로 셀포인터를 이동한다. [도구] 메뉴의 [목표값 찾기]를 선택한다.

③ [수식 셀]에는 H2가 이미 입력되어 표시된다. [찾는 값]에는 1300을 입력하고, [값을 바꿀 셀]은 E2를 입력한다.

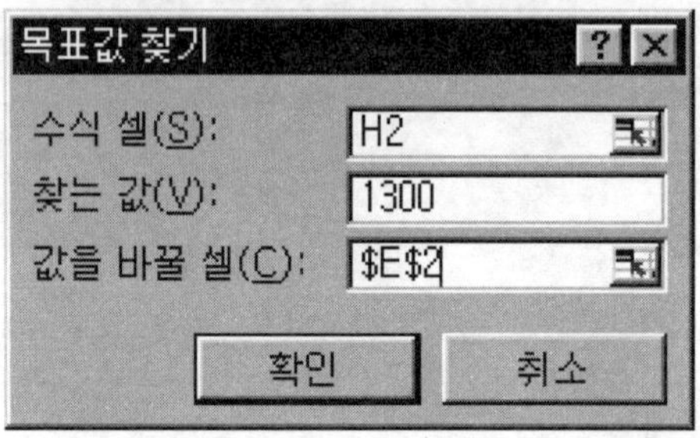

④ [확인] 버튼을 클릭하면, 목표값을 바로 찾아준다. 워크시트의 E2셀에는 이미 변경된 데이터 값이 적용되어 있다.

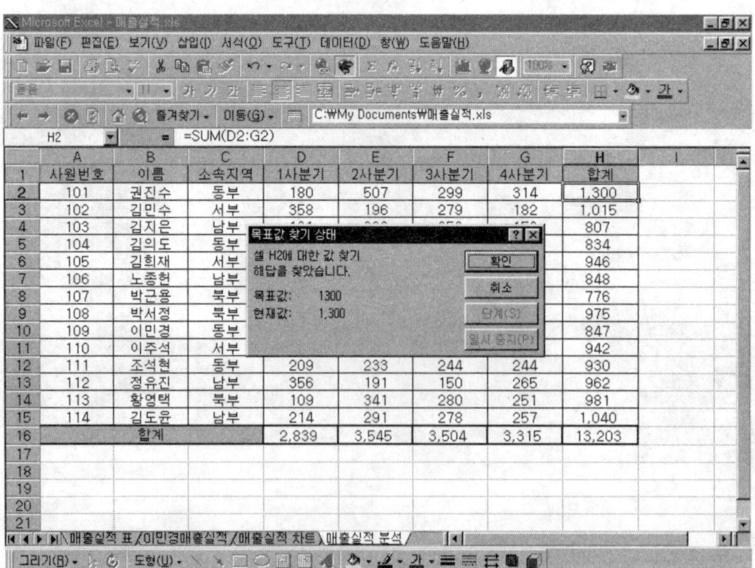

NOTE

목표값은 반드시 [값을 바꿀 셀]이 하나의 셀이여야 한다.

⑤ 목표값이 적용된 데이터를 워크시트에 표시하려면 [확인], 아니면 [취소]를 클릭한다.

[확인] 버튼을 클릭한 후에 [편집] 메뉴의 [목표값 찾기 취소]를 선택해도 취소된다.

3.2 해찾기

NOTE

목표값이 하나의 셀 값만 변경이 가능한 것에 비해서 해찾기는 여러 개 셀의 값을 변경하는 기능이다.

해찾기는 여러가지 경우의 수를 미리 예상해보는 기능으로 결과값을 정하고, 그 결과값과 연결된 데이터들의 변경값을 확인하는 것이다.

◕ H16의 12,949를 15,000으로 변경해보자.

NOTE

[해 찾기] 기능은 엑셀의 기본 설치로는 실행할 수 없는 기능이다. [해 찾기] 메뉴가 없는 경우에는 다음과 같이 한다.

① 셀포인터를 H16으로 이동한다.

② [도구] 메뉴의 [해 찾기]를 선택한다.

- [도구] 메뉴의 [추가 기능]을 선택한다.

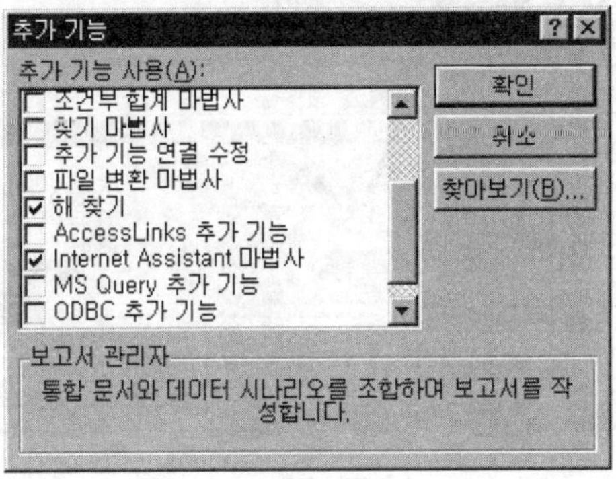

- [해 찾기]를 선택한다.
- [해 찾기] 항목이 없으면, [찾아보기] 버튼을 클릭한다.
- C:\Program files\Microsoft Office\Office\Library\Solver\Solver.xla 파일을 선택하면 된다.
- Solver.xla가 없으면 엑셀의 설치를 다시하면서 추가기능을 설치해야 한다.

③ [목표 셀] 에는 H16이 입력되어 있다. [해의 조건]에서는 [지정값]을 선택하고 15000이라고 입력한다. [추정] 버튼을 클릭하면 H16과 수식으로 연관된 모든 셀들의 범위가 표시된다. 여기서는 D2에서 G15까지가 입력된다.

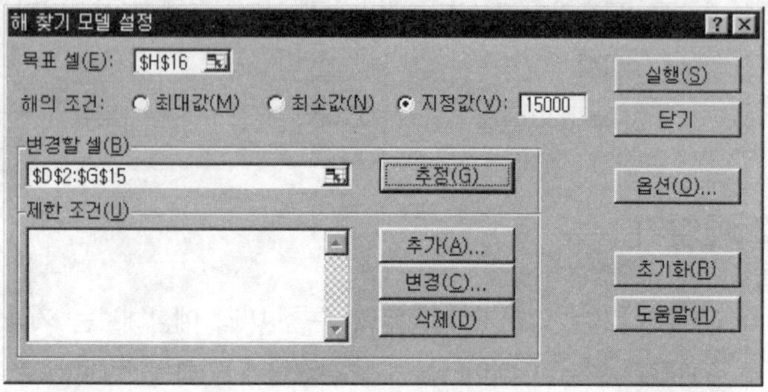

④ [실행] 버튼을 클릭한다. [목표값 찾기]보다는 시간이 조금 더 걸린 후에 변경된 값이 표시된다.

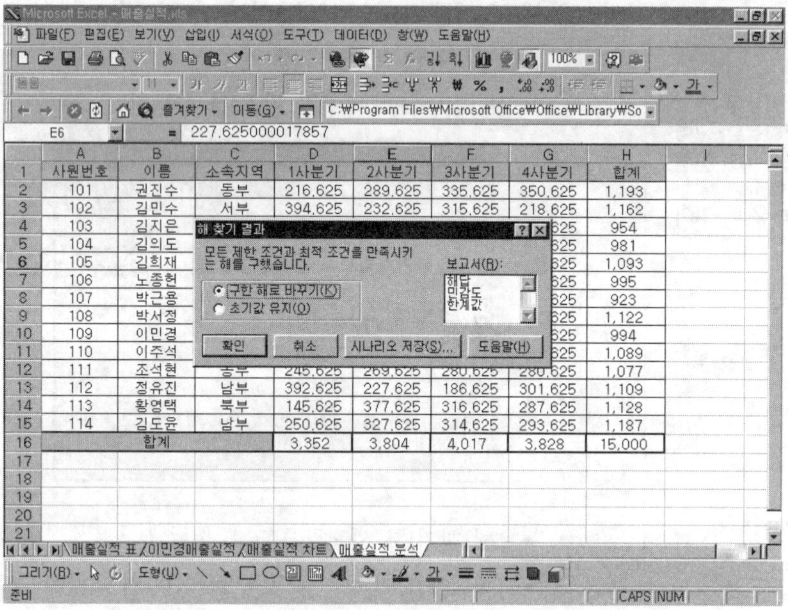

⑤ [구한 해로 바꾸기]와 [초기값 유지]를 선택할 수 있고, 보고서작성을 해답, 민감도, 한계값중에서 원하는 것을 CTRL키를 이용하여 선택할 수 있다. [구한 해로 바꾸기]를 선택하면 원본 데이터를 잃어버리므로 [초기값 유지]를 선택한다. 보고서는 3가지를 모두 선택한다.

[확인] 버튼을 클릭하면 조금 시간이 걸린 후 3개의 보고서가 작성된 시트가 삽입된다.

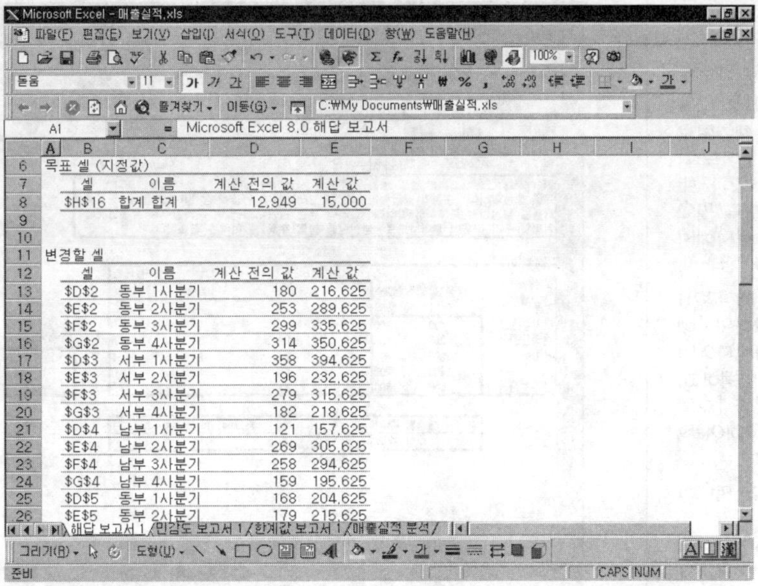

● [해찾기]에 제한 조건을 설정해보자.

H16에 셀 포인터를 둔 상태에서 [도구] 메뉴의 [해찾기]를 선택한다. 방금전에 입력한 여러가지 조건들이 그대로 표시가 될 것이다. 제한 조건으로는 H2셀의 값이 1200을 넘지 않도록 하고, H9셀의 값이 1200보다 넘지 않도록 하고, H14셀의 값이 1000을 넘지 않도록 한다.

① 제한 조건의 [추가] 버튼을 클릭하고 다음과 같이 입력한다.

② [추가] 버튼을 클릭하고, 제한 조건을 두가지 디 추기한다.

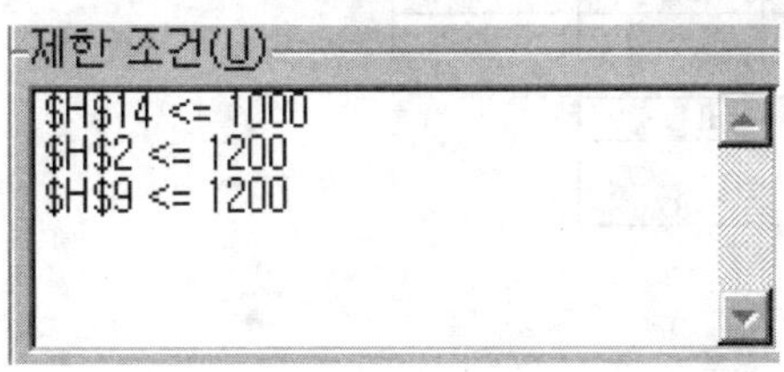

③ [실행] 버튼을 클릭하면 변경된 값을 확인 할 수 있다.

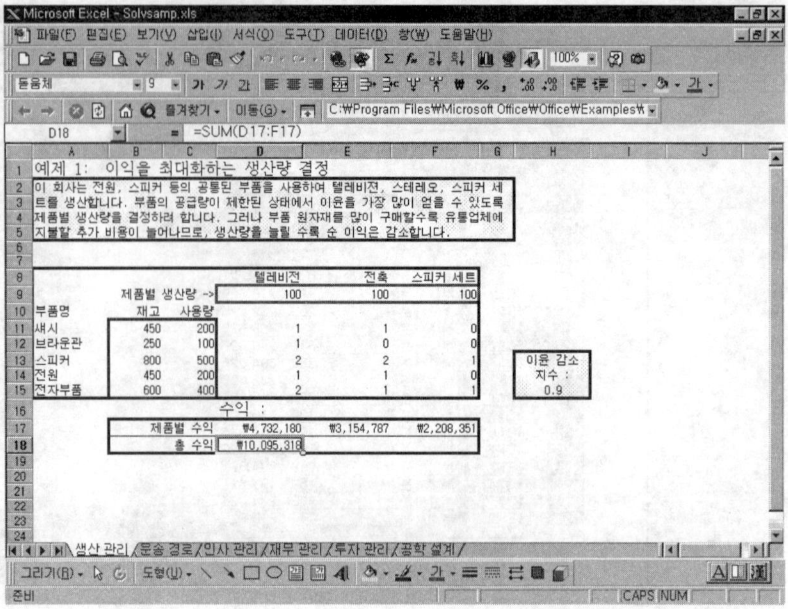

NOTE

- [해 찾기]는 [구한 해로 바꾸기]를 선택하면 원래 데이터로 돌아가지 못하므로, 원래 데이터값과 변경된 값이 모두 필요하면 표를 복사해서 [해 찾기]를 한다.
- 여러개의 [해 찾기] 결과가 필요하면 [해 찾기] 대화상자에서 [옵션]을 선택하고, [모델 저장]과 [모델 읽기]를 이용하여 작업할 수 있다.
- [해 찾기]의 적절한 예제가 C:\Program Files\Microsoft Office\Office\Examples\Solver\SOLVSAMP.XLS에 있다.

3.3 시나리오

[해 찾기]가 결과값을 정하고 연관된 셀의 값이 변경되는 것을 확인하는 기능이라면, [시나리오]는 반대로 셀의 값을 변경했을 경우에 연관된 수식이 있는 결과값의 변화를 확인하는 기능이다.

① 「매출실적 분석」 시트를 선택한다. 다음과 같이 데이터와 수식을 입력한다.

	J	K	L
1			
2	내년도 수익 예상표		
3		올해	내년
4	매출합계	12,949	14243.9
5			
6	경비합계	8,560	9244.8
7			
8	순이익	4,389	4,999
9			
10	성장예상비율		
11	매출실적	10%	
12	경비	8%	
13			
14			
15			
16			
17			
18			
19			
20			

매출실적 분석

L4 : =K4+K4*K11

L6 : =K6+K6*K12

K8 : =K4－K6

L8 : =L4－L6

매출실적과 경비의 성장 예상 비율수치를 변경해서 순이익이 어떻게 변하는지 가상 시나리오를 작성해보자.

② [도구] 메뉴의 [시나리오...]을 선택한다.

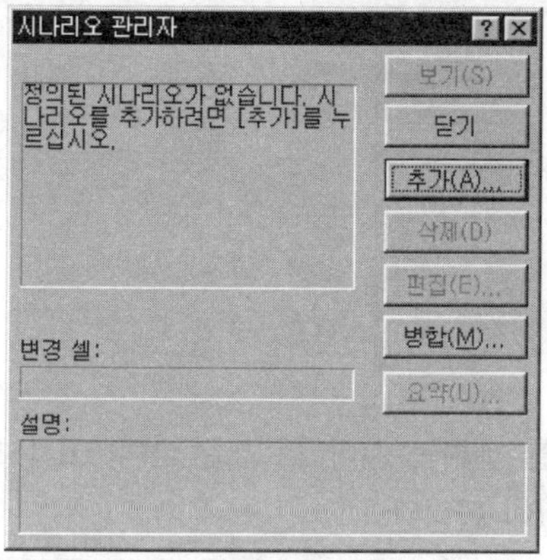

③ [추가] 버튼을 클릭한다.

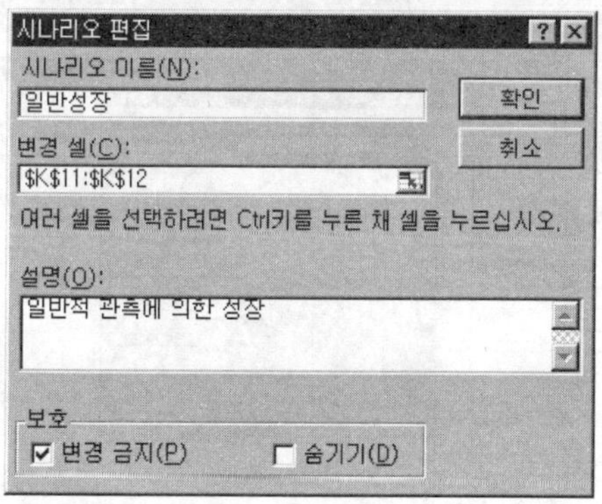

시나리오 이름은 「일반성장」, 변경 셀은 $K$11:$K$12을 입력하고 [확인] 버튼을 클릭한다.

④ 변경 셀의 값은 입력된 상태를 유지한다.

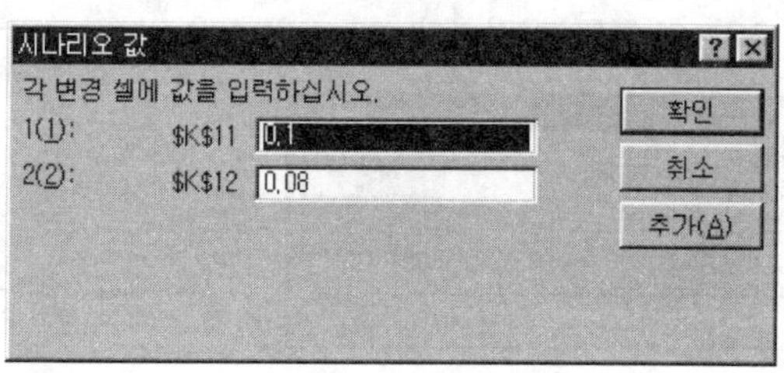

⑤ [추가] 버튼을 클릭하고, 시나리오를 추가한다.

시나리오 이름	K11	K12
최고성장	0.2	0.05
최저성장	0.05	0.1%

3개의 시나리오가 작성되었다.

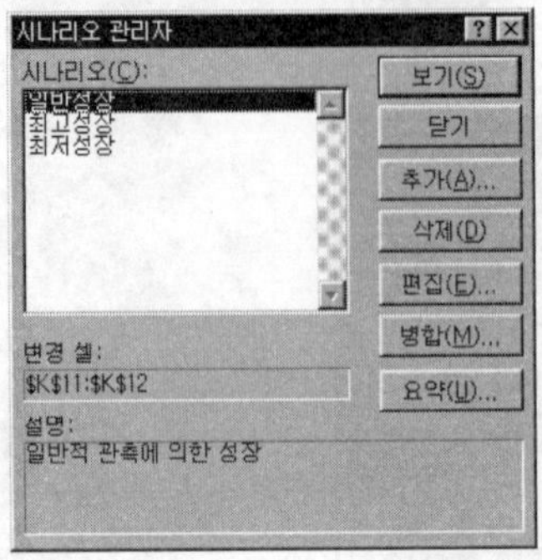

⑥ 결과값을 보기를 원하는 시나리오명을 선택하고 [보기] 버튼을 클릭하면, 워크시트에 변경된 값이 반영된다.

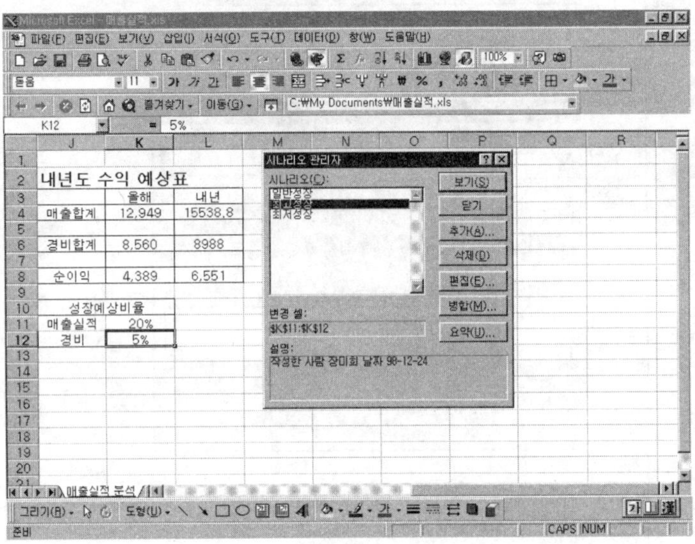

⑦ 작성된 3개의 시나리오를 요약보고서로 작성할 수 있다. [시나리오 관리자] 창에서 [요약] 버튼을 클릭한다.

⑧ [확인] 버튼을 클릭한다. 시나리오 요약 시트가 삽입된다.

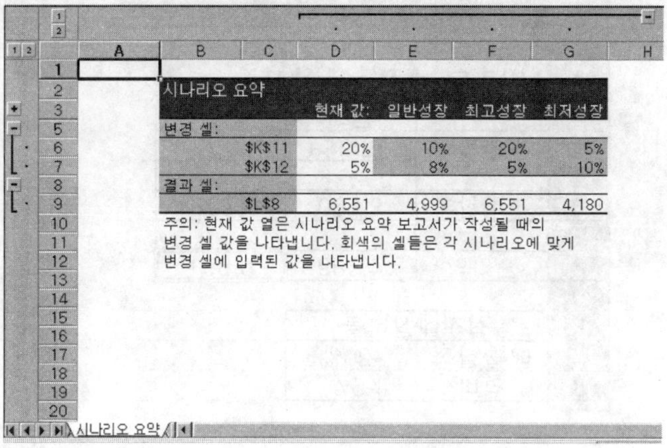

한 눈에 각 시나리오를 통한 결과를 볼 수 있다.

◕ 셀에 이름 지정하기

$K$11과 $K$12, $L$8 이란 셀 면칭 대신에 매출실적, 경비, 순이익으로 표현되도록 해보자.

① 「매출실적 분석」 시트의 L8로 셀 포인터를 이동한다. 이름 상자에 마우스 포인터를 맞추고 클릭하면 입력상태가 된다.

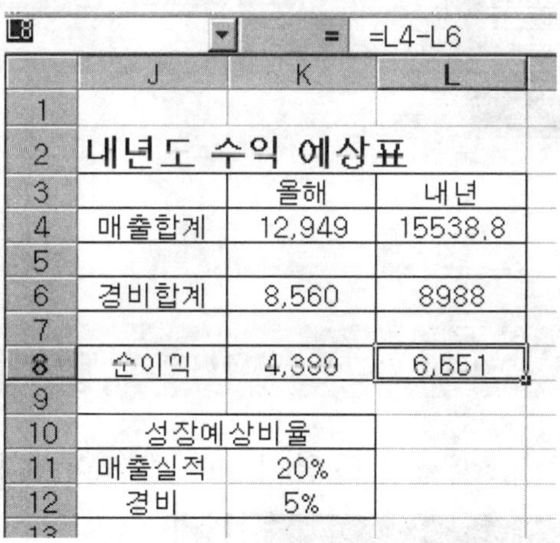

② 「순이익」이라고 입력하고 반드시 ENTER키를 누른다. L8셀은 L8로 지칭해도 되고, 순이익이란 명칭으로 지칭해도 된다.

NOTE

■ 셀에 이름 지정 규칙
- 이름의 첫자는 문자이거나 밑줄이어야 하며, 나머지 글자는 문자, 숫자, 마침표, 밑줄 등이 될 수 있다.
- 공백을 사용할 수 없다. 순_이익, 순.이익 과 같이 밑줄이나 마침표를 사용한다.
- 255자까지 지정할 수 있다.
- 영어로 지정할 경우 대소문자를 모두 사용할 수 있으며 대소문자를 구분하지 않는다.

③ 매출실적과 경비는 순이익과 다른 방법으로 이름을 지정해보자. J11에서 K12까지 범위를 지정한다. [삽입] 메뉴의 [이름]에서 [작성]을 선택한다.

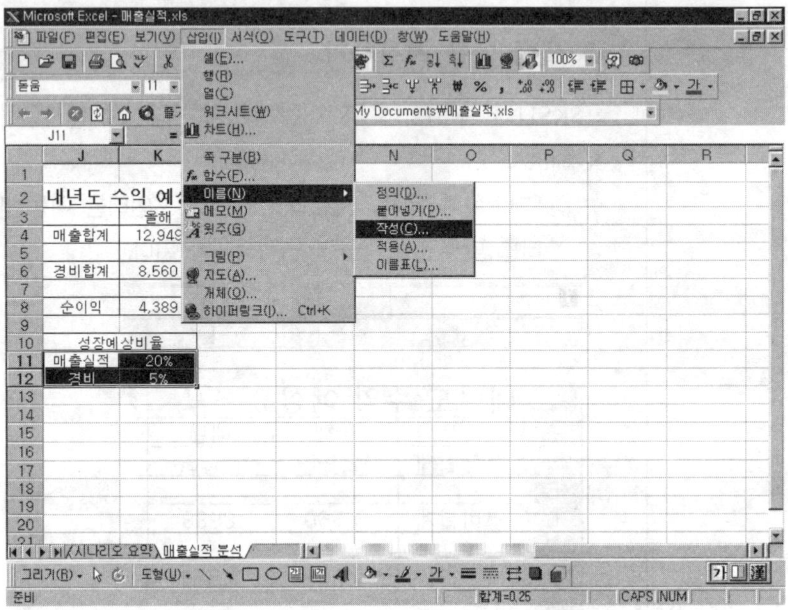

④ [이름 작성] 창에서 [왼쪽 열]이 이미 선택되어 있다. [확인] 버튼을 클릭한다.

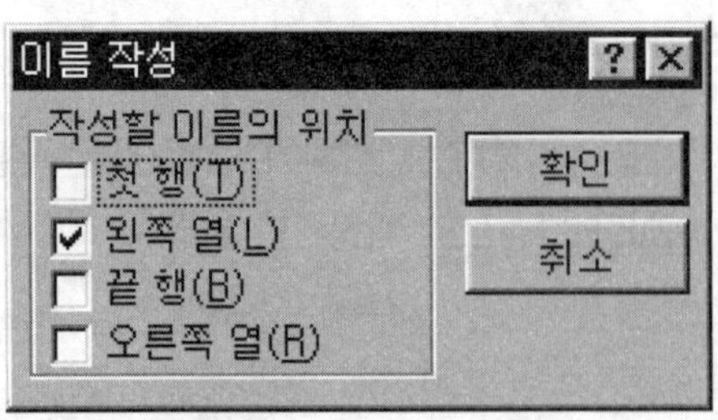

⑤ K11과 K12로 셀 포인터를 이동하고, 이름 상자를 보면 매출실적과 경비로 표시되는 것을 확인할 수 있다.

⑥ 셀 이름으로 적용된 시나리오 요약 보고서를 작성하며 다음과 같다.

NOTE

셀이름을 수식에 이용할 수 있다. 예를 들어 L4의 =K4+K4*K11를 K11대신에 K11의 이름인 매출실적을 대입하여서 =K4+K4*매출실적 이라고 해도 된다.

시나리오 요약					
		현재 값:	일반성장	최고성장	최저성장
변경 셀:					
	매출실적	20%	10%	20%	5%
	경비	5%	8%	5%	10%
결과 셀:					
	순이익	6,551	4,999	6,551	4,180

3.4 데이터 표

NOTE

데이터 표에는 다음 두 종류가 있다.

- 단일 변수 입력 데이터 표 : 변수를 하나만 설정하고 여러가지 값을 입력하여 하나이상의 수식에 미치는 영향을 살펴본다.
- 이중 변수 입력 데이터 표 : 변수를 두개 설정하고 여러가지 값을 입력하여 하나 이상의 수식에 미치는 영향을 살펴본다.

데이터 표는 워크시트에서 특정 값을 변경했을 때 수식의 결과가 어떻게 변하는지를 볼 수 있는 셀 범위이다. 데이터 표를 사용하면 변경 내용을 빠르게 계산할 수 있고 워크시트에 변경된 내용의 결과를 모두 함께 표시하므로 쉽게 가상 분석을 할 수 있다.

◕ 매출실적의 예상 비율을 변수 지정하기

① 「매출실적 분석」 시트에 다음과 같이 입력한다.

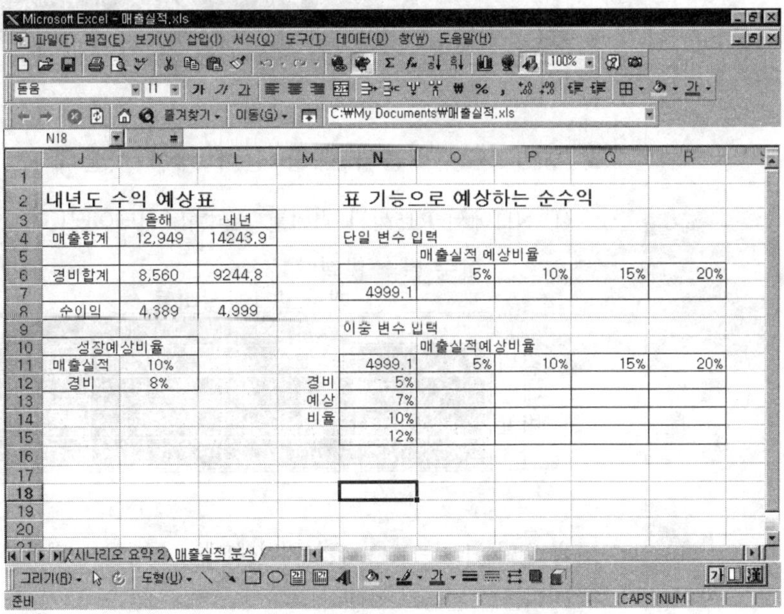

N7과 N11의 수식 : = (K4+(K4*매출실적))−(K6+(K6*경비))

② 먼저 매출실적 예상 비율을 변수로 가지는 부분부터 분석해보자. N6에서 R7까

지를 범위지정한다. [데이터] 메뉴의 [표]를 선택한다.

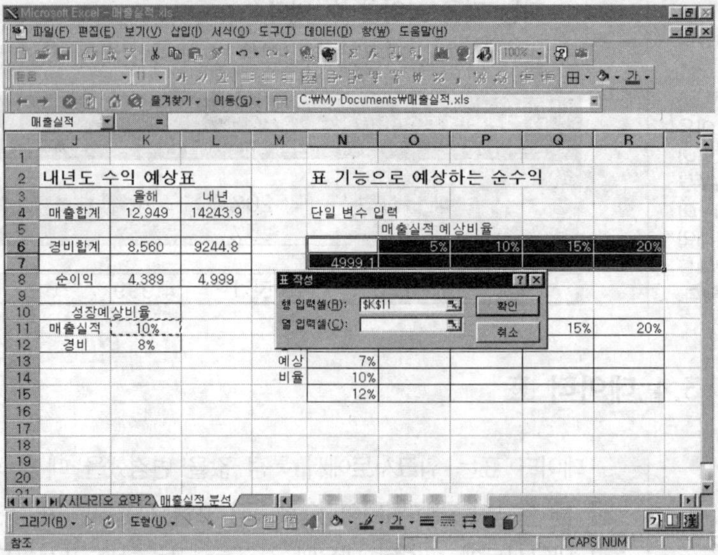

[행 입력셀]에 K11을 입력한다.

③ [확인] 버튼을 클릭하면 다음과 같이 값이 입력된 표가 완성된다.

단일 변수 입력				
	매출실적 예상비율			
	5%	10%	15%	20%
4999.1	4351.65	4999.1	5646.55	6294

◕ **경비 예상 비율과 매출 실적 예상 비율의 두개의 변수지정하기**

① N11에서 R15까지 범위를 지정한다. [데이터] 메뉴의 [표]를 선택한다.

	이중 변수 입력				
		매출실적예상비율			
	4999.1	5%	10%	15%	20%
경비	5%	4608.45	5255.9	5903.35	6550.8
예상	7%	4437.25	5084.7	5732.15	6379.6
비율	10%	4180.45	4827.9	5475.35	6122.8
	12%	4009.25	4656.7	5304.15	5951.6

[행 입력셀]에는 K11, [열 입력셀]에는 K12를 입력한다.

② 다음은 완성된 표이다.

③ 두개의 입력 변수에 따라 예상되는 순이익을 쉽게 예측할 수가 있다. 각 셀에 입력된 수식을 확인하여 보자. CTRL + ~ 로 확인한다.

매출실적 예상비율			
0.05	0.1	0.15	0.2
=TABLE(K11,)	=TABLE(K11,)	=TABLE(K11,)	=TABLE(K11,)
매출실적예상비율			
0.05	0.1	0.15	0.2
=TABLE(K11,K12)	=TABLE(K11,K12)	=TABLE(K11,K12)	=TABLE(K11,K12)
=TABLE(K11,K12)	=TABLE(K11,K12)	=TABLE(K11,K12)	=TABLE(K11,K12)
=TABLE(K11,K12)	=TABLE(K11,K12)	=TABLE(K11,K12)	=TABLE(K11,K12)
=TABLE(K11,K12)	=TABLE(K11,K12)	=TABLE(K11,K12)	=TABLE(K11,K12)

④ 각 셀에 입력된 수식은 {=TABLE(K11,K12)}로 모든 셀이 동일하다. 그래서 표로 작성된 셀의 내용을 일부만 삭제하려고 하면 할 수 없다는 경고 메시지가 표시된다.

연습문제

1. 〔도구〕 메뉴에 〔해찾기〕 항목이 없으면, 어떻게 해야 하는가?

2. <데이터>-<표> 기능은 어떤 목적으로 사용하면, 적당하겠는가?

3. 해찾기와 시나리오를 비교 설명하시오.

4장 데이터베이스 기능

《학습목표》

본 장에서는 데이터베이스 기능을 이해하기 위해 데이터베이스의 개념을 살펴보고, 데이터 정렬, 자동 필터, 고급 필터, 부분합, 피벗 테이블, 그리고 텍스트 문서를 가져오는 방법에 대해 알아본다.

데이터 메뉴들을 사용하여 이미 작성된 데이터들을 보다 효율적으로 업무에 활용할 수 있다. 주로 대량의 데이터 중에서 업무에 필요한 데이터만 다양한 방법으로 추출하여 활용한다. 「매출실적.XLS」파일의 「매출실적 표」 시트로 실습을 해보자.

4.1 데이터베이스란?

무질서하게 있는 자료들을 일정한 규칙을 부여하여 가지런하게 정리하여 둔 형태를 데이터베이스(DataBase)라고 한다. 데이터베이스의 일정한 규칙은 행과 열로 구성된다. 행을 레코드(RECORD), 각각의 레코드를 구성하는 항목을 필드(FIELD)라고 한다.

① 레코드 : 행을 지칭한다. 정보의 의미 있는 최소 단위라고 한다. 사원번호 101이 있는 행에는 101과 직접적인 관련이 있는 데이터가 입력되어 있고, 101이 이동한다면 함께 이동해야 되는 데이터들이다.

② 필드 : 열을 지칭한다. 사원번호 열에는 사원번호만 입력이 되어야지 이름이 입력되어서는 안된다. 이처럼 필드에는 동일한 의미를 갖는 데이터들이 열방향으로 입력되어 있다.

엑셀에서는 데이터베이스로 목록을 사용하여 데이터 찾기, 정렬, 부분합을 구할 수 있다. 다음과 같은 목록 요소가 데이터베이스로 인식되어 사용된다.

- 목록의 열은 데이터베이스에서 필드와 같다.
- 목록의 열 이름표는 데이터베이스에서 필드 이름과 같다.
- 목록의 각 행은 데이터베이스의 레코드와 같다.

사원별 매출실적

사원번호	이름	소속지역	1사분기	2사분기	3사분기	4사분기	합계	평균	매출순위	평가
101	권진수	동부	180	253	299	314	1,046	261.5	1	우수
102	김민수	서부	358	196	279	182	1,015	253.8	3	우수
103	김지은	남부	121	269	258	159	807	201.8	13	
104	김의도	동부	168	179	231	256	834	208.5	12	
105	김희재	서부	218	191	277	260	946	236.5	7	
106	노종헌	남부	248	105	250	245	848	212.0	10	
107	박근용	북부	119	127	269	261	776	194.0	14	
108	박서정	북부	104	371	279	221	975	243.8	5	우수
109	이민경	동부	158	297	225	167	847	211.8	11	
110	이주석	서부	277	247	185	233	942	235.5	8	
111	조석헌	동부	209	233	244	244	930	232.5	9	
112	정유진	남부	356	191	150	265	962	240.5	6	우수
113	황영택	북부	109	341	280	251	981	245.3	4	우수
114	김도윤	남부	214	291	278	257	1,040	260.0	2	우수
합계			2,839	3,291	3,504	3,315	12,949	3,237		
평균			202.8	235.1	250.3	236.8	925	231.2		

> **NOTE**
> 엑셀의 데이터베이스인 목록을 셀에 직접 입력하지 않고, 창을 이용하여 입력할 수 있다. 예를 들면 「매출실적 표」에서 A4에서 K18까지 범위를 지정한 후 [데이터] 메뉴의 [레코드 관리...]를 선택한다. 다음과 같이 표시되는 창에서 여러가지 버튼과 이동줄을 이용하여 작업할 수 있다.

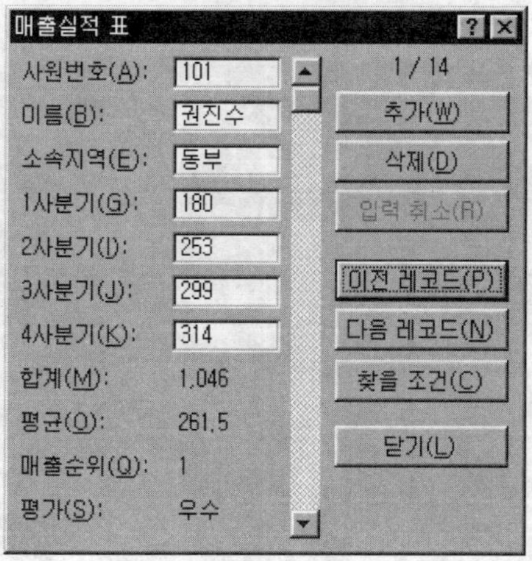

4.2 정렬

범위로 지정된 목록을 기준열을 정하여 내림차순하거나 오름차순 할 수 있는 기능을 말한다. 기준열은 어러개를 지정할 수 있다.

◕ 이름을 오름차순으로 정렬해보자.

① 「매출실적 표」에서 A4에서 K18까지 범위를 지정한다. 19행과 20행은 데이터베이스의 필드가 아니므로 범위를 지정하면 안된다. 각 레코드들이 위치가 변경되어도 19와 20행은 합계와 평균을 표시하는 역할을 해야 한다.

② [데이터] 메뉴의 [정렬]을 선택한다. 정렬 기준은 한번에 3개씩 정할 수 있다. 첫번째 기준으로 이름과 오름차순을 선택한다. 같은 이름이 있을 경우를 대비해서 두번째기준을 정해도 좋다. [머리글행]은 열머리글을 의미한다. 대부분의 엑셀 목록은 첫 행이 [머리글행]이지만 간혹 아닌 경우에는 [머리글행이 아님]을 선택한다.

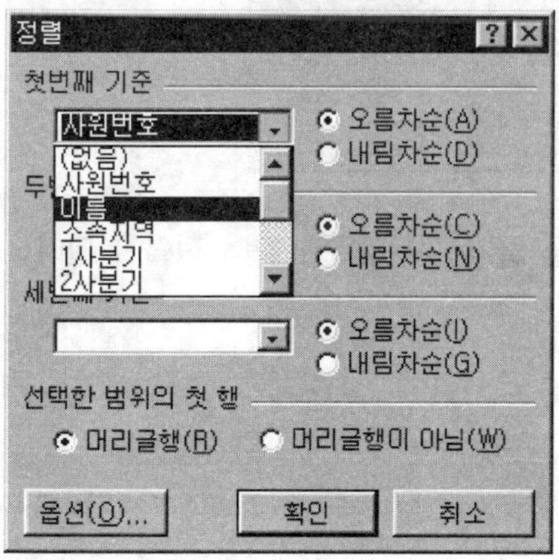

[확인] 버튼을 클릭한다.

사원번호	이름	소속지역	1사분기	2사분기	3사분기	4사분기	합계	평균	매출순위	평가
101	권진수	동부	180	253	299	314	1,046	261.5	1	우수
114	김도윤	남부	214	291	278	257	1,040	260.0	2	우수
102	김민수	서부	358	196	279	182	1,015	253.8	3	우수
104	김의도	동부	168	179	231	256	834	208.5	12	
103	김지은	남부	121	269	258	159	807	201.8	13	
105	김희재	서부	218	191	277	260	946	236.5	7	
106	노홍현	남부	248	105	250	245	848	212.0	10	
107	박근용	북부	119	127	269	261	776	194.0	14	
108	박서정	북부	104	371	279	221	975	243.8	5	우수
109	이민경	동부	158	297	225	167	847	211.8	11	
110	이주석	서부	277	247	185	233	942	235.5	8	
112	정유진	남부	356	191	150	265	962	240.5	6	우수
111	조석현	동부	209	233	244	244	930	232.5	9	
113	황영택	북부	109	341	280	251	981	245.3	4	우수
합계			2,839	3,291	3,504	3,315	12,949	3,237		
평균			202.8	235.1	250.3	236.8	925	231.2		

NOTE

- 오름차순 : 한글은 ㄱ,ㄴ,ㄷ,ㄹ...ㅎ, 영어는 A,B,C...Z, 수치는 작은 수에서 큰 수로 정렬되는 것
- 내림차순 : 한글은 ㅎ,ㅌ,ㅋ...ㄱ, 영어는 Z,Y,X...A, 수치는 큰 수에서 작은 수로 정렬되는 것

이름이 오름차순으로 정렬이 된 것을 알 수 있다.

◕ 합계가 많은 순으로 목록을 정렬해보자.

합계가 같은 경우에는 사원번호가 빠른 순서로 정렬이 되도록 한다.

① 범위를 지정하고 [데이터] 메뉴의 [정렬]을 선택한다. 첫번째 기준은 합계와 내림차순, 두번째 기준은 사원번호와 오름차순으로 한다.

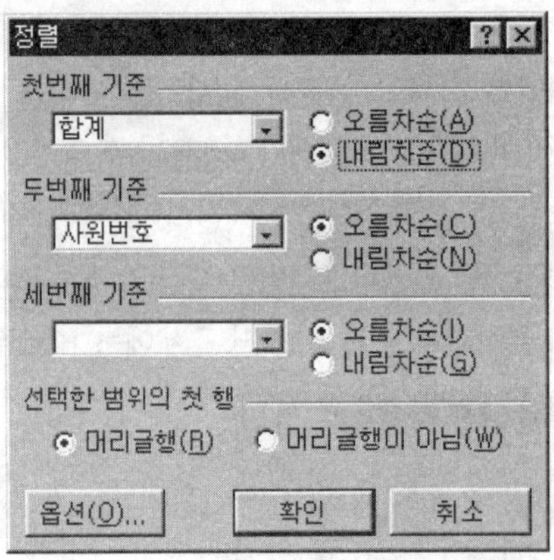

② [확인] 버튼을 클릭하면 다음과 같이 정렬이 된다.

사원번호	이름	소속지역	1사분기	2사분기	3사분기	4사분기	합계	평균	매출순위	평가
101	권진수	동부	180	253	299	314	1,046	261.5	1	우수
114	김도윤	남부	214	291	278	257	1,040	260.0	2	우수
102	김민수	서부	358	196	279	182	1,015	253.8	3	우수
113	황영택	북부	109	341	280	251	981	245.3	4	우수
108	박서정	북부	104	371	279	221	975	243.8	5	우수
112	정유진	남부	356	191	150	265	962	240.5	6	우수
105	김희재	서부	218	191	277	260	946	236.5	7	
110	이주석	서부	277	247	185	233	942	235.5	8	
111	조석현	동부	209	233	244	244	930	232.5	9	
106	노종현	남부	248	105	250	245	848	212.0	10	
109	이민경	동부	158	297	225	167	847	211.8	11	
104	김의도	동부	168	179	231	256	834	208.5	12	
103	김지은	남부	121	269	258	159	807	201.8	13	
107	박근용	북부	119	127	269	261	776	194.0	14	
합계			2,839	3,291	3,504	3,315	12,949	3,237		
평균			202.8	235.1	250.3	236.8	925	231.2		

> **NOTE**
>
> 정렬하려는 기준이 7개이면 어떻게 할까?
>
> - 정렬을 여러번 지정하는데 정렬 순위가 낮은 항목부터 정렬한다.
> - 예를 들어 정렬 기준 항목의 순위가 합계, 1사분기, 2사분기, 3사분기, 4사분기, 이름, 사원번호라면 첫번째 정렬대화상자에서 4사분기, 이름, 사원번호를 기준으로 지정하고 [확인] 버튼을 클릭한다. 두번째 정렬대화상자에서 1사분기, 2사분기, 3사분기를 차례로 지정한다. 세번째 대화상자에서 첫번째 기준에 합계를 지정한다.

◕ 소속지역을 동부, 서부, 남부, 북부별로 정렬

같은 지역인 경우에는 합계가 많은 사람이 우선하도록 정렬을 한다. 그런데 지역을 동, 서, 남, 북별로 정렬을 하려고 하는데 내림차순이나, 오름차순으로 밖에 정렬할 수가 없다.

① 다음은 오름차순 정렬한 경우이다.

사원번호	이름	소속지역	1사분기	2사분기	3사분기	4사분기	합계	평균	매출순위	평가
114	김도윤	남부	214	291	278	257	1,040	260.0	2	우수
112	정유진	남부	356	191	150	265	962	240.5	6	우수
106	노종현	남부	248	105	250	245	848	212.0	10	
103	김지은	남부	121	269	258	159	807	201.8	13	
101	권진수	동부	180	253	299	314	1,046	261.5	1	우수
111	조석현	동부	209	233	244	244	930	232.5	9	
109	이민경	동부	158	297	225	167	847	211.8	11	
104	김의도	동부	168	179	231	256	834	208.5	12	
113	황영택	북부	109	341	280	251	981	245.3	4	우수
108	박서정	북부	104	371	279	221	975	243.8	5	우수
107	박근용	북부	119	127	269	261	776	194.0	14	
102	김민수	서부	358	196	279	182	1,015	253.8	3	우수
105	김희재	서부	218	191	277	260	946	236.5	7	
110	이주석	서부	277	247	185	233	942	235.5	8	

② 다음은 내림차순으로 정렬한 경우이다.

사원번호	이름	소속지역	1사분기	2사분기	3사분기	4사분기	합계	평균	매출순위	평가
102	김민수	서부	358	196	279	182	1,015	253.8	3	우수
105	김희재	서부	218	191	277	260	946	236.5	7	
110	이주석	서부	277	247	185	233	942	235.5	8	
113	황영택	북부	109	341	280	251	981	245.3	4	우수
108	박서정	북부	104	371	279	221	975	243.8	5	우수
107	박근용	북부	119	127	269	261	776	194.0	14	
101	권진수	동부	180	253	299	314	1,046	261.5	1	우수
111	조석현	동부	209	233	244	244	930	232.5	9	
109	이민경	동부	158	297	225	167	847	211.8	11	
104	김의도	동부	168	179	231	256	834	208.5	12	
114	김도윤	남부	214	291	278	257	1,040	260.0	2	우수
112	정유진	남부	356	191	150	265	962	240.5	6	우수
106	노종현	남부	248	105	250	245	848	212.0	10	
103	김지은	남부	121	269	258	159	807	201.8	13	

③ 이렇게 정해진 오름차순이나 내림차순이외에 사용자가 원하는 규칙으로 정렬을 할 수 있다. 우선 정렬규칙을 정해야 한다. [도구] 메뉴의 [옵션]을 선택한다. [사용자 정의 목록]탭을 선택한다. 오른쪽 창에 동부, 서부, 남부, 북부를 입력한다.

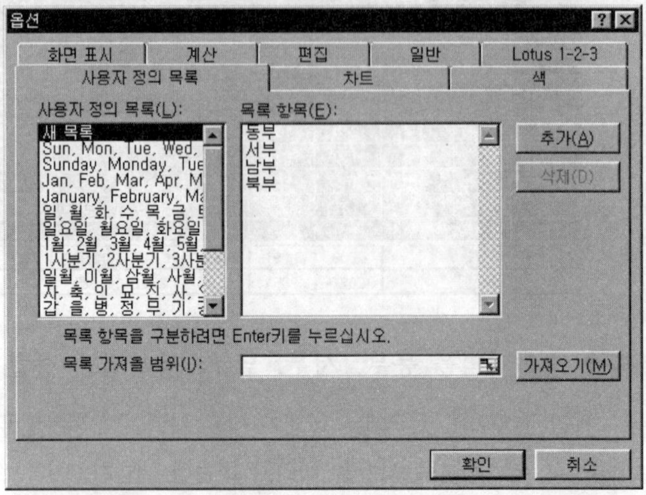

④ [추가] 버튼을 클릭한다.

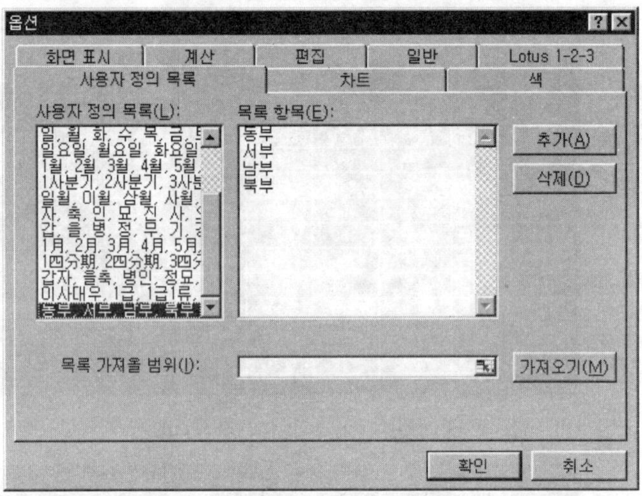

[확인] 버튼을 클릭한다.

⑤ A4에서 K18까지 정렬할 범위를 지정한다. [데이터]의 [정렬] 메뉴를 선택한다. 첫 번째 기준에서 소속지역과 오름차순을 선택하고, [옵션] 버튼을 클릭한다. 옵션 창에서 [사용자 정의 정렬 순서]에서 동부, 서부, 남부, 북부 항목을 선택한다.

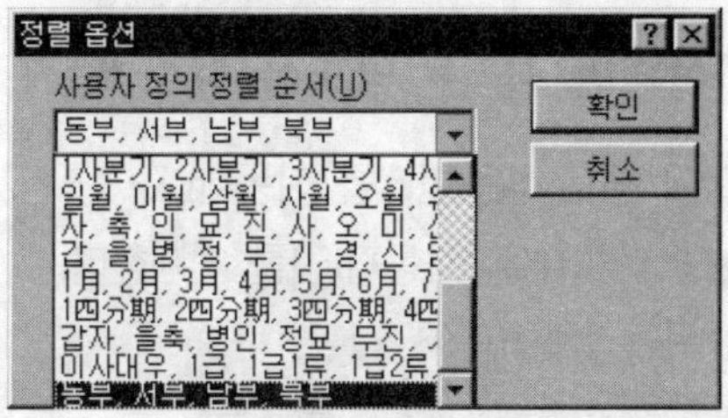

NOTE

소속지역을 내림차순으로 선택하면 북부, 남부, 서부, 동부의 순서로 인식한다.

[확인] 버튼을 클릭한다.

⑥ 두번째 기준에서 합계를 선택한다.

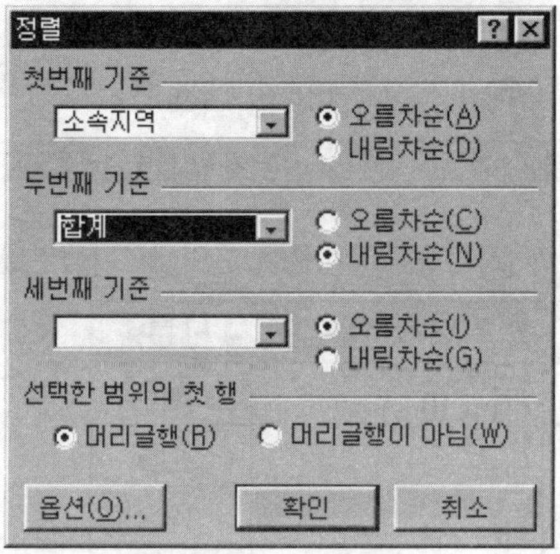

⑦ [확인] 버튼을 클릭한다.

사원번호	이름	소속지역	1사분기	2사분기	3사분기	4사분기	합계	평균	매출순위	평가
101	권진수	동부	180	253	299	314	1,046	261.5	1	우수
111	조석현	동부	209	233	244	244	930	232.5	9	
109	이민경	동부	158	297	225	167	847	211.8	11	
104	김의도	동부	168	179	231	256	834	208.5	12	
102	김민수	서부	358	196	279	182	1,015	253.8	3	우수
105	김희재	서부	218	191	277	260	946	236.5	7	
110	이주석	서부	277	247	185	233	942	235.5	8	
114	김도윤	남부	214	291	278	257	1,040	260.0	2	우수
112	정유진	남부	356	191	150	265	962	240.5	6	우수
106	노종현	남부	248	105	250	245	848	212.0	10	
103	김지은	남부	121	269	258	159	807	201.8	13	
113	황영택	북부	109	341	280	251	981	245.3	4	우수
108	박서정	북부	104	371	279	221	975	243.8	5	우수
107	박근용	북부	119	127	269	261	776	194.0	14	

NOTE

- [사용자 정의 정렬 기준]을 사용하지 않으려면 [정렬] 대화상자에서 [옵션] 버튼을 클릭하고, [사용자 정의 정렬 기준]을 표준으로 변경하면 된다.
- [사용자 정의 정렬 기준]은 첫번째 항목에서만 사용가능하다.

4.3 자동 필터

원하는 데이터를 바로 찾을 수 있는 기능으로 데이터의 이동없이 확인이 가능하다.

◕ 동부 지역 데이터만 볼 수 있도록 해보자.

① 목록내의 임의의 셀로 셀포인터를 이동한다.

② [데이터] 메뉴의 [필터]의 [자동필터]를 선택한다.

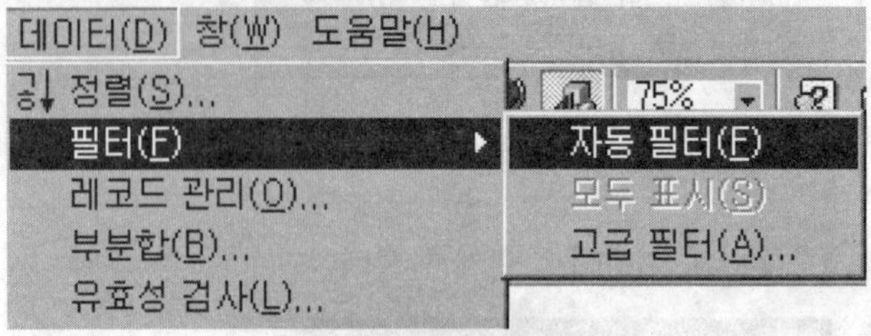

③ 열머리글의 옆에 목록상자 버튼이 생긴다.

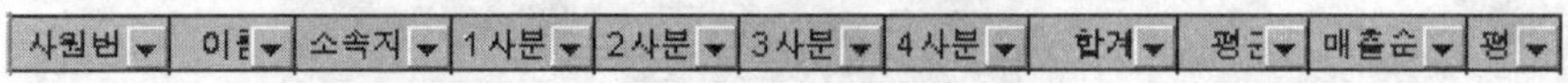

④ 소속지역옆의 [자동 필터] 버튼을 클릭해서, [동부]를 선택한다.

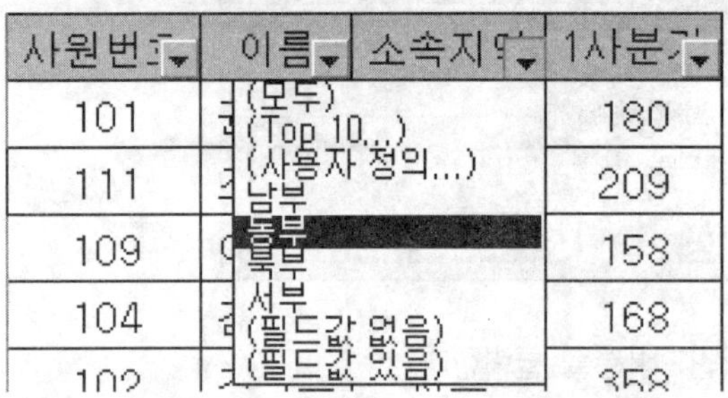

NOTE

나머지 데이터는 숨겨진 상태이다.

⑤ 동부지역 데이터만 표시되고, 행머리글이 파란색으로 표시된다.

4	사원번호	이름	소속지역	1사분기	2사분기	3사분기	4사분기	합계	평균	매출순위	평가
5	101	권진수	동부	180	253	299	314	1,046	261.5	1	우수
6	111	조석현	동부	209	233	244	244	930	232.5	9	
7	109	이민경	동부	158	297	225	167	847	211.8	11	
8	104	김의도	동부	168	179	231	256	834	208.5	12	

⑥ 데이터를 모두 보려면 소속지역의 [자동 필터] 버튼을 클릭하여 [모두]를 선택한다.

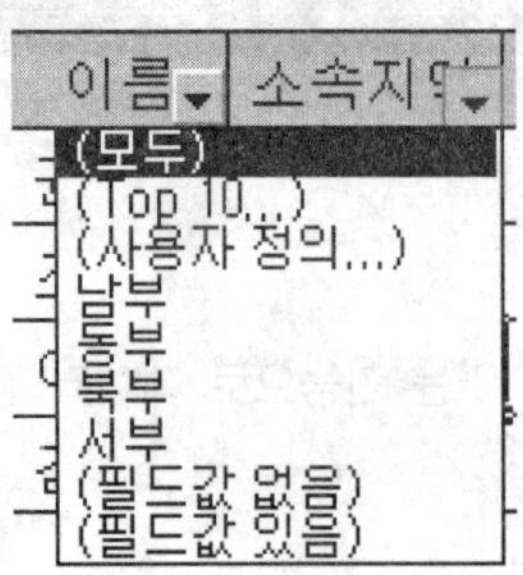

◕ 이름이 [김씨]인 사람만 보려고 한다.

이름의 [자동 필터] 버튼을 클릭하여 [사용자 정의]를 선택한다.

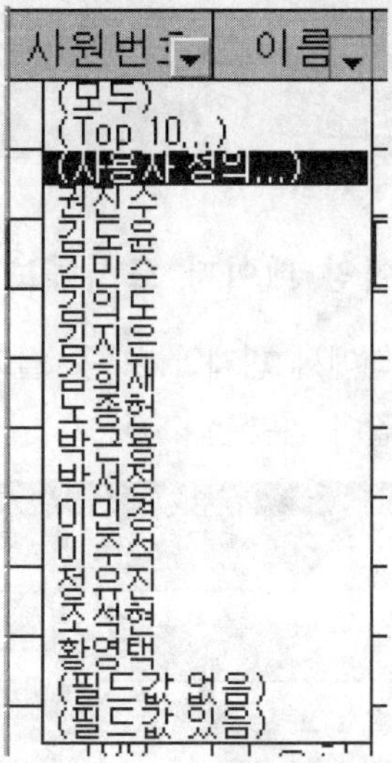

② [사용자 정의 자동 필터] 대화상자에서 찾을 조건을 다음과 같이 지정한다.

③ [확인] 버튼을 클릭하면 김씨 성을 가진 사람만 표시된다.

4	사원번호	이름	소속지역	1사분기	2사분기	3사분기	4사분기	합계	평균	매출순위	평가
8	104	김의도	동부	160	170	231	256	834	208.5	12	
9	102	김민수	서부	358	196	279	182	1,015	253.8	3	우수
10	105	김희재	서부	218	191	277	260	946	236.5	7	
12	114	김도윤	남부	214	291	278	257	1,040	260.0	2	우수
15	103	김지은	남부	121	269	258	159	807	201.8	13	

◕ 김씨와 이씨 성을 가진 사람을 표시해보자.

[사용자 정의 자동 필터] 대화상자에 다음과 같이 지정한다. [또는]이 중요하다.

NOTE

[사용자 정의 자동 필터] 대화상자의 [찾을 조건]에서 [그리고]는 위와 아래 두 조건의 교집합, [또는]는 합집합의 개념으로 적용된다.

◕ 합계가 800에서 1000사이인 데이터 표시해보자.

① 김씨와 이씨가 표시된 상태에서 합계의 [자동 필터] 버튼을 클릭한다. [사용자 정의]를 선택하고 다음과 같이 입력한다.

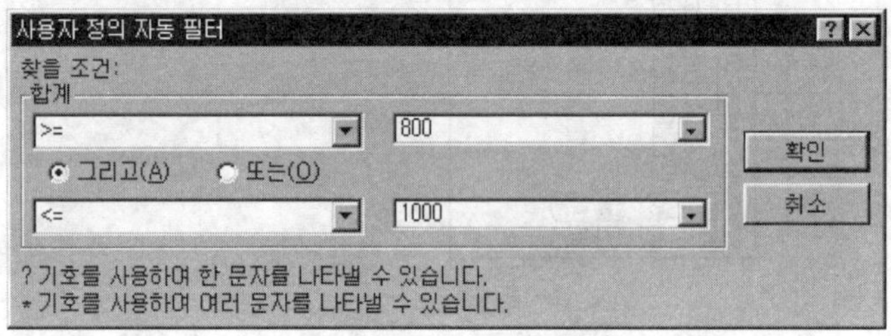

NOTE

[자동 필터] 기능은 지정된 조건이 열에 있을 경우, 추가되는 조건이 [그리고] 개념으로 지정되므로 하려는 작업에 따라 잘 파악해야 한다.

[찾을 조건]에서 [그리고]를 선택한다.

② 표시되는 데이터를 살펴보면 데이터가 이상하다.

4	사원번호	이름	소속지역	1사분기	2사분기	3사분기	4사분기	합계	평균	매출순위	평가
7	109	이민경	동부	158	297	225	167	847	211.8	11	
8	104	김의도	동부	168	179	231	256	834	208.5	12	
10	105	김희재	서부	218	191	277	260	946	236.5	7	
11	110	이주석	서부	277	247	185	233	942	235.5	8	
15	103	김지은	남부	121	269	258	159	807	201.8	13	

NOTE

[자동 필터]는 목록의 셀내에 셀포인터만 있으면 자동으로 목록의 범위를 지정한다. 이때 자동으로 지정되는 범위의 경계는 데이터가 연속적으로 있는 열과 행이다. 그러므로 데이터가 하나도 없는 완전히 빈 행과 빈 열이 경계가 된다. 여기서는 마지막의 합계와 평균행도 연속적인 데이터 상태로 인식해서 목록에 포함시키므로 빈 행을 삽입해서 필터가 되어야 할 목록과 구별해야 한다.

그 이유는 현재 표시되는 데이터는 두개의 필드에 걸쳐서 조건이 적용되고 있기 때문이다. 이름의 [자동 필터] 버튼을 클릭하고, [모두]를 클릭한다. 표시되는 데이터가 늘어나면서 합계가 800에서 1000사이인 데이터가 표시된다.

③ [데이터] 메뉴의 [필터]에서 [자동 필터]를 선택해서 [자동 필터]를 해제하고 데이터를 모두 표시한다.

④ 19행 머리글을 선택하고 단축메뉴의 [삽입]을 선택한다.

⑤ A18에서 I18까지 범위를 지정하고, 괘선 아이콘에서 (▦)아이콘을 선택한다. 범위를 잡은 셀의 아래쪽에 선이 그려진다.

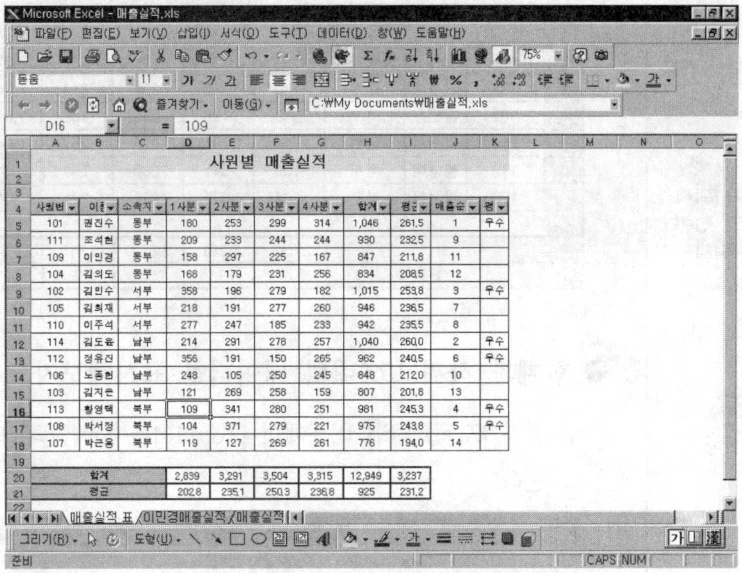

사원별 매출실적

사원번	이름	소속지	1사분	2사분	3사분	4사분	합계	평균	매출순	평
101	권진수	동부	180	253	299	314	1,046	261.5	1	우수
111	조석현	동부	209	233	244	244	930	232.5	9	
109	이민경	동부	158	297	225	167	847	211.8	11	
104	김의도	동부	168	179	231	256	834	208.5	12	
102	김민수	서부	358	196	279	182	1,015	253.8	3	우수
105	김희재	서부	218	191	277	260	946	236.5	7	
110	이주석	서부	277	247	185	233	942	235.5	8	
114	김도윤	남부	214	291	278	257	1,040	260.0	2	우수
112	정유진	남부	356	191	150	265	962	240.5	6	우수
106	노종현	남부	248	105	250	245	848	212.0	10	
103	김지은	남부	121	269	258	159	807	201.8	13	
113	황영택	북부	109	341	280	251	981	245.3	4	우수
108	박서정	북부	104	371	279	221	975	243.8	5	우수
107	박근용	북부	119	127	269	261	776	194.0	14	
합계			2,839	3,291	3,504	3,315	12,949	3,237		
평균			202.8	235.1	250.3	236.8	925	231.2		

⑥ 합계의 [자동 필터] 버튼을 클릭한다. [사용자 정의]를 선택하고 다음과 같이 입력한다.

[찾을 조건]에서 [그리고]를 선택한다.

⑦ [확인] 버튼을 클릭하면 조건에 맞는 데이터가 표시된다.

◕ 합계가 상위 5위이내의 데이터를 표시해보자.

Top 10 기능은 수치 데이터에만 적용된다.

① 지정된 필터 조건을 모두 해제한다. [데이터] 메뉴의 [필터]에서 [모두 표시]를 선택한다.

② 합계 [자동필터] 버튼을 클릭하고, [Top 10]을 선택한다. 대화상자에 다음과 같이 선택한다.

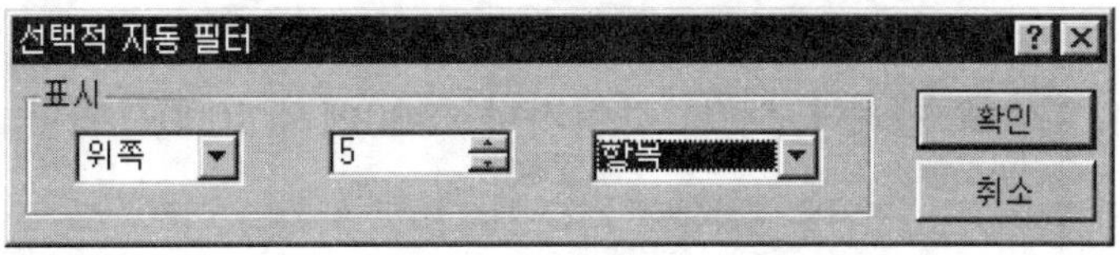

NOTE

찾기 대화상자의 항목
- 위쪽은 큰 값을 의미하고, 아래쪽은 작은 값을 의미한다.
- 두번째의 수치는 선택하는 레코드를 의미하는데 1에서 500까지 입력 가능
- 세번째는 개수를 의미하는 항목과 백분율로 구분된다.

③ [확인] 버튼을 클릭한다.

4	사원번	이름	소속지	1사분	2사분	3사분	4사분	합계	평균	매출순	평
5	101	권진수	동부	180	253	299	314	1,046	261.5	1	우수
9	102	김민수	서부	358	196	279	182	1,015	253.8	3	우수
12	114	김도윤	남부	214	291	278	257	1,040	260.0	2	우수
16	113	황영택	북부	109	341	280	251	981	245.3	4	우수
17	108	박서정	북부	104	371	279	221	975	243.8	5	우수
19											
20	합계			2,839	3,291	3,504	3,315	12,949	3,237		
21	평균			202.8	235.1	250.3	236.8	925	231.2		

NOTE

상위 5개가 표시되지만, 내림차순으로 정렬이 되어서 표시되지는 않는다.

◕ 합계가 하위 10%내의 데이터를 표시해보자.

① 합계 [자동 필터] 버튼에서 [Top 10]을 선택한다. 대화상자에 다음과 같이 입력한다.

② [확인] 버튼을 클릭한다.

4	사원번	이름	소속지	1사분	2사분	3사분	4사분	합계	평균	매출순	평
16	107	박근용	북부	119	127	269	261	776	194.0	14	
19											
20	합계			2,839	3,291	3,504	3,315	12,949	3,237		
21	평균			202.8	235.1	250.3	236.8	925	231.2		

◕ 자동 필터 해제

① [데이터] 메뉴의 [필터]의 [자동 필터]를 선택한다.

② [자동 필터] 버튼들이 표시되지 않으면서 [자동 필터] 기능이 해제된다.

4.4 고급필터

자동 필터 기능을 이용하여 원하는 데이터를 찾아볼 수 있다. 하지만 하나의 필드에 3개 이상의 조건을 지정하는 것, 필드간에 「또는」 조건을 사용하는 것, 필터된 조건을 다른 장소에 복사하는 기능은 자동 필터로는 되지 않으므로 고급필터를 사용해야 한다. 고급 필터는 조건을 셀에 미리 입력해두어야 한다.

◕ 합계가 800이하이거나, 900에서 1000사이인 데이터를 표시해보자

① 조건을 M4셀을 시작으로 다음과 같이 입력한다.

	M	N	O	P
4	합계	합계	합계	
5	<=800			
6		>=900	<=1000	
7				

② 셀 포인터를 목록내의 임의의 셀로 이동한다.

③ [데이터] 메뉴의 [필터]의 [고급 필터]를 선택한다.

④ 셀 포인터를 중심으로 [데이터 범위]가 자동으로 지정된다.

⑤ [찾을 조건 범위]에 M4에서 O6를 지정한다.

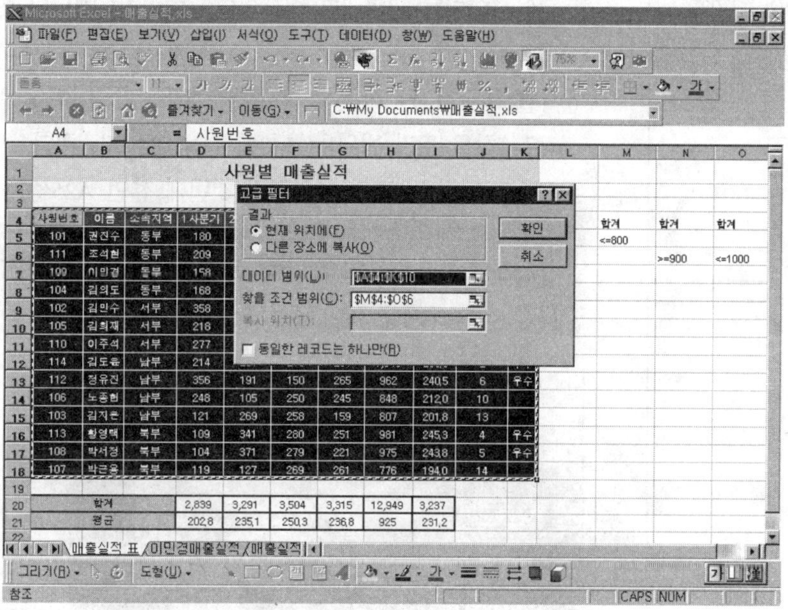

⑥ [현재 위치에]가 선택된 상태에서 [확인] 버튼을 클릭한다.

	A	B	C	D	E	F	G	H	I	J	K
1						사원별 매출실적					
2											
3											
4	사원번호	이름	소속지역	1사분기	2사분기	3사분기	4사분기	합계	평균	매출순위	평가
6	111	조석현	동부	209	233	244	244	930	232.5	9	
10	105	김희재	서부	218	191	277	260	946	236.5	7	
11	110	이주석	서부	277	247	185	233	942	235.5	8	
13	112	정유진	남부	356	191	150	265	962	240.5	6	우수
16	113	황영택	북부	109	341	280	251	981	245.3	4	우수
17	108	박서정	북부	104	371	279	221	975	243.8	5	우수
18	107	박근용	북부	119	127	269	261	776	194.0	14	
19											
20		합계		2,839	3,291	3,504	3,315	12,949	3,237		
21		평균		202.8	235.1	250.3	236.8	925	231.2		

⑦ 조건에 적합한 데이터만 표시된다.

NOTE

- 조건을 셀에 입력할 때 반드시 필드명을 입력해야 하는데, 목록의 필드명과 동일한 형태로 입력해야 한다.
- 같은 행에 입력한 조건은 [그리고] 조건이고, 다른 행에 입력한 조건은 [또는] 조건이다.

NOTE

자동으로 지정된 [데이터 범위]는 변경이 가능하다.

⑧ [데이터]의 [필터]의 [모두 표시]를 하면 [고급 필터]가 해제된다.

◑ 이름이 김씨이거나 소속지역이 동부인 데이터를 다른 행에 복사해보자.

NOTE

* : 임의의 내용을 의미한다.
예를 들어 「김*」이라고 표시하면 김으로 시작하는 모든 글자를 의미한다.

? : 임의의 글자 한 글자를 의미한다.
예를 들어 「김?」이라고 표시하면 김으로 시작하는 두 글자로 구성된 내용을 의미한다.

① 조건을 다음과 같이 M8셀부터 입력한다.

	M	N	O
8	이름	소속지역	
9	김*		
10		동부	
11			

② 셀 포인터를 목록내로 이동하고, [데이터] 메뉴의 [필터]의 [고급 필터]를 선택한다.

③ [결과]는 [다른 장소에 복사]를 선택하고, [데이터 범위]는 자동으로 지정되어 있고, [찾을 조건 범위]는 M8에서 N10을 지정한다.

④ [복사 위치]는 결과가 입력될 첫번째 셀인 A25셀을 클릭한다.

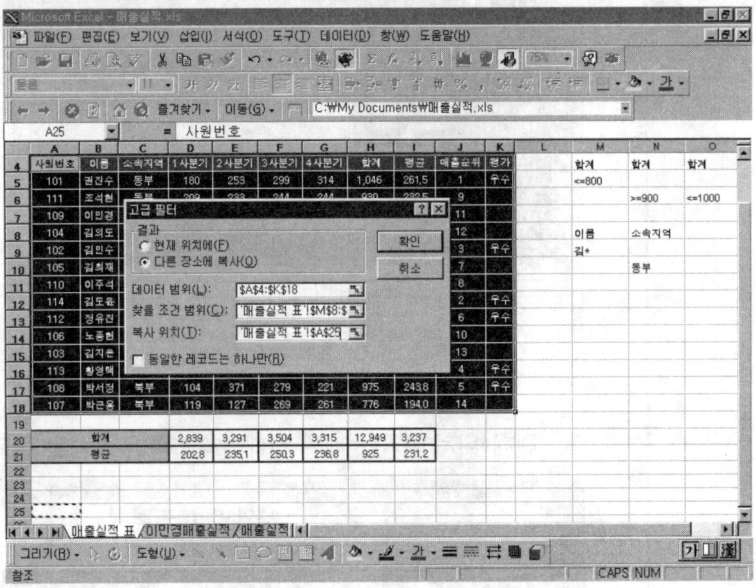

⑤ [확인] 버튼을 클릭하면 다음과 같이 A25 셀을 시작으로 조건에 적합한 데이터가 추출된다.

	A	B	C	D	E	F	G	H	I	J	K	L
25	사원번호	이름	소속지역	1사분기	2사분기	3사분기	4사분기	합계	평균	매출순위	평가	
26	101	권진수	동부	180	253	299	314	1,046	261.5	1	우수	
27	111	조석현	동부	209	233	244	244	930	232.5	9		
28	109	이민경	동부	158	297	225	167	847	211.8	11		
29	104	김의도	동부	168	179	231	256	834	208.5	12		
30	102	김민수	서부	358	196	279	182	1,015	253.8	3	우수	
31	105	김희재	서부	218	191	277	260	946	236.5	7		
32	114	김도윤	남부	214	291	278	257	1,040	260.0	2	우수	
33	103	김지은	남부	121	269	258	159	807	201.8	13		
34												

◕ **목록이 있는 시트와 다른 시트에 김씨이거나 동부인 데이터의 이름, 소속지역, 합계 필드만 표시해보자.**

① 시트를 한 장 삽입하기 위해서, 「매출실적 표」 시트에서 [삽입] 메뉴의 [워크시트]를 선택한다.

② 삽입된 Sheet1의 시트명을 「김 또는 동부」라고 변경한다.

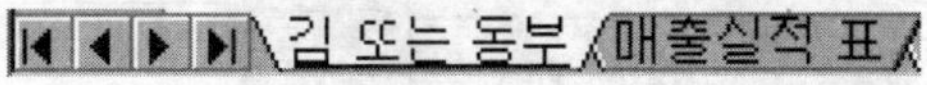

③ 선택한 필드명인 이름, 소속지역, 합계를 A1, B1, C1에 입력한다.

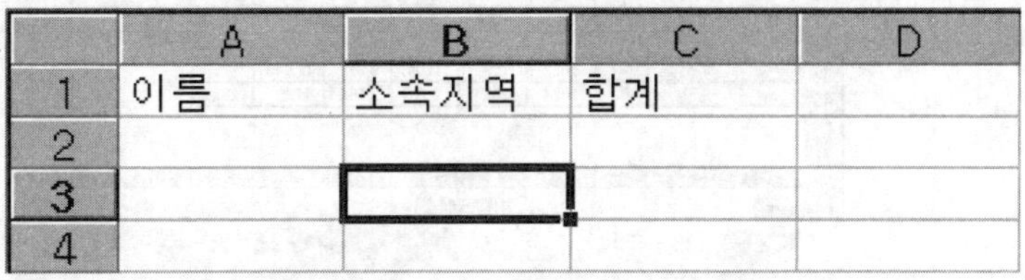

NOTE

입력된 내용이 있는 셀이나 인접한 셀로 이동하면 [고급 필터]기능을 실행할 수 없다.

④ 셀 포인터를 입력된 내용과 인접하지 않은 셀로 이동한다. B3셀로 이동한다.

⑤ [데이터]−[필터]의 [고급 필터]를 선택한다.

⑥ [데이터 범위]가 자동으로 지정되지 않으므로, 「매출실적 표」 시트의 A4에서 K18를 범위지정한다.

⑦ [찾을 조건 범위]도 「매출실적 표」 시트의 M8에서 N10을 선택한다.

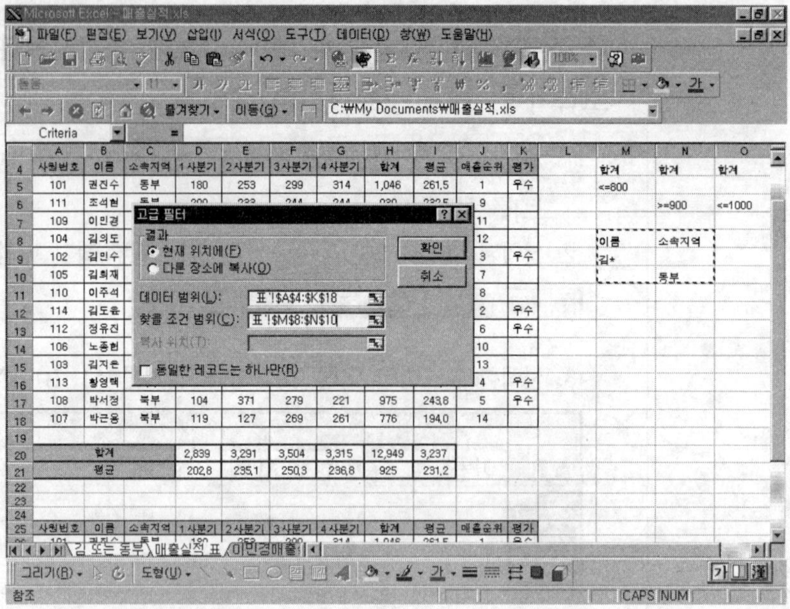

⑧ [결과]에서 [다른 장소에 복사]를 선택하고, [복사 위치]는 「김 또는 동부」 시트의 A1에서 C1까지를 지정한다.

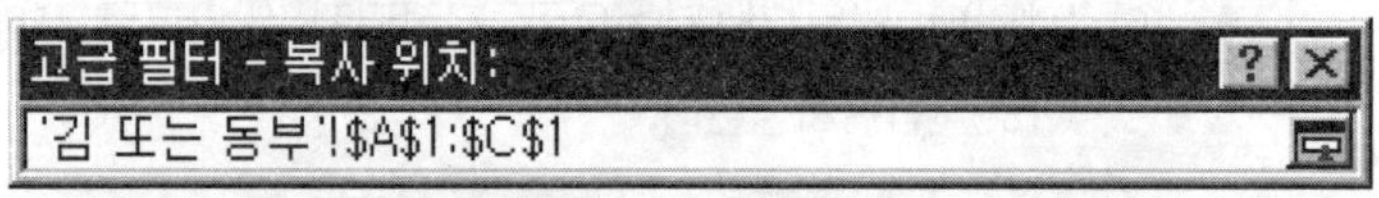

⑨ 모든 항목이 지정된 대화상자이다.

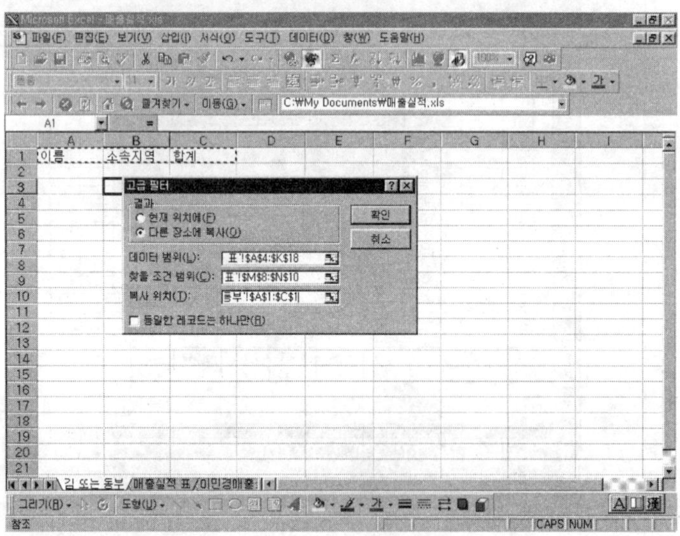

⑩ [확인] 버튼을 클릭한다.

NOTE

[확인] 버튼을 클릭했는데 데이터가 표시되지 않는다면 다음과 같은 이유이다.

- 필드명이 데이터 범위의 필드명과 다르거나
- 필드명이 같은데도 표시가 되지 않았다면 필드명을 데이터 범위의 필드명을 복사해서 사용한다.
- 엑셀 바이러스에 감염되어 있으면 표시가 안되는 경우가 있다.

	A	B	C	D
1	이름	소속지역	합계	
2	권진수	동부	1,046	
3	조석현	동부	930	
4	이민경	동부	847	
5	김의도	동부	834	
6	김민수	서부	1,015	
7	김희재	서부	946	
8	김도윤	남부	1,040	
9	김지은	남부	807	
10				

◕ 순위가 순위의 평균보다 큰 데이터를 표시해보자.

[고급 필터]는 [찾을 조건 범위]에 문자열이나 부등식을 사용하는 비교 조건과 수식이나 함수를 사용하는 계산 조건을 사용할 수 있다.

① M13셀에다 다음과 같이 입력한다.

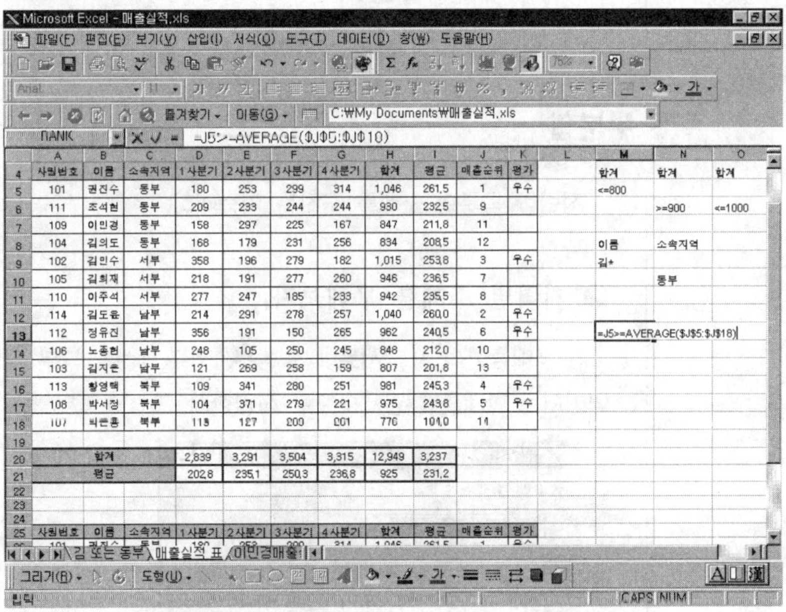

NOTE

- 열머리글을 M12셀에 입력하지 않는다. 입력하면 결과 값이 표시되지 않는다.
- 함수식의 범위는 반드시 절대주소를 사용한다.

② 입력 후 표시되는 내용은 FALSE이다.

FALSE	

NOTE

수식을 입력한 경우에 셀에 표시되는 내용은 수식에서 기준으로 사용하는 첫번째셀의 결과가 TRUE나 FALSE로 표시된다.

③ 목록내로 셀 포인터를 이동하고 메뉴의 [고급 필터] 를 선택한다. 기본적으로 표시되는 항목은 그대로 지정하고, [찾을 조건 범위]만 다음과 같이 범위를 지정한다.

NOTE

열머리글을 입력하지는 않았지만, 열머리글 자리까지 범위를 지정한다.

④ [확인] 버튼을 클릭하면 데이터가 표시된다.

	A	B	C	D	E	F	G	H	I	J	K
4	사원번호	이름	소속지역	1사분기	2사분기	3사분기	4사분기	합계	평균	매출순위	평가
6	111	조석현	동부	209	233	244	244	930	232.5	9	
7	109	이민경	동부	158	297	225	167	847	211.8	11	
8	104	김의도	동부	168	179	231	256	834	208.5	12	
11	110	이주석	서부	277	247	185	233	942	235.5	8	
14	106	노종현	남부	248	105	250	245	848	212.0	10	
15	103	김지은	남부	121	269	258	159	807	201.8	13	
18	107	박근용	북부	119	127	269	261	776	194.0	14	

⑤ [데이터]메뉴의 [필터]의 [모두 표시]로 [고급 필터]를 해제한다.

4.5 부분합

정렬한 목록의 소계를 구하는 기능이다.

◕ 지역별 소계를 구해보자.

① 「매출실적 표」 시트에서 동부, 서부, 남부, 북부 지역별로 정렬을 한다. 같은 지역에서는 합계를 내림차순으로 정렬한다.

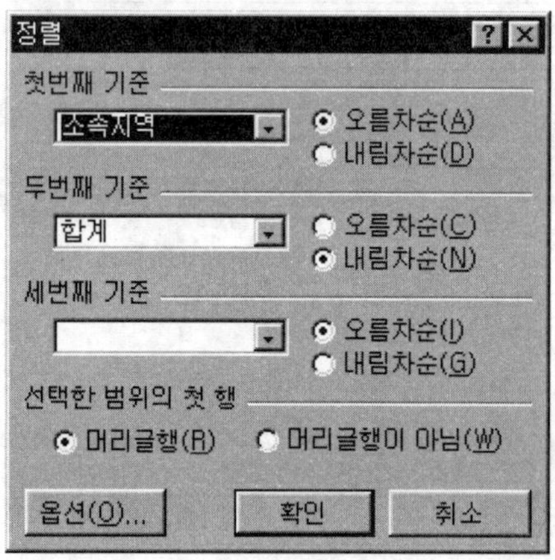

② [데이터] 메뉴의 [부분합]을 선택한다.

③ 표시되는 대화상자에 다음과 같이 선택한다. [그룹화할 항목]은 소속지역을 선택

하고, [사용할 함수]는 합계를 선택한다. [부분합 계산 항목]은 합계와 평균을 선택한다. 나머지 항목은 기본적으로 선택된 사항을 그대로 적용한다.

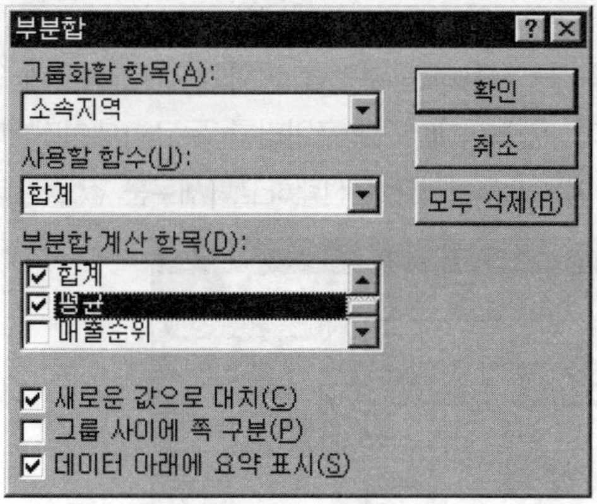

■ [그룹화할 항목]은 정렬에서 첫번째 기준 항목을 지정한다.
■ [사용할 함수]는 상황에 적합한 함수를 선택한다.
■ [부분합 계산 항목]은 선택한 함수에 따라 지정한다. 예를 들면 함수가 합계인데 계산 항목을 문자 데이터가 있는 열을 선택하면 안된다는 의미이다.
■ [새로운 값으로 대치]가 선택되어 있어야 현재 목록에 새로운 부분합이 적용된다.
■ [데이터 아래에 요약 표시]가 선택되면 부분합 결과가 데이터의 아래 행에 표시된다는 의미이다.

④ [확인] 버튼을 클릭한다.

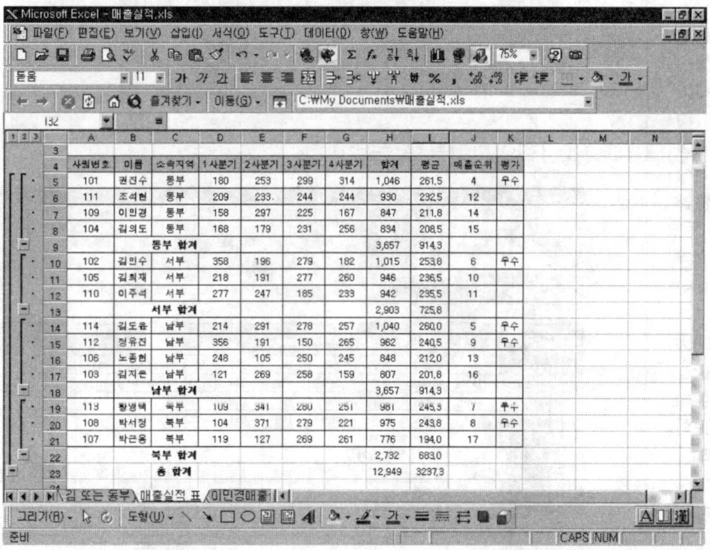

	A	B	C	D	E	F	G	H	I	J	K
3											
4	사원번호	이름	소속지역	1사분기	2사분기	3사분기	4사분기	합계	평균	매출순위	평가
5	101	권진수	동부	180	253	299	314	1,046	261.5	4	우수
6	111	조석현	동부	209	233.	244	244	930	232.5	12	
7	109	이민경	동부	158	297	225	167	847	211.8	14	
8	104	김의도	동부	168	179	231	256	834	208.5	15	
9			동부 합계					3,657	914.3		
10	102	김민수	서부	358	196	279	182	1,015	253.8	6	우수
11	105	김희재	서부	218	191	277	260	946	236.5	10	
12	110	이주석	서부	277	247	185	233	942	235.5	11	
13			서부 합계					2,903	725.8		
14	114	김도윤	남부	214	291	278	257	1,040	260.0	5	우수
15	112	정유진	남부	356	191	150	265	962	240.5	9	우수
16	106	노종현	남부	248	105	250	245	848	212.0	13	
17	103	김지은	남부	121	269	258	159	807	201.8	16	
18			남부 합계					3,657	914.3		
19	113	황영택	북부	109	341	280	251	981	245.3	7	우수
20	108	박서정	북부	104	371	279	221	975	243.8	8	우수
21	107	박근용	북부	119	127	269	261	776	194.0	17	
22			북부 합계					2,732	683.0		
23			총 합계					12,949	3237.3		

⑤ 왼쪽에 표시되는 기호들을 윤곽기호라고 한다. (1 2 3)을 각각 클릭해본다.

⑥ (−)도 클릭해보자. 다음과 같이 부분합의 소계 내용만 볼 수 있다.

	A	B	C	D	E	F	G	H	I	J	K
3											
4	사원번호	이름	소속지역	1사분기	2사분기	3사분기	4사분기	합계	평균	매출순위	평가
9			동부 합계					3,657	914.3		
13			서부 합계					2,903	725.8		
18			남부 합계					3,657	914.3		
22			북부 합계					2,732	683.0		
23			총 합계					12,949	3237.3		

⑦ 부분합을 해제하려면 [부분합] 대화상자에서 [모두 삭제]를 클릭한다.

NOTE

정렬한 기준대로 부분합 항목을 바꾸어서 여러 항목의 부분합을 표시할 수 있다. 정렬을 3가지 항목으로 했고, 각각의 항목이 부분합을 표시할 필요가 있다면 다음과 같이 한다.

- 첫번째 정렬한 기준으로 부분합을 표시한다.
- 부분합이 된 상태에서 두번째 기준으로 부분합을 표시하는데 [새로운 값으로 대치]의 선택을 해제한다.
- 세번째 부분합도 두번째와 마찬가지로 한다.

◕ 두개이상의 함수를 사용하는 부분합

소속지역별로 합계와 평균을 구해보자.

① 합계 함수를 사용하는 부분합을 위와 같은 절차에 의해 구한다.

② 부분합이 된 목록내에 셀 포인터를 두고, [데이터] 메뉴의 [부분합]을 선택한다.

③ [사용할 함수]를 평균으로 선택하고, [새로운 값으로 대치] 항목의 선택을 해제한다.

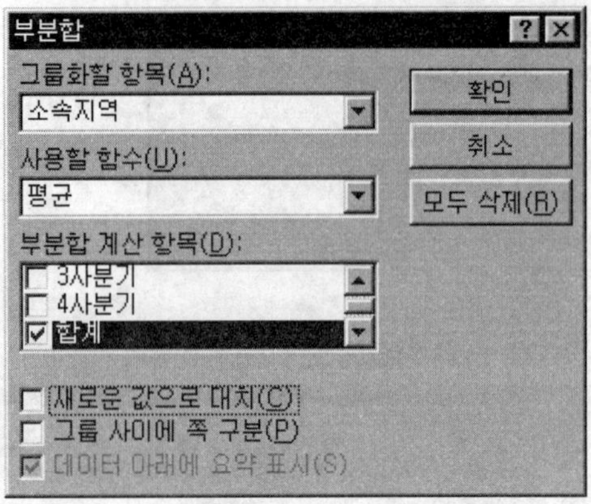

④ [확인] 버튼을 클릭한다.

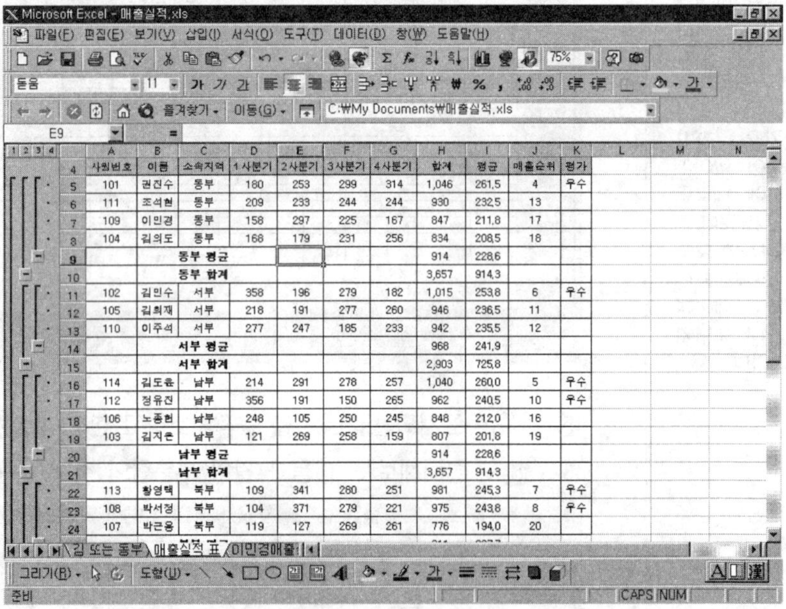

	A	B	C	D	E	F	G	H	I	J	K
4	사원번호	이름	소속지역	1사분기	2사분기	3사분기	4사분기	합계	평균	매출순위	평가
5	101	권진수	동부	180	253	299	314	1,046	261,5	4	우수
6	111	조석현	동부	209	233	244	244	930	232,5	13	
7	109	이민경	동부	158	297	225	167	847	211,8	17	
8	104	김의도	동부	168	179	231	256	834	208,5	18	
9			동부 평균					914	228,6		
10			동부 합계					3,657	914,3		
11	102	김민수	서부	358	196	279	182	1,015	253,8	6	우수
12	105	김희재	서부	218	191	277	260	946	236,5	11	
13	110	이주석	서부	277	247	185	233	942	235,5	12	
14			서부 평균					968	241,9		
15			서부 합계					2,903	725,8		
16	114	김도윤	남부	214	291	278	257	1,040	260,0	5	우수
17	112	정유진	남부	356	191	150	265	962	240,5	10	우수
18	106	노종현	남부	248	105	250	245	848	212,0	16	
19	103	김지은	남부	121	269	258	159	807	201,8	19	
20			남부 평균					914	228,6		
21			남부 합계					3,657	914,3		
22	113	황영택	북부	109	341	280	251	981	245,3	7	우수
23	108	박서정	북부	104	371	279	221	975	243,8	8	우수
24	107	박근용	북부	119	127	269	261	776	194,0	20	

◕ 부분합된 데이터의 활용

부분합으로 표시된 다음의 데이터를 복사해서 다른 용도로 사용하고자 한다.

	A	B	C	D	E	F	G	H	I	J	K
4	사원번호	이름	소속지역	1사분기	2사분기	3사분기	4사분기	합계	평균	매출순위	평가
9			동부 평균					914	228.6		
10			동부 합계					3,657	914.3		
14			서부 평균					968	241.9		
15			서부 합계					2,903	725.8		
20			남부 평균					914	228.6		
21			남부 합계					3,657	914.3		
25			북부 평균					911	227.7		
26			북부 합계					2,732	683.0		
27			전체 평균					925	231.2		
28			총 합계					12,949	3237.3		

① CTRL키를 이용해서 데이터가 있는 셀만 범위를 지정한다.

	A	B	C	D	E	F	G	H	I	J	K
4	사원번호	이름	소속지역	1사분기	2사분기	3사분기	4사분기	합계	평균	매출순위	평가
9			동부 평균					914	228.6		
10			동부 합계					3,657	914.3		
14			서부 평균					968	241.9		
15			서부 합계					2,903	725.8		
20			남부 평균					914	228.6		
21			남부 합계					3,657	914.3		
25			북부 평균					911	227.7		
26			북부 합계					2,732	683.0		
27			전체 평균					925	231.2		
28			총 합계					12,949	3237.3		

② [편집]메뉴의 [이동]에서 [옵션] 버튼을 클릭한다.
③ [화면에 보이는 셀]을 선택한다.

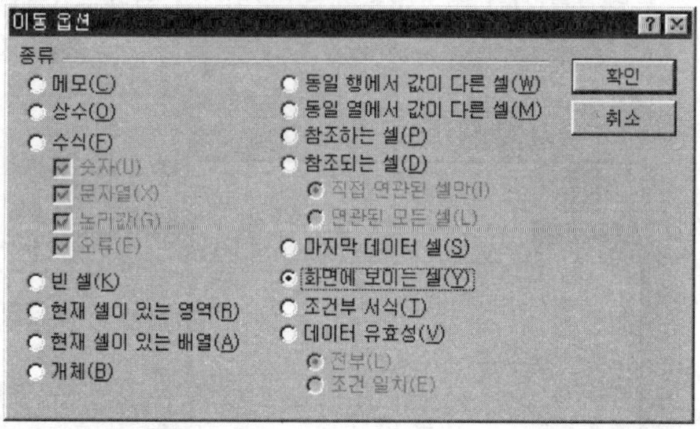

④ [편집]메뉴에서 [복사]를 선택한 후, 임의의 셀을 선택하고 [편집] 메뉴에서 [붙여넣기] 한다.

소속지역	합계	평균
동부 평균	914	228.6
동부 합계	3,657	914.3
서부 평균	968	241.9
서부 합계	2,903	725.8
남부 평균	914	228.6
남부 합계	3,657	914.3
북부 평균	911	227.7
북부 합계	2,732	683.0
전체 평균	925	231.2
총 합계	12,949	3237.3

NOTE

[이동] 메뉴의 [옵션]을 유용하게 사용할 수 있다. [화면에 보이는 셀]을 선택하지 않으면 부분합된 일부 결과만 복사할 수 없다. 숨겨진 다른 데이터도 함께 복사가 된다.

⑤ 원하는 대로 편집한다.

4.6 피벗 테이블

엑셀에서 피벗 테이블은 많은 양의 데이터를 쉽게 요약, 분석해주는 기능이다. 기준축을 임의로 정하거나 수시로 변경하는 것이 가능하다. 「매출실적 표」 시트의 데이터를 새로운 파일에 복사해서 사용해보자.

◑ 새 파일에 「매출실적 표」 시트를 복사해보자

① 「매출실적.XLS」 파일이 열려진 상태에서, [파일] 메뉴에서 [새 파일]을 선택한다. [일반] 탭에서 [새 통합 문서]를 선택하고, [확인] 버튼을 클릭한다.

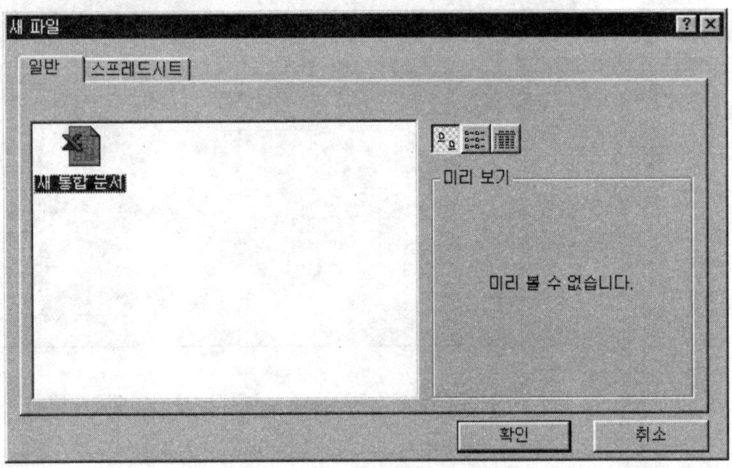

NOTE

[스프레드시트] 탭에는 이미 작성된 서식이 제공된다. 작업에 필요한 서식이 있으면 선택하고 사용하면 된다.

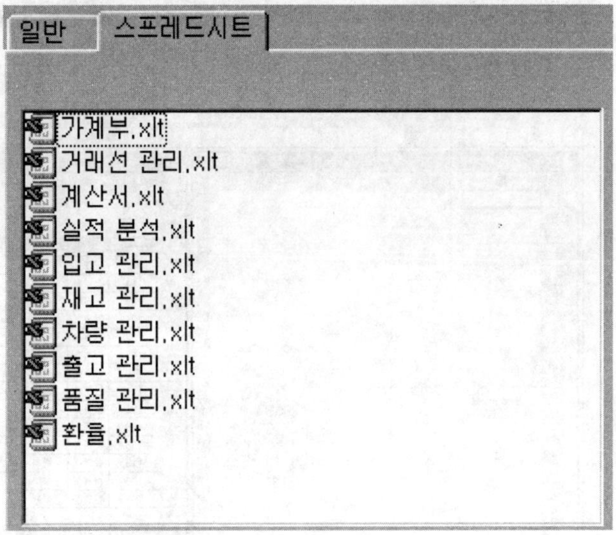

② [새 파일]이 열려진다. [창] 메뉴를 선택하면 다음과 같이 두개의 파일이 작업상태로 열려진 것이 표시된다.

③ 두개의 파일을 동시에 화면에 표시하기 위해서 [창] 메뉴의 [배열]을 선택한다.

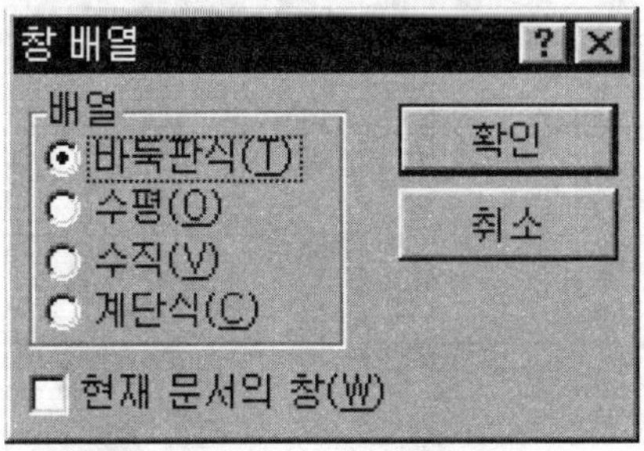

④ [바둑판식]을 선택한다.

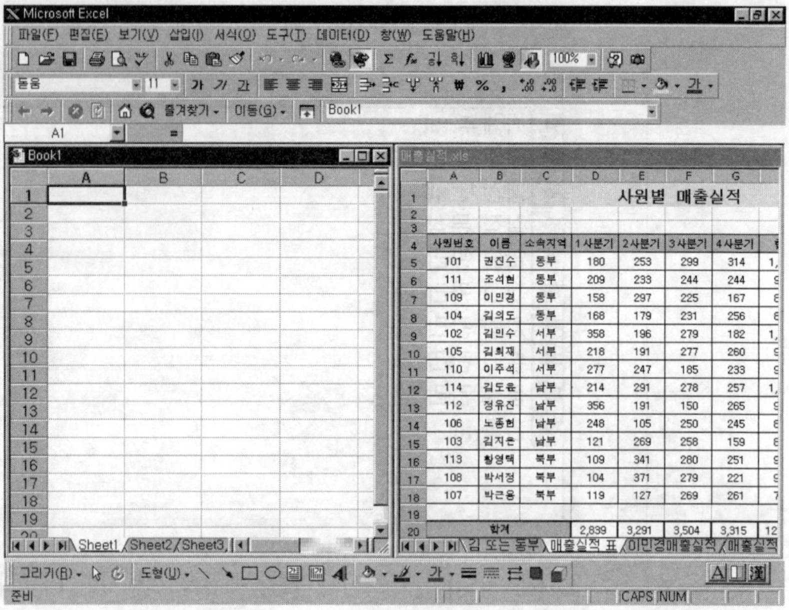

NOTE

파일 이름이 표시된 제목 줄이 파랗게 활성된 창이 현재 작업 포커스가 있는 창이다.

⑤ CTRL키를 누른 상태에서 「매출실적.XLS」 파일의 「매출실적 표」 시트를 마우스로 클릭하여 새 파일의 Sheet1앞으로 드래그 한다.

NOTE

CTRL키를 사용하면 복사가 된다.

⑥ (□)을 클릭하여 Book1의 창을 크게 한다.

⑦ Book1에서 20행이하의 데이터가 있다면 모두 삭제한다.

⑧ A4에서 A18까지 범위를 지정한다.

⑨ [편집] 메뉴에서 [지우기]의 [내용]을 선택한다.

⑩ A4에 「입사월」을 입력한다.

⑪ A5에서 A18까지 다음과 같이 데이터를 입력한다.

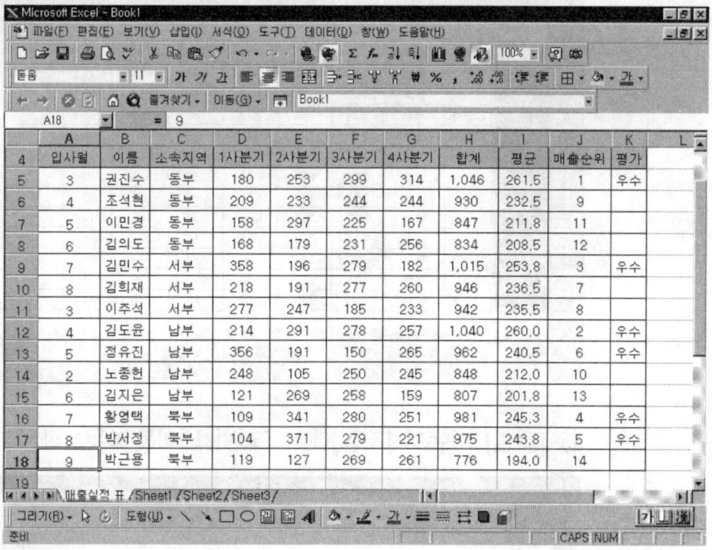

	A	B	C	D	E	F	G	H	I	J	K
4	입사월	이름	소속지역	1사분기	2사분기	3사분기	4사분기	합계	평균	매출순위	평가
5	3	권진수	동부	180	253	299	314	1,046	261.5	1	우수
6	4	조석현	동부	209	233	244	244	930	232.5	9	
7	5	이민경	동부	158	297	225	167	847	211.8	11	
8	6	김의도	동부	168	179	231	256	834	208.5	12	
9	7	김민수	서부	358	196	279	182	1,015	253.8	3	우수
10	8	김희재	서부	218	191	277	260	946	236.5	7	
11	3	이주석	서부	277	247	185	233	942	235.5	8	
12	4	김도윤	남부	214	291	278	257	1,040	260.0	2	우수
13	5	정유진	남부	356	191	150	265	962	240.5	6	우수
14	2	노종현	남부	248	105	250	245	848	212.0	10	
15	6	김지은	남부	121	269	258	159	807	201.8	13	
16	7	황영택	북부	109	341	280	251	981	245.3	4	우수
17	8	박서정	북부	104	371	279	221	975	243.8	5	우수
18	9	박근용	북부	119	127	269	261	776	194.0	14	

⑫ 입력된 데이터에 「월」자를 표시하기 위해 A5에서 A18까지 범위를 지정하고 단축메뉴의 [셀 서식]을 선택한다.

⑬ [표시형식] 탭에서 [사용자 정의]를 선택하고, 입력란에 「#"월"」이라고 입력한다.

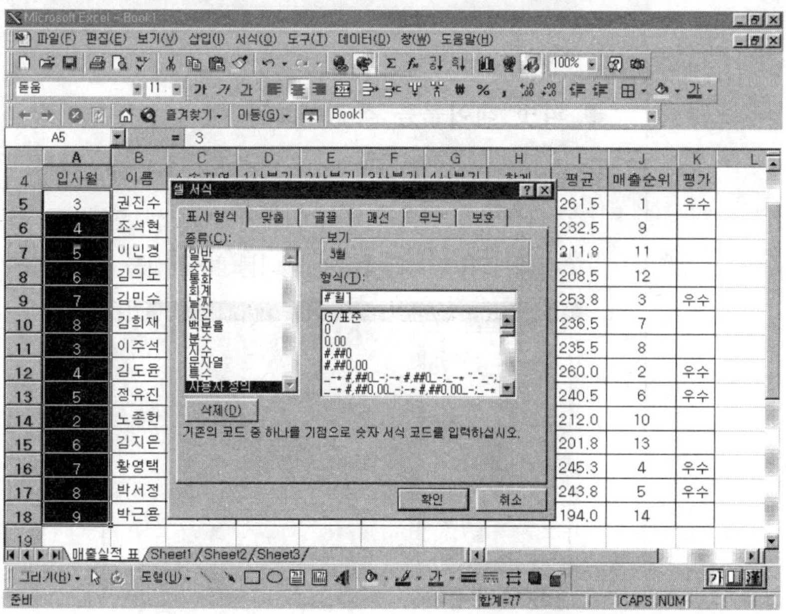

⑭ [확인] 버튼을 클릭한다.

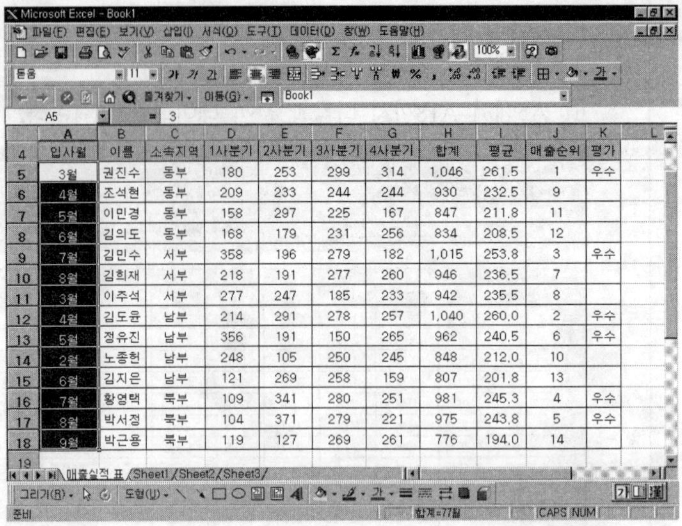

⑮ [파일] 메뉴의 [저장]에서 「피벗 테이블」이란 파일이름으로 저장한다.

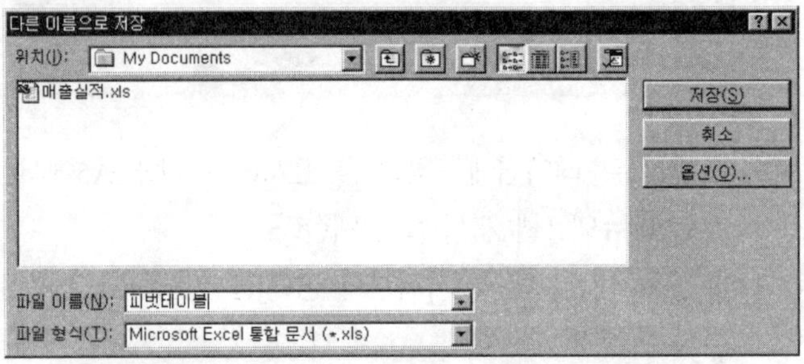

◑ 피벗 테이블을 작성해보자

「피벗 테이블」 파일의 「매출실적 표」에서 작업한다.

① 데이터가 있는 목록의 임의의 셀에 셀 포인터를 이동한다.

② [데이터] 메뉴의 [피벗 테이블 보고서]를 선택한다.

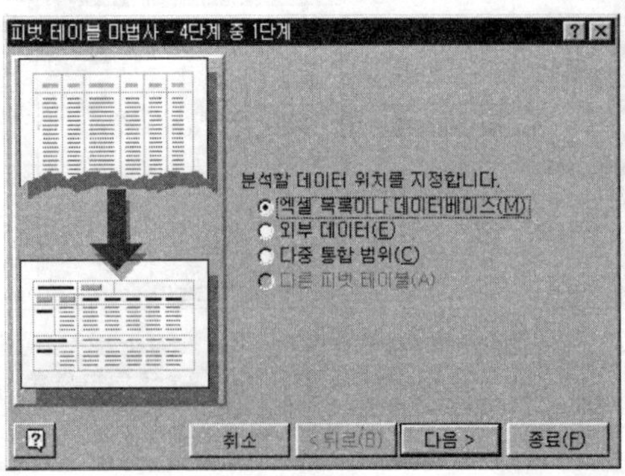

> **NOTE**
> - [외부 데이터]는 엑셀이 아닌 다른 응용 프로그램에서 작성한 데이터베이스가 있는 파일이다.
> - [다중 통합 범위]는 데이터베이스나 목록의 범위가 여러 곳에 분산되어 있는 경우로, 같은 워크시트내의 여러곳이나, 같은 파일내의 여러 워크시트, 다른 파일의 워크시트가 모두 해당된다.
> - [다른 피벗 테이블]은 작성된 피벗 테이블을 데이터베이스로 지정하여 다른 피벗 테이블을 작성할 수 있다.

③ [피벗 테이블 마법사－4단계 중 1단계]에서 [엑셀 목록이나 데이터베이스]를 선택하고 [다음] 버튼을 클릭한다.

④ [피벗 테이블 마법사－4단계 중 2단계]에서는 자동으로 범위가 지정된다. 변경이 가능하다.

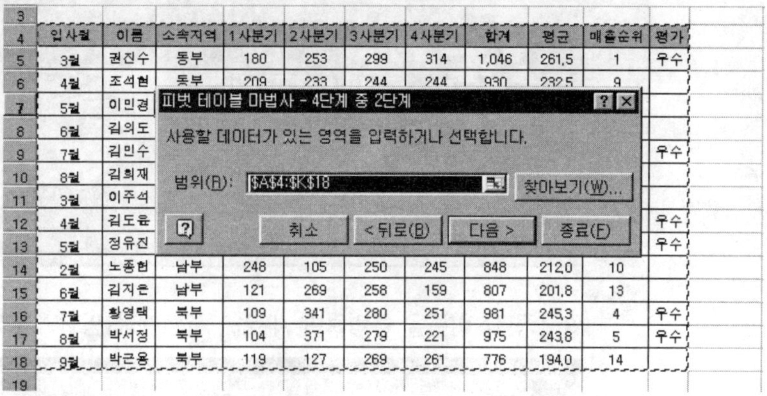

[다음] 버튼을 클릭한다.

⑤ [피벗 테이블 마법사－4단계 중 3단계]에서는 피벗테이블을 구성하는 단계로 가장 중요한 단계이다. 오른쪽의 필드명 버튼들을 해당 위치로 드래그하여 다음과 같이 표시한다.

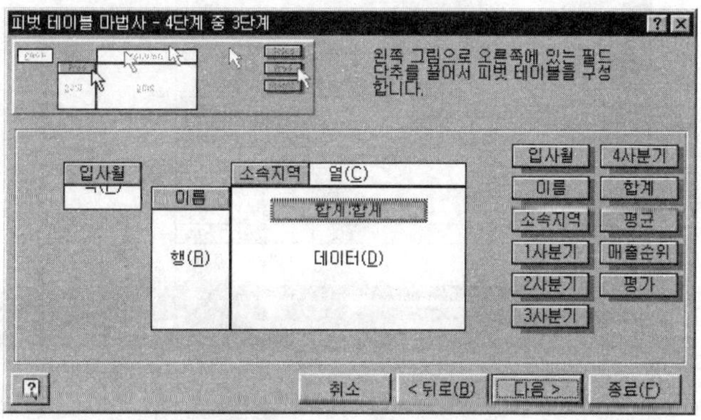

> **NOTE**
> 쪽과 행, 열 항목은 3가지 중에서 한가지 항목만 구성하여도 되지만, 데이터 항목은 반드시 필드 항목이 있어야 한다.

⑥ [합계:합계] 부분을 두 번 클릭하면 함수를 변경할 수 있다.

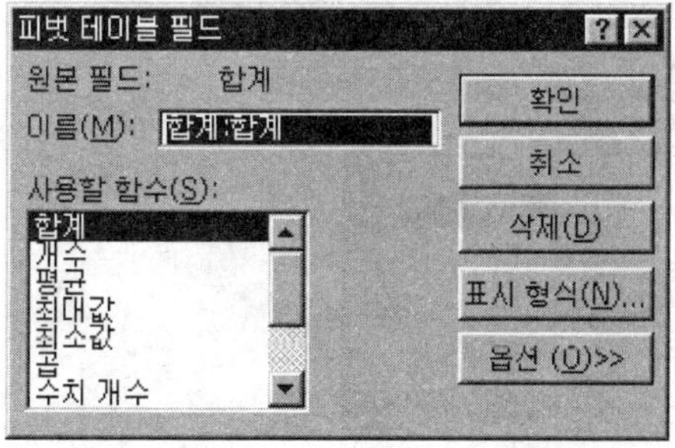

⑦ [다음] 버튼을 클릭한다.

⑧ [피벗 테이블 마법사-4단계 중 4단계]에서는 피벗 테이블이 표시될 워크시트를 지정한다. 기본 설정이 [새 워크시트]이다.

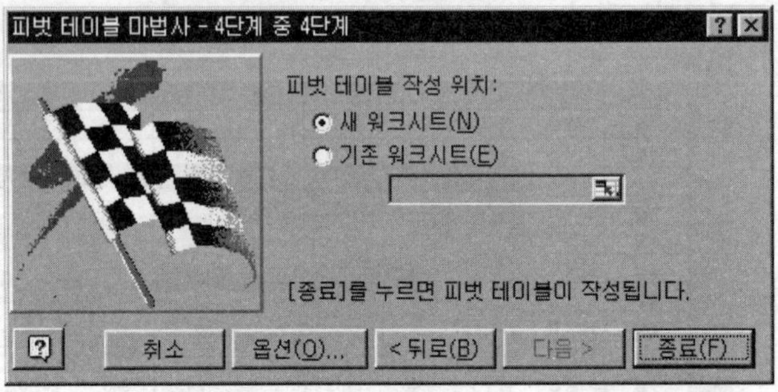

⑨ [종료] 버튼을 클릭하면 새로운 시트가 삽입되면서 피벗 테이블이 표시된다.

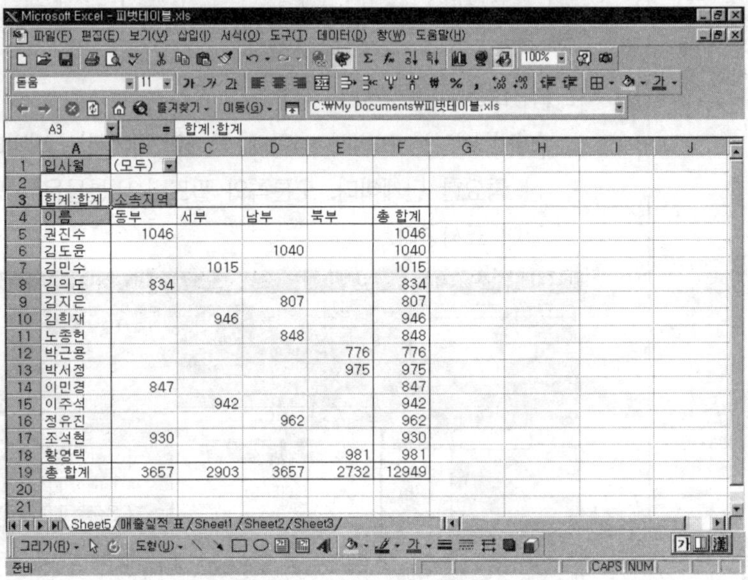

	A	B	C	D	E	F
1	입사월	(모두)				
2						
3	합계:합계	소속지역				
4	이름	동부	서부	남부	북부	총 합계
5	권진수	1046				1046
6	김도윤			1040		1040
7	김민수		1015			1015
8	김의도	834				834
9	김지은			807		807
10	김희재		946			946
11	노종헌			848		848
12	박근용				776	776
13	박서정				975	975
14	이민경	847				847
15	이주석		942			942
16	정유진			962		962
17	조석현	930				930
18	황영택				981	981
19	총 합계	3657	2903	3657	2732	12949

◕ 피벗 데이블 활용하기

① 입사월 버튼의 목록 버튼을 클릭하고, 2월을 선택한다.

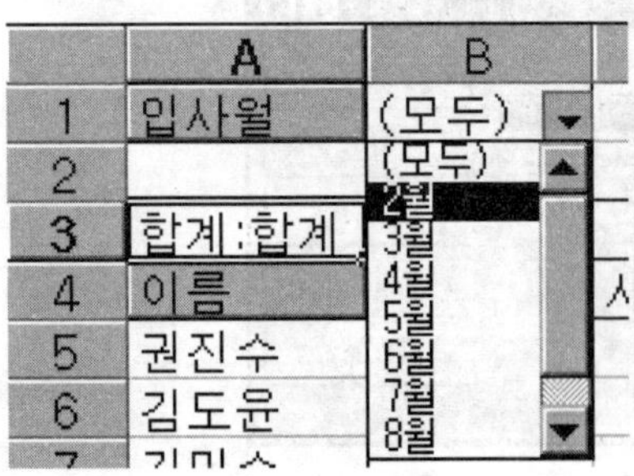

② 입사월이 2월인 데이터만 표시된다.

	A	B	C	D
1	입사월	2월		
2				
3	합계:합계	소속지역		
4	이름	남부	총 합계	
5	노종헌	848	848	
6	총 합계	848	848	
7				

③ 입사월 버튼을 클릭하고, 이름 버튼 옆으로 빗금선이 다음과 같이 행머리글 옆에 표시될 때까지 드래그한다.

	A	B	C	D
1	입사월	2월		
2				
3	합계:합계	소속지역		
4	이름	남부	총 합계	
5	노종헌	848	848	
6	총 합계	848	848	
7				

④ 다음과 같이 입사월이 이름 항목 옆으로 이동한다.

	A	B	C	D	E	F	G	H	I	J
1										
2										
3	합계:합계		소속지역							
4	입사월	이름	동부	서부	남부	북부	총 합계			
5	2월	노종헌			848		848			
6	2월 합계				848		848			
7	3월	권진수	1046				1046			
8		이주석		942			942			
9	3월 합계		1046	942			1988			
10	4월	김노균			1040		1040			
11		조석현	930				930			
12	4월 합계		930		1040		1970			
13	5월	이민경	847				847			
14		정유진			962		962			
15	5월 합계		847		962		1809			
16	6월	김의도	834				834			
17		김지은			807		807			
18	6월 합계		834		807		1641			
19	7월	김민수		1015			1015			
20		황영택				981	981			
21	7월 합계			1015		981	1996			

⑤ 이번에는 소속지역 버튼을 드래그로 쪽 항목이 있던 위치로 이동한다.

	A	B	C	D	E	F
1						
2						
3	합계:합계		소속지역			
4	입사월	이름	동부	서부	남부	북부
5	2월	노종헌			848	
6	2월 합계				848	
7	3월	권진수	1046			
8		이주석		942		
9	3월 합계		1046	942		

◕ 부분합 표시안하기

① 입사월 버튼에서 단축메뉴를 표시한다.

② [필드]를 선택한다. [부분합] 항목에서 [없음]을 선택한다.

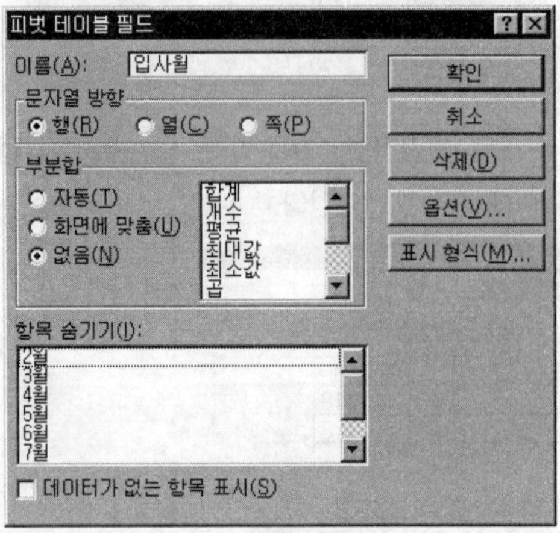

③ 다음과 같이 월별 부분합이 표시되지 않는다.

	A	B	C
1	소속지역	(모두)	
2			
3	합계:합계		
4	입사월	이름	합계
5	2월	노종헌	848
6	3월	권진수	1046
7		이주석	942
8	4월	김도윤	1040
9		조석현	930
10	5월	이민경	847
11		정유진	962
12	6월	김의도	834
13		김지은	807
14	7월	김민수	1015
15		황영택	981
16	8월	김희재	946
17		박서정	975
18	9월	박근용	776
19	총 합계		12949
20			

④ 부분합을 다시 표시하려면 [필드]에서 [부분합] 항목의 [자동]을 선택한다.

⑤ 입사월 버튼에서 [필드] 메뉴를 선택하고 [옵션] 버튼을 클릭한다.

⑥ 입사월의 정렬을 선택할 수가 있다. [내림차순]을 선택한다. [자동 표시]의 [자동]을 선택하면 [자동필터]의 [Top 10]기능과 유사한 기능을 사용할 수 있다. [위쪽]의 [5]를 선택한다.

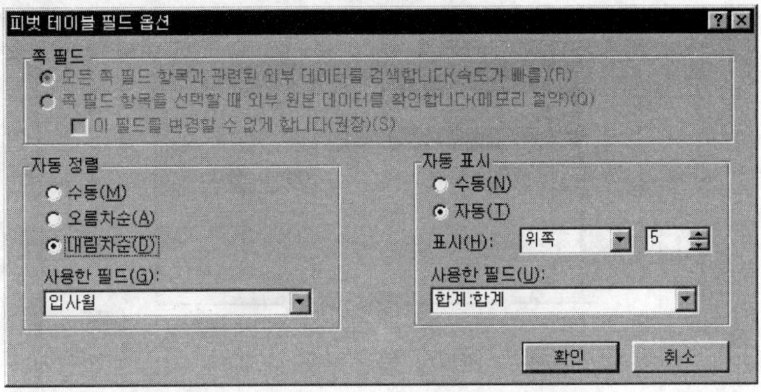

⑦ 다음과 같이 데이터가 표시된다.

	A	B	C	D
1	소속지역	(모두)		
2				
3	합계:합계			
4	입사월	이름	합계	
5	8월	김희재	946	
6		박서정	975	
7	7월	김민수	1015	
8		황영택	981	
9	5월	이민경	847	
10		정유진	962	
11	4월	김도윤	1040	
12		조석현	930	
13	3월	권진수	1046	
14		이주석	942	
15	총 합계		9684	
16				

◕ 소속지역별로 시트 작성하기

① [옵션]에서 지정한 조건들은 원래대로 선택한다.

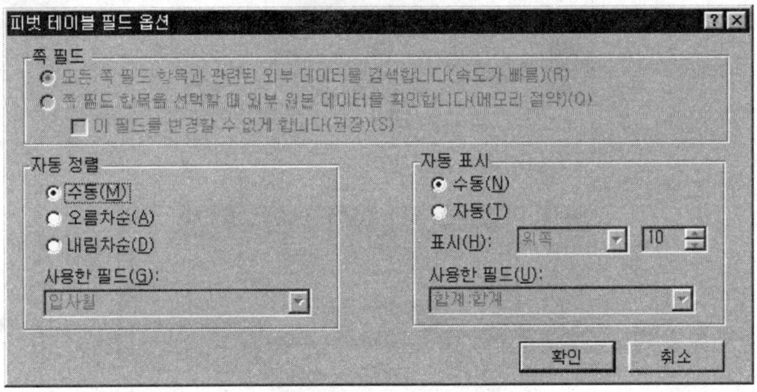

② 소속지역 버튼에서 단축메뉴를 표시한다.

③ [쪽 보기]를 선택한다.

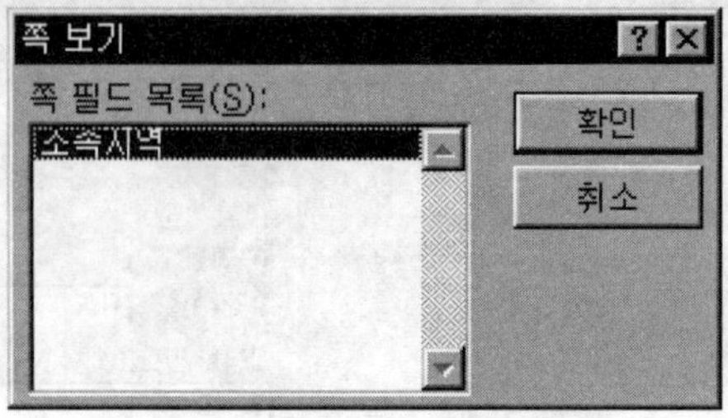

④ [확인] 버튼을 클릭하면, 지역별로 시트가 삽입된다.

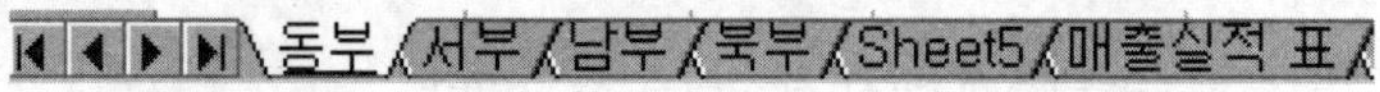

◕ 그룹 작성하는 방법 두가지

① 처음 작성한 피벗 테이블이 있는 Sheet5의 입사월 버튼에서 단축메뉴를 표시한다.

② [그룹과 윤곽 설정] 메뉴의 [그룹]을 선택한다.

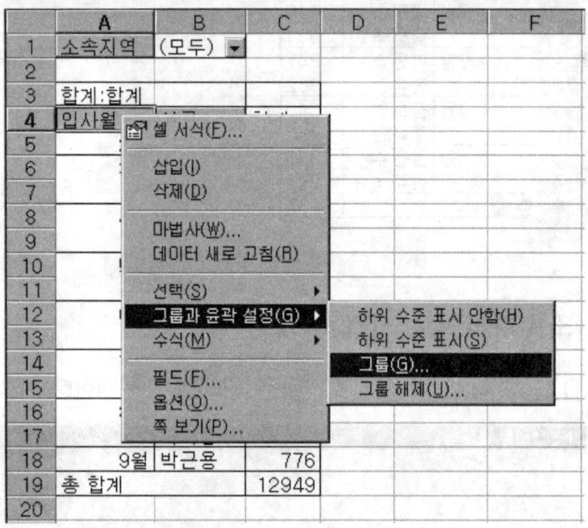

③ [단위]에 3을 입력한다.

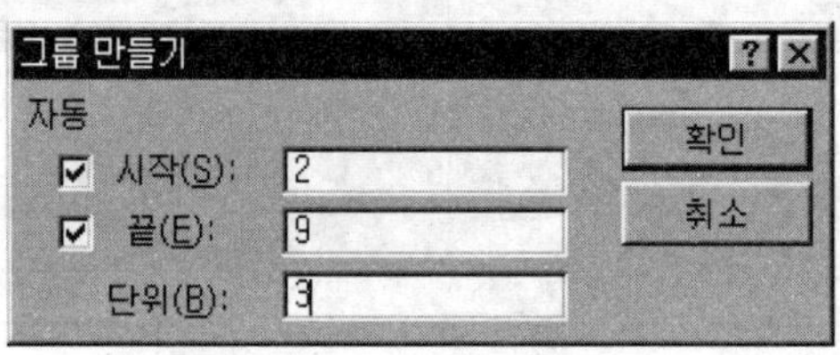

④ [확인] 버튼을 클릭한다.

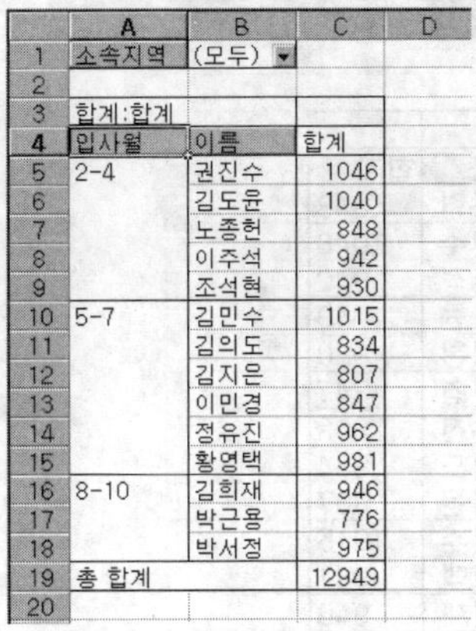

⑤ 해제는 단축메뉴에서 [그룹과 윤곽 설정]의 [그룹 해제]를 선택한다.

⑥ 다른 방법으로 그룹을 작성해 보자.

⑦ 2월과 3월이 입력된 셀을 범위 지정한다. 단축메뉴에서 [그룹과 윤곽 설정]의 [그룹]을 선택한다.

⑧ 그룹1에 1사분기라고 입력한다.

⑨ 동일한 방법으로 나머지 데이터도 그룹화 한다.

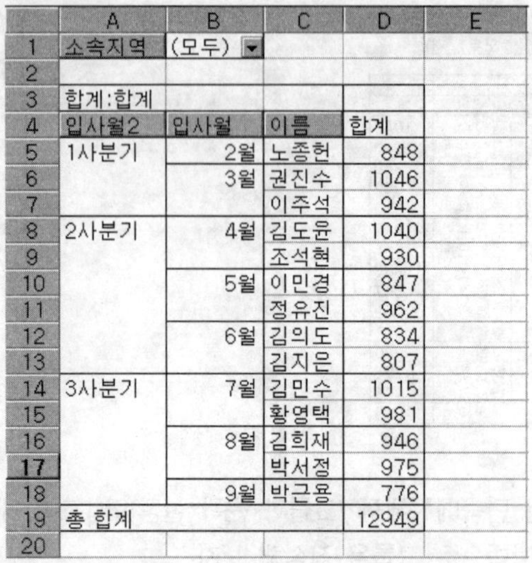

	A	B	C	D	E
1	소속지역	(모두)			
2					
3	합계:합계				
4	입사월2	입사월	이름	합계	
5	1사분기	2월	노종헌	848	
6		3월	권진수	1046	
7			이주석	942	
8	2사분기	4월	김도윤	1040	
9			조석현	930	
10		5월	이민경	847	
11			정유진	962	
12		6월	김의도	834	
13			김지은	807	
14	3사분기	7월	김민수	1015	
15			황영택	981	
16		8월	김희재	946	
17			박서정	975	
18		9월	박근용	776	
19	총 합계			12949	
20					

⑩ 해제시는 입사월2버튼에서 단축메뉴의 [그룹 해제]를 선택한다.

◕ 합계의 10% 금액을 표시하기

① 피벗 테이블내에서 단축메뉴를 표시한다.

② [수식]의 [계산필드]를 선택한다.

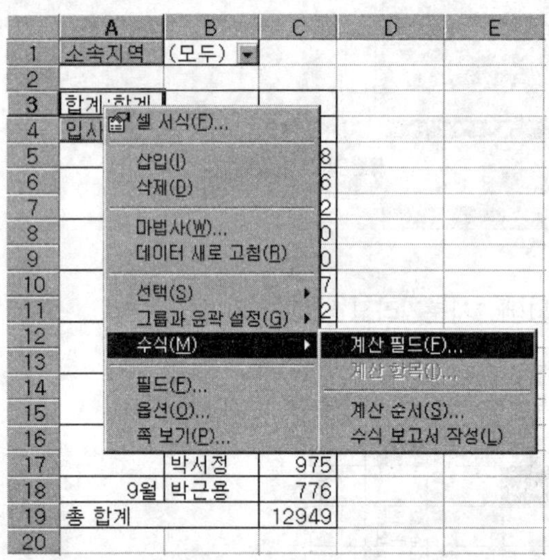

③ [이름]은 합계의 10%, [수식]은 =합계*0.1을 입력하고 [추가]버튼을 클릭한다.

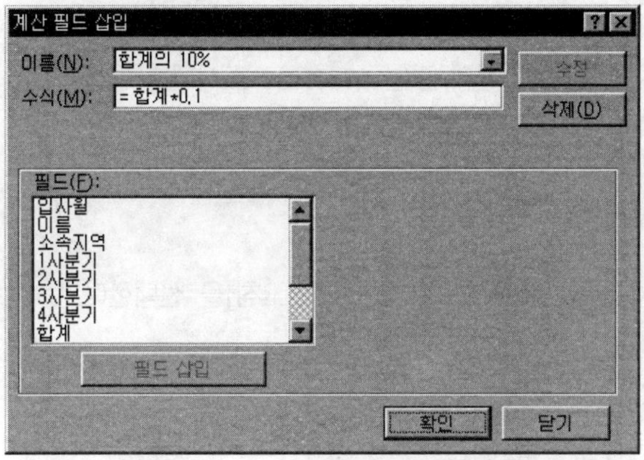

④ [확인] 버튼을 클릭한다.

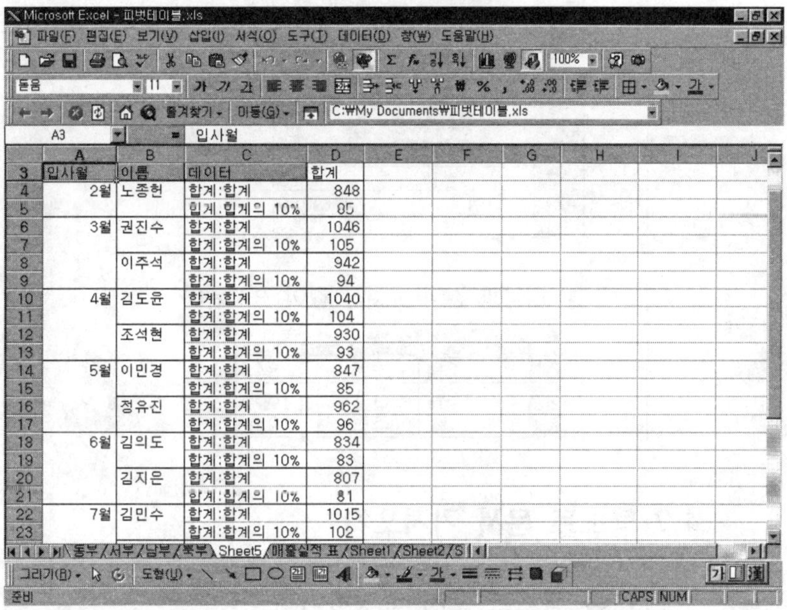

⑤ 해제는 단축메뉴의 [수식]에서 [계산 필드]를 선택한다. [계산 필드 삽입] 대화상자에서 [이름]에서 [합계의 10%] 항목을 선택하고, [삭제] 버튼을 클릭한다.

◕ 워크시트에서 변경된 데이터 피벗 테이블에 반영하기

① 「매출실적 표」 시트에서 권진수의 1사분기 값을 999로 입력한다. 합계가 1865로 변경된다.

4	입사월	이름	소속지역	1사분기	2사분기	3사분기	4사분기	합계	평균	매출순위	평가
5	3월	권진수	동부	999	253	299	314	1,865	466.3	1	우수
6	4월	조석현	동부	209	233	244	244	930	232.5	9	

② Sheet5를 선택하고 작성된 피벗 테이블에서 권진수의 합계를 확인한다. 합계가 변경되기 전의 값인 1046으로 표시된다.

4	입사월	이름	합계
5	2월	노종헌	848
6	3월	권진수	1046
7		이주석	942

③ 단축메뉴에서 [데이터 새로 고침]을 선택한다.

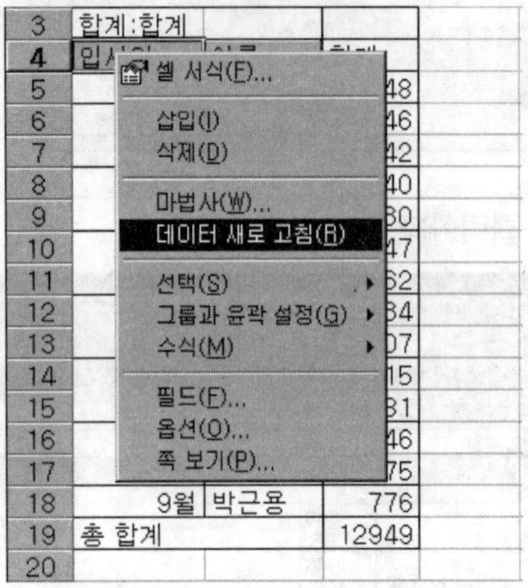

④ 다음과 같이 고쳐진 값이 표시된다.

4	입사월	이름	합계
5	2월	노종헌	848
6	3월	권진수	1865
7		이주석	942

4.7 텍스트 문서 가져오기

◕ 텍스트 문서 작성하기

① [메모장]에서 다음과 같이 입력한다.

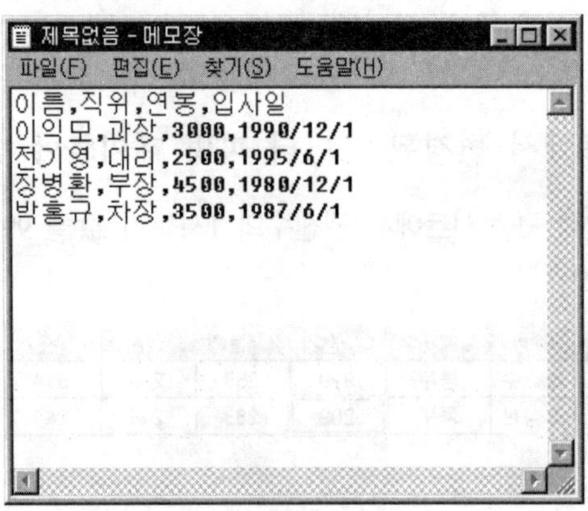

② 파일이름을 [인사기록]으로 저장한다.

◕ 엑셀에서 텍스트 문서 작업하기

① 엑셀에서 [파일] 메뉴의 [열기]를 선택한다.

② [열기] 대화상자에서 [파일 형식]을 텍스트 파일로 변경한다.

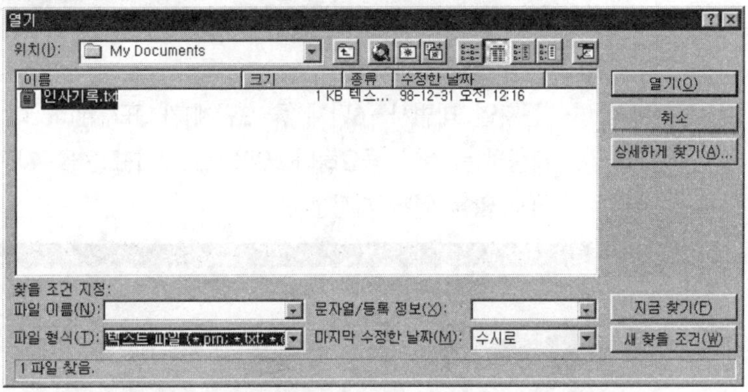

③ [인사기록.TXT] 파일을 선택하고 [열기] 버튼을 클릭한다.

④ [문자열 마법사-3단계 중 1단계]가 표시된다. 텍스트 파일이 구분자로 구별할 수 있는지, 너비가 일정한 지를 확인해야 하고, 구분 시작행을 통해 시작행을 정할 수 있다.

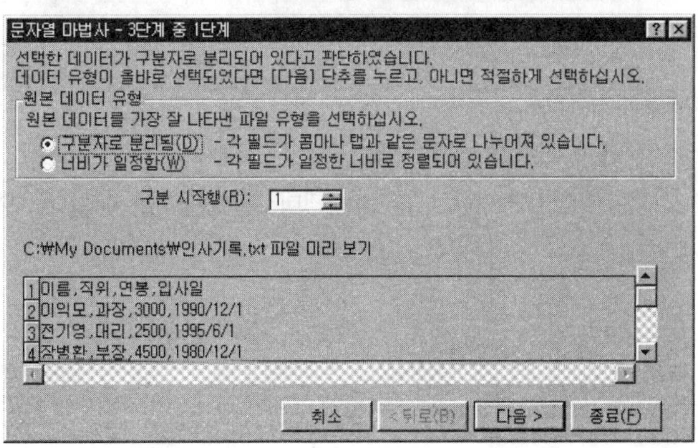

[다음] 버튼을 클릭한다.

⑤ [문자열 마법사-3단계 중 2단계]가 표시된다. 구분자의 종류를 지정하고, 지정자가 연속되었을 경우도 설정할 수 있다.

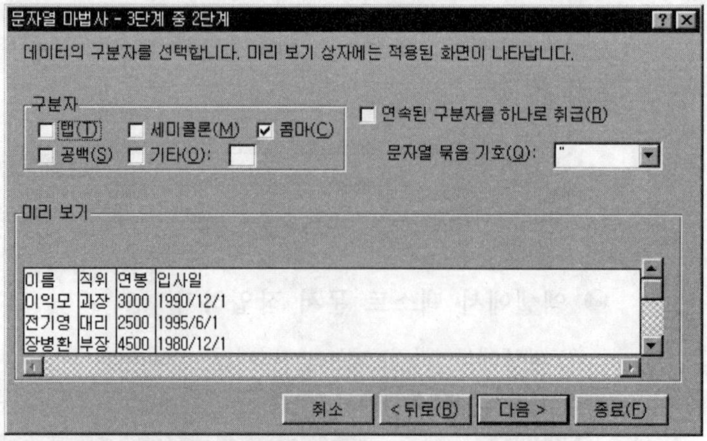

[다음] 버튼을 클릭한다.

⑥ [문자열 마법사-3단계 중 3단계]가 표시된다. 이 단계에서는 [데이터 서식]을 지정하는 것이 중요하다. 일반적으로 [표준]을 지정하고, 엑셀 데이터로 포함시키지 않을 열만 지정한다.

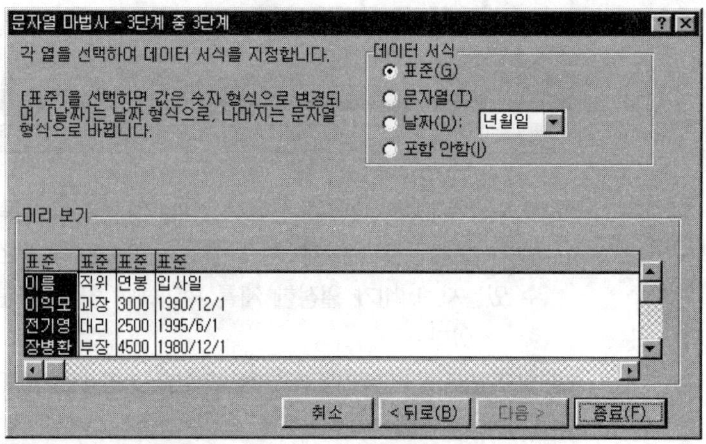

[종료] 버튼을 클릭한다.

⑦ 엑셀의 워크시트로 표시된다. 워크시트의 이름이 「인사기록」으로 표시된다.

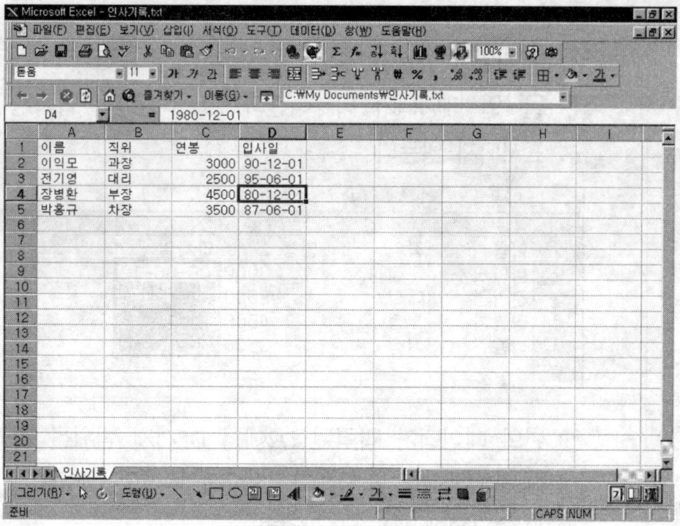

◕ 셀에서 문자열 나누기

하나의 셀에 입력된 데이터를 나누어서 여러 셀에 입력할 수 있다. 입사일을 년, 월, 일로 구분해보자.

① D2에서 D5까지 범위를 지정한다.

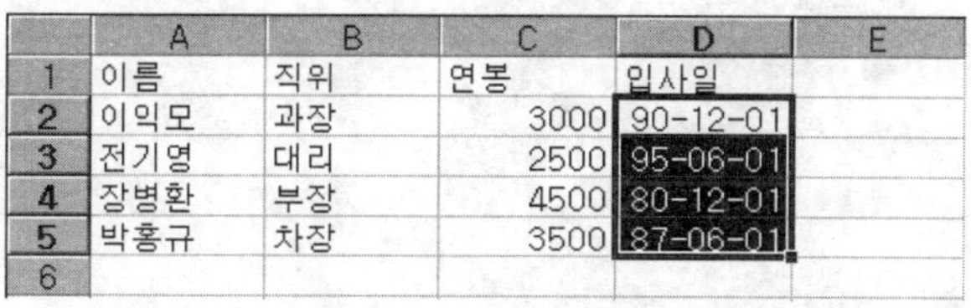

② [데이터] 메뉴의 [문자열 나누기]를 선택한다. [문자열 마법사-3단계 중 1단계]에서 [구분자로 분리됨]을 선택하고, [다음] 버튼을 클릭한다.

③ [문자열 마법사-3단계 중 2단계]에서 [구분자]에서 [기타]를 선택하고, 「-」를 입력한다.

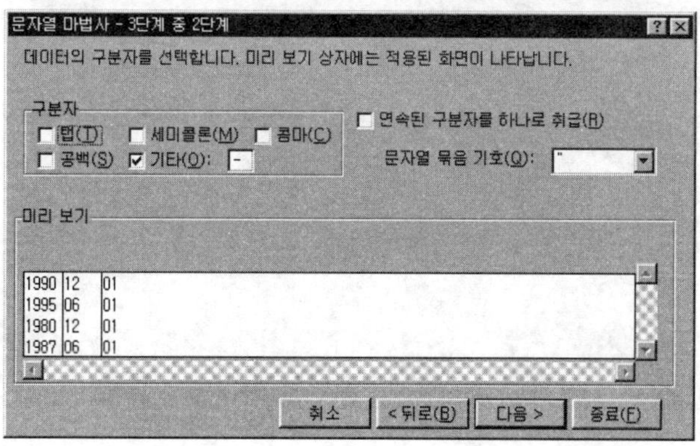

[다음] 버튼을 클릭한다.

④ [문자열 마법사-3단계 중 3단계]에서 [종료] 버튼을 클릭한다. 세 개의 셀로 년, 월, 일 데이터가 나누어진다. 그러나 년이 입력된 셀의 데이터들이 정상적으로 표시되지 않는다.

D2 = 1905-06-12

	A	B	C	D	E	F	G
1	이름	직위	연봉	입사일			
2	이익모	과장	3000	05-06-12	12	1	
3	전기영	대리	2500	05-06-17	6	1	
4	장병환	부장	4500	05-06-02	12	1	
5	박홍규	차장	3500	05-06-09	6	1	
6							

NOTE

엑셀에서는 셀에 서식이 있는 데이터가 있었으면 그 서식이 다음에 입력되는 데이터에도 설정된다. 그래서 서식을 지워야 정상적인 데이터가 표시된다. 대표적인 예가 바로 날짜데이터이다. 날짜 데이터를 표시하는 형식이 서식으로 설정되므로, 날짜 데이터가 입력되었던 셀은 반드시 서식을 지워야만 한다.

⑤ 년의 데이터가 입력된 D2에서 D5까지 범위를 지정하고, [편집]메뉴의 [지우기]에서 [서식]을 선택한다. 정상적인 년의 데이터가 표시된다. D1에 「년」, D2에 「월」, D3에 「일」을 입력한다.

	A	B	C	D	E	F	G
1	이름	직위	연봉	년	월	일	
2	이익모	과장	3000	1990	12	1	
3	전기영	대리	2500	1995	6	1	
4	장병환	부장	4500	1980	12	1	
5	박홍규	차장	3500	1987	6	1	
6							

연습문제

1. 실습문제(1)

「매출실적.XLS」 파일의 「매출실적 표」 시트를 〔고급 필터〕를 사용하여 다음의 조건에 만족하는 결과의 데이터를 표시한다.

① 출고 지역이 동부와 서부인 데이터

② 합계가 합계의 평균보다 큰 데이터

③ 순위가 5부터 10까지에 포함되는 데이터

④ 평균이 평균의 평균보다 크면서 평가가 우수인 데이터

⑤ 1사분기, 2사분기, 3사분기, 4사분기가 각 분기의 평균보다 큰 데이터

2. 실습문제(2)

「피벗 테이블.XLS」 파일의 「매출실적 표」 시트에서 피벗테이블 마법사를 이용하여 다음의 조건에 맞도록 작성한다.

① 행에는 입사월, 열에는 소속지역, 데이터에는 합계의 최대값과 합계의 최소값을 표시한다.

② 입사월은 그룹의 단위를 3으로 지정하고, 소속지역은 동부와 서부는 수평, 남부와 북부는 수직으로 지정한다.

③ 표시된 수치 데이터에 천단위마다 「,」가 표시되도록 표시형식을 변경한다.

	A	B	C	D	E	F	G	H
1								
2								
3			지역구분	소속지역				
4			수평		수직		총 합계	
5	입사월	데이터	동부	서부	남부	북부		
6	2-4	최대값:합계	1,865	942	1,040		1,865	
7		최소값:합계	930	942	848		848	
8	5-7	최대값:합계	847	1,015	962	981	1,015	
9		최소값:합계	834	1015	807	981	807	
10	8-10	최대값:합계		946		975	975	
11		최소값:합계		946		776	776	
12	전체 최대값:합계		1,865	1,015	1,040	981	1,865	
13	전체 최소값:합계		834	942	807	776	776	
14								

5장 함수 활용

《학습목표》

본 장에서는 함수 활용을 효과적으로 하기 위해 함수 사용법을 이해하고, 합계 함수 사용의 다양성을 이해한다. 그리고 문자열 함수, 날짜/시간 함수, 수학/삼각 함수, 찾기/참조 함수, 재무 함수, 데이터베이스 함수, 통계 함수, 논리 함수, 그리고 정보 함수의 종류에 대해 알아본다.

엑셀에서 제공되는 함수는 약 420여가지로 각자의 업무에 필요한 함수의 기능을 잘 사용하면 복잡한 계산식이 단순해지고, 간단히 문제가 해결된다. 이러한 함수는 같은 함수나 다른 함수를 하나 이상 중첩해서 사용하는 것도 가능한다. 엑셀에서의 함수는 크게 워크시트 함수와 매크로 함수로 나뉘어 지는데, 매크로 함수는 매크로 프로그래밍에서 다루는 독립된 것이고, 여기서는 워크시트 함수 중에서도 일반적으로 많이 사용되는 함수들을 중심으로 알아보겠다.

5.1 함수 사용법

◕ 함수 마법사를 이용하는 방법

함수 마법사를 이용하면 정확하고 빠르게 함수를 사용할 수 있다. 주로 처음 사용하는 함수이거나 인수의 입력방법이 확실하지 않을 때 사용한다. 함수마법사의 구성은 함수를 선택하는 단계와 선택한 함수에 구체적인 인수를 입력하는 단계로 이루어진다.

① 함수 마법사를 이용하기 위해서는 함수 마법사 아이콘(fx)을 사용하거나, [삽입] 메뉴의 [함수]를 선택한다.

② 함수 마법사의 처음 화면에서는 사용할 함수를 선택할 수 있다. 왼쪽 창은 함수의 종류이고, 오른쪽은 함수의 이름이 나열된다.

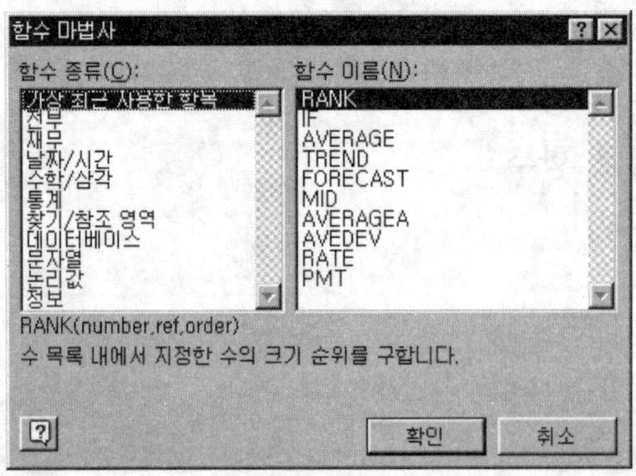

대화상자의 아래에 선택하는 함수에 대한 설명이 표시되므로 참고로 하면 선택에 도움이 된다.

③ 두번째 대화상자에서는 선택한 함수가 요구하는 인수들을 입력해야 한다. 함수가 필요로 하는 인수의 수에 따라서 입력란의 개수가 표시된다.

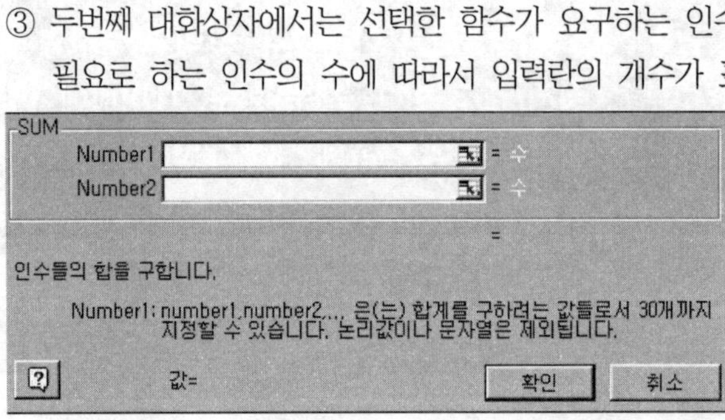

④ 입력되는 인수의 형태가 적당하지 않으면 #VALUE, #REF등의 「#」으로 시작하는 오류가 표시된다.

◕ 키보드로 직접 입력하는 방법

함수 사용에 어느 정도 익숙해지면 간단한 함수의 경우에는 직접 키보드로 입력한다.

① 함수를 입력할 셀에다 셀 포인터를 이동하고 직접 함수식을 입력한다.

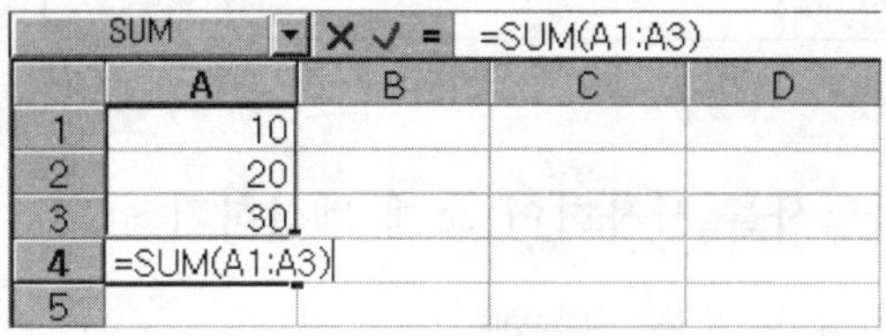

NOTE

셀을 지정하는 범위는 마우스나 키보드를 사용하면 편리하다.

◕ 함수의 기본 형식

= 함수명(인수, 인수,...)

① = 기호는 함수식임을 알리는 표시

② 함수명은 함수의 대표명칭

③ 인수는 함수의 종류에 따라 개수가 달라진다.

5.2 SUM 함수 사용의 다양성

엑셀에서 가장 많이 사용하는 함수가 합계를 계산하여 주는 SUM 함수이다. SUM 함수는 함수마법사를 사용하거나, 자동합계(Σ) 아이콘을 사용할 수 있다. CTRL키와 조합하여 사용할 수도 있다.

> =SUM(인수1, 인수2, ...)
> 지정된 범위에 있는 숫자를 모두 합한 결과를 표시한다.

① 인수1, 인수2, ... 합할 인수로서 30개까지 사용할 수 있다.

② 인수 목록으로 직접 입력한 숫자, 논리값, 숫자의 문자열 표시 계산된다.

③ 인수가 배열이나 참조 영역이면 배열이나 참조 영역에 있는 숫자만 계산된다. 배열이나 참조 영역의 빈 셀, 논리값, 문자열, 오류값은 무시된다.

④ 오류값이나 숫자로 번역할 수 없는 문자열을 인수로 사용하면 오류가 발생한다.

다음의 표를 아래에서 지정하는 방법으로 값을 구해보자.

	A	B	C	D	E	F
1	지점별 월별 판매 현황					
2						
3	지 점 명	1 월	2 월	3 월	합 계	
4	동부지점	30000	270000	320000		
5	서부지점	25000	230000	280000		
6	소 계					
7	남부지점	350000	330000	260000		
8	북부지점	400000	410000	380000		
9	소 계					
10	총 합 계					
11						

◕ 함수마법사를 사용하여 소계 계산하기

① B6로 셀 포인터를 이동한다.

② 함수마법사(fx) 아이콘을 클릭한다.

③ [함수 종류]는 수학/삼각, [함수 이름]은 SUM을 선택하고, [확인] 버튼을 클릭한다.

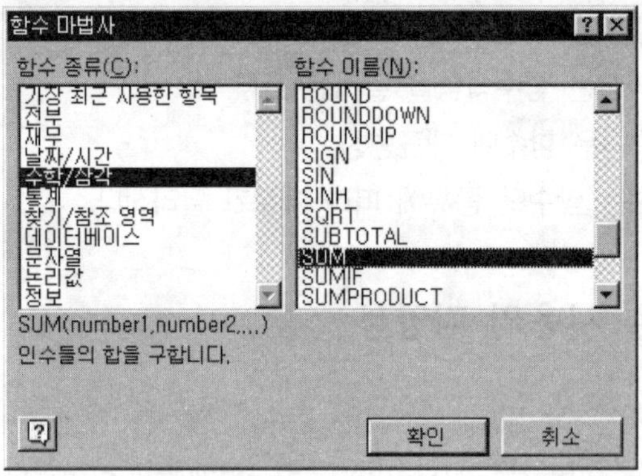

④ 함수 마법사 대화상자가 데이터 셀을 가리므로 대화상자의 임의의 곳을 클릭하고 드래그로 이동한다.

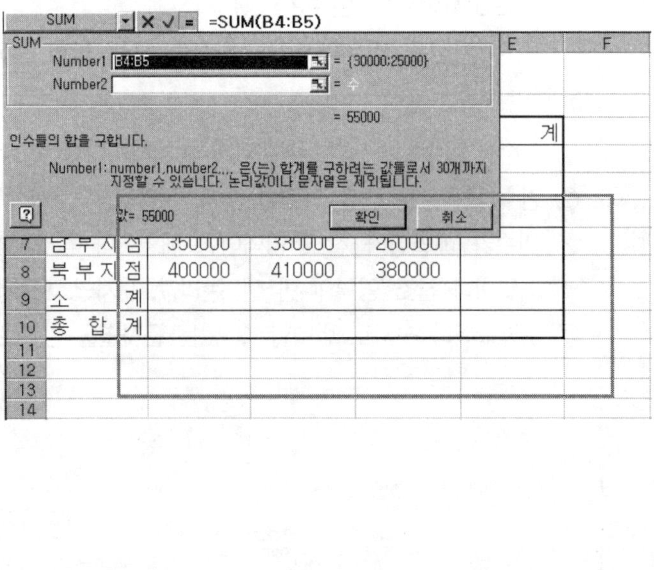

⑤ 입력란에 지정된 계산 범위가 정확하므로 [확인] 버튼을 클릭한다.

⑥ B6이 있는 셀 포인터의 채우기 핸들로 C6, D6에 값을 입력한다.

	A	B	C	D	E	F
1	지점별 월별 판매 현황					
2						
3	지 점 명	1 월	2 월	3 월	합 계	
4	동부지점	30000	270000	320000		
5	서부지점	25000	230000	280000		
6	소 계	55000				
7	남부지점	350000	330000	260000		
8	북부지점	400000	410000	380000		
9	소 계					
10	총 합 계					
11						

⑦ 정확한 값이 입력된다. 그런데 D6셀의 오른쪽 괘선이 지워진 것을 볼 수 있다. 채우기 핸들은 함수식만이 아니라 셀에 설정된 서식도 복사한다.

	A	B	C	D	E	F
1	지점별 월별 판매 현황					
2						
3	지 점 명	1 월	2 월	3 월	합 계	
4	동부지점	30000	270000	320000		
5	서부지점	25000	230000	280000		
6	소 계	55000	500000	600000		
7	남부지점	350000	330000	260000		
8	북부지점	400000	410000	380000		
9	소 계					
10	총 합 계					
11						

NOTE

[자동 채우기 취소]는 취소(↶▾)아이콘을 사용할 수 있다. 취소(↶▾)아이콘의 내리기 버튼을 클릭하면 취소하고자 하는 내용들을 취소할 수 있다.

⑧ 서식은 복사를 안하고, 수식만 복사를 하도록 해보자. 우선 [편집] 메뉴의 [자동 채우기 취소]를 선택해서 자동 채우기를 취소한다.

⑨ B6셀에서 채우기 핸들을 마우스의 오른쪽을 클릭하고 드래그한다.

	A	B	C	D	E
1	지점별 월별 판매 현황				
2					
3	지 점 명	1 월	2 월	3 월	합 계
4	동부지점	30000	270000	320000	
5	서부지점	25000	230000	280000	
6	소 계	55000			
7	남부지점	350000	330000	260000	
8	북부지점	400000	410000	380000	
9	소 계				
10	총 합 계				

NOTE

마우스의 오른쪽을 사용하는 채우기 기능은 메뉴가 표시되므로 다양하게 선택할 수 있다.

⑩ 표시되는 메뉴에서 [값 채우기]를 한다. 수식만 복사가 되고 서식은 복사가 되지 않는다.

⑪ B9, C9, D9에도 동일한 방법으로 합계를 계산한다.

◕ 합계를 키보드로 함수식을 입력해서 구하기

① E4에 셀 포인터를 이동한다.

② 다음과 같이 입력한다.

= SUM(B4:D4)

③ 오른쪽 마우스의 채우기 핸들로 E9까지 드래그하고, [값 채우기]를 선택한다.

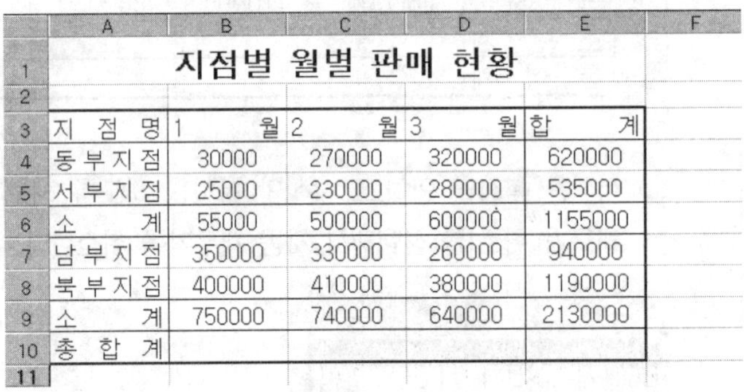

	A	B	C	D	E
1	지점별 월별 판매 현황				
2					
3	지 점 명	1 월	2 월	3 월	합 계
4	동부지점	30000	270000	320000	620000
5	서부지점	25000	230000	280000	535000
6	소 계	55000	500000	600000	1155000
7	남부지점	350000	330000	260000	940000
8	북부지점	400000	410000	380000	1190000
9	소 계	750000	740000	640000	2130000
10	총 합 계				
11					

◕ 자동 합계 아이콘 사용하기

① B10에서 E10까지 범위를 지정한다.

② 자동 합계(그림5-05) 아이콘을 클릭한다.

◕ CTRL키를 조합하여 한번에 모든 합계 계산하기

① 소계와 합계, 총합계의 입력된 값을 지운다. 취소( ) 아이콘에서 값을 입력했던 기능들을 취소한다.

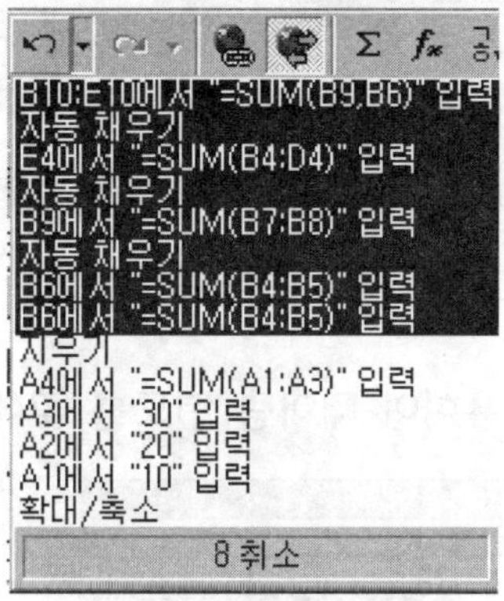

② CTRL키를 이용하여 소계와 합계, 총합계의 범위를 지정한다. 범위 지정은 다음 순서로 한다. B6에서 D6까지 범위 지정하고, CTRL키를 누른 상태에서 B9에서 D6까지 범위 지정하고, B10에서 D10까지 범위를 지정하고, E4에서 E10까지 범위를 지정한다.

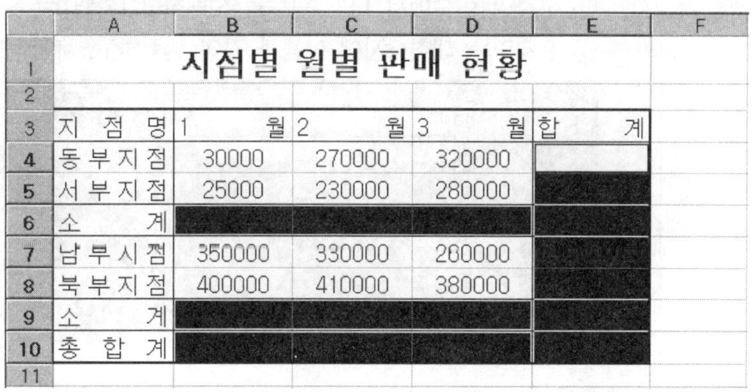

③ 자동 합계(Σ) 아이콘을 클릭하면 범위를 지정한 곳에 합계가 계산된다.

NOTE

CTRL키를 이용하여 분산되어 있는 셀들의 합계를 구할 수 있다. 범위를 지정할 때 범위가 겹치면 계산이 안된다.

5.3 문자열 함수

셀의 데이터가 문자인 경우에 사용하는 함수들이다.

5.3.1 LEFT 함수

=LEFT(문자열, 표시할 문자수)
    문자열의 왼쪽부터 원하는 수 만큼의 문자를 표시한다.

① 표시할 문자수는 0과 같거나 커야 한다.
② 표시할 문자수가 문자열의 길이보다 길면 LEFT는 문자열을 모두 표시한다.
③ 표시할 문자수를 생략하면 1로 간주한다.

◕ 주민등록번호를 이용하여 태어난 년도를 구해보자.

	A	B	C	D
1	이름	주민등록번호	년	
2	이민주	750916-2034511		
3	양덕렬	800301-1234567		
4	김다영	650203-2654195		
5				

① C2로 셀 포인터를 이동한다.
② 함수 마법사를 실행한다.
③ 문자열 함수에서 LEFT함수를 선택하고 [확인] 버튼을 클릭한다.
④ 표시되는 대화상자에 다음과 같이 입력하고. [확인] 버튼을 클릭한다.

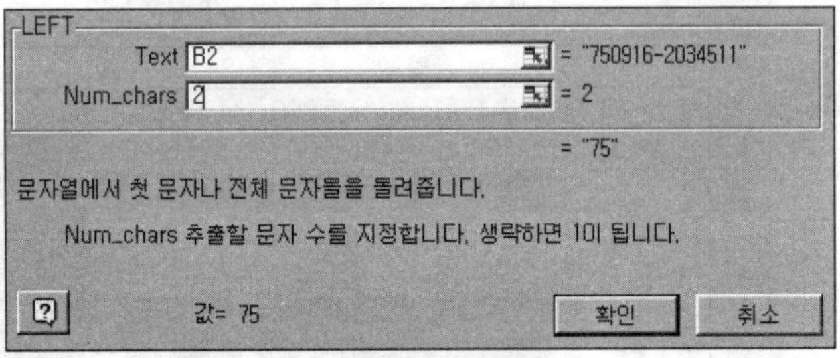

C2 : =LEFT(B2,2)

⑤ C3와 C4에 채우기 기능으로 복사한다

	A	B	C	D
1	이름	주민등록번호	년	
2	이민주	750916-2034511	75	
3	양덕렬	800301-1234567	80	
4	김다영	650203-2654195	65	
5				

5.3.2 MID 함수

=MID(문자열, 시작 위치, 표시할 문자수)
  문자열의 지정한 위치로부터 원하는 수 만큼의 문자를 표시한다.

① 시작 위치가 문자열의 길이보다 크면 MID는 ""(빈 문자열)을 표시한다.

② 시작 위치가 문자열의 길이보다 작고 시작 위치와 표시할 문자수의 합이 문자열의 길이를 초과하면 MID는 마지막 문자까지 표시한다.

③ 시작 위치와 표시할 문자수가 음수면 #VALUE! 오류값이 나타난다.

◕ 주민등록번호에서 태어난 월을 표시하자.

	A	B	C	D	E
1	이름	주민등록번호	년	월	
2	이민주	750916-2034511	75		
3	양덕렬	800301-1234567	80		
4	김다영	650203-2654195	65		
5					

① D2에서 함수마법사를 실행한다.

② MID 함수를 선택한다.

③ 표시되는 대화상자에 다음과 같이 입력한다.

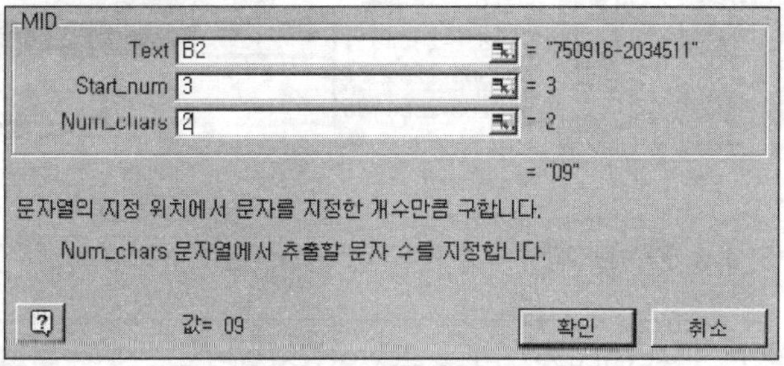

D2 : =MID(B2,3,2)

④ D3와 D4에 채우기 기능으로 복사한다.

5.3.3 RIGHT 함수

=RIGHT(문자열, 표시할 문자수)
  문자열의 오른쪽으로부터 원하는 수 만큼의 문자를 표시한다.

① LEFT와 오른쪽에서 표시할 문자를 추출하는 것 이외에는 비슷하다.

◕ 주민등록번호에서 마지막 수치를 표시하자.

	A	B	C	D	E	F
1	이름	주민등록번호	년	월	마지막 수치	
2	이민주	750916-2034511	75	09		
3	양덕렬	800301-1234567	80	03		
4	김다영	650203-2654195	65	02		
5						

① E2에서 함수마법사를 실행한다.

② RIGHT 함수를 선택한다.

③ 표시되는 대화상자에 다음과 같이 입력한다.

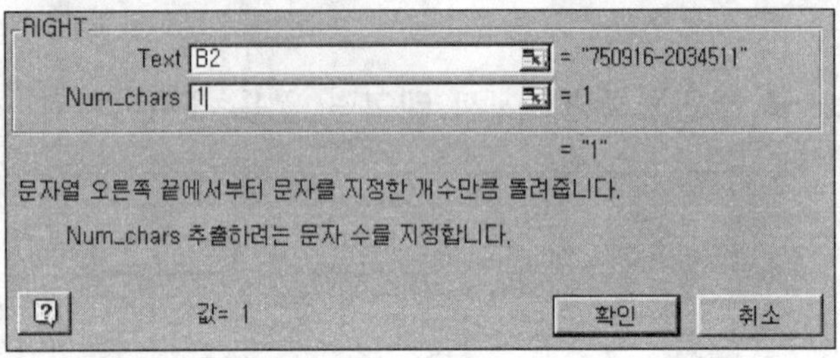

E2 : =RIGHT(B2,2)

④ E3와 E4에 채우기 기능으로 복사한다.

> **NOTE**
> C2와 D2, E2에 함수식을 입력한 후에 세개의 셀을 범위를 지정하고, E2셀의 채우기 핸들에서 복사해도 된다.

	A	B	C	D	E	F
1	이름	주민등록번호	년	월	일	
2	이민주	750916-2034511	75	09	11	
3	양덕렬	800301-1234567				
4	김다영	650203-2654195				
5						

5.3.4 FIND 함수

> =FIND(찾으려는 문자열, 찾으려는 문자열을 포함하는 문자열, 찾으려는 시작 위치)
> 문자열에 포함된 특정 문자열의 처음 표시위치를 찾는다.

① 영문인 경우에 대소문자를 구분하며 대표 문자를 허용하지 않는다.

② 찾으려는 문자열이 없으면 #VALUE! 오류값이 나타난다.

③ 시작위치가 0보다 작거나 찾으려는 문자열을 포함하는 문자열의 길이보다 크면 #VALUE! 오류값이 나타난다.

◕ 주민등록번호에서 수치 1의 처음 위치를 찾아보기

	A	B	C	D	E	F	G
1	이름	주민등록번호	년	월	마지막 수치	1의 처음 위치	
2	이민주	750916-2034511	75	09	1		
3	양덕렬	800301-1234567	80	03	7		
4	김다영	650203-2654195	65	02	5		
5							

① F2에서 함수마법사를 실행한다.
② FIND 함수를 선택한다.
③ 표시되는 대화상자에 다음과 같이 입력한다.

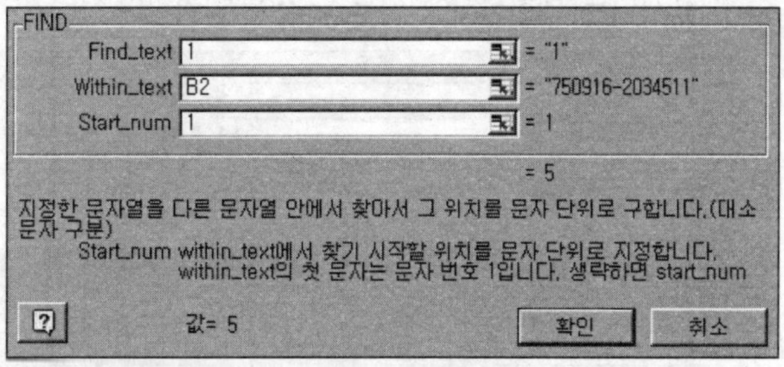

F2 : =FIND(1,B2,1)
④ F3와 F4에 채우기 기능으로 복사한다.

5.3.5 TEXT 함수

=TEXT(값, 표시형식) 값을 특정 표시 형식의 문자열로 변환한다.

① 값은 수치 값, 수치 값으로 계산될 수식, 수치 값이 들어 있는 셀에 대한 참조 영역이다.
② [셀 서식] 대화 상자의 [표시 형식] 탭에 있는 [종류] 상자의 문자열 표시 형식이다.

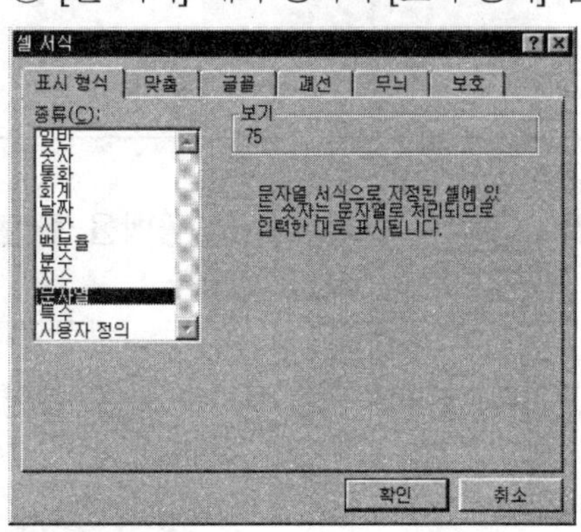

◑ 수치를 소수점이하 한자리의 문자열로 표시하기

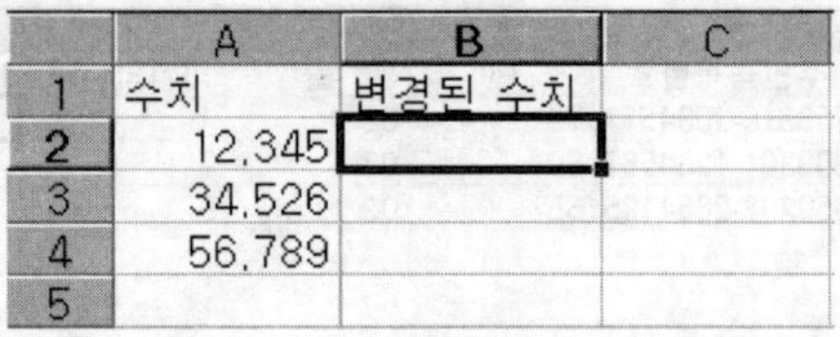

NOTE

① #는 유효 자릿수만 나타내고 유효하지 않은 0은 나타내지 않는다.
② 서식에서 지정한 0보다 자릿수가 적은 숫자에서, 0은 유효하지 않은 0을 나타낸다.
③ ?는 소수점 위나 아래에 있는 유효하지 않은 0 대신 공백을 추가하여 소수점을 맞춘다. 자릿수가 다른 분수에도 이 기호를 사용할 수 있다.

① B2에서 함수마법사를 실행한다.

② TEXT 함수를 선택한다.

③ 표시되는 대화상자에 다음과 같이 입력한다.

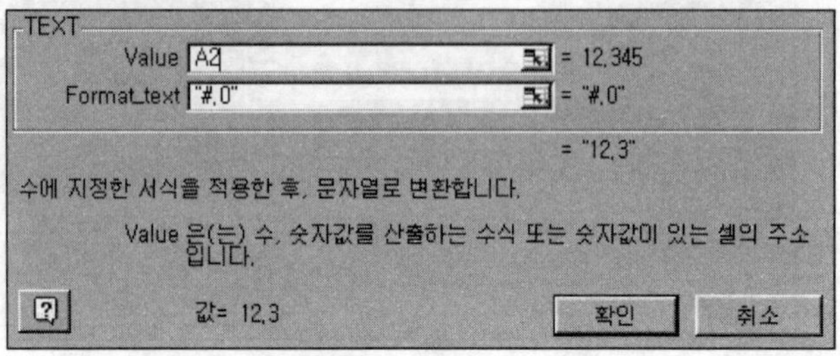

B2 : =TEXT(A2,"#.0")

④ B3와 B4에 채우기 기능으로 복사한다.

표 시	서식 코드
1234.59를 1234.6으로	####.#
8.9를 8.900으로	#.000
.631을 0.6으로	0.#
12를 12.0으로, 1234.568을 1234.57로	#.0#
44.398, 102.65, 2.8의 소수점을 맞춤	???.???
5.25를 5 1/4로, 5.3을 5 3/10으로	# ???/???

5.3.6 TRIM 함수

=TRIM(문자열)
문자열에 포함된 단어 사이의 공백을 한 칸의 공백을 제외하고 모두 삭제한다.

① 다른 응용프로그램으로부터 받은 문자열에 불필요한 공백이 있을 때 TRIM을 사용한다.

◕ 불필요한 공백 제거하기

	A	B
1	강남구　　역삼동　　특허청	
2		
3		

① A2에서 함수마법사를 실행한다.

② TRIM 함수를 선택한다.

③ 표시되는 대화상자에 다음과 같이 입력한다.

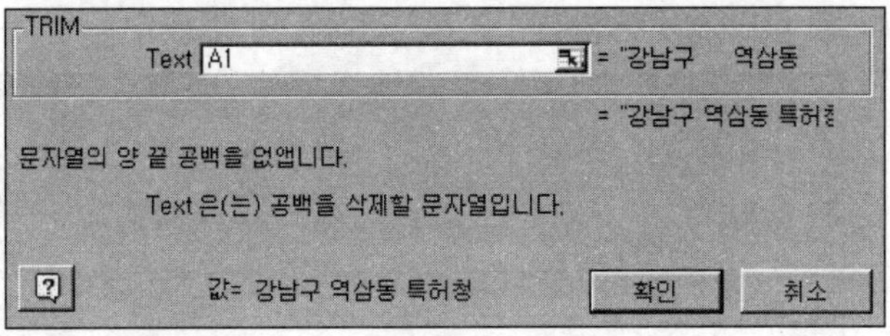

A2 : =TRIM(A1)

5.3.7 REPT 함수

> =REPT(반복할 문자열, 반복할 횟수)
> 　　문자열을 지정한 횟수만큼 반복한다.

NOTE

이 함수를 사용하여 워크시트에서 간단한 히스토그램을 작성할 수 있다.

① 정수가 아니면 소수점 이하를 버리고 정수로 변환된다.

② REPT 함수의 결과가 255 문자를 넘을 수 없다.

◕ 점수를 10단위마다 ●로 표시하기

	A	B	C	D
1	이름	점수	히스토그램	
2	이민주	90		
3	양덕렬	80		
4	김다영	60		
5				

① C2에서 함수마법사를 실행한다.

② REPT 함수를 선택한다.

③ 표시되는 대화상자에 다음과 같이 입력한다.

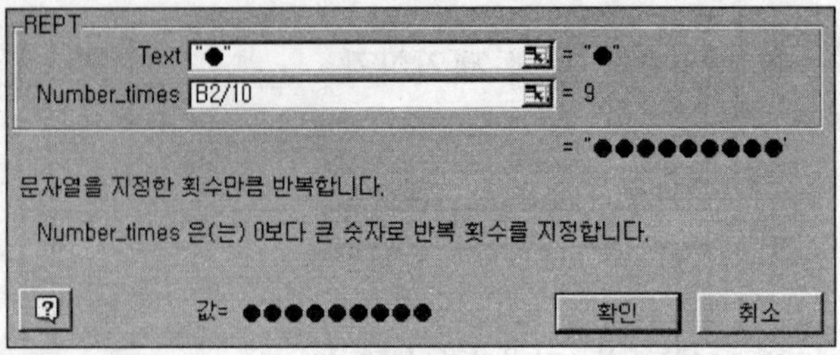

C2 : =REPT("●",B2/10)

「●」기호는 자음의 「ㅁ」에 있다.

⑤ C3와 C4에 채우기로 복사한다.

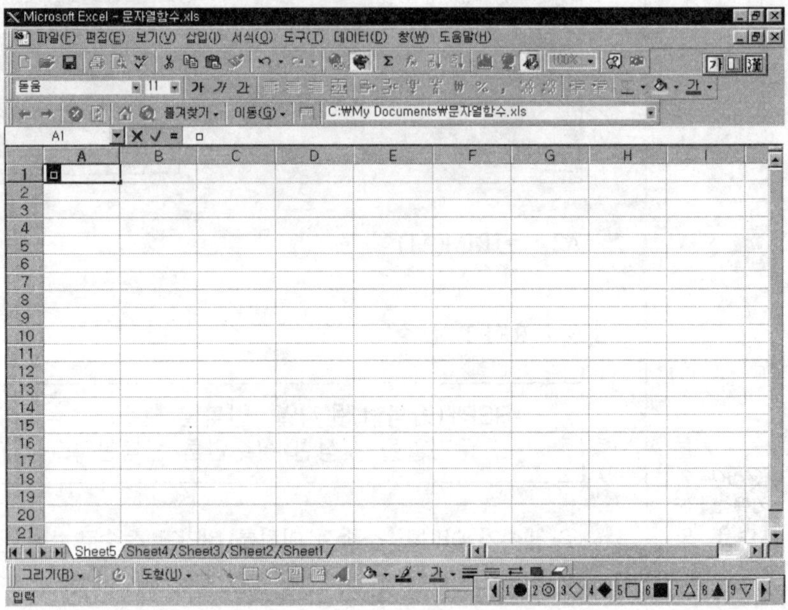

- 원하는 특수문자를 선택한다.
- 원하는 특수문자가 없으면 다른 자음을 입력하고 반복한다.

5.3.8 CONCATENATE 함수

=CONCATENATE(문자열1, 문자열2....) 여러 문자열 항목을 한 문자열로 합친다.

① 문자열1, 문자열2는 한 문자열로 합치려는 문자열 항목으로 30개까지 지정할 수 있다.

② CONCATENATE 대신 "&" 연산자를 사용하여 문자열 항목을 결합할 수 있다.

NOTE

엑셀에서의 특수문자는 다음과 같이 사용한다.

- 셀에 한글 자음(ㄱ, ㄴ, ㄷ, ㄹ, ㅁ, ㅂ,...ㄲ, ㅃ, ㅉ...)을 입력하고, 키보드의 한자키를 누른다.
- 화면 오른쪽 하단에 특수문자가 표시된다.

◕ 이름과 점수를 함께 표시하기

	A	B	C	D	E
1	이름	점수	히스토그램	설명	
2	이민주	90	●●●●●●●●●●		
3	양덕렬	80	●●●●●●●●		
4	김다영	60	●●●●●●		
5					

① D2에서 함수마법사를 실행한다.

② CONCATENATE 함수를 선택한다.

③ 표시되는 대화상자에 다음과 같이 입력한다.

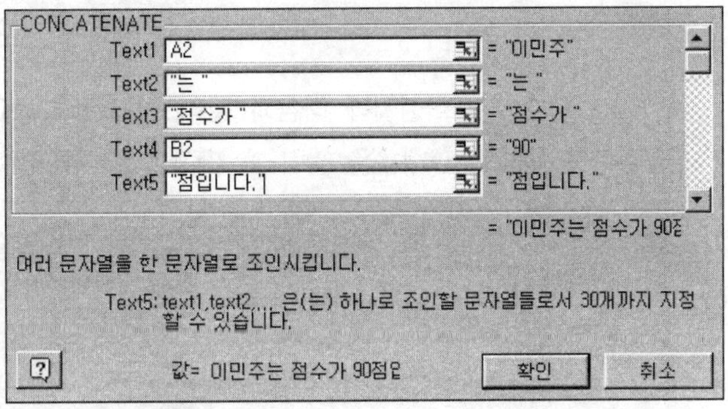

> **NOTE**
>
> 「&」를 이용하면 다음과 같이 입력하면 된다.
> D2 : =A2 & "는 " & "점수가 " & B2 & "점입니다."

D2 : =CONCATENATE(A2,"는 ","점수가 ",B2,"점입니다.")

⑤ D3와 D4에 채우기로 복사한다.

5.3.9 IF와 MID를 이용하여 성별 표시하기

함수는 단독으로 사용하기도 하지만 다른 함수나 동일 함수를 중첩해서 사용하면 효율적일 경우도 있다. 다음 표에서처럼 주민등록번호를 이용하여 성별을 표시할 경우에는 하나의 함수로는 표시할 수가 없으므로 성별을 의미하는 수치 1과 2를 추출하는 것은 MID 함수를 사용하고, 1이면 남자, 2이면 여자를 판단하는 것은 IF 함수를 사용한다.

	A	B	C	D	E
1	이름	주민등록번호	주소	성별	
2	이민주	750916-2034511	강남구 527		
3	양덕렬	800301-1234567	서대문구 345		
4	김다영	650203-2654195	성북구 102		
5					

① D2에서 함수마법사를 실행한다.

② IF 함수를 선택한다.

③ 표시되는 대화상자의 첫번째 입력란에서 MID 함수를 사용하기 위해 (IF ▼)의 내림 버튼을 클릭하여 MID 함수를 선택한다. MID 함수가 없으

면 [함수 추가...]를 클릭하고 MID를 선택한다.

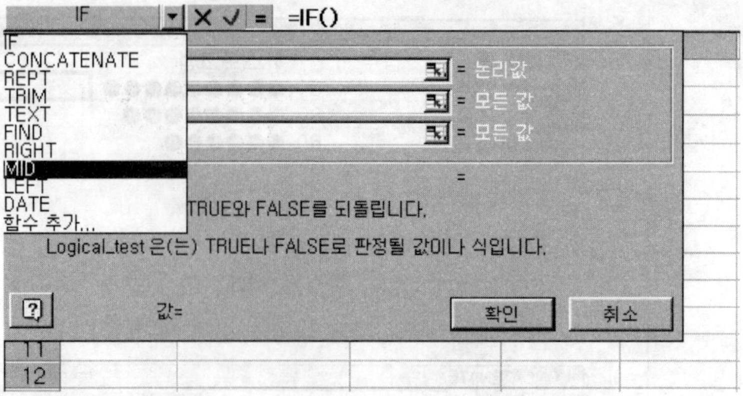

④ MID 함수의 대화상자에 다음과 같이 입력한다. ( )을 이용하면 대화상자의 입력란만 표시되고 내용을 입력 후 ( )을 클릭하면 대화상자가 표시된다.

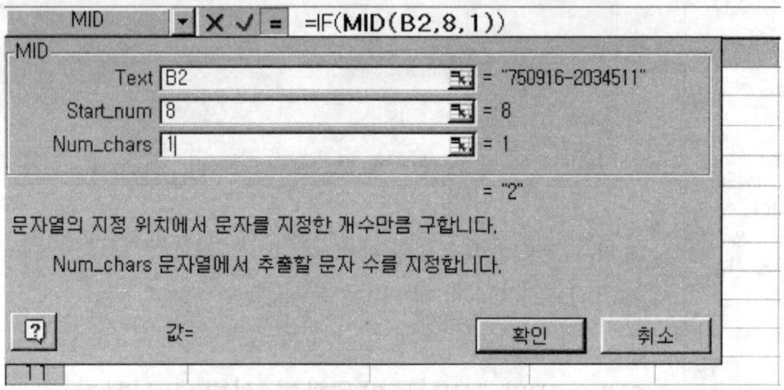

⑤ IF 함수의 대화상자로 돌아가기 위해서는 수식 입력줄의 IF 글자에서 클릭한다.

⑥ 표시되는 IF 함수 대화상자에서 다음과 같이 입력한다.

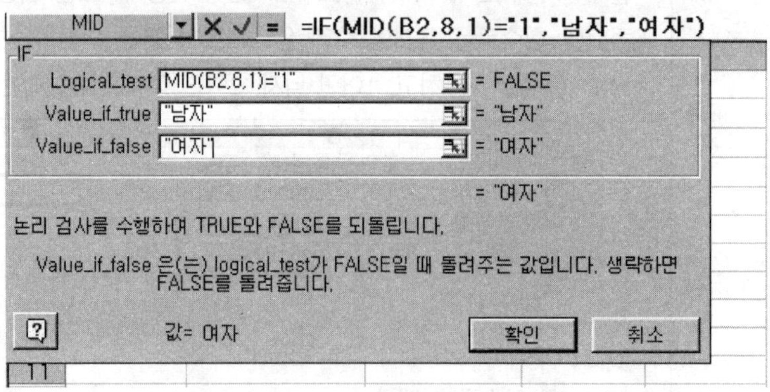

D2 : =IF(MID(B3,8,1)="1","남자","여자")

⑦ D3와 D4에 채우기로 복사한다.

5.3.10 LEFT와 FIND 함수를 이용하여 주소에서 관할 구청 추출하기

FIND 함수로 주소에서 구이름 다음에 있는 공백문자의 위치를 찾고, LEFT로 그 수치 앞까지의 문자열을 추출한다.

	A	B	C	D	E	F
1	이름	주민등록번호	주소	성별	관할 구청	
2	이민주	750916-2034511	강남구 527	여자		
3	양덕렬	800301-1234567	서대문구 345	남자		
4	김다영	650203-2654195	성북구 102	여자		
5						

① E2에서 함수 마법사를 실행한다.

② LEFT 함수를 선택한다.

③ 대화상자에서 Text 입력란에는 C2를 입력한다.

④ Num_chars에서 FIND 함수를 선택한다.

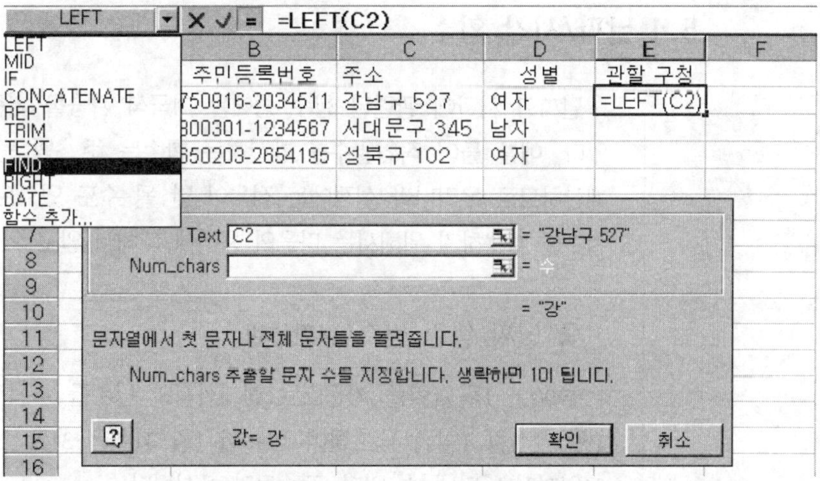

⑤ FIND 함수의 대화상자에서 다음과 같이 입력한다.

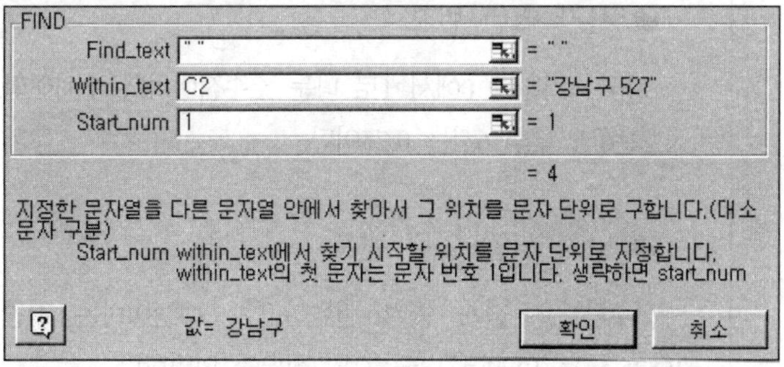

⑥ 수식 입력줄의 LEFT 글자에서 클릭한다.

⑦ LEFT 함수의 대화상자에 다음과 같이 입력한다.

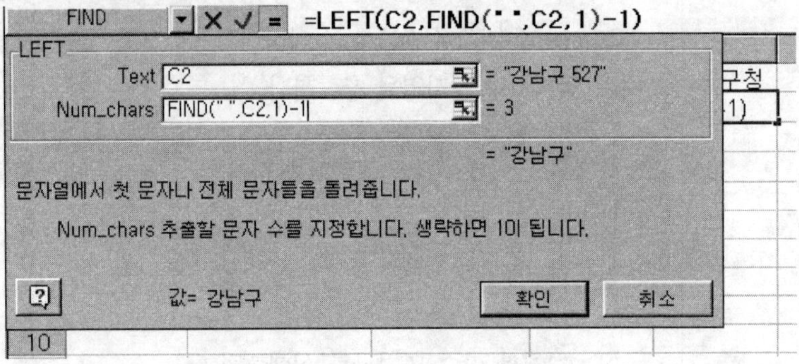

E2 : =LEFT(C2,FIND(" ",C2,1)-1)

⑧ E3, E4에 채우기로 복사한다.

5.4 날짜/시간 함수

날짜와 시간에 관련된 함수 중에는 미국식 관습을 기준으로 개념이 설정된 것들이 있다. 예를 들어 작업일수를 계산하는 함수는 주 5일 근무하는 기준으로 작업일수를 계산하므로 우리나라 실정에는 적용이 안 될 수도 있으므로 주의해야 한다. 날짜/시간 함수를 사용하기 위해서는 다음의 용어에 대해서 알고 있어야 한다.

◕ 날짜 일련 번호(날짜연번)

1900년 1월 1일을 기준으로 현재까지의 날수를 수치로 나타낸 것이다. 예를 들어 1990년 1월 1일을 1로 하여 1990년 1월 31일은 31로 표시하는 것으로 2078년 12월 31일까지 나타낼 수 있다. 정수로만 표시된다.

◕ 시간 일련 번호

하루 24시간을 0에서 1로 나눈 소수점이하의 수치이다. 예를 들어 오전 6시는 0.25, 정오는0.5, 오후 6시는 0.75이다.

◕ 날짜 시간 일련 번호

정수부분은 날자 일련 번호이고, 소수점이하는 시간 일련 번호이다. 예를 들면 36525.5 는 1999년 12월 31일 정오를 의미한다.

5.4.1 DATE 함수

> =DATE(년, 월, 일)
> 　수식을 통해 계산되는 년, 월, 일을 입력받아 날짜를 표시한다.

① DATE 함수는 년, 월, 일이 상수가 아니라 수식인 경우에 주로 사용된다.

② 년은 1900에서 9999까지의 수, 월은 12보다 크면 다음 해로 넘어가고 월에서 12를 뺀다

③ 일은 지정한 달의 일 수보다 크면 다음 달로 넘어가고, 일에서 지정한 달의 일 수를 뺀다.

◕ 주민등록번호에서 생년월일 계산하기

	A	B	C	D
1	이름	주민등록번호	생년월일	
2	이민주	750916-2034511		
3	양딕렬	800301-1234507		
4	김다영	650203-2654195		
5				

① C2에서 함수마법사를 실행한다.

② DATE 함수를 선택한다.

③ 표시되는 대화상자에 LEFT, MID, RIGHT함수를 이용하여 다음과 같이 입력한다.

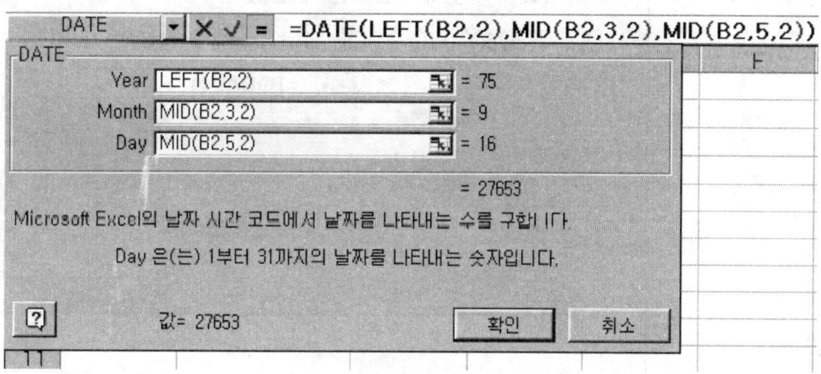

C2 : =DATE(LEFT(B2,2),MID(B2,3,2),MID(B2,5,2))

5.4.2 DATEVALUE 함수

=DATE(년, 월, 일)
문자열로 표시된 날짜데이터를 해당하는 날짜 일련번호로 표시한다.

① 연도를 나타내는 부분이 생략되면 DATEVALUE는 사용 중인 컴퓨터에서 제공된 시계의 현재 연도를 사용한다.
② 다른 응용 프로그램에서 날짜를 문자로 작성한 데이터를 엑셀에서 날짜 데이터로 사용할 경우에 사용한다.

5.4.3 TODAY 함수

=TODAY()
컴퓨터의 현재 날짜에 대한 일련번호를 표시한다.

① 문서를 작성한 현재 날짜를 항상 표시해야 하는 경우에 사용한다. 파일이 열릴 때의 컴퓨터의 현재 날짜가 항상 표시된다.

◕ 오늘 날짜 표시하기

① A1에서 함수마법사를 실행한다.
② TODAY 함수를 선택한다. 입력할 내용이 없다.

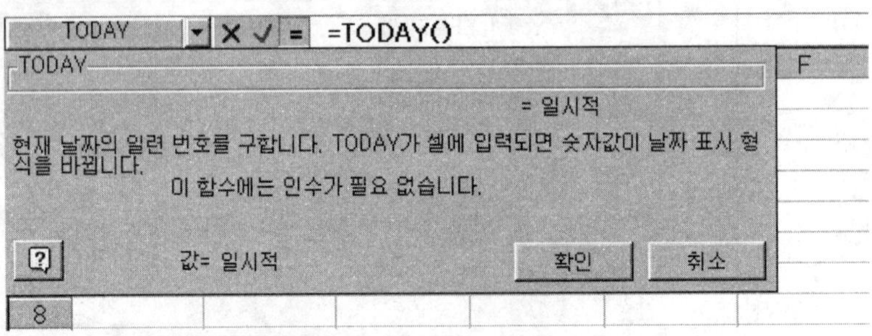

③ [확인] 버튼을 클릭하면 셀에 오늘 날짜가 표시된다.
A1 : =TODAY()

NOTE

NOW() 함수는 컴퓨터의 현재 날짜와 시간을 표시한다.

> **NOTE**
> MONTH() 함수는 날짜 데이터에서 월을, DAY() 함수는 날짜 데이터에서 일을 표시한다.

5.4.5 YEAR 함수

```
=YEAR(날짜 데이터)
    날짜 데이터에서 연도만 표시한다.
```

5.4.6 WEEKDAY 함수

```
=WEEKDAY(날짜 데이터, 결과 값의 유형)
    날짜 데이터에서 해당하는 요일을 표시한다.
```

① 요일은 1(일요일)에서 7(토요일)까지의 정수이다.

② 결과 값의 유형

결과 값의 유형	되돌리는 수
1 또는 생략	1(일요일)에서 7(토요일)까지의 숫자이다.
2	1 (월요일)에서 7 (일요일)까지의 숫자이다.
3	0 (월요일)에서 6 (일요일)까지의 숫자이다.

◕ 오늘 요일 표시하기

① A1에서 함수마법사를 실행한다.

② MID 함수를 선택한다.

③ WEEKDAY와 TODAY 함수를 사용하여 대화상자에 다음과 같이 입력한다

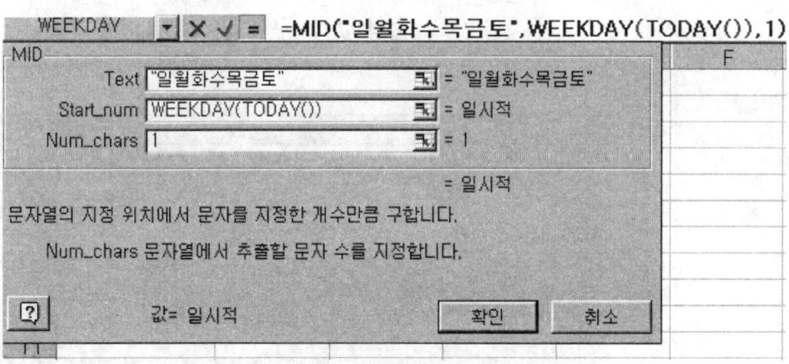

A1 : =MID("일월화수목금토",WEEKDAY(TODAY()),1) & “요일”

5.5 수학/삼각 함수

수학적인 개념과 연결 할 수 있는 함수들로, 셀 범위의 총 합계 계산, 다른 셀 범위에서 조건을 만족하는 셀 범위의 총 합계 계산, 나머지 반올림 등의 수학적인 계산을 할 때 사용한다.

◕ 다음 표에 해당 함수를 적용하여 값을 구한다.

	A	B	C	D	E	F
1	적용데이타	자릿수적용	ROUND	ROUNDDOWN	ROUNDUP	
2	12555.542	소수둘째				
3		소수첫째				
4		0				
5		일의자리				
6		십의자리				
7		백의자리				
8						
9						
10	적용데이타	INT	ABS	TRUNC		
11	-12555.555					
12	12555.555					
13						
14						
15	적용데이타	몫(INT)	MOD			
16	100					
17	7					
18						

5.5.1 ABS 함수

=ABS(수치)
  수치의 절대값을 구한다. 절대값은 양수

C11 : =ABS(A11)

5.5.2 INT 함수

=INT(수치) 소수점 이하를 버리고 가장 가까운 정수로 내림한다.

① 음수인 경우에 주의한다.

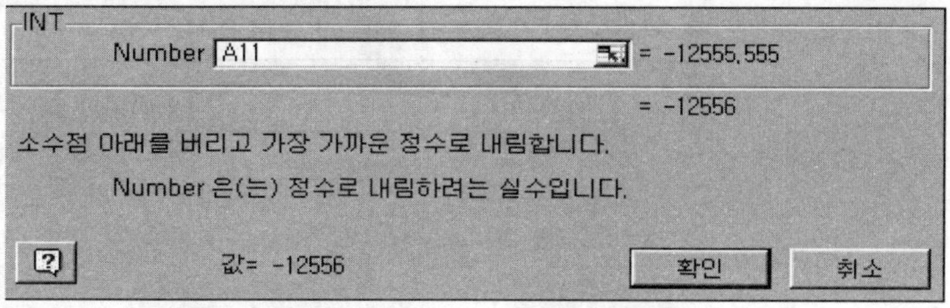

B11 : =INT(A11)

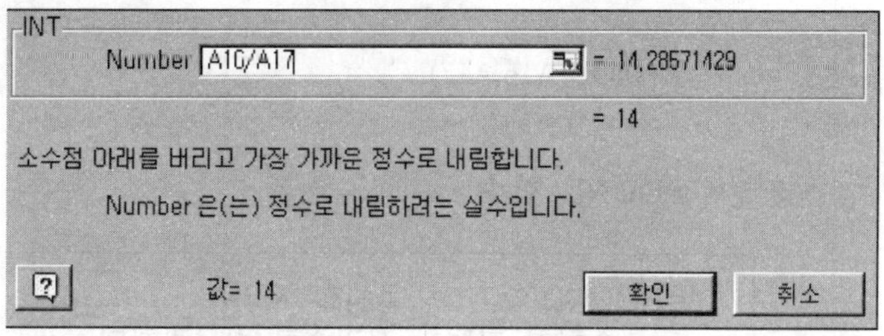

B16 : =INT(A16/A17)

NOTE

TRUNC()함수는 지정하는 위치에서 내림이나 올림없이 이하의 수치를 버리는 함수이다.

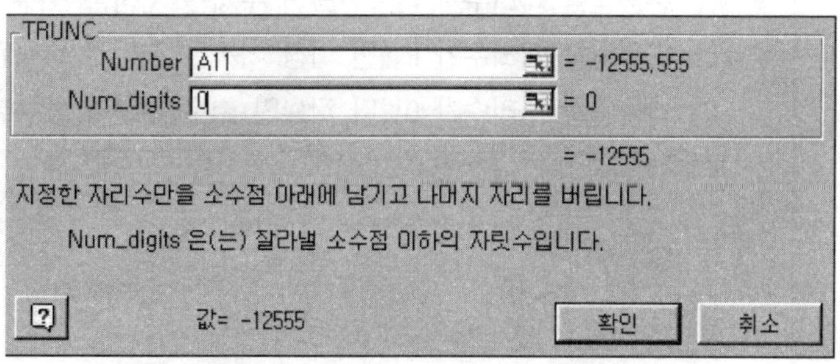

D11 : =TRUNC(A11,0)

5.5.3 MOD 함수

```
=MOD(나머지를 구할 수, 나누는 수)
    나누기한 나머지를 구한다.
```

① 나누는 수가 0이면 #DIV/0! 오류값이 표시된다.

② 결과는 나누는 수와 같은 부호를 갖는다.

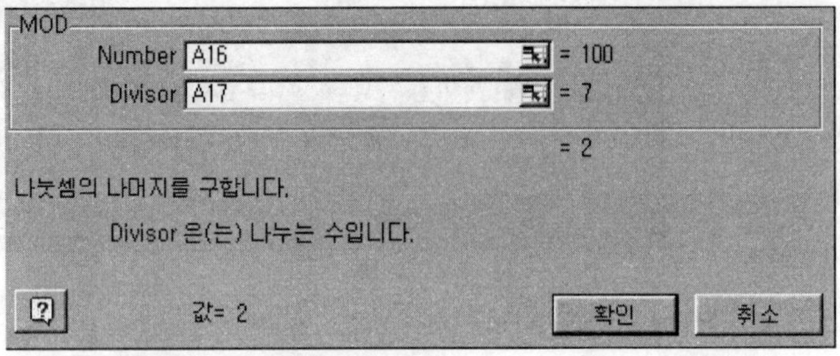

C16 : =MOD(A16,A17)

5.5.4 ROUND 함수

```
=ROUND(수치, 반올림할 자리수)
    수치를 지정한 자리수로 반올림한다.
```

① 반올림할 자리수가 0보다 크면 수치는 지정한 소수 자릿수로 반올림된다.

② 반올림할 자리수가 0이면 가장 가까운 정수로 반올림된다.

③ 반올림할 자리수가 0보다 작으면 소수점 왼쪽(정수부분)에서 반올림된다.

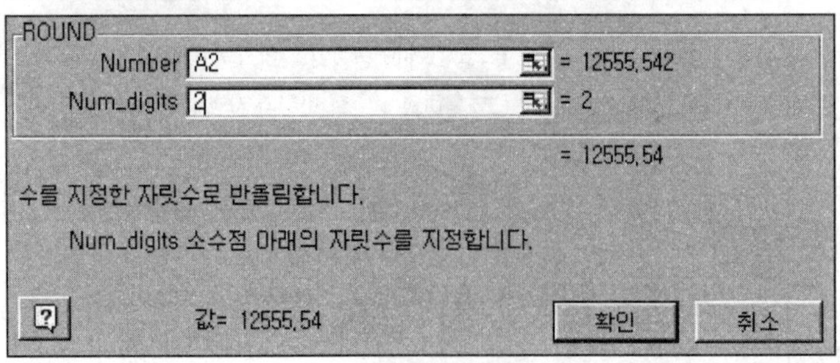

C2 : =ROUND(A2,2)　　C3 : =ROUND($A$2,1)

C4 : =ROUND($A$2,0)　　C5 : =ROUND($A$2,-1)

NOTE

ROUNDDOWN()은 반올림할 자리수에서 내림하고, ROUNDUP() 함수는 반올림할 자리수에서 올림하는 함수이다.

C6 : =ROUND($A$2,-2) C7 : =ROUND($A$2,-3)

◕ 완성된 표이다.

	A	B	C	D	E	F
1	적용데이타	자릿수적용	ROUND	ROUNDDOWN	ROUNDUP	
2	12555.542	소수둘째	12555.54	12555.54	12555.55	
3		소수첫째	12555.5	12555.5	12555.6	
4		0	12556	12555	12556	
5		일의자리	12560	12550	12560	
6		십의자리	12600	12500	12600	
7		백의자리	13000	12000	13000	
8						
9						
10	적용데이타	INT	ABS	TRUNC		
11	-12555.555	-12556	12555.56	-12555		
12	12555.555	12555	12555.56	12555		
13						
14						
15	적용데이타	몫(INT)	MOD			
16	100	14	2			
17	7					
18						

◕ 다음 표를 해당 함수를 사용하여 값을 구한다.

	A	B	C	D	E
1	PRODUCT와 SUMPRODUCT				
2					
3	지역	일당	작업일수	금액	
4	서울	45000	20		
5	부산	40000	13		
6	광주	43000	17		
7	대전	41000	15		
8					
9	총임금				
10					

5.5.5 PRODUCT 함수

=PRODUCT(수치1, 수치2,...)
인수를 모두 곱한다.

① 수치1, 수치2는 곱하는 수로서 30개까지 사용할 수 있다.

② 인수가 숫자, 논리값, 숫자의 문자열 표시이면 계산되지만 인수가 오류값이거나 숫자로 변역될 수 없는 문자열이면 오류가 발생한다.

③ 인수가 배열이나 참조 영역이면 배열이나 참조 영역의 숫자만 계산된다. 배열이

나 참조 영역의 빈 셀, 논리값, 문자열, 오류값은 무시된다.

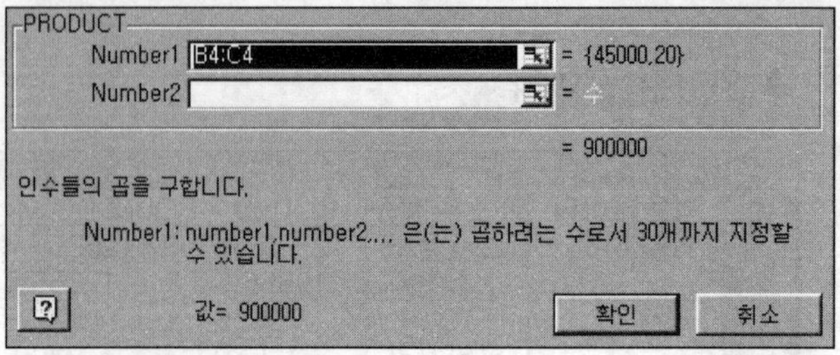

D4 : =PRODUCT(B4:C4)

5.5.6 SUMPRODUCT 함수

=SUMPRODUCT(배열1, 배열2,...)
주어진 배열에서 대응하는 요소를 모두 곱하고 그 곱의 합계를 구한다

① 배열1, 배열2는 계산할 요소를 가진 배열로서 2에서 30개까지 사용할 수 있다.

② 배열 인수들은 같은 차수이어야 한다. 그렇지 않으면 #VALUE! 오류값이 표시된다.

③ 숫자가 아닌 항목은 0으로 취급한다.

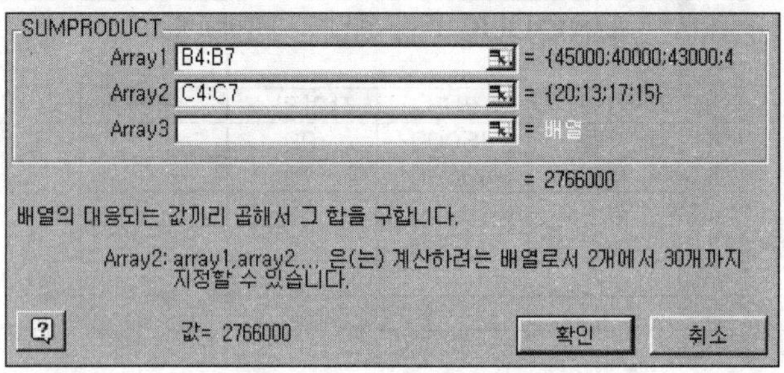

B9 : =SUMPRODUCT(B4:B7,C4:C7)

◑ 다음 표를 해당 함수를 사용하여 값을 구한다.

	A	B	C	D	E
1	배수의 올림과 내림				
2					
3	금액	단위	CEILING	FLOOR	
4	12345	100			
5		10			
6		5			
7		2			
8					

5.5.7 CEILING 함수

=CEILING(올림할 값, 배수의 기준이 되는 수)
　　올림할 값의 가장 가까운 정수나 배수로 올림된 수를 구한다.

① 올림할 값과 배수 기준수가 부호가 다르면 #NUM! 오류값이 표시된다.

② 올림할 수는 절대값 기준이다.

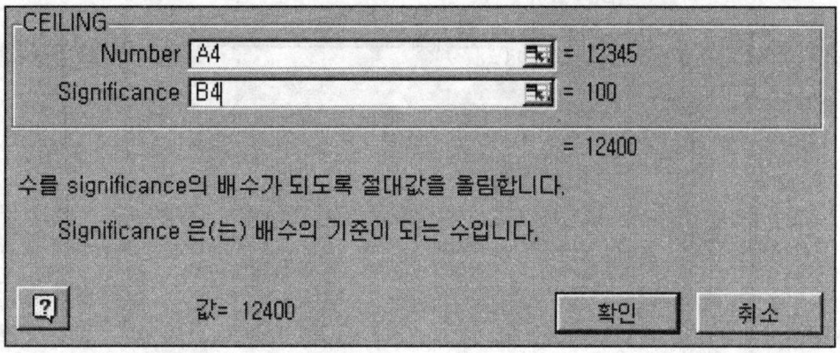

NOTE

FLOOR() 함수는 CEILING 함수와 반대로 내림함수이다.

C4 : =CEILING(A4,B4)

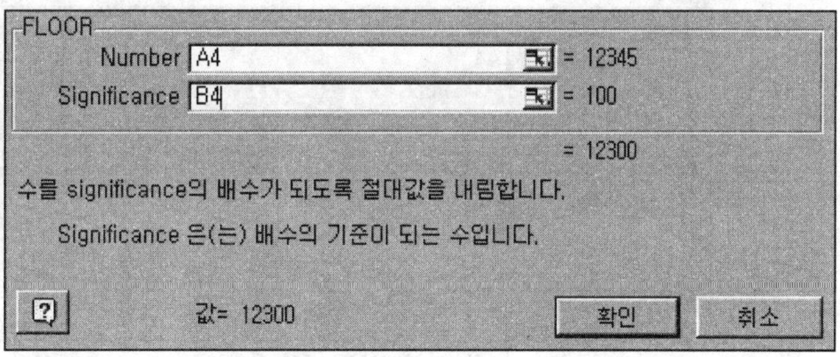

D4 : =FLOOR(A4,B4)

◕ 다음 표를 해당 함수를 사용하여 값을 구한다.

	A	B	C	D
1	짝수와 홀수의 올림			
2				
3	값	EVEN	ODD	
4	127			
5	-127			
6	36			
7	-36			
8	0			
9	45.6			
10	-45.6			
11				

5.5.8 EVEN 함수

=EVEN(수치) 가장 가까운 짝수로 반올림한 수를 구한다.

① 수치가 짝수이면 반올림 하지 않는다.

② 올림할 수는 절대값 기준이다.

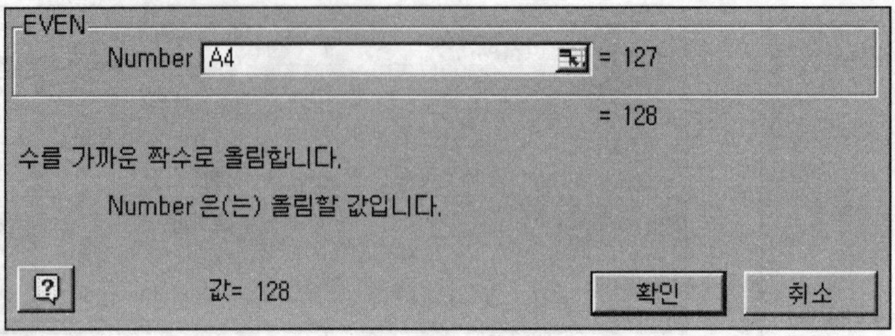

NOTE

ODD() 함수는 EVEN() 함수에 비해서 가장 가까운 홀수로 올림한다.

B4 : =EVEN(A4)

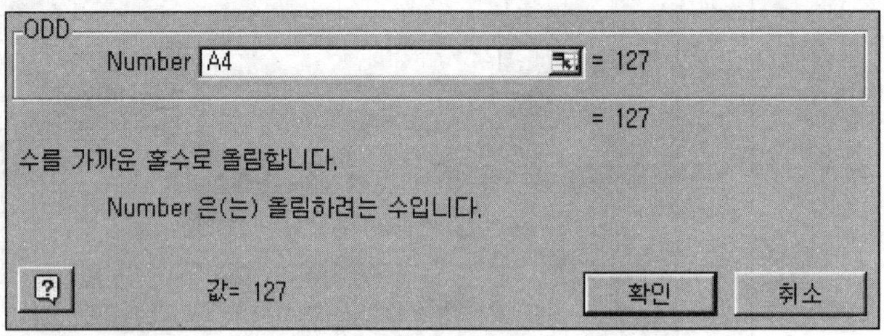

C4 : =ODD(A4)

5.5.9 SUMIF 함수

=SUMIF(조건을 적용시킬 범위, 합계할 조건, 합계를 낼 범위) 주어진 조건에 따라 지정되는 셀의 합을 구한다.

① 합계를 낼 범위를 생략하면 조건을 적용시킬 범위의 값이 더해진다.

◕ 합계를 낼 범위를 지정하는 경우와 안하는 경우

	A	B	C	D	E
1	PRODUCT와 SUMPRODUCT				
2					
3	지역	일당	작업일수	금액	
4	서울	45000	20	900000	
5	부산	40000	13	520000	
6	광주	43000	17	731000	
7	대전	41000	15	615000	
8					
9	총임금	2766000			
10					
11	작업일수 16일 이상의 금액 합계				
12	작업일수 16일 미만의 금액 합계				
13					
14	작업일수 16일 이상의 합계				
15	작업일수 16일 미만의 합계				
16					

① 합계를 낼 범위를 지정하는 경우

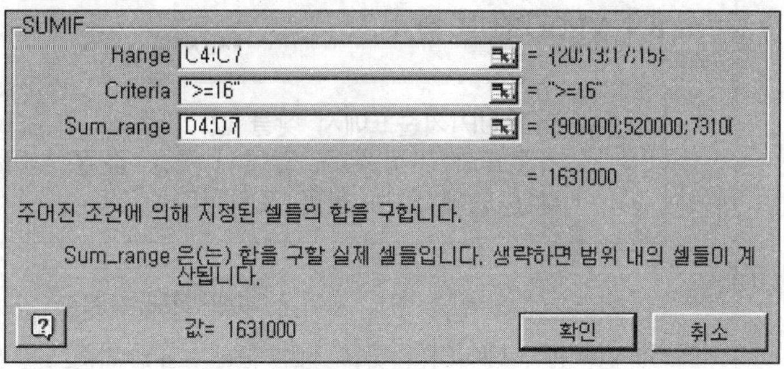

D11 : =SUMIF(C4:C7,">=16",D4:D7)

② 합계를 낼 범위를 지정 하지 않는 경우

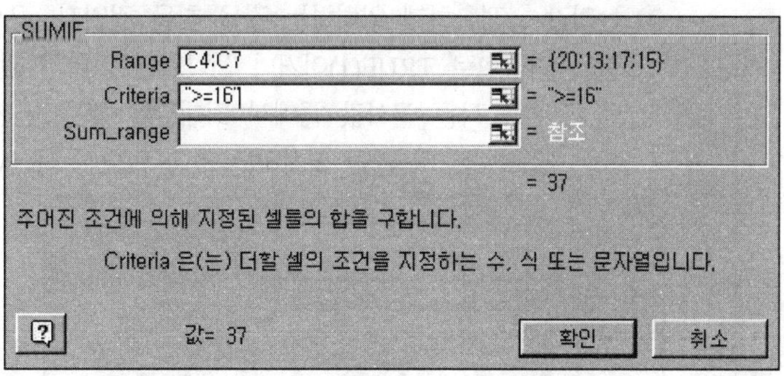

D14 : =SUMIF(C4:C7,">=16")

5.6 찾기/참조 함수

주로 제공되는 기준표가 있는 경우에 기준표를 참조하여서 기준값과 연결되는 값을 구하고자 할 때 사용한다. 업무상 기준표를 이용하여 대량의 데이터를 다루는 경우에 적합하다.

◕ 다음의 표로 4가지의 함수를 사용하는 경우를 비교해보자.
코드체계와 업무내용에 따라 적합한 함수를 사용하도록 한다.

	A	B	C	D	E	F	G	H	I	J
1	지역코드표				지역코드표를 이용한 지역 구하기					
2										
3	코드	지역			코드	VLOOKUP	CHOOSE	INDEX	MATCH	
4	A1	서울			D4					
5	B2	부산			A1					
6	C3	광주			C3					
7	D4	대전			B2					
8										

5.6.1 VLOOKUP 함수

=VLOOKUP(기준표에서 찾을 값, 기준표, 기준표의 찾을 열번호, 논리값)
기준표의 가장 왼쪽 열에서 특정 값을 찾아, 지정한 열에서
같은 행에 있는 값을 표시한다.

① 기준표에서 찾을 값 : 배열의 첫째 열에서 찾을 값이다.
② 기준표 : 데이터를 찾을 정보 표(코드표), 기준표는 오름차순으로 정렬이 되어 있으면 편리하다.
③ 기준표의 찾을 열번호 : 기준표에서 찾을 값과 같은 행에 있는 값을 표시할 기준표의 열 번호
④ 논리값 : 정확하게 일치하는 값을 찾을 것인지, 근사값을 찾을 것인지를 결정하는 논리값으로 TRUE(1)이거나 생략되면 정확한 값이 없는 경우 기준표에서 찾을 값보다 작은 근사값 중에서 최대값을 찾는다. FALSE(0)이면 정확하게 일치하는 값을 찾으며 만일 일치하는 값이 없으면 #N/A 오류값이 표시된다.

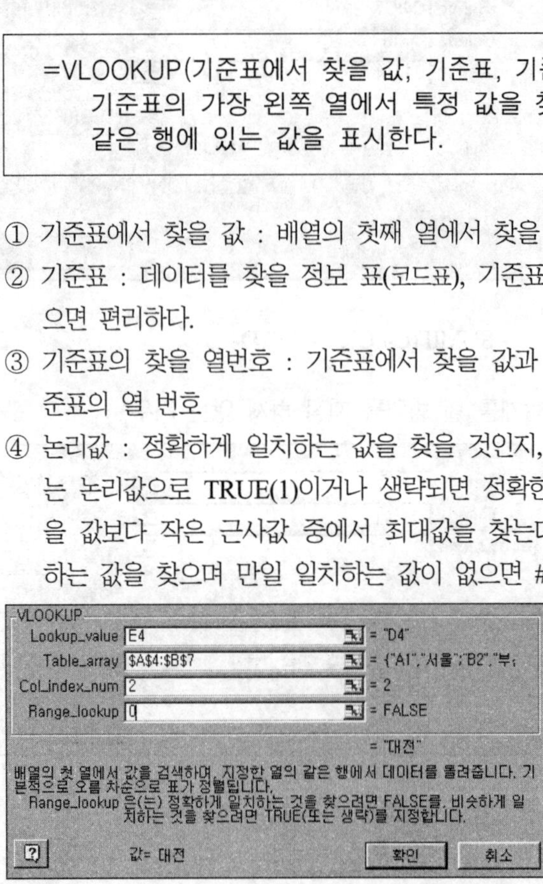

NOTE

HLOOKUP() 함수는 기준표가 다음과 같이 작성된 경우에 사용한다. 기준표가 행방향으로 작성된 경우이다.

F4 : =VLOOKUP(E4,$A$4:$B$7,2,0)

지역코드표

코드	A1	B2	C3	D4
지역	서울	부산	광주	대전

5.6.2 CHOOSE 함수

> =CHOOSE(찾는 지정 위치, 값1, 값2...)
> 찾는 지정 위치를 사용하여 값1, 값2...에서 값을 구한다.

① 찾는 지정위치는 1에서 29까지의 수이거나 1에서 29까지의 숫자를 포함하는 셀에 대한 수식이거나 참조 영역이어야 한다.

② 찾는 지정 위치가 1이면 값1을, 2이면 값2를 ...표시한다.

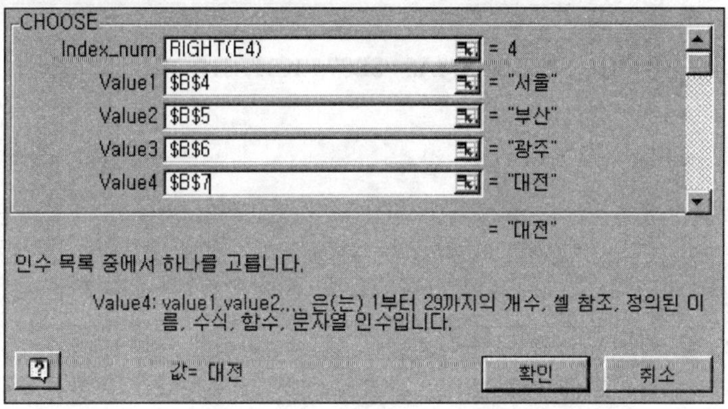

G4 : =CHOOSE(RIGHT(E4),$B$4,$B$5,$B$6,$B$7)

5.6.3 INDEX 함수

> =INDEX(배열로 입력된 셀 범위, 행, 열)
> 행과 열 번호 색인으로 선택한 배열의 원소 값을 표시한다.

① 행과 열은 둘 중의 하나를 생략할 수 있다.

② 행과 열이 모두 사용되었다면 행와 열이 교차하는 셀의 값을 표시한다.

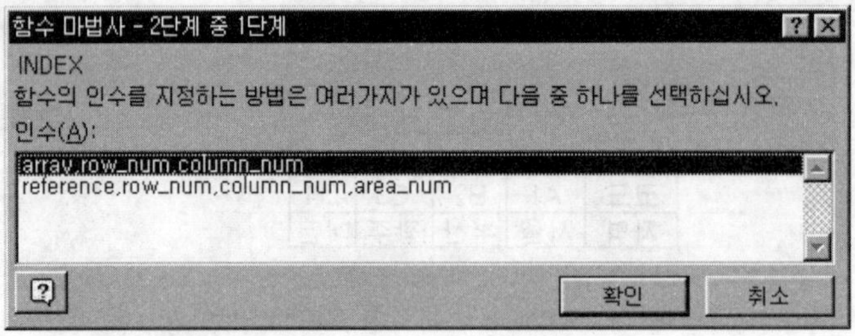

대부분 첫번째 경우를 사용한다.

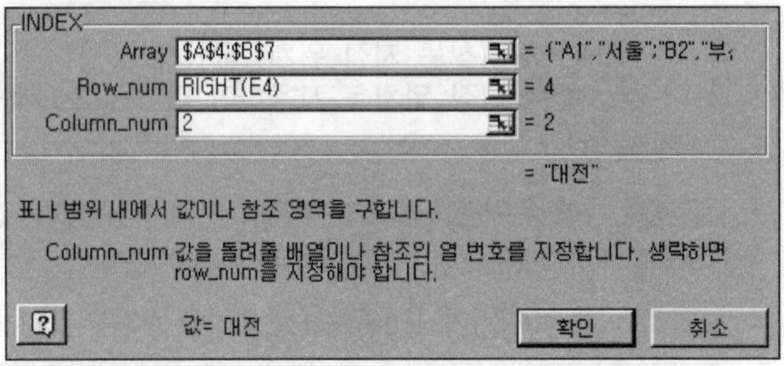

H4 : =INDEX($A$4:$B$7,RIGHT(E4),2)

5.6.4 MATCH 함수

=MATCH(찾으려는 값, 찾으려는 값을 포함하는 셀 범위, 방법을 지정하는 숫자) 지정한 방법으로 지정한 값과 일치하는 값의 상대 위치를 표시한다.

① 값 자체보다는 값의 위치를 알아낼 때 사용한다.
② 방법을 지정하는 숫자가 1이면 표에서 찾으려는 값보다 작거나 같은 값 중에서 최대값을 찾고, 표는 반드시 오름차순으로 정렬되어 있어야 한다. 생략가능하다.
③ 0이면 표에서 찾으려는 값과 같은 첫번째 값으로 정렬이 안되어 있어도 된다.
④ -1이면 표에서 찾으려는 값보다 작거나 같은 값 중에서 최소값을 찾고, 표는 반드시 내림차순으로 정렬되어 있어야 한다.

I4 : =MATCH(E4,A4:A7)

5.7 재무함수

5.7.1 PMT 함수

=PMT(기간당 이율, 불입 총 횟수, 현재 가치, 미래 가치, 지불시점)
정기적으로 불입하고 일정한 이율이 적용되는 연금에 대해 매 회차 불입액을 계산한다.

① 현재가치는 앞으로 지불할 일련의 불입금이 현재 가지고 있는 가치의 총합으로 대출금이면 그 금액

② 미래 가치는 최종 불입 후의 현금 잔고, 대출금의 미래가치는 0.

③ 지불 시점은 0(생략)면 기말, 1이면 기초

④ 기간과 이율은 월단위이다.

◕ 연이율 8%의 대출금 1,000,000을 10달 동안 상환하는 경우 월 상환액을 계산한다.

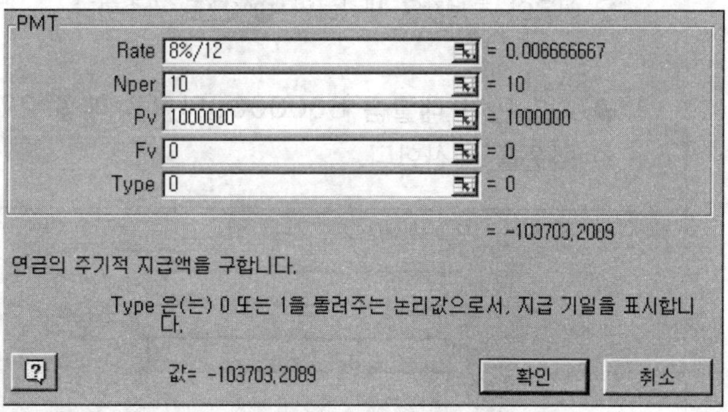

연이율 8%를 월이율로 바꾸어야 한다.
월 상환액은 103,703원이다.

◕ 500000원을 연이율 12%로 빌려주고 5달에 걸쳐 돌려 받을 때 매월 돌려 받아야 하는 금액을 계산한다.

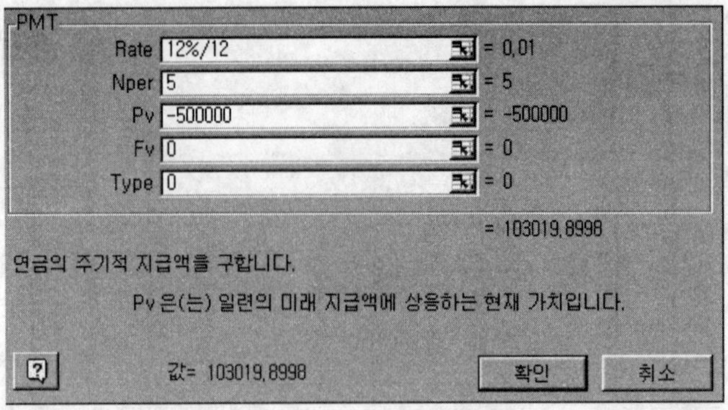

현재가치가 빌려주었으므로 「－」를 사용한다. 돌려받는 금액은 103019원이다.

5.7.2 RATE 함수

> =RATE(불입 총 횟수, 납입액, 현재가치, 미래가치, 지불시점, 추정 이율값)
> 이자 지급 기간 당 이율을 계산한다.

① 납입액은 전 기간동안 일정하다.
② 이율의 추정값은 생략하면 10%으로 간주한다.

◕ 4년 만기 대출금 8000000만원을 매월 220000씩 상환할 때 이율을 계산한다.

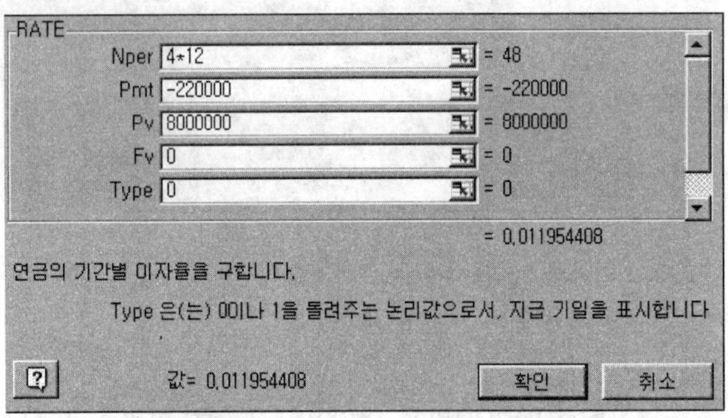

[확인]버튼을 클릭하면 셀에는 1%라고 표시된다. 자릿수늘림( ) 아이콘을 이용하여 1.195%가 표시되도록한다. 계산되는 이율 1.195%는 월단위이므로 1.195%*12를 하면 14%임을 알 수 있다.

5.8 데이터베이스 함수

알파벳 「D」로 시작하는 데이터베이스 함수는 다음과 같은 형식이 공통적으로 적용된다.

형식 : =함수명(데이터베이스, 검색필드, 조건범위)

◕ 데이터베이스 범위

① 데이터가 입력되어 있는 셀 범위

② 데이터가 입력되어 있는 범위에 부여된 범위명

③ 반드시 첫행에 필드명이 있어야 하며 필드명 부분이 포함되어 있어야 한다.

◕ 검색 필드

① 검색할 항목의 첫번째 셀주소

② 검색할 항목의 필드명

③ 검색할 항목의 항목번호

◕ 조건 범위

① 데이터베이스의 찾을 조건이 입력된 셀 범위

② 조건이 입력된 부분에 부여된 범위명

◕ 다음의 표에서 단가가 350이상인 제품에 대한 데이터베이스함수를 적용해보자.

	A	B	C	D	E	F	G	H	I	J
1	컴퓨터 부품표									
2										
3	생 산 품	단가	수량		<단가가 350원 이상 제품에 대하여>					
4	CPU	100	10							
5	RAM	110	12		합계	평균	최대값	최소값	개수	수량의 곱
6	KEYBOARD	90	5		DSUM	DAVERAGE	DMAX	DMIN	DCOUNT	DPRODUCT
7	MONITOR	130	5							
8	MODEM	500	3							
9	CD-ROM	350	7							
10	CABLE	270	20							
11	HDD	600	15							
12	FDD	750	10		단가					
13	SOUND CARD	480	8		>=350					
14										

5.8.1 DAVERAGE 함수

= DAVERAGE(데이터베이스 범위, 검색필드, 조건 범위)
데이터베이스에서 찾을 조건과 일치하는 레코드의 열에 있는 값들의 평균을 구한다.

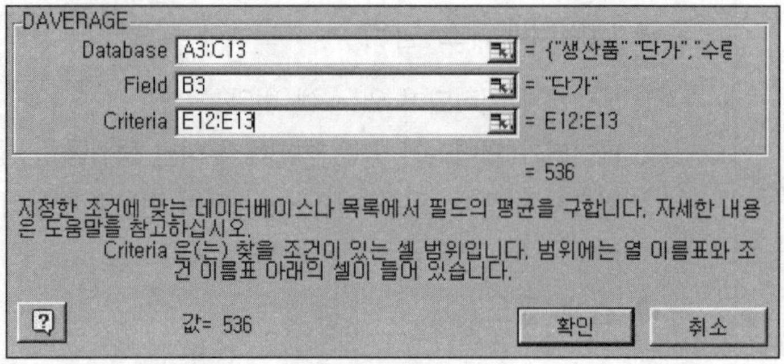

F7 : =DAVERAGE(A3:C13,B3,E12:E13)

5.8.2 DCOUNT 함수

=DCOUNT(데이터베이스 범위, 검색필드, 조건 범위)
데이터베이스에서 찾을 조건과 일치하는 레코드의 열에 있는 값들의 셀의 수를 구한다. COUNTIF 함수와 비슷하다.

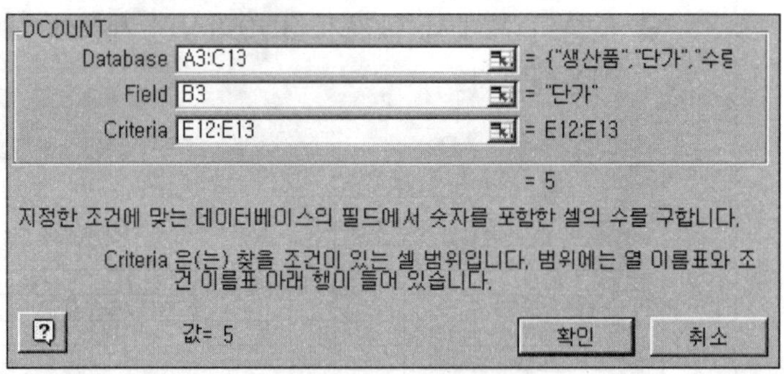

I7 : =DCOUNT(A3:C13,B3,E12:E13)

5.8.3 DMAX 함수

=DMAX(데이터베이스 범위, 검색필드, 조건 범위)
데이터베이스에서 찾을 조건과 일치하는 레코드의 열에 있는 값들의 가장 큰 수를 구한다.

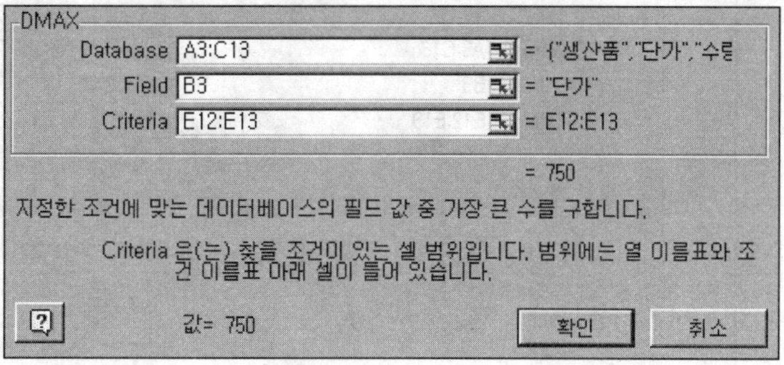

G7 : =DMAX(A3:C13,B3,E12:E13)

5.8.4 DSUM 함수

=DSUM(데이터베이스 범위, 검색필드, 조건 범위)
데이터베이스에서 찾을 조건과 일치하는 레코드의 열에 있는 값들의 합을 구한다. SUMIF함수와 비슷하다.

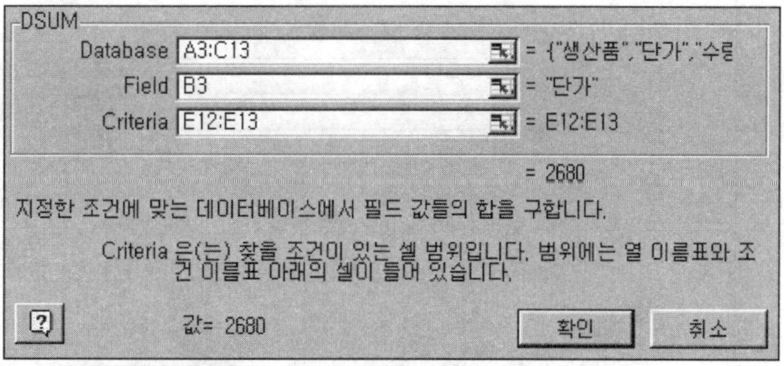

E7 : =DSUM(A3:C13,B3,E12:E13)

5.8.5 DMIN 함수

> =DMIN(데이터베이스 범위, 검색필드, 조건 범위)
> 데이터베이스에서 찾을 조건과 일치하는 레코드의 열에 있는 값들의 가장 작은 수를 구한다.

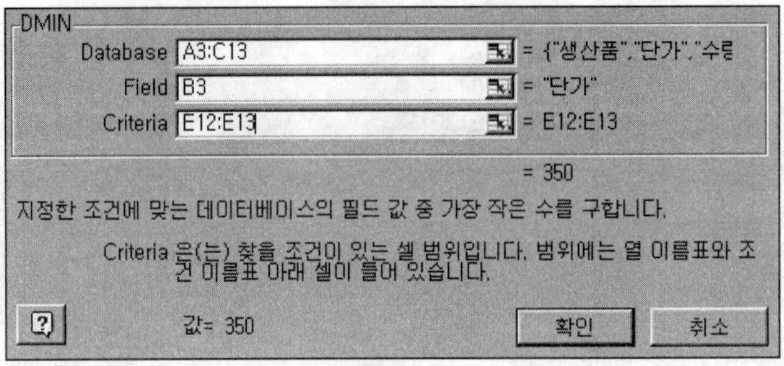

H7 : =DMIN(A3:C13,B3,E12:E13)

5.8.6 DPRODUCT 함수

> =DPRODUCT(데이터베이스 범위, 검색필드, 조건 범위)
> 데이터베이스에서 찾을 조건과 일치하는 레코드의 열에 있는 값들을 곱한다.

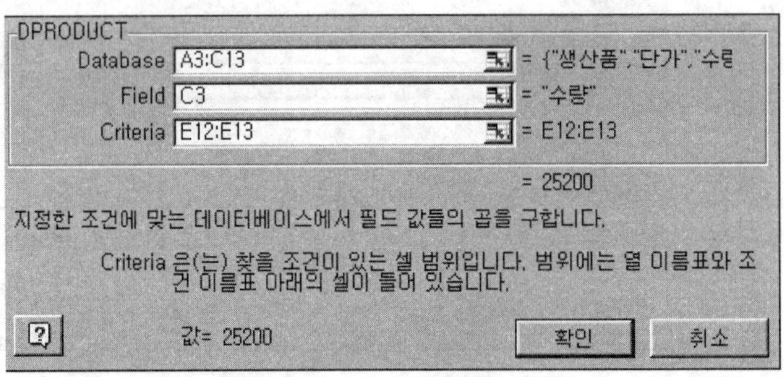

J7 : =DPRODUCT(A3:C13,C3,E12:E13)

단가가 350원 이상인 제품들의 수량의 곱이 표시된다.

◑ 다음의 표에서 단가가 350이상이면서 수량이 10이상인 제품의 수량합계를 구해보자.

	A	B	C	D	E	F	G	H	I	J
1	컴퓨터 부품표									
2										
3	생 산 품	단가	수량		<단가가 350원 이상 제품에 대하여>					
4	CPU	100	10							
5	RAM	110	12		합계	평균	최대값	최소값	개수	수량의 곱
6	KEYBOARD	90	5		DSUM	DAVERAGE	DMAX	DMIN	DCOUNT	DPRODUCT
7	MONITOR	130	5		2680	536	750	350	5	25200
8	MODEM	500	3							
9	CD-ROM	350	7		<단가가 350이상 수량이 10이상인 제품의 수량 합계>					
10	CABLE	270	20		DSUM					
11	HDD	600	15							
12	FDD	750	10		단가	수량				
13	SOUND CARD	480	8		>=350	>=10				
14										

데이터베이스함수는 조건을 여러개 사용할 수 있다. [필터] 메뉴의 [고급 필터]에서의 조건을 작성하는 것과 동일하다.

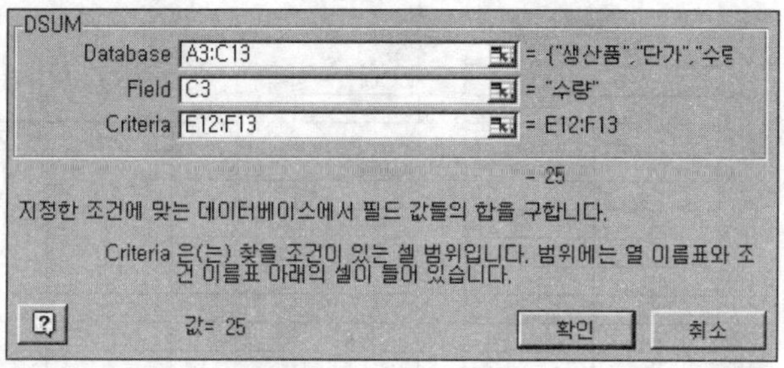

F10 : =DSUM(A3:C13,C3,E12:F13)

5.9 통계 함수

5.9.1 COUNT 함수

> =COUNT(값1, 값2,...)
> 지정된 범위내의 수치값의 개수를 구한다.

	A	B	C	D	E
1	개수세기				
2					
3	1	액세스	워드프로세스		
4	4		6	윈도우98	
5	10	매크로	6	88	
6		100			
7	엑셀	6	파워포인트		
8		55		67	
9	70		99-12-31		
10					
11					
12	수치가 있는 셀의 개수				
13	값이 있는 셀의 개수				
14	빈 셀의 개수				
15					

COUNTA() 함수는 수치와 문자, 공백 문자, 날짜, 논리값등이 있는 셀의 개수를 구하는 함수이다.
COUNTBLANK() 함수는 범위에 값이 없는 셀의 수를 구하는 함수이다.

C12 : =COUNT(A3:D9)

C13 : =COUNTA(A3:D9)

C14 : =COUNTBLANK(A3:D9)

◕ 다음의 표를 다음의 함수를 이용하여 완성한다.

	A	B	C	D	E	F	G	H
1	통계							
2								
3	데이타			COUNTIF 함수		FREQUENCY함수		
4	10	12						
5	5	7				구간	개수	
6	7	19		최대값	최소값	10		
7	11	49				20		
8	20	24				30		
9	21	3		중앙값	최빈수	40		
10	45	33				50		
11	30	27						
12	8	41		순위	큰수	작은수		
13	15	23		1				
14				2				
15				3				
16								

5.9.2 COUNTIF 함수

> =COUNTIF(범위, 세는 조건)
> 주어진 찾을 조건과 일치하는 셀의 개수를 센다.

◕ 30이상인 수의 개수

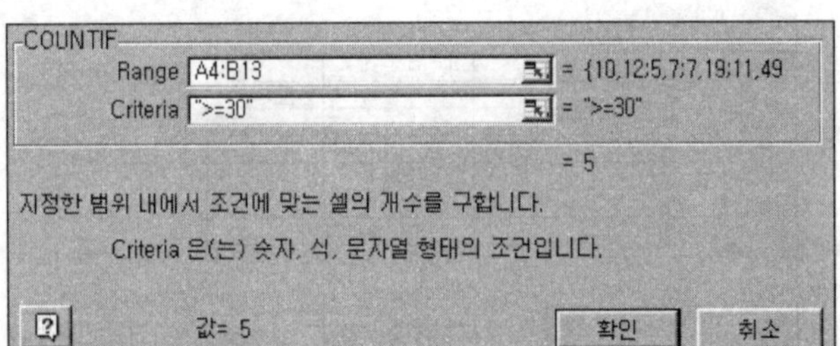

D4 : =COUNTIF(A4:B13,">=30")

5.9.3 MAX 함수

=MAX(값1, 값2...)
　　인수 목록에서 최대값을 구한다.

> **NOTE**
> MIN()함수는 최소값을 구할 때, MEDIAN() 함수는 중간값을 구할 때, MODE() 함수는 최빈값을 구할 때 사용한다.
> E7 :
> =MIN(A4:B13)
> D10 :
> =MEDIAN(A4:B13)
> E10 :
> =MODE(A4:B13)

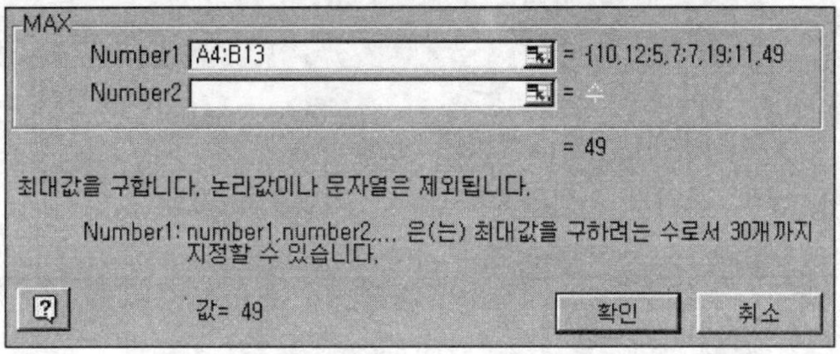

D7 : =MAX(A4:B13)

5.9.4 LARGE 함수

=LARGE(범위,지정 순위)
　　데이터 집합에서 지정 순위번째로 큰 값을 구한다.

> **NOTE**
> SMALL() 함수는 지정하는 순위의 작은 값을 추출한다.
> F13 :
> =SMALL($A$4:$B$13,D13)

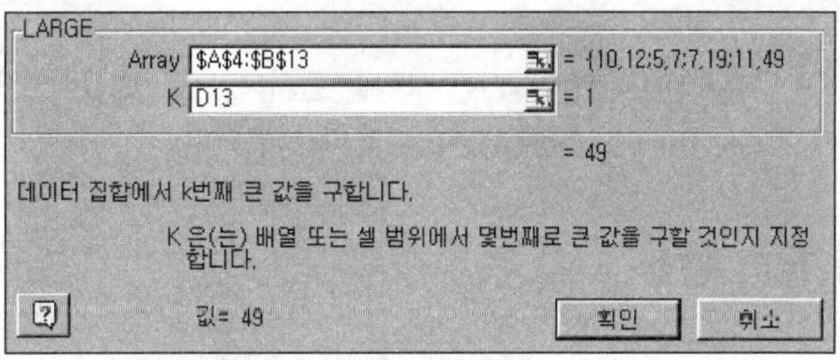

E13 : =LARGE($A$4:$B$13,D13)

5.9.5 FREQUENCY 함수

=FREQUENCY(데이터의 범위, 구간 범위)
　　범위 내에서 해당되는 값의 빈도를 계산하여 배열로 나타낸다.

① G5에서 G10까지 범위를 지정한다.

② 함수 마법사에서 FREQUENCY 함수를 선택한다.

③ 다음과 같이 값을 입력한다.

④ [확인] 버튼을 클릭한다.

⑤ 범위가 지정된 상태에서 「F2」를 누른다.

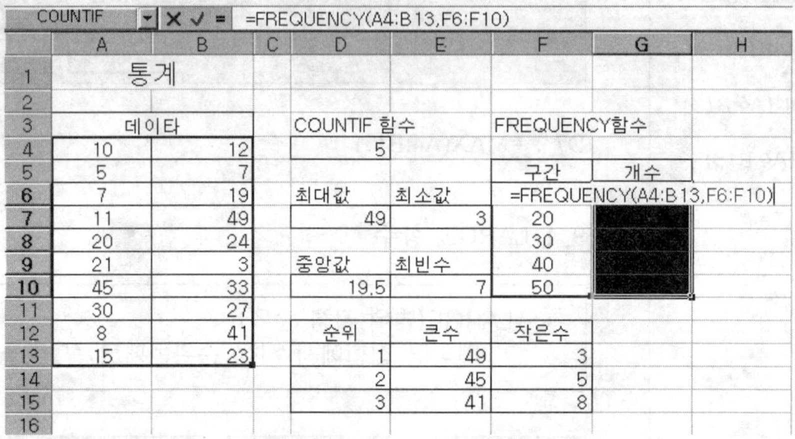

NOTE

「F2」키는 셀의 내용을 편집할 수 있는 상태로 만들어 두는 키이다.

NOTE

CTRL+SHIFT+ENTER 키를 사용하여 값을 입력하는 함수를 배열함수라고 한다.

⑥ CTRL+SHIFT+ENTER키를 동시에 누르면, 값이 입력된다.

G6:G10 : {=FREQUENCY(A4:B13,F6:F10)}

5.10 논리 함수

조건이 참인지 거짓인지를 알아보거나 여러 조건을 검색할 때 사용한다.

5.10.1 IF 함수

=IF(조건식, 참일 경우의 값, 거짓일 경우의 값)

조건식을 평가하여 그 값이 TRUE면 참 값을 나타내고 FALSE면 거짓일 경우의 값을 나타낸다.

① IF함수는 7개까지 중첩해서 사용할 수 있다.

5.10.2 AND 함수

> NOTE
>
> OR() 함수는 TRUE인 조건이 하나라도 있으면 TRUE를, 모든 조건이 FALSE이면 FALSE를 표시한다.

```
=AND(조건1, 조건2,...)
    조건이 모두 TRUE이면 TRUE를 표시하고, 하나 또는 그 이상의
    조건이 FALSE 이면 FALSE를 나타낸다.
```

5.10.3 NOT 함수

```
=NOT(조건)
    조건 값의 역을 표시한다.
```

① 값이 특정 값과 같지 않은지 확인할 때 NOT을 사용한다.

◕ 다음의 표를 완성해보자.

평균이 입력되었는지를 NOT 함수로 확인하고, 엑셀과 파워포인트가 각각 60점 이상이 아니면 과락이 적용된다. 평균에 따라 수, 우, 미, 양, 가가 적용된다.

	A	B	C	D	E	F	G	H
1		OA 시험 결과						
2							성적기준표	
3	이름	엑셀	파워포인트	평균	평가		평가표	평가
4	김경미	70	87	78.5			90	수
5	이민경	98	90	94			80	우
6	정호진	55	60	57.5			70	미
7	유참호	67	75	71			60	양
8	김태훈	80	55	67.5			0	가
9	이희연	40	96					
10								

① E4에서 함수 마법사를 실행해서 IF 함수를 선택한다.

② 조건식에서 평균의 값이 빈 셀인지를 확인하기 위해서 NOT 함수를 중첩 선택해서 다음과 같이 입력한다.

D4=""

③ 수식 입력줄의 IF 글자를 클릭해서 IF 함수 대화상자로 돌아간다.

④ 참값란에서 IF 함수를 중첩 선택한다.

⑤ 조건식란에서 과락을 검사하기 위해 AND 함수를 중첩선택해서 다음과 같이 입력한다.

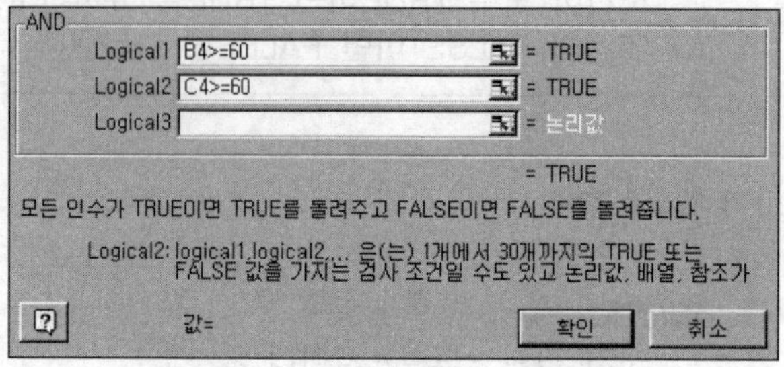

⑥ 수식 입력줄에서 두번째 IF 글자를 클릭해서 IF 대화상자로 돌아간다.

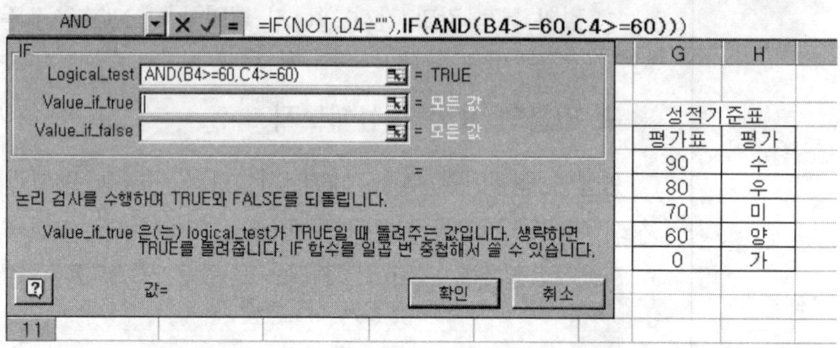

⑦ 참값란에서 IF 함수를 중첩선택한 다음, 다음과 같이 입력한다.

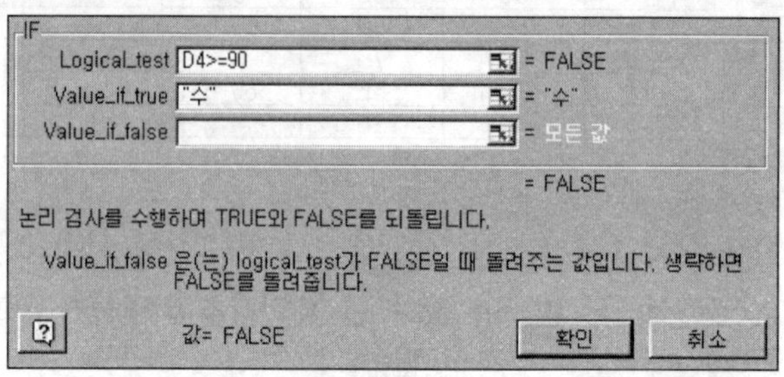

⑧ 거짓일 경우에 입력하는 란에서 IF 함수를 중첩선택한 다음, 다음과 같이 입력한다.

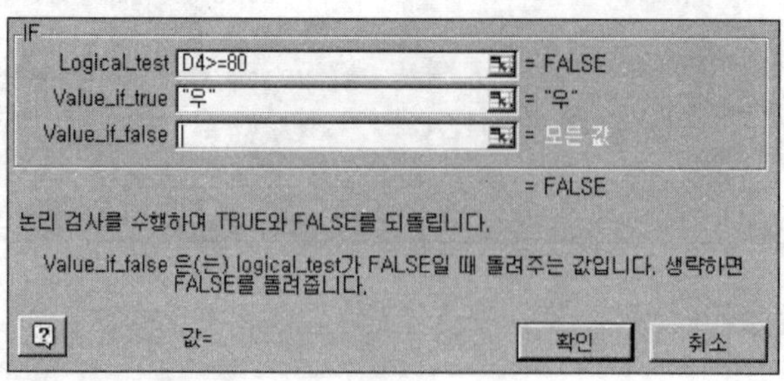

NOTE

거짓일 경우에 입력하는 란에서 IF함수를 중첩해서 사용할 경우에 참값에 한글이 입력되어 있으면 다음과 같이 한다.

- 거짓일 경우에 입력란에 커서를 클릭한다.
- 수식입력툴에서 참값 다음에 「,」를 입력한다.
- 함수를 선택한다.

⑨ 거짓일 경우에 입력하는 란에서 IF 함수를 중첩선택한 다음, 다음과 같이 입력한다.

⑩ 거짓일 경우에 입력하는 란에서 IF 함수를 중첩선택한 다음, 다음과 같이 입력한다.

⑪ 수식 입력줄의 두번째 IF 글자를 클릭하고 거짓일 경우에 입력하는 란에 「과락」이라고 입력한다.

⑫ 수식 입력줄의 처음 IF 글자에서 클릭하고 거짓일 경우에 입력하는 란에 「입력요」라고 입력한다.

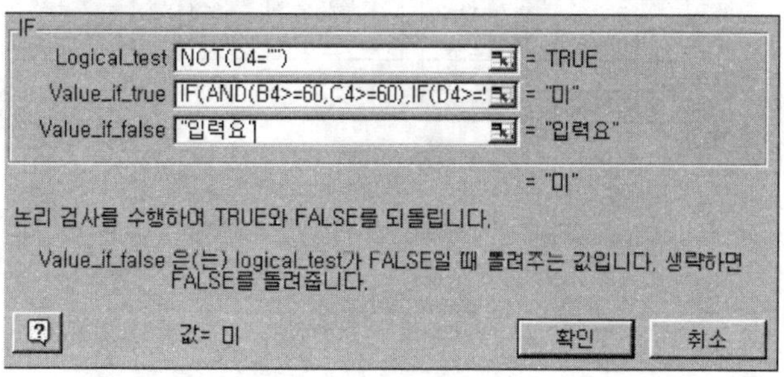

NOTE

함수를 통합해서 사용할 경우에 수식 입력줄에서 클릭하는 것을 잘 사용하지 않으면 오류가 생긴다. 그래서 키보드로 직접 입력하는 것이 더 편리 할 수도 있다.

⑬ E5에서 E9까지 복사한다.

	A	B	C	D	E	F	G	H
1	OA 시험 결과							
2							성적기준표	
3	이름	엑셀	파워포인트	평균	평가		평가표	평가
4	김경미	70	87	78.5	미		90	수
5	이민경	98	90	94	수		80	우
6	정호진	55	60	57.5	과락		70	미
7	유창호	67	75	71	미		60	양
8	김태훈	80	55	67.5	과락		0	가
9	이희연	40	96		입력요			
10								

5.11 정보함수

셀에 저장될 데이터 종류를 결정한다. IS 함수로 알려진 워크시트 함수 그룹을 포함하며 셀이 조건을 만족하면 TRUE를 표시한다. 예를 들어 셀이 짝수를 포함하면 ISEVEN 워크시트 함수는 TRUE를 표시한다.

	A	B	C	D	E	F	G	H
1	상반기 매출실적							
2								
3	부서코드	부서명	이름	근무지코드	근무지	매출실적	순위	평가
4	101		김경미	1		50000		
5	103		궁재원	1		30000		
6	102		이시현	2		60000		
7	101		유창호	2		40000		
8	104		이민경	2		20000		
9	102		백상철	2		35000		
10	103		천해식	1		45000		
11	104		박준호	2		55000		
12	101		김은정	1		25000		
13	101		박세윤	1		70000		
14	102		강대곤	2		44000		
15	103		마영숙	1		65000		
16								
17		영업1부	영업2부	영업3부	영업4부	본사	지점	
18	매출합계							
19	매출평균							
20	해당건수							

	J	K	L	M	N	O
3	부서코드테이블			근무지코드테이블		
4						
5	부서코드	부서명		근무지코드	근무지	
6	101	영업1부		1	본사	
7	102	영업2부		2	지점	
8	103	영업3부				
9	104	영업4부				
10						

함 수	결과가 TRUE일 때
ISBLANK	값이 빈 셀을 참조한다.
ISERR	값이 #N/A를 제외한 오류값을 참조한다.
ISERROR	값이 오류값(#N/A, #VALUE!, #REF!, #DIV/0!, #NUM!, #NAME?, 또는 #NULL!)을 참조한다.
ISLOGICAL	값이 논리값을 참조한다.
ISNA	값이 #N/A (value not available) 오류값을 참조한다.
ISNONTEXT	값이 문자열이 아닌 항목을 참조한다. 값이 빈 셀을 참조하면 TRUE를 돌려준다.
ISNUMBER	값이 숫자를 참조한다.
ISREF	값이 참조 영역을 참조한다.
ISTEXT	값이 문자열을 참조한다.

연습문제

1. 실습문제(1)

사원들의 날짜 데이터를 이용하여 나이, 근속년수, 근속일수, 생일 요일을 함수를 이용하여 구한다.

	A	B	C	D	E	F	G	H
1	사 원 명 부							
2						작성일자기준		
3								
4	이름	생년월일	입사일	나이	근속년수	근속일수	생일요일	
5	김경미	64-02-03	89-01-01					
6	궁재원	76-08-09	96-08-30					
7	이시현	55-12-31	75-08-30					
8	유창호	48-10-25	74-01-01					
9	차세미	59-09-16	66-01-01					
10	이민주	65-03-01	75-08-30					
11	천해식	73-04-11	96-11-01					
12	박준호	68-10-07	96-11-01					
13	김은정	60-11-04	90-03-05					
14	백상철	72-08-12	92-03-05					
15								
16					작성일자			
17								

① 작성일은 컴퓨터의 현재 날짜이다.

② 작성일을 기준으로 생년월일을 이용하여 나이를 구한다.

③ 작성일을 기준으로 입사일을 이용하여 근속년수를 구한다.

④ 작성일과 입사일을 이용하여 근속일수를 구한다.

⑤ 생년월일을 이용하여 올해의 생일의 요일을 구한다.

2. 실습문제(2)

다음과 같이 표를 작성하고 주어진 조건에 맞추어 완성한다.

	A	B	C	D	E
1	코 드 표				
2	코드	생산품목	출고단가	출고지역	
3	A1	가전제품	85	동부	
4	B2	가구류	95	북부	
5	C3	식료품	80	남부	
6	D4	농산물	75	남부	
7	E5	의약품	90	중부	
8	F6	의류	70	서부	
9					

	A	B	C	D	E	F	G	H	I
10									
11				6월 소비 현황 분석표					
12									
13	이름	코드	생산품목	출고지역	소비량	단가	금액	순위	대표키
14	금호연	A1			100				
15	김용기	B2			90				
16	이우연	A1			80				
17	서지영	C3			30				
18	서길모	D4			50				
19	차세미	A1			70				
20	김민규	E5			80				
21	조민규	F6			100				
22	김경미	B2			30				
23	신미례	D4			70				
24	정호진	F6			20				
25	유창호	C3			50				
26	김태훈	E5			40				
27	이희연	A1			60				
28									
29				동부	서부	남부	북부	중부	
30		출고지역별 합계							

① 주어진 코드표를 범위를 지정하여서 「코드표」라는 이름을 지정한 후 수식에 사용한다.

② 생산품목을 VLOOKUP 함수를 사용해서 「코드표」를 이용하여 구한다.

③ 출고지역을 INDEX 함수를 사용하여 구한다.

④ 단가를 CHOOSE 함수를 사용하여 구한다.

⑤ 금액은 PRODUCT 함수를 이용하여 「소비량*단가」로 구한다.

⑥ 순위는 RANK 함수를 이용하여 금액이 적은 액수부터 오름차순이 되도록 구한다.

⑦ 대표키는 IF와 AVERAGE를 사용하여 전체금액의 평균보다 많으면 「과소비」, 적으면 「적정수준으로 표시한다.」

⑧ 출고지역별 합계는 SUMIF 함수를 사용한다.

3. 실습문제(3)

다음의 표를 주어진 조건의 함수를 이용하여 구한다.

	A	B	C	D	E	F	G	H
1					대 출 현 황			
2								
3	이름	주민등록번호	기간(년)	대출금	상환금액/월	이율(월)	이율(년)	월상환액
4	금호연	650112-1234567	3	100000	3250			
5	김용기	531214-2345678	4	15000	406			
6	이우연	451123-1234567	5	20000	430			
7	서지영	760305-1987654	4	200000	5000			
8	서길모	540627-1234567	5	30000	640			
9	차세미	671214-2345678	3	7000000	230000			
10	김민규	731221-2345678	3	450000	15000			
11	조민규	750112-1234567	4	800000	20000			
12	김경미	631214-2345678	5	1000000	20000			
13	이민경	551123-1234567	5	550000	12000			
14	정호진	660305-1987654	4	600000	15000			
15	유창호	740627-1234567	3	5000	160			
16	김태훈	571214-2345678	3	70000	2300			
17	이희연	631221-2345678	5	35000	800			
18								

① 월이율은 RATE 함수를 이용하여 구한다.

② 년이율은 월이율 *12 로 구한다.

③ 월상환액은 월이율의 계산값이 정확한지를 확인하기 위해 PMT 함수를 이용하여 구한다.

월상환액이 「상환금액/월」과 같아야 한다.

4. 실습문제(4)

코드테이블에서 부서명과 근무지를 찾아 입력하고, 매출실적을 기준으로 순위와 평가를 표시하고, 부서별 , 근무지별로 합계와 평균, 건수를 구하기

① 부서명은 VLOOKUP 함수를 사용한다

② 근무지는 INDEX 함수를 사용한다.

③ 순위는 매출실적이 많은 사람부터 내림 차순으로 RANK 함수를 이용하여 구한다.

④ 평가는 매출실적이 50000이상이면 「우수」, 20000에서 50000사이면 「보통」, 20000이하면 「부진」으로 표시한다. IF함수를 중첩해서 사용한다.

⑤ 매출합계는 SUMIF 함수, 매출평균은 DAVERAGE 함수, 해당건수는 COUNTIF 함수를 사용한다.

5. 실습문제(5)

다음의 표를 완성한다.

	A	B	C	D	E	F	G	H
1	출장비 지급액							
2								
3	출장지역	출장비/일	출장일수	출장비	출장비 미기입 여부		출장일수	빈도수
4	서울	50000	6				3	
5	부산	45000	5				6	
6	광주	43000	8				10	
7	대전	40000	2					
8	강릉	60000	5					
9	포천		7					
10								
11	지급출장비합계							
12								

① 출장비는 IF함수와 ISBLANK 함수를 이용하여 출장비/일 * 출장일수 로 계산한다.

② 출장비 미기입여부도 IF 함수와 ISBLANK 함수를 이용하여 「기입요」를 표시한다.

③ 지급출장비 합계는 SUMPRODUCT 함수로 구한다.

④ 출장일수의 빈도수는 FREQUENCY 함수로 구한다.

<저자소개>

홍 봉 화

전 세명대학교 컴퓨터수리정보학과 학과장 및 교수
경희사이버대학교 온라인교육지원처장
교육인적자원부 원격대학설치 심사위원
현 국가기록원 정책자문위원회 위원
동대문경찰서 누리캅 명예위원
경희사이버대학교 정보통신학과 학과장 및 교수
ISO 국제심사위원

주 해 종

전 KTNet 기술연구소 연구원
대원과학대학 멀티미디어과 조교수
명지대학교 IT교육센터 교수
현 서울시 청소년육성위원회 위원
인덕대학 산학협력중심대학사업단 교수
ISO 국제심사위원

변 정 우

경희대학교 관광정보연구소 소장
(사)한국호텔경영학회 회장
교육인적자원부 전문교과 검정위원
한국능률협회 인터넷 자격인증시험 인증위원
종합관광정보시스템 구축사업 자문위원
현 경희대학교 호텔관광대학 교수

정 화 영

전 아주시스템 & CNA Research(주) 전임연구원
현 경희대학교 교양학부 조교수
정보통신기술협회 용어표준화위원

U-LEARNING 시대를 위한 컴퓨터 활용

2007년 8월 25일 초판인쇄
2007년 9월 1일 초판발행

편저자 홍봉화 · 주해종 · 변정우 · 정화영
발행인 고 준 영
발행처 **법 영 사**

저자와의 협의하에 인지첩부를 생략함

(135-280) 서울특별시 강남구 대치동 611
전화 (501)8898 FAX (501)8895
등록 1987. 11. 5 제3-125호(윤)
Homepage : www.bubyoungsa.co.kr
E-mail : bypuco@chol.com

※ 파본은 교환해 드립니다. **정가 15,000원**

ISBN 978-89-7032-235-3